兴化年鉴 2024

兴化年鉴编纂委员会　编

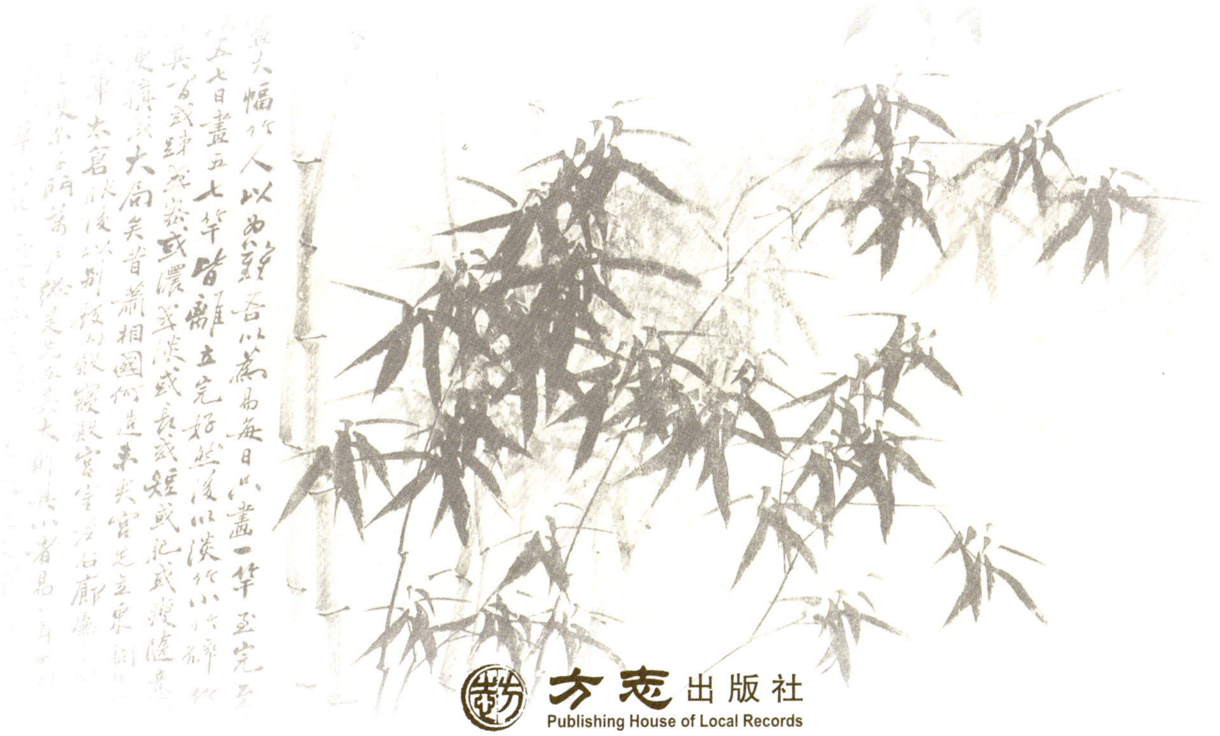

方志出版社
Publishing House of Local Records

图书在版编目(CIP)数据

兴化年鉴. 2024 / 兴化年鉴编纂委员会编. -- 北京 : 方志出版社, 2024. 10. -- ISBN 978-7-5144-6440-5

Ⅰ. Z525.34

中国国家版本馆CIP数据核字第2024PY1785号

责任编辑：李晓晓
责任校对：张玉霞
责任印制：梅中英
出 版 者：方志出版社
地　　址：北京市朝阳区潘家园东里 9 号（国家方志馆 4 层）
邮　　编：100021
网　　址：http://www.zgfzcb.cn
发　　行：方志出版社图书营销中心（010-67110500）
印　　刷：南京凯德印刷有限公司
开　　本：889 毫米 × 1194 毫米 1/16
印　　张：26
字　　数：806 千字
版　　次：2024 年 10 月第 1 版
印　　次：2024 年 10 月第 1 次印刷
定　　价：300.00 元

《兴化年鉴》编辑部

主　　任：冯鸿灿

总　　纂：陈　莉

副 总 纂：王新建　孙东圣

编　　辑：王雯雯　钱　炜

彩页设计：孙东圣　钱　炜

校　　对：陈　辉　冯余宏　黄洪山　卞宝胜　张　维

朱存安　邹建元　贺益梅　何永祥　吴秀丽

邓婷婷　赵长洪

封面设计：杜小平

《兴化年鉴》审稿人员

市领导

陈锋剑	常冬海	许　兵	王贵善	杨　蓓	沈卫国

乡镇、市级机关审稿人

丁永华	丁永明	万安健	马　捷	王　建	王　虹	王　萍
王　颉	王永年	王圣山	王网存	王建韬	王浩天	王程飞
毛文敏	卞秀祥	方迎峰	史宏祥	刑寿和	成广进	吕加太
朱立兵	朱兴勇	朱鸿业	刘　平	刘　波	刘祥裕	刘晨晨
许　峰	阮培成	孙　华	孙　健	孙久干	孙荣贵	孙晓东
孙新生	花在明	李　凯	李有专	杨　令	杨　俊	吴　疆
吴玲玲	吴勇军	吴家润	谷　牧	汪夕禄	汪志红	沈卫平
沈德全	张　华	张　丽	张　清	张　琴	张　翔	张文干
张文川	张书健	张兰军	张桂堂	陆玉花	陆银昆	陆章华
陈　俊	陈　勇	陈立新	陈红言	陈志云	陈余斌	陈金钟
陈根山	邵小琴	林　镇	林中江	金国明	金晓晖	周　健
周　颢	周亚年	周余杰	居明峰	赵百森	赵惠敏	施　燕
闻　敏	姜　华	姜正明	姜帷韬	秦龙飞	袁天胜	贾　俊
夏华勇	夏斯杰	顾　岚	顾　洁	顾小兵	钱　红	钱　怡
倪　颖	徐　艳	徐　燕	高　峰	高建国	高建堂	黄金军
崔　年	葛　彦	葛海燕	董华龙	程　欢	裴马年	翟广益
魏红革	瞿日玉					

编 辑 说 明

一、《兴化年鉴》是由兴化市人民政府主办，兴化年鉴编纂委员会编纂的年度资料性文献，2002年首次出版，每年一卷，国内外公开发行。《兴化年鉴（2024）》以马克思列宁主义、毛泽东思想、邓小平理论、“三个代表”重要思想、科学发展观、习近平新时代中国特色社会主义思想为指导，坚持辩证唯物主义和历史唯物主义的立场、观点和方法，全面、系统、翔实地记录2023年兴化政治、经济、文化、社会、自然、生态等方面的基本情况和发展态势，为认识兴化、研究兴化、发展兴化提供信息密集、准确实用的地情资料。

二、《兴化年鉴（2024）》的记述时限为2023年1月1日至12月31日，部分内容根据实际情况时限适当上溯或下延。

三、本卷年鉴采用分类法编辑，全书设类目、分目和条目3个层次。类目、分目分别用宋体和黑体字加以区别。部分分目设次分目，条目为记述实体。卷首设专题图片、特载、大事记、兴化概况，卷末设附录、索引。主体内容分为中国共产党兴化市委员会、兴化市人民代表大会、兴化市人民政府、中国人民政治协商会议兴化市委员会、兴化市纪委监委、群众团体、法治、军事、经济管理、河蟹产业、农业、工业、建筑业、商贸服务业、金融业、旅游业、开放合作、交通、城市建设与管理、乡村振兴、生态建设、科学技术、教育、文化、卫生健康、体育、就业与社会保障、社会事务、公共安全、乡镇（街道）、人物 荣誉等类目。

四、本卷年鉴数字、标点符号用法分别采用国家标准《出版物上数字用法》（GB/T 15835—2011）、《标点符号用法》（GB/T 15834—2011），计量单位采用国家技术监督局1993年12月发布的《量和单位》系列国家标准。农业部分及各乡镇重点村、特色村介绍中土地面积均以亩、公顷为计量单位，产量以千克、吨为计量单位。考虑到社会使用习惯，全书中亩不统一换算。

五、书中机构名称均采用规范化或习惯性简称，目录前配有部分组织机构全称、简称对照表。

六、本卷年鉴资料由全市各有关部门、单位提供，并经领导人审核。统计资料由兴化市统计局提供。部分数据合计数或相对数，由于单位取舍不同而产生的计算误差，本书均未作机械调整。

七、作者姓名加括号列于所写正文之后，同一分目或副分目内相邻条目为同一作者的，列于末条正文之后。

八、“大事记”类目中，符号“△”表示兴化市在同一天内发生的大事；“附录”类目“党政机关企事业单位及其负责人名单中”，符号“△”表示下设的二级党政机关企事业单位。

九、为便于检索，卷首配备详细目录，卷末设有主题索引。主题索引采用主题分析法编制，款目按汉语拼音顺序（同音字按声调）排列。

兴化名片

全球重要农业文化遗产（垛田传统农业系统）
世界灌溉工程遗产名录（垛田灌排工程体系）
全国县域经济基本竞争力百强县（市）
全国中小城市综合实力百强县（市）
全国科技实力百强县（市）
全国科技进步先进市
全国“科技富民强县”试点市
全国粮食生产标兵（先进）县（市）
全国慈善城市百强
全国工业百强市
全国食品工业强市
国家卫生城市
国家级生态示范区
中国农村综合实力百强县（市）
中国不锈钢之乡
中国国际象棋之乡
中国小说之乡
中国最美油菜花海
中国河蟹养殖第一县
中国果蔬脱水加工第一县
全国休闲农业与乡村旅游示范市
全国“妇幼健康优质服务示范市”
长三角最具商业潜力十大县（市）
长三角自驾游“双十强”城市
江苏省历史文化名城
江苏省园林城市
江苏省文明城市
江苏省双拥模范城市
江苏省社会治安安全市
江苏省放心消费示范市
江苏省新农村新家庭示范市

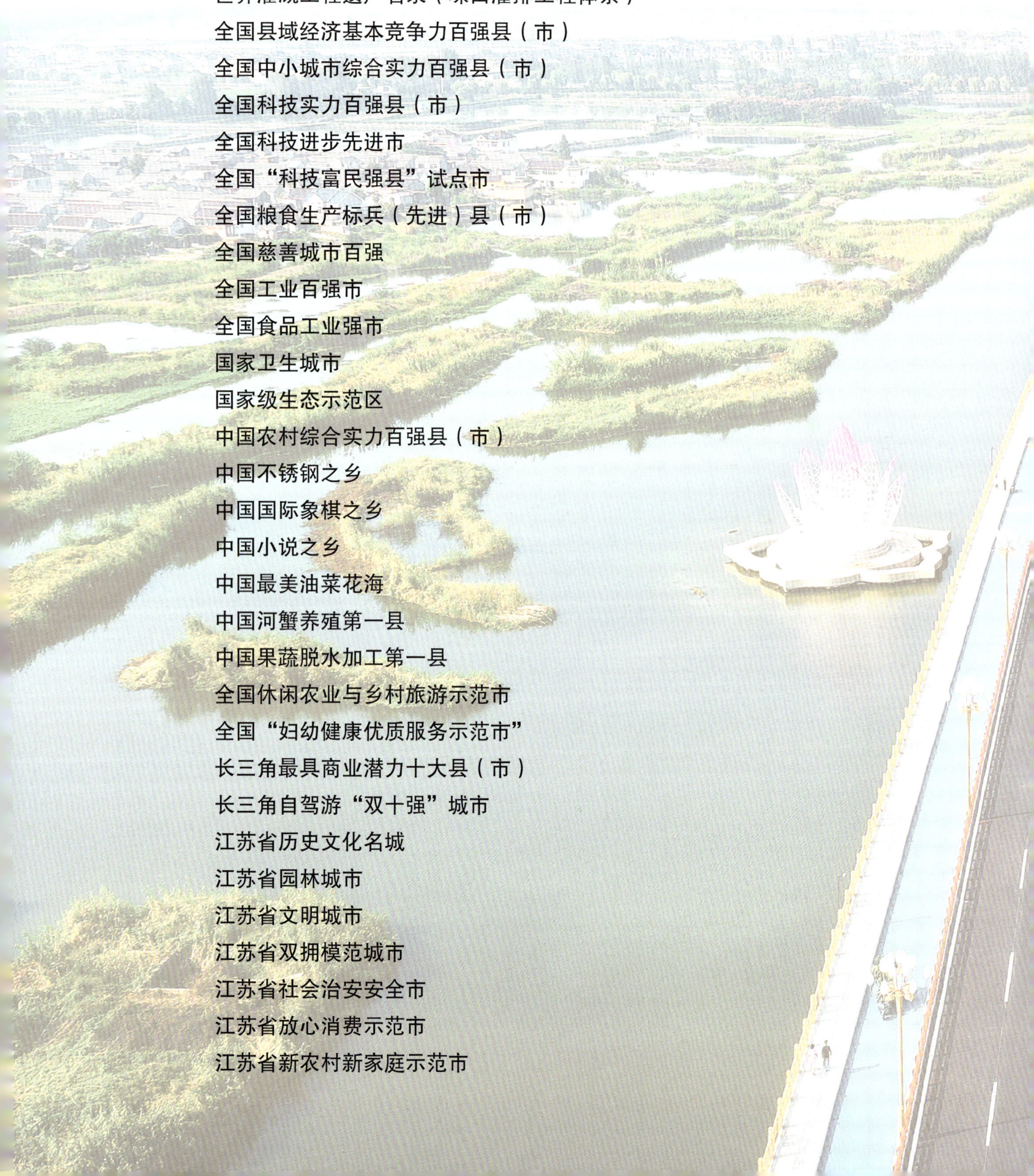

城市印象

2023年

城市概览

户籍人口：147.01万人	出生率：3.54‰ 死亡率：8.76‰ 自然增长率：-5.23‰
面积：2395平方千米	设县年代：公元920年

人文景点：千垛菜花、李中水上森林、郑板桥故居、四牌楼、状元坊
历史名人：郑板桥、李鱓、施耐庵、刘熙载、高谷、李春芳、吴甡、韩乐吾
当代名人：李继侗、李春芬、王振义、袁木、葛家澍、王存玉、林鸣、毕飞宇、侯逸凡

天　气

年平均气温：16.4摄氏度
年总降水量：1365.5毫米
年日照时数：2065.1小时
年内出现≥35.0摄氏度高温日数：7天
年内出现寒潮：11次

经　济

地区生产总值	1154.93亿元	比上年增长	7.3%
第一产业增加值	154.43亿元	比上年增长	4.1%
第二产业增加值	445.24亿元	比上年增长	8.1%
第三产业增加值	555.26亿元	比上年增长	7.5%
一般公共预算收入	50.91亿元	比上年增长	6%
城镇居民人均可支配收入	53875元	比上年增长	5.3%
农村居民人均可支配收入	29940元	比上年增长	8%
社会消费品零售总额	352.43亿元	比上年增长	11.8%

人民生活

就　业	
城镇新增就业8934人	扶持新增成功自主创业5100人
社会保险	
企业职工养老保险新增 1.31万人	企业职工工伤保险新增 1.82万人
城乡居民医疗保险参保率97.05%	城乡居民养老保险基础养老金发放率100%

生态建设

生态环境状况指数：61.74
PM_{10}平均浓度：52.8微克/立方米
$PM_{2.5}$平均浓度：33.4微克/立方米
环境空气质量优良天数比例：76.7%
城镇集中式饮用水水源达标率：100%

兴化骄傲

乌巾荡旅游度假区是兴化市首个省级旅游度假区，规划总面积约18.29平方千米，拥有全球重要农业文化遗产、世界灌溉工程遗产千垛景区，里下河国家湿地公园，千垛田园国家级综合体，全国乡村旅游重点村东罗村，国家AAA级旅游景区乌巾荡湿地公园，全国“最具乡愁的路，最有人气的路”——千垛美路，水上旅游廊道——兴化1号水路等。此外，还有昭阳里·森林露营、长安驿站等各类特色旅游项目20余个，可以满足游客多样化、多层次度假需求。2023年5月26日，江苏省兴化乌巾荡旅游度假区管理办公室正式揭牌成立，进一步推动乌巾荡旅游度假区建设，实现度假区实体化运作，为文旅产业深度融合发展开辟更为广阔的空间。

乌巾荡省级旅游度假区

2023年3月23日，第十三届中国泰州水城水乡国际旅游节暨2023中国·兴化千垛菜花旅游节在千垛景区拉开帷幕

2023年3月31日，第十四届江苏省乡村旅游节在兴化启动

2023年10月31日，全国水产养殖机械化 智能化 数字化现场推进会在兴化举行

2023年4月14日，“全国涉农高校强农行动——最炫农科生”集结仪式在里下河国家湿地公园文创广场举行

2023年7月15日，为期两天的首届长三角铸造大会暨青年人才创新发展论坛在兴化开幕

2023年11月28日，交通运输部发布关于2022年度“四好农村路”全国示范县创建结果的公示，兴化市入选拟命名名单

2023年11月16日，以“大衍聚变、领创蕴生”为主题的兴达高峰论坛在上海举行

2023年11月3日，中国电信与兴化市政府共同为“中国电信集团5G+农业数字化示范基地”揭牌

2023年12月24日，由中国小说学会主办、兴化市委宣传部承办的中国小说学会2023年度好小说评议会举行开幕式

2023年6月29日，同心·共铸中国心公益活动兴化行启动仪式举行

经济发展

2023年11月17日，“兴化大米”品牌推介走进上海

2023年12月27日，6家大闸蟹企业在2023江苏最美绿色优质农产品（大闸蟹）企业评选活动中获奖

2023 年 1 月 29 日，兴化市产业高质量发展大会召开

2023 年 3 月 3 日，兴化全市园区发展大会召开

2023年2月9日，兴化市制造业高质量发展推进大会在昭阳剧院召开

2023年11月25日，2023中日（兴化）食品产业发展大会在兴化市举行

2023年2月18日，兴化分别在戴南镇（高新区）、开发区举行2023年全市春季重大项目集中开工仪式

2023年12月12日，泰州市仁智公司“年产2.5万吨特种合金制品项目”等3个重大项目集中开工

2023年9月30日，首届兴化发展论坛在昭阳剧院举行，此次论坛以“兴好有你·共创未来”为主题

2023年3月19日，兴化举办“相约花海　共赢未来”2023兴化春季投资贸易洽谈会，现场共达成签约项目45个，计划总投资209亿元

2023年10月26日，举行2023兴化金秋经贸科技洽谈会，进一步宣传推介兴化的投资环境，诚邀更多的企业家做客兴化、创业兴化、落户兴化

2023年9月19日，2023中国·兴化健康食品产业（预制菜）专题招商引智会在上海黄浦江畔举行

改革创新

2023年8月16日，省委常委、统战部部长惠建林（左二）实地考察“恒新园”新的社会阶层人士实践创新基地

2023年6月6日，国家电子商务进农村综合示范项目兴化市级寄递物流共配中心启动仪式在兴化邮政邮件转运中心举行

2023年4月18日，兴化市垛田研究会成立

2023年5月29日，兴化市智慧教育创新改革实验区建设启动仪式在省兴化中学举行

2023年7月11日，兴化市举办新能源汽车进机关活动

2023年10月7日，兴化进行“15分钟医保服务圈”建设，搭建村（社区）级医保公共服务平台，让群众在家门口就能享受到高质量医保服务。图为医保服务圈村级平台

2023年5月23日，泰州市2023年首批“企业新型学徒制”签约仪式在江苏兴达钢帘线股份有限公司举行

2023年12月26日，兴化市产业工人群众性经济技术创新成果表彰发布会召开

2023年7月5日，兴化新兴产业科创区全景图

城市风貌

2023年8月7日，兴化召开全国文明城市创建推进大会

2023年12月31日，备受市民关注的城区九顷路北水关大桥竣工通车，大桥恢复双向通行

2023年9月22日，英武大桥完成绿化提档升级

2023年10月13日，建设中的城南邻里中心

2023年5月11日，五里安置房一期工程建成

2023年12月27日，城南生活污水处理厂扩容工程竣工投产

2023年12月15日，陈堡镇唐庄村入选2023年江苏省乡村振兴示范村创建名单

亮丽的水城

全域旅游

2023年9月23日，中国农民丰收节暨2023兴化大闸蟹开捕节开幕式在兴化市泓膏大闸蟹生态园举行

2023年9月23日，千垛镇举办2023年农民丰收节暨第二届乡村旅游民宿节

2023年7月15日至8月8日，兴化市举行2023乌巾荡啤酒龙虾节

2023年3月31日至4月2日，“兴化杯”全国食品工业行业调味品品评师技能竞赛决赛在兴化市举行

2023年4月29日，陈堡镇在唐庄村启动第四届“草荡十宝”美食文化节暨唐庄“草荡船菜”发布会

2023年11月30日，2023年陶庄牛羊肉美食节在陶庄镇陶园广场开幕

2023年5月1日，“乐摘千垛 果然开心”2023千垛瓜果采摘节在千垛镇徐圩村拉开帷幕

2023年11月22日，第十六届中国·兴化郑板桥艺术节在兴化昭阳剧院开幕

2023年6月20日，“千垛之城 荷你有约”2023兴化市荷文化旅游节开幕式活动在万亩荷塘景区举行

2023年3月24日，第五届施耐庵文学奖颁奖活动在兴化昭阳剧院举行

2023年12月9日，2023兴化冬季文旅消费推广季暨首届多彩兴化暖冬摄影展在水上森林景区举行

2023年4月6日，江苏方志大讲堂暨泰州记忆讲堂兴化专场活动在千垛镇千垛菜花风景区举行

2023年4月27日，首届里下河地域文化研讨会在兴化举行

2023年4月16日，中国电影家协会送欢乐下基层文艺慰问演出活动走进兴化

2023年11月12日，兴化农商银行2023花海森林兴化半程马拉松赛在千垛美路鸣枪开跑，近万名跑者报名参加比赛

2023年8月8日，“全民健身·你我同行”2023年兴化市“体育宣传周”启动仪式暨“长江银行杯”昭阳湖公开水域畅游活动在市昭阳湖公园举行

2023年7月21日—24日，江苏省赛艇锦标赛在位于陈堡镇的泰州市水上运动训练基地举行

2023年1月31日,“兴化农村商业银行杯”兴化市2023年新春舞龙表演大赛在新区体育馆举行

2023年5月16日,“体育彩票杯”第十五届中国·兴化全国国际象棋锦标赛(个人甲组)圆满落幕。兴化籍棋手郭琦(左二)发挥出色,提前一轮夺得女子组冠军

2023年11月22日，在全国残疾人排舞比赛上，兴化市特殊教育学校排舞队勇夺特等奖

人民生活

2023年6月30日，“中华手拉手”行走的舞台·石榴籽文化宣传走进兴化活动在市融媒体中心举办

2023年9月22日，兴化市“兴农红驿”农村寄递物流综合服务站民生实事推进会在中堡镇召开

2023年2月3日，泰州市暨兴化市文化卫生科技“三下乡”集中服务活动在大营镇举行

2023年6月14日，“泰有引力 兴好有你”泰州·兴化人才发展推介会在江苏大学举办

2023年3月19日，"恒兴科技园杯"2023兴化名厨美食大赛暨里下河美食文化征文活动在昭阳剧院南广场举行

2023年10月27—31日，在2023江苏省文艺大奖·第十一届戏剧奖评选中，兴化籍选手缪子凡获评银奖

2023年4月14日，泰州市新的社会阶层人士联谊会“凤新荟萃聚合力 共画乡村新图景”主题活动在兴化举行

2023年10月1日，兴化举办首届社区运动会象棋、围棋比赛暨兴化市第十九届“金桥杯”职工棋类比赛

2023年6月4日，兴化举行“全民健身 你我同行”2023年兴化市“行走大运河”全民健身健步走活动

2023年8月11日，兴化在昭阳湖举办“警民同心 平安兴化”反诈宣传公益晚会

2023年12月16日，"兴'惠'有你"户外劳动者驿站揭牌

2023年4月，兴化举行车轮上的图书馆系列活动，通过"流动服务车"这种新颖的服务方式，有效弥补基层公共图书资源欠缺的短板

ZGR
ZGR

八字桥文旅休闲街区

党的建设

2023年8月5日，中国共产党兴化市第十三届委员会第四次全体会议召开

2023年11月21日，市纪委组织开展“亲语连廉”清风讲堂

2023年12月2日，兴化举行首期“四敢先锋”大讲堂（第一期）——新生代企业家专场

2023年4月17日，兴化市第十三届村干部“培训周”（千垛班）开班

2023年9月20日，市退役军人事务局联合兴化农村商业银行举办“永远跟党走 最美军人情”党建共建暨“拥军e贷”产品发布

2023年8月31日，兴化市举行政邮共建“兴农红驿”村级物流服务品牌发布会暨“兴农红驿”服务试点启动仪式

2023年12月9日，市委组织部、市交通运输局党组联合举行兴化市汽车维修行业功能型党支部成立暨党员先锋岗授牌仪式

公益彩页供稿单位：

市委宣传部	市融媒体中心	市科技局	市交通运输局	市文体广旅局	市医保局
市公安局	市发改委	市委统战部	市党史方志办	市纪监委	市退役军人事务局
市市监局	市农业农村局	市总工会	市经济开发区	戴南镇	戴窑镇
大营镇	千垛镇	陈堡镇	陶庄镇	梅立成	赵朝春

部分组织机构全称、简称对照表

全称	简称	全称	简称
中国共产党兴化市委员会	市委	兴化市应急管理局	市应急管理局
兴化市人民代表大会常务委员会	市人大常委会	兴化市科学技术局	市科技局
兴化市人民政府	市政府	兴化市国有资产管理办公室	市国资办
中国人民政治协商会议兴化市委员会	市政协	兴化市住房和城乡建设局	市住建局
中国共产党兴化市纪律检查委员会	市纪委	兴化市文体广电和旅游局	市文体广旅局
兴化市人民法院	市法院	兴化市城市管理局	市城管局
兴化市人民检察院	市检察院	兴化市交通运输局	市交通局
中共兴化市委办公室	市委办	泰州市兴化生态环境局	市生态环境局
兴化市人民政府办公室	市政府办	兴化市自然资源和规划局	市自然资源和规划局
中共兴化市委组织部	市委组织部	兴化市供销合作总社	市供销社
中共兴化市委宣传部	市委宣传部	兴化市教育局	市教育局
中共兴化市委统一战线工作部	市委统战部	兴化市融媒体中心	市融媒体中心
中共兴化市委政法工作委员会	市委政法委	兴化市卫生健康委员会	市卫健委
中共兴化市委老干部局	市委老干部局	兴化市疾病预防控制中心	市疾控中心
中共兴化市委党校	市委党校	兴化市市场监督管理局	市市监局
中共兴化市委机构编制委员会办公室	市委编办	兴化市税务局	市税务局
兴化市民族宗教事务局	市民宗局	兴化市盐业公司	市盐业公司
兴化市党史方志办公室	市史志办	兴化市烟草专卖局	市烟草局
兴化市妇女联合会	市妇联	中国人民银行兴化市支行	市人行
中国共产主义青年团兴化市委员会	团市委	中国工商银行股份有限公司兴化支行	市工行
兴化市工商业联合会	市工商联	中国农业银行股份有限公司兴化市支行	市农行
兴化市科学技术协会	市科协	中国建设银行股份有限公司兴化支行	市建行
兴化市残疾人联合会	市残联	中国银行股份有限公司兴化支行	市中行
兴化市人民政府外事办公室	市政府外事办	中国农业发展银行兴化市支行	市农发行
兴化市发展和改革委员会	市发改委	江苏兴化农村商业银行	市农商行
兴化市人力资源和社会保障局	市人社局	中国人民财产保险股份有限公司兴化支公司	市人保公司
兴化市农业农村局	市农业农村局	中国人寿保险股份有限公司兴化支公司	市寿保公司
兴化市工业和信息化局	市工信局	江苏省兴化经济开发区管理委员会	市开发区管委会

总　目

目　录

特　载

大事记

兴化概况

中国共产党兴化市委员会

兴化市人民代表大会

兴化市人民政府

中国人民政治协商会议兴化市委员会

兴化市纪委监委

群众团体

法　治

军　事

经济管理

河蟹产业

农　业

工　业

建筑业

商贸服务业

金融业

旅游业

开放合作

交　通

城市建设与管理

乡村振兴

生态建设

科学技术

教　育

文　化

卫生健康

体　育

就业与社会保障

社会事务

公共安全

乡镇(街道)

人物　荣誉

附　录

索　引

“三轮驱动”促高质量发展
泰州兴化打造“水韵江苏”样板之城

兴化市地处江淮之间，位于里下河腹部。全市“水、田、林、湖、荡”浑然一体，湿地、平原、水网风情各异，独特的垛田地貌入选全球重要农业文化遗产和世界灌溉工程遗产目录。这里是闻名遐迩的鱼米之乡，有“中国十大乡村旅游目的地”称号。

近年来，兴化市通过一、二、三产业的横向融合和纵向延伸，构建完整的产业链，以工带农、以商促农。先后被评为全国农村一、二、三产业融合发展先导区、国家级农业现代化示范区创建单位、全国休闲农业与乡村旅游示范市。同时，兴化连续多年入选中国县域经济百强市、全国综合实力百强市、中国工业百强市。更是拥有“垛田花海全球唯一、水稻单产全国第一、河蟹产量全国第一、科技现代化共建全国第一、健康食品全省第一”等“五个一”的闪亮名片。

根据市统计局2023年10月24日公布的数据，2023年前3季度兴化实现地区生产总值822.24亿元，同比增长7.4%，增速分别高于全国、全省和泰州2.2个、1.6个和0.6个百分点。这其中，不仅有占地区生产总值比重50.8%的第三产业构筑高质量发展坚实底盘，同时有201.65亿元的工业投资助力三季度兴化工业平稳前行，再加上增速居泰州第1位的第一产业。一、二、三产业“三轮驱动”，有效助力兴化“主要经济指标增幅站稳全省‘第一方阵’”。三产融合发展，兴化市这个风景秀丽的鱼米之乡已找到农业大市走向经济强市的“路径密码”，并势必打造一个“水韵江苏”的“样板之城”。

举全市之力“再造一个新戴南”

按照“十四五”规划，兴化提出不锈钢产业“1345”战略。即打造1座全国不锈钢名镇；推进3项重点工程（产业转型工程、城建提升工程、生态优化工程）；明确4大发展方向（巩固线材特色、提升棒材品质、保持型材规模、挖潜板材市场）；完善5个集中方案（市场集中、冶炼集中、酸洗集中、质检集中和物流集中）。这里的不锈钢名镇指的就是戴南镇，戴南镇位于兴化市东南部，是兴化市的第一大镇，也是兴化市乃至周边地区的经济、金融中心。戴南镇与不锈钢的渊源可追溯到20世纪60—70年代，等到80年代中期，当戴南成为苏中第一个亿元镇时，“戴南”二字便已在行业内有了独一无二的辨识度。90年代初，戴南在宁盐公路西侧建设第一个不锈钢交易市场——“中国戴南不锈钢市场”，这也成了戴南废旧不锈钢材料交易市场发展的开始。从废旧不锈钢收购,到熔炼、锻打、轧制,再到产品销售,戴南的不锈钢产业枝繁叶茂,逐渐形成一个规模庞大的特色产业。

2021年4月21日,兴化市召开“再造一个新戴南”誓师大会,标志着由戴南、张郭、茅山3镇合并组建的新戴南镇正式成立。于是,戴南二次创业再出发。2023年10月20日,“2023年全国千强镇发布暨镇域高质量发展论坛”在北京举办,现场公布全国千强镇名单,戴南镇位列其中。戴南镇项目招引硕果累累:江苏兴达公司年产35万吨高性能子午线轮胎用钢帘线扩建项目,总投资36亿元,一期工程投资16亿元,9个月建成12万平方米的厂房,现已全面达产见效;国家级绿色工厂江苏申源集团投资6.36亿元,新建的高性能特种合金材料产业化及高线智能化技术改造项目,进入安装调试局部试生产阶段;泰州腾龙不锈钢高端精线项目总投资15亿元,一期计划生产应用于核电及航天工业用高端紧固件及应用于汽车生产精密零部件用双相不锈钢钢丝,二期规划生产软磁不锈钢棒材及镍基合金焊材等高端不锈钢新材料及下游产品。

泰州戴南不锈钢综合贸易示范区项目总投资40亿元,年度计划10亿元,计划建设集不锈钢交易、智能仓储、现代物流、电商办公、展览展示、金融服务、生活配套、综合管理于一体的不锈钢综合贸易区。可形成不锈钢制品交易量约400万吨,交易额约1000亿元,聚力打造江苏省独具特色的“永不落幕不锈钢制品展销城”,实现“千亿级不锈钢产业集群”建设目标,对促进泰州地区两业融合发展,实现传统制造业的转型升级具有重大引领示范作用。

兴化市按照绿色化、高端化、智能化发展要求,进一步延长产业链、提升价值链、突破创新链,提高产业垂直整合度,推动向中高端金属制品业和新材料产业方向发展。

“双遗产”名片打响文旅大IP

在兴化市千垛菜华景区,有大小不等、形态各异、四周环水、各不相连、高低错落的水中土丘,形同海上的小岛,有人称这里为“千岛之乡”。如此鬼斧神工的奇观,便是有着全球重要农业文化遗产和世界灌溉工程遗产的“双遗产”之称的“兴化垛田”。

垛田是兴化特有的一种地貌景观,是里下河地区最具特色的湿地风貌。据考证,750年前,兴化百姓在沼泽地带开挖网状深沟,将挖出来的泥土一方一方堆积如垛,成为可以耕作的垛田,并在上面种植农作物,才演变成现如今的生态景致。

历史上的垛田地势很高,高的高出水面4~5米,低的也有2~3米,远高于当地平均地势,以达一定的防洪效果。20世纪60—70年代,随着政府治水卓有成效,兴化水灾显著减少,垛田的防洪功能因此不断弱化,农户们为了扩大耕地面积,便将高垛挖低,挖的土将小沟填平,相邻垛子连成一片,或者向四面水中扩展。与“梯田”这种需要用山顶的原始森林作为“水库”来涵养水源的灌溉方式不同,垛田之间灌溉用的是内河,既可储水又可泄洪。富有特色的灌溉方式给兴化带来“垛上种植蔬菜、垛下养殖鱼虾”的耕作模式,而由此形成的独特景色也让兴化垛田在文旅产业上备受关注。

2009年4月,兴化市举办首届中国“千岛菜花节”(后更名为千垛菜花旅游节),开始尝试做休闲观光农业,“垛田”景观的价值被逐步挖掘;2011年,江苏省政府将“兴化垛田”确定为省级文保单位;2013年,“兴化垛田传统农业系统”被确定为“中国重要农业文化遗产”;2014年,“兴化垛田”被联合国粮农组织确定为“全球重要农业文化遗产”;2019年,“兴化垛田”入选第八批全国重点文物保护单位名单;2022年(第九批)世界灌溉工程遗产名录公布,“兴化垛田”灌排工程体系工程申报成功。

自从有了“文化遗产”的名片,兴化垛田旅游产业也就有了“金字招牌”作为背书。10余年间,千垛菜花旅游节从乡镇活动发展为具有地方特色的文旅品牌,千垛镇8万余人口中,有1/10从事旅游行业。2022年,全市文旅行业从业人员6万余人,年营业收入逾100亿元,兴化市获评江苏省文化和旅游产业融合发展示范区。

如今,“千垛菜花”享誉世界,获评全球四大花海之一。2023年千垛菜花旅游节期间,兴化市各旅游景区总计接待游客60万人次。其中千垛景区累计接待游客超36万人次。

以“蟹”为题“无蟹可及”

兴化的另外一大特色是大闸蟹。作为“中国河蟹养殖第一县”，兴化境内湖泊密布，河道纵横交织，适宜河蟹生长。郑板桥有诗赞曰：“半湾活水千江月，一粒沉沙万斛珠”，兴化为优质淡水螃蟹的生长提供得天独厚的条件。

兴化大闸蟹具有“青壳、白肚、金爪、黄毛、博螯、捷足”的特点，脂膏丰满纯正、肉质玉白爽嫩、蟹黄晶红油润、入口鲜香溢甜。先后获评国家地理标志集体商标、江苏省十强农产品区域公用品牌、农业农村部2022年农业品牌创新发展典型案例。

因发展势头强劲，如今河蟹产业已成为兴化水产养殖的特色产业、支柱产业和富民产业。据调研数据显示，全市大闸蟹年产量约6.7万吨，全国每8只生态大闸蟹就有1只来自兴化，全市有30万人从事与兴化大闸蟹相关的行业。光是安丰镇大闸蟹养殖，年产值就超过13亿元。

同时，兴化线上联合抖音、京东、淘宝等媒体搭建商购平台，线下开设1000多家品牌直营店、专卖店、展销店，年交易额突破180亿元。其中，借力电商直播，中秋、国庆等节庆经济，千垛景区等网红地标引流，推动大闸蟹产业与生态休闲、旅游观光融合发展，增强“兴化大闸蟹”品牌曝光度，是这几年兴化大闸蟹频频“出圈”的关键一招。

2023年8月16日，中国地标节组委会《品牌观察》杂志社联合发布《国家地理标志大闸蟹品牌价值排行榜》，全国10个省份共25种大闸蟹上榜。兴化大闸蟹品牌价值313.46亿元，排名第一。

此外，兴化还聚焦健康食品和预制菜产业，布局新兴产业赛道。结合全市千亿级健康食品产业集群发展，重点打造河蟹生产、加工、销售全产业链，推出蟹黄豆腐、香辣蟹、花雕蟹等一系列预制菜，形成蟹黄油、蟹黄粉、蟹黄酱等10余种深加工蟹产品，市内生产厂家200多家、规模企业30家，年加工量4.5万吨，建成河蟹出口基地2家。

兴化将持续做好以“蟹”为题的特色文章，把预制菜产业作为主攻方向，加快推进河蟹产品精深加工，推动与生态休闲、旅游观光、现代物流融合发展，形成一、二、三产联动效应，拉长延伸产业链条，让兴化大闸蟹名扬四海、“无蟹可及”。

（宣传部）

2023年中国·兴化千垛菜花旅游节

在市委、市政府的精心谋划和组织领导下，历时52天的2023中国·兴化千垛菜花旅游节于5月6日落下帷幕。节庆期间，兴化市组织开展9项重点活动，5项策应活动，文化惠民活动20余场，参与人数多，涉及范围广，涵盖吃住行游购娱等各旅游要素，充分发挥千垛菜花旅游节在提升形象、扩大消费、助推发展等方面的积极作用，实现“为民办节、特色办节、节俭办节、安全办节”的既定目标。主要特点和成效体现在4个方面。

以节促游，激发文旅消费新活力

兴化市在南京、山东淄博、河北沧州等地举办千垛菜花旅游节推介会，同时邀请重点客源城市旅行社开展“春游兴化”踩线活动，推介兴化景区政策和文旅产品，50家媒体和400余家旅行社受邀参加，并与莫愁旅游、金陵国际旅行社等签订战略合作协议，精准掌握市场需求和游客心理。承办中国泰州水城水乡国际旅游节暨2023中国·兴化千垛菜花旅游节开幕式、第十四届江苏省乡村旅游节启动仪式，不断提升“千垛之城 梦里水乡”美誉度辨识度。开展2023兴化春季“惠满兴春·畅享水乡”消费促进活动，联动举办2023年兴化名厨美食大赛和美食征文，引导传统商业线上线下融合共振，从而实现本地消费持续增长，旅游市场持续升温，节庆期间，全市共接待游客121万人次，实现旅游收入3.2亿元，人均旅游消费439元，1—4月，全市住宿业完成0.82亿元，增速76.8%；餐饮业完成1.71亿元，增速38.9%。

文旅搭台,奏响经济发展新乐章

兴化市举办“相约花海 共赢未来”2023兴化春季投资贸易洽谈会,共签约项目45个,计划总投资209亿元,其中,5亿~10亿元项目15个,10亿元以上项目7个,外资项目1个。会上发布促进有效投资、扩大对外开放的专项政策,以鲜明有力的政策导向,掀起“大抓项目、抓大项目”热潮。举办2023全球能源用不锈钢、镍及特种合金新材料技术创新论坛,吸引国内科研院所、行业学者和企业家代表,共话产业发展新形势,共谋交流合作新路径。聚焦食品产业发展,组织全国食品工业行业职业技能竞赛,举办绿色健康食品产业发展论坛,推动建设知识型、技能型、创新型调味品技能人才队伍。开展全国涉农高校强农行动,激励青年学子知农爱农,为家乡农业强市贡献青春力量。组织开展千垛百味特色农产品和文创商品展销活动,新推出农产品8款、文创商品60款,拉动景区二次消费15.5万元。团市委联合供销总社开展线上直播,助力菜花蜂蜜、兴化香辣蟹、花雕熟醉蟹、兴化大米、兴化龙香芋等特色农产品销售,同时推介民宿、餐饮、研学等旅游产品。

文化惠民,擦亮地域特色新名片

省政府参事室和市政府在兴化市联合主办首届里下河地域文化研讨会,100余位国内著名专家、学者就保护、利用里下河地域文化进行研讨。成立垛田研究会,推出系列研究成果,推动兴化地域文化资源的挖掘,极大丰富本土文旅新业态。举办第五届施耐庵文学奖颁奖仪式,邀请余华等文学名家到兴化开展采风活动,借力名人效应宣传兴化。组织《好小说是改出来的》首发式、小说沙龙、文学课堂、本土作家作品研讨会,让“中国小说之乡”品牌更亮。设计沙沟彩妆游走灯会、茅山会船、“非遗”项目展示暨民俗文艺展演以及淮剧、板桥道情等活动,积极承办中国文联“送欢乐·下基层”、第十五届全国国际象棋锦标赛(个人甲组)、名家故乡行中国画作品展、戏曲票友大赛等,既为外地游客呈现文化大餐,也为兴化百姓提供惠民服务。

宣传推介,展现全域旅游新形象

兴化市发挥主流媒体宣传实效,坚持把旅游宣传作为节庆重中之重,邀请新华社、中央卫视等到兴化开展全媒体采访,推出千垛景区直播连线,央视综合频道《新闻联播》、新闻频道《新闻直播间》、财经频道《第一时间》《正点财经》、农业农村频道《中国三农报道》等推介兴化生态美景;在《新华每日电讯》头版、《光明日报》等央媒省媒推出图文报道80余篇。加大社会环境宣传,围绕城区主要道路、对外主要通道,通过户外宣传牌、高炮广告牌、大型电子显示屏、沿街商铺电子显示屏、公交站台、建筑围挡、灯杆道旗等多种载体,设置菜花旅游节标语,播放宣传片,开设专题专栏,介绍兴化美景美食,全方位、立体化、高密度营造浓厚氛围。创新推进新媒体宣传,人民网、中新网、“学习强国”学习平台以及“兴化发布”微信公众号等市内外新媒体持续推出图文、视频和专题报道2000余篇,浏览量超3000余万次。组织“e路同行·网眼看兴化”宣传采风活动,以网络直播、旅游打卡等形式集中推介兴化旅游攻略。举办“映像兴化 乐游水乡”抖音短视频挑战赛,总阅读量突破2.6亿次。同时强化国际传播,千垛菜花登上法新社、《欧洲时报》、新华社外文频道等外宣平台。

(宣传部)

1月

1日　政协兴化市第十四届委员会第二次会议召开。

2日　兴化市第十七届人民代表大会第二次会议召开。

5日　全市招商引资项目建设述职会召开。

10日　全市2023年烟花爆竹禁放工作动员部署会召开。

12日　全市领导干部警示教育大会召开。

16日　市政府第十三次常务会召开。

△　兴化市召开戴南镇高质量发展大会。

18日　市委常委会第42次会议暨优化企业服务工作会议召开。

29日　全市产业高质量发展大会召开。

31日　“农村商业银行杯”兴化市2023年新春舞龙表演大赛在新区体育馆举行。

2月

2日　人文历史纪录片《郑板桥》入选国家广播电视总局“十四五”纪录片重点选题。

3日　泰州市暨兴化市文化卫生科技三下乡集中服务活动在兴化市大营镇举行。

7日　陈堡草荡泰州水上运动训练中心获评泰州市第十三批骏马奖。

8日　省市场监管局局长沈海斌到兴化调研。

9日　兴化市制造业高质量发展推进大会在昭阳剧院召开。

10日　十三届市委第43次常委会会议召开。

16日　市自然资源和规划管理委员会第二十三次会议召开。

△　市妇联九届四次执委(扩大)会召开。

18日　兴化市举行2023春季重大项目集中开工仪式。

20日　全市武装工作暨党管武装述职会议召开。

21日　市委政法工作会议召开。

△　全市公安工作会议召开。

22日　国有(集体)资产管理委员会第一次会议召开。

23日　市十七届人大常委会第七次会议召开。

△　市政协第十四届委员会常务委员会第七次会议召开。

24日　兴化市女支部书记联盟成立。

25日　兴化市“千垛美路”获评2022年度江苏十大优秀农村公路品牌。

3月

1日　中国民生银行兴化支行正式开业。

2日　十三届市委第45次常委会会议暨园区发展专题会议召开。

3日　全市园区发展大会召开。

4日　全市安全生产工作会议暨重大安全隐患排查整改百日攻坚行动动员部署会召开。

△　全市深入打好污染防治攻坚战暨突出生态环境问题整改工作推进会召开。

6日　十三届市委第四轮巡察工作动员部署会召开。

△　全国文明城市创建推进大会召开。

7日　全市春季旅游工作会议召开。

9日　2023年度春季征兵工作定兵会议召开。

10日　泰州市慈善总会系统年度工作会议在兴化召开。

15日　泰州市委书记朱立凡到兴化专题调研农业农村工作。

16日　市政府第十四次常务会议召开。

19日　兴化举办“恒兴科技园杯”兴化名厨美食大赛。

△　“相约花海 共赢未来”2023兴化春季投资贸易洽谈会举办。

△　兴化市举行“恒兴科技园杯”2023兴化名厨美食大赛暨里下河美食文化征文活动。

23日　十三届中国泰州水城水乡国际旅游节暨2023中国·兴化千垛菜花旅游节开幕。

△　第十四届江苏省乡村旅游节启动。

24日　兴化市举行第五届施耐庵文学奖颁奖活动。

4月

1日　2023“兴化杯”全国食品工业行业调味品品评师技能竞赛决赛在兴化举行。人社部中国就业培训技术指导中心二级巡视员、竞赛处处长蔡兵，中国食品工业协会常务副会长沈箎，江苏省人社厅二级巡视员余强，中国食品工业协会副会长荣耀中出席活动。

5日　2023年中国·兴化戴南茅山会船节举行。

6日　市党政联席会召开。

△　江苏方志大讲堂暨泰州记忆讲堂兴化专场活动在兴化市千垛镇千垛菜花风景区举行。

8日　2023中国·沙沟大型彩妆游走灯会在沙沟镇举办。

10日　钓鱼镇八尺沟村举办樱花节。

11—12日　省交通运输厅党组成员、副厅长金凌一行到兴化，就交通运输行业文艺创作基地运行管理情况进行现场调研。

12日　市委干部教育培训领导小组会议召开。

△　2023年市委党的建设工作领导小组第一次会议召开。

13日　省环保督察反馈问题交办暨整改工作推进会召开。

14日　全市党建工作会议召开。

△　“全国涉农高校强农行动——最炫农科生”集结仪式在里下河国家湿地公园文创广场举行。

15日　十三届市委常委会(扩大)会议召开。

△　十三届市委常委会(扩大)会议暨生态环境突出问题整改推进会召开。

△　全市国有(集体)资产管理委员会第二次会议召开。

16—17日　“又是一年菜花香”——中国电影家协会文艺志愿服务团走进江苏省兴化市送欢乐下基层慰问演出活动在兴化市举办。

17日　兴化市入选首批“全国农业科技现代化先行县”。

18日　兴化市垛田研究会成立大会召开。

19日　全国人大常委会预算工委副主任夏光率调研组到兴化调研财政支持粮食稳产保供资金情况。

20日　江苏戴南科技园区入选“城市矿产”示范基地。

22日　十三届市委机构编制委员会2023年第二次会议召开。

24日　全市医疗保障工作会议召开。

26日　全市统计工作会议召开。

27日　“里下河地域文化研讨会”在兴化市举行，江苏省副省长徐缨、国务院参事室副主任赵冰出席。

△　市十七届人大常委会第八次会议召开。

△　市政协十四届五次主席协商会议召开。

28日　新消费模式与平台经济健康发展专家研讨会在兴化召开。

△　全市加强社会治理“百日会战”工作会议召开。

29日　北京师范大学经济与工商管理学院“中国长三角·实践行”研学活动在兴化举办。

△　兴化市陈堡镇启动第四届“草荡十宝”美

食文化节暨唐庄“草荡船菜”发布会。

5月

1日 “乐摘千垛 果然开心”2023千垛镇瓜果采摘节在千垛镇徐圩村开幕。

4日 十三届市委第48次常委会会议召开。

5日 市工会第十七次代表大会在昭阳剧院召开。

10日 2023兴化·深圳乡贤座谈会在深圳举办。

11日 省安全生产第五督导组副组长、省工信厅二级巡视员张金国率队到兴化开展安全生产工作督导。

△ 市十七届人大常委会第十三次主任会议召开。

△ 市自然资源和规划管理委员会第二十四次会议召开。

13日 新疆伊犁州昭苏县县委书记侯陶，县委副书记、泰州援疆工作组组长王辉率昭苏县党政代表团到兴化，就工业经济和农文旅融合进行考察交流。

15日 十三届市委第51次常委会会议暨理论中心组集中学习会召开。

16日 林鸣院士应邀到兴化参加泰州市“吾论如何”成长讲坛第三期线下沙龙暨林鸣院士“粉丝”见面会。

△ “体育彩票杯”第十五届中国·兴化全国国际象棋锦标赛（个人甲组）落幕，兴化籍棋手郭琦提前一轮夺得女子组冠军。

17日 省总工会党组书记、副主席徐大勇一行到兴化调研产业工人队伍建设改革、工会改革等重点工作。

△ 省人大常委会委员、省委组织部副部长、省委编办主任李伟、省委办公厅副主任刘建东到兴化开展省委加强和改进人大工作意见落实情况专项督查。

19日 全市科技创新工作会议召开。

22日 市政协历史文化研究会第三届会员代表大会召开。

23日 泰州市2023年首批“企业新型学徒制”签约仪式在江苏兴达钢帘线股份有限公司举行。

24日 市十七届人大常委会第九次会议召开。

△ 市城市建设发展领导小组第二次会议召开。

26日 江苏省兴化乌巾荡旅游度假区管理办公室正式揭牌成立。

27日 全市法治示范创建推进会暨党政主要负责人专题述法评议会召开。

29日 兴化市智慧教育创新改革实验区建设启动仪式在省兴化中学举行。

30日 全市2022年度总结表彰暨2023年高质量发展大会召开。

6月

1日 全市国有（集体）资产管理委员会第三次会议召开。

3日 首届兴化水乡研学论坛在沙沟镇举办。

4日 “全民健身 你我同行”2023年兴化市“行走大运河”全民健身健步走活动举行。

6日 国家电子商务进农村综合示范项目兴化市级寄递物流共配中心启动仪式在兴化邮政邮件转运中心举行。

7日 省委常委、政法委书记刘建洋到兴化市调研政法工作，实地了解常态化扫黑除恶、特殊人群服务管理等情况。

8日 国家统计局普查中心主任刘文华一行到兴化调研第五次全国经济普查相关工作。

9日 兴化市新的社会阶层人士联谊会换届大会暨二届一次会员大会召开。

14日 国家粮食和物资储备局执法督查局副局长、二级巡视员唐茂带队到兴化市实地调研夏粮收购工作。

△ “泰有引力 兴好有你”人才发展推介会在江苏大学举办。

15日 市第十七届人大常委会第十四次主任会议召开。

16日 兴化市政协书画院正式成立。

△ 市委常委会议军会议召开。

△ 十三届市委第53次常委会会议召开。

17日 市党政联席会召开。

20日 “千垛之城 荷你有约”——2023兴化市荷文化旅游节开幕式活动在兴化万亩荷塘景区举行。

23 日　“兴化农商银行杯”2023 里下河龙舟邀请赛暨兴化市第十五届龙舟大赛在泰州市水上运动训练基地举行。

25 日　省人大常委会办公厅一级巡视员姜葵带队到兴化调研乡村特色产业和农村电商发展情况。

28 日　市政协第十四届委员会常务委员会第八次会议召开。

29 日　“同心·共铸中国心”公益活动兴化行举行启动仪式。

30 日　十三届市委第 54 次常委会会议召开。

△　市政府第十六次常务会议召开。

△　中华手拉手——“行走的舞台”石榴籽文化宣传走进兴化活动举办。

7 月

1 日　市安委会全体(扩大)会议召开。

△　庆祝中国共产党成立 102 周年暨“两优一先”表彰会召开。

△　全面加强假期(周末)困境、留守儿童关爱保护工作推进会召开。

4 日　全市耕地保护工作会议召开。

△　共青团兴化市第十八届委员会第二次全体(扩大)会议召开。

12 日　十三届市委第 56 次常委会会议召开。

△　市委全面依法治市委员会召开会议。

13 日　泰州市委书记朱立凡,泰州市委副书记、市长万闻华分别带队,到现场观摩项目建设情况。

14 日　里下河文学研学营在新生小学报告厅举行开营仪式。

15 日　全市铸造行业高质量发展专家咨询会召开。

△　首届长三角铸造大会暨青年人才创新发展论坛在兴化举办。

△　兴化市 2023 乌巾荡啤酒龙虾节开幕。

21 日　全市违法用地整改工作推进会召开。

23 日　十三届市委第 58 次常委会(扩大)会议召开。

28 日　江南大学、江苏省兴化经济开发区共建健康食品离岸科技孵化创新中心签约仪式举行。

8 月

1 日　创建省级双拥模范城动员大会召开。

3 日　市政协十四届六次主席协商会议召开。

4 日　十三届市委第 59 次常委会会议召开。

5 日　中国共产党兴化市第十三届委员会第四次全体会议召开。

7 日　全国文明城市创建推进大会召开。

10 日　兴化市获“江苏省农村物流达标县”称号。

11 日　兴化市举办“警民同心 平安兴化”反诈宣传公益晚会。

12 日　市生态环境突出问题整改工作推进会召开。

△　全市“百村示范引领、全域整治提升”工作推进会召开。

15 日　泰州市委书记朱立凡到兴化专题调研生态环境保护工作。

16 日　省委常委、统战部部长惠建林到兴化开展接访工作。

18 日　十三届市委第 60 次常委会会议召开。

△　兴化市人民政协理论研究会正式成立。

22 日　江苏地域文明探源工程推进会在兴化召开。

△　全市考核工作委员会(扩大)会议召开。

23 日　全市特种合金新材料企业座谈会在戴南镇召开。

24 日　由省工信厅、泰州市工信局和兴化市联合主办,市工信局和开发区共同承办的江苏省预制菜产业链电商供需对接专场活动暨兴化市预制菜平台合作大会召开。

31 日　兴化市政邮联合打造“兴农红驿”物流进村党建服务品牌。

9 月

1 日　十三届市委第 61 次常委会会议召开。

2 日　市党政联席会召开。

5 日　市政府第十八次常务会议召开,讨论审议相关文件,研究部署当前工作。

△　全省高质量发展“庭院经济”工作交流培训会议在兴化召开。

6日 2023中国·兴化品蟹赏菊旅游季新闻发布会暨秋季旅游专题推介会在南京举行。

8日 “蟹状元”永丰产业园举行奠基仪式，总投资5.2亿元。

△ 市委第五轮巡察工作动员部署会召开。

15日 兴化举行2023年秋季入伍新兵欢送仪式。

19日 2023中国·兴化健康食品产业(预制菜)专题招商引智会在上海举行。

△ 市十七届人大常委会第十六次主任会议召开。

20日 市退役军人事务局联合市农商行举办“永远跟党走 最美军人情”党建共建活动。

21日 “江淮论稻”活动在兴化举行。

22日 兴化市召开“兴农红驿”农村寄递物流综合服务站民生实事推进会。

23日 中国农民丰收节暨2023兴化大闸蟹开捕节在兴化泓膏大闸蟹生态园举行。

26日 2023中国·兴化“品蟹赏菊”音乐美食节在千垛景区正式开幕。

30日 首届兴化发展论坛在昭阳剧院举行。

10月

1日 兴化市举办首届社区运动会象棋、围棋比赛暨兴化市第十九届“金桥杯”职工棋类比赛。

10日 泰州市委书记朱立凡到兴化调研高标准农田改造提升、秋收秋种、秸秆“双禁”、虾蟹混养等农业农村工作。

△ 省委第十一巡视组向兴化市反馈巡视情况。

12日 省第十五批、十六批驻兴化市科技镇长团工作交接会在兴化召开。

17日 市自然资源和规划管理委员会第二十六次会议召开。

18日 全省生活垃圾填埋场治理工作现场推进会在兴化召开。

20日 国有(集体)资产管理委员会第六次会议召开。

25日 “诗画田园——2023美术名家兴化采风活动”在千垛镇陈杨村启动。

26日 2023兴化金秋经贸科技洽谈会在兴化举行。

△ 市政府第十九次常务会议召开。

27日 市十七届人大常委会第十三次会议召开。

△ 市政协十四届七次主席协商会议召开。

31日 全国水产养殖新模式新装备新技术论坛在兴化举办。

△ 全国水产养殖机械化智能化数字化现场推进会在兴化市举行。

11月

1日 市委相关负责人会见芬兰驻上海总领事嵇安诺一行。

3日 十三届市委第67次常委会会议召开。

△ 中国电信与兴化市政府共同为“中国电信5G+农业数字化示范基地”揭牌。

4日 市委党政联席会召开。

7日 兴化高新区(沈阳)离岸创新中心正式揭牌运营。

9日 2023兴化冬季文旅消费推广季暨首届多彩兴化暖冬摄影展在水上森林景区举行。

10日 省民政厅党组成员、副厅长周恒新带队到兴化市未成年人关爱保护中心、长安社区儿童关爱之家实地考察。

12日 兴化农商银行2023花海森林兴化半程马拉松比赛举办。

14日 市政府第二次全体(扩大)会议暨全市政府系统廉政工作会议召开。

16日 以“大衍聚变、领创蕴生”为主题的兴达高峰论坛在上海市举行。

17日 “兴化大米”品牌推介走进上海。

20日 市政府党组中心组学习会和第二十次常务会议召开。

21日 市纪委组织开展“亲语连廉”清风讲堂。

22日 第十六届中国·兴化郑板桥艺术节开幕式在昭阳剧院举行。

△ 2023食品预制化(预制菜)产业基地生态大会在北京召开,兴化位列百强榜单第25。

△ 全国残疾人排舞比赛中,兴化市特殊教育学校排舞队获评特等奖。

24日 2023年兴化市“五方挂钩”工作协调小组会议在兴化召开。

△ 市政协第十四届委员会常务委员会第十次会议召开。

25 日 由市委、市政府主办,兴化开发区、日经 BP 中国社承办,上海得援企业管理咨询有限公司协办的 2023 中日(兴化)食品产业发展大会在兴化举行。

△ 全市安全生产工作会议召开。

27 日 兴化竹泓木船文化产业有限公司(传统木船制造技艺)入选国家级非物质文化遗产生产性保护示范基地推荐名单,竹泓木船非遗工坊入选江苏省首批非遗工坊名单。

28 日 交通运输部发布关于 2022 年度“四好农村路”全国示范县创建结果的公示,兴化市入选拟命名名单。

29 日 市十七届人大常委会第十七次主任会议召开。

30 日 2023 年兴化市陶庄牛羊肉美食文化节开幕。

12 月

2 日 兴化市举行首期“四敢先锋”大讲堂——新生代企业家专场。

4 日 兴化市举行 2023 兴化淮剧文化节开幕式。

8 日 十三届市委第 70 次常委会会议召开。

9 日 兴化市制造业高质量发展推进大会召开。

△ 市委组织部、市交通运输局党组联合举行兴化市汽车维修行业功能型党支部成立暨党员先锋岗授牌仪式。

△ 2023 兴化冬季文旅消费推广季暨首届多彩兴化暖冬摄影展开幕式在水上森林景区举行。

12 日 泰州市仁智公司“年产 2.5 万吨特种合金制品项目”等 3 个重大项目集中开工。

15 日 陈堡镇唐庄村入选 2023 年江苏省乡村振兴示范村创建名单。

16 日 市国有(集体)资产管理委员会第七次会议召开。

18 日 省人大常委会委员、社会委副主任委员卜宇带队到兴化开展预防未成年人犯罪立法调研。

△ 十三届市委第 71 次常委会会议召开。

24 日 由中国小说学会主办、兴化市委宣传部承办的中国小说学会 2023 年度好小说评议会在兴化举行。

25 日 十三届市委第 72 次常委会会议召开。

△ 市政协第十四届十一次常委会会议召开。

△ 全市文旅融合发展专题会议召开。

26 日 兴化市产业工人群众性经济技术创新成果表彰发布会召开。

△ 兴化中学定制公交正式开通。

△ 兴化市小微食品生产企业党建联盟成立。

27 日 市政府第二十二次常务会议召开。

△ 兴化市 6 家大闸蟹企业在 2023 江苏最美绿色优质农产品(大闸蟹)企业评选活动中获奖。

30 日 市委党政联席会召开。

兴化概况

城市名片

【最美油菜花海】 江苏兴化位于长三角经济带北缘，建城已有2300余年历史，是江淮地区的一颗水乡明珠，有着深厚的文化积淀和独特的水乡美景。“兴化千垛菜花”景区位于兴化千垛镇东旺村，菜花观光核心区域面积306.7公顷，为国家AAAA级旅游景区，以“垛田”特色地貌享誉全球。“垛”是里下河地区独有的一种农业景观。750年前，农民在水中取土堆田，整齐如垛，并在上面种植农作物，形成具有世界自然文化遗产价值的兴化垛田奇观。由于垛田地势较高、排水良好、土壤肥沃，尤其适宜种植瓜果蔬菜，20世纪50年代，便有了“垛田油菜，全国挂帅”的说法，因为蔬菜品种全、产量高，垛田又有“蔬菜之乡”的称号。每年的清明前后，在辽阔的水面上，千姿百态的垛田形成上千个湖中小垛，垛田上开满金灿灿的油菜花，在水面上形成一片金黄色“花海”。2009年，千岛菜花风景区被评为“中国最美油菜花海”。

【中国河蟹养殖第一县】 2008年8月24日，中国渔业协会授予兴化市“中国河蟹养殖第一县”称号。全市共有河蟹批发市场10个。安丰、永丰、中堡和临城等乡镇、街道成为“中国河蟹之乡”。2023年，全市河蟹养殖面积4.2万公顷，产量6.7万吨，统计现价产值44.8亿元，是全国最大的河蟹交易集散地。2023年，兴化大闸蟹以313.46亿元，在“国家地理标志大闸蟹品牌价值排行榜”中排行第一。

全市13个乡镇、街道河蟹养殖规模超过666.67公顷，养殖户1.8万户，养殖大镇主要为安丰、永丰、合陈、海南、昌荣等东北片乡镇，安丰镇、永丰镇蔡星村依靠河蟹特色产业分别成为第七批、第八批全国“一村一品”示范镇、村。养殖模式主要有河蟹精养、虾蟹混养、蟹鱼混养等，经济效益约在4.5万元/公顷。

全市从事河蟹加工的企业30家，规模加工企业10家，拥有2家河蟹出口基地。河蟹加工以初加工为主，主要产品有香辣蟹、醉蟹、花雕蟹等，深加工产品包括蟹膏、蟹油、蟹粉等。兴化大闸蟹线上线下销售额超180亿元，电子商务销售额超50亿元。

兴化发布了全国首个河蟹价格指数，全市30多万人从事大闸蟹产业相关行业，拥有安丰国蟹交易市场、永丰河蟹交易市场等12个集中交易市场和1000多个线下交易门店，成为“中国河蟹第一市场”。江苏安丰国蟹水产品市场占地面积5.67万平方米，年销售河蟹7.6万吨，年交易额80亿元。

【中国果蔬脱水加工第一县】 兴化市脱水蔬菜产业是全省农副产品深加工中的特色产业，产品畅销全国各地，年销售量占全国总量40%以上，年出口量占全省出口蔬菜总量的60%以上，是全国乃至亚洲最大的脱水蔬菜加工基地、出口基地和产成品集散地。2014年3月，兴化市被中国蔬菜流通协会授予“中国果蔬脱水加工第一县”的称号。2014年11月经国家质检总局批准将垛田街道、兴东镇1371公顷基地建设为“兴化市国家级出口食品农产品质量安全示范区”。示范区每年向出口企业提供65万吨优质原料,保证出口食品的质量安全。

近年来,兴化脱水蔬菜企业调整产业结构,积极开拓国内外市场,不断转型升级,积极挂靠科研院所研发新品。实现从配料产品到终端产品、从佐食产品到保健品的两个飞跃。兴化脱水蔬菜行业近年开发20余种科研新产品。加工工艺从传统的AD技术提升到FD先进加工技术,呈现高质量发展的新趋势。脱水蔬菜产品主要有香葱、高丽菜、胡萝卜、青梗菜、洋葱、辣椒、大蒜、香菜、番茄、菠菜、芹菜、香菇等,占行业产品70%。脱水企业年加工销售脱水蔬菜干制品15万余吨,消化各类蔬菜160万吨,产品远销欧盟、美国、日本、韩国、俄罗斯等65个国家和地区。

现有脱水果蔬规模企业18家,其中兴东镇8家、垛田街道10家,年消耗农产品60余万吨,脱水蔬菜产品8万余吨。2023年,脱水果蔬产业实现营业收入6亿元,利税总额4500万元,提供就业岗位1万余个。

【中国文学之乡】 2011年,兴化市被中国小说学会命名为“中国小说之乡”。2020年,中国作家协会中华文学基金会对兴化进行“文学之乡”创建考察,并授予兴化市“中国文学之乡”称号。中国四大古典名著中有3部与兴化有较深的渊源。古典名著《水浒传》是中国第一部章回体长篇白话小说,作者是兴化人施耐庵,被称为“中国长篇小说之父”。为推动中国长篇叙事文学的发展,兴化市人民政府设立“施耐庵文学奖”,著名作家贾平凹、王安忆、阿来、阎连科等获得此奖,扩大兴化文学的知名度和影响力。为鼓励本土作家进行文学创作,兴化市委、市政府建立文艺精品扶持奖励制度,设立郑板桥文艺奖,对兴化市在文学艺术等领域取得成就的集体和个人给予表彰奖励。截至2023年底,兴化籍作家中有中国作协会员19名,江苏省作协会员80名。4人5次获鲁迅文学奖,1人获茅盾文学奖,10人20次获江苏省紫金山文学奖。

【中国国际象棋之乡】 兴化的国际象棋运动起步于20世纪80年代,经过多年的艰苦努力,国际象棋事业有了一个跨越式的发展。2009年,兴化成为全国第一个“国际象棋之乡”,并被中国国际象棋协会授予“中国国际象棋高水平后备人才培训基地”称号。兴化的国际象棋运动从无到有,逐步发展壮大,培养男子国际特级大师侯逸凡(女),女子国际特级大师谷笑冰、郭琦,国家大师聂昕、刘曼犁、胡月、刘可心,亚洲棋联大师袁烨,以及全国少儿冠军景珊珊、沈居祺、张睿、陈牧野等。全市共有18人次获得世界冠军,11人次获得亚洲冠军,92人次获得全国冠军,245人次获得省级冠军。其中1人获得“男子国际特级大师”称号,2人获得“女子国际特级大师”称号,1人获得“亚洲棋联大师”称号,6人获得“国家大师”称号,1人获得“一级运动员”称号、4人获得“二级运动员”称号、4人获得“三级运动员”称号、29人获得“棋协大师”称号。

自然地理

【地理位置】 兴化市地处北纬32°40′~33°13′、东经119°43′~120°16′。东邻盐城市大丰区、东台市,南接泰州市姜堰区、扬州市江都区,西与扬州市高邮市、宝应市为邻,北与盐城市盐都区隔界河相望。境内地势低平,河网密布。政区东西最长、南北最宽各55千米。总面积2393.35平方千米,其中陆地面积1949.65平方千米,占总面积的81.46%;水面积443.7平方千米,占总面积的18.54%。

【地形地貌】 兴化市位于江苏省中部,里下河地区腹部。兴化地貌特征为周高中低,形为侧釜,是里下河域三大洼地(兴化、建湖、溱潼)之一,全境地形总趋势大致为:唐港河以东和蚌蜒河以南偏高,唐港河以西蚌蜒河以北地势偏低,俗称“锅底洼”,呈明显向心式。地面真高平均只有1.8米。兴化境内湖荡棋布,河道纵横交错,分属长江、淮河水系。河道总长近1.1万千米,其中有骨干河道22条、650千米,主要湖荡有5湖12荡,总面积约5333.3公顷。

【气候特点】 气候 2023年兴化市气候特点:气温偏高,降水偏多,日照偏少。

气温 2023年,兴化市平均气温16.4℃,较常年偏高0.7℃,除12月偏低外,其余月份均偏高。年极端最高气温36.6℃(8月12日),年极端最低气温

-11.3℃(1月25日)。

降水 2023年,兴化市总降水量1365.5毫米,比常年偏多近三成,其中1月、3—4月、10—11月降水量偏少,2月、6月、9月、12月降水量偏多,5月、7—8月降水量异常偏多。6月17日入梅,入梅正常略早(常年平均入梅日为6月19日),7月23日出梅,出梅偏晚(常年平均出梅日为7月13日),梅期36天。全市梅雨量最大值为690.0毫米,出现在戴南镇茅山站,城区雨量为517.2毫米。全市梅雨量异常偏多,为历年第七,与常年平均梅雨量(270.5毫米)相比,全市偏多近一倍。强降水过程频繁,共出现7轮,分别为6月17—19日、24—26日、29—30日、7月2日、6—7日、16—17日和19—20日,其中7月6日午后至7日下午,兴化市出现罕见特大暴雨(6日14时至7日14时,城区24小时降雨量194.4毫米,超过1991年日降雨极值,仅次于1969年的日降水极值200.6毫米)。梅雨期多短时强降水、雷暴大风等强对流天气,其中短时雨强较为极端,最大小时雨强84.6毫米,于7月2日13—14时出现在临城街道西郊站,极大风速17.8米每秒(8级),于7月4日13时04分出现在沈坨镇薛鹏站。

日照 2023年,兴化市日照时数2065.1小时,较常年偏少45.4小时,年日照百分率47%,其中1月、3月、6月、8月、10月、11月较常年偏多,其它各月均较常年偏少。

暴雨 2023年,兴化市年内出现暴雨7次,出现在5月28日(55.2毫米)、6月29—30日(78.0毫米)、7月2日(65.4毫米)、7月6—7日(6日66.4毫米、7日167.3毫米)、8月22日(63.0毫米)、8月28日(148.3毫米)、9月13日(53.6毫米)。

高温 2023年,兴化市出现≥35.0℃的高温日数7天,分别出现在5月28日,6月9日,7月12日,8月5—6日、12—13日。8月12日出现年极端最高气温36.6℃。

寒潮 2023年,兴化市出现寒潮11次,出现在1月8—10日、13—15日、23—25日,2月18—20日,3月11—13日,11月5—6日、11—13日、16—18日、22—24日,11月29日—12月1日,12月14—16日。

(葛 蕾)

【河流湖泊】 兴化境内湖荡棋布,河道纵横,属淮河水系。旧时,南自江都孔家涵受通扬运河水流经斜丰港由老阁入境;西至高邮南北各闸洞分受里运河水东流,1支由运盐河圣河口穿海陵溪入境,1支由澄子河入斜韦港至老阁入境,3支同往南官河。另有蚌蜒河北分之水及高邮北支渠穿海陵溪东流之水,然以南官河来水为大宗。泄水大势由西南而趋东北,通过经河、纬河东流注入串场河,北流注入兴盐界河,分别泄入归海5港——王港、竹港、斗龙港、新洋港、射阳港。随着江都和高港水利枢纽的建成,境内水系逐步调整为南北走向。南北向主要河道有串场河、茅湾港、陈营港、横经河、雌港、雄港、东唐港、盐靖河、西唐港、渭水河、上官河、下官河、卤汀河,市境西北部的沙黄河、李中河、中引河、鲤鱼河、西孤峯河等经河,具有重要引排作用。东西向主要河道有兴盐界河、海沟河、白涂河、车路河、梓辛河、蚌蜒河。境内西北部的潼河以及中部的兴姜河等纬河,是重要的引水和泄洪河道。境内湖荡众多,面积较大的有大纵湖、吴公湖、郭正湖、平旺湖、得胜湖、乌巾荡、沙沟南荡、癞子荡、官庄荡、王庄荡、花粉荡、广洋荡、团头荡、沙沟北荡、时堡南荡、黄邳西荡、洪家荡、马港西荡等。

表1 2023年兴化市骨干河道一览表

河道名称	起讫地点		长度(千米)	走向	流域面积(平方千米)	河道状况		
	起	讫				统计流量(立方米/秒)	底高(米)	底宽(米)
李中河	北沙庄	沙沟镇	20.75	南北	104	20	-1.5	14
沙黄河	朱夏庄	严家舍	7.7	南北	32	90	-4.0	40
卤汀河	周庄	市区	29.1	南北	127	100	-1.0	30~50
下官河	乌巾荡	沙沟	26.0	南北	77	70	-1.0	100

续表 1

河道名称	起讫地点		长度（千米）	走向	流域面积（平方千米）	河道状况		
	起	讫				统计流量（立方米/秒）	底高（米）	底宽（米）
中引河	东罗庄	大纵湖	8.0	南北	12	30	-1.5	27.5
鲤鱼河	吴公湖	大纵湖	3.69	南北	11	30	-1.5	30
上官河	车路河	古殿堡	20.62	南北	142	70	-2.0	25
西唐河	姜家庄	兴盐界河	59.9	南北	200	50	-1.5	20
渭水河	兴泰界河	兴盐界河	52.5	南北	301	40	-1.5	45
盐靖河	罗顾	兴盐界河	54.0	南北	204	30	-2.5	12.5
雄港	车路河	海沟河	15.2	南北	20	40	-1.5	25~40
雌港	海沟河	兴盐界河	8.5	南北	45	100	-2.5	40
兴盐界河	大纵湖口	刘庄	39.5	东西	137	40	-0.6~1.5	25~50
海沟河	西鲍	白驹	50.3	东西	254	70	-1.0~1.5	40~60
白涂河	市区	草堰	46.4	东西	190	40	-1.0~1.3	20~30
车路河	市区	丁溪	42.5	东西	106	80	-3.0~5.0	24~50
梓辛河	市区	博镇	52.9	东西	115	50	-0.6~1.6	32~63
蚌蜒河	老阁	南柯	36.5	东西	159	40	-0.4~1.4	20~50
兴姜河	市区	帅垛	36.3	南北	149	30	-1.0~1.5	30~50
串场河	宗家园	张家架子	25	东西	60	30	—	—
通界河	界河	沈坨	11.5	南北	35	17.3	-1.0	18
潼河	宝应	郭正湘	3	东西	15	40	-1.0	50

（周广学）

【自然资源】 *土地资源* 2023年，全市国土总面积239500.29公顷。其中农用地166079.96公顷，年内净增加185.52公顷。农用地中耕地125150.33公顷，净增加878.44公顷；园地1128.68公顷，净增加16.9公顷；林地4437.31公顷，净减少66.91公顷；其他35363.64公顷，净减少642.91公顷。建设用地33964.79公顷，年内净减少335.26公顷。建设用地中城镇村及工矿用地28138.59公顷，净减少350.69公顷；交通运输用地3221.73公顷，净增加17.49公顷；水工建筑用地2604.47公顷，净减少2.06公顷。未利用地39455.54公顷，年内净减少149.74公顷。未利用地中湿地205.35公顷，净减少0.26公顷；草地750.21公顷，净增加4.93公顷；河流、湖泊水面38499.98公顷，净增加145.07公顷。2023年，全市土地储备在库土地25宗，总面积55.37公顷。

矿产资源 2023年，全市有石油采矿区7宗、矿泉水矿区2个、地热矿区2个。石油资源主要分布在周庄、陈堡、戴南镇等乡镇，探明可采储量5000万吨左右；地热资源主要分布在戴南镇、昭阳街道等乡镇街道；矿泉水资源较为丰富，全境均有分布，探明储量主要分布在临城街道、昭阳街道等地。

水资源 兴化境内湖荡棋布，河道纵横交织，分属长江、淮河两大水系。2023年，全市降水总量为16.95亿立方米（2022数据），整体水资源量相对充足。

森林资源 2023年，全市有林地面积2.77万公顷，国家特别规定灌木林地面积0.18万公顷，四旁树折算面积1.07万公顷，林木覆盖面积4.03万公顷，林木覆盖率22.19%。

湿地资源　全市湿地资源丰富,主要包括河流湿地、湖泊湿地、坑塘和沟渠等类型,湿地总面积5.89万公顷,受保护湿地面积2.55万公顷,湿地保护率43.4%。兴化里下河湿地公园2022年获批国家湿地公园,沈坨镇获"全国绿化模范单位"称号,兴化里下河国家湿地公园湖荡沼泽湿地修复案例入选"江苏首届十佳湿地生态修复案例"。

（赵　灿）

历　史

【建置沿革】　兴化古称昭阳,又名楚水,历史悠久。南荡遗址文物证明,在4000余年前的新石器时代兴化就有人居住。春秋、战国时期为吴楚之地。周慎靓王时为楚将昭阳食邑。秦为九江郡地。汉至隋唐历属临淮、广陵、江都。兴化建县始于公元920年,五代杨吴武义二年(920),划海陵县北设招远场,不久改招远场为兴化县。故有"昭阳古邑""海陵旧址"之称。北宋时期,初属扬州,改隶泰州。宋高宗建炎四年(1130),升高邮为承州,割兴化而属之。明清时代属扬州府高邮州。1912年废府制,兴化直隶江苏省。1941年2月兴化成立抗日民主政府,先后隶属苏北临时行政委员会、苏中行政委员会、苏中第二行政区。抗日战争、解放战争期间,曾建立过"兴东县""溱潼县""沙沟县(市)",后撤销并入兴化(一部分并入东台、泰县)。1948年12月,兴化解放,属苏皖边区二专署领导。1949年5月兴化隶属苏北扬州专区。1950年1月兴化隶属泰州专区。1953年1月泰州专区撤销,兴化隶属扬州地区。1983年3月扬州地区撤销,兴化属扬州市。1987年12月兴化撤县建市,仍属扬州市。1996年隶属新设立的地级泰州市。

【行政区划】　截至2023年12月,全市设有乡镇及街道26个:昭阳街道、临城街道(江苏省兴化经济开发区)、戴南镇(撤销张郭镇、茅山镇,设立新的戴南镇)、大垛镇、荻垛镇、戴窑镇、合陈镇、昌荣镇、陶庄镇、海南镇、大邹镇、永丰镇、安丰镇、新垛镇、钓鱼镇、大营镇、沙沟镇、千垛镇、中堡镇、兴东镇、陈堡镇、周庄镇、垛田街道、竹泓镇、林湖乡、沈坨镇。

【地名】　实施"国家地名信息库数据质量建设行动",1.12万条标准地名入选国家信息库,为有关部门编制专项规划提供兴化市政区图、兴化市城区图576份。开展历史地名的挖掘、保护、宣传、利用工作,"城内东大街、儒学街、东城外大街"入选省级地名文化遗产。组织力量对主城区122条路、1300余块路牌进行常态化巡查,维修整改不规范路牌236块。持续开展平安边界建设工作,完成第五轮兴姜线联合检查,与各涉界县市签订《平安边界共建协议》,边界地区连续27年保持和谐稳定。

人　文

【人口】　2023年,兴化市常住人口112.26万人,户籍人口总数147.01万人,比2022年减少2.11万人。户籍人口中,出生0.52万人,人口出生率为3.54‰,比2022年下降0.41‰;死亡注销1.3万人,人口死亡率为8.76‰,比2022年下降2.65‰;人口自然增长率为-5.23‰。流动人口40524人,迁出11516人,迁入1646人。

【民族】　2023年,兴化市人口以汉族为主,有少数民族42个、人口3077人,其中,蒙古族59人,回族207人,藏族17人,维吾尔族6人,苗族517人,彝族251人,壮族472人,布依族144人,朝鲜族20人,满族139人,侗族233人,瑶族33人,白族98人,土家族486,哈尼族64人,哈萨克族2人,傣族20人,黎族37人,傈僳族42人,佤族14人,畲族7人,拉祜族50人,水族22人,纳西族3人,景颇族9人,土族8人,达斡尔族1人,仫佬族7人,羌族8人,布朗族9人,毛南族1人,仡佬族28人,锡伯族2人,普米族4人,怒族1人,俄罗斯族3人,鄂温克族1人,德昂族1人,独龙族3人,鄂伦春族2人,穿青人42人,革家人4人。

【宗教】　2023年,全市有佛教、道教、天主教、基督教4个教种。有宗教团体3个,宗教活动场所84处,其中佛教54处、道教7处、天主教1处、基督教22处。

【方言】　兴化方言属江苏省两大方言区之一的江淮方言区。明初,随着大批苏州移民的迁入,因而方言含有一些与吴语相似的成分。近年来,由于经济文化的发展,水陆交通的开发,方言有向普通话靠拢的趋势。

【风俗】 兴化是历史上吴越文化与楚汉文化的交汇处,自古以来民风淳朴,既有吴越风情中的柔韧,又有楚汉风情中的刚毅,至今兴化人民一直以吃苦耐劳、精明能干享誉四方。兴化的饮食文化历史悠久,烹调制作方法以炖、焖、蒸、烧、炒见长。名菜名点有炒鲨鱼片、醉蟹清炖鸡、醋熘鳜鱼、蟹黄包子、水乡米饼、沙沟春卷、沙沟鱼圆、中庄醉蟹、水晶虾仁、松花皮蛋、戴南香肚、安丰三腊菜等,属"维扬菜系"风味。兴化的传统民俗文化内容多数与劳动生产相伴,并且含有浓郁的宗教色彩。其中劳动号子最有特色,尤以茅山号子、窑工号子、挑担号子内容最为丰富。兴化民间有摇花船、打莲枪、舞龙、船会等文化习俗。文化活动形式与传统节日相连,文化内涵以祈祷平安吉祥为主。早在明代兴化就有昆曲联社。清同治年间至民国初年,徽剧和京剧班社盛极一时,剧种有淮剧、扬剧、京剧、越剧、木偶剧、杂技、曲艺等。于1990年恢复兴化淮剧团。

【名人】 兴化历史悠久,据影山头出土的文物考证,境内人类生存史可追溯到新石器时期,距今5500～6300年。沧海桑田、斗转星移,这方神奇的土地孕育了一批又一批人杰,名闻遐迩。他们中有古典文学巨著《水浒传》作者施耐庵,明代三任宰辅高谷、李春芳、吴甡,明"嘉靖七子"之一、文学家宗臣,"东海贤人"韩乐吾,清代画派"扬州八怪"中的代表人物郑板桥、李鱓,著名文艺理论家、"东方黑格尔"刘熙载,经学家、扬州学派早期代表人物任大椿、顾九苞,国学大师李详,江淮名医赵海仙等。近代,从兴化走出去的学者还有生物学家李继侗、化学家纽经义、地理学家李春芬等。作家毕飞宇、费振钟、王干,佛学大师霜亭、震华、慈舟,政经、军事名人袁木、戴风举、蔡祖铭、解厚铨、王凤银及国际象棋大师谷笑冰、侯逸凡等。兴化文化积淀深厚,人才辈出,自南宋咸淳年间至清末光绪时期,有262人中举,105人中进士,文武状元各1人,分别是李春芳和解学熊,在苏北县市罕见。

施耐庵(约1296—1370),名彦端,字耐庵,元末明初大文学家,《水浒传》作者。为元至顺辛未进士,曾官钱塘二载,以不合当道权贵,弃官归里,闭门著述。卒后葬兴化新垛施家桥。1957年施耐庵墓被公布为江苏省第一批省级文物保护单位。

高谷(1391—1460),字世用,号育斋。明永乐十三年(1415)进士,选庶吉士,授中书舍人,正统十年(1445)任工部右侍郎,入内阁参与机要。后升任谨身殿大学士。一生历事永乐、洪熙、宣德、正统、景泰五朝,被尊称为"五朝元老"。

李春芳(1511—1585),字子实,号石麓,别号华阳洞天主人。明嘉靖二十六年(1547)状元,任翰林院修撰。嘉靖四十四年(1565),以礼部尚书加太子太保兼武英殿大学士入阁。隆庆二年(1568)任内阁首辅。著有《贻安堂集》《宗藩条例》《明隽》等。一说曾校订《西游记》。

宗臣(1525—1560),字子相,文学家。明嘉靖二十九年(1550)进士,授刑部主事,调吏部文选司。后任福建布政参议,升按察副使、提督学政。其诗文主张复古,与李攀龙、王世贞齐名,为"嘉靖七子"之一。著有《宗子相集》十五卷,其中的《报刘一丈书》被收入《古文观止》。

吴甡(1589—1670),字鹿友,号专愚,晚年号柴庵。明万历四十一年(1613)进士,天启元年(1621)任山东潍县知县,崇祯初年任御史,崇祯十五年(1642)升任礼部尚书,兼东阁大学士。著有《柴庵疏稿》《安危注》等。

韩贞(1509—1585),号乐吾,兴化戴窑韩东村人,世业陶,幼家贫。曾拜泰州著名理学家王艮为师,因其笃学力行,品德高尚,深得王艮赞赏。乐吾一生以道德为楷模,极力宣扬"助人为乐"和乐天安命思想,且躬行力践,表正一乡,善行无数,被誉为"东海贤人"。卒后远近赴吊,哀声彻野,邑人在城内建韩公祠祀之。有《韩乐吾遗集》存世。

李鱓(1686—1762),字宗扬,号复堂,又号懊道人。康熙举人,清代著名书画家,"扬州八怪"之一。康熙五十二年(1713)被选入内廷,为南书房行走,供奉内廷书画。擅长花卉虫鸟,形成任意挥洒"水墨融成奇趣"的独特风格。长期往来扬州、兴化,以卖画为生,终老扬州。

郑燮(1693—1766),字克柔,号板桥。清代杰出书法家、文学家,"扬州八怪"代表人物,康熙秀才、雍正举人、乾隆进士,曾任山东范县、潍县知县,后辞官归里,卖画为生。郑板桥诗书画被世人誉为"三绝",擅画兰竹，以草书中竖长撇法运笔，体貌疏朗、风格劲峭。书法以隶为主，独创一格，谓之“乱石铺街”体。诗词言情述事，直抒胸臆，多写民间疾苦。

任大椿（1738—1789），字幼植，又字子田。清代著名经学家，“扬州学派”早期代表人物。乾隆三十四年（1769）进士。曾任礼部仪制司主事，《四库全书》纂修官。学术上在考证名物制度、搜辑小学佚书方面有很高成就。撰有《弁服释例》《字林考逸》《小学钩沉》诸书。

刘熙载（1813—1881），字伯简，号融斋，晚年号寤崖子。道光进士，后任翰林院庶吉士，入值上书房。同治三年（1864）任广东学政，后主讲上海龙门书院。学问渊博，通晓经史、天文、算法、字学、韵学，工诗词，著有《艺概》《昨非集》《说文叠韵》等九种，为清代杰出的文艺理论家。

赵履鳌（1830—1904），字海仙。清末淮海医派杰出代表，精于内科，善于治疗疑难杂症，弱冠时即医名大震。医德高尚，救死扶伤，时人誉为“赵半仙”。有《寿石轩医案》《霍乱辨正》等存世。

名特产品

【兴化慈姑】 慈姑也作茨菇，又称茨菰等，多年生挺水草本植物。生长于兴化水田。株高50厘米至100厘米。叶似箭头，地下有肉质球茎，黄白色或青白色，可作蔬菜食用，是无公害绿色保健食品中的上等珍品。泽国兴化，气候温和，阳光充沛，水网密布，便于浇灌，土壤肥沃，为褐黏土，适合慈姑生长。这里出产的慈姑，质高量大。慈姑可烧可炒可煮，营养丰富，食味上佳。如慈姑烧肉、慈姑炒大蒜、慈姑咸菜汤等。兴化慈姑，作为无公害农产品，已走进千家万户，伴随着水乡儿女的成长。

【兴化干丝】 兴化干丝是兴化市的特色产品之一，在当地已有几十年的历史。从古到今，从城市到村镇，从酒楼食肆到寻常居家，每逢早餐，或三五好友，或自家成员，围坐品茗细啖干丝，其乐融融。兴化干丝为纯手工制作，选用兴化本地优质黄豆，先经过浸泡、磨浆、晃浆、烧浆、点卤、浇百叶、榨百叶、剥百叶等诸多工序制作成百叶，其中点卤是整个工艺流程中最为关键的步骤，直接影响百叶的质量；然后切成丝状，松软细腻，口感极佳。

【兴化猪头肉】 兴化猪头肉肉质特别，肥而不腻，很多人对猪头肉情有独钟。兴化猪头肉是兴化卤菜摊位上必不可少的美味。里下河一带习惯称卤味烧制的肉食为熏烧。将选好的兴化本地猪头洗净，镊去细毛，割下双耳，挖出口条，劈开猪头，取出猪脑，浸泡在清水中，漂去血渍，用热水浸泡或下锅煮半小时，捞出洗净后，整片放到大口锅或木甑子里，倒入熬制好的老卤汁，加上五香、八角、桂皮、花椒、葱姜、酱油、精盐及清水，先用旺火烧沸，再用文火煨煮2至3小时至肉酥烂。烧制的火候与时间要恰到好处，以能用手将骨肉扒离为准。熏烧好的猪头肉表面油光，色泽红润，香味独特，精肉鲜香，肥肉酥烂，肉质醇美，别有一番风味。

【兴化面条】 兴化是我国传统主食专用小麦的最优势的生产区域之一，兴化红皮小麦出粉率高、粉色白、灰份低；面筋数量适中，稳定性高，面团弹性好。食用品质好、色香味醇正。在中国历届中筋蒸煮类小麦品质评比中均列前茅。用兴化红皮小麦通过传统石磨，采取低速低温研磨加工而成的兴化面条，最大程度地保留兴化红皮小麦中的各种营养物质，保留兴化红皮小麦的原汁原味。兴化面条麦香浓郁，口感与弹性较佳，非常适合华东、华南广大消费者的口味需求，在我国南方诸省十分畅销，具有较强的知名度和影响力。

（孙东圣）

经济社会发展

【概况】 2023年，实现地区生产总值1154.93亿元，增长7.3%左右；一般公共预算收入50.91亿元，增长6%；固定资产投资431亿元，增长13%；城镇、农村居民人均可支配收入53875元、29940元，分别增长5.3%、8.3%。兴化入选全国综合实力百强市、中国工业百强市、中国创新百强市。

【经济建设】 农业 改造提升高标准农田4000公顷，创成粮油绿色高质高效示范片40个。粮食总产125.1万吨，位列全省第二。以综合考评第一的成绩创成全国农业科技现代化先行县，入选全国供销合作社“绿色农资”升级行动试点县。成立虾蟹产业研究院,探索河蟹良种育繁推一体化发展,兴化大闸蟹以313.46亿元,高居“国家地理标志大闸蟹品牌价值排行榜”榜首。高质量发展庭院经济工作被国家乡村振兴局推介。

工业 2023年,全市工业开票销售额1110.4亿元,增长0.2%。新增规上工业企业100家,税收超千万元的制造业企业21家。东华链条兴化有限公司等7家企业获评国家级专精特新“小巨人”企业。建筑业实现总产值672.8亿元,增长8.5%,永泰公司成为全市首家晋升特级资质的建筑企业。

服务业 实现第三产业增加值555.26亿元,增长7.5%。恒兴科技园获批省级现代服务业高质量发展集聚示范区,高新区入选省“两业深度融合”试点单位。获批筹建省级调味品质量监督检验中心。举办“畅享水乡”系列活动,促进消费加速回补,完成社会消费品零售总额360亿元,增长8%。高位推动文旅深度融合发展,以“花”为媒精彩呈现四季文旅特色活动,全年接待游客622.4万人次,实现旅游收入41.4亿元。千垛镇陈杨村入选“江苏省乡村旅游重点村”。国家历史文化名城申报工作通过专家组现场审查,取得实质性突破。

【项目建设】 开展“三比一提升”行动,组建6支专职产业招商队伍,举办一定规模的招商活动近30场。其厚智能电气、星火电磁阀芯等一批优质项目成功签约,中华食谷B区、汇洲环保等一批产业项目开工建设,嘉豪食品、申源特种合金等一批重点项目竣工投产。全年新签约亿元(1000万美元)以上项目132个,其中5亿元(3000万美元)以上项目42个;新开工亿元(1000万美元)以上项目85个,其中5亿元(3000万美元)以上项目17个;新竣工亿元以上项目70个,其中5亿元以上项目9个。腾龙精线、不锈钢综合贸易示范区入选省重大项目。持续深化“亩均论英雄”改革,盘活低效闲置工业用地253.33公顷。

【改革开放】 出台优化企业服务若干措施,推行涉企免罚轻罚“三张清单”,涉企行政处罚金额下降78%,“兴舒畅”营商环境品牌进一步擦亮。探索承诺时限内未办结事项“超时默认”,以流程再造推动审批提速,亿元以上产业项目审批时限压缩至30个工作日以内。加大金融服务实体经济力度,本外币贷款余额1288.6亿元,增长18.8%。建立企业上市(挂牌)梯队培育库,后备企业数超过40家。健全国资国企组织架构,成立市国有(集体)资产管理委员会、市属国有企业实体化改革发展和协调发展委员会,明确国有企业发展方向和目标定位,加强力量配备,组建项目专班,推动国有企业实体化转型。获批内外贸一体化试点企业3家,预计完成进出口总额11亿美元,实际利用外资1.18亿美元。

【科技创新】 完成智能化改造数字化转型项目256个、1000万元以上技改项目112个,实现788家规上工业企业免费诊断全覆盖,入选国家级智能制造优秀场景2个,创成国家级5G工厂1家、省级智能工厂1家、省级智能车间4家、星级上云企业93家。新认定国家高新技术企业162家,新增省瞪羚企业1家、省科技上市培育计划企业1家。成立沈阳、无锡离岸创新中心,新增省级工程技术研究中心1家,达成产学研合作项目65个。发放“苏科贷”“积分贷”超6亿元,惠及科技型中小企业逾百家。举办“才聚兴化·智创未来”人才科技系列活动,走进西安交大、东北大学等高校招才引智,集聚各类高层次人才301人。

【城乡发展】 国土空间总体规划全国首批获批,城镇开发边界扩展24.29平方千米。启动城市更新评估,完成老旧小区改造17个,五里亭家园、新杨花苑等安置房竣工交付。实施城南路、花园路等地段积水点整治,完成7处市政道路脱空修复。北水关大桥建成通车。突出为民利民的创建导向,聚焦薄弱环节和短板弱项,开展“九整治六提升”专项行动,推动文明城市创建全域全面、常态长效。新改建公交站台310个、停车场4座,新增停车位566个、充电桩60个。创成垃圾分类省级达标小区18个,垃圾填埋场封场项目建成运行。盐泰锡常宜铁路确定过江方案,建兴高速全面建成。乡村建设呈现新貌。完成农房改造改善3652户,交付农民集中居住区8个,实现农村危房动态清零。深化农村人居环境整治,创成省级生态宜居美丽示范镇1个、示范村21个,入选省级传统村落3个,钓鱼镇南赵村获评全国乡村治理示范村。

深入推进"厕所革命",完成农村户厕改造6287户。编制"垛田"特色田园乡村示范区规划,新增省级特色田园乡村4个、泰州市级特色田园乡村5个。新改建农村桥梁120座、公路安防设施364千米,创成"四好农村路"全国示范县、省级农村物流达标县。维修改造圩口闸70座、排涝站35座,实施圩口闸电启闭改造70座。生态底色充分彰显。空气优良率76.7%,$PM_{2.5}$(可入肺颗粒物)平均浓度33.4微克/立方米。新建农村生态河道190千米,完成养殖池塘标准化改造1800公顷,国省考断面水质优Ⅲ比例保持100%。完成城南、城东、大垛污水处理厂新改建工程,实施4个污水处理提质增效达标区建设,开展50个行政村生活污水治理。加强土壤污染源头管控,土地安全利用合格率达100%。完成成片造林221.18公顷。高标准抓实中央、省生态环境保护督察反馈和长江经济带警示片披露问题整改。加快绿色低碳转型,开发区创成国家级绿色工业园区,兴达公司获评国家级绿色工厂,麦肯嘉顿等6家企业入围省级绿色工厂。

【民生事业】 社会保障 拓宽就业渠道和创业空间,发放创业富民贷款1.45亿元、各类补贴补助3152万元,城镇新增就业1.2万人,支持成功自主创业5100人。持续推进社会保险扩面征缴,优化调整长护险运行机制,基础养老金、医保补助标准稳步增长,创成"15分钟医保服务圈"省级示范市。深入开展困难群体精准救助专项行动,城乡居民低保标准提高至每人每月800元。落地实施未保"新八条",建成省级示范性儿童关爱之家1个,创成全国首批未成年人保护工作示范市。扎实做好保交楼工作,筹集(新开工)保障性租赁住房2542套,完成棚户区改造2255套。

社会事业 建成幼儿园4所、义务教育学校5所,兴化市获评"全国幼儿园保育教育质量提升实验区",入选江苏省智慧教育样板区培育区域,兴化市第一中学接受四星级高中现场评审。健全完善公共卫生服务体系,创成省级社区医院2家,公共卫生医疗中心主体完工。开展居家养老上门服务84.06万人次,新建住宅小区嵌入式养老服务点5个、示范性乡村互助养老睦邻点30个,改造提升社区助餐点8个,完成适老化改造560户,多层次养老服务体系进一步完善。

社会治理 开展重大事故隐患专项排查整治行动,系统推进危化品、厂中厂、自建房、城镇燃气、"9+N"小场所等领域治理,生产安全事故起数和死亡人数保持"双下降"。优化乡镇安全管理体制,加强应急力量建设,防灾减灾救灾能力进一步提升。严格全链条监管,食品药品安全形势平稳向好。深入实施"精网微格"工程,建设13个城市社区网格服务站。常态化推进扫黑除恶,严肃查处各类违法犯罪行为。完成国防动员体制改革。退役军人事务、民族宗教、外事侨务、史志档案等工作取得新进展,气象、供电、残疾人、慈善、红十字、关心下一代等工作取得新成绩。

(政府办)

中国共产党兴化市委员会

综　述

2023年,在习近平新时代中国特色社会主义思想指引下,中国共产党兴化市委员会全面贯彻党的二十大精神,认真落实中央、省委、泰州市委决策部署,经济社会发展稳中有进、进中向好,现代化建设迈出坚实步伐。

持续加强产业发展。坚持把实体经济发展摆上全局工作的首要位置,把产业高质量发展大会作为"新春第一会",把制造业高质量发展推进大会作为系列三年行动计划的首个专题大会。分别召开戴南镇、开发区高质量发展专题会和全市园区发展大会,率先出台园区类乡镇综合考核办法。《优化企业服务若干措施》得到落实,两轮大走访集中化解一批企业发展难题,依法解决物流成本偏高问题,涉企行政处罚金额同比下降78%。举办首届兴化发展论坛。开展招商活动近30场,调整充实专职招商队伍,出台《专职产业招商人员管理办法》《商务接待管理办法》。应对集体土地入市政策变化,推进成片开发方案获批,推行"拿地即开工","三比一提升"新开工项目数创近三年新高。实际利用外资1.18亿美元,同比增长92.8%。在年初表彰一批突出贡献企业基础上,发布2024年度重点(成长型)企业、重大(重点)项目系列名单,建立领导挂钩联系制度。

不断深化文旅融合。拓展四季旅游系列活动,串联重要文旅片区,深度开发精品旅游线路,力求吸引游客更多、停留时间更长。春季旅游季承办第十四届省乡村旅游节、泰州国际旅游节开幕式等活动,夏季旅游季首次举办里下河龙舟邀请赛、啤酒龙虾节、里下河(兴化)音乐节、里下河文学研学营等系列活动,秋季旅游季联动举办品蟹赏菊音乐美食节、承办首届"水韵苏米"稻米文化节,冬季旅游季举办首届多彩兴化暖冬摄影展、花海森林半程马拉松赛等活动。承办里下河地域文化研讨会、第十五届全国国际象棋锦标赛,举办第五届施耐庵文学奖颁奖典礼、第十六届郑板桥艺术节,支持成立兴化垛田研究会、市政协书画院,继续深化与中国小说学会合作。草堰港遗址考古发掘取得重要成果,影山头遗址陈列馆建成。乌巾荡旅游度假区实体化运作,千垛镇入选全国乡村旅游精品线路。国家历史文化名城申报工作通过专家组现场审查。

协同推进城乡建设。国土空间总体规划全国首批获批。深化全国文明城市创建,扎实开展"九整治六提升"专项行动,完成17个老旧小区改造、266个小区"飞线"整治和集中晾晒区建设,建成4个污水处理提质增效达标区。创成首批全国农业科技现代化先行县。兴化大闸蟹入选农业农村部农业品牌精品培育计划,与中国水产科学研究院淡水渔业研究中心、省渔业技术推广中心合作共建虾蟹产业研究院。启动"我的家乡我建设"系列活动。创成省级生态宜居美丽示范镇1个、示范村21个。实施50个村庄生活污水治理项目,完成农村户厕改造6287户。新增省级特色田园乡村4个,累计创成数量位列泰州第一。创成“四好农村路”全国示范县、省级农村物流达标县。

稳步改善人民生活。全面落实就业优先政策，新增城镇就业1.2万人，基础养老金、医保补助标准稳步增长。入选江苏省智慧教育样板区培育区域，获批全国幼儿园保育教育质量提升实验区。创成“15分钟医保服务圈”省级示范市。优化调整长护险运行机制。出台《全面加强假期（周末）困境、留守儿童关爱保护工作的意见》，面向社会筹集专项资金1200余万元，获评全国首批未成年人保护示范市。开展安全生产专项整治，获评省级安全发展城市创建工作先进地区。完成2022年中央生态环保督察交办问题及信访件整改销号。强化镇街“三保”工作，行政事业人员待遇总体实现城乡一体化。

全面加强党的建设。深入实施习近平新时代中国特色社会主义思想“入心工程”，打造“兴好有理”理论宣讲品牌。树立“优秀人才优先安排到一线锻炼、重要岗位人员首先从一线选拔”的用人导向，选拔57名年轻干部到一线锻炼，出台《市属企业领导人员管理办法》，从镇街部门选调211人组建实体化项目专班，持续加强镇街园区和国有企业干部队伍建设。全面开展调研式考察，分析掌握市管干部队伍总体情况和个人表现。完善市委、市政府“三重一大”决策制度，调整综合绩效考核体系，设立“四敢先锋奖”“躺平警示牌”，开设“四敢先锋”大讲堂。配合完成十四届省委第三轮巡视和泰州市委巡察组提级巡察，打造“枝叶巡察”品牌，严肃查处一批腐败案件。支持人大、政协围绕中心、履职尽责，推动群团、人武、双拥、老干部、关心下一代等工作取得新进展。

重要会议

【市委十三届四次全体会议】 2023年8月5日，市委十三届四次全体会议召开。市委书记陈锋剑代表市委常委会作工作报告。全会审议通过《中共兴化市委关于深入学习贯彻习近平总书记对江苏工作重要讲话精神在推进中国式现代化中走在前做示范 谱写“强富美高”新兴化现代化建设新篇章的决定》《中国共产党兴化市第十三届委员会第四次全体会议决议》。会议要求，着眼长远抓当前，奋力推进中国式现代化兴化新实践。要以务实担当为追求，提振发展预期信心。充分激发“四敢”精神，持续用好政策“礼包”，全力冲刺三季度，切实做到以月保季、以季保年，确保完成全年目标任务。

【全市产业高质量发展大会】 2023年1月29日，全市产业高质量发展大会召开，评选发展成效突出企业，激励企业坚定发展决心，在全市上下营造重视企业家、尊重企业家、关爱企业家、支持企业家的浓厚氛围。大会对特殊贡献企业、纳税十强企业、纳税优秀企业（制造业）、科技创新示范企业、投资示范项目、就业创业示范企业、进出口示范企业进行表彰。大会发布《关于优化企业服务若干措施》，推出兴化市涉企轻微违法行为不予行政处罚和一般违法行为从轻减轻行政处罚事项“三份清单”等一系列政策和措施。

【全市2022年度总结表彰暨2023年高质量发展大会】 2023年5月30日，2022年度总结表彰暨2023年高质量发展大会召开。会议宣读《关于表彰2022年度先进集体、先进个人的决定》《关于2022年度改革创新奖获奖项目的通报》，表彰先进集体和先进个人。

【市委常委会（扩大）会议】 2023年，市委常委会会议召开29次，市委常委会（扩大）会议召开3次。

表2 2023年兴化市委常委会会议及常委会（扩大）会议一览表

时间	会次	主要议题
1月18日	第一次常委会会议	听取产业高质量发展大会方案，《兴化市涉企轻微违法行为不予行政处罚和一般违法行为从轻减轻行政处罚事项清单（2023年版）》情况汇报、关于结算乡镇土地复垦补助资金的汇报、全市意识形态工作情况汇报；研究《优化企业服务若干措施》《兴化市优秀企业（项目）评选表彰办法》及2022年优秀企业（项目）评选表彰名单、《关于规范国有企业融资监督管理的意见》、《关于加强国有企业发债管理的实施办法》

续表2

时间	会次	主要议题
2月10日	第二次常委会会议	传达学习省两会精神；传达学习二十届中央纪委二次全会、十四届省纪委三次全会、六届泰州市纪委三次全会精神；讨论十三届市纪委三次全会工作报告；听取当前生态环境保护工作的情况汇报、听取市委2023年巡察工作计划情况汇报、市审计局2023年度审计项目计划(草案)情况汇报、信访工作有关情况汇报
2月23日	第三次常委会会议	研究推荐国家级开发区正处职干部人选
3月2日	第四次常委会会议	研究《中共兴化市委关于贯彻落实〈中共中央政治局贯彻落实中央八项规定实施细则〉的具体办法》《中共兴化市委常委会关于坚决维护党中央权威和集中统一领导的规定》，听取2023年市党政领导挂钩化解重大风险隐患清单、《关于加强巡察整改和成果运用的实施意见》；研究2023年度“两区三园”综合考核实施办法；听取《兴化市2023年招商活动计划》和2023年非园区类乡镇、综合经济部门有效信息目标任务分解情况汇报、《兴化市国土空间总体规划(2021—2035)》
3月28日	第五次常委会会议	传达学习全国两会精神、习近平总书记在中央农村工作会议上的重要讲话，传达学习全国两会精神、习近平总书记在中央农村工作会议上的重要讲话；听取关于2023年复垦项目拨付启动资金方案、统一乡镇人员工资发放方式、兴化市2022年度改革创新奖评选、东部未来城(一期)片区合作开发、2022年省级以上财政支农项目资金支出、2022年度乡村振兴考核结果等工作汇报；研究《关于做好2023年全面推进乡村振兴重点工作的实施意见》；讨论党组织设置调整
4月15日	第一次常委会(扩大)会议	传达学习十四届省委第三轮巡视动员部署会议精神；传达学习习近平总书记防治统计造假重要指示批示精神和国家、省统计造假屡禁难绝专项治理行动动员部署会议精神；研究《2023年兴化市产业工人队伍建设改革工作要点及责任分工方案》；讨论《关于成立配合省委来兴巡视联络工作领导小组的通知(讨论稿)》，布置迎接省委来兴巡视有关工作；听取第二轮省生态环境保护督察、加强供水和污水监管、全市铸造行业专项整治、江苏众拓新材料科技有限公司相关问题整改；讨论党组织设置调整、《兴化市工会第十七代表大会人事安排》
4月19日	第二次常委会(扩大)会议	传达学习省委第十一巡视组巡视兴化见面沟通会、省委第十一巡视组巡视兴化动员会会议精神；讨论《被巡视地区需提供的表格清单》任务分解方案；讨论省委巡视《市委工作情况汇报》
4月22日	第六次常委会会议	研究推荐副市(区)长人选、省级开发区副处职干部人选
5月4日	第七次常委会会议	传达学习习近平总书记在学习贯彻习近平新时代中国特色社会主义思想主题教育工作会议上的重要讲话精神、习近平总书记在中共中央政治局会议上的重要讲话精神、习近平总书记在中共中央政治局第四次集体学习时的重要讲话精神、习近平总书记重要文章《加快构建新发展格局 把握未来发展主动权》、习近平总书记在中国共产党与世界政党高层对话会上的主旨讲话、习近平总书记在中央党校建校90周年庆祝大会暨2023年春季学期开学典礼上的重要讲话、《习近平法治思想学习纲要》节选、习近平总书记关于政法工作的相关指示精神；听取当前信访工作情况汇报；传达学习省委书记信长星关于对中纪委通报青海省6名党员领导干部在参加培训期间严重违反中央八项规定的批示要求；讨论《关于在全市各级党组织和广大党员干部中大兴调查研究的实施方案》
5月15日	第八次常委会会议	传达学习中共中央办公厅关于印发《规范地方党委政策性文件制定工作规定》的通知；听取关于2022年度人物评选情况的汇报
5月27日	第九次常委会会议	讨论和票决市级机关综合考核十佳和标兵单位名单；研究乡镇综合考核先进单位、突出贡献企业奖励方案以及2023年度乡镇(街道)分类情况；研究事业单位人员绩效奖金发放方案、专项考核“水乡兴锋奖”发放方案、公务员年度考核奖发放方案；听取2022年度人才工作先进单位、2022年度创新创业杰出企业家评选结果及奖励情况；研究市领导新一轮挂钩乡镇街道方案
6月16日	第十次常委会会议	传达学习习近平总书记在内蒙古考察时的重要讲话精神、在文化传承发展座谈会上的重要讲话精神、在二十届中央国家安全委员会第一次会议上的重要讲话精神、关于浙江“千万工程”的重要批示精神；听取学习贯彻“千万工程”经验推动农村人居环境整治提升、信访工作、全国文明城市创建工作的情况汇报；研究《关于全面加强假期(周末)困境、留守儿童关爱保护工作的意见》《关于建强信访责任体系防范化解越级走访的通知》《兴化市村、社区干部处分(处理)执行实施办法(讨论稿)》；讨论《兴化市市属企业领导人员管理办法》；讨论有关案件

续表 2

时间	会次	主要议题
6 月 30 日	第十一次常委会会议	传达学习习近平总书记对宁夏银川市兴庆区富洋烧烤店燃气爆炸事故作出的重要指示以及省安委会全体(扩大)会议精神;听取全市安全生产工作情况汇报、全市“两优一先”评选表彰情况汇报,讨论《市委常委会成员、市政府领导班子成员 2023 年安全生产重点工作清单》《兴化市践行全过程人民民主示范乡镇评定办法(试行)》,研究鼓励激励职级晋升建议方案等事项
7 月 7 日	第十二次常委会会议	研究推荐职级晋升考察对象人选
7 月 12 日	第十三次常委会会议	传达学习习近平总书记考察江苏重要讲话重要指示精神;听取关于城投公司参与城区 2 宗土地竞拍的情况汇报
7 月 17 日	第十四次常委会会议	传达学习习近平总书记《深化党和国家机构改革 推进国家治理体系和治理能力现代化》、在上海合作组织成员国元首理事会第二十三次会议的重要讲话精神、在中共中央政治局第六次集体学习时的讲话精神、对网络安全和信息化工作重要指示精神和全国网络安全和信息化工作会议精神、对党的建设和组织工作的重要指示精神和全国组织工作会议精神;传达学习省委办公厅关于加重村级组织负担突出问题专项整治推进会的精神;听取国投公司收购经发公司所持兴化农商行股权、国投全资子公司国晟置业参与 XH2023GC0013 地块竞拍的情况汇报
7 月 23 日	第三次常委会(扩大)会议	听取兴东镇“7・22”火灾处理情况汇报,部署当前全市安全生产重点工作等事项
8 月 4 日	第十五次常委会会议	传达学习省委十四届四次全会精神、泰州市委六届六次全会精神;讨论市委决定(讨论稿)、兴化市委十三届四次全会报告(讨论稿)、兴化市委十三届四次全会建议方案
8 月 18 日	第十六次常委会会议	讨论《2023 年度兴化市综合考核实施办法》《2023 年度兴化市综合考核奖惩办法》和《兴化市突出生态环境问题整治六大专项行动实施方案》,研究全市意识形态工作,听取《兴化市优化土地要素市场化配置管理意见》的情况汇报和信访工作情况汇报等事项
9 月 1 日	第十七次常委会会议	交流系列三年行动计划调研工作安排,讨论案件,听取关于《兴化市中介机构管理办法》的情况汇报、兴东镇火灾事故调查结果和处理意见的汇报、关于给予 2022 年度考核优秀等次公务员记功嘉奖的情况汇报
9 月 11 日	第十八次常委会会议	研究推荐职级晋升考察对象人选
9 月 15 日	第十九次常委会会议	传达中央、省委主题教育动员部署会议和泰州市委常委会会议精神,审议全市主题教育《实施方案》、市委主题教育领导小组组建方案(讨论稿)、市委常委会主题教育《工作方案(讨论稿)》等事项
9 月 20 日	第二十次常委会会议	讨论有关人事
10 月 13 日	第二十一次常委会会议	专题研究省委巡视整改工作。传达学习习近平总书记关于巡视工作的重要指示批示精神、省委书记专题会和省委巡视集中反馈会精神,讨论《关于成立巡视整改工作领导小组的通知》、巡视整改任务分解方案等事项
10 月 31 日	第二十二次常委会会议	专题讨论市纪检监察机关监察官等级首次确定工作
11 月 3 日	第二十三次常委会会议	传达学习习近平总书记在中共中央政治局第九次集体学习上关于铸牢中华民族共同体意识的重要讲话、中央金融工作会议精神、习近平总书记出席第三届“一带一路”国际合作高峰论坛开幕式时发表的主旨演讲、习近平总书记致中华全国工商业联合会成立 70 周年的贺信、全省党委和政府秘书长办公室(厅)主任会议精神、习近平总书记同中华全国总工会和全国妇联新一届领导班子成员的集体谈话,听取进一步做好主题教育工作的情况汇报、《兴化市“祥泰行动”工作方案》的汇报、关于陈堡镇商品住宅开发项目(南堡壹号)的情况汇报、关于重大事故隐患专项排查整治行动开展情况的汇报,讨论第二轮省生态环境保护例行督察反馈问题整改方案、2023 年农村生活污水治理方案等事项
11 月 23 日	第二十四次常委会会议	讨论市(区)人大常委会副主任、市(区)政协副主席,国家级高新技术产业开发区副处职干部、三级调研员有关人事事项

续表2

时间	会次	主要议题
12月8日	第二十五次常委会会议	传达学习习近平总书记在深入推进长三角一体化发展座谈会上的讲话精神、习近平总书记重要文章《切实加强耕地保护 抓好盐碱地综合改造利用》、习近平总书记在中共中央政治局第十次集体学习时的重要讲话精神、《中国共产党宣传工作条例》,审议兴化市制造业高质量发展倍增计划,讨论研究产业招商队伍管理办法、"四敢先锋奖"认定办法、"躺平警示牌"认定办法、商务接待管理办法、经发公司关于参与竞拍中和路南和文林路西侧地块的相关事项,听取关于千垛等10个镇街创建"践行全过程人民民主示范乡镇(街道)"考评情况的汇报、关于北山子等三处空置安置房处置方案的汇报、经发公司关于投资建设经发商务中心项目的情况汇报,并讨论案件等事项
12月18日	第二十六次常委会会议	传达学习中央政治局会议和中央经济工作会议精神、习近平总书记在上海和江苏盐城考察时的讲话精神,讨论全市关工委工作、全市老干部工作,听取关于政协兴化市第十四届委员会常委会组成人员调整的情况报告、全市意识形态工作情况汇报、关于上级督查限期销号涉及兴化市7条违法道路报批整改的情况汇报,审议通过《关于省委巡视反馈意见整改方案》,并讨论干部调整等事项
12月25日	第二十七次常委会会议	传达学习习近平总书记对"三农"工作重要指示和中央农村工作会议精神、中共江苏省委十四届五次全会精神、省委经济工作会议精神、省委信长星书记在全省巡视巡察工作会议上的讲话精神、《中共中央办公厅 国务院办公厅关于坚持和发展新时代"枫桥经验"提升矛盾纠纷预防化解能力的意见》、中央和省关于"过紧日子"的要求,听取关于2024年市级财政预算编制情况的汇报、有关党组织变动情况汇报
12月30日	第二十八次常委会会议	讨论市委全会方案、政府工作报告,听取市委全会报告、市委常委会2023年度落实全面从严治党主体责任情况的报告、市长小结讲话等相关会议材料,听取市十七届人大三次会议有关筹备工作情况汇报、市人大常委会2024年工作议题初步安排、市政协十四届三次会议有关筹备工作情况汇报、市政协2024年工作计划初步安排、2023年预算执行情况和2024年财政预算草案的报告、关于2023年市政府民生实事完成情况和2024年市政府民生实事候选项目的情况汇报、2023年国民经济和社会发展计划执行情况及2024年国民经济和社会发展计划(草案)的报告等事项
12月30日	第二十九次常委会会议	传达学习习近平总书记署名文章《健全全面从严治党体系 推动新时代党的建设新的伟大工程向纵深发展》,听取市委组织部、市委宣传部、市纪委监委机关从严治党工作专题汇报,讨论《中共兴化市委2022—2026年巡察工作规划(修订稿)》等事项

【市党政联席(扩大)会议】 2023年,市党政联席(扩大)会议召开6次。

2023年3月3日,党政联席会召开,研究部署优化企业服务、项目招引建设、经济指标调度等工作;系统研究乡镇财税体制调整方案,理顺国有企业管理体制,规范编外用工管理。会议指出,要精心筹备省乡村旅游节、泰州水城水乡国际旅游节、千垛菜花旅游节等活动,全面推进全国文明城市创建,以"时时放心不下"的责任感抓好安全环保、信访等工作,全力维护社会大局和谐;深化"学习宣传二十大精神 贯彻落实现代化任务"调研活动。

2023年4月6日,市党政联席会召开,研究部署第二季度重点工作。会议要求,抓发展要勇于争先进位。坚定不移优化企业服务,推进项目建设,全面推进乡村振兴;抓民生要务必求真务实。全面推进全国文明城市创建、文旅产业融合发展,高度重视各类民生诉求,用心用情办好群众反映的急难愁盼问题;抓治理要强化基层基础。扎实推进"信访突出问题攻坚化解巩固提升年"行动,力争实现明显好转。进一步抓实抓细安全隐患排查整治。加快推进中央、省环保督察交办问题及信访件整改销号;抓队伍要坚持奖优罚劣。加大督查通报力度,树立选人用人鲜明导向,健全担当作为激励保护机制,不断激发干部干事创业的热情。

2023年5月10日,市党政联席会召开,会议研究部署文明城市创建、文旅融合发展、秸秆双禁、防汛抗旱、信访化解攻坚等重点工作。

2023年6月17日,市党政联席会召开,研究部署高质量考核指标相关重点工作。

2023年9月2日,市党政联席会召开,会议通报高质量考核相关情况。会议对乡贤论坛大会筹办、金秋经贸洽谈会筹备、项目招引建设以及当前其他工作进行部署。

2023 年 11 月 4 日，市党政联席会召开，围绕高质量发展工作、党建考核指标任务进行布置。

【市委常委议军会议】 2023 年 6 月 16 日，市委常委会议军会议召开。传达学习习近平总书记关于国防和军队建设重要论述，研究部署党管武装、国防动员和后备力量建设。会议要求，深化双拥共建，发扬好拥军优属、拥政爱民的光荣传统，下大力气解决好军人后顾之忧，做好退役军人安置、随军家属就业、优抚优待政策落实等工作。要深化国防教育，丰富载体、创新形式，扩大覆盖面，持续营造拥军爱军的浓厚氛围。驻兴化部队要立足地方所需、群众所盼、部队所能，投身兴化经济社会发展，不断巩固军政军民团结大好局面。

督查调研

【督查】 2023 年，市委办公室围绕市委重要决策、相关会议部署和领导交办的项目建设、招商引资、产业发展、惠民实事和人大政协建议提案办理等工作任务，下发各类督查交办单、提醒函 20 余件，开展现场督查 30 余次，处理泰州书记来信 120 余件、兴化人民来信 350 余件。及时处理"我的兴化"及"12345"问题线索等 700 余件，登记办理各类批示件 150 余件。

【调查研究】 2023 年，市委办公室以"参在点子上，谋在关键处"为目标开展调查研究，坚持深入基层、走进群众开展调查研究，问需于民、问计于民，掌握第一手资料，有效将调查研究作为提供科学决策的关键手段。全年起草各类文稿 400 余篇。上报省委、泰州市委信息 3500 余条，采用 157 条，得到省委领导批示 2 条、中央办公厅采用 1 篇。刊发《兴化情况》10 期、《兴化快报》49 期，累计刊发各类信息 300 余条，及时、高效流转领导批示文件、各类涉稳信息、紧急信息 1700 余条。坚持以结果为导向，与挂钩社区牌楼社区开展挂钩帮扶，把工作成效体现在文明城市创建一线、民生保障一线、助力高质量发展一线。

【改革创新】 2023 年，市委办公室不断推动改革创新，全年承担国家、省改革试点任务 5 项，承担泰州重点改革任务 2 项、市本级重点改革任务 96 项。

（赵　宸）

巡　察

【概况】 2023 年，市委巡察办围绕中心、服务大局，全面贯彻落实市党代会、市委全会和市纪委全会部署的各项重点工作任务。对 6 家单位、5 个市属国有企业、8 个乡镇（街道）和 151 个村（社区）党组织开展常规巡察，发现问题 378 个，移交问题线索 88 件，推动追赃挽损 244.02 万元。开展十三届市委第五轮巡察，对 13 个党组织进行巡察，其中对市工信局、市文体广旅局、商务局、市发改委 4 个部门和国投控股、交投公司、城投公司、文旅公司、兴粮集团 5 个单位开展常规巡察；对大垛镇、荻垛镇、兴东镇、陈堡镇 4 个乡镇及所辖 72 个村（社区）开展"镇村一体巡"。召开专题会议 9 次，修订《中共兴化市委 2022—2026 年巡察工作规划》，对十三届市委五年巡察工作进行总体安排。研究制定《中共兴化市委 2023 年巡察工作计划》《关于对被巡察党组织"一把手"共性问题"监督清单"》，坚持有形覆盖和有效覆盖相统一，增强对"一把手"和领导班子监督实效，细化对"一把手"进行监督的 52 条问题清单，督促其严于律己、严负其责、严管所辖。开展全方位政治体检，形成政治廉洁画像 14 份。

【监督融合】 2023 年，市委巡察办创新开展"枝叶"巡察工作，注重集民情、访民意、解民忧，把巡察成效转变成为群众解难题、办实事的实际行动，形成"枝叶"巡察专题报告 14 篇，帮助群众解决急难愁盼问题 31 个，增强群众获得感、幸福感和安全感。召开 2 次会议研究巡察（审计）工作，打通巡审联动存在的堵点痛点，做到任务协同、信息共享，靶向施治、成果互用。建立机制、创新打法，推进巡察监督与纪律监督、监察监督、派驻监督同频共振、双向发力。探索建立室（组）负责人担任巡察组兼职副组长以及重要问题线索会商机制，提高巡察组发现问题的精准度，为形成高质量"案源"把好第一道"关口"。发挥巡察"政治监督"和审计"经济监督"互补优势，力量相互支撑、工作相互补位、问题相互印证，切实提升巡察发现问题的深度。建立监督计划共商、线索双向通报、定期召开联席会议工作机制。对3个部门、4个乡镇和3个市属国有企业进行巡审同步进驻,对2家重点下属单位开展第三方审计,深挖案源、推动巡中成案。年内,召开信息通报会5次,向巡察组通报有效信息16条,中央一级信息采用6篇,省一级采用12篇。

【巡察成果巩固】　2023年,市委巡察办建立被巡察单位整改落实情况月通报机制,对巡察整改任务完成质效"亮榜晒绩",压实整改责任链条。市领导全程指导和督办巡察整改机制,协调分管或挂钩市领导参加被巡察单位巡察反馈会以及巡察整改专题民主生活会,及时掌握整改动态,跟踪整改实效。制定《关于加强巡察整改和成果运用的意见》,督促纪检监察机关、组织部门更好履行巡察整改日常监督责任,对市委第三轮、第四轮被巡察单位整改工作方案和整改集中进展情况报告进行审核,对市委第三轮巡察整改落实情况进行专项督查,交办问题17条,提出督查建议22条。对市委第二轮被巡察单位整改落实情况进行整改"回头看",交办未整改彻底事项6件,确保巡察整改形成有效闭环。对4个乡镇及所辖29个村(社区)党组织开展对村(社区)巡察整改成效群众评议工作,交办问题25条,督促建立整改长效机制,对共性突出问题开展专项治理。有关职能部门结合巡察移交的5个方面共性或突出问题,开展专项治理5次,以点带面推动解决面上问题12个。

【巡视巡察联动】　2023年,市委巡察办配合市委做好省委巡视期间省委巡视组以及泰州联动巡察组等8个组的沟通联络、组织协调、后勤保障等工作,发挥巡察办谋划、跟踪、提醒职能。成立落实省委巡视反馈意见整改工作领导小组,下设办公室和8个整改专项小组,统筹推进巡视整改工作。研究制定整改工作方案,加强经常性提醒,督促各整改牵头单位主动认领、层层推动,确保职责范围内巡视整改任务落到实处。组建巡察组对高新区公办义务教育学校食堂开展联动巡察,配合泰州第三巡察组对昭阳街道开展提级巡察。2023年11月,选派18名巡察干部对靖江市公安系统开展联动巡察。配合泰州市委第三巡察组巡察经济开发区期间,同步巡察临城街道。

(沈建文)

组织建设

【概况】　截至2023年12月底,全市有3999个党组织,其中基层党委90个、党工委10个、党组45个、党总支564个(其中乡镇党总支452个)。党支部3290个,其中乡镇党支部2080个、城区党支部1210个。党员77142名,其中乡镇农村党员51546名、城区党员25596名,新发展党员749名。有副处级以上干部40名;在职正副乡科职级干部796名。

【干部队伍建设】　2023年,市委组织部坚持新时代好干部标准,持续完善干部日常发现工作机制,多维度锻造能担当、善治理、敢斗争的干部队伍。组织开展届中分析研判、领导班子调研式考察,围绕镇街部门工作性质、专业特点、功能定位等开展全覆盖式考察,分层分类研判班子结构和功能,逐个分析干部能力、经历和阅历。树立优秀人才优先安排到一线锻炼,重要岗位人员首先从一线选拔的用人导向,注重将双招双引、项目建设、园区改革等"三重一线"作为干部考察前沿阵地,推动干部配备向发展中心、攻坚一线倾斜。全面落实市委对市属企业的改革要求,出台《市属企业领导人员管理办法》,持续加强市属企业干部队伍建设。定期举办"组工论坛",深化科室交流、业务互通、实践锻炼等培养机制。出台《部机关年度考核工作实施办法》,压紧组织工作考核责任。修订完善《部机关内部管理制度》,健全责任落实机制、项目推进机制、督查加压机制。全年提请市委常委会讨论干部9批次,其中提拔正乡科职25人、副乡科职32人,进一步使用17人,晋升四级调研员15人,推动干部队伍建设迈上新台阶。

【干部教育培训】　2023年,市委组织部坚持以习近平新时代中国特色社会主义思想为指导,深入学习贯彻党的二十大精神,锚定全市经济社会发展大局,组织县处级领导干部参加泰州市管干部研讨班,结合主题教育举办全市领导干部读书班,推动领导干部学懂弄通做实。发挥党校主阵地作用,开展理论宣讲1348场。坚持以讲带学、以讲促学,3000余名基层党组织书记走上讲台,把政绩观教育作为干部培训“必修课”，开展正反面典型案例解剖式交流研讨、举办“树立和践行正确政绩观”专题讨论，开发“从诗中探寻郑板桥的为官之德”系列课程，推动正反典型案例教育常态长效。统筹办好人大、政协、老干部等培训班，围绕产业发展、智改数转、经济金融、社会治理等领域开展9期“短特精”专题培训。实施年轻干部赴“四个一线”培养锻炼方案，举办招商一线人员、国企发展项目专班培训，推动培训与工作深度融合。

【干部监督】 2023年，市委组织部贯彻从严管理干部“五个要”要求，科学运用“三色”预警管理机制，组织调整不适宜担任现职乡科级、股级干部纪实报备工作，全年收集监督信息293条，关爱提醒13名领导干部。配合十四届省委第三轮巡视，扎实抓好巡视反馈意见整改，注重强化巡察整改日常监督，出台《关于组织部门强化巡察整改日常监督的实施办法》，切实增强整改实效。落实“凡提必审”要求，细化制定选人用人频发共性问题清单，组织开展干部选拔任用工作“一报告两评议”，先后对256人开展组织部内部审查和联合预审，对评议结果较差的12家单位提出整改要求和建议，对19家单位开展选人用人专项检查，持续提升干部选拔任用工作规范化水平。

【干部管理服务】 2023年，市委组织部落实中层干部管理各项规定，把好职务、职数、年限关，全年备案中层干部642人次，其中提拔282人次、重用30人次、轮岗交流210人次、免职120人次。发挥职级晋升激励作用，全年举办基层集训班1次，组织三、四级主任科员常态化晋升2批次，累计173人次。实施“健全完善刚性考核奖惩机制”等重难点攻坚项目课题4个，将落实激励干部担当作为贯穿运用于干部选拔任用全过程。深挖群众身边先进典型，收集上报激励干部担当作为典型案例274篇。实施干部人事档案管理质量提升工程，创成泰州市“三星级”管档单位，完成市管领导人事档案数字化建设工作。执行干部人事档案审核与工资核准挂钩制度，将档案审核工作前置于干部提拔、人员录用调配等工资调整前，审核档案713份，出具工资核准沟通单95份。出台基层管档人员跟班学习制度，不断提升档案管理员队伍专业水平。

【基层组织建设】 2023年，市委组织部深化“四联”大党建工作机制，执行基层党建分类推进落实制度，组织实施党建创新项目26个，打造基层党建集成示范点91个。启动实施村（社区）党组织功能“六强六好”分类提升行动，首次评定标杆型5个、领先型30个、达标型476个、软弱涣散型12个，以“精准滴灌”推动基层党组织过强过硬。纵深推进村（社区）干部提质强能培训计划，分类开展村干部、兴村青雁能力大比武，组织114人参加“专升本”“高升专”在职教育。加大“名村、名书记”培育力度，招录乡村振兴青年人才、退役军人村干部149人，委培“定制村干”15人，选派“第一书记”22人。成立市委党建引领基层治理领导小组，优化调整街道“大工委”、社区“大党委”，实施共建项目57个。聚焦“8420”目标，推进抓党建促“村”“民”共富行动，依托市乡村振兴金融服务党委，发放“兴村易贷”“兴锋e贷”1.75亿元。深化红色物业实践，重组业委会（物委会）224个，解决业主需求1980个，助力文旅紫薇府、文昌花苑创成党建引领物业管理服务工

2023年8月31日，兴化市举行邮政共建“兴农红驿”村级物流服务品牌发布会暨“兴农红驿”服务试点启动仪式 （市委组织部/供图）

作省级示范点。建成乡镇“红色驿站”723个、“兴农红驿”41个,开展人气集聚、市级机关服务进村居行动,累计服务13.3万人次,解决问题279个。深化新业态新就业群体关爱凝聚项目,集成打造“兴小哥”学堂、医院、银行、法律服务中心,实施“新”语“兴”声、平安守护、食安啄木鸟、“兴”路畅行、护苗成长5大志愿服务项目。整合阵地资源,建立市级新就业群体综合服务中心,打造行业综合型党群服务中心3个,各类型暖“新”驿站103个。为新业态新就业群体组织服务活动60余次,解决急难愁盼问题1300余个。聚焦全市绿色健康食品、高性能金属制品、现代农业、铸造行业4大优势特色企业,依托园区和行业主管部门组建产业联盟党委。实施产业链党建蹲点剖析行动,形成企业需求、企业资源、部门资源、行动项目“四张清单”,围绕财税、法律、创新、金融等支撑要素,推动产业链服务由“单兵作战”向“组团服务”转变,大力探索产业链党建工作兴化路径。挖掘乡村红色主播资源,上争省苏货直播新农人培育基地落户兴化,组织红色主播深度参与农产品电商直播大赛、菜花旅游节等活动,助农销售农产品580余万元,以红色主播为原型的党员教育作品《乡村幸福“变奏曲”》获全省党员教育作品创作大赛二等奖、最佳制作奖。

【党员管理】　2023年,市委组织部提升党员队伍建设科学化水平,升级打造兴化特色新时代党员教育载体,更新党支部书记工作室39家、党员教育实境课堂33家,组织开展“知行”成长沙龙、“吾论如何”成长讲坛林鸣专场活动、“四敢先锋”大讲堂等多场大型党员教育活动,不断激发党员教育新活力。实施村(社区)党组织书记“放亮”项目1042个,组织7300余名在职党员到社区开展“双报到,双服务”活动。全年举办党员轮训班50期,1.42万余名党员参训,推荐优秀选手参加“泰州红课”大赛,获二等奖1个、三等奖2个。持续擦亮“兴好有爱 流动有家”党建品牌,深化驻外流动党员党组织与流出地党组织“双共双联”工作机制,163名在外能人党员认领家乡“微实事”86个,实施金额200余万元。开展第二批主题教育,理论学习突出分类指导,领导干部强化示范带动,镇街部门承上启下,“三新”组织全面覆盖,83家单位7.7万名党员参学。开展“书记讲给书记听”202场,916名基层党组织书记走上讲台,组织“联学”活动45场,覆盖党员2000余名,基层党组织在“我为群众办实事”中领办重点实事项目4500余个,党员承办民生“微实事”1.8万余件。用好“四下基层”重要抓手解决民生难题1097个,联合攻坚化解信访积案、持续优化营商环境等工作得到省长许昆林充分肯定,织密未成年人保护网等做法被《人民日报》宣传推介,打造“兴小哥法律援助中心”相关工作被《中国组织人事报》头版报道。

【公务员管理】　2023年,市委组织部着眼建设高素质专业化公务员队伍,紧扣发展需求精准招录,以服务保障高质量发展大局、改善公务员队伍结构为重点,科学合理确定招录计划。2023年,全市新录用公务员139名(不含公安校招、特殊职位招录),平均年龄27.1岁,全部为本科及以上学历,其中研究生13人,整体结构实现年龄、学历“一降一升”。充分发挥组织部门的统筹作用,建立健全组织部门和年轻公务员所在单位齐抓共管、各有侧重的协同培养管理机制,持续加强思想淬炼、政治历练、实践锻炼、专业训练,为推动全市高质量发展提供充足的干部储备和人才保障。

【综合考核】　2023年,市委组织部完善公务员考核评价和激励保障机制,优化考核工作体系,统筹考核项目、荣誉表彰和奖励资金,提高基层一线人员考核优秀比例,全面实行差别化考核。聚焦经济建设、民生服务、乡村振兴、城镇建设等领域考核,组织“四敢先锋奖”评选、专项及时奖励。坚持激励与约束并重,严格执行清理规范违规发放公务员工资津贴补贴各项制度。规范调整4097名公务员工资津补贴,做好公务员基础绩效奖、年度考核奖、年终一次性奖金、年休假补贴的审核发放,调整新提拔公务员、职级晋升人员、党政青年人才、受处分人员等群体的工资待遇,完善乡镇工作补贴政策。做好退休审批和一次性补贴审核发放等日常工作,确保上级政策执行到位。

【人才工作】　2023年,市委组织部推进青年和人才友好型城市建设,全年新增青年人才5120人,同比增长52.8%。举

2023年6月14日，江苏大学—兴化市校地合作仪式启动
（市委组织部/供图）

办青年人才“周末嘉年华”活动46场，累计服务青年人才8000余人。入选国家级人才计划3人、博士后专项1人，实现兴化国家级人才计划入选历史零的突破。打造“泰有引力 兴好有你”城市人才品牌，在江苏大学、东北大学举办“泰州日”活动。招引各类高层次人才301人，入选泰州市“双创计划”5人，推动高校院所与重点企业达成产学研合作意向65个。召开年度市委人才工作领导小组会议，评选10家人才工作先进单位，明确年度人才“十大工程”。推动离岸创新中心建设，获评2022年度泰州市人才工作“十佳书记项目”，推动2023年度市委人才工作“书记项目”实施，打造“兴有宜居”青年人才集聚社区。组建2批20个“名师工作室”，评选兴化市乡土人才大师工作室10家、传承示范基地2家，96名人才入选泰州市“凤城英才计划”第六期“311高层次人才培养专项”。首次举办泰州市高层次人才创新创业大赛兴化选拔赛，两个项目获评泰州市级奖项。

（徐　燕）

【离退休干部工作】 2023年，市委老干部局坚持高站位严标准、抓关键促落实、重引领强实效，各项工作取得明显成效。推动离退休干部党组织全面进步、全面过硬，出台《关于加强新时代离退休干部党建工作的实施意见》。围绕“1＋2”组织模式总体布局，探索建制性和功能型党组织并轨运行、融合推进，指导7家单位优化、成立功能型党支部。配齐配足“联络员”，在局机关建立7支老干部党建工作联络员队伍，“一对多”挂钩联系全市7个片区（组）。开展省“六好”、泰州“星级化”、兴化“党建示范点”创建工作，新增省“六好”党支部1家、泰州“五星级”党支部2家、“四星级”党支部10家。全市102个建制性党支部，全面建成三星级党支部，其中省“六好”党支部2家、泰州“五星级”党支部9家、四星级党支部37家（包含兴化党建示范点11家）。开展“一支一品”“党建联盟”等特色工作，印发《全市乡镇（街道）离退休干部片区“党建联盟”实施方案》，46个老干部支部与其他支部结成联盟，形成“活动联办、资源联享、品牌联建”的良好格局。开展“银发三长”“文明实践中心银发先锋岗”志愿活动。组织引导广大老干部在河湖管护、生态环保、网格治理、秩序维护等方面为党委、政府分忧解难、建言献策。创新开展“银龄红管家”工作，印发《全市“银龄红管家”工作实施方案（试行）》，316名老干部老党员加入业主委员会，参与小区管理、助力基层治理，为城区123个小区管理注入“银龄”力量。创新开展离休干部遗

2023年10月24日，市委老干部局召开第一组片区例会（薛　峰/摄）

2023 年 9 月 26 日，市委老干部局召开“银发人才库”建设工作推进会

（薛　峰/摄）

孀“123”关爱行动，离休干部遗孀的满意度和幸福感持续提升。“银龄红管家”“离休干部遗孀‘123’关爱行动”项目分别入选泰州市创新创优最佳项目和优秀项目。建立 9 大领域银发人才库，新增 51 名银发人才。成立市人民医院“杏林银发人才工作室”、公安局“周朝全老娘舅工作室”等 7 个工作室。联合江苏电视台、泰州电视台拍摄《凝聚银发智慧，展现银发担当》等专题片 2 部，集中展示兴化市老干部的形象。樊才林被评为全省最美老干部志愿者、全省关心下一代工作“最美五老”。健全完善困难帮扶机制，落实走访慰问制度，走访老干部 298 人次，慰问住院离休干部 25 人次，上门吊唁、处理老干部丧事 29 名，为 7 名离休干部整生日祝寿。构建“1（市委老干部局）+7（老干部兴趣团体）+N（机关部门、乡镇（街道））”活动体系，常态化组织开展书画棋牌、文艺会演、球类竞技等文体活动。周庄镇胡官村设立全省市首家老年大学村教学点。持续加大老年大学分校建设力度，建立 26 所市老年大学分校，实现乡镇街道全覆盖。

（瞿国蓉）

宣传教育

【概况】　2023 年，在市委坚强领导下，市委宣传部坚持以习近平新时代中国特色社会主义思想为指导，紧紧围绕中心、服务大局，按照理论武装求深入、新闻宣传求创新、文化建设求特色、精神文明求长效等工作思路，全市宣传思想文化工作取得显著成效，为全市高质量发展提供强有力的精神动力、舆论支持和思想保证。

【理论教育】　2023 年，市委宣传部开展市委理论中心组专题学习 15 次、交流研讨 7 次、现场教学 1 次。以“学、巡、听、评、督、改”六步工作法，形成工作闭环，有效推动学习数量和质量“双提升”。深入实施新思想“入心工程”，深化“兴好有理”理论宣讲品牌，开展“贯彻二十大 奋进新征程”主题宣讲 600 余场，“习语共鸣”“你惑我解”等活动 90 余场。强化“六名”人才队伍建设，在全省“百姓名嘴”风采大赛总决赛中获一等奖。开展“学习宣传二十大精神 贯彻落实现代化任务”调研活动，形成 500 余篇调研成果，切实将党的二十大精神

2023 年 5 月 19 日，兴化市举行第五届红色故事宣讲大赛，图为颁奖仪式

（市委宣传部/供图）

2023 年 3 月 24 日，兴化市举行第五届施耐庵文学奖颁奖仪式

（市委宣传部/供图）

转化为推动本职工作的强大动力。

【活动打造】 2023 年，市委宣传部打造 2023 中国·兴化千垛菜花旅游节开幕式、第十六届郑板桥艺术节、品蟹赏菊旅游季等节庆活动，提升金东门景区品质，加快推进八字桥文旅休闲街区建设，策划推出乡村游、文化游、红色游等精品旅游线路，深度挖掘“幸福兴化”内涵。举办施耐庵文学奖颁奖活动、毕飞宇工作室·小说沙龙、里下河文学研学营，召开首届里下河地域文化研讨会，100 余位国内著名专家、学者就保护、利用里下河地域文化进行研讨。统筹推进市、镇、村三级文化基础设施建设，组织文化科技卫生“三下乡”志愿服务，常态化开展“文化进万家”惠民活动，丰富群众文化生活。推进恒兴科创小镇等项目建设，打造提升里下河湿地公园，培育新兴业态文化创意产品，不断培育壮大市场主体。

【主题宣传】 2023 年，市委宣传部组织“学习贯彻党的二十大精神”“新时代新征程新伟业”等主题宣传，紧扣时代脉搏，凸显兴化特色。策划央视综合频道《山水间的家》走进兴化、央视农业农村频道《乐游新乡村》到兴化拍摄。建立全市新闻通报、通气、策划会制度，实现信息共享，做优新闻宣传。推进媒体深度融合发展，规范新闻媒体采访接待工作流程，不断建强融媒移动传播矩阵。持续加大上级媒体平台宣传力度，在中央卫视、《人民日报》等重点央媒推出报道 1870 篇，《新华日报》等省媒刊发 3040 篇。

【精神文明创建】 2023 年，市委宣传部以全国文明城市创建为重点，大力推进文明创建、文明培育、文明实践，以务实之策推动新时代精神文明建设高质量发展。组织核心价值观系列宣传微视频、微电影、公益广告征集大赛，面向全国征集公益广告 1000 余条。着力推动未成年人思想道德建设，全面贯彻党的教育方针，深入开展“扣好人生第一粒扣子”主题教育实践活动。以板桥形象设计“市民文明规范十个不”“文明兴化诚 10 条”“移风易俗 16 条”和“兴好有你”公益广告 4 组，儿童漫画“文明交通·头盔系列”入选《人民日报》增刊。建成总占地面积 9000 余平方米，涵盖毕飞宇工作室、好人馆、未成年人礼仪养成教育基地、科普小院、心理咨询室、垛田农民画工作室等阵地的新时代文明实践中心，建成群众身边的新时代文明实践点 1000 个，将每月 25 日设定为新时代文明实践日。投入城建资金 3.3 亿元，完成老旧小区改造 88 个、农贸市场提档升级 4 个。274 个小区完成线缆整治和集中晾晒区建设等微整治微改造，581 条背街小巷消除管网不畅、路面坑洼、井盖下沉等问题 1020 件。整理启用人防工程 7 个，释放小区停车位 650 余个，42 家机关部门晚间共享停车，推行小区、单位向附近停车场“团购”停车，单车年费 300 ~ 800 元。充电桩全部改由国有平台公司投资，按居民家用电价明码收费，运维成本由市财政托底。紧盯“12345”政务热线、微信小程序“我的兴化”、网络论坛等平台反映问题，快速受理、交办、反馈。不断完善常态长效机制、及时奖励办法，深化落实“五长共治”“党员楼道长”制度，推动群众满意度不断提高。

【意识形态工作】 2023 年，市委宣传部制定《2023 年全市意识形态工作任务清单》，压紧压实意识形态工作责任链条。结合省委巡视意识形态专项检查、市委巡察，同步对19家单位开展专项检查。落实“三张清单”和风险防范化解月报制度。建成全市首家“扫黄打非”基层工作站，新建护苗工作站5家，组织“扫黄打非”五大专项行动，继续保持高压态势。开发完善“网信兴化”交办闭环处理功能，推动突发事件网络舆情及时交办、源头化解。会同政法、公安、信访等部门常态化开展工作，提高工作素养。实施“e兴向党”“e兴同行”工程，确保网上正能量充沛、主旋律高昂。启动红色主播“双有”培育计划，为乡村振兴注入新动能。

（徐亚军）

统一战线工作

【概况】　2023年，市委统战部以加强党的领导为核心，紧扣一条主线、聚焦两个关键、推进三项建设，建立全面系统的大统战工作机制和齐抓共管的组织运行体系，不断聚心聚力聚智，推动统战工作取得新成效。市委常委会专题研究统战工作，召开统战工作领导小组会议，将统战工作纳入领导班子和领导干部考核评价体系、政治巡察范围。制定下发《关于建立“两清单两机制”推动党（工）委（党组）统战工作责任落实的实施方案》，健全完善市、镇、村三级统战工作网络，形成路径明确、上下贯通、层层负责的责任链条和一级抓一级、层层抓落实的大统战工作格局。

【思想政治建设】　2023年，市委统战部组织开展党的二十大、习近平新时代中国特色社会主义思想学习宣讲5场，参加人数400余人次，引导广大统战成员更加深刻领悟“两个确立”的决定性意义，筑牢共同奋斗的思想政治基础。坚持深入学习领会习近平总书记关于做好新时代党的统一战线工作的重要思想和《中国共产党统一战线工作条例》，组织开展各类专题学习、知识竞赛，覆盖统战干部90人次、统战成员1000余人次。扎实做好信息宣传工作，年内采用宣传稿件201篇，其中《中国统一战线》杂志1篇，《中华工商时报》1篇，《挚友》杂志1篇，《江苏民族宗教》杂志2篇，《中国统一战线》杂志微信公众号5篇，《新华日报》8篇，“新华网”15篇，省统、省民宗委、省台办网站35篇。

【政党协商】　2023年，市委统战部支持各民主党派、无党派人士开展调研献策，撰写调研报告、提案议案36件，不断提高参政议政水平。开展“同心助力”乡村振兴主题实践活动，组织民主党派成员、无党派人士和党外知识分子深入乡村振兴实践基地，为乡村振兴把脉问诊、献计献策。推进泰州市与兴化市挂钩结对工作，在沙沟镇水金村设立泰州市无党派人士实践锻炼基地，为全市乡村产业发展、农文旅融合汇智聚力。指导九三学社泰州市兴化直属小组完成“社员之家”揭牌仪式，助力民主党派成员在思想建设上强基固本、在参政履职上立言立功、在自身建设上巩固提高。

【党外代表人士统战工作】　2023年，市委统战部组织党外代表人士参加党外干部座谈会等重要会议，及时听取党外代表人士对市委、市政府中心工作的意见建议。健全党员领导干部联系党外代表人士制度，分类规范建立党外代表人士数据库、年

2023年4月14日，市委统战部承办泰州市新的社会阶层人士联谊会“风新荟萃聚合力　共画乡村新图景”主题活动　（市委统战部/供图）

轻优秀党外干部后备人才库，加大党外代表人士发现储备力度，吸收储备党外人士近400人，认定登记无党派人士31人、预登记8人。联合组织部门举办全市党外干部能力提升培训班，持续选派优秀党外干部跟班学习、挂职锻炼，进一步提升党外干部的整体素质和能力水平。

【新的社会阶层人士统战工作】 2023年，市委统战部组织召开市新的社会阶层人士联谊会二届一次会员大会，选优配强新一届新联会班子成员。打造“同心圆·梦水乡”“兴新讲堂”“‘同心助力’社会治理”等统战工作品牌。围绕“祥泰暖心”，全力打造“兴好有你”公益品牌，先后开展“兴好有你 致敬消防”“兴好有你 马路天使”“赓续百年风华 传承红色基因”等活动，有效激活统战工作新动能。成立“同心助力”社会治理工作室，创建“1+4+5+N”服务体系，打造“恒新园”新的社会阶层人士统战工作实践创新基地。指导新的社会阶层人士联谊会与兴化市大闸蟹行业协会签订共建合作协议。打造“以文化人”工作品牌，围绕“文化+”的独特作用，探索文化统战新模式，举办及指导各乡镇街道新联会开展活动56次。

【民营经济统战工作】 2023年，市委统战部持续加强民营经济人士理想信念教育，开展民营经济人士理论学习、读书交流活动等10场，举办“二十大精神”进企业宣讲活动7场。做好泰州市光彩事业促进会换届人选推荐工作，推荐3名副会长、2名常务理事、5名理事；推荐5名民营企业家认定为泰州市2018—2022年度“光彩之星”，进一步弘扬企业家精神，发挥典型示范引领作用。以“法治+统战”模式深化“‘企’聚检察 共话‘敢干’”“暖企护企 法治护航”等活动，开发运用“护企宝”微信小程序，为381家企业提供法律咨询服务。开展“企业敢干”专题调研，针对企业融资贵、融资难等问题，与18家银行共同建立“金融顾问团”，组建“金融联络员”队伍，累计撮合融资(含预授信)30.2亿元。推进“幸福民企”创建工作，全市4家企业被认定为五星级“幸福民企”，9家企业被认定为四星级“幸福民企”。

（张雅淇）

机构编制管理

【概况】 2023年，市委编办紧紧围绕市委、市政府中心工作，充分考虑经济发展、民生改善、乡村振兴等关键领域，向基层一线倾斜，提高机构编制资源使用效益，加强机构编制对促进经济社会发展的保障作用。年内，下达招录计划1101名，其中卫健系统招录计划624名、教育系统招录计划367名。

【编制管理】 2023年，市委编办进一步规范全市机关、事业单位人员编制调配管理，出台《兴化市机关事业单位人员调配操作口径》《兴化教师跨市流动工作规则》。加强机关事业单位用编计划前瞻性测算研究，统筹3～5年的自然减员和人员结构以及超编化解等重要事项，统筹招录(聘)、政策性安置等进人渠道，综合测算3～5年内机关、事业单位可使用编制数量。

【机构设置】 2023年，市委编办根据上级统一部署安排，整合市疾病预防控制中心(市健康教育所、市血吸虫病和地方病防治中心)和市卫生监督所职责，重新组建市疾病预防控制中心，加强重大疫情防控救治体系和应急能力建设。在市妇联设立妇女儿童服务中心，承担市妇儿工委办日常工作，并为妇女儿童提供政策咨询、投诉受理、心理疏导、法律援助、纠纷调解等服务。市经济适用房调配中心更名为市历史文化名城保护中心，统筹协调指导全市历史文化名城(镇、村、街区)保护利用工作。设置度假区管理办公室内设机构，加强文旅融合发展内设机构设置。

【基层医疗卫生机构设置优化】 2023年，市委编办推进农村区域医疗卫生中心建设。联合市卫健委，通过实地调研、座谈交流、深入摸底，选择戴南、安丰等作为农村区域医疗卫生中心建设试点，将戴南、安丰、周庄、钓鱼区域内14家基层医疗卫生机构分别进行整合，实现“一地一院”，提升基层医疗卫生服务能力，提高医疗卫生机构资源使用效益。同步向上级争取戴南、安丰中心卫生院机构升格。

（王志全）

对台事务

【概况】 2023年，在市委、市政府的正确领导下，在泰州市台办的关心指导下，市委台办坚持以党的二十大精神和习近平总书记对台工作重要思想为指导,认真贯彻落实中央和省委、市委关于对台工作的决策部署,紧扣中心,紧贴实际,创新方法,各项工作取得新进展。

【助企发展】 2023年,市委台办坚持把台商作为推动全市经济社会发展的重要力量,紧扣中心工作,努力将统战所长与大局所需结合起来,不断提升统战工作贡献度。组织台企负责人参加早茶峰会、企业家座谈会,鼓励台商发挥自身资源优势,帮助家乡更好地引资引智。建立"云上会客"机制,畅通需求反馈,交流沟通渠道,动员更多台商到兴化投资兴业。在兴化春季投资贸易洽谈会(2023年)上,签约台属企业江苏申源集团有限公司,总投资10.9亿元。贯彻落实《江苏省对台经济文化交流合作促进条例》,搭建两岸经济文化交流合作平台,保障在兴化台企权益。落实同等待遇,优化营商环境,采取媒体宣传、集中宣讲等方式,提升惠台政策知晓度,引导在兴化台胞充分享受政策红利,帮助广大台商台企在大陆更好更快发展。每季度走访调研在兴化台企,收集梳理企业发展过程中遇到的困难和矛盾,汇总形成问题清单,积极联系相关职能部门协调解决,为企业提供"一对一"政策宣讲和跟踪服务,全力助推在兴化台企科技创新、转型发展。

【交流交往】 2023年,市委台办坚持以引导、团结台湾同胞为目标,广交新朋友、深交老朋友。利用郑板桥名人效应,结合对台工作新任务新要求,11月,组织市中国画学会与台湾宜兰县水墨学会共同举办"劲竹馨兰"宜兰县书画作品板桥故里展。在活动中,双方就下一步交流签署合作框架协议,为两岸书画艺术家搭建交流平台。邀请台湾大成初级中学23名师生代表到兴化市开展交流,举办"苏聚合 泰有爱"海峡两岸青年逐梦智汇营沙龙分享会,进一步扩宽两岸青少年沟通交流渠道。8月,台湾江苏同乡会理事长杨松寿访问兴化,带领在台乡亲回乡寻根参访,增进乡情亲情,推动兴台各领域的民间交流,促进两岸同胞心灵契合。开展"相逢春天里 逐梦新征程""情暖金秋 同心同行"等主题活动,组织台商、台属代表参观兴东镇周韩村新农村建设点、兴化水利文化馆,让他们切身感受兴化水乡的独特魅力,引导他们向岛内亲朋好友宣传兴化、推介兴化。组织重点台胞、台属学习贯彻党的二十大精神和习近平总书记在参加江苏代表团审议时的重要讲话精神、参观大纵湖景区新四军大礼堂等红色教育基地,感受红色精神深刻内涵,进一步凝聚力量,坚定两岸民众对于实现中华民族伟大复兴的信心。

【对台宣传】 2023年,市委台办立足资源优势,深挖文化富矿,拍摄《外婆桥 两岸情》宣传片,生动讲述沙沟镇外婆桥、杨大中医馆、蒋义海艺术馆的故事,让更多的台湾同胞了解兴化与台湾的渊源,将沙沟古镇打造成为省对台交流基地。创新开展"进三区"活动,打造对台服务品牌。在文峰社区成立基层法官工作室、涉台政策咨询台等,打造主题鲜明、内容丰富的服务品牌,让台胞台属切身感受到大家庭的温暖。文峰社区创建"1+6+N"服务模式,成立6支服务队伍,制定服务清单,提供文艺活动、专家义诊、上门关爱等多项服务。长安社区借助社区网格员、志愿者力量,构建"智慧关护""生活无碍""医疗上门""便民到家""爱心共享"五个维度的社区服务体系,打造"长安365"为台胞台属服务品牌。

(周红艳)

党校教育

【概况】 2023年,市委党校(行政学院)举办各类培训班50期6166人次,下基层理论宣讲76场次,开展专题调研6次。接待来校培训5651人次,就餐7130人次,住宿1116人次。以"本土化选题定位、全程化精细磨课、制度化协同推进"为抓手,持续培育习近平新时代中国特色社会主义思想系列专题课程,开展新专题试讲、精品课打磨等20余次。调研兴化本土特色,精心打造具有时代特征、兴化味道、党校特色的品牌课程16个,"致敬英雄团长 传承红色精神"获第四届"泰州红课"大赛三等奖。

【干部培训】 2023年,市委党校突出创优革新,在做深做实培训成效上持续发力。在培训内容上,紧盯首位任务,强化服务核心,多措并举抓实政治能力教

2023 年 7 月 8 日，市委党校教师在党群组主题教育前"先学一步"联学活动中进行宣讲 （市委党校/供图）

育和专业能力建设。深入开展习近平新时代中国特色社会主义思想、党的二十大精神和省市全会精神学习教育，加强干部思想淬炼、政治历练，提升学员政治素质和党性修养。围绕年度经济发展难点堵点问题举办专题培训班，有效增强党员干部把握方向、把握关键、把握全局的现代化建设本领。改变传统短平快培训模式，通过拓展训练、主题辩论、案例分享等方式打造线下培训"互动课堂"，提升教育培训效果。推进党员轮训"清零"行动，开展"党课开讲啦""学习身边榜样""立足岗位做贡献"活动，提升党员能力素质，1 人获评兴化市优秀共产党员。

【理论宣讲】 2023 年，市委党校坚持将"为党育才、为党献策"作为首位之责，推广"菜单式""定制式"宣讲，与机关部门联合打造"交通讲堂"开展理论宣讲。"理响兴化"打通理论宣讲"最后一公里"获评泰州市文化科技卫生"三下乡"活动示范项目。创新宣讲载体，延伸宣讲触角，依托微信公众号开设"兴声嘹亮 我们一起读原著"微宣讲专栏，共计连载 13 期，点击量 8000 余次，把党的"好声音"传递到千家万户。开展"送理论下基层"活动，为村居企业、党员干部和群众"上门送学"，受益群众 1500 余人次。

【教学科研】 2023 年，市委党校在做好科研全流程推进和管理中，力求把时代特征和地方特性相结合，找准小切口，把脉开药方，确保科研工作上接"天线"、下接"地气"。完成 1 项省级课题立项、5 项泰州市课题结项、7 项兴化市课题结项，其中 2 项课题获泰州市思想政治工作课题研究优秀成果三等奖、兴化市优秀党建调研成果一等奖。围绕科研课题，灵活采用多种形式开展专题调研 6 次，发表科研文章 25 篇，其中，《把提高"政治三力"贯穿干部教育培训全过程》入选省委党校"深入学习党的二十大精神"理论研讨会，《冷枪热血张桃芳》获《江苏党校报》刊载，完成各类主题征文 22 篇。撰写相关调研报告和咨政文章 20 余篇，其中，泰州决咨办课题《泰州创新乡村治理典型案例研究》成功结项，1 名教师被聘为"社情民意信息员"。

（吴汉钊）

2023 年 3 月 29 日，市委党校在施耐庵文化园举行教学科研基地揭牌仪式 （市委党校/供图）

兴化市人民代表大会

重要会议

【市十七届人民代表大会第二次会议】 2023年1月2—4日，市第十七届人民代表大会召开第二次会议。大会应到会代表443名，因事缺席代表17名，实到会代表426名。大会共收到代表提出的议案、建议258件。会议听取和审议市人民政府和市人大常委会及法院、检察院的工作报告；审查和批准兴化市2022年国民经济和社会发展计划执行情况与2023年国民经济和社会发展计划草案的报告，批准兴化市2023年国民经济和社会发展计划；审查和批准兴化市2022年预算执行情况和2023年预算草案的报告，批准兴化市2023年市级预算；审议2022年市政府民生实事项目完成情况和2023年市政府民生实事候选项目形成情况的报告，票决产生2023年市政府民生实事项目；审议通过兴化市人民代表大会常务委员会关于提请审议《兴化市人民代表大会议事规则（修订草案）》的议案。

【市十七届人大常委会会议】 2023年2月23日，市十七届人大常委会第七次会议召开。会议通报市委批转的《兴化市人大常委会2023年工作要点》，听取市政府关于《兴化市国土空间总体规划》编制成果的报告，听取市政府关于打击治理电信网络诈骗违法犯罪工作情况的报告和市人大常委会监察和司法工委相关调查报告，听取市政府关于创建国家全域旅游示范区、推动文旅融合高质量发展情况的报告，听取市人大社会建设委员会提出的《关于加快创建国家全域旅游示范区、推动文旅融合高质量发展的决定（草案）》的议案和说明。听取市人大常委会主任会议提出的《兴化市人民代表大会常务委员会执法检查工作办法（草案）》的议案和说明、《关于对市人民法院、市人民检察院工作人员任前审查的规定（草案）》的议案和说明。听取市政府和市法院提出的人事议案，通过有关免职事项，听取拟

2023年1月2日，兴化市第十七届人民代表大会第二次会议开幕

（市人大办/供图）

任职人员发言。会议通过有关决定、制度和审议意见。会议对有关专项工作报告开展满意度测评，并票决通过有关人事任职事项。

2023年4月27日，市十七届人大常委会第八次会议召开。会议学习习近平总书记参加江苏代表团审议时重要讲话和十四届全国人大一次会议精神；传达泰州各级人大代表“牢记嘱托感恩奋进”学习实践活动工作会议精神；听取市政府关于统筹全市疫情防控和经济社会发展工作情况的报告；听取市政府关于2022年企业国有资产（不含金融企业）管理情况的专项报告和市人大常委会财经工委有关调查报告；听取关于2022年政府重大投资项目计划执行情况和2023年政府重大投资项目计划草案的报告和市人大常委会财经工委有关调查报告；听取市政府关于2022年环境状况和环境保护目标完成情况的报告和市人大常委会环资城建工委有关调查报告。会议还听取部分泰州市人大代表履职情况报告、市人大常委会和“一府一委两院”提出的有关人事事项，票决通过有关辞职和免职事项，听取拟任职人员发言。会议通过有关审议意见，对有关专项工作报告和泰州市人大代表履职情况开展满意度测评，并票决通过2023年市政府重大投资跟踪监督项目和有关人事任职事项。

2023年5月24日，市十七届人大常委会第九次会议召开。会议听取市政府和市检察院提出的人事议案，票决通过有关免职事项。会议通过有关人事任职事项。

2023年6月27日，市十七届人大常委会第十次会议召开。会议听取市财政局受市政府委托关于兴化市2022年财政决算草案的报告，市审计局受市政府委托关于2022年度市级财政预算执行、决算草案和其他财政收支的审计工作报告，市人大财政经济委员会相关审查结果的报告，听取市政府关于《泰州市河长制工作条例》实施情况的报告，市人大常委会农村工委相关调查报告，听取市住建局受市政府委托关于推进建筑业高质量发展情况的报告，市人大常委会环资城建工委相关调查报告，听取部分泰州市人大代表履职情况的报告，通报“双联双解双促”工作三月份集中走访月活动情况，听取市法院提出的人事议案，通过有关免职事项，听取拟任职人员发言。会议通过有关审议意见，会议对有关专项工作报告和泰州市人大代表履职情况开展满意度测评，并票决通过有关人事任职事项。

2023年8月3日，市十七届人大常委会第十一次会议召开。会议集体学习习近平总书记考察江苏重要讲话精神，传达泰州全市人大常委会负责同志座谈会精神，听取市十七届人大常委会代表资格审查委员会关于补选代表的代表资格的报告，听取市人大常委会主任会议和市政府提出的人事议案。联组审议后对有关免职和辞职事项进行票决，并听取拟任职人员发言。会议通过市十七届人民代表大会常务委员会代表资格审查委员会关于补选代表的代表资格的报告，票决通过有关人事任职事项。

2023年8月31日，市十七届人大常委会第十二次会议召开。会议听取市政府关于兴化市“十四五”规划和二〇三五年远景目标纲要中期评估工作的情况报告和市人大财政经济委员会有关调查报告，市政府关于2023年上半年国民经济和社会发展计划执行情况的报告、市政府关于2023年上半年财政预算执行情况的报告和市人大财政经济委员会有关调查报告，市法院关于涉民生领域审判执行工作情况的报告和市人大常委会监察和司法工委有关调查报告，市人大常委会执法检查组关于检查《中华人民共和国妇女权益保障法》《江苏省妇女权益保障条例》实施情况的报告。会议还听取市人大常委会主任会议关于确认对个别市人大代表采取强制措施的决定草案的说明和有关辞职事项的说明，听取部分人大任命人员履职情况的报告。会议通过有关决定和审议意见，并对相关专项工作报告、人大任命人员履职情况进行满意度测评。

2023年10月27日，市十七届人大常委会十三次会议召开。会议听取市人大常委会办公室受主任会议委托提出《关于召开兴化市第十七届人民代表大会第三次会议的决定（草案）》的议案；听取市政府办受市政府委托关于市十七届人大二次会议代表建议、批评和意见办理情况的报告和市人大常委会人代联工委有关调查报告；听取市政府关于贯彻落实

《市人大常委会关于在全市开展第八个五年法治宣传教育的决议》情况的报告和市人大常委会监察和司法工委有关调查报告;听取市人大常委会执法检查组关于检查国务院《优化营商环境条例》和《江苏省优化营商环境条例》实施情况的报告;听取市政府关于《中华人民共和国乡村振兴促进法》《江苏省乡村振兴促进条例》实施情况的报告和市人大常委会农村工委有关调查报告;听取市财政局受市政府委托作关于《兴化市 2023 年市级预算调整及地方政府债务限额调整方案(草案)》议案的说明和市人大常委会预算工委有关初审报告;听取市人大常委会评议组关于对市应急管理局安全生产行政执法工作情况的评议报告;通报“双联双解双促”六月份“集中走访月”活动情况;听取部分人大任命人员履职情况的报告;听取市人大常委会主任会议和市政府提出的人事议案,通过有关免职事项,听取拟任职人员发言;观看了优化营商环境执法检查专题片;专题询问优化营商环境情况。会议通过有关决定、决议和审议意见,会议对有关专项工作报告和人大任命人员履职情况开展满意度测评,并票决通过有关人事任职事项。

2023 年 12 月 28 日,市十七届人大常委会第十四次会议召开。会议听取市人大常委会办公室关于市人大常委会工作报告(稿)的起草说明和报告人名单草案,听取市政府办公室关于政府工作报告(稿)的起草说明,听取“两院”工作报告(稿),听取市人大常委会主任会议关于市十七届人大三次会议议程、主席团和秘书长名单、列席人员范围草案的议案,听取市政府关于 2023 年国民经济和社会发展计划执行情况与 2024 年国民经济和社会发展计划草案的报告、关于 2023 年财政预算执行情况及 2024 年财政预算草案的报告和市人大财经委员会有关初步审查报告,听取市政府关于提请调整 2023 年市政府民生实事子项目议案的说明和市人大常委会主任会议关于批准调整 2023 年市政府民生实事子项目决定草案的说明,听取市政府关于 2023 年市政府民生实事项目落实情况和 2024 年市政府民生实事候选项目形成情况的报告,听取市政府关于《市人大常委会关于加快创建国家全域旅游示范区 推动文旅融合高质量发展的决定》实施情况的报告,听取市政府关于审计查出问题整改情况的报告和市人大常委会财经工委有关调查报告,通报“双联双解双促”工作十月份“集中走访月”活动情况,听取市人大常委会主任会议关于接受个别兴化市人大代表和泰州市人大代表辞职请求的说明和代表资格审查委员会有关代表资格报告,听取市法院、检察院提出的人事议案,听取拟任职发言。表决通过有关报告、议案和决定,对有关专项工作报告开展满意度测评,票决通过有关免职、任职、辞职事项,补选了泰州市人大代表。会议还听取市人大常委会各工委关于 2023 年工作情况的报告和市人大常委会委员履职情况的报告。

【市十七届人大常委会主任会议】 2023 年,市十七届人大常委会召开主任会议 7 次。

表 3 2023 年兴化市人大常委会主任会议议题一览表

时间	会次	议题内容
1 月 13 日	十一	通过《兴化市人大常委会 2023 年工作要点》
3 月 29 日	十二	听取市政府关于科技创新平台载体建设情况的汇报
5 月 11 日	十三	听取市检察院关于检察护航民企发展工作情况的汇报
6 月 15 日	十四	听取市政府关于 2022 年市人大常委会审议意见落实情况的汇报
8 月 28 日	十五	听取市政府关于全市供销为农服务体系建设情况的汇报
9 月 19 日	十六	听取市政府关于城区老旧小区改造情况的汇报
11 月 29 日	十七	听取市政府关于 2023 年政府重大投资跟踪监督项目进展情况的汇报

人大监督

【概况】 2023年，市人大常委会完成常委会全年听取审议28个专项工作及计划、预决算、审计工作报告，开展执法检查、专题询问、工作评议4次。

【经济监督】 2023年，市人大常委会聚焦“助力推动区域经济运行率先整体好转”这一省市县三级人大联动的工作，听取统筹全市常态化疫情防控和经济社会发展工作情况报告，连续2年组织视察企业上市、工业重大项目建设、重点园区“三比一提升”等情况，推动疫情防控平稳转段后经济回升向好。听取审议“十四五”规划纲要实施情况中期评估报告、上半年国民经济和社会发展计划执行情况报告，推动各层各级进一步锚定目标、克难奋进，努力完成全年各项目标任务。听取城建计划编制情况、东部未来城片区开发合作项目中止相关情况汇报，听取审议国土空间总体规划编制成果报告，督促规划体现区域协同发展、保障产业发展需要、完善交通基础设施支撑体系。听取科技创新平台载体建设情况汇报，助力提高自主创新能力、招才引智质量和要素利用水平。听取审议推进建筑业高质量发展情况报告，助力全市建筑业企业转型升级、做大做强。

【营商环境监督】 2023年，市人大常委会紧盯营商环境这一高质量发展核心竞争力，综合运用执法检查、专题询问、评议、视察等方式，打好监督“组合拳”。常委会负责人员带队分到各乡镇街道、部门和企业开展优化营商环境“两条例”执法检查，通过公告征询、随机调查、座谈交流，重点检查市场、政务、法治3大环境和16项重点条款落实情况，执法检查报告得到市委、市政府主要领导肯定。会同效能办以暗访形式拍摄营商环境专题片，并结合专题片和执法检查报告开展专题询问，10个部门负责人现场接受询问，做到以为民代言“庄严之问”，推动问题整改“实效之答”。聚焦安全生产行政执法，首次开展部门工作评议，对检查评议中发现的7个重点问题当面交办，以“问题清单”促“问题清零”。听取审议法院涉民生领域审判执行工作情况报告，听取检察护航民企发展工作情况汇报，着力营造公平透明可预期的法治化营商环境。

2023年6月13日，市人大常委会召开全市建筑业高质量发展调研座谈会 （市住建局/供图）

【财政收支监督】 2023年，市人大常委会认真贯彻落实“人大预算审查监督重点向支出预算和政策拓展”要求，听取审议财政预决算和审计工作等报告，审查批准市级预算调整及地方政府债务限额调整方案，支持和促进政府及相关部门进一步树牢“过紧日子”的思想，坚决兜牢“三保”底线，统筹规范高效使用财政资金，切实防范化解债务风险。聚焦国有企业实体化发展，听取审议企业国有资产管理情况，推动出台市属企业领导人员管理办法，进一步明晰企业主责主业，加快实体化转型。听取审议审计查出问题整改情况报告，持续强化人大监督与审计监督协同联动，合力做好审计查出问题后“半篇文章”。听取审议政府重大投资项目建设情况报告，现场调研北水关大桥重建项目并提出优化建议，市政府主要领导批示要求相关部门研究会商、优化方案，及时回应社会关切。听取城区老旧小区改造情况汇报，督促真正把民生工程打造成民心工程。对常委会票决的文明城市创建重点监督项目，听取情况汇报并实行全过程监督，推动创建为民惠民、常态长效。

【乡村振兴监督】 2023年，市人大常委会听取审议乡村振兴“一法一条例”实施情况报告，推动加快建设农业强、农村美、农民富的新时代鱼米之乡。持续推动2022年人大常委会关于抓好粮食生产、提高粮食保供能力情况审议意见落实，助力夯实粮食安全根基。全国人大常委会预算工委副主任一行到兴化市开展调研，对兴化市人大在稳粮保供方面的做法给予充分肯定。听取审议《泰州市河长制工作条例》实施情况报告，督促压实工作责任、长效治理河湖。听取全市供销为农服务体系建设情况汇报，组织视察全市农业重大项目、农业龙头企业培育、品牌建设情况，推动加快培育“新农人”，做足“土特产”文章，切实为农业农村发展增动力、添活力。

【法治建设监督】 2023年，市人大常委会立足以良法促发展保善治，加强省、泰州市人大基层立法联系点建设，先后协助省、泰州市人大召开立法调研座谈会4次，征求意见建议78条，保障基层群众意见建议顺畅直达立法机关。向泰州市人大常委会备案规范性文件3件，接收政府报备规范性文件1件，制度化开展报告核查，切实维护国家法治统一。听取审议“八五”普法决议执行情况报告，督促进一步严格落实普法责任制，营造全民尊法学法守法用法的良好法治氛围。组织集中视察检察、公安工作，促进为民严格公正司法。做好涉法涉诉信访工作，全年受理涉法涉诉来信9件，并依法转办和跟踪督办，促进有效解决合理合法诉求。

【民生领域监督】 2023年，市人大常委会听取审议打击治理电信网络诈骗违法犯罪情况报告，推动源头防范、协作联动，依法保护人民群众“钱袋子”。持续为未成年人“撑伞”“护航”，组织视察未成年人违法犯罪预防、全面保护保障等情况，助力创成全国第一批未保工作示范市。开展妇女权益保障“一法一条例”执法检查，梳理形成问题清单10条，推动妇儿工委办公室缺少人员经费等问题解决。定期召开民生实事项目督查推进会，促进省、泰州、兴化三级政府民生实事项目有序实施。组织视察全市物业管理工作，更好回应人民群众改善居住环境的期待。组织视察全市养老服务体系建设情况，推动不断满足老年人多层次、多样化的养老服务需求。充分发挥人大监督与舆论监督的“叠加效应”，继续办好《代表问效·面对面》栏目，围绕有效助力文明城市创建拍摄的“如何规范文明养犬”专题片，播出后引起社会共鸣。首次实行向政府负责人员当面交办审议意见，对2022年常委会会议作出的11个审议意见落实情况进行“回头看”，逐个听取落实情况报告，提出整改意见并持续跟踪督办，通过闭环监督推动解决群众急难愁盼，彰显审议意见法定效力和人大监督权威。

【生态环境监督】 2023年，市人大常委会坚持在法治轨道上助力保护生态环境，以省首批生态产品价值实现机制试点为契机，探寻绿水青山转化为金山银山的兴化路径。听取审议市政府年度环境状况及环境保护目标完成情况报告，围绕中央、省环保督查反馈和三级人大审议交办的突出环境问题开展督查，推动持续打好蓝天、碧水、净土保卫战。依法作出关于加快创建国家全域旅游示范区、推动文旅融合高质量发展的决定，提出到2025年建成国家全域旅游示范区等5项具体目标，推动组建文化旅游产业融合发展委员会和文旅专家咨询委员会，通过行使好重大事项决定权推动加快旅游业转型升级，让生态禀赋、文化底蕴转化为游客流量和产业增量。安丰、沙沟、千垛等乡镇人大紧扣产业发展和民生所需，依法作出河蟹产业发展、古镇AAAA级景区创建、民宿集聚区和特色田园乡村示范区建设等决定，有力助推全市特色产业高质量发展。

人大任免

【概况】 2023年，市人大常委会坚持党管干部原则，根据市人大常委会主任会议市政府、市监委、市法院和市检察院提请，共任免国家机关工作人员123人次，接受辞职1人，举行宪法宣誓8次。

【人事任免】 2023年2月23日，市十七届人大常委会第七次会议任命朱广钱为兴化市文体广电和旅游局局长；免去郭庆军的兴化市文体广电和旅游局局长职务；任命朱隽为兴化市人民法院民事审判第二庭庭长；免去赵健的兴化市人民法院审判员职务；免去姚卫强的兴化市人民法院民事审判第二庭庭长职务。

2023 年 4 月 27 日，市十七届人大常委会第八次会议接受夏爱东辞去兴化市人民政府副市长职务；免去王晓鹏的兴化市人大常委会监察和司法工作委员会副主任职务；免去邹健的兴化市人民法院审判员职务；免去朱均的兴化市人民法院开发区人民法庭庭长职务；任命李智超为兴化市监察委员会委员；免去居道满的兴化市监察委员会委员职务；免去杨梓林的兴化市监察委员会委员职务；任命仲露阳为兴化市人民检察院检察委员会委员；任命朱斌为兴化市人民检察院检察委员会委员；任命陈云程为兴化市人民检察院检察委员会委员；免去曹军的兴化市人民检察院副检察长职务；免去杨涛的兴化市人民检察院检察委员会委员职务；免去钮健的兴化市人民检察院检察委员会委员职务；免去张正安的兴化市人民检察院检察委员会委员职务。

2023 年 5 月 24 日，市十七届人大常委会第九次会议决定任命陈林为兴化市人民政府副市长；免去王桂的兴化市人民政府副市长职务；任命朱木之为兴化市人民检察院检察员；免去王兰的兴化市人民检察院检察员职务。

2023 年 6 月 27 日，市十七届人大常委会第十次会议免去沈洪涛的兴化市人民法院审判委员会委员职务；免去鲍建民

2023 年 7 月 31 日，泰州全市人大常委会负责同志座谈会在兴化召开

（市人大办/供图）

的兴化市人民法院审判委员会委员职务；免去刘加防的兴化市人民法院审判委员会委员职务；免去王庆和的兴化市人民法院审判委员会委员职务；免去束长庚的兴化市人民法院审判委员会委员职务；免去唐爱霖的兴化市人民法院审判委员会委员职务；免去陈丙荣的兴化市人民法院民事审判第二庭副庭长职务；任命张国华为兴化市人民法院审判委员会委员；任命谢俊成为兴化市人民法院审判委员会委员；任命许志兰为兴化市人民法院开发区人民法庭庭长，免去其兴化市人民法院戴南人民法庭庭长职务；任命杨凯为兴化市人民法院戴南人民法庭庭长，免去其兴化市人民法院安丰人民法庭庭长职务；任命沈玉秀为兴化市人民法院安丰人民法庭庭长，免去其兴化市人民法院民事审判第一庭副庭长职务；任命胡云慧为兴化市人民法院审判委员会委员、刑事审判庭庭长，免去其兴化市人民法院刑事审判庭副庭长职务；任命智愚为兴化市人民法院审判委员会委员、审判监督庭庭长，免去其兴化市人民法院审判监督庭副庭长职务；任命张建刚为兴化市人民法院民事审判第一庭副庭长；任命李唯为兴化市人民法院速裁审判庭（行政审判庭）副庭长。

2023 年 8 月 3 日，市十七届人大常委会第十一次会议接受明冠辞去兴化市人民政府副市长职务的请求；决定任命戚鹏为兴化市人民政府副市长；任命赵斌为兴化市人大常委会办公室主任、研究室主任；任命罗国瑞为兴化市人大常委会监察和司法工作委员会主任、法制工作委员会主任；免去于海翔的兴化市人大常委会办公室主任、研究室主任职务；免去毛登铭的兴化市人大常委会垛田街道工作委员会主任职务；任命戚鹏为兴化市公安局局长；任命顾小兵为兴化市发展和改革委员会主任；任命房宝才为兴化市统计局局长；免去明冠的兴化市公安局局长职务；免去王勇的兴化市发展和改革委员会主任职务；免去房兴杰的兴化市统计局局长职务。

2023年10月27日,市十七届人大常委会第十三次会议任命李爱武为兴化市人大常委会垛田街道工作委员会主任;免去段天石的兴化市人大常委会环境资源城乡建设工作委员会副主任职务;任命张冬健为兴化市人民政府办公室主任,免去其兴化市财政局局长职务;任命王迅为兴化市财政局局长,免去其兴化市人民政府办公室主任职务。

2023年10月23日,市人大代表视察检察工作　（市人大办/供图）

代表工作

【人大代表构成】　截至2023年底,兴化市第十七届人民代表大会有代表444名。女性代表144名,占32.4%;工人、农民代表91名,占20.5%;专业技术人员代表76名,占17.1%;党政干部代表159名,占35.8%;企业代表70名,占15.8%;其他类代表29名,占6.5%;非中共党员代表140名,占31.5%。代表具有本科、大专及其以上文化程度的344名,占77.5%。30周岁以下的代表16名,占3.6%;31至60周岁的代表399名,占89.9%;60岁以上的代表19名,占4.3%。

【代表视察】　2023年,市人大常委会共组织7次代表视察。

表4　兴化市第十七届人大代表视察活动一览表

时间	活动内容
3月	视察全市农业重大项目、农业龙头企业培育、品牌建设情况
5月	视察全市养老服务体系建设情况
7月	视察上市工业企业政策落实情况
8月	视察全市物业管理工作情况
9月	视察重点园区“三比一提升”“亩均论英雄”“智改数转”等工作开展情况
10月	视察《中华人民共和国未成年人保护法》《中华人民共和国预防未成年人犯罪法》贯彻实施情况
11月	视察全市职业教育发展情况

【代表作用发挥】　2023年,市人大常委会围绕更好发挥闭会期间代表作用,将“双联双解双促”工作机制与“代表回选区访选民”“主任接待日”“代表接待选民日”等活动深度融合。代表中的市领导带头下基层、访选民、纾民困,推动全市2032名市乡人大代表联系走访群众1.6万余人次,收集建议意见3000余条,解决问题2300余条,用实际行动践行履职为民的初心使命。设立市人大常委会民意采集点,依托“点、提、办、督、评”工作机制,梳理交办督办线上、线下有效意见建议125条,已办成107件、正在办理18件,切实解决一批群众身边事。

【履职服务管理】　2023年,市人大常委会突出代表工作能力建设,举办2期代表履职能力提升培训班,基本实现本届市人大代表培训全覆盖。全面激活“雁阵效应”,组织评选先进代表小组和个人,完善代表履职档案和“一述一评一考”机制,激励和引导各级代表发挥专长、积极履职。持续放大融媒体中心“融合”、检察院“致远”、千垛镇“莲开芬芳”、钓鱼镇“强农有我”、陈堡镇“桃芳”等代表工作室品牌效应，推动家站点履职“小窗口”成为发展全过程人民民主“大平台”。借助代表回选区访选民“优化营商环境、助力企业敢干”，围绕“进百家企业、解百个难题”组织开展集中走访活动，全市2100余名各级人大代表接待选民5400余人次，形成调研报告18篇，收集建议意见1000余条，排查问题830余个。紧扣“内容高质量、办理高质量”，从事关经济社会发展重大问题、群众关切热点问题中遴选10件重点建议，市人大、政府负责人员牵头督办领办，优化提交预审、日常督办、表彰优秀建议和承办先进等机制，推动建议办理工作真正由“答复满意”向“结果满意”转变。市十七届人大二次会议共收到代表建议250件，现已全部办复，满意率100%，办成率70.4%。其中，涉及全域旅游、电动车充电等一批热点难点问题得到有序推进或解决。

【基层民主发展】 2023年，市人大常委会围绕基层人大工作整体跃升谋划思路、凝聚共识。出台高标准创建全过程人民民主示范乡镇实施方案，召开全市乡镇人大工作暨创建全过程人民民主示范乡镇推进会，紧扣“4+N”创建内容，通过以点带面、逐步推进，回答好“乡镇人大工作干什么、怎么干的”问题。各乡镇街道人大创新创优，在规定动作上求精求深，自选动作上求新求特，形成一批人大系统有辨识度、党委政府有认可度、人民群众有满意度的特色工作，为泰州乃至全省乡镇人大工作提供可资借鉴的经验。

（翟欣颖）

表5 兴化市第十七届人大第二次会议优秀代表建议一览表

序号	建议人	建议标题
1	刘莹洁等10人	关于争创5A景区，推动文旅高质量发展的议案
2	谢荣恒等10人	关于改善全市豆制品行业食品安全和环境状况的议案
3	刘桂东等10人	关于堵疏结合解决居民小区电动自行车充电难的议案
4	吉金楼等10人	关于加大智能化改造数字化转型政策激励和服务力度的议案
5	单建东等33人	关于加大疫情后对不锈钢产业链条中小微企业扶持力度的议案
6	刘新华等10人	关于切实注重乡镇基层教育质量的议案
7	周宇等10人	关于加强对不良行为未成年人矫治教育的议案
8	林建祥等10人	关于支持戴南加快打造专业人才高地的议案
9	王军等10人	关于加大东北部乡镇河道疏浚投入的议案
10	徐云等10人	关于审慎开展涉企执法处罚的议案
11	段天石等10人	关于加快破解历史问题，集中精力打造重点旅游项目的议案
12	唐彪等10人	关于加强基层司法所建设的议案
13	阮殿树	关于加强社会治安防控体系的建议
14	赵吉宽	关于城市低保边缘群体生活困难的建议
15	耿琪	关于进一步加强疾控医疗建设的建议

兴化市人民政府

综　述

2023年,兴化市人民政府牢牢把握稳中求进工作总基调,大力弘扬“四敢”精神,扎实推动高质量发展,奋力开启中国式现代化兴化新征程,较好完成市十七届人大二次会议确定的各项目标任务。全年实现地区生产总值1154.93亿元,增长7.3%。第一产业增加值154.43亿元,增长4.1%;第二产业增加值445.24亿元,增长8.1%;第三产业增加值555.26亿元,增长7.5%。人均地区生产总值102871元,增长7.5%。固定资产投资增长13%。全年居民人均可支配收入42733元,增长6.5%。城镇居民人均可支配收入53875元,增长5.3%;农村居民人均可支配收入29940元,增长8.3%。列全国综合实力百强县第76位、中国工业百强县第85位、中国创新百强县第65位。全年新签约亿元以上项目132个,其中5亿元以上项目42个;新开工亿元以上项目85个,其中5亿元以上项目17个;新竣工亿元以上项目70个,其中5亿元以上项目9个。出台优化企业服务若干措施,推行涉企免罚轻罚“三张清单”,涉企行政处罚金额下降78%。积极拓宽就业渠道和创业空间,发放创业富民贷款1.45亿元、各类补贴补助3152万元,城镇新增就业0.89万人,支持成功自主创业5100人。落地实施未保“新八条”,建成省级示范性儿童关爱之家1个,创成全国首批未成年人保护工作示范市。自觉接受市人大、市政协和各方面监督。承办泰州市建议提案18件,其中泰州人大代表建议12件,泰州政协提案6件,省级建议提案会办1件。所有建议提案均按要求完成办理答复工作,答复率、见面率、满意率均达100%。办理兴化本级建议提案627件,其中人大代表建议250件,政协提案377件,按时办结率、答复率均为100%。办理市长信箱群众诉求798件,其中泰州市长信箱447件,兴化市长信箱351件。办结率均为100%。

重要会议

【市政府第二次全体(扩大)会议】　2023年11月14日,市政府第二次全体(扩大)会议暨全市政府系统廉政工作会议召开。会议指出各单位要不断强化宗旨意识,深入践行党的群众路线,全面把握习近平新时代中国特色社会主义思想一系列新理念新思想新战略的实践要求。要求各单位在顺应工作专业化、专门化、精细化趋势中,及时填知识空白、补素质短板、强能力弱项;在改革发展主战场、维护稳定第一线、服务群众最前沿、复杂严峻斗争中,经风雨、长本领、壮筋骨;在联系实际、与时俱进、成果转化中,提升重实践、促实干、比实效的能力和水平。市长殷俊作工作报告。市委常委、常务副市长刘洪主持会议。市领导常军、汪园、王晓秋、戴金龙、张冬根、杨蓓、陈林、戚鹏参加会议。

【市政府常务会议】　2023年,市委副书记、市长殷俊主持召开市政府常务会议10次。

表 6　2023 年兴化市政府常务会议一览表

时间	会次	主要议题
1 月 16 日	市政府第十三次常务会议	学习全省安全生产电视电话会议暨省安委会全体（扩大）会议精神，听取讨论《常态化服务企业六条意见》、《兴化市国土空间总体规划（2021—2035 年）》编制情况、《兴化市优秀企业（项目）评选表彰办法》、2022 年优秀企业（项目）评选表彰名单、《兴化市集体土地上房屋征收补偿安置工作流程》、《兴化市集体土地依法征收工作流程》等事项
3 月 16 日	市政府第十四次常务会议	讨论《2023 年城市建设计划》《2023 年交通建设计划》《2022 年度乡村振兴考核结果和〈关于做好 2023 年全面推进乡村振兴重点工作的实施意见〉的情况汇报》；听取关于 2023 年第一批政府投资项目建设计划初步安排的情况汇报、关于调整重特大疾病医疗保险和救助有关事项的情况汇报
5 月 31 日	市政府第十五次常务会议	听取讨论关于第二轮省生态环境保护督察有关情况的汇报、全市安全生产工作的情况汇报等事项
6 月 30 日	市政府第十六次常务会议	传达学习习近平总书记对宁夏银川市兴庆区富洋烧烤店燃气爆炸事故作出重要指示和省委书记信长星、省长许昆林有关批示精神，听取讨论全市安全生产工作情况、《兴化市进一步推进工业用地节约集约利用的意见》、《兴化市预拌商品混凝土行业专项整治行动方案》
7 月 28 日	市政府第十七次常务会议	讨论《兴化市工业项目“拿地即开工”容缺预审实施办法》《兴化市优化土地要素市场化配置管理办法》《2023 年度全市乡村振兴工作考核实施办法》；听取关于全市上半年经济运行情况的汇报、关于规范农村集体建设用地供地工作的情况汇报、关于当前全市安全生产和消防工作的情况汇报
9 月 5 日	市政府第十八次常务会议	听取关于当前全市信访工作的情况汇报、关于第二轮省生态环境保护例行督察反馈问题整改方案制定情况汇报、关于国三及以下排放标准柴油货车提前淘汰报废资金补贴方案的情况汇报
10 月 26 日	市政府第十九次常务会议	听取讨论《兴化市“十四五”现代服务业发展规划》《兴化市铸造行业整治提升三年行动方案》等事项
11 月 20 日	市政府第二十次常务会议	讨论《关于调整殡葬惠民政策统一调度遗体接运车辆的实施方案》；听取关于全市安全生产和消防工作的情况汇报、关于兴化市 2023 年第三批政府投资项目建设计划初步安排的情况汇报、听取关于公布第三批历史建筑保护名录的情况汇报
12 月 7 日	市政府第二十一次常务会议	传达学习泰州市“9＋N”小场所安全生产规范化建设现场推进会暨安全生产“百日攻坚”专项行动部署会会议精神；讨论《兴化市安全生产岁末年初“百日攻坚”专项行动实施方案》《关于加强全市“9＋N”小场所安全管理的实施意见》《兴化市制造业高质量发展倍增计划》等事项
12 月 27 日	市政府第二十二次常务会议	学习中央经济工作会议、省委经济工作会议精神，讨论《政府工作报告》，听取 2024 年市政府民生实事候选项目的情况、关于 2023 年财政预算执行情况和 2024 年财政预算草案报告的汇报

重要施政

【决策服务】　2023 年，市政府办公室紧紧围绕全市工作大局，切实履行综合协调、参谋助手、督察督办、保障服务等职能，为政府决策提供重要参考。全年编发普刊 44 期、专刊 83 期，其中编发的《兴化市 2022 年规上工业增加值四项构成完成情况简析》等信息得到市领导批示。全年上报信息 1200 余条，被泰州政府办采用 90 条、被省政府办公厅采用 57 条、被国务院办公厅采用 17 条，获得国务院领导批示 8 次。报送的《江苏大力发展循环经济取得积极成效但仍面临五方面制约》等 3 条信息先后被泰州、省、国务院采用，并获国务院领导批示。全年办理各级来文 5100 余件，其中办理请示 900 余件，制发本级公文 547 件，组织市政府常务会议 10 次，市长办公会议、各类专题会议 70 余次。全年起草领导讲话、工作汇报、督查检查材料等各类文稿 200 余篇。

（曹宝鑫）

【民生实事】　2023 年 1 月，经市十七届人大第二次会议审议通过 2023 年市政府民生实事候选项目形成情况的报告，票决出 2023 年市政府民生实事项目。

（吕金杭）

表7 2023年兴化市十大民生实事项目一览表

序号	项目内容	完成情况
1	优化教育资源布局,建成5所义务教育学校和4所幼儿园,稳步推进戴南、安丰义务教育学校建设。继续实施教育薄改提升工程,对农村寄宿制学校食堂、宿舍设施设备进行改造升级。提升教育装备水平,建设教育云桌面和标准化实验教室。启动兴化市综合性公共实训基地建设	建成5所义务教育学校和4所幼儿园。完成教育薄改提升工程。新建2所学校云桌面系统和16间标准化实验室
2	提高就业服务便利度,城镇新增就业10000人,新开发就业见习岗位1000个。新培育高素质农民5500人。解决应届大学生、异地求职青年阶段性住房难,建设运营"兴青驿站"1家、房间20个,为青年人才提供7天免费住宿	城镇新增就业1.2万人,新开发就业见习岗位1000个。培育高素质农民5757人。建设运营兴青驿站4家、房间80个,为青年人才提供7天免费住宿
3	切实帮助残疾人家庭减轻负担,对符合托养条件的残疾人实施居家托养服务400人次(400元/人·月)。支持就业困难人员就业,新增残疾人就业300人	对符合托养条件的残疾人实施居家托养服务400人次。新增残疾人就业400人
4	完善卫生基础设施,提升区域医疗中心重症救治能力,建成公共卫生医疗中心并投入使用。守护女性群体健康,为13周岁贫困家庭在校女生免费接种HPV疫苗。为适龄儿童免费接种水痘疫苗3.5万剂次以上。实施青少年学生视力干预工程,开展青少年学生视力检测8万人次	公共卫生医疗中心已完成装修。为13周岁贫困家庭在校女生免费接种HPV疫苗。完成适龄儿童免费水痘疫苗接种41227剂次。开展青少年学生视力检测86846人次
5	开展高龄、经济困难失能老年人居家养老上门服务。建成市级养老服务指导中心暨老年人活动中心。完成农村标准化村级养老互助睦邻点建设30个。实施困难老年人居家适老化改造550户。完成5个新建小区嵌入式养老服务设施建设。建设未成年人保护工作站2个(省级儿童"关爱之家")。开办暑托班不少于45个班次	常态化开展高龄、经济困难失能老年人居家养老上门服务。建成市级养老服务指导中心。建成农村标准化村级养老互助睦邻点30个。完成困难老年人居家适老化改造560户。完成5个新建小区嵌入式养老服务设施建设。建成未成年人保护工作站2个。开办暑托班105个班次
6	新改扩建、提档升级3个城乡公益性骨灰安放(葬)设施。提高困难群众法律援助服务可及性,新建6个法律援助工作站点。推进"15分钟医保服务圈"全覆盖	提档升级3个城乡公益性骨灰安放(葬)设施。新增6个法律援助工作站点。推进"15分钟医保服务圈"全覆盖
7	加强文化遗产保护,维修改造北门历史文化街区临街房屋30户。提升八字桥文旅街区品质。推进全民健身公共服务体系建设,新增体育设施60处	完成市博物馆硬件设施提档升级,开展文保单位"三防"工程建设。新增体育设施100处
8	改造老旧小区17个。改善住房困难家庭居住条件,新开工建设安置房1330套。改善老旧农房2500户。开展地下民防工程4G(5G)信号全覆盖改造项目30个。提升公厕等级,改造二类标准公厕4座	改造老旧小区17个。东五里二期安置房开工建设。改善老旧农房3652户。完成地下民防工程4G(5G)信号全覆盖项目改造30个。改造提升公厕5座
9	实施海沟河综合治理(一期)工程21.8千米,疏浚淤泥120万立方米,完成水产养殖池塘标准化改造2.6万亩。推进污水治理项目建设,完成城区2个达标区建设和城东污水处理厂改造,新建大垛污水处理厂,配套接管竹泓、林湖等5个乡镇	实施海沟河综合治理。完成水产养殖池塘标准化改造2.7万亩。实施城区4个达标区污水治理项目建设,完成城东污水处理厂改造和大垛厂区设备安装调试
10	改善农村水利基础设施,维修圩口闸70座、排涝站35座,圩口闸电启闭改造70座,加修圩堤土方35万立方米。开展农村河道治理,建设农村生态河道170千米	完成农村圩口闸维修70座、排涝站35座,圩口闸电启闭改造70座,圩堤土方加修35万立方米。建设农村生态河道190千米

政务服务

【概况】 2023年,市行政审批局贯彻落实市委、市政府优化营商环境各项决策部署,全面贯彻党的二十大精神,坚持以人民为中心的发展思想,深入践行"舒心畅办"政务服务理念,持续深化"放管服"改革,全方位提供更加优质高效便利的政务服务,合力擦亮"兴舒畅"营商服务品牌。全年办理各类市场主体登记业务3.79万件,其中新设企业4713户,新增个体工商户1.44万户,新增农民专业合作社99户;办理企业投资项目备案、核准604个,施工、排水等许可证175个，人防工程易地建设91项，商品房预售10个；依法核准工程建设项目招标方案84个，依规出具工程建设项目发包方案建议书178个，召开工程变更联审会议3次，审议变更项目11个。完成进场交易招标采购项目422个，总成交32.29亿元，其中工程类项目389个，成交32.17亿元；集中采购项目33个，成交1224.87万元。完成产权交易项目66个，成交648.36万元。完成直接发包登记服务840份，总成交1.8亿元。

【“放管服”改革】　2023年，市行政审批局出台《兴化市关于加快推进“一件事一次办”打造政务服务升级版的实施方案》，重点打造“企业变更、医疗费用零星报销、重大项目建设审批”等48个改革事项。“企业开办、开办运输企业、新生儿出生”等19个事项共计办理6.82万件；进一步规范中介服务市场，围绕工业企业投资建设经营全过程，编制《兴化市工业企业投资建设经营全生命周期行政审批中介服务事项清单》，对审批部门、中介服务事项及机构、收费标准等要素进行详细表述，制定出台《兴化市中介机构管理办法》《兴化市行政审批中介机构星级评价考核办法》《兴化市网上中介服务超市运行管理办法》，成立中介机构管理工作领导小组，督促各有关部门结合行业实际制定中介机构管理细则及星级评价考核细则，构建“1+2+N”中介服务监管机制；参照国家、省、市清单，编制《兴化市行政许可事项清单（2023年版）》，及时做好清单动态调整和有关清单衔接。编制《兴化市行政审批中介服务事项清单（2023年版）》，结合机构改革职能划转和权力事项调整情况，对各部门行政审批中介服务事项进行动态调整。

【审批服务】　2023年，市行政审批局为4120家市场主体提供企业开办“五零”服务，免费提供1.23万枚企业印章，为企业节约开办成本近400万元，服务范围覆盖全市26个乡镇街道，真正做到服务范围全覆盖、企业开办流程全包含；充分挖掘可利用资源，为创业者提供与行业发展功能相符的“零费用”登记地址，持续优化审批环节和简化材料，提供企业开办免费帮办代办服务，并免费提供公章刻制和证照邮寄服务。联合相关部门免费开展入市第一课合规培训、职业技能提升培训、法律指导援助。免费提供第三方优质服务信息，依托“泰融易”服务平台，搭建线上信用融资“绿色通道”。在全市下发《兴化市打造企业“零创空间”助力创业发展的实施意见》，构建村—镇—市三级零创空间体系，现已搭建4处场所，面积超2000平方米。成功帮助近百名创业者实现创业梦想，节约创业成本近百万元；进一步优化工程建设项目审批服务，对全市总投资1亿元以上内资项目和1000万美元以上外资项目审批试行超时默认制，全年上线超时默认制项目77个；不断推进市镇（乡、街）、村（社区）三级政务服务体系建设，全市26个乡镇（街道）便民服务中心全部建成使用，进一步完善各项硬（软）件设施、部门进驻、人员配备等，出台《兴化市基层全科政务服务建设工作方案》，所有便民服务中心均建成全科窗口，明确全科窗口事项；与兴化农商行开展政银合作，出台《兴化市“农商·苏服办”政银合作工作实施方案》，推进“农商·苏服办”政银合作服务网点建设，打造乡镇（街道）级服务网点24个、村（社区）级服务网点394个，累计投入资金550余万元，办件累计超5万件，除了“江苏政务”STM政银合作自助设备可办理的245项通办事项外，镇级营业网点可查询办理16项服务事项，村级金融服务站可查询办理12项服务事项，部分政务事项实现家门口办、就近办。

（杨　帆）

【电子政务服务】　2023年，市电子政务中心围绕政府重点工作和公众关注热点，打造权威高效政府网站。全年发布各类信息8611条，开展“在线访谈”6期，意见征集35次，录制新闻发布会9期，书记、市长信箱转办727件，有效提升群众知晓率与参与度。完成适老化及无障碍升级改造，增强政府网站的及时性、实用性和服务性。政府网站年访问897万人次，获评2023年度中国优秀政务网站。

【政务公开】　2023年，市电子政务中心推进主动公开，重点领域公开，政府信息公开目录更新近3000条，公开政策解读、简明政策问答14条。对就业、教育、医疗、征地拆迁等24个重点领域信息公开栏目进行及时更新，稳岗就业栏目重点公开就业创业补贴情况和服务信息，义务教育和医疗保障栏目重点公开本地招生政策以及城市生活饮用水安全情况，市场监管和食药安全栏目重点公开食品安全监督抽检信息公告以及各种专项监督检查的情况。办理依申请公开102件，由依申请公开引起的行政诉讼案件，全部维持结果。提升政务新媒体传播力、影响力，通过制作专题、H5(HTML5，是构建Web内容的一种语言描述方式)、互动交流、征集等活动推动政民互动。发布信息800余条，转发时政要闻158篇次，发布“优化营商环境”等各类专题报道100余篇。以“中国兴化政府网”公众号为载体，组建政务微信矩阵，形成微信集群发展格局，制作微信矩阵榜单12期。

【公共数据汇聚治理】　2023年，市电子政务中心建成本地数字资源超市，梳理92个单位、79个应用，编制数据目录2048个，归集公共数据资源2014个，完成供需对接25个，实现全市云资源、网络资源和组件资源的共建共享共用。加强全市电子政务外网建设，横向连接全市各部门单位，纵向贯通省、市、县、乡、村五级联通，配置双核心和泰州互联，组织电子政务外网电信移动双线路应急演练，保障全市线路安全稳定运行。

(倪　恒)

信访工作

【概况】　2023年，兴化市贯彻习近平总书记关于加强和改进人民信访工作的重要思想，落实省和泰州市关于信访工作的决策部署，认真履行“为民解难、为党分忧”政治责任，推动主题教育走深走实，以“信访突出问题攻坚化解巩固提升年”为主线，开展信访问题源头治理三年攻坚行动，创新信访积案攻坚化解专班推进机制，开展《信访工作条例》落实年活动，积极为全市经济社会发展营造和谐稳定环境。全年累计办理人民来信5742件，接待来访群众1480批次3640人次。

【信访工作机制建设】　2023年，市信访局坚持后方化解和前方应急处置同步发力，全力化解信访矛盾。实行“一人一策一专班”。制定特殊疑难信访问题专项资金使用管理办法。进一步规范完善信访工作体制机制，实施化解重点信访案件、加强风险隐患排查、建强责任传导机制等方面重点内容20条具体举措。对有责任不落实、处置不及时、工作不到位等情形的，一律严肃调查处理、追责问责，发放“三函一单”47份(信访风险预警函37份、信访责任警示函8份、信访问责建议函1份、信访督办单1份)。

【信访积案化解】　2023年，市信访局按照省和泰州市关于“信访突出问题攻坚化解巩固提升年”部署要求，兴化市聚焦上级交办的三批共394件“国治”案件实质性化解，认真制定全市信访工作高质量考核实施细则，压实全市各层级责任，扎实开展突出矛盾“百日会战”、信访突出问题“双月攻坚”等专项行动，推动陈案积案实质性化解。截至12月底，第一、第二批化解率97.84%，第三批化解率100%。

【信访治理专项行动】　2023年，市信访局为坚持和发展新时代“枫桥经验”，进一步树立信访工作大抓基层的鲜明导向，更好地维护群众合法权益，决定开

2023年，市委常委、政法委书记刘汉梅(中间)牵头召开信访突出问题工作专班组长会　(市信访局/供图)

展“信访问题源头治理三年攻坚行动”，确保力争经过三年努力，实现申诉求决类初次信访事项一次性化解率和群众满意率稳步提升，国家信访局登记申诉求决类信访量占信访总量比重明显下降，信访“倒金字塔”形结构有效改善，全市信访工作法治化建设、市域治理体系和治理能力现代化水平显著提高。

【《信访工作条例》贯彻落实年】 2023 年，市信访局根据全国信访系统部署，将学习贯彻《信访工作条例》纳入各层级党委（党组）理论中心组学习内容以及党校、行政学院培训年度总体规划、干部教育培训计划。全年印发各类宣传资料 6000 余份，组织开展专题培训 6 场次，受训 1400 余人次。

（葛　岑）

外　事

【概况】 2023 年，市政府外事办在市委、市政府的正确领导下，坚持服务国家总体外交大局，服务全市经济社会发展，充分发挥外事资源优势，全力服务好涉外企业，为全市经济社会发展作出积极贡献。全年共办理因公出国（境）团组 4 批 14 人次；共受理 10 家企业 11 批 44 人次 APEC 商务旅行卡申请；共办理 7 家企业 12 批 37 人次外国人来华邀请；承办泰州市友城友协工作推进会。

【因公出国（境）管理】 6 月 11 日至 21 日，市委宣传部部长陈林峰率团一行 4 人到日韩参加省文旅嘉年华活动，宣传推介兴化城市和文旅产品，推广兴化文旅产品与旅游线路，提升兴化的城市知名度。8 月 23 日至 30 日，市长殷俊率团一行 6 人到德国、荷兰开展经贸招商活动，在荷兰推进科隆精密流量阀门项目落户兴化，意向投资总额 4000 万欧元。

【外事接待】 2023 年 3 月，法国兰特黎斯集团北亚区董事总经理阿莱克斯一行访问兴化；7 月 1 日，美国纽波特纽斯市姐妹城市委员会副主席贝莉一行到兴化市考察访问；7 月 17 日，省农业农村厅、省淡水渔业研究中心、菲律宾农民合作社研修班到兴化考察；11 月，芬兰驻沪总领事嵇安诺一行 7 人访问兴化。

【涉外企业服务】 2023 年，市政府外事办向“三外”企业宣传 APEC 商旅卡，为有办理需求的企业提供上门指导、后期跟踪等服务。深入企业现场办理 APEC 商旅卡 26 张，其中江苏兴达钢帘线股份有限公司 1 批 21 人次。对全市 15 家参加广交会涉外企业开展“一对一”联系宣传 APEC 商旅卡活动，采取上门指导、现场答疑等方式，帮助企业解决办卡困难、节约办卡时间，为企业“走出去”拓展海外市场提供便利。全力保障全市外向型企业生产经营活动，促进企业技术发展，提高企业的国际影响力和知名度，为开拓更广的国际市场起到很好的外宣作用。9 月 14 日至 15 日，与泰州市外办共同调研“三外”企业情况及涉外需求，走访联系重点涉外企业 9 家，为企业复工复产保驾护航。

（葛林华）

机关事务管理

【概况】 2023 年，在市委、市政府坚强领导下，在市政府办的指导支持下，市机关事务服务中心始终坚持以习近平新时代中国

2023 年 3 月 9 日，市机关事务服务中心举行全市公务用车信息化管理 2.0 平台使用培训会　（市机关事务服务中心/供图）

2023年7月19日，全市党政机关办公用房消防安全专项行动部署动员暨培训会召开　（市机关事务服务中心/供图）

特色社会主义思想和党的二十大精神为指导，认真学习贯彻习近平总书记对机关事务工作的重要指示精神，深入落实“过紧日子”的总体要求，全方位推进机关事务工作提质增效，为市委、市政府中心工作提供坚强有力的服务保障。

【公务用车保障】　2023年，市机关事务服务中心研究制定新型《兴化市公务用车使用口径》，利用管理平台2.0系统，从协议期限、租车流程、费用标准、费用结算、履约管理、监督检查等方面，实行公务用车派车和租车一体化管理。在重大节庆、重要时段、关键节点，采取明察暗访、听取汇报、查阅资料、实地抽查等方式，开展公务用车常态化监督检查10余次。7月11日，市机关事务局服务中心会同15家新能源汽车品牌供应商在市行政中心开展“新能源汽车进机关”推广活动，组织新能源汽车知识培训，推广新能源汽车应用，超额完成省里下达的新能源汽车更新比例目标。

【办公用房管理】　2023年，市机关事务服务中心联合财政、自规、住建、税务、消防等多个部门，全面摸排并推动办公用房权属登记，完成权属统一登记30处，登记总建筑面积10万余平方米。采取专项巡检与平时抽查等方式，共开展办公用房督查5次，随机抽查30余家单位部门，对发现的问题下发限期整改通知。聘请具有消防安全评估资质的第三方机构，对党政机关办公用房消防安全情况进行评估，列出责任清单，督促问题整改，下发消防安全督查问题反馈单23份，累计整改消防安全突出问题隐患28处。

（李　飞）

中国人民政治协商会议兴化市委员会

重要会议

【概况】　2023 年，市政协组织召开 5 次常委会会议、3 次主席协商会议和 4 次专题视察，形成 1 份建议案、6 份协商视察意见、38 篇调研报告。

【市政协十四届二次会议】　2023 年 1 月 1—4 日，政协兴化市第十四届委员会第二次会议在兴化召开。会议听取和讨论中共兴化市委书记陈锋剑的讲话；听取和审议政协兴化市第十四届委员会常务委员会工作报告；听取和审议市政协十四届一次会议以来提案工作情况的报告；列席市十七届人大二次会议第一次全体会议，听取并讨论兴化市人民政府工作报告及其他有关报告；举行大会协商发言；听取政协兴化市第十四届委员会第二次会议提案初步审查情况的报告；审议通过政协兴化市第十四届委员会第二次会议决议。

【政协兴化市第十四届委员会常务委员会议】　2023 年，市政协十四届常委会召开常务委员会议 5 次。

2 月 23 日，协商通过市政协 2023 年工作计划，协商讨论“一委一品”工作方案，征求市政协相关工作导则意见。

6 月 28 日，听取市财政局关于全市 2022 年财政决算情况的报告、市审计局关于全市 2022 年财政预算执行及其他财政收支审计情况的报告，进行协商；听取市政府关于促进劳动教育情况的通报，听取市政协教卫文体委关于促进劳动教育情况的调研报告，并进行协商；政协常委述职；通过有关人事事项。

8 月 25 日，听取市政府关于 2023 年 1—6 月全市经济社会发展情况、财政局关于 2023 年 1—6 月财政预算执行情况的通报，并进行协商；听取市政府关于全市推进制造业智能化改造和数字化转型工作的通报，市政协经科委关于推进制造业智能化改造和数字化转型情况的调查报告，并进行协商；审议通过《关于推进制造业智能化改造和数字化转型的建议案（草案）》；听取市政协民主评议领

2023 年 1 月 8 日，市政协十四届二次会议经济组进行讨论。图为讨论现场　（市政协办/供图）

导小组关于民主评议民政局工作情况、民政局关于市政协民主评议民政局工作所提建议意见的整改落实情况，并进行测评；协商通过《市政协“同心优教·圆梦明天”表彰奖励暂行办法（修订稿草案）》；通过有关人事事项。

11 月 24 日，听取市纪委监委关于党风廉政建设和反腐败工作情况、公安局关于打击严重刑事犯罪和经济犯罪工作情况的通报，并进行协商；听取市政府《关于推进制造业智能化改造和数字化转型建议案》的答复；听取市政府关于提升居民小区物业服务水平的通报和市政协社会法制委关于提升居民小区物业服务水平的调查报告，并进行协商；听取市政府关于提案办理情况的通报；听取市政协民主评议住建局提案办理工作情况的报告；通过《关于召开政协兴化市第十四届委员会第三次会议的决定（草案）》；通过有关人事事项。

12 月 25 日，听取政府工作报告、法院工作报告、检察院工作报告、《2023 年国民经济社会发展计划执行情况和 2024 年国民经济社会发展计划草案》《2023 年财政预算执行情况和 2024 年财政预算草案（征求意见稿）》，并进行协商；讨论通过市政协十四届常委会工作报告和提案工作情况的报告（讨论稿）及两个工作报告的报告人；各专委会报告 2023 年工作；政协常委、委员小组组长述职，分管主席点评；协商通过市政协十四届三次会议有关事项；协商通过市政协 2024 年工作计划；通过有关人事事项。

【主席协商会议】 2023 年，市政协主席协商会议召开 3 次。

4 月 27 日，市政协召开十四届五次主席协商会议，围绕“农作物秸秆综合利用工作”进行专题协商。副市长王晓秋通报全市农作物秸秆综合利用工作情况；市政协经济科技委汇报关于推进农作物秸秆综合利用工作的调研报告；与会人员分别从不同角度进行协商发言，并提出提高秸秆还田质量水平、推进收储运体系建设、探索秸秆综合利用路径、发挥资金引导作用、营造秸秆利用社会氛围等方面的意见和建议。

8 月 3 日，市政协召开十四届六次主席协商会议，就传统村落保护与传承工作情况进行专题协商。通报全市传统村落保护与传承工作情况，市政协学习文史委汇报相关调研报告，与会人员围绕优化规划方案、强化政策宣传、完善制度保障及加强保护指导等方面展开协商讨论，并提出相关意见和建议。

10 月 27 日，市政协召开十四届七次主席协商会议，围绕“重点文旅项目推进情况”进行专题协商。通报兴化重点文旅项目推进情况，市政协教卫文体委汇报相关调研报告，与会人员围绕全市文旅项目发展趋势、存在的问题以及全域旅游发展模式等方面展开协商讨论，并提出相关意见和建议。

协商议政

【概况】 2023 年，市政协坚持发挥政协专门协商机构作用，紧扣“品质政协”“书香政协”建设目标，大力培育协商文化，搭建协商平台，发挥专门协商机构作用，围绕中心切实履行职能，强化工作指导，精心谋划方案，注重工作实效，推进协商民主广泛多层制度化发展。完成兴化市垛田研究会、政协理论研究会、政协书画院、兴化市历史文化研究会、政协之友联谊会 5 个协会的成立和换届工作。开展垛田

2023 年 7 月 28 日，泰州市政协六届十七次主席会议暨协商文化培育展示点观摩推进会在兴化市召开 （市政协办/供图）

文化、历史文化等领域的学术研讨和文艺创作,切实发挥政协协会平台的作用。

【对口协商】　2023 年,市政协着眼提升政协协商质效,各专委会围绕社会关切和工作实际,分别就优化金融服务、城市管理行政执法、急救体系和管理流程建设、民间档案征集等议题,在深入调研的基础上组织开展对口协商 4 次,为相关重点工作的推进落实提供新举措。各界别和镇街委员履职小组从界别特色和板块特点出发精准选题,围绕氧化锌产业整治、不锈钢展销会恢复、老旧小区改造、非遗传承与利用等议题,通过联动协商、现场协商、专题协商等方式,组织开展协商议事活动 76 场,形成一批有价值的协商成果,为部门、镇街化解矛盾、推进工作提供新思路。

【专题协商】　2023 年,市政协专题召开协商文化培育展示点建设工作座谈会,指导先行的部门、单位、企业等把协商文化有机融入日常管理,围绕工伤保险待遇争议、养老服务项目优化、涉企政策调整、农产品保护价收购等工作过程中的实际问题,开展协商议事活动 27 场,以“商”的方式议出“治”的新良策。

【协商议事】　2023 年,市政协按照协商文化“五进”工作要求,坚持“一点一案”原则,指导培育展示单位(部门、企业)领会协商要义、明确协商主题、构建协商组织、健全协商机制、梳理协商案例、展现协商成效,因地制宜建成 12 个培育展示点。结合地方文艺特色,采用小品、板桥道情、小淮剧等艺术形式,创作和展演体现协商文化的文艺节目,面向社会广泛传播协商民主理念,推动协商民主融入日常、做在经常。指导镇街、村居开展协商议事活动,各镇街共开展协商议事活动 998 场次,参与人数达 1.43 万人次,动员能人捐赠资金 1219 万元。

建言献策

【提案工作】　2023 年,市政协十四届二次会议以来,政协委员共提交提案 382 件,立案 377 件,其中集体提案 6 件,委员个人和联名提案 371 件。提案经 47 个承办单位办理,已全部受理答复,满意率 100%。

【社情民意】　2023 年,市政协整理收集社情民意信息 1048 条,编辑市本级信息 12 期,全国采用 3 篇(每日社情),省级采用 10 篇,泰州市级采用 21 篇,其中《关于毗邻公交存在问题和建议》得到分管副省长批示。

委员管理服务

【委员视察】　2023 年,市政协共组织市政协委员视察活动 4 次。

3 月 17 日,市政协委员先后到儒学广场参观兴化文学馆、任大椿读书楼,到市博物馆参观李园,到北门历史文化街区参观了解都堂故居、老布店、垛田农民画展馆、万兴大典、银北门品蟹一条街等地,通过实地查看、听取讲解等方式详细了解全市历史建筑保护利用情况和在建设中存在的主要困难和问题。

10 月 11 日,市政协委员实地视察城市书房(新华书店南津路店)、城镇污水处理“333”提质工程(祥和家园施工现场)、北水关大桥拆除重建工程、南京

2023 年 10 月 27 日,市政协组织部分政协委员视察全市重大产业项目建设情况　　(市政协办/供图)

2023 年 11 月 25 日,"我的家乡我建设"民生微实事项目推进会召开
(市政协办/供图)

至盐城高速公路(兴化段)、城南邻里中心项目以及农村商业银行文学驿站,了解全市城市书房惠民工程和城建、交通重点工程项目推进情况。

10 月 27 日,市政协委员实地视察市东南城市建设投资有限公司不锈钢综合贸易示范区项目、不锈钢高端线材智能制造项目、泰州市苏阳不锈钢丝绳有限公司年产 2 万吨不锈钢丝绳项目、江苏兴达钢帘线股份有限公司年产 35 万吨高性能子午线轮胎用钢帘线扩建项目等重大产业项目建设情况。

11 月 15 日,市政协委员先后视察泰山居民点充电棚、五里亭居家养老服务中心、观澜湾充电综合体、文正公寓加装电梯、新悦家园小区居民休闲区和文峰社区老旧小区加装室外扶手等情况,了解提案办理情况和民生"微实事"项目。

【民生"微实事"项目】 2023 年,市政协坚持协商于民、协商为民,以协商文化进镇街为抓手,注重从农村民生领域中小而精、小而美、小而实的项目入手,依托镇村"有事好商量"协商议事平台,推动民生"微实事"向乡村基层延伸。坚持"不是群众提的不实施、当年不见效不实施、矛盾不化解不实施、资金不落实不实施",着力开好民情恳谈会、乡贤座谈会、协商议事会,形成群众得实惠的微实事和有价值的微信息。实施"微实事"项目 1007 个,委员报送微信息 185 条,推动办成路灯增设、停车场建设、巷道修缮、广场改造等一批群众获得感强的好事实事。健全完善委员联系走访界别代表人士机制,建立知名人士和界别代表人士名录库,常态化开展"委员走基层"系列活动,在联系走访界别代表人士和界别群众中察民情、听民声、暖民心。举办兴化发展论坛、经济发展、教卫发展、文旅发展分论坛,集思广益、建言献策、凝心聚力,取得良好的社会反响。与商会充分沟通协商,达成"我的家乡我建设"的思想共识,各驻外商会 100 余位乡贤企业家积极认领家乡微实事项目 100 余个,捐助金额 300 余万元,助推乡村民生"微实事"项目落地落实。

【委员培训】 2023 年,市政协举办第四期委员履职能力提升培训班,实现本届委员培训全覆盖。丰富"委员活动日"内容,邀请专家学者就"国际形势""南荡遗存"等主题进行专题授课,拓宽委员视野、增进文化认同。

2023 年 10 月 25 日,"诗画田园——2023 美术名家兴化采风活动"在千垛镇陈杨村启动
(市政协办/供图)

【委员读书活动】 2023年，市政协组织委员开展读书心得分享交流活动，拍摄读书分享和荐读微视频12部，撰写读书心得102篇，使书香常伴、履职常新。

【专题活动】 2023年，市政协共组织专题活动31次。

（邹 安）

表8 2023年兴化市政协组织开展专题活动一览表

时间	活动主题
2月3日	市政协书画工作室走进大垛镇，举办庆元宵书画笔会
2月11日	市政协举办党的二十大精神学习报告会，邀请中共江苏省委党校（江苏行政学院）常务副校（院）长、十四届省委委员杨明校长给全体委员作党的二十大精神专题辅导报告
3月9日	市政协联合有关金融机构举办银企对接活动暨"惠企一证通"产品发布会
3月17日	市政协机关党总支、一支部召开换届选举党员大会。会议回顾总结上一届机关党总支工作，选举产生新一届党总支委员会、一支部委员会
3月22日	市政协举办"兴文化史"文史讲座，邀请省考古研究所原所长张敏教授作专题报告
4月2日	江苏省美术家协会和兴化市政协共同主办"当代名家故乡行——张兴来中国画邀请展"
4月11日	泰州市政协副主席刘汉秋一行到兴化市，围绕"促进大健康产业高质量发展"开展专题调研
4月18日	市政协召开兴化市垛田研究会成立大会。市委书记陈锋剑，全国政协委员、中科院资源生态与生物资源研究室主任、自然与文化遗产研究中心副主任闵庆文为兴化市垛田研究会揭牌
4月26日	市政协召开社情民意工作专题培训会，邀请社情民意信息工作的专家来兴作专题辅导
5月22日	市政协召开历史文化研究会第三届会员代表大会，回顾总结第二届理事会工作，安排部署第三届理事会工作，并进行换届选举
6月2日	市政协主席徐立华带领市政协全体常委和机关干部到淮安市周恩来纪念馆等红色教育基地开展理想信念教育
6月9日	市政协组织企业委员到南通市开展张謇企业家精神学习培训活动
6月16日	市政协书画院正式成立
6月21日	市政协第七届联谊会召开第一次会议。市政协副主席刘忠当选第七届市政协之友联谊会会长
7月28日	泰州市政协六届十七次主席会议暨协商文化培育展示点观摩推进会在兴化市召开
8月8日	市政协组织开展"社会治理中心建设——知名人士看兴化"活动
8月18日	市政协成立人民政协理论研究会。市政协副主席丁永明当选研究会会长
8月23日	市政协举行党史学习教育专题讲座
9月3—8日	市政协十四届委员第四期履职能力提升培训班在苏州大学举行
9月8—13日	市政协开展"同心优教·圆梦明天"表彰奖励活动
9月22日	泰州市政协副主席查学斌带队到兴化市开展"走近委员"并参加民生专题协商议事活动
9月27日	市政协书画院走进林湖乡开展"翰墨迎中秋 书画庆团圆"书画活动
10月25日	"诗画田园——2023美术名家兴化采风活动"在千垛镇陈杨村启动
10月26日	市政协举行《赵瑞周医案》捐赠座谈会。市政协主席徐立华出席会议并讲话
11月7日	市政协组织政协委员到扬州中国大运河博物馆参观学习
11月9日	市政协组织开展"知名人士看兴化——观摩和美乡村建设"活动
11月11日	市政协组织召开"我的家乡我建设"民生微实事项目推进会（上海商会）
11月25日	市政协组织召开"我的家乡我建设"民生微实事项目推进会（苏州商会）
12月1日	泰州市政协主席卢佩民带队到兴化市，就协商文化培育工作进行调研
12月5日	市政协主席、党组书记徐立华以"协商文化培育工作"为题，为市政协机关党员干部讲授专题党课
12月13日	市政协领导班子开展"牢记嘱托、感恩奋进、走在前列"大讨论活动

兴化市纪委监委

体制改革

【队伍建设】 2023年,市纪委监委围绕专项监督、案件复盘、大数据运用等,开展“枝叶关情”讲坛8期,参训1600人次。探索实施“新竹工程”培养计划,组织青年干部参与“微调研”活动,形成专题调研报告9篇。坚持系统思维,拓宽选人用人渠道,为纪检监察干部队伍充实17名“鲜活力量”。严把政治素质关和廉洁关,稳妥有序完成210名监察官等级首次确定工作。树立重实绩的用人导向,打通委机关、派驻、巡察、镇街四大板块干部晋升、交流渠道,加强统筹培养和使用,提拔重用82人,交流轮岗31人。

【“室组地”联合办案机制】 2023年,深化“室组地”联合办案机制,统筹四项监督力量,选派年轻纪检干部32人次参与办案500余天,推动队伍能力与案件质效双提升。充分发挥派出监察员办公室对镇街纪(工)委指导督促作用,推动基层纪委处置问题线索656条,给予党纪政务处分413人,打通监督向基层延伸的“最后一公里”。

【信息化建设】 2023年,市纪委监委推进纪检监察信息化建设,运用残疾人多维信息比对、挂证兼职取酬、农机补贴、尊老金发放等监督模型,发现违规疑点问题87个,推动立案审查调查2人。在首届全省纪检监察系统电子数据调查比武竞赛中,获得个人二等奖。

重要会议

【全市领导干部警示教育大会】 2023年1月12日,全市领导干部警示教育大会召开。会议强调,坚决贯彻落实中央八项规定实施细则精神,严格执行泰州市作风建设“十条禁令”,算好政治账、经济账、亲情账,管好小事、注重小节,切实对自己负责、对家庭负责、对事业负责、对组织负责。压紧压实全面从严治

2023年1月12日,全市领导干部警示教育大会召开

(市纪委监委/供图)

党主体责任，加强对“一把手”和领导班子的监督，推动各级领导干部作好表率、抓好班子、带好队伍，做到严于律己、严负其责、严管所辖。坚持从实际问题出发，举一反三、追根溯源，一体推进不敢腐、不能腐、不想腐，不断扎紧制度的笼子，做到以制度管人管事管权。与会人员观看警示教育专题片。

【十三届市纪委三次全会】 2月11日，十三届市纪委三次全会召开，市委书记陈锋剑出席会议并讲话。会议要求，要构建护航发展的纪法保障体系，确保目标任务落到实处。各级党组织要坚持以政治建设为统领，紧抓“关键少数”，压实“一岗双责”，推动领导干部带头严明政治纪律和政治规矩，带头执行好中央、省和市委、市政府作出的决策部署，做到令行禁止、政令畅通。要构建精准有力的惩治腐败体系，把一体推进“三不腐”引向深入。要构建纠治“四风”的常治长效体系，持续加固中央八项规定的堤坝。要清醒认识到“四风”问题的危害性，善于分析出“四风”问题的规律性，以坚决的态度整治“四风”和好人主义，注重日常、抓早抓小、防微杜渐，以优良党风带动社风民风向上向善。要构建权威高效的监督制约体系，切实增强监督合力和实效。市委常委、市纪委书记、市监委主任常军代表市纪委常委会所作的《以党的二十大精神为引领 纵深推进全面从严治党 为推进中国式现代化兴化新实践提供坚强保障》工作报告，报告总结2022年兴化市纪委监委工作情况并对2023年的工作提出要求。

【全面从严治党主体责任工作推进会】 11月24日，协助市委召开履行全面从严治党主体责任工作推进会召开，深入学习贯彻习近平总书记关于全面从严治党的重要论述，压紧压实管党治党责任，不断推动全面从严治党向纵深发展。会议要求，全市上下要坚持以习近平新时代中国特色社会主义思想为指导，把全面从严治党作为长期战略、永恒课题，保持永远在路上的坚韧和执着，把严的基调、严的措施、严的氛围长期坚持下去。以主题教育为契机，深入学习习近平总书记关于全面从严治党的重要论述，充分认识把握“全面从严治党”的内在要求，做到抓思想从严、抓管党从严、抓执纪从严、抓治吏从严、抓作风从严、抓反腐从严。将党的建设与经济社会发展同谋划、同部署、同推进、同考核，推动领导班子成员强化责任担当、狠抓责任落实。把主体责任作为政治责任、法定责任、全面责任、终身责任，时刻放在心上、扛在肩上、抓在手上。领导干部特别是“一把手”要严于律己、做好表率，带头讲学习，持续学懂弄通做实习近平新时代中国特色社会主义思想；带头讲政治，严明政治纪律和政治规矩；带头讲团结，认真执行民主集中制，既挂帅又出征，以“关键少数”带动“绝大多数”。要严负其责、带好队伍，坚持严管和厚爱相结合，认真履行“一岗双责”，不搞好人主义、不当好好先生，本着爱护班子、爱护同事的真诚心愿，注重抓早抓小，及时咬耳扯袖，充分运用好提醒、函询和诫勉，让干部心畏言戒行止。要严管所辖、建好制度，聚焦权力集中、资金密集、资源富集的部门和行业，从最迫切的问题、最薄弱的环节抓起，加强制度建设，优化制度供给，全方位扎紧制度的“笼子”，用制度管权、管事、管人。紧盯权力运行关键环节，推动纪律监督、监察监督、派驻监督、巡察监督统筹衔接，重视用好审计监督、财会监督、统计监督，构建形成“大监督”格局。要全面推动重点单位内审机构建设，充分发挥派驻纪检机构“前哨”作用，强化事前、事中监督，从源头上加强监管。加强对各级“一把手”的监督，进一步完善“一把手”权力运行监督和制约机制，切实把“关键少数”管住用好。加强落实主体责任的监督检查，着力发现和解决责任不明确、不全面、不落实等问题，持续释放失责必问、问责必严的强烈信号，推动全面从严治党主体责任落实落地。

党风廉政建设

【全面从严治党监督责任落实】 2023年，市纪委监委开展主体责任落实专项督查，提请市领导开展廉政约谈39人次。全面加强对“一把手”、领导班子、中层干部、村（社区）人员“四支队伍”的监督，对履行主体责任不力的3个党组织、10名领导干部严肃问责。聚焦干部提拔任用、评先评优等关键环节，严把政治关、廉洁关，规范审慎回复党风廉政意见1345人次。

【严管厚爱】 2023年，市纪委监委体现宽严相济、严管厚爱，运用“四种形态”批评教育和处理2018人次。严格落实“三个

2023 年 4 月 11 日,泰州市“板桥竹风”廉洁文化成果展示暨故事宣讲会(兴化站)在千垛镇东罗村举办　(市纪委监委/供图)

区分开来”要求,注重把握政策策略,对 4 名干部进行容错纠错,为 6 名党员和 2 个党组织实施澄清正名,对 358 名受处分人员开展个性化回访教育,帮助卸下思想包袱,经验做法被泰州纪监情况、泰州组工信息刊用。

【警示教育】　2023 年,市纪委监委坚持分层次、分领域、分类别,组织 120 批次 4600 余人参观市廉政警示教育馆,组织 6 批次 138 名党员干部参加案件庭审旁听,制作《坚决向风腐亮剑》等 3 部警示教育片,编印违纪违法典型案例忏悔录,教育党员干部以案为鉴、警钟长鸣。做实正向示范教育,丰富廉洁文化产品供给,先后举办泰州市廉洁文化成果展示暨故事宣讲会、“亲语连廉”清风讲堂、郑板桥清廉思想座谈会,7 部廉洁文化作品获国家级大奖,20 篇稿件被《中国纪检监察报》、中纪委网站采用。

【教育整顿】　2023 年,市纪委常委会严格执行“第一议题”制度,跟进传达学习习近平总书记重要讲话重要指示批示精神 21 次,紧扣纪检监察职责学原理、悟思想、强担当。扎实开展主题教育和教育整顿,通过深学习、实调研、抓落实,教育引导纪检监察干部以学铸魂、以学增智、以学正风、以学促干,形成高质量调研报告 51 篇。扎实开展纪检监察干部队伍教育整顿,紧扣权力运行关键环节,排查廉政风险点 189 个,修订完善议事决策、风险防控、八小时以外监督等内部制度规定,严格依规依纪依法履行职责。认真核查反映涉及纪检监察干部问题线索和信访 14 件,给予党纪处分 4 人,运用“第一种形态”处置 6 人,严防“灯下黑”。

监督检查

【政治监督】　2023 年,市纪委监委坚决扛起“两个维护”重大政治责任,把深入贯彻落实习近平总书记重要指示批示精神作为重中之重,围绕生态环保、耕地保护、营商环境、安全生产等“国之大者”开展监督检查,推动问题整改 82 个,排查问题线索 52 条,给予党纪政务处分 59 人,推动出台“小特精”制度 14 个,经验做法被《人民日报》《新华日报》等媒体宣传。

【“纪信联动”专项监督】　2023 年,市纪委监委开展“纪信联动”专项监督,推动化解矛盾 612 件次,全市检举控告量、初次举报量同比分别下降 6.1%、

2023 年 12 月 28 日,挂钩企业调研座谈会召开　(市纪委监委/供图)

9.6%，检举控告类赴省进京越级访实现“零登记”。

【派驻监督】 2023年，市纪委监委制定《关于进一步提升派驻监督质效的实施方案》，注重加强与巡察、财政、审计等部门联动，围绕乡村振兴、社会救助等领域开展“微治理”，紧盯“三重一大”事项和关键环节开展督查340余次，给予党纪政务处分90人，“派”的权威和“驻”的优势不断显现。

【基层监督】 2023年，市纪委监委深化运用基层小微权力“监督一点通”平台，办理投诉事项1930件，群众满意度达98.3%。

执纪问责

【“四风”纠治】 2023年，市纪委监委坚持抓早抓小、源头预防，向“关键少数”和重点岗位人员制发三色“清风卡”1399张，查处违反中央八项规定精神问题96起，给予党纪政务处分109人，通报问题6批14个。坚持风腐同查同治，深挖腐败背后享乐主义、奢靡之风问题37个，立案查处科级干部11人，聚焦关键节点纠治“四风”顽疾等工作成效被省纪委专刊采用，相关案件入选全省营商环境典型案例汇编。

【相关领域专项治理】 2023年，市纪委监委创新构建“12345”清风护航体系，聚焦乡村振兴领域突出问题持续开展专项治理，排查整治截留挪用、利益输送等问题21个，留置3人，给予党纪政务处分25人，经验做法被中纪报、党的生活等媒体采用。开展殡葬领域专项整治，留置4人，给予党纪政务处分24人，追赃挽损500余万元，推动全市墓地价格下降10%，整治实效被省纪委专刊和泰州主题教育简报刊载。深入纠治“一老一小一残”救助领域补贴不落实、监管不到位等问题，立案53件，留置3人。针对党员干部违规帮助中介机构开展融资业务问题，留置2人，给予党纪政务处分4人。省委巡视期间，牵头组织开展违规出借、担保代偿资金追缴工作，追赃挽损680余万元。

【惩治腐败】 2023年，市纪委监委秉承“一枝一叶总关情”理念，聚焦群众反映强烈的热点难点，深入整治侵害群众利益行为，切实维护群众获得感、幸福感和安全感。全年共查处群众身边不正之风和腐败问题192起199人，收回违规财政资金2700余万元，通报典型案例15起19人。

审查调查

【案件查办】 2023年，市纪委监委坚持严的基调，常抓不懈、紧抓不放，立案审查调查602件，其中自办案件488件，自办率81.06%，查处乡科级干部62人，留置15人，移诉13人。

【以案促治】 2023年，市纪委监委坚持把查办案件与堵塞制度漏洞、强化行业监管结合起来，围绕安全生产、食堂管理、耕地保护等方面，制发纪检监察建议9份，邀请市分管领导参加纪检监察建议送达会和推进会，持续深化监督促治、以案促改，推动相关单位举一反三、建章立制。

（杨　瑗）

群众团体

兴化市总工会

【概况】 2023年，市总工会紧紧围绕提升职工"忠诚度、贡献度、满意度、认可度"，真抓实干、主动作为，各项工作取得新的进展和成效。推行《兴化市产业工人群众性经济技术创新成果评价积分奖励办法》，收集申报技术创新项目89个，其中有20项获泰州市优秀技术创新成果奖，7人获泰州市"五一劳动奖章"，13人获泰州"五一创新能手"称号。承办2023年度泰州市职工安全生产和劳动保护技能竞赛，兴化市分别获得团体组别和个人组别第一名。戴南镇总工会获评"全省厂务公开民主管理工作先进单位"。

【兴化市工会第十七次代表大会】 5月5日，兴化市工会第十七次代表大会在昭阳剧院召开，30人获评优秀工会工作者和"十佳"工会工作者。联合市委宣传部评选一批"文明职工"、"文明班组"和"最美兴化职工"；举办"劳模林"揭牌仪式暨劳模、学生现场结对认领树苗等活动，发挥劳模示范带头作用。

【劳模评选宣传】 2023年，市总工会牵头劳模工匠与全市20余所学校"定向结对"，开展"劳模工匠进校园 思政教师进企业"活动27场，增强职工群众的向心力和凝聚力。挂牌成立泰州兴化产业工人文学创作基地，先后出版《一线》杂志专刊4期。深化"送书进企业 书香润职工"活动，为30余家电商企业、数百名新业态职工赠送图书。联合举办全市职工读书征文和演讲比赛活动，营造全市"爱读书、读好书、善读书"的浓厚氛围。

【产改品牌打造】 2023年，市总工会按照"一市一品""一企一品"思路，在40家产改重点试点企业中，持续打造各具企业特色的产改品牌，开辟"一企一品、职工敢首创·产改进行时"专栏。推动成立兴化市绿色健康食品、高性能金属制品、精密锻铸造产业劳模创新工作联盟。2023年5月17日，省总工会党

2023年5月5日，兴化市工会第十七次代表大会召开　（市总工会/供图）

2023 年 5 月 26 日，兴化市举行“劳模工匠进校园 思政教师进企业”启动仪式暨首场宣讲活动 （市总工会/供图）

组书记、副主席徐大勇到兴化市调研时对市总工会“以点带面辐射、以评撬动引领、以星提质创优”的产改做法给予充分肯定。创新出台《关于全市产改重点企业工会主席“星级”评价机制的实施意见》，开展星级工会主席评比活动。此做法被全国总工会《推进产业工人队伍建设改革协调小组专报》（2023 年第 9 期）专题刊登报道并在全国范围进行推介。树立产改“一盘棋”工作格局，组织召开全市新时代兴化产业工人队伍建设改革工作联席会及工作推进会。开展以“建功十四五 · 奋进新征程”为主题的劳动和技能竞赛，举办全市十大工种之湿拉工、捻股工技能大赛。召开全市职工技术创新专项集体合同协商观摩暨工作推进会，现场指导双乐颜料股份有限公司、江苏博生医用新材料股份有限公司、江苏海宇机械有限公司等 7 家公司签订《职工技术创新专项集体合同》。开展“三十、五小”职工群众性技术创新、评审和成果发布活动。

【职工服务帮扶】 2023 年，市总工会落实困难职工家庭申报制度，动态化将符合条件的困难职工纳入保障救助体系。“双节”期间，慰问产改企业一线职工 1500 人、因公牺牲等困难民警家属 19 人、临时困难职工 9 人，发放住院职工会员 200 余人专享慰问金等，累计发放帮扶资金 86 万元。举行“兴贴心 幸福路”结对共建活动，推动劳模（先进）、爱心企业与 42 户困难家庭进行“一对一”结对共建。深化“7 点班”创业培训，开展服务进村居行动，举办职工创业就业技能培训班 16 期，服务职工近 1000 人。依托“牛助理”网上就业信息平台，发布招聘信息 600 余条。落实小微企业工会经费全额返还政策，全年累计返还 482.91 万元。率先在全省县级市中建成集工会业务、职工普惠、帮扶援助、法律维权的全流程一体化智慧工会服务平台。开展红“兴”向党 暖“新”同行——“8 + X”综合服务集市兴化专场活动。新建 4 处 24 小时对外开放的“兴‘惠’有你”户外劳动者驿站和 4 家康乃馨服务站，“兴心相连 · 馨护幸福”女职工系列关爱服务获评 2023 年度省级康乃馨志愿服务项目。开展职工服务中心赋能创优和幸福企业创建活动，顶能科技等 3 家企业获评 2023 年度“泰州市幸福企业”。推进“老黄维权站”服务提质扩面，在城区 16 家社区全覆盖打造基层工会服务

2023 年 5 月 19 日，职工技术创新专项集体合同协商观摩暨工作推进会召开 （市总工会/供图）

2023 年 8 月 25 日,市总工会举办”8 + X“服务集市兴化专场活动

(市总工会/供图)

“靠谱帮办点,成立市总劳动争议调解委员会,兴化工会治理职工欠薪典型案例获全总推广。

【改革攻坚】 2023 年,市总工会制定下发《关于开展 2023 年建会入会攻坚月行动的通知》,先后 2 次对全市两代表一委员企业、700 余家规上企业和 1000 余家社会组织进行“拉网式”建会入会摸排和点对点攻坚推进,恒兴科技园 30 余家电商企业、“美团”兴化分公司等一批新业态企业成立工会组织,吸纳新业态劳动者会员 2000 余人。深入镇(街)、重点行业企业,开展全市工会法人资格证书办理“突击月”活动,着力纠正工会到期不换届、选举程序不规范、工作开展不到位等突出问题。指导 102 家进行届中选举,为 863 家基层工会办理法人资格证书。实施基层工会“主席领题”项目,经过评定,16 家项目奖补资金 29 万元。举办全市职工集体协商技能竞赛,指导“饿了么”公司工会等新业态领域开展工资集体协商。扎实开展厂务公开工作,不断推进厂务公开民主管理工作制度化、规范化。

(金 蕾)

共青团兴化市委员会

【概况】 2023 年,团市委共有下级组织 2605 个,团委 58 个,团工委 5 个,团总支 95 个,团支部 2398 个。2023 年 7 月 4 日,共青团兴化市第十八届委员会第二次全体(扩大)会议召开。进一步夯实组织基础、强化政治功能,全面提升工作质效。会议审议通过《共青团兴化市第十七届委员会第七次全体会议关于团市委委员卸职递补确认案》。成立快递外卖行业团工委、高性能金属制品行业团工委、绿色健康食品行业团工委。针对快递外卖行业团工委,开展“送清凉”慰问、知识宣讲、爱国主义教育等活动 10 场,送去暖“新”物资礼包 11 批次。开展“青耘中国 · 冬藏未来”“青耘中国 · 春耕希望”等 4 场直播带货活动,在线人数 4 万余人,成交额 3.2 万元。

【青少年思想引领】 2023 年,团市委制定印发《共青团兴化市委面向全市团员和青年开展学习贯彻习近平新时代中国特色社会主义思想主题教育细化方案》,在团中央《简报》《中国青年报》等省级及以上平台发布宣传报道 18 篇。完成团省委、泰州团市委 2 次团员和青年主题

2023 年 12 月 16 日,“兴‘惠’有你”户外劳动者驿站揭牌

(市总工会/供图)

2023 年 6 月 25 日，团市委开展"青春向党学思想 感恩奋进建新功"主题宣讲进学校活动　　（团市委/供图）

教育专题调研工作，并获得团省委和泰州团市委的肯定。引导近 60 万人参与"青年大学习"，平均参学率超过 95%。动员全市青年讲师团、红领巾讲师团开展"青春心向党 奋进新征程""强国复兴有我""青春向党学思想 感恩奋进建新功"等主题宣讲活动 154 场。组织 7 名"兴"青年代表拍摄五四宣传片《何为青年》《青春正当时，立志勇担当》，邀请北京大学教授、国际象棋大师侯逸凡，在外名校优生代表、留兴就业创业青年等 24 名各界青年代表拍摄《"兴"青年说》，以视频方式连线勉励全市青年。选拔"兴小团""兴小队"主播团，推出"把兴化读给你听""'新兴化人'说兴化""兴青思享汇"等系列推文 40 期。举办"学习二十大 永远跟党走 奋进新征程"主题党团队日活动。重点打造"垛上耕耘"青年学习社和大垛镇"板桥文化"青年学习社线路，其中"垛上耕耘"青年学习社获评省级青年学习社。组织青年先锋开展党的二十大精神、乡村振兴实践经验、非遗进校园等宣讲活动 25 场，覆盖 2100 人次。

【基础团组织改革】　2023 年，团市委推进县域共青团基层组织改革工作，着力推动强化政治功能、形成社会功能，不断提升引领力、组织力、服务力和大局贡献度，共青团事业和青年工作实现新的更大发展。采取联合发文和推动党政专门发文中涉及团工作的形式就改革相关工作进行部署，出台相关文件 23 个。形成改革工作案例 5 个，其中 3 个案例被泰州团市委汇编下发，在《中国青年报》、团建头条等省级以上团属媒体和市级以上主流媒体发布宣传稿件 35 篇，在新华网、紫牛新闻等省级以上媒体发布宣传稿件 77 篇。

【青少年关爱帮扶】　2023 年，团市委推动兴化市委常委会讨论通过《关于全面加强假期（周末）困境、留守儿童关爱保护工作的意见》（简称兴化未保新八条），印发《全市假期（周末）困境、留守儿童关爱保护督查指导工作方案》，试点推动部分镇村设置村居爱心辅导站。开办"青仔公益暑托班"115 个，覆盖包含留守儿童、困境青少年在内的青少年 2754 名。引导青年志愿服务指导中心面向新兴青年群体子女开展为期 40 天的爱"新"托管班，覆盖近 100 人次。发放"新农菁英贷"253 笔，总额 1.97 亿元。依托泰州市"最美青年农民"平台，2 名青年农民成功入选"优秀乡村青年人才"。打造"兴"青驿站 20 间，为求职青年人才提供居住、出行、休闲、社交、学习、创业、就业等一站式服务。实施"梦想改造 +"关爱计划，建成梦想小屋 39 间。

【青年人才服务管理】　2023 年，团市委联合市委组织部成立"兴村青雁"功能型团委，将大学生志愿者纳入市乡村振兴青年人才大框架培养管理。开发"板桥英才"小程序，建设完善青年人才数据库，在库青年 7991 人。实施"青启兴程"计划，吸引 293 名大学生返乡参加暑假社会实践活动。举办名校优生座谈会，40 余名"985"高校学子为家乡发展建言献策。持续实施新生代企业家"兴动力"培育计划，组织 40 名新生代企业家赴西安交通大学开展金融辅导、参观调研等学习实践。开展"让全国看见你"项目路演，举办"创青春"青年创新创业大赛国省赛选拔赛，1 名创业青年入选省决赛。举办"四敢先锋"大讲堂——新生代企业家专场活动，做优"兴好友你"青年交友品牌，深入推进音乐、体育、志

2023 年 11 月 12 日,团市委组织青年志愿者服务 2023 花海森林兴化半程马拉松赛 (团市委/供图)

愿服务等八类交友社群建设,开展活动 20 场,联系服务青年超 2500 人次。组织开展 7 场青年人才专题联谊活动,"七夕"荧光夜跑活动登上央视,累计服务青年人才 700 余人。

【青年志愿服务】 2023 年,团市委组织青年志愿者在基层一线开展"手绘乡村 青春行动""保护母亲河 争当河小青"等志愿服务活动 20 余场。引导新兴青年群体参与"品蟹赏菊"国庆旅游节志愿服务、"金秋十月送温暖"小屋慰问、2023 花海森林兴化半程马拉松赛事服务等各类志愿服务活动 30 余场。

(张 聪)

兴化市妇女联合会

【概况】 2023 年,全市共有乡镇(街道)、开发区妇联 26 个,城区机关妇联 39 个,村(居)妇联 463 个,社区妇联 58 个。各级妇联组织坚持以习近平新时代中国特色社会主义思想为指导,以增强政治性、先进性、群众性为遵循,促进全市妇女事业的发展。

【政治引领】 2023 年,市妇联开设巾帼大学习专栏,宣传贯彻习近平总书记重要讲话精神和中国妇女十三大会议精神。推广"习近平'家语'学习专题",传播好声音、传递正能量。举办"致敬她力量 建功新时代"纪念三八国际妇女节宣讲表彰大会。联合市委宣传部开展"最美兴化人"——巾帼奋斗者评选表彰活动。推荐巾帼典型,兴化农商行英武支行获"全国巾帼文明岗"称号,大营镇大营村党支部书记王小娟获省"三八红旗手标兵"称号,大营村副支书、妇联主席万蓓蓓获"泰州好人"称号。擦亮"兴联心"巾帼志愿服务品牌,围绕文明创建、服务一老一小、家庭教育知识传播等,常态化开展巾帼志愿服务活动,南沧社区巾帼志愿阳光服务站等 3 家获评泰州市级阳光站。发挥"王小娟""翁立萍"省三八红旗手示范工作室及其他工作室示范作用。

【妇女发展】 2023 年,市妇联以省级巾帼电商助农示范基地为试点,出台支持女性电商人才发展措施。搭建赋能平台,组织女性人才参加各类提素增能培训班。组织新业态新就业群体开展"爱心妈妈"亲子纸鸢 DIY 活动、"知礼而立,以礼相伴"职场礼仪培训等活动,引领新业态

2023 年 2 月 24 日,市妇联联合市农商行召开"携手'她'力量 共走振兴路"党建共建暨"兴联心"乡村振兴巾帼贷产品发布会 (杨桂宏/摄)

新就业女性感受温暖,成就事业。联合市农商行召开“携手‘她’力量 共走振兴路”党建共建暨“兴联心”乡村振兴巾帼贷产品发布会。联合市人社局举办“兴联心 庆三八”春风行动女性专场招聘会,提供近700个岗位,达成就业意向100余人。挖掘培树符合创建条件的各类巾帼示范基地,2家被命名为省级基地,9家被命名为泰州市级基地。江苏清水源食品科技有限公司被命名为省级女大学生实训基地。促进家政提质,落实“家政服务培训千人计划”民生实事项目,举办“兴联心”巾帼家政技能培训班,培训学员230人次。市文达职业技术培训学校等5家单位被命名为泰州市巾帼家政实训基地。开展“共建诚信服务 共享品质生活”巾帼家政诚信服务社区行活动。

【关爱服务】 2023年,市妇联组织“六一”慰问活动,市四套班子领导带领各单位主要负责人,走访城乡9所学校,发放慰问金29.74万元。以“少年儿童心向党 关爱守护伴成长”为主题,通过安全知识讲座、入户宣讲等形式,提升少年儿童安全自护意识和能力,累计开展活动432场次,参与儿童近4000人次。举办第四届“兴联心”关爱儿童公益项目大赛,全市29个项目参赛,发放奖励资金34.9万元。上争省专项经费50万元实施“一户一策”困境妇儿精准微关爱。低收入“两癌”妇女救助项目发放救助金1万元。E万行动和“音乐种子”助学行动使困境儿童获得资助25.8万元。开展“把爱带回家——暖童心护成长”关爱服务,各级妇联走访慰问留守、困境儿童,送去慰问物资30余万元。深化最美家庭寻访活动,授予100户家庭“最美家庭”称号,其中吉华英等家庭获省“最美家庭”称号。举办“才聚兴化,你我同行”青年人才露营联谊活动。开展“我们的节日”家庭文明系列活动38场次,弘扬文明家风。开设家庭教育课堂专栏,全年服务家长4万余人次。

2023年5月26日,市妇联举办第四届“兴联心”关爱儿童公益项目大赛 (市妇联/供图)

【维权服务】 2023年,市妇联强化规划监测评估,召开全市“十四五”妇女儿童发展规划实施情况自查自评座谈会,推进规划实施。实施“我助妇儿康·妇儿权益维护与安全守护课堂”公益项目,组织公益律师“六进”(进企业、进机关、进乡村、进单位、进学校、进社区)行动,全年开课67场,举办妇女权益保障法专题讲座1场,参与群众5000余人。利用“三八”维权周、国际禁毒日、国际家庭日等重要节点,广泛开展“网上学法知识竞赛”“农民工学法普法周”进镇街、进村社、进学校、进机关企事业单位等活动。召开平安家庭建设工作推进会。发挥妇联维权热线、婚姻家庭调解中心(站)、妇女儿童维权工作站的信访维权平台作用,为构建和谐幸福家庭提供服务。发挥巾帼网格员、家事调解员、普法宣传员等各类维权力量,有效排查化解家庭矛盾纠纷。开展妇女议事活动533场,议决事项执行率100%。

【妇女组织建设】 2023年,市妇联新建国投、城投、兴粮、文旅等国企及吾悦广场商圈妇联组织,成立兴化市女支部书记联盟组织。在微信公众号新建妇女儿童之家、妇女微家阵地专栏,通过展示活动,以点带面,推动各基层组织开展妇儿教育、就业指导、权益维护等特色活动。举办基层妇联干部赋能培训班，提升各级妇联干部及执委的综合能力。举办“兴联心”妇女儿童公益项目培训，提升基层妇联组织服务妇女儿童的能力。加强妇联系统网评网宣员队伍建设，开展巾帼好网民故事评选活动。落实执委项目领办制度，推动妇联执委、巾帼志愿者等在服务妇女儿童中各展所长。

（胡　琴）

兴化市科协技术协会

【概况】　2023 年，全市有市级学会 13 家，乡镇（街道）科协 24 家，园区科协 2 家，企业科协 52 家。“全国科技工作者日”“全国科普周”“全国科普日”期间，开展活动 30 余次。在江苏公众科技网、泰州科协等平台媒体宣信息 12 篇。各乡镇科协“科普中国”信息员完成注册 3644 人，日常活跃 3219 人，传播量 3.03 万人次，同时注册成为科技志愿者，发布科技志愿活动。组织申报“凤城英才计划”青年科技人才托举工程，举荐江苏兴达钢帘线股份有限公司副总经理周志嵩和兴化现代农业发展中心张凤翔等 10 人参加省市“十大科技人物”和“企业创新达人”等活动的评选，其中周志嵩和张凤翔获评“泰州市十大科技人物”，丁治军获评 2023 年“最美泰州人”，江苏兴达钢帘线股份有限公司朱晨露获评 2023 年度“科创江苏”企业创新达人。

【科技服务】　2023 年，市科协成立科技志愿服务队，吸纳懂技术能致富的“土专家”进入乡镇科协挂职兼职，为广大农户推广新技术、新品种、新模式实用技术培训近 100 场。走访调研市交通运输学会、中医学会和水产学会等，围绕农业发展、科技研发、青少年科技创新等主题召开科技工作者座谈会和学会秘书长座谈会，收集科技工作者诉求，优化服务举措。全国科技工作者日期间，市科协党组班子成员带队走进基层，走访慰问工业、农业、卫生、教育等一线科技工作者代表 50 余人次，征集意见建议，鼓励科技工作者撰写论文，团结动员基层科技工作者大力推广新技术、新知识、新方法，进一步促进乡村产业发展、乡风文明建设、人居环境改善。

【建言献策】　2023 年，市科协立足科协资源结构，充分发挥科协组织和科技工作者智力优势，围绕大局建言献策，主动参与社会管理。发挥科协常委会、学会、“两代表一委员”等人才优势，建立专兼职的咨询专家队伍，建好用好“智汇中国”，进一步创新服务党和政府科学决策的方式方法。围绕全局工作重点、难点、热点问题开展建言献策，编发科技工作者建议 5 篇，获得市主要领导批示 1 篇，兴化市现代农业发展服务中心丁治军的《特色蔬菜病虫绿色防控关键技术创新与应用》获市科协立项。争取财政支持，建立优秀调研成果立项制度，开展科技工作者建议和调研报告评选活动，充分发挥各行各业科技工作者的才智。及时向上级科协反映科技工作者的呼声和诉求，切实解决科技工作者工作和生活中的难题，配合省、设区市科协完成科技工作者状况调查任务。

【深化改革】　2023 年，市科协推进产业科技园建立科协联盟，加强农技协组织建设，提升农技协组织覆盖面。健全完善县、乡、村三级科协组织体系，提升基层科协组织力。创建海南镇、

2023 年 5 月 25 日，2023 年全国科技活动周暨兴化市第 35 届科普宣传周走进八字桥广场，开展科普宣传活动　（市科协/供图）

2023 年 9 月 25 日，2023 年全国科普日主场活动——兴化市首届乡村校园科技节举行 （市科协/供图）

陈堡镇、荻垛镇“四长”（医院院长、学校校长、农技站长、科技型企业家）科技服务工作室，团结引领“四长”参加科普宣传周、全国科普日、“全国科技工作者日”等重大活动，引导“四长”牵头开展各类科技志愿服务，助力乡村振兴。加强与中国科协“智慧统计”平台的对接，与省科协政务平台互联互通。做好中国科协组织信息管理系统数据采集更新工作，及时更新科协人才库。

（沈小伟）

兴化市归侨侨眷联合会

【概况】 2023 年，市侨务部门按照部工作安排，深入学习贯彻中央、省市委关于侨务工作的决策和部署，以亲情乡情为纽带、以特色活动为载体、以服务大局为导向，扎实推进“同心助力”发展服务中心建设，全力服务优秀人才到兴化就业创业，努力为经济转型升级赋能助力。在凝侨心、聚侨力、叙侨情上持续发力，较好地完成上级交给的各项目标任务。

【助力乡村振兴】 4 月 6—7 日，市侨联协助省侨商总会举办为期 2 天的“凝聚侨界力量 助力乡村振兴”兴化行活动，召开专题推介会。会上，就开发区投资环境、产业结构、优势项目等，向来自省侨商总会常务副会长、副会长、理事代表等 40 名参会侨商嘉宾进行推介说明。侨商代表团一行实地参观考察“中国健康食品产业名城”开发区园区和企业，并与企业负责人详细交流，了解园区营商环境及企业发展情况，探讨今后开展技术交流和业务合作的可能性。

【纾困解难】 2023 年，市侨务部门主动跟进，帮助兴化格林生物制品有限公司“甜菊糖苷生产项目”二期工程取得施工许可证。6 月，泰州市委统战部副部长、侨办主任王强到兴化进行海外统战和侨务工作调研，听取全市工作开展情况。对兴化市在思想政治引领、政策宣传、活动开展等方面工作所取得的成绩给予充分肯定，并与江苏省兴化经济开发区 6 家侨资企业进行座谈交流，详细了解企业生产经营情况和未来发展规划，对企业在用地困难、人才招引、转型升级等方面给出建议。

【人才引进】 2023 年，市侨务部门充分发挥海外统战工作协作机制优势，以亲情、乡情、友情为纽带，依托海外联谊会、欧美同学会等统战工作平台，有针对性地“走出去”和“请进来”，不断扩大海外统战工作“朋友圈”，为兴化高质量发展搭建起联通内外的友谊桥梁。依托留联会向海外留学生宣传推介兴化人才引进落户优惠政策，吸引 24 名留学人员回乡就业创业。持续放大“同心助力”发展服务中心品牌效应，整合全市 9 家部门 37 项涉及人才、企业服务事项，提供一站式服务，帮助 30 余名海外归国人员享受到创业帮扶、科研创新、住房补助等方面的优惠政策，切实解决后顾之忧。

【交流交往】 2023 年，市侨务部门坚持把侨界人士作为推动经济社会发展的重要资源，坚持以最优营商环境服务好侨资企业，着力构建侨务工作新局面。组织兴化市海外嘉宾参加江苏发展大会，邀请发展大会嘉宾美国兴化同乡会会长赵文迅携夫人芝加哥华人艺术团团长谭小敏博士、加拿大联邦政府卫生部官员王卫中博士返乡考察。嘉宾们表示，一定会大力宣传兴化的板桥文化和健康食品产业，让更多的客人了解这个美丽的城市，到兴化考察和投资。组织侨企负责人参加早茶峰会、企业家座谈会，鼓励侨商发挥自身资源优势，帮助家乡更好地引资引智。建立“云上会客”机制，与侨商开展“云”交流，动员更多侨界人士到兴化投资兴业。

（周红艳）

兴化市工商业联合会

【概况】 2023年，市工商联坚持以习近平新时代中国特色社会主义思想为指导，紧扣“两个健康”主题，团结引领广大民营经济人士，高效服务民营经济发展。组织企业家走进江苏瑞仕达电气设备有限公司、江苏京生管业有限公司参观学习，让企业家亲自担任宣讲人，深入学习宣传习近平总书记系列重要讲话精神。组织部分企业家和商会代表参加党的二十大精神专题宣讲会、“年轻一代企业家理想信念教育培训班”。联合兴化市检察院开展“企”聚检察 共话“敢干”活动，组织企业家到南通开展张謇企业家精神学习培训活动。配合市委组织部、商务局党委分别在驻外商会所在地成立“兴化市驻外流动党员红兴驿站”和聘任“党建工作指导员”，进一步加强和改进流动党员教育管理和商会党建工作。兴达钢帘线董事长刘锦兰等5名企业家当选泰州市“光彩之星”。广东兴化商会常务副会长石俊贵在兴化中学发起设立正实教育奖。苏州兴化商会发起成立“苏州兴化流动党员关爱基金”。驻外商会中开展的“我的家乡我建设”活动，通过乡贤能人资助，筹集资金568万元，实施民生“微实事”项目427个。兴达钢帘线等4家民营企业被认定为泰州市首批五星级“幸福民企”、兴化恒兴科技园有限公司等9家企业被认定为首批泰州市四星级“幸福民企”。市工商联被全国工商联认定为2022—2023年度全国“五好”县级工商联，被《中华工商时报》评选为“构筑民营经济舆论阵地先进单位”；兴化市脱水蔬菜行业协会被省工商联评选为省工商联系统先进集体等。

【参政议政】 2023年，政协工商组组织6次委员活动，上报社情民意32篇、提案36个，完成专项调研课题2件、上报工作信息4个。组织企业开展全国上规模民营企业调研、民营企业履行社会责任调研、江苏省民营经济满意度调查等。江苏兴达钢帘线股份有限公司入选2023江苏民营企业200强，列第184位；2023江苏民营企业创新100强，列第27位；双乐颜料股份有限公司获“2023年度绿色发展领军企业”称号。围绕营商环境优化、企业金融需求等方面，积极开展调查研究，撰写《进一步优化法治化营商环境、促进民营经济高质量发展》的调研报告。为更好地利用“兴化发展大会”的影响力，发挥乡贤作用，将发展大会成果进一步转化，如何更好地发挥好兴化驻外商会作用，形成《关于促进我市驻外商会建设发展的建议》的专题报告。

【政企沟通平台搭建】 2023年，市工商联配合市委、市政府举办“企业家早茶峰会”及特种合金新材料、不锈钢制品、铸造、预制菜等分行业企业座谈会。开展大走访活动，建立规上企业与领导干部挂钩制度。宣传《中共中央国务院关于促进民营经济发展壮大的意见》、“苏政40条”等惠企措施。发挥“纳税人之家”作用，组织企业参加政银企对接会，邀请政企银三方开展对口协商议事活动。联合市人民法院建立商事纠纷调解工作室，在不锈钢、水产养殖、食品加工等全市主导产业领域，选聘4名专家担任特邀调解员。

【组织建设】 2023年，市工商联联合市商务局向全市各乡镇（街道）、部门征集杭州、青岛、新疆等地区兴化籍成功人士信息，为成立新的异地兴化商会打好基础。推进乡镇（街道）商会在民政部门注册登记。走访兴化西安、北京、上海等驻外商会，送去家乡关怀。举行驻外商会会长座谈会。指导异地商会召开会员大会，按期换届。接待广西壮族自治区玉林市工商联代表团到兴化考察，协助泰州市工商联做好山东省德州市工商联来泰考察交流，配合南京市泰州商会到兴化开展“促进共同富裕 情系家乡情”助力乡村振兴活动。

（窦慧敏）

兴化市文学艺术界联合会

【概况】 2023年，全市有文艺家协会9个，下设戴南作协分会、戴窑作协分会、陈堡作协分会、周庄作协分会、安丰作协分会、大邹作协分会。其中，作家协会会员215人，摄影家协会会员180人，书法家协会会员101

人，戏曲家协会会员 180 人，民间艺术家协会会员 140 人，音乐舞蹈家协会会员 220 人，美术家协会会员 60 人，朗诵协会会员 60 人，青年书法家协会会员 123 人。拥有国家协会会员 63 人，江苏省协会会员 225 人。

【文化活动】 2023 年，市文联紧紧围绕“在建设中华民族现代文明上探索新经验”的重大任务，做实做细各项工作，不断创新文联工作的理念思路、形式载体、方法手段，争做文化建设的排头兵、先行军，加快打造全国文艺高质量发展样板区、示范区，为文化强市建设作出新的更大贡献。9 月 2 日，举办《历史的回响》——泰州市纪念中国人民抗日战争胜利 78 周年“强国复兴有我”主题宣教活动，传播爱党爱国爱社会主义的时代主旋律。举办本土作家——易康作品研讨会，举行散文集《故乡渔事》首发式、诗歌集《稻浪深处》首发式，与海南出版社联合举办《杨天石文集》新书发布会，推动长篇小说《串场河传》出版，为优秀文学工作者提供良好的文学创作生态。菜花旅游节期间，成功打造《壹念 · 千垛》原生态水乡风情实景演出，并在千垛景区演出 20 场，受到游客的一致好评。举办各类主题书法活动、展览 30 余场次，组织书法公益培训活动 50 余场次。

【文艺主题实践】 2023 年，市朗诵协会积极投身各级主题宣教活动，以昂扬的姿态、生动活泼的形式诠释习近平新时代中国特色社会主义思想，用“理论 + 文艺”“诵经典 + 讲故事”的模式，教育引导群众，有力推动新时代党的创新理论“飞入寻常百姓家”。参与策划和协办中共泰州市委宣传部主办的《历史的回响》——泰州市纪念中国人民抗日战争胜利 78 周年“强国复兴有我”主题宣教活动。四位会员受邀作为泰州代表到南京雨花台烈士纪念馆，参加由江苏省文物局、共青团江苏省委、江苏广播电视总台主办的“2023 革命文物看江苏——文物印初心 青春颂风华”展演活动。《对话板桥先生》在“贯彻二十大 奋进新征程”江苏省“百姓名嘴”风采大赛总决赛中获一等奖。

【文艺品牌活动】 4 月 27 日，承办江苏省里下河地域文化研讨会，100 余位专家学者参加研讨会，助推“里下河文学品牌”打造。7 月 14—15 日，举办首届里下河文学研学营，特邀毕飞宇、王干、朱辉、庞余亮等兴化籍文学家授课，为培养优秀文学创作人才储备力量。举办中国 · 兴化千垛菜花旅游节，谋划系列活动，制定下发实施方案，节庆期间组织开展 9 项重点活动、5 项策应活动、文化惠民活动 20 余场，通过央视、省级媒体组织宣传兴化千垛菜花美景，不断提升兴化“千垛之城 梦里水乡”的美誉度、辨识度。举办 2023 兴化春季“惠满兴春 · 畅享水乡”消费促进活动、2023 年兴化名厨美食大赛和美食征文活动、千垛百味特色农产品和文创商品展销活动，弘扬里下河美食文化。立足“板桥故里”，联合中国诗词学会举行“一枝一叶总关情”全国诗词大赛，在第十六届郑板桥艺术节期间举办“一枝一叶总关情”全国诗词大赛获奖作品书法创作邀请展，进一步提升板桥文化的影响力。

【第五届施耐庵文学奖】 3 月 24 日，举办第五届施耐庵文学奖颁奖仪式，邀请 10 余名“国字号”专家学者到兴化开展采风活动。举办首届里下河文学研学营，特邀毕飞宇等兴化籍文学名家紧紧围绕文学素养提升，指导如何将生活素材转化为文学题材，提高文学创作水平，培养文学创作人才，夯实文学之乡创作队伍基础，提升文学之乡的美誉。

【文脉梳理研究】 2023 年，市文联推动“文脉整理与研究工程”，对兴化文化进行系统性梳理与研究，大力阐扬地方知识和地方精神。邀请 20 余位专家、学者，以历史为经，以人、物、事、俗为纬，以重要的文化事象为专题，数易其稿，编撰、出版《兴化文化丛书》第二辑 10 本，为读者提供更适合阅读的兴化文化读本，为更好地推动兴化文化建设高质量注入新动力，把文化名城建设推向新高度。

【文学活动】 3 月 23 日，举行《好小说是改出来的》首发仪式。11 月 23—25 日，联合中国小说学会举办 2023 年度好小说评议活动，邀请全国各地近 30 名文学评论专家、学者到兴化研讨，将兴化打造为中国当代小说的方向标、发布地。11 月 25 日，举办毕飞宇工作室第 41 期小说沙龙活动暨中外文学对谈活动，邀请 5 位外籍作家到兴化采风，持续提升文学之乡的美誉度和知名度。

（刘小刚）

法　治

政法委与综治

【概况】　2023年,市委政法委组织178名政法领导干部进行政治忠诚剖析,高标准建设政治忠诚教育馆,《绝对忠诚 绝对纯洁 绝对可靠》政治忠诚教育馆被泰州推荐为全省优秀政治忠诚教育馆;选取19家基层政法单位开展政治督察和纪律作风督查巡查,推动整改落实,不断夯实基层政法机关战斗堡垒;召开全市政法系统从严管党治警工作会议,教育引导广大政法干警筑牢拒腐防变防线;创新出台《兴化市政法队伍监督员工作办法》,公开选聘政法队伍监督员68名,真正让群众参与、受群众监督、由群众评判。全市政法战线有集体96个、477人获市级以上表彰。人民群众对扫黑除恶满意度为94.33%,在“深入推进平安建设”和“严重精神障碍患者服务率”考核中均列泰州第一位次。

2023年12月14日,全市政法领导干部学习贯彻习近平新时代中国特色社会主义思想锻造政法铁军专题研讨班暨政治轮训班开班

(市委政法委/供图)

【“平安兴化”建设】　2023年,市委政法委推进“六安”+“六无”平安创建,行业领域、村(社区)平安创建覆盖率100%。推进“社会治理提升年行动”,形成可复制、可推广的特殊群体关爱服务管理体系“兴化样板”;坚持“关口前移、预防为主、科学防治、管治结合”原则,深入推动力量融合、源头治理、基础夯实“三到位”,全市未发生严重精神障碍患者肇事肇祸案(事)件。建立长效机制,解决影响社会治安的源头性、基础性、根本性问题,重点地区4个,突出问题1个,全部通过验收予以摘牌。开展重点案件“大攻坚”、行业领域“大整治”、重点人员“大排查”、基层基础“大提升”四大专项行动,持续推动常态化扫黑除恶斗争走深走实。

【市域社会治理】　2023年,市委政法委创新开展基层“微治理”政法委员项目,孵化培育昭阳街道“睦邻议事亭”、沙沟镇

2023 年 11 月 14 日，全市矛盾纠纷多元化解“一站式”平台建设现场推进会召开　（市委政法委/供图）

“蓝色网格驿站”、大垛镇“枝叶工作室”等基层社会治理工作品牌；创新打造“兴有善治”数字管理平台，收录基础信息 8 万余条，接入公共视频监控资源 9321 路，实现社会治理信息“一网统管、一屏尽览”，获“泰治理”优秀创新应用案例一等奖。开展网格员“入户走访亮身份、风险隐患大排查”百日攻坚行动，做到风险隐患动态排查、每日清零。

【执法监督】 2023 年，市委政法委组织对 342 件案件开展评查，并督促政法单位全面整改到位；开展专项执法检查，联合政法各部门印发《规范民事诉讼案件被告信息治理十条意见》，被最高检列为“民事审判程序监督类案典型案例”；组织开展司法救助 5 批次，审核通过救助申请 79 件，救助 81 人，使用救助资金 116.69 万元。成立县级专门教育委员会，印发《兴化市不良行为未成年人教育矫治工作实施方案》；创新“爱兴护航”不良行为未成年人教育矫治机制，362 名不良行为未成年人全部落实“一人一档一策一专班”管理，兴化入选首批全国未成年人保护示范市，为泰州首位。

【风险防范化解】 2023 年，市委政法委严格落实风险防控“四项机制”，坚持预防为主，常态化开展风险隐患排查，组织联合研判 81 次、战时研判 46 次；完成重要时段安保维稳任务，实现“五个严防、三个确保”目标；紧盯重大项目、重大决策，开展社会稳定风险评估备案 33 个，提前预防风险 10 个，紧盯金融、住建、合同纠纷、劳动用工、农民资金合作社、征地拆迁、环境保护等领域问题，坚决防止向政治安全和社会稳定领域传导。开展全市社会稳定风险防控业务培训、社会稳定风险评估工作培训，不断提升风险防控能力和业务水平。

（金晓晖　王　明）

法治政府建设

【概况】 2023 年，兴化市召开法治示范创建推进会、市委全面依法治市委员会第五次会议，印发《法治示范创建方案》、《关于进一步加强基层法治建设的实施意见》、年度依法治市委员会工作要点，市政府重大行政决策事项目录。开展党政主要负责人专题述法评议，压紧压实法治建设第一责任人职责。开展“十四五”时期法治兴化“一规划两方案”中期评估工作，推动“十四五”时期高水平法治兴化建设。成功举办“法治惠民 枝叶关情”法治为民办实事年终述比活动，推动 14 个项目落地见效。创新法治提示单、法治督办单、法治建议书“两单一书”微督察机制，更好统筹法治建设责任夯实和基层减负。

【政府重点项目协议合法性审查】 2023 年，市司法局参与市政府 12 个重点项目协议的合法性审查，涉及项目协议包括《江苏省作家协会创作实践基地合作协议》《戴窑镇、安丰镇光伏发电项目协议》《兴化市与江苏省产业技术研究院合作协议》《兴化市社会福利院 PPP 项目投资变更分析报告》《兴化申源公司申请司法拍卖竞得不动产解押及转移登记事项处理建议的报告》《兴化市建筑垃圾处置项目补充协议》《市政府与新奥燃气公司项目合作协议》《国道省道资产证券化项目》《人民政府与中国水产科学研究院合作框架协议、技术开发合同、技术服务合同》等。

【政府重大行政决策合法性审查】 2023 年，市司法局全面贯彻落实《江苏省重大行政决策程序实施办法》，制定《2023 年兴化市政府重大行政决策事项目录》,经市政府常务会议和市委常务会议审议通过后正式公布,市政府重大行政决策事项公众参与、专家论证、风险评估、合法性审查、集体审议程序规范进行;重大行政决策合法性审查工作进一步落实。2023年度共出具市政府重大行政决策事项合法性审查意见书25份,审核事项包括市政府行政规范性文件1份、市政府重点项目行政协议15份,涉及市政府重点工作12个,为市政府重大行政决策的合法有效提供有力的法律支撑。

【行政复议及行政应诉】 2023年,市司法局收到行政复议申请197件,办结185件,其中撤销、撤销并责令重新处理、确认违法10件,直接纠错率5.41%,灵活运用和解、调解等手段实质性化解行政争议66件,占全部办结案件总数的35.68%。市政府经复议被列为被告行政诉讼案件共20件,结案15件,其中判决驳回诉讼请求7件,裁定驳回起诉3件,准予撤诉5件,所结案件中,行政机关负责人出庭应诉率达100%。"'全链条'发力,推行行政复议'全周期'治理"获泰州司法行政系统"创新发展成果奖"二等奖。

【行政执法监督】 2023年,市司法局推进行政执法"三项制度"落地落实,每月形成全市行政执法情况专报并持续开展专项督查工作。出台涉企行政处罚"三张清单",涉及22个执法监管领域,535项内容,推进包容审慎柔性执法。全年共适用免罚862起、从轻132起、减轻29起,减免罚款金额1262.57万元。全市涉企处罚案件数同比下降47.6%,减少516起;处罚金额同比下降78.7%,依法为企业减负6844万元。其中规上企业处罚案件数同比下降51.6%,减少82起;处罚金额同比下降83.2%,依法为规上企业减负1560万元。

【基层综合执法规范化建设】 2023年,市司法局加强全市行政执法人员能力建设,3月出台《2023年度行政执法人员公共法律知识培训、考核工作方案》,组织3次培训、3次抽考共3200人次,推动行政执法人员全员在线培训每人全年不少于30学时,精心组织"三张清单"专题辅导,提高行政执法人员的法律知识水平和法律应用能力,实现"软实力""硬实力"双提升。同时开展行政执法人员培训和证件核发的相关工作,加强行政执法队伍建设,严把队伍资格"准入关"。

(张 娇)

公 安

【概况】 2023年,市公安局完成兴化旅游节、半程马拉松等65场次大型活动安保任务,全市未发生有影响的重大案事件。承办泰州公安基层基础、道路交通安全、食药环侦等现场会。公安绩效取得近年来最好成绩,交警条线绩效攀升至泰州3市第一,执法质量考评优秀。刑侦、治安、经侦、食药环侦条线打处绩效位居泰州前列。

【服务品牌打造】 2023年,市公安局打造"人才专窗""首接负责制""涉企综合服务窗口"等特色服务品牌,高标准建设1个政务服务中心、10家派出所综合窗口、12个交警网点,形成联动互补、高效运行的政务服务

2023年9月26日至10月6日,市公安部门圆满完成音乐美食节安保任务 (市公安局/供图)

2023年11月1日，市公安局召开区域警务合作暨"三牛"工作队启动部署会 （市公安局/供图）

集群，"警快办"政务服务做法被国家级媒体宣传推介。

【刑事案件侦查】 2023年，市公安局破获刑事案件1951起，抓获犯罪嫌疑人1827人，移送起诉1473人，同比均大幅上升。网络犯罪、民生三类犯罪等移诉完成进度接近300%，电诈犯罪破案率泰州第一，全部刑案、传统侵财案件破案率和涉恶案件破获数创历史新高。攻克1起24年前命案积案，连续25年155起命案全破，纪录位居全省前列。

【警务协作】 2023年，市公安局首创区域警务协作、"三牛"（为民服务孺子牛、创新发展拓荒牛、艰苦奋斗老黄牛）工作队、警种专业队、小部制整合等系列破题之举，推动警务提能、队伍提质。创成全省首批星级执法办案管理中心，成功打造一批特色警务室，跨县域联防联治、未成年人关爱保护等基层治理亮点项目得到上级领导肯定。荣获泰州公安科技强警一等奖1个、二等奖1个、三等奖4个，被省厅确定为泰州地区唯一的"苏警数智"行动试点单位。

【交通安全管理】 2023年，市公安局推动省道231的20千米隐患路段安防升级，连续8年110起重大交通肇事逃逸案件全破，全市交通亡人事故数、亡人数连续4年实现"双下降"。危险物品公安安全监管领域连续22年平安无事故，相关经验做法在《人民公安报》刊载。

（金 鑫）

检 察

【概况】 2023年，市检察院6个案例入选中华人民共和国最高人民检察院典型案例；获评江苏省文明单位、泰州市先进基层检察院第一名、兴化市综合考核十佳标兵单位；被泰州市人大常委会确立为"基层立法联系点"，相关工作获省人大常委会领导批示肯定；民事检察工作获省检察院主要领导批示表扬；涌现出"全国打击骗取留抵退税违法犯罪成绩突出个人"、江苏省"三八红旗手"等一批先进典型，21个集体、40名个人获市级以上表彰；28项工作获《人民日报》《检察日报》《新华日报》等推介。

【刑事检察】 2023年，市检察院依法打击各类刑事犯罪，全年批捕290人，起诉1110人，坚决维护国家安全、社会安定、人民安宁。严惩影响人民群众安全感的犯罪，起诉故意伤害、抢劫、强奸等严重暴力犯罪65人。重拳打击"黄赌毒"犯罪，营造风清气正的社会环境，起诉120人。依法办理上级指定管辖的"缅北回流"电信网络诈骗系列案件，起诉36人。推进"断卡""净网"行动，起诉帮助信息网络犯罪活动罪100人，掩饰、隐瞒犯罪所得罪79人。深化监检衔接，增强打击职务犯罪合力，起诉15人。严惩敲诈勒索、合同诈骗、职务侵占等侵犯企业权益犯罪，批捕7人，起诉17人。强化涉企案件法律监督，监督立案7件、撤案3件。探索开展中小微企业行业合规，监督9家涉案企业合规整改，强化守法经营意识，护航企业做法获评改革创新奖一等奖。严厉打击"盗抢骗"等破坏农村稳定、侵害农民利益的各类刑事犯罪56件63人。针对农村赌博违法犯罪多发问题，深入调查研究，调研报告获市政府主要领导批示。在泰州率先联合公安机关建立九类案件警情强制检索报告机制，通过串并审查，监督立案23人、追加起诉3人，相关做法被省检察院转发。强化刑罚执行监督，开展判处实刑未收监执行案件专项清理，监督收监19人。深化职务犯罪案件财产刑执行专项监督，排查线索82人，督促恢复执行6人。

【民事检察】 2023年，市检察院办理各类民事监督案件70件，提请抗诉、发出再审检察建议7件，对民事审判、执行活动中的不规范情形提出检察建议15件。在办理2起关联机动车交通事故责任纠纷案中，深入调查核实，促使1人公司股东承担连带赔偿责任，切实维护受害方合法权益。提请市委政法委牵头法院、公安、司法等部门，出台《关于惩治妨碍民事诉讼违法行为实施意见》，并报市人大常委会备案，监督纠正虚假诉讼案件10件。通过刑事案件发现2起民间借贷虚假诉讼案件线索，推动法院再审改判，并对当事人虚假陈述行为予以训诫。加强释法说理，做好民事检察息诉工作，促成当事人和解32件。民事检察工作获泰州市检察院通报表扬。强化民事支持起诉职能，帮助39名农民工讨回薪资45.7万元。针对农村老年人托养点无证经营、基础设施薄弱等问题向主管部门制发检察建议，督促规范经营、消除隐患。

【行政检察】 2023年，市检察院加强行政执行活动监督，发出检察建议35件。针对部分住宅维修资金基数不清问题，向职能部门制发检察建议，督促加强清算和规范管理，该案被中华人民共和国最高人民检察院通报评选为优秀行政检察类案。加强行刑反向衔接，就不起诉刑事案件向职能部门制发检察意见书37份，建议行政机关对被不起诉人依法行政处罚，构建执法司法闭环。开展行政争议实质性化解，上下联动化解行政争议54件。深化婚姻登记行政争议化解专项监督，6名群众婚姻登记错误问题得以解决。1名干警获评全市行政争议化解工作先进个人。监督解除对破产企业采取的不当失信惩戒措施，促成3件涉企案件达成民事和解。实质性化解涉企行政争议11件，针对某企业竞拍土地后无法建设问题，多方联动，促使608万元竞拍款全部退还，该案被省检察院发布为保护营商环境典型案例。针对预付式消费纠纷问题，督促主管部门完善信用监管体系，监督7家大型综合商场建立商户保证金制度，切实履行管理责任。聚焦乡镇地区交通标志标线整修不及时和交通设施不完善问题，与市公安和市交通部门联动，督促整改交通标志91处，施划交通标线3000平方米，加装警示柱等交通设施237个，切实维护人民群众生命安全。

【公益诉讼检察】 2023年，市检察院发出行政公益诉讼诉前检察建议42件，提起公益诉讼6件。推动完善“利息税”征收机制，督促相关职能部门追缴税款54万余元。针对1起贩卖公民个人信息15万余条的案件，提起刑事附带民事公益诉讼，一审判决被告赔偿损失37万余元。打造湿地保护公益诉讼品牌，与盐城市盐都区检察院共建大纵湖湿地保护协作机制，协调解决圈围养殖未清退等问题，该案被最高检评为湿地保护公益诉讼十大典型案例，获市政府主要领导批示肯定。参与国家历史文化名城创建，与相关部门建立协作机制，在儒学广场吴甡故居成立江苏首个历史文化保护传承公益诉讼站，同时在重点文化单位设置3个公益诉讼保护点，构建“一站多点”的保护格局。针对网络招聘侵犯妇女平等就业权问题，及时向职能部门制发检

2023年8月15日，兴化市检察院干警在杨家荡垛田保护区开展公益巡查 （市检察院/供图）

2023 年 9 月 14 日,兴化市检察院未成年人法治宣讲团的干警走进兴化市文峰小学,通过给学生分享案例的方式讲解网络安全知识

（市检察院/供图）

察建议,督促网络平台加强对招聘信息的审核管理,并推动检察建议转化为政协提案。聘请 112 人担任“益心为公”志愿者,收集公益诉讼线索 29 件,立案办理 26 件。针对某乡镇居民在家属区违规养狗噪声扰民问题,督促属地政府与相关部门妥善处理安置,该案入围全省“检察为民办实事”典型案例。

【未成年人检察】 2023 年,市检察院依法严惩侵害未成年人犯罪,批捕 18 人,起诉 30 人。对罪行较重、屡教不改的涉罪未成年人宽容不纵容,依法起诉 84 人;对罪行较轻、真诚悔罪的涉罪未成年人不起诉 43 人。加强罪错未成年人教育挽救工作,12 人重返校园,5 人考入大学。持续落实最高检《一号检察建议》,向涉案学校制发检察建议 2 件。针对酒吧、宾馆、网吧等特定场所违规接纳未成年人等问题,督促职能部门开展专项整治 7 次,全面净化未成年人成长环境。深化检察官担任法治副校长、法治进校园工作,举办“开学第一课”等各类普法课堂 40 场。“依法治校 依法执教”网课获评全省检察机关法治进校园精品网课。参与市未成年人关爱保护中心建设,全年接待学生参观人数 1000 人,助力创成全国首批未成年人保护示范市。

（胡健华）

法 院

【概况】 2023 年,市法院受理各类案件 2.14 万件,办结 2.17 万件(含旧存 2104 件),员额法官人均结案 387 件,同比上升 24.43%,核心质效指标跃居泰州基层法院前列。全院 17 个集体、32 名个人获得市级以上表彰,少年及家事审判庭获评“全国维护妇女儿童权益”先进集体,执行工作获省法院领导批示肯定,参与基层治理工作获市政府主要领导批示点赞,多项工作被《人民法院报》《中国审判》等国家级媒体刊载宣传。

【刑事审判】 2023 年,市法院审结各类刑事案件 784 件,判处罪犯 1192 人。判决寻衅滋事、聚众斗殴等 9 类犯罪案件 85 件 240 人。审结泰州首例贩卖“上头电子烟”等新型毒品案。审结线上开设赌场、聚众赌博案件 13 件 53 人,判决追缴违法所得、并处罚金 2724 万元。审理质量检测、园林绿化、殡葬管理等行业的“微腐败”案件 11 件 13 人。从严惩处危害人身安全犯罪,审结故意杀人、故意伤害、强奸等暴力犯罪 47 件 67 人。严厉打击侵犯财产犯罪,审结盗窃、抢劫、诈骗等案件 159 件 247 人,对伪造国家机关公文实施诈骗的姚某判处有期徒刑 11 年,追缴违法所得、并处罚金 363 万元。严惩侵犯公民个人信息犯罪 4 件 15 人。坚持全链条打击电信网络犯罪,审结相关案件 80 件 185 人,从严惩处以汤某某为首的“跑分”帮信犯罪窝案 57 人,帮群众挽回损失 80 余万元。审结未成年人犯罪案件 32 件,对 71 名未成年人实施犯罪记录封存,帮助他们去除“标签”,“无痕”回归社会。组建家庭教育指导站,聘任心理教育专家 4 名,为 54 名单亲家庭儿童提供心理关爱 100 余次。开展打击整治养老诈骗专项行动,对虚构养老服务产品、骗取老年人钱财的陆某等 38 人判处刑罚。

【民商事审判】 2023 年,市法院审结各类民事案件 8413 件。参与根治欠薪行动,化解 16 名来自山东的农民工欠薪案件,帮助追索劳动报酬 12 万余元。妥善审结涉医务人员劳动争议案件,维护参与疫情防控医务人员

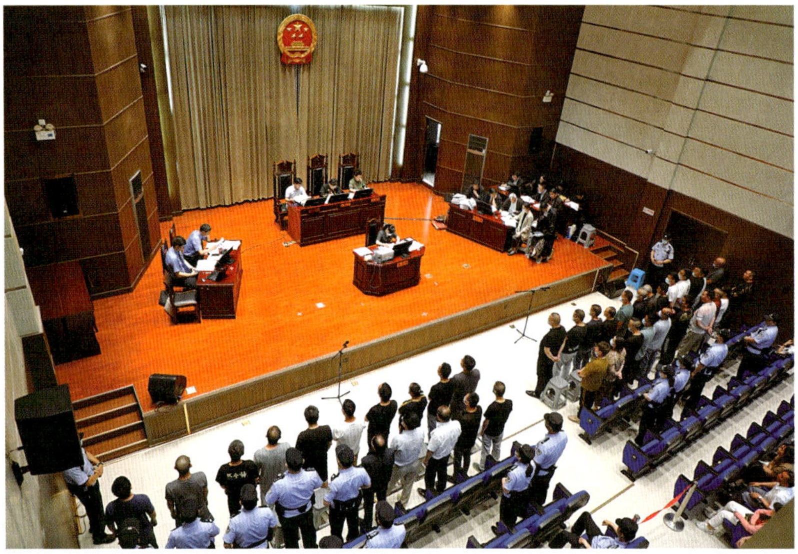

2023 年 6 月 26 日,市法院公开开庭审理养老诈骗案件(市法院/供图)

合法权益。依法支持被外卖骑手撞伤的受害人,主张第三者责任险直接赔偿的诉请,避免机械司法增加当事人诉累。完善线上"一网通办"、线下"一站服务"的立体化便民机制,依托"江苏微解纷"和"人民法院在线服务"平台,全年网上立案13270 件,平均审查时长 3 天。在泰州范围内率先引进诉讼保函办理系统,实现电子保函业务"全程网办",办理时长由 7 个工作日压缩至当日立案、当日出函、当日采取保全措施。优化人民法庭立案功能,为当事人提供"家门口"式诉讼服务,4 个人民法庭全年立案 3596 件,占法庭新收案件 70%。及时救助帮扶特殊困难群体,对生活困难的当事人发放救助款 34.3 万元;审结金融借款、信用卡、保险、票据等金融纠纷案件 1619 件,涉案金额 5.93 亿元。创新"示范性诉讼 + 群体性调解"办案机制,比照裁判思路进行调解并予以司法确认,化解文旅紫薇府项目延期交房系列案件 326 件,有效预防群体性事件发生。持续优化"套路贷"虚假诉讼识别防范机制,移送案件线索 32 条。

【强制执行】 2023 年,市法院执结案件 8610 件,执行到位金额 5.4 亿元,实际执结率、采取拘传拘留的频次及案件比例均位于泰州首位。锚定小标的、涉民生案件,开展"清明亮剑""端午攻坚""秋风行动"等集中执行行动 26 次,出动警力 629 人次,拘留 211 人,执行到位金额 537 万元,同步开通执行现场网络直播,30 余万人次在线观看。畅通"执行 110"电话专线快速反应机制,严格落实执行干警 24 小时备勤制度。协同市公安局建立"执拘联动"平台,联合市区域社会治理现代化综合指挥中心共同出台《网格员协助人民法院开展执行工作实施方案》,拓宽查人找物渠道,工作成果获得泰州市人大常委会相关领导高度肯定。向公安机关移送拒不执行判决、裁定罪案件 7 起,对恶意转移财产、拒不还款的徐某某判处有期徒刑 1 年 9 个月。

【服务发展】 2023 年,市法院快速审结买卖合同、公司股权等商事案件 1011 件,减免诉讼费 123 万元,平均审理天数 46.4 天。联合市工商联设立商事纠纷调解工作室,从不锈钢生产、水产养殖、食品加工等兴化特色行业中选聘特邀调解员 4 名,增强实质性化解商业纠纷成效。强化善意文明执行理念,促成涉企执行案件和解结案 143 件。持续放大"护企宝"线上服务品牌效应,提供法律宣讲、互动服务 3640 次,1256 家企业登记注册,基本实现规上企业全覆盖。全年审结破产案件 97 件,盘活土地 47.2 公顷,增加财政税收 5900 余万元,安置职工 915 名,让 6 家有发展前景的企业重获新生。服务乡村产业发展,开发区法庭深入田间地头,为当地特色林果业发展提供法治指南。安丰法庭护航地区水产养殖业绿色健康发展,为"兴化大闸蟹"品牌提供全方位司法服务,相关经验做法获得人大代表高度评价。西鲍法庭发布《千垛菜花旅游风险提示》,拍摄旅游法律指南短视频,高效调解游客登船不慎受伤纠纷,向主管部门发出强化安全保障司法建议。戴南法庭"钢需智囊团"在不锈钢展销会设立"法治专柜",为全市不锈钢产业高质量发展保驾护航。

【司法举措】 2023 年,市法院发送各类司法建议 19 条,被建议对象接受率 100%。落实最高法院《一号司法建议》,针对办案过程中发现的无人机植保作业不规范导致水产养殖受损现状,及时向农业部门发出司法建议,获评"全省法院优秀司法

2023 年 6 月 28 日，市法院走进社区巡回审理一起物业服务合同纠纷，并邀请代表委员旁听评议 （市法院/供图）

建议”。调配工作专班入驻市“一站式”矛盾调处中心，选优配强 19 名专职人民调解员，诉前分流案件 7443 件，调解成功率近 60%。通过“法庭 + 村居委员会”“法官 + 乡村干部”等形式，建成村居全覆盖的指导基层调解工作网。在泰州地区率先创建“无讼园区”，凝聚园区管委会、司法所、网格员及企业家代表合力，化解涉企苗头性纠纷 336 件。指导永丰镇东倪村、大垛镇管阮村等 10 个村庄就治理水产养殖污染、保护传统村落、弘扬板桥文化等制定村规民约。

（熊芳菲）

司法行政

【概况】 2023 年，在市委、市政府和上级机关的正确领导下，市司法局坚持以习近平新时代中国特色社会主义思想为指导，深入贯彻党的二十大和二十届二中全会对全面依法治国的新部署新要求，全面贯彻落实习近平法治思想，对照省、市重点工作和考核指标，着力提优补短、固强补弱，各项工作成效明显。

【法律援助】 2023 年，市司法局深化法律援助拓展提升工程，新增 14 家法律援助工作站点纳入市政府民生实事项目予以高位推进，全市现拥有法律援助中心 1 个、法律援助工作站 17 个、村（社区）联络点 8 个，形成以市法律援助中心为主导、以法律援助工作站为基础、以法律援助联络点为补充的三级法律援助网络。“‘爱兴护航’预防矫治体系”“兴小哥法律援助中心”等工作被《中国组织人事报》推介报道。法律援助中心获评全国公共法律服务先进集体，被中央电视台《新闻联播》报道推介。开展城乡基层援法议事活动 1400 余场，“援法议事”案例在泰州市“援法议事”工作范例述比活动中荣获一等奖，基层治理水平不断提升。

【法治宣传】 2023 年，市司法局完成“八五”普法省中期评估验收。制定普法责任清单，明确各方的责任和任务，组织召开年度“谁执法谁普法”履职报告评议会，推动“谁执法谁普法”责任制落实。开展各类宣传活动 360 余场次，发放宣传册 3 万份。举办“12・4”国家宪法日暨宪法宣传周主题活动，发布“法治兴化”logo，创作征集优秀法治文化作品 300 余件，全城户外大屏滚动播放“豪哥说法”

2023 年 9 月 6 日，市法院为千垛镇东旺村“量身定制”乡村旅游发展村规民约 （市法院/供图）

2023 年 12 月 4 日,兴化市开展“12·4”国家宪法日暨宪法宣传周主题活动　（市司法局/供图）

“普法兴时空”微视频。“法治兴化”公众号连续 12 个月跻身全省司法行政系统政务新媒体月度影响力排行榜前十。

【社区矫正】　2023 年,市司法局启动“一体两翼”戒治技术应用试点,承办省戒毒管理局、泰州市局“一体两翼”戒治技术社会服务行动现场会。全市范围内组织举办“社区矫正巡回讲堂”。科技赋能打造“智慧矫正”兴化样板获《江苏政法》推介。深化安置帮教“五个专项行动”,进一步压实乡镇(街道)安置帮教工作主体责任,联合市纪检监察派驻组、市检察院开展社矫安帮每周督查、每月通报行动,全面排查短板、清理漏洞,预防和减少重新违法犯罪。安置帮教“五个专项行动”经验做法获省电视台《法治在线》报道。

【人民调解】　2023 年,市司法局指导涉企矛盾纠纷排查化解,推进工业园区人民调解组织建设,护航产业发展。设立 13 家工业园区调委会、5 家企业调委会、1 家新业态调委会,成功调处涉企矛盾纠纷 220 件,协议涉及金额 1072.56 万元。市调处中心指导各级各类人民调解组织共受理调解各类社会矛盾纠纷 2.61 万件,成功调处 2.55 万件(其中疑难复杂纠纷 430 件),调处成功率 98%。调解案件涉及当事人 5.21 万人,调解协议涉及金额约 19352.31 万元。防止民间纠纷转化为刑事案件 105 件 110 人。

【公共法律服务】　2023 年,市司法局组建河蟹、龙香芋和脱水蔬菜产业法律服务团,全面落实村居法律顾问“万场讲法”活动,组织设计村居法律顾问讲法示范课,让讲法更接地气、更有针对性。整合资源、提档升级“法蟹畅行”项目,更加精准地为蟹农、企业、商户等提供优质高效的法律服务。走访企业 600 余家,以提示函、意见书、告知书等形式出具 180 余份法律意见,开出解决“良方”426 份。

（张　娇）

仲　裁

【劳动人事争议调解仲裁】　2023 年,市劳动人事争议仲裁院共处理劳动人事争议案 854 件,其中立案受理 522 件、案外调解 332 件。案件按期结案率 100%、年度结案率 100%、劳动人事争议调解成功率 83.35%、全年仲裁案件终结率 95.77%、仲裁管理信息系统按期运行率 100%。全年办案无错案、无上访案件。

【调解组织建设】　2023 年,市劳动人事争议仲裁院推进乡镇(街道)调解组织标准化、规范化建设。采用网络视频、电话联系、微信聊天等方式加强与各乡镇(街道)劳动保障机构负责人沟通、对接,抓好落实劳动人事争议调解有场地(调解工作室)、必要的办公设备、配有调解员等相关硬件工作。按照模板的样式完善软件设施,进一步规范调解工作程序。不断完善劳动争议裁调对接、联合调解工作机制,充分发挥市劳资纠纷调解服务中心的调解功能作用,将“仲裁”的权威性、规范性和“调解”便利性、非对抗性相结合,合力预防化解劳动关系领域重大风险。继续指导劳动争议调解组织创建能人调解工作室工作。年内,创建戴南镇“朱金旺工作室”能人调解工作室,放大能人品牌效应,发挥调解基础性作用。

（王明圣）

兴化市人民武装部

【党管武装】 2023 年，市人武部始终把党管武装工作作为重要政治任务，摆在重要位置、纳入重要议程，提高政治站位，全面履职尽责。严格落实双重领导、党委议军、武装工作述职等制度，确保党管武装工作制度化、常态化、长效化。把习近平关于加强国防和军队后备力量建设的一系列重要论述，以及《中华人民共和国国防法》《中华人民共和国兵役法》《民兵工作条例》等法律法规纳入市委理论学习中心组学习计划，精心组织形式多样、内容丰富的军民共建活动，营造人人关心、人人支持武装工作的浓厚氛围。

【宣传教育】 2023 年，市人武部不断强化理论武装，夯实学习阵地，广泛宣传宣讲、开设学习专栏，推动党的二十大精神走深走实，深入开展学习贯彻习近平新时代中国特色社会主义思想主题教育，严格制定“四计划、三清单”，每半月印发《学习参考》，跟进汇编党的创新理论，紧抓党委中心组理论学习和经常性教育，打造原原本本系统学、强军专题突出学、个人计划自主学、主官带头示范学、每日一题常态学、结合实际深入学的“六学”模式，组织官兵、职工清明之际前往千秋广场祭扫先烈，瞻仰革命烈士纪念馆，大力推动国防教育，形成学思践悟生动局面。

【战备工作】 2023 年，市人武部抓好重大节日和重要时期战备工作。在春节、元旦、五一劳动节、十一国庆节等严格落实“值班首长—值班参谋”两级值班制度，乡镇武装部按要求落实民兵应急分队待命状态，常态化保持民兵应急排并落实战备装备要求，预防和处置各类突发情况。圆满完成多项演练任务，坚持把上级专项演练任务作为大抓练兵备战的有利契机，以临战姿态狠抓落实。

【兵员征集】 2023 年，市人武部在全省率先采取“量化排名、积分定兵、组织定向”方式择优审批定兵，研究出台《兴化市量化定兵暂行办法》，有效激发广大青年应征入伍的热情。持续落实《兴化市征兵工作规范》，明确各单位工作职责和征兵工作流程，坚持宣传工作全程发动、疫情防控全程落实、体格检查全程筛选、政治考核全程跟进、役前训练全程淘汰、廉洁督查全程参与，圆满完成春秋两季兵员征集任务。

【民兵整组】 2023 年，市人武部严格按照后备力量调整改革部署要求，圆满完成基干民兵和普通民兵编建任务，坚持加强领导抓整组，第一时间成立市民兵领导小组，将任务细化分解到各成员单位，实现军地联合、齐抓共管。5 月 15 日，在民兵训练基地组织分队人装结合集中点验，上级首长全程参加，给予充分肯定。针对驻地雨水多发实际，6 月上旬，联合市水利局开展兴化市防汛抢险综合演练，通过系列大项活动，进一步提升民兵遂行应急行动能力。

（张寓寒）

武警兴化中队

【概况】　2023年,武警兴化中队学习贯彻习近平强军思想,引领官兵自觉向党中央看齐,不断用理论武装头脑,将理论学习同岗位实践相结合,让习近平强军思想在官兵心中落地生根,不断激发官兵干事创业的激情活力。完成看押、看守、守卫、武装巡逻等勤务。连续26年执勤安全无事故,被武警江苏总队评为“执勤先进中队”。

【思想政治建设】　2023年,武警兴化中队在上级党委的指导下,增强自身法规素养。同时中队着重培育中队良好风气,强化精神引领、正面激励,因地适宜用好走廊、楼道、学习室、会议室和其他娱乐功能房等宣传阵地,区分强军思想、英模事迹、反腐倡廉、安全警示等重要板块营造良好氛围,让官兵在学习生活中时时处处受感染、受熏陶,让官兵干事创业心思集中,热情高涨;同时为坚决杜绝基层“微腐败”、不文明带兵等问题,中队持续加强官兵法规纪律教育和典型案例剖析学习,扣住关键环节、把牢重要关口、立起警示标牌,让官兵自觉远离红线底线高压线。开展战备形势、心理健康、季节性事故预防等教育。

【军事训练】　2023年,武警兴化中队对照大纲和各级训练计划,高标准落实军事训练,突出抓好基础科目训练和识图用图等重难点课目作为年度训练突破点,组织开展军事训练周考核,及时组织评比表彰和补差训练,不断浓厚“比、学、赶、帮、超”氛围,培塑训练典型,充分发挥先进典型的示范引领作用。结合上级方案修订紧贴中队任务实际的预案方案,组织营区和针对执勤目标的演练拉动,全面提高中队作战勤务值班员的组织指挥能力、应急战备力量遂行应对突发事件能力以及各哨位情况处置能力。

【部队管理】　2023年,武警兴化中队坚持依法治军、从严治军,注重在精细上下功夫,狠抓队伍正规化建设。每月普遍谈一次心,组织一次安全隐患排查、进行一次按纲抓建形势分析,确保中队安全稳定。中队安排1名战士考学,1名战士参加预提军士集训,4名战士学习集训,13名官兵立功受奖,全过程依法办事,坚决做到公平公正,阳光透明。做好慰问救济工作,救济困难党员和官兵,为官兵解决急难愁盼问题。与官兵家庭建立联合协作共管机制,全方位了解官兵、保护官兵,确保官兵人身和财产安全。

(李东伟)

人民防空

【深化改革】　2023年,市人防办履行“战时防空、平时服务、应急支援”使命任务,服务人防建设高质量发展。推进国防动员体制改革,调整完成市国防动员委员会组成人员,组织召开市国防动员委员会第一次全体会议,印发《兴化市国防动员委员会工作规定》《兴化市国防动员委员会成员单位工作分工》等文件。

【人防演训】　2023年,市人防办组织人防指挥通信系统测试和训练,完成传统、新型人防专业队的整组工作任务和完成泰州市国动办首次组织的整组集结点验任务。市人防办获泰州市国动办系统首届指挥通信业务技能比武竞赛团体总分第一,理论知识测试竞赛第一,无人机飞行技术操作竞赛第一。完成“9·18”警报鸣放任务。

【人防宣传教育】　2023年,市人防办组织全市国防动员委员会成员单位58人,在市人武部开展为期3天的国防动员业务培训。与市教育局完成全市中小学《人防知识》教材征订并免费发放教材2万余册。结合“9·18”全省第9个防空警报统一试鸣日,组织市昭阳湖中学开展“居安思危共筑护民之盾,国防动员同守美好家园”的防空疏散演练,增强学生国防观念和防空防灾减灾意识。

【队伍整组】　11月13日,兴化市组织抢险抢修、防化防疫、医疗救护、交通运输、消防、治安、信息防护和伪装防护专业队等人员队伍、车辆装备在市国防教育训练基地首次接受整组集结点验。泰州市发改委党组成员、副主任,市人防办副主任、二级调研员谢雪锋对兴化市人防首次整组点验活动给予充分肯定,此次整组点验,人防专业队人员到位率100%,车辆装备配置95%以上。人防专业队伍紧急出动、机动集结和支援备战能力得到全面检验。

(尚卫东)

宏观经济运行

【概况】 2023年，兴化市实现地区生产总值1154.93亿元，增长7.3%左右；一般公共预算收入50.91亿元，增长6%；固定资产投资427.17亿元，增长13%；城镇、农村居民人均可支配收入53875元、29940元，分别增长5.3%、8.3%。实现规上工业总产值1067.18亿元，增长5%；规上工业增加值222.64亿元，增长7.3%；工业开票销售1110.4亿元，增长0.2%。新增规上工业企业100家，税收超千万元的制造业企业达21家。建筑业实现总产值672.8亿元，增长8.5%。改造提升高标准农田6万亩，创成粮油绿色高质高效示范片40个。粮食总产125.1万吨。兴化大闸蟹以313.46亿元，高居“国家地理标志大闸蟹品牌价值排行榜”榜首。实现第三产业增加值555.26亿元，增长7.5%。完成社会消费品零售总额352.43亿元，增长11.8%。抢抓疫后“旅游潮”，推动文旅深度融合发展，全年接待游客622.4万人次，实现旅游收入41.4亿元。

【经济社会发展调研】 2023年，市发改委根据经济形势发展走向，定期跟踪监测全市国民经济计划完成情况，形成各季度经济形势分析报告和《关于全市2023年经济社会发展初步思路的调研报告》，深入开展调查研究，形成《关于我市服务业发展情况的调研报告》《关于全市优化营商环境的调研报告》等高质量的调研文章。针对经济发展新形势，加强对国际国内宏观政策、经济运行形势的研究分析，形成《关于当前宏观经济形势和周边地区发展态势的调研报告》。

（吕金杭）

【目标分解考核】 2023年，市发改委编制《关于兴化市2022年国民经济社会发展计划执行情况和2023年国民经济社会发展计划（草案）的报告》，提交市第十七届人代会第二次会议审议批准。定期督查2023年市政府民生实事项目进展。采取重点征集和广泛征集相结合的方式，开展2024年市政府民生实事项目征集工作，共征集到各类建议164条。市第十七届人代会第三次会议票决确定2024年市政府民生实事项目10条。

（吕金杭）

自然资源管理

【概况】 2023年，市自然资源和规划局紧扣市委、市政府战略部署，围绕中心，服务大局，精准发力、沉着应战，各项工作亮点纷呈，为强富美高新兴化现代化建设提供坚强的自然资源要素支撑。向上级部门争取将全市649.87公顷“断头河沟”调出高水位范围，释放耕地后备资源528.2公顷，获泰州市第十七批“骏马奖”。在泰州大市林长制工作考核中名列第一、泰州大市高质量考核耕地保护水平指标名列前茅。单位GDP建设用地［指在一定时期内，每生产万元国内生产总值（GDP）所占用的建设用地面积］使用面积高质量考核泰州第二、发展指数泰州第一。2023年度泰州市局优秀国土空间规划评选，获奖6项。年内江苏省人民政府正式批复兴化市(县)级国土空间总体规划,是全国首批正式批准的县级国土空间总体规划。

【自然资源保护】 2023年,市自然资源和规划局超前谋划耕地流出整改,市委、市政府多次召开会议部署,督查推进,狠抓土地复垦新增耕地,适应人口变化趋势,整合零散居住点,实施占补平衡4972亩、增减挂钩复垦641亩。“二上”数据显示全市耕地净增加13171亩,永久基本农田净增加2515亩。发现、制止新增违法苗头27宗、43亩。通过耕地保护和粮食安全全省“首考”,泰州大市高质量考核耕地保护水平指标名列前茅。

【土地保障】 2023年,市自然资源和规划局上报23个批次用地面积410.8公顷。其中交通运输用地282.57公顷、基础设施及公共建筑用地15.63公顷、农村村民住宅用地6.84公顷、农村一、二、三产业融合产业用地0.98公顷、工业用地57.65公顷,经营性用地47.17公顷。保障农村公益性项目用地,党群服务中心、文化活动中心、村民广场、公园等14个,面积2.97公顷。坚持“要素跟着项目走”,推行“让地等项目”,全力保障项目落地,优化完善《土地要素市场化配置改革办法》,出台《工业企业服务“标准时”管理暂行办法》,对土地征转、规划、建设许可全链条14个环节限期办结。提前对接项目选址,简化审批流程,13个重大项目实现“拿地即开工”,4个项目开工当天“五证”齐发。

【闲置土地盘活】 2023年,市自然资源和规划局与乡镇政府多轮对接、反复会商,逐宗分析技术可行性,“一宗一策”方式制订盘活方案,盘活低效工业用地3800亩。在全省自然资源节约集约利用综合评价考核中获“全省自然资源节约集约利用模范县(市、区)”称号。

(周春山)

国有资产监督管理

【概况】 截至2023年底,全市纳入财政部行政事业性单位共507家,其中行政单位88家、事业单位419家,企业(不含金融企业)国有资产统计年报的有6家,资产总额1271.17亿元,负债总额839.80亿元,所有者权益431.38亿元。国有资本经营预算收入为17959万元,其中,泰州市兴化国有资产投资控股有限公司8030万元,兴化市经济发展有限公司3999万元,兴化市东南城市建设有限公司5930万元。

【资产处置与经营】 2023年,市国资办开展对全市(集体)资产全面清查和确认工作,建立健全国有资产管理台账,严格落实国有企业资产出租、评估、处置的管理细则,全年共完成国企资产处置报告审核工作40份,涉及资产公开出租出让活动92个,成交价484.26万元。

【国有企业资产监管】 2023年,市国资办进一步规范国有企业决策程序,防范决策风险。出台《关于市国资委加强“三重一大”事项决策和监管的意见》,成立国有资产管理委员会,对重要人事安排、投资和资产管理、大额度资金使用等重大决策进行集体决策。加强对国企班子建设,配备领导班子成员13人、挂职4人、配备党青人才5人,抽调211人组建44个项目专班。建立健全国企投资管理制度,修订《兴化市市属国有企业投资监督管理办法》,出台《关于进一步加强市属国有企业投资项目论证事项的通知》《关于建立市属企业重大特别监管类投资项目“双重论证”制度的通知》《市属企业党委会议纪要、董事会决议、总经理办公会纪要备案管理制度》《兴化市市属国有企业档案管理暂行办法》。为确保项目的可行性和可持续性,全年对泰州市天使基金、城投光伏、国投收购农商行股权3个投资项目履行备案程序,完成22个项目资金平衡方案的审核和备案工作。加强商铺、门面房等国有资产管理和租赁,城南邻里中心总建筑面积8.68万平方米,其中地上建筑6.44万平方米、地下建筑2.24万平方米。4.7万平方米已签订10年的租赁合同,年租金800万元。楚水招商城商铺66套,总建筑面积7602平方米。国际商城商铺677套,总建筑面积2.4万平方米。新区高中公寓楼总建筑面积2.2万平方米。可运营资产合计价值53亿元,2023年运营租金收入1145万元。

(朱文武　梅立成)

财　政

【概况】 2023年,市财政局在市委、市政府的正确领导下,坚持稳中求进总基调,精准有效落实稳经济一揽子政策,深入推进财源建设,组织收入、优化支出结构、保障重点支出、防范化解风险、规范财政管理,推动财政在极为严峻的多难局面下平稳运行,为全市经济社会持续健康发展提供财政支撑。

【财政收入】 2023 年,全市一般公共预算收入首次突破 50 亿元,完成 50.91 亿元,占预算的 100%,同比增长 6%。其中,税收收入完成 37.81 亿元,占预算的 92.8%,同比增长 14.6%。

【财政支出】 2023 年,全市一般公共预算支出完成 129.66 亿元,占调整预算的 91.5%,同比增长 0.5%。其中,教育、科技、文化、社会保障、医疗卫生、环境保护、农业、交通和住房保障等民生及社会事业支出 104.57 亿元,占一般公共预算支出的 80.6%,保障财政平稳有序运行。

【财政监督管理】 2023 年,市财政局完善税收协同治理体系,促进税收应收尽收,加快国有资产处置变现,努力挖掘非税收入潜力。加强预算绩效管理,运用绩效评价结果,压减支出预算 0.82 亿元。清理盘活低效无效、闲置沉淀、非税收入结余结转等各类资金,清理盘活存量资金 3.28 亿元。发挥政府投资评审制度的“过滤网”作用,全年共审核建设项目概算 273 份,送审概算投资 31.11 亿元,审定概算投资 29.57 亿元,核减率 4.96%;审结工程项目结算 287 份,送审价 1.78 亿元,审定价 1.66 亿元,核减率 6.73%。组织开展财会监督专项行动,巩固拓展财经纪律专项整治成果。注重财会监督成果运用,将监督结果作为预算管理、政策调整、资金安排、制度建设的重要依据。依托预算管理一体化系统,聚焦“三公”经费、直达资金、政府采购等领域,建立从违规预警、实时监控、核实反馈到纠偏整改的监控闭环模式。修订出台《市级财政专项资金管理办法》,进一步规范专项资金设立、分配和使用管理。推动融资平台市场化转型,全年压降 6 家融资平台公司。严格经营性债务成本管理,通过清理定向融资、置换高成本债务、清理银行中收等方式控制经营性债务成本。

【服务经济发展】 2023 年,市财政局办理各类减税退税 8.4 亿元。筹集资金 9400 万元,落实科技创新、建筑业发展、外贸提质等扶持政策,促进企业增产增效。申请发行新增政府债券 9.7 亿元,支持交通、医疗卫生、高标准农田等公益性项目建设,带动有效投资 47 亿元。推动普惠金融服务实体经济,为 75 家企业提供转贷资金 4.47 亿元;利用风险补偿基金,引导金融机构发放“小微贷”“苏科贷”等 19.34 亿元。

【民生保障】 2023 年,全市教育支出 16.9 亿元,社会保障和就业支出 32.16 亿元,支持重点群体就业创业,稳住就业“第一民生”。支持落实困难群众待遇自然增长机制,将城乡居民养老保险基础养老金补助标准提高至 243 元。卫生健康支出 18.53 亿元,支持将城乡居民基本医疗保险、基本公共卫生服务补助标准分别提高至 750 元、98 元。农林水支出 16.69 亿元,落实耕地地力保护、稻谷补贴、农机购置等涉农补贴政策,全力保障粮食安全。统筹安排资金 4.3 亿元,支持造林绿化、农村人居环境整治、老旧小区改造、文明城市创建等,助力打造宜居宜业的美丽兴化。

(蔡楚昭)

税　务

【概况】 2023 年,市税务局持续拓展“兴好有你　兴税有我”党建品牌,先后获评江苏省优秀“戎耀之家”、泰州市“书香机关”、兴化市“高质量党建集成示范点”等称号。坚持服务大局促发展,树牢“税费皆重”理念,依法依规组织收入,全年组织税费收入 140.02 亿元,其中税收收入 68.25 亿元,增长 17.92%,社保收入 46.24 亿元,增长 11.94%,完成地方一般公共预算收入 37.81 亿元,增长 14.55%,总量创历史新高。深挖税收大数据富矿,报送各类分析报告及相关材料 33 篇,全方位反映经济运行情况,高效服务领导决策,23 篇得到地方党政领导批示肯定,其中 2 篇获泰州市领导批示肯定。

【减税降费】 2023 年,市税务局深化“放管服”改革。优化营商环境,致力助企发展,推动税费优惠政策直达经营主体。依托税收大数据,靶向式辅导,一户式推送、清单式管理,智能匹配优惠政策与适用对象,精准推

2023 年 4 月 3 日，市税务局重大投资项目“兴税”服务团队到江苏特味浓有限公司宣传税收政策（市税务局/供图）

送 18 批次税费优惠政策，惠及纳税人缴费人 4 万户次，发送优惠政策、缴费提醒、信用预警等短信 33 批次 7.2 万条。2023 年，全市累计新增减税降费 10.09 亿元，其中，累计减税 6.74 亿元，降费 1.49 亿元，办理留抵退税 1.86 亿元。

【征管改革】 2023 年，市税务局深化税收征管改革，积极投身智慧江苏税务建设，深度探索“做实县局”改革路径，完成“数电票”上线推广任务 4.05 万户。紧跟上级改革步伐，全面提升监管效能，稳步推进税务监管运营中心建设，逐步健全事前事中事后全链条监管机制。深化数据共享交换机制，建立内外数据对照关系，更加注重数据运用价值，推动未办税户的正常管理。巩固质量管控体系，不断完善征管质量、收入质量、执法质量、服务质量监控评价体系，5C 综合评价得分和准期申报率位居泰州第一。深化税费协同共治机制，加强社保非税收入规范化管理，升级涉费服务路径，不断拓展税费皆重征管实践。

【营商服务】 市税务局连续 10 年开展“便民办税春风行动”，全年推出便民办税举措 5 批 115 条，非接触式办税率提高至 99.29%，名列泰州第一。坚持打基础、抓基层，创新涉税矛盾纠纷多元化解新模式，安丰分局创成全省首批新时代“枫桥式”税务分局，累计办理 1346 件诉求事项，办结率 100%。开展两会问需、“春风速递”税费服务体验日、“兴税 · 惠企行”等活动，收集代表委员和纳税人意见建议 31 条，优化完善措施 12 项。重大项目“兴税”服务团队、“有不满、找纪检”等多项税费服务新举措相继获央视《新闻联播》《焦点访谈》《朝闻天下》重点栏目报道。严格落实“三项制度”，全年公示税务执法信息 8000 余条，落实“首违不罚”729 条。完善司法协作机制，召开法院、检察院、税务三方会议，制定破产企业涉税事项操作指引，不断拓展司法协作的深度和广度。

【税费征管】 2023 年，市税务局高效推进精准监管体系建设，聚焦重点领域、重点行业，统筹风险应对任务，落实提示提醒“双推送”应用，全年风险应对入库成效 3.22 亿元，应对总成效 4.4 亿元，户均成效 102.24 万元，其中非分析识别应对 60 户次，入库成效 1.82 亿元，应对

2023 年 11 月 22 日，青年税务干部走访江苏豹翔智能科技有限公司，帮助企业解决重大项目中的涉税难题（市税务局/供图）

总成效贡献率8.33%,位居泰州前列。有序开展出口退(免)税风险分析,不断完善重点风险行业、区域、产品动态管控机制。强化税种管理,高质量开展所得税汇算清缴,2022年度企业所得税汇缴率达99.67%,汇缴净补税2.28亿元,生产经营所得个人所得税补缴税款768.63万元,增长58.84%;严格土地增值税清算审核,完成清算项目15个,审核完成率100%;加强小税精管,核实地方十税疑点数据5000余条,入库税款7880万元。

(刘　蔚)

金融监管

【概况】 2023年,人民银行兴化支行紧紧围绕上级行各项工作部署,制定出台《兴化市政银企常态化对接工作实施方案》《兴化市银企对接管理办法》,提高银企对接效率。举办"金融服务民营小微企业乡镇行""小微企业银企对接融资洽谈会""银企直通车 青兴面对面"等集中银企对接活动28次。组织各银行机构主动加强与普惠小微企业的对接,举办各类"微对接"活动49次。针对县支行撤销,现金流通管理弱化的状况,组织对辖内网格化责任网点现金收付业务进行暗访2次,暗访银行业机构10家,涉及营业网点21家,对发现问题的3家机构进行约谈,提出整改要求。开展整治拒收现金工作,全年累计收到拒收现金举报3起。

【金融服务】 2023年,人民银行兴化支行树立以人民为中心的金融服务理念,围绕"民有所求,我有所应"的主线,完善客户投诉受理、分办、会办、督办和回访全流程管理机制,确保投诉事项件件有落实、件件有处理,件件有回音。指导银行机构将贷款市场报价利率嵌入金融产品定价模型,将LPR下行效果充分传导至贷款利率,持续释放贷款市场报价利率改革效能。支农再贷款余额6亿元,贷款利率低于普通贷款1.5个百分点。推动法人银行机构降低1543户普惠小微企业贷款利率,并给予政策资金3449.81万元。普惠小微贷款加权平均利率4.52%,同比下降0.62个百分点。建立贷款贴息机制,建立农村承包土地经营权、排污权、商标权、专利权等权益质押贷款和初创型企业贷款贴息机制,降低重点领域和薄弱环节融资成本。1—7月,投放"富民贷"248笔、金额8800万元;农村承包土地经营权抵押贷款29笔、金额960万元。受理投诉182起,投诉办结率、满意率均为100%。

【外汇市场监管】 2023年,人民银行兴化支行强化企业汇率风险管理服务,强化分层分类宣导,密切联动政银企,提升汇率避险宣传质效。加大汇率避险服务有效供给,推动更多银行开办外汇衍生品业务,引导银行拓展汇率避险首办户。强化中小微企业、贸易新业态的汇率避险扶持,实施外汇套保奖补等支持措施,按季向辖内银行下发收结汇敞口较大企业数据,供银行有针对性对外汇风险敞口较大企业开展汇率避险服务。优化企业汇率风险管理工作考核体系,科学量化银行服务评价指标,推动银行汇率避险服务增量扩面。推动银行加快推进便利化政策传导落实的"365"工程,持续优化银行便利化政策传导落实评估指标体系,与银行合规审慎经营评估有机结合,强化对银行的督导问效和激励惩戒。探索建立银行直联机制,推动银行网点向外汇局直报政策落实的新情况和市场主体的新诉求,形成推动外汇便利化政策落地生效的合力。推进"外汇管理助企纾困20条措施"走深走实,着力巩固外汇管理助企纾困"百日行动"成果。推动重点涉外改革项目,推进跨境金融区块链服务平台建设,推行资本项目收入支付便利化业务,推动跨国公司跨境资金集中运营业务。促进贸易新业态规范发展,支持银行丰富资金结算模式,为新型离岸国际贸易、跨境电商、市场采购等外贸新业态新模式提供更多契合业务实际、安全高效低成本的资金结算服务。强化重点领域、重点业务和重点企业监管。进一步加强货物贸易、服务贸易、个人外汇业务、银行卡境外交易、境外发债、内保外贷等跨境资金流动重点渠道和重点领域的真实性、合规性管理;针对外汇领域高风险和重点业务,组织开展货物贸易现场核查、服务贸易专项监测核查、个人外汇业务监测核查等专项核查,及时发现市场主体异常行为。加大对外汇违法违规行为的惩治力度。加大外汇非现场检查力度,强化对银行、企业异常违规交易的检查和处罚,着力打击虚假、欺骗性交易等恶意违规行为。

【机构改革】 2023年，人民银行兴化支行根据分支机构改革要求，成立支行机构改革工作领导小组，切实履行“一岗双责”，加强人员管理，规范业务上收和档案移交工作。落实风险防范要求，坚决守牢机构改革业务移交关键时刻员工不发生任何异常行为和风险事故的底线。

【风险监测】 2023年，人民银行兴化支行采取“五项加法”，实现存款保险宣传全市463个行政村100%全覆盖。以推进账户分级分类管理为主线，通过小微企业简易开户、优化开户手续和流程、强化账户风险管理等举措，提升账户服务的效率和透明度。加强与地方金融监管部门之间的监管协调和政策沟通，强化涉及多部门事项的统筹协调，促进金融监管全覆盖。建立健全辖区金融业重大事项、突发事件及时沟通交流机制。发出《存款保险知识宣传现场巡查整改通知书》6份。加强金融风险研判、金融决策风险评估、金融风险防控协同、金融风险防控责任等“四项机制”建设，建立完善金融突发事件应急处置机制，强化监测评估预警。建立健全辖区金融数据共享机制，推进金融机构信息、行业基础数据、市场运行情况、风险状况的及时、充分共享。

（夏振建）

审 计

【概况】 2023年，市审计局共审计（调查）25个项目单位，其中财政预算执行审计项目6个、资产负债损益审计项目3个、专项资金审计（调查）项目3个、经济责任审计项目10个、自然资源资产审计项目1个、上级审计机关统一部署实施的审计项目2个，查出各类违纪违规金额201万元、管理不规范金额13.84亿元，为各级领导提供审计报告、要情46篇，移送问题线索和事项34件，省、泰州、兴化相关领导批示39件次。

2023年6月30日，兴化市委审计委员会第九次会议召开

（市审计局/供图）

【财政预算执行审计】 2023年，市审计局实施兴化市本级财政预算执行审计，对市政工程、路灯亮化工程、城市水利工程等工程项目，以及河长制、样板河打造、水环境集中整治、生态河道建设、排涝站建设、农产品品牌推介经费、扶持村级集体经济发展等专项资金进行专题审计；项目实施统筹调动5个科室力量，全面铺开业务主审+数据主审“双主审”审计作业模式，广泛运用大数据审计技术，发现预算绩效管理不到位等重要问题，累计揭示2022年度兴化市本级财政预算执行、决算草案编制及重点民生资金、专项资金管理使用、政府投资项目等4大类35个方面的问题，提出“加强收支管理，增强财政公共服务能力”“严格预算约束，提高财政预算执行质效”“规范流程管理，加大专项资金监督力度”“加强工程监管，促进项目建设规范有序”4条审计建议。兴化市委审计委员会第九次会议、市第十七届人民代表大会常务委员会第十次会议、市政协十四届八次常委会议充分肯定审计工作报告质量。

【投资审计】 2023年，市审计局以推动“稳投资”政策落实、促进深化投融资体制改革、规范工程建设和管理为目标，共完成固定资产投资审计项目248个，其中工程决（结）算审计项目230个、财政支农审计项目5个、资产评估审计13个，审计资金总额41.74亿元（含财政支农、资产评估），核减或调整金额1.19亿元；跟踪审计北水关大桥拆除重建工程、妇女儿童健康中心建设工程、殡仪馆改扩建工程、国安教育培训中心工程等31个工程建设项目，审计金额39.85亿元，总计发现并揭示委托项目建设管理质量、安全、成本等维度问题147条，出具跟踪审计意见单65份。

【内部审计指导监督】 2023年，市审计局提请兴化市政府首度召开内部审计工作推进会，印发通报《2023年兴化市内部审计工作要点》及相应重点单位挂钩安排、重点项目指导布置。联手组织部门启动村（社区）“一肩挑”人员经济责任审计“343”三年全覆盖、联动国资部门搭建市属企业内部审计工作联席会议制度、联合南京审计大学举办首届内部审计人员履职能力提升培训班、完成首次内部审计项目质量检查和工作绩效考核，对54家内部审计重点单位项目实施、工作开展作考评督导。

【兴化市2021—2022年中小学（幼儿园）改扩建工程专项审计调查】 2023年，市审计局对照《招标投标法》《建设工程质量管理条例》等法律规章，聚焦履行项目建设程序、招标投标及合同管理、结算管理、建设管理、建设资金管理等方面依法依规对全市2021—2022年中小学（幼儿园）改扩建工程开展审计，累计审查相关项目87个、建设资金约4100万元，合计揭示问题68项、涉及问题资金7675.16万元，提出审计建议5条；审计报告获兴化市政府主要领导、分管领导批示。项目入选兴化市委法治办全市年度法治为民办实事项目，并获得“法治惠民 枝叶关情”2023年度法治为民办实事项目述比活动第四名、二等奖。

【审计整改及成果运用】 2023年，市审计局联合市政府办召开2023年度审计整改推进会，会前会中会后对18家整改责任单位逐一解读整改要求、指导整改举措。年度审计工作报告发现问题整改到位率达96%，促进增收节支1.11亿元、资金拨付0.6亿元，盘活存量资金1.18亿元，建立和完善各类管理制度18项。兴化市十七届人大常委会第十四次会议对审计成果、整改成效予以充分肯定，并首度围绕市政府关于审计查出问题整改情况专题召开列席代表座谈会。

（高　逸）

2023年6月6日，兴化市内部审计工作推进会暨内部审计人员能力素质提升培训班开班仪式举行 （市审计局/供图）

统　计

【概况】 2023年，市统计局优化统计服务，着力提高服务高质量发展和统计数据质量，为全市社会经济稳定提供强有力的统计保障。充分发挥统计部门作为经济发展“晴雨表”、党委政府“参谋部”、社会公众“信息窗”重要作用。完善GDP核算联席会议制度，强化支撑性指标预测分析，加强与GDP核算相关职能部门间的数据联审，每月召开全市经济形势分析会，切实提高全市GDP相关基础数据质量，增强数据间的协调性和匹配性。撰写统计分析27篇、统计信息197篇。其中35篇信息获泰州市局网站采用，25篇信息获兴化政府网采用，45篇信息获市县领导决策网、中国网、央广网、视觉江苏等媒体平台报道。

【统计监测】 2023年，市统计局强化统计监测服务，以部门统计联席会议为抓手，建立健全“周推进+旬统筹+月调度”的工作机制，对各领域、各部门的指标进行逐一过堂、逐项研究、逐条分析，准确掌握各项指标进展及存在问题。加强高质量监测考核方法的业务指导，做到主动对接，靠前服务。强化预警核查机制。执行常态化数据评估模式,运用好数据上报期日报制度、考核指标监测台账制度、经济分析监测制度、单位入库动态监管制度,加强重点时段、重点行业、重点数据动态监测和预警分析,发现异常,第一时间发函提醒,确保源头数据真实准确。

【统计服务】 2023年,市统计局组织全市522位普查指导员、1044位普查员分批次、分区域开展清查工作业务培训。举办统计业务培训班、年定报培训、统计业务培训班、新进“四上企业”统计培训班,主动赴部门、镇街、村居、企业开展“送学服务”,推行更接地气的精准指导,进一步提升源头统计数据质量。开展“三个有”(有节奏、有重点、有特色)“三个多”(多形式、多渠道、多方位)宣传活动,增强社会大众对五经普的知晓度、支持度和配合度,提高统计工作的社会关注度和影响力。坚持“抓入户+抓平台+抓联合”三抓并重,重点关注网络直播、季节性经营等流动性经营对象、无证经营个体户等清查对象。联合工信局、交通局、商务局等部门对法产关联、一企多址、空挂企业、流动经营、个体运输、电商网商等特殊单位进行多轮次反复排查比对,确保各类清查单位不重不漏、应统尽统。

【统计法治】 2023年,市统计局以夯实基层基础为根本,压实源头数据质量。深化统计造假屡禁难绝专项整治力度,研究印发《统计造假屡禁难绝专项治理行动实施方案》《统计造假屡禁难绝专项治理自查自纠工作计划》。深入实施“八五”统计普法规划,通过统计法进党校、进机关、进企业等多种形式,面向统计普法重点对象开展统计法律法规宣传。通过开展自查自纠、数据质量核查、执法检查等方式,净化统计政治生态。

(侯素萍)

物价管理

【价格管理】 2023年,市发改委按期实施6次全市供热价格联动措施;合理疏导2期非居民用管道天然气价格;完成商品房、前期物业等各类价格备案11件。

【收费管理】 2023年,市发改委动态调整和公布《兴化市政府性基金和行政事业性收费目录清单》《兴化市市级政府定价管理的经营服务性收费目录清单》,规范行政事业性和经营服务性收费行为,主动接受社会监督。督促相关部门减半收取住宿餐饮业的电梯、锅炉、压力容器定期检验和监督检验费用;按现行标准的80%收取水土保持补偿费、对水资源费省级部分减按80%收取;将防空地下室易地建设费标准下调20%。根据学校申请,履行成本监审、听取社会意见、合法性审查、集体审议等程序,调整6所民办学校收费标准,规范民办教育收费行为。强化市场价格监测和预警,充分发挥监测点网络的布局优势,密切关注粮油、蔬菜、肉蛋等生活物资市场价格动态,认真做好日常价格监测数据上报,及时发现报告倾向性、苗头性问题,切实维护市场价格基本稳定。

【物价监管】 2023年,市市场监管局全力保障全市旅游活动价格秩序,守护消费者合法权益。菜花节、里下河音乐节、品蟹赏菊旅游季、“兴化半程马拉松”等旅游活动期间成立价格专班,持续开展价格监管巡查,主动向经营者发放价格提醒函,从严从快处理哄抬物价等违法行为。召开酒店宾馆行业指导约谈会、投诉举报分析会,开展合规指导,督促与会经营单位签订价格承诺书,保障全市各项旅游活动期间酒店宾馆价格的正常稳定。部署开展教育收费专项检查、涉企违规收费专项整治等重点价费专项行动,检查单位8家,立案查处2件,对2家单位下发责令改正通知书。相继出台《市市场监管局 市发展改革委 市行政审批局关于进一步规范行政审批中介服务的通知》和五部市场监管领域中介机构管理细则等相关政策措施。引导规范涉企中介服务行为,加强涉企中介机构管理。对全市295家中介机构进行全覆盖检查,对排查出的问题逐一整改,除已注销、无法联系或在兴无办公场所的中介机构外,173家中介服务机构已做到服务项目、服务内容、收费标准和依据、办理时限和客户评价“五公开”,促进中介服务市场健康发展,全面规范行业协会、中介机构收费服务行为。

(王仙华 于洛锋 佘友银)

市场监督管理

【概况】 2023年,市市场监管局发布《兴化市市场监管局优化企业服务十六条措施》,启动

"千企专服"走访服务活动,全面开展行政合规指导,助企主动防错、改错。成立行政执法效能管理中心,自主研发管理平台,规范约束自由裁量权,提升监管效能。平台建设列入兴化市委、市政府法治示范创建"一号工程"重点建设项目,《中国市场监管报》、中国江苏网、《泰州日报》等媒体进行深度聚焦。深入推进质量强市和知识产权强市建设,持续打好质量提升、标准引领、品牌建设、知识产权赋能"组合拳"。兴达公司入围第五届中国质量奖受理名单,"兴化香葱"进入国家地理标志产品保护示范区筹建名单,牵头负责的"每十亿元地区生产总值发明专利拥有量""消费品质量合格率"2项高质量考核指标均列泰州二类地区第一。全面加强食品、药品、产品质量和特种设备安全监管工作,深入开展特种设备、饭店经营性自建房隐患排查,开展"灶管阀"专项整治,全力守牢安全底线。做好千垛菜花旅游节、啤酒龙虾节、品蟹赏菊旅游节、兴化半程马拉松等重大活动保障,为全市文旅深度融合发展"保驾护航"。围绕"提振消费信心"主题,开展形式多样、内容丰富的放心消费创建宣传活动,引导市场主体树牢诚信兴商经营理念,不断提升重点人群消费维权能力和水平。全市2家企业获评"2022年度江苏省放心消费创建示范单位",6家企业获评"2022年度泰州市放心消费创建示范单位",14家企业获评"2022年度泰州市放心消费创建先进单位",20家企业获评"2022年度泰州市诚信单位"。履行非公经济组织党建牵头部门职责,将快递外卖配送行业党建工作与市场监管工作同谋划、同布署、同落实,泰州市外卖配送党建工作推进会、省"小个专"党建工作座谈会先后在兴化召开,非公经济领域快递外卖行业党建"书记项目"获泰州市一等奖。联合市自规局、公安局、农业农村局等部门开展野生动物保护专项检查,督促相关经营主体严格落实进货查验制度,规范经营行为,巩固长江禁捕专项行动成果。

【广告监管】 2023年,全市共有各类广告经营企业253户,从业人员612人,广告经营额7369.93万元。年内,市市场监管局开展各类专项执法6次,抽查检查各类市场主体385户,查处虚假违法广告74件,罚没款43.6万元,清理涉嫌违法信息52条,下架制造焦虑公众号宣传软文7篇,拆除户外广告8块,移交相关部门20件。2023年12月15日,省市场监管局在兴化市举办全省基层广告联系点会议。市市场监管局通过组建工作专班,加强宣传引导和风险监测排查,严格规范商业广告及营销宣传行为,坚决守牢广告领域意识形态安全底线。依托省智慧监管系统加强舆情研判,排查各类市场主体71家,监测广告336条。深化企业合规指导,全年适用轻罚免罚案件27件,减免罚款352万元。发挥行业协会作用,指导制定《兴化市广告行业自律公约》《兴化市广告代理机构管理细则》,采取行政约谈、集中宣传等形式开展自律教育活动,推进广告企业内部审查员制度建设,增强企业自我约束能力。探索网格化治理,将户外广告纳入属地镇街网格巡查内容并及时反馈,解决违法广告"发现难"问题。开展专题走访调研,整合市整治虚假广告联席会议、市广告协会和市电商协会3个平台,专题会办企业反馈的行政收费、市容建设、人才培养、公益广告等方面的问题和需求。举办专场招聘会,为全市29家广告企业引进招聘从业人员59人。会同省、泰州广告头部企业,推进大闸蟹产业"数字广告+产业"融合发展,累计服务企业123家,兴化大闸蟹抖音话题曝光1300万次,今日头条曝光270万条,微博阅读量850万次,2023年销售额340亿元,同比上涨6.5%。

【网络监管】 2023年,市市场监管局围绕"强监管、促发展"目标,通过"江苏省网络交易监测管理系统",对辖区内1581个网站、10351个网店、1523个移动电商、460570个商品实施线上线下一体化监管,全年共监测1896个次,野生动物及其制品销售监测756个次,长江禁渔监测210个次,涉疫药品和医疗物资监测352个次;在元旦、春节、"五一"、"6·18"、端午节、中秋、国庆等重要节日和"双11"等网络商品集中促销日,对刷单炒信等虚假宣传和电动自行车、儿童学生用品、婴幼儿乳粉、灶管阀等开展专项监测578个次。助推戴南不锈钢产业高质量发展。

【合同监管】 2023年,市市场监管局开展2023年婴幼儿服务机构格式合同专项检查,重点检查幼儿园及培训机构是否使用服务合同,是否存在违法条款,检查幼儿园及培训机构46家,其中责令整改1家,已停止办学1家。

【稽查执法】　2023年,市市场监管局秉持执法为民理念,聚焦各领域突出问题,组织民生领域案件查办“铁拳”行动、医疗领域反腐、药品安全巩固提升等专项行动,依法查办一批与群众紧密相关、性质恶劣的违法案件。2023年共立案查处各类市场监管案件657件,罚没入库843.5万余元,向公安部门移送涉刑案件7件,向社会公开发布典型案例15件,入选省级典型案例1件,入选泰州典型案例10件。落实行政免罚、轻罚、减罚案件297件,占案件总数的45.2%,着力打造法治化营商环境。

【反垄断与反不正当竞争】　2023年,市市场监管局及时调整市公平竞争审查联席会议成员,成员单位涵盖19个部门。建立第三方评估机制,通过大数据监测存量文件以及审查增量文件。全年共监测文件5777份,对涉嫌违反公平竞争审查标准的4份文件发送建议函,已修改调整文件2份,废止存量文件2份。开展公平竞争智慧化监测评估平台业务培训,指导公平竞争审查成员单位使用系统,做到应传尽传,应审尽审,各单位主动上传文件51份。开展商业秘密保护示范点创建工作,建成商业秘密示范基地1个、商业秘密示范点10家,有效发挥示范点企业的行业引领作用。开展反垄断、反不正当竞争、规直打传等各类主题宣传活动10场,发放各类宣传资料600余份,召开专题会议2场次,深入企业调研走访28家。

泰州市级商业秘密保护示范基地(兴化)

兴化市高新技术产业开发区(筹)管理委员会

泰州市级商业秘密保护示范点(兴化)

江苏红阳全月机械制造有限公司
江苏锦明再生资源有限公司
江苏京生管业有限公司
江苏明璐特钢集团有限公司
江苏申源集团有限公司
江苏新宏大集团有限公司
江苏新华合金有限公司
江苏星火特钢集团有限公司
江苏兴海特钢有限公司
江苏亚盛金属制品有限公司

【平安市场建设】　2023年,市市场监管局及时调整平安市场建设工作领导小组成员,依据工作职责,定期召开推进会议,明确工作目标、细化工作任务,从市场交易秩序、举报受理机制、安全保卫、消防安全管理、产品质量安全等多方面指导各市场开办方参加“平安市场”创建活动,聚焦薄弱环节,狠抓责任落实,进一步推动平安市场建设。加强督查检查,督促指导市场开办方建立健全市场内部管理制度,落实市场安全、产品质量、经营秩序、卫生保洁等市场日常事务及管理责任。落实部门监管责任,从加强常态化监管成效上下功夫,加强食品、价格、计量器具等监督检查,使市场开办方切实承担起“市场管理”第一责任人的职责。发动市场主办方通过电子宣传屏、公示栏、广播等载体,广泛宣传创建活动目的意义,引导市场开办者、经营者、消费者投身到“平安市场”创建活动中来,提高“平安市场”创建活动的知晓率和参与度。加强文明诚信宣传,着力开展市场文明诚信体系建设,开展文明诚信

2023年10月20日,市市监局工作人员王峰获第三届江苏省市场监督管理系统执法办案电子数据取证大比武个人一等奖。图为颁奖现场

(市市监局/供图)

经营业户评比活动,努力营造环境整洁、服务优质、秩序优良的市场环境。加大牵头协调力度,落实公安、农业农村、卫健、环保、消防等职能部门的平安市场创建责任,加强信息互通与执法协作,合力化解市场内各类矛盾纠纷,整治各类治安突出问题,消除各类安全隐患,打击各类违法行为。认真贯彻安全生产工作相关要求,联合消防大队、属地乡镇街道对城区农(集)贸市场进行消防安全专项检查,及时消除安全隐患。结合全国文明城市创建工作,围绕市场秩序、食品安全、诚信经营等方面逐一落实,联合相关部门开展集中整治,进一步规范市场管理秩序和经营行为。以农副产品交易市场为重点,发挥农贸市场食品快速检测筛查作用,深入开展食品安全整治,强化索证索票、进货查验等制度落实;以集贸市场为重点,对市场使用的计量器具进行专项检查。

【非法捕捞渔获物市场禁售冬季执法行动】 2023 年,市市场监管局对全市范围内的餐饮服务单位、商场超市、农贸市场、水产品市场等开展非法捕捞渔获物市场禁售冬季执法行动。督促经营者严格落实检查索证索票及进货查验制度情况,加强日常网络监测,对关键字进行搜索,进一步规范网络交易行为。专项行动中,市市场监管局出动执法人员 361 人次,出动执法车辆 104 辆,检查餐饮饭店 155 家,水产制品生产企业、加工小作坊 36 家,农批市场 72 家,商场超市 79 家,其中网络监测电商平台 65 家,对电商平台开展行政指导 2 次,悬挂各类禁售标语 22 条,利用 19 块电子显示屏宣传禁售内容。

2023 年 3 月,省市场监管局到兴化调研“江苏省调味品质量监督检验中心”筹建情况 (市市监局/供图)

【重点工业产品质量安全监管】 2023 年,市市场监管局围绕 18 类重点工业产品组织开展企业现场检查,出动执法人员 450 人次,总计排查危险化学品包装物、水泥、燃气具等 12 类产品共 387 家企业,其中,生产企业 174 家、销售企业 213 家。将重点产品列入重点监管目录,进一步加大抽查力度和频次,共抽查工业产品 146 批次,合格率 97.3%。

【计量监管】 2023 年,市市场监管局完成 183 家诚信计量自我承诺示范单位培育创建工作,其中医疗机构 38 家、农贸市场 23 家、眼镜店 41 家、加油站 63 家、商场超市 13 家、水电燃气公司 5 家。开展“5·20”世界计量日宣传咨询活动,发放计量法律法规、民生计量小知识等计量宣传资料 300 余份。开展强制检定计量器具摸底调查工作,合计调查摸底贸易结算、安全防护、医疗卫生、环境监测类强检计量器具 1102111 台。开展农贸市场、眼镜制配、电子计价秤等民生计量专项整治和监督检查,市场公平秤的配置率、检定率达 100%,经营户用电子计价秤强检率达 100%。开展重点用能企业能源计量审核,指导 5 家企业建立健全能源计量管理 18 项文件资料、配备使用能源计量器具、做好能源计量数据应用,夯实节能减排工作的计量基础。累计投入 23 万余元,新建和改造提升社会公用计量标准器 10 项,完成计量标准器复查 3 项,全市建有社会公用计量标准器 50 项,授权检定校准项目 89 项,培训企业计量人员 66 人次,计量管理技术专家为 64 家次企业提供计量技术服务,全年免费检定强检计量器具 33748 台次。

【标准化建设】 2023年,全市共有99家企业自我声明现行有效标准359项,涵盖479种产品。全市参与制(修)订国家标准3个、行业标准6个、团体标准1个、地方标准1个。推动标准化与科技创新互动发展,组织4家企业申报泰州市专利标准融合创新企业。

【质量基础建设】 2023年,市市场监管局依托国家不锈钢制品质量监督检验中心(兴化)、兴化市产品质量综合检验检测中心建设2家"质量小站",为企业提供计量、标准、认证认可、检验检测、质量管理、知识产权、特种设备、品牌培育、公益培训、融资增信等10项集成化服务,精准对接企业质量发展需求,全年共服务企业291家次,帮助企业解决技术难题181个。

【国家不锈钢制品质量监督检验中心(兴化)】 2023年,国家不锈钢制品质量监督检验中心(兴化)新安装调试国内外先进大型仪器设备66台(套),涉及高温合金的持久蠕变、卡压式管件的工艺检测等新增参数91项,全年服务企业1200余家,出具各类检测报告5500余份。为企业开展技术帮扶100余次,并开展"钢丝绳的质量提升培训"和"消费品监督抽查质量提升培训",提升企业质量技术水平。参加上海材料研究所检测中心和中实国金有限公司组织的能力验证和测量审核11项,结果均为满意。年底,国家不锈钢制品质量监督检验中心(兴化)被江苏省工业和信息化厅认定为"2023年度省级中小企业公共服务示范平台(三星级)"。与本地特钢企业合作发表《45Cr9Si3热挤压气门盘部裂口分析》科研文章1篇,授权《一种不锈钢检测夹持工具连接座》实用新型专利1项。参与制订的国家标准GB/T 223.63—2022《钢铁及合金 锰含量的测定 高碘酸钾钠分光光度法》于2023年2月1日实施,参与制订的行业标准T/CECS 1225—2022《不锈钢电缆桥架应用技术规程》于2023年5月1日实施。参与制订的国家标准GB/T 43312—2023《医疗器械用钢丝绳》于2023年11月27日发布,参与制定的机械行业标准JB/T 14523—2023《电解质等离子体抛光机》于2023年12月20日发布。兴化市产品质量综合检验检测中心全年检定强检计量器具33748台(件),其中包括压力表7042只,燃气表23505只,加油机1651台,衡器893台,出租车计价器220台,多参数监护仪、心电图机等医疗设备130台件,验光仪、焦度计、镜片箱等验光设备307台(件)。检定校准非强检计量器具10511台(件)。新建计量标准2项:环境试验设备温度校准装置、可燃气体检测报警器检定装置。

【质量品牌建设】 2023年,市市场监管局制定《兴化市消费品质量提升实施方案》,全年累计指导服务企业920家次,解决质量问题46个。制定《兴化市2023年质量品牌培育计划》。全市新增泰州市市长质量奖企业1家,江苏省质量信用等级AA级企业3家、江苏省质量信用等级AAA级企业3家,"江苏精品"认证企业5家,"泰州品质"认证企业4家。评选兴化市市长质量奖企业3家、兴化市市长质量奖提名奖企业1家。

泰州市市长质量奖(1家)

泰州安井食品有限公司

江苏省质量信用AAA级企业(3家)

江苏海宇机械有限公司
江苏新宏大集团有限公司
江苏星火特钢集团有限公司

江苏省质量信用AA级企业(3家)

泰州安井食品有限公司
兴化市东昌合金钢有限公司
东华链条兴化有限公司

"江苏精品"认证企业(5家)

兴化市贤人米业有限公司(大米)
双乐颜料股份有限公司(酞菁蓝B)
东华链条兴化有限公司(叉车用高性能板式链)
江苏祥兴米业有限公司(大米)
江苏申隆锌业有限公司(锌粉)

"泰州品质"认证企业(4家)

兴化市东昌合金钢有限公司(高强度防断裂多用炉料盘)
兴化市中兴电器制造有限公司(高转速便携式串激电机水泵)
江苏兴野食品有限公司(干燥香葱)
顶能科技有限公司(冷冻干燥香葱)

【商标品牌建设】 2023年,全市新申请商标4565件,新注册商标2522件,商标有效注册总量达25664件,新增马德里国际商标1件、地理标志集体商标1

件。“兴化香葱”获批2023年度江苏省商标品牌培育和保护(地理标志)项目。江苏兴达钢帘线股份有限公司、兴化香葱商标品牌指导站入选国家知识产权局首批参加“千企百城”商标品牌价值提升行动名单。组织兴化大米、兴化香葱等5家地理标志龙头企业参加首届泰州市地产食品暨“地理标志产品”展销活动,组织兴化大米、兴化龙香芋地标龙头企业参加无锡博览会。2023年4月7日,山东省胶州市市场监管局党组书记、局长周刚一行到兴化市开展地理标志工作专题考察学习。2023年8月9日,省知识产权局调研兴化香葱国家地理标志保护示范区建设工作。兴化大闸蟹通过省知识产权局2021年度省地理标志促进和保护项目验收。

【消费维权】 2023年,市市场监管局围绕“提振消费信心”消费维权年主题,举办“3·15”系列活动,解读年主题、评选2023年度消费维权典型案例、发布消费投诉热点、编印《消费维权手册》、开展假冒伪劣商品集中销毁,通过融媒体宣传诚信企业单位代表,发送市场监管、消费维权、打假治劣活动剪影等。做好投诉举报工作,维护市场秩序、保护消费者合法权益。全年受理各类咨询投诉举报11906件,按时办结率100%,为消费者挽回经济损失273.05万元。举办各类消费讲座、培训、座谈及宣传咨询服务活动16场次,发布消费警示提示10次。2023年9月12日,召开放心消费创建活动推进会,全市26家单位获“放心消费创建单位”称号。

2023年度泰州市放心消费创建示范区域

兴化吾悦广场(兴化新城吾悦商业管理有限公司)

江苏楚水水上森林旅游发展有限公司

兴化市千垛镇陈杨村

2023年度泰州市放心消费创建示范单位

江苏光明天成米业有限公司

兴化市贤人米业有限公司

中国电信股份有限公司兴化分公司

兴化市兴隆餐饮管理有限公司

兴化市锦辉服饰店

兴化市海通金鼎汽车销售服务有限公司

兴化新奥燃气有限公司

兴化市聚兴食品商贸有限公司

江苏祥兴米业有限公司

泰州中油燃气有限责任公司

兴化润泰商业有限公司

2023年度泰州市放心消费创建先进单位

兴化市兴华珠宝店

江苏新奇步楼梯制造有限公司

泰州市土得很食品有限公司

兴化市长虹食品有限公司

兴化市帝都大酒店

兴化市沙沟镇姜彦饭店

兴化市米兰麦香人家蛋糕店

兴化市镕镕上海吴良材眼镜加盟店

江苏上峰水泥有限公司

中国移动通信集团江苏有限公司兴化分公司

江苏瑞仕达电气设备有限公司

交通银行股份有限公司泰州兴化支行

(余友银)

食品药品管理

【概况】 2023年,全市共有县乡村三级包保干部864人,分层分级包保食品生产经营主体12014家。市市场监管局通过实地检查、集中督导、电话提醒等方式开展督导检查,督导完成率和问题整改率保持100%。指导全市1231家食品生产经营企业建立“日管控、周排查、月调度”工作机制,高风险企业食品安全总监应配尽配。强化重大活动食品安全保障工作,采取业务培训、事前评估、驻点监督、专项整治等方式,完成全市“两会”、高中考、千垛菜花节、啤酒音乐节及各类赛事等重大活动餐饮食品安全保障20场次,实现安全零事故。组织兴化市人民医院开展国家集采中选品种上市后重点集中监测工作,全年收集药品不良反应报告1727份,其中严重报告174份;器械不良反应报告837份,其中严重报告67份;化妆品不良反应报告180份。

【食品安全监管】 2023年,市市场监管局加强《企业落实食品安全主体责任监督管理规定》宣贯,分层分级对食品销售企业和监管人员进行培训,推动食品安全主体责任落实邀请省食品生产安全协会专家对100余家食品生产企业食品安全负责人开展培训。对104家大型以上餐饮单位、3家集体配送单位、171家学校、34家养老机构、670家食品生产企业食品安全总监和食品安全员开展培训考核,参考率、合格率均达到100%。以高考保障为依托,开展食品安全保障能力提升交流研讨活动。推广网络餐饮单位使用“食安封签”,累计发放“食安封签”30万余只。完善“农家宴”食品安全监管长效机制,将“阳光宴会厅”建设列入2023年重点调研课题,与“书记项目”“乡村旅游”“村民大食堂”等项目相结合,打造一批起点高、有特色的“阳光宴会厅”。分层分级对乡镇(街道)食安办人员、村(社区)包保干部、民间厨师开展食品安全培训。组织参与泰州市食品规范化经营示范店(网店、网站)评选活动,兴化润泰商业有限公司等18家食品销售企业获“泰州市食品规范化经营示范店”称号,江苏萃谷食品有限公司等5家网络食品销售企业获“泰州市食品规范化经营示范网店”称号,建成“泰州市阳光食坊”5家。

2023年度“泰州市阳光食坊”名单(兴化)

兴化市润叶食品有限公司
兴化市友蟹食品加工厂
兴化市邵国圣百货店
兴化市宗师傅食品加工坊
兴化市庆春食品加工厂

【食品安全专项整治】 2023年,市市场监管局聚焦旅游景区、校园周边、进口水产品、农村假冒伪劣食品等重点领域,开展20余项专项执法行动。重点开展春、秋两季学校食品安全检查,共检查学校食堂171家,配餐学校23家,学生集体用餐配送单位3家,校内超市及小卖部13家,学校食堂综合配送单位12家,校园周边食品销售者205家,下达责令改正通知书5份。开展校园食品安全专项抽检工作,共涉及餐饮食品、豆制品、食用油等18大类142批次,经检验全部合格。开展全市养老机构集中用餐食品安全专项治理行动,全年累计备案农家宴16298户次。开展民生领域案件查办“铁拳”行动,全年查处食品违法案件137件,罚没入库258.14万元,涉案金额62.66万元,入选泰州市食品安全违法典型案例1件。出台《抽检不合格食品企业帮扶监管制度》,组织技术专家及监管人员对不合格食品生产企业开展“技术帮扶”,帮助查找原因,提出整改意见。在全市餐饮单位和学校食堂中开展2批“洁净厨房”创建工作,评选出“洁净厨房”70家,其中五星级单位10家、四星级单位26家、三星级单位34家。

【食品安全风险防控】 2023年,市市场监管局聚焦食品安全风险隐患筛查防范,加强抽检监测工作,开展入市后食品快检9811批次,发现阳性43批次;对33大类7200批次食品开展监督抽检,发现不合格食品110批次并及时核查处置,向社会公示抽检统计分析信息7次。持续推动学校、养老机构食堂、大型以上餐饮企业实施“五常”等先进管理方式,学校食堂实施率达100%,养老机构食堂、大型以上餐饮企业实施率达50%;指导大邹镇小作坊集中加工区规范化运营,做到原料来源明、生产过程净、检验检测准、销售去向明。

【风险量化分级管理】 2023年,市市场监管局对全市10883家食品生产经营主体实施风险量化分级管理,其中A级5653家、B级4327家、C级541家、D级462家,风险分级管理实施率100%、量化分级管理率100%。

【食品安全技术支撑】 2023年,市食品质量检验检测中心获批筹建省级调味品检验检测中心项目。2023年12月15日,江

2023年12月26日,兴化市小微食品生产企业党建联盟成立,指导建立小微食品生产企业“共享检验室”助企发展 (市市监局/供图)

苏省市场监督管理局发文批准“江苏省调味品检测质量监督检验中心”筹建工作，筹建期1年。开展“阳光外卖”工程建设，指导195家入网餐饮服务提供者后厨安装监控并接入外卖订餐平台，订餐平台实时公开后厨食品加工制售过程，在吾悦广场开展“‘阳光外卖’网络餐饮示范区”创建。开展“全城通”系统全域化建设，以食用农产品批发市场为中心，以快检数据为支撑，在全市1家农批市场、3家农贸市场、136家经营户之间实现食用农产品溯源信息共通共享，避免重复检测，缩短上市时间。

【共享检验室建设】 2023年，市市场监管局指导食品生产企业建设“共享检验室”，解决小微食品生产企业检测难等问题，列为2023年度市级机关党建“书记项目”高效推进，首批5家“共享检验室”挂牌运行，覆盖食品生产企业25家。“共享检验室”运行以来，出具检测报告500余份，发现不合格食品18批次。帮助小微企业分析不合格原因，提出合理的解决方案，帮助企业排除潜在风险，确保出厂产品合格。该项目作为助企纾困解难典型做法被央视《朝闻天下》栏目报道。“共享实验室”项目获泰州市市场监督管理局食品安全监管工作创新创优栏目一等奖。

【社会共建共治】 2023年，市市场监管局组织开展食品安全宣传周、“5·20”学生营养日、粮食科技宣传周、世界粮食日等活动，向社会征集群众关心的食品安全问题。充分发挥“12315”“12345”投诉举报热线作用，累计受理食品类投诉举报3051件，按时处置率100%。开展“同心食惠·你点我检”食品安全守护行动。组织市民通过网络投票，选出最期待被抽检的食品品类和商家，涵盖网红小吃、特色餐饮、网络订餐、商超、企业等各类主体。通过微信公众号开展2期网络投票和一期线下问卷调查活动，全年开展“你点我检”抽检100批次。

【食品产业发展】 2023年，全市共有获证食品生产企业703家、食品小作坊171家。围绕健康食品和预制菜新兴赛道，打造预制菜产业集聚区，市市场监管局推动起草“兴化炒饭”“兴化鱼圆”“兴化熟醉蟹”等预制菜团体标准3个。承办江苏省预制菜产业链电商供需对接专场活动，召开兴化健康食品产业（预制菜）专题招商引智会等一系列活动。连续3年承办泰州食品生产“品质联盟”高峰论坛，承办“水润风城、乡味悠长”首届泰州市地产食品暨“地理标志产品”展销活动。

【制止餐饮浪费】 2023年，市市场监管局开展制止餐饮浪费宣传教育活动，召开制止餐饮浪费专项行动部门联席会议，出台《兴化市反食品浪费工作方案》。成立乡镇（街道）反餐饮浪费志愿者服务队伍，开展进社区、进校园主题宣传活动46次。全市200余家大中型餐饮单位、183家学校食堂线下签订“制止餐饮浪费”倡议书和承诺书，2万余名市民通过线上参与“向餐饮浪费说不”网上签名活动。开展“厉行节约 反对浪费”线上有奖知识竞答，累计14153人次参与，发放消费优惠券1100张。举办“兴好有礼 拒绝浪费”文艺作品征集评选活动，收集文艺作品600余份，制作“兴好有礼 拒绝浪费”等5个宣传视频。推进食品抽检合格备份样品有效利用，累计向社会福利机构捐赠1500余件价值2万余元的抽检合格食品。开展“随机查餐厅”行动，公布餐饮浪费违法行为典型案例11个。

【药品安全监管】 2023年，市市场监管局组织召开2023年兴化市药品安全委员会第一次全体会议。强化药品经营企业监管，组织对农村地区、城乡接合部、个体诊所等重点区域监督检查，检查药品经营企业310家次。组织市监基层分局对41家零售药店开展“双随机、一公开”监督检查，联合医保局对20家医保定点零售药店开展“双随机、一公开”监督检查，对检查发现的违规销售回收药品、不按规定储存药品、使用超过有效期药品等问题闭环依法处置。强化药品网络销售监管，对全市82家开展互联网药品销售的单位，按照“线上线下一致”原则开展检查，同时根据上级交办线索及举报投诉开展针对性检查。对1家药店通过处方审核前展示多款处方药说明书等信息问题予以责令改正。强化药品使用单位监管，组织对医疗机构麻精药品购、销、存管理和药品追溯责任落实等情况监督检查。对儿童用药、无菌制剂等高风险品种监督检查。对血液制品和细胞治疗类药品、集采中选药品、特殊药品监督检查,全年共检查医疗机构225家,其中对一级以上医疗机构进行覆盖检查。强化疫苗质量安全监管。对市疾控中心和52家疫苗接种单位,从疫苗购进、分发及储运情况开展全面检查,确保全市疫苗来源去向安全可靠。

【医疗器械安全监管】 2023年,市市场监管局与卫生监督所联合开展医美机构检查,检查医疗器械经营单位291家,注销医疗器械经营备案证5张,对2023年新开办的16家医疗器械经营企业开展器械GSP检查,提出整改意见87条,进一步强化医疗器械企业规范管理意识。

【化妆品安全监管】 2023年,市市场监管局开展化妆品经营环节专项整治,累计检查化妆品经营单位810家、使用单位157家。在东方农贸市场北侧广场开展"5·25"爱肤日化妆品安全科普宣传活动,带领昭阳湖初级中学部分师生参观位于大垛镇的化妆品生产企业。

知识产权管理

【概况】 2023年,全市发明专利拥有量2429件,年度新增发明专利648件,同比上升106%,创历史新高。市市场监管局带领服务机构深入企业一线25次,点对点进行专利挖掘。302家企业在泰州市知识产权保护中心进行预审备案。全年调解知识产权纠纷案件6件,其中形成行政裁决4件。在"4·26知识产权日",通过发放宣传资料、现场咨询的方式,大力宣传知识产权法律法规和政策,切实提高公众知识产权意识。召开过滤器壳体精锻件海外专利预警分析项目推介会,为精锻产业企业应对海外专利风险提供有力技术支持。

【知识产权运用】 2023年,市市场监管局加强与银行沟通对接,推进知识产权质押融资服务,年度专利质押融资额2.75亿元。新增知识产权贯标备案主体58家,新增泰州市知识产权战略推进项目承担单位2家,泰州市高价值专利培育项目承担单位1家,泰州市知识产权密集型企业2家,国家知识产权示范企业1家,国家知识产权优势企业1家,1家企业获泰州市专利金奖,1家企业获泰州市专利优秀奖,进一步推动全市知识产权运用与转化。

泰州市知识产权战略推进项目承担单位

东华链条兴化有限公司
江苏华杰不锈钢制品有限公司

泰州市高价值专利培育项目承担单位

江苏亚盛金属制品有限公司

泰州市知识产权密集型企业

江苏德创制管有限公司
兴化市金牛机械铸造有限公司

泰州市专利金奖

江苏新宏大集团有限公司

泰州市专利优秀奖

东华链条兴化有限公司

国家知识产权示范企业

江苏新宏大集团有限公司

国家知识产权优势企业

江苏锁龙消防科技股份有限公司

(余友银)

信用体系建设

【概况】 2023年,市市场监管局推进信用提升行动,全流程推广信用承诺制,简化事前审批服务流程,在注册登记环节推行告知承诺、市场主体住所(经营场所)申报登记承诺等信用承诺。同时,在事中事后监管中开展行业守法经营承诺、信用修复市场主体年报主动公示承诺,进一步健全完善以"双随机、一公开"监管为基本手段、以重点监管为补充、以信用监管为基础的新型监管机制,不断提升监管能力和水平,规范市场秩序,优化营商环境,推动高质量发展。全年签订告知承诺、守法经营承诺、年报主动公示承诺等各类信用承诺500余份。

【信用知识宣传】 2023年,市市场监管局在日常监管中,对市场主体实行差异化监管,推行单部门和跨部门"双随机、一公开"抽查,对守信企业实行诚信激励机制,开通"绿色通道",合理降低抽查比例和频次,为守信企业减负;对失信和严重违法失信企业,加大抽查频次并依法实施失信联合惩戒。在检查中宣传信用体系建设的重要性,通过媒体宣传、短信群发等形式不断向社会、市场主体输送信用知识。全年开展助企纾困送知识到企业走访65次,通过市场监管分局工作人员和“两新”群体志愿者发放年报宣传、信用知识宣传资料500多份，通过短信平台发送年报催报、信用宣传信息7万多条。

2023年度泰州市“诚信单位”（兴化）

泰州市振华路桥工程建设有限公司
兴化市兴友塑料制品有限公司
江苏雨燕婴童用品科技有限公司
上海华特电梯安装工程有限公司泰州分公司
兴化市镕镕上海吴良材眼镜加盟店
兴化市鑫润温室设备配件有限公司
创璟农业装备集团有限公司
泰州市实强机动车交易有限公司
兴化乐为通讯设备有限公司
兴化市方正机械有限公司
江苏海底捞餐饮管理有限责任公司兴化第一分公司
泰州锦和温室设备有限公司
兴化市视万佳眼镜有限公司
兴化市朋缘水产有限公司
泰州好药师兴药医药连锁有限公司
兴化市德一食品有限公司
兴化市华邦机电设备安装工程有限公司
兴化市汇通广告有限公司
泰州好药师兴药医药连锁有限公司兴化市长安路药店

【企业信用修复】 2023年，市市场监管局严格落实企业信息公示、经营异常名录和严重违法企业“黑名单”管理制度，加大对失信企业的惩戒力度。对被各级人民法院列入失信被执行人名单的自然人担任公司法定代表人、董事、监事和高级管理人员进行限制，对与被冻结股权有关的股东变更、章程备案、股权质押不予办理。同时，推行信用修复“容缺”机制，对补报年度报告而且通过网上申请移出的企业开辟绿色通道，做到先行移出后补报相关材料，对现场信用修复不便的企业提供网上修复渠道，避免因失信联合惩戒影响生产经营。全市2022年度企业年报率96.6%，对已补报年报的146户市场主体进行修复信用，依法移出经营异常名录。合理配置监管资源，制定《兴化市市场监督管理系统企业信用分类管理暂行办法》，通过分类监管，使全局监管工作高效运转，处理处罚信息修复40条，列入异常名录处罚1149次。

【市场信用创新监管模式】 2023年，市市场监管局开展非现场监管和触发式监管的探索，所有信用条线工作人员献言献策，围绕“四新经济”等领域，探索适用于信用风险较低的非重点监管行业市场主体新型监管模式，减少对市场主体正常生产经营活动的干扰。累计收集各分局建言60条，实际应用13条。全市共制定抽查任务355项，其中跨部门抽查任务212项，抽取市场主体3347户，各检查任务都已完成且对检查结果进行录入，并通过国家企业信用信息平台进行公示。各相关考核指标均达到营商环境考核要求。依托“双随机”抽查系统抽查市场主体6404次，其中市场监管局抽查市场主体2626次。监管平台上线监管部门32个，认领抽查事项数487条、执法人员数3251条，并全部开展跨部门双随机检查，实现“双随机、一公开”跨部门监管全覆盖。

【交通信用体系建设】 2023年，市交通局通过组织信用修复培训、上门现场指导、线上咨询服务等多种措施，指导涉及75家违法失信企业533条失信处罚数据完成信用修复，开展信用等级评定，道路水路运输经营者5918户、从业人员28610名。

【蟹农信用体系建设】 2023年，人民银行兴化支行出台《兴化市蟹农信用体系建设实施方案》，明确信息采集指标、采集渠道、信息评价标准、配套扶持政策、创新金融产品和考核激励机制等措施。指导交通银行创新“蟹农贷”产品，累计投放破亿元，该产品获驻泰金融机构创新产品一等奖。加强与财政、农业、地方金融监管局等部门的沟通协调，制定出台“粮农贷”十条专项支持政策，配合市分行召开“深化农信促融‘贷’动乡村振兴”泰州市首款“粮农贷”征信产品发布会。

（余友银　刘小涛　夏振建）

河蟹产业

河蟹养殖

【概况】　2008年中国渔业协会河蟹分会授予兴化市“中国河蟹养殖第一县(市)”称号,2015年中国渔业协会河蟹分会授予兴化“中国河蟹第一市场”称号。2009年安丰镇、永丰镇、中堡镇和临城街道获评“中国河蟹之乡”。2006年、2013年,中国渔业协会分别授予红膏大闸蟹有限公司“中国河蟹养殖大王”和“中国河蟹大王”称号。兴化市形成和完善“提水、种草、投螺、稀放、调控”具有地区特色的河蟹生态养殖模式,兴化河蟹品质享誉国内外。“泓膏大闸蟹”获“江苏我最喜爱的著名商标”之一和中国驰名商标,红膏公司获评全国绿色食品示范企业。2023年,《国家地理标志大闸蟹品牌价值排行榜》中兴化大闸蟹以313.36亿元位居榜首。

【养殖规模】　2023年,全市河蟹养殖面积4.2万公顷,年产量7万余吨,是全国最大的河蟹交易集散地。河蟹产量6.7万吨,统计现价产值44.8亿元。河蟹与青虾、小龙虾等混养面积扩大到3.67万公顷,组织实施60余个部省级渔业科技及服务体系、标准化项目。加快推进养殖池塘标准化改造,实现池塘养殖产能稳步提升,尾水排放稳定达标,水产品有效供给,渔区生态环境进一步改善。2023年通过乡村振兴考核分解到乡镇完成改造面积1.8万公顷。开展池塘标准化示范基地建设,建设林湖乡兴伟家庭农场基地11.33万平方米、临城街道胖舅舅生态农业养殖基地45.33公顷,建设养殖尾水达标排放试点6个。

【河蟹品牌】　2023年,市农业农村局加强“兴化大闸蟹”地理标志产品的使用管理,“兴化大闸蟹”集体商标授权75家企业使用。参加各类产品推介会,提高兴化水产品知名度。全市已培植10个在省内外有影响的兴化大闸蟹知名品牌,“泓膏”“亦鲜”“板桥”大闸蟹获评“中国十大名蟹”,“兴化大闸蟹”获得地理标志和集体商标使用权。

【河蟹科技】　2023年,市农业农村局推动全市渔业高质量发展要求,实施虾蟹混养耦合技术,主动服务基层,围绕产业发展中存在的疑难题进行攻关与研究,继续推广虾蟹降本提质增效模式,累计推广虾蟹混养“兴化模式”1万余公顷,及时通过微信等实时快捷的方式传递技术信息,组织各类专题培训45场。在全市建立水产养殖用药减量示范点31个,推进水产养殖用药减量行动,举办规范用药培训8期,累计受训养殖户1000余人次。在全市印发放水产养殖用药明白纸2022年版各6000份,印发用药减量技术资料5000份。建立科技入户示范乡镇15个、示范村68个、示范户400户,示范养殖面积1866.67公顷。开展送科技下乡60次,发放技术资料3万份,赠送科学养殖杂志280套。

【水产品风险监测】　2023年,市农业农村局落实水草排放、清塘消毒及尾水排放网格化管控措施,建立6级包保责任网络体系,加强蟹塘水草排放的监管,设置水草固定堆放点。实行水产养殖尾水达标排放承诺制度。加强水产品质量安全相关法律法规宣传，强化科学用药指导，落实水产养殖用投入品“白名单”制度。全年组织开展水产养殖执法90余次，出动人员近200人次，检查企业(合作社、家庭农场)近300家，查处案件3起。9月，通过部渔业渔政局组织开展的全国水产养殖执法交叉检查。持续强化规范用药科普宣传，开展相关宣传活动3次，发放明白纸6000套，举办培训9期，发放资料近5000份，切实保障水产品质量安全。

【江苏红膏大闸蟹有限公司】 公司创立于1988年，现为江苏省农业产业化重点龙头企业、江苏省绿色食品示范企业，建立江苏省渔业企业第一家国家级博士后工作站，形成股份化合作、生态化养殖、一体化生产、品牌化经营的“泓膏特色”，自有养殖面积近6667公顷，吸纳城镇、农村劳动力和下岗职工5000人，员工人均年收入2.1万元，在兴化带动养殖面积4万余公顷，从事养殖、经营人员4万人，“泓膏”品牌入选全国百佳农产品品牌，“泓膏大闸蟹”获评中国驰名商标和“江苏我最喜爱的著名商标”之一。

【江苏板桥控股集团有限公司】 公司成立于2013年，注册本3000万元，是江苏省农业产业化重点龙头企业、江苏省民营科技企业。公司位于“中国河蟹之乡”——兴化市永丰镇刘葛开发区，占地面积7800平方米，建有板桥饲料厂、标准化办公大楼等硬件设施。现有65个高标准养殖基地，专业从事河蟹养殖，形成“育苗—养殖—销售—加工”一条龙的产业链。公司现有基地面积(包括自建及订单)1013.33公顷，带动农户总数4015户。共吸纳城镇、农村劳动力和下岗职工1万余人。员工年收入工资3万元左右。“板桥大闸蟹”在第四届中国名蟹大赛中获评“中国十大名蟹”，“板桥”饲料获评泰州市知名商标。

河蟹加工

【概况】 2023年，全市有河蟹生产厂家200余家、规模企业30家，年加工量4.5万吨。30余万人从事大闸蟹相关行业。近年来，全市重点打造河蟹生产、加工、销售全产业链，推出蟹黄豆腐、香辣蟹、花雕蟹等系列预制菜，形成蟹黄油、蟹黄粉、蟹黄酱、蟹黄面等10余种深加工蟹产品。

【江苏胖舅舅生态农业发展有限公司】 公司位于兴化市经济开发区，是一家综合性现代化农业产业公司。2019年，公司投入3000余万元，升级改造虾蟹产品现代化自动流水生产线。公司主营多口味香辣蟹、花雕熟醉蟹、风味小龙虾、风味龙虾尾等系列产品，服务线上电商平台、线下门店社群、连锁餐饮企业。“胖舅舅”虾蟹系列产品在天猫全网类目销售第一，月销售额600万元。公司通过规模化运作，促进一、二、三产业融合，助力乡村振兴，带动广大渔(农)民增收致富。

【兴化市正童食品有限公司】 公司位于兴化市中堡镇南湖开发区，获评“泰州老字号”企业，生产的“童德大”牌中庄醉蟹迄今已有600余年历史。童氏第二代传人于洪武二十七年(1394)前后创立“童德大”醉蟹加工作坊，后经市场管理部门批准演变成为兴化市正童食品有限公司，公司负责人为第十代掌门人童玉。清光绪二十四年(1898)，该品牌中庄醉蟹被从事“实业救国”闻名的张謇推荐到南洋(新加坡)参加国际物赛会及巴拿马国际博览会，获“一等奖”和食品类“金奖”，20世纪90年代参加江苏食品展销会再次获“金奖”。2007年，中庄醉蟹制作技艺被评为“泰州市非物质文化遗产项目”。

河蟹销售

【概况】 2023年，全市有河蟹交易市场13家，经营户747户，全年成交金额185.95亿元。分布于全市9个乡镇，其中安丰镇4家(江苏安丰国蟹水产品有限公司、兴化市新东方水产品商城、兴化市老圩水产品市场、兴化市张阳水产品市场有限公司)，合陈镇1家(兴化市合陈河蟹市场有限公司)，永丰镇1家(兴化市永丰河蟹交易市场有限公司)，周庄镇2家(兴化鑫胜水产品交易有限公司、兴化市御海水产市场)，海南镇1家(兴化市万虹水产品批发市场有限公司)，钓鱼镇1家(江苏渭水水产品批发市场有限公司)，沙沟镇1家(兴化市沙沟水产品批发市场)，昭阳镇1家(兴化市昭阳水产品批发市场)，昌荣镇1家(兴化市龙腾水产品交易市场有限公司)。兴化市沙沟水产品批发市场成立于2003年1月27日,位于沙沟镇兴沙公路北首,占地面积4000平方米,有经营户28户。

【“蟹状元”永丰产业园建设】 9月8日,总投资5.2亿元的“蟹状元”永丰产业园项目举行奠基仪式。“蟹状元”是大闸蟹行业的知名品牌,江苏蟹状元食品有限公司拥有6大高标准仓储基地,150余家直营门店,服务网络覆盖全国,形成成熟的农产品全供应链标准体系。“蟹状元”永丰产业园是江苏蟹状元食品有限公司投资的首个产业园区,项目主要围绕虾、蟹等水产品进行食品加工作业,打造一个具有预制属性的蟹粉面、小笼包、小龙虾、醉蟹等虾、蟹类深加工产品全产业链。

【江苏安丰国蟹水产品市场有限公司】 江苏安丰国蟹水产品市场有限公司是全市河蟹水产品规模及成交量最大的交易市场,曾用名为兴化市安丰国蟹水产品市场有限公司,成立于2011年6月16日,位于兴化市安丰镇国蟹路1号,占地面积33万平方米,有门市365套,经营户208户,年成交额90亿元至95亿元。

【河蟹市场经营秩序专项整治】 2023年,市市场监督管理局开展全市13家水产品批发市场经营秩序专项整治,召开专题会议进行部署,对市场主办方进行培训指导并签订承诺书。

【中国兴化河蟹价格指数】 中国兴化河蟹价格指数是全国首个河蟹价格指数,2013年在兴化市上线发布。河蟹上市季节,河蟹价格指数每天发布一次。指数由价格指数编制组数据采集员从样本单位采集,经价格指数编制组汇总样本数据并计算编制得出。河蟹价格指数体系共有三级价格指标,一级是综合指标,二级是规格指标,三级是单项指标,在此基础上,按照数据采集频率不同,构建周价格指数、月度价格指数和年度价格指数,及时反映河蟹价格变化。发挥中国兴化河蟹价格指数的“风向标”服务作用,收集批发市场价格数据2412条,促进兴化河蟹市场保持稳定,全市河蟹市场交易总量15万余吨,兴化大闸蟹线上线下销售额190余亿元。

节庆活动

【兴化大闸蟹开捕节】 9月23日,中国农民丰收节暨2023兴化大闸蟹开捕节在泓膏大闸蟹生态园举行。兴化市依托好生态养出好螃蟹,深耕好螃蟹卖出好价钱,坚定不移走出一条产地优良、产品优质、产出高效、产业优化的绿色发展之路。先后获评国家地理标志集体商标、江苏省十强农产品区域公用品牌、农业农村部2022年农业品牌创新发展典型案例。与会人员观看专题片《兴化大闸蟹“足”印更鲜明》《蟹行天下》;精品螃蟹养殖经营户代表现场作经验介绍;邀请省渔业技术推广中心专家为大家介绍虾蟹混养兴化模式的特点优势;为“兴化大闸蟹产业十大能手”授牌。

【品蟹赏菊旅游季】 9月6日,“花开兴化 蟹满金秋”2023中国·兴化品蟹赏菊旅游季新闻发布会暨秋季旅游专题推介会举办。此次活动由中共兴化市委员会、兴化市人民政府主办。江苏省文化和旅游厅相关处室,南京、泰州文旅主管部门以及新闻媒体界,江苏、安徽、山东、河南等地旅行社和兴化相关部门乡镇的负责人共同参

2023年9月6日,“花开兴化 蟹满金秋”2023中国·兴化品蟹赏菊旅游季新闻发布会暨秋季旅游专题推介会在南京举办 (市文体广旅局/供图)

加。2023中国·兴化品蟹赏菊旅游季以“花开兴化　蟹满金秋”为主题，先后举办2023兴化品蟹赏菊音乐美食节、“水韵苏米”稻米文化节、中国农民丰收节暨2023兴化大闸蟹开捕节、第十六届中国·兴化郑板桥艺术节、淮剧艺术节、花海森林半程马拉松六大系列活动。

河蟹文化

【中国河蟹博物馆】　位于兴化城南郊老龙河畔，江苏省道231线兴泰公路兴化临城段东侧，2011年10月建成。博物馆占地面积500余平方米，投资400余万元，通过图文展现螃蟹的分类与生物特性、养殖与加工饮食、蟹文化、蟹产业等。博物馆有徐渭、吴道子、齐白石、吴弗之、李苦禅等大师的“螃蟹图”，还有李白、曹雪芹等名家的“蟹诗”。

【银北门品蟹一条街】　位于兴化老城区北首，曾是明清最繁华的商业街。2016年，兴化银北门被江苏省人民政府公布为省级历史文化街区。2021年12月，兴化市打造银北门“品蟹一条街”，将银北门历史文化街区，嵌入“兴化大闸蟹”元素。巧妙融合本土风情、水乡特色和餐饮主题，为广大市民和到兴化游客提供兴化大闸蟹、兴化早茶、全蟹宴、夜间休闲等体验，实现建文旅美食“高地”和创特色品蟹“高峰”的有机统一。

【全国水产养殖新模式新装备新技术论坛】　10月31日，全国水产养殖新模式新装备新技术论坛在兴化举行，旨在探讨养殖技术，进行学术交流。近年来，兴化坚持以水产养殖机械化、智能化、数字化为转型方向和推进抓手，坚定不移走出一条产地优良、产品优质、产出高效、产业优化的绿色发展之路。以新模式开辟新赛道，推进水产绿色健康养殖技术推广“五大行动”，完成养殖池塘标准化改造4733.33公顷，推广生态健康养殖模式，创新集成池塘虾蟹混养“兴化模式”、精品蟹生态养殖、藕虾生态共作、稻渔综合种养等模式超4万公顷。以新装备引领新未来，高分创成全国农业科技现代化先行县，高标准创建省级农业生产全程全面机械化示范县，推动水产技术装备升级，加快螃蟹分级机、捆蟹机、水草收割机、气增氧机的应用，实现水产养殖机械化的“填空补缺”。以新技术打造新体系，突出科技赋能，助推产业高质量发展，组织实施60余个部省级渔业科技及服务体系标准化项目，先后获得多项部省级科技奖。建成中国第一个水产企业国家级博士后科研工作站，成立国家级河蟹产业技术创新战略联盟和全国唯一的中国河蟹互联网产业联盟。

【兴化市河蟹产业产学研融合发展签约仪式】　12月6日，兴化市与中国水产科学研究院淡水渔业研究中心、江苏省渔业技术推广中心，共同举办“重实践、建新功”——兴化市河蟹产业产学研融合发展签约仪式。兴化市与中国水产科学研究院淡水渔业研究中心、江苏省渔业技术推广中心共同签订兴化河蟹产业战略合作框架协议。市文旅公司与中国水产科学研究院淡水渔业研究中心、江苏省渔业技术推广中心分别签订“兴化1号”新品种选育种苗合作协议和“阳澄湖1号”种苗繁育推广协议。市文旅公司与拟合作的企业代表签订合作协议。活动还举行“兴化市虾蟹产业研究院”揭牌仪式，并进行“兴化1号”新品种合作发布。

（袁　野）

农业

综 述

2023年,全市实现农林牧渔业增加值163.83亿元,占泰州总量的44.8%,同比增长4.4%,总量及增速均位列泰州第一。农村居民人均可支配收入29940元,列全省第40位,增幅8.3%,高于省均增幅1.3个百分点,列全省第2位,同比上升11位;城乡居民收入比1.80:1,列全省第50位,同比下降0.05个百分点,下降幅度列全省第2位。

兴化市以全国综合考评第一的成绩成功列为首批"全国农业科技现代化先行县",组建江苏省水韵苏米产业研究院兴化工作站、兴化市虾蟹产业研究院等,新认定省级特色优势种苗中心5家,组织56名农技人员面向基层一线,开展定点定期服务,推广虾蟹混养"兴化模式"3333.3公顷,创成2022—2023年度全国平安渔业示范县,被农业农村部评为2022—2023年度畜牧业统计监测工作优秀生产监测县。

搭建政银企金融服务对接平台,畅通企业融资渠道,构建优质粮油、特色水产"2+N"农业全产业链,发展预制菜健康食品产业。入选国家香葱全产业链标准化示范基地,光明天成米业、兴野食品和万家福米业、板桥故里、顶能科技分别被评为省级农业全产业链链主企业、骨干企业,认定11家省级"头雁"家庭农场,获国家级生猪屠宰标准化示范企业称号1家,兴化健康食品加工集中区成为省农业农村高质量发展载体平台、省级农产品加工集中区。

建立农村一、二、三产业融合发展用地需求项目库,做好金融服务项目工作,"精准施策,推进农业农村重大项目建设",被省厅列为机制创新典型。《多措并举推进特色果蔬生产初加工一体化发展》被农业农村部农业机械化总站列为社会化服务典型案例。开展农村宅基地用地建房审批及流转交易业务网上运行"两项试点",盘活宅基地43.36公顷、农房42.88公顷。钓鱼镇南赵村获评第三批全国乡村治理示范村。

种植业

【概况】 兴化是全国重要的商品粮生产基地县,全国十大产粮县之一,连续12年被评为全国粮食生产标兵(先进)市,全国50个整建制推进粮食高产创建(市)之一,江苏省首批亩产吨粮县。2023年,粮食播种面积244.38万亩、平均每亩产量511.91千克、总计产量125.1万吨,完成省、泰州市下达的粮食生产目标任务。实施部省粮食绿色高质高效创建示范片47个,其中水稻示范片23个、大豆玉米带状复种示范片1个、小麦示范片13个、油菜示范片1个,辐射面积80万亩,1个油菜绿色高效增产示范片平均亩产为220.5千克,较全市平均单产增加18千克。

【水稻种植】 2023年,全市水稻播种面积123.88万亩、每亩产量632千克、水稻总产量78.29万吨。开展稻麦绿色优质高效技术攻关,集成推广优质高效、资源节约、生态环保的技术模式,发挥示范带动效果。全市涌现出一大批绿色高质高效的示范片和规模种植基地。23个水稻绿色高产增效创建示范核心片平均亩产745.8千克,比全市大面积平均亩增80.5千克,亩增收200余元。

【小麦种植】 2023年,全市小麦面积105.41万亩、亩产400.5千克、小麦总产量42.22万吨,13个小麦高产增效创建示范片平均亩产为559.8千克,比项目区外增产136千克,增收300余元。

【油菜种植】 2023年,油菜播栽面积16.12万亩,每亩油菜产量197.2千克,总产3.18万吨。

【农业实用技术推广】 2023年,市农业农村局推广"五新"技术,强化主导品种和主推技术的宣传推介,共推广稻麦油主导品种11个,集成推广技术21项,全市主推品种的覆盖率98%以上,主推技术普及率达96.7%。依托南京农业大学、扬州大学、省农科院等专家团队技术支撑,加快构建农业科技成果转化平台,试验示范稻麦、油菜新品种96个,新技术16项,新产品14个,开展试验研究13项。加强数字化、智能化成果在农业生产上的应用,在省级现代农业产业园区打造无人农场,在陈堡镇子为果蔬种植家庭农场建成数字农场,引领全市种植业生产数字化、智能化成果推广。

果蔬业

【概况】 2023年,全市蔬菜种植面积37.54万亩次、比上年增加0.7万亩次,露地蔬菜面积28.3万亩次,设施蔬菜面积9.2万亩次。总产量95.29万吨,与2022年比增加4.3万吨。主栽品种有兴化香葱、龙香芋、青梗菜、甘蓝、莲藕、菱角、洋葱、番茄、黄瓜等。

【第五届江苏"好西(甜)瓜"品鉴推介活动】 5月24—25日,由江苏省农业技术推广总站、江苏省种子管理站、江苏现代农业(西甜瓜)产业技术体系联合举办的第五届江苏"好西(甜)瓜"品鉴推介活动暨西(甜)瓜产业技术交流会举办。兴化市荣康甜瓜种植家庭农场"苏香蜜"(品牌名:康丽香)、兴化市雨禾粮食专业合作社的"苏香蜜"(品牌名:溪子园)获甜瓜组"特金奖",兴化市韩农果蔬专业合作社的"玉菇"(品牌名:韩农果)获甜瓜组"金奖"。

【"五新"技术推广】 2023年,市农业农村局在江苏现代农业(西甜瓜)技术产业体系泰州推广示范基地辐射带动下,引进示范西甜瓜新品种8个,集成推广应用新技术、新模式3项;在兴化市兴华果蔬专业合作社示范开展蔬菜绿色防控技术(性诱、黄板、杀虫灯)、有机肥替代化肥技术、蔬菜的农业机械田间应用试验示范等技术模式。在陈堡镇、沈坨镇、大营镇开展稻菜轮作模式、提升地力试验等新技术、新品种、新模式和新装备的试验示范。参加省厅组织的"三棵菜"病虫害绿色防控和全省废旧农膜回收专题培训会。参加全省设施蔬菜连作障碍治理技术培训。组织"菜篮子"蔬菜保供基地蔬菜种植户到泰州进行技术培训,提升"菜篮子"蔬菜保供基地组织户的生产水平和农产品生产安全意识。

【技术指导】 深入田头进行技术指导,提高技术到位率。印刷香葱、番茄、草莓、龙香芋等作物栽培的资料等帮助农户解决作物栽培方面的难题,提高菜农种植水平。接受菜农现场咨询约350人次,多次到陈堡、林湖、千垛、兴东、沙沟、中堡、大营等多个乡镇的蔬菜园区与蔬菜加工企业种植基地,进行实地技术指导。同时通过技术宣传资料、电话指导、微信群等多种形式进行技术宣传推广。主要推广果蔬病虫害绿色防治技术、两网一膜技术、水肥一体化技术等。组织乡镇参加网上技术培训5次,组织蔬菜园艺科技示范户和种植大户集中技术培训和现场观摩4次320人次。邀请江苏现代农业(西甜瓜)产业技术体系泰州推广示范基地主任和岗位专家到林湖乡兴化市泓林果蔬专业合作社、兴化市荣康甜瓜种植家庭农场、荻垛镇雨禾粮食种植农场和千垛镇千岛园果蔬种植专业合作社进行现场技术指导。

畜牧业

【概况】 2023年,市农业农村局推进乡村振兴和畜牧业绿色发展,以"保供给、优生态、强安全"为目标,聚力畜牧业高质量发展,落实畜牧业稳产保供政策措施,构建完善非洲猪瘟等重大动物疫病防控体系、病死动物无害化处理体系、畜禽产品质量安全监管体系,强化服务能力提升,服务“三农”发展,工作成效显著。生猪存栏23.79万头,生猪出栏36.12万头,完成规模猪场保有量95个;奶牛存栏7132头,年产生鲜乳3.89万吨;家禽存栏1187万羽,年产禽蛋13.962万吨;羊存栏3.36万只,年出栏肉羊5.8万只。

【畜禽养殖标准化】 2023年,市农业农村局围绕生态健康养殖,加快畜牧业绿色化发展,推进畜禽粪污资源化利用,强化网格化监管,加大典型示范创建与引领力度。通过开展标准化示范创建,突出养殖主体责任的落实,强化制度建设和投入品监管,畜禽养殖布局进一步优化,养殖监管体系不断完善,养殖治理水平不断提升,养殖场示范效应不断增强。累计建成部级畜禽养殖标准化示范场1个、省级标准化生态健康养殖示范场60个,生猪调控基地国家级2个、省级2个、市级3个,国家级生猪屠宰标准化示范建设企业1家,省级数字牧场1家,兽用抗菌药减量化行动达标场51个,畜牧业绿色化发展水平不断加快。

【动物疫病防控】 2023年,市农业农村局印发《2023—2025年全市官方兽医培训计划》,组织开展乡镇畜牧兽医系统新招录人员能力提升培训,增强系统内新进人员的思想政治素质及业务技能水平。组织官方兽医学习新修订《动物检疫管理办法》《生猪产地检疫规程》等22个动物检疫规程的相关业务知识,各乡镇(街道)共印发产地检疫告知书1200余份。各乡镇(街道)共有官方兽医104人,派驻生猪定点屠宰企业官方兽医15人、产地检疫官方兽医89人。强化动物疫病监测预警和实验室检测,组织开展春、夏、秋三季集中防疫行动及“三灭四消”行动。全年累计免疫猪口蹄疫27.2万头,羊口蹄疫2.73万只,鸡禽流感2392.04万羽,鸭禽流感109.96万羽,鹅禽流感69.61万羽,羊小反刍2.63万只。确保重大动物疫病应免密度100%,猪、牛、羊耳标配戴率100%。开展6轮“三灭四消”工作,洗消面积1534.51万平方米,消毒药用量41.04吨,洗消场点9553个,灭害面积892.53万平方米,药物用量4573.77千克,灭害场点1.01万个。完成实验室样品检测8384份,平均免疫抗体合格率93.22%,监测非洲猪瘟病原学样品2078份,集中监测现场监督采集奶牛场血样6594份、11个乡镇规模羊场血样432份。全市设立28个狂犬病疫苗免费免疫点,登记在册免疫狂犬疫苗犬4574只。

【畜禽屠宰监管】 2023年,全市共有6家畜禽集中屠宰企业,其中3家生猪屠宰点全年累计屠宰生猪33.46万头,病害猪无害化处理228头(其中病害猪91头,进场前死亡109头),三腺等病害产品无害化处理721头;家禽集中屠宰点,2家屠宰鹅120万羽、1家屠宰鸭25万羽、1家屠宰鸡8万羽。对6家畜禽屠宰企业开展各项监督检查72家次,其中,年度检查3家次、日常监督检查13家次、专项行动检查9家次、暗访检查9家次,共提出整改项9个,全部整改到位,出动各类检查人员220人次。严格落实官方兽医派驻制度,先后派驻官方兽医及协检员20名。

水产业

【渔业养殖】 2023年,全市水产品总产量31.87万吨,连续34年位居全省内陆渔业县级第一;

2023年8月16日,兴化大闸蟹在《国家地理标志大闸蟹品牌价值排行榜》中以313.36亿元位居榜首 (市农业农村局/供图)

渔业第一产业产值121.56亿元,同比增长5.3%。兴化大青虾养殖面积3533.33公顷,产量3.63万吨,统计现价产值26.2亿元;小龙虾养殖面积2533.33公顷,产量2.14万吨,统计现价产值7.7亿元;河蟹养殖面积4.2万公顷,产量7万余吨,品牌价值313.36亿元,位居《国家地理标志大闸蟹品牌价值排行榜》榜首。

【渔业捕捞】 2023年,全市纳入"江苏省渔船信息系统"管理的渔业船舶4656艘,捕捞总产量1.28万吨。按照"中国渔政亮剑2023"工作目标要求,持续打击电、毒、炸等非法捕捞,对违法行为建立"黑名单"制度,电捕鱼立案29宗。共年审捕捞许可证书3660本,征收渔业资源增殖保护费103.6万元。结合河长制工作加大执法力度,定期巡查河道,配合相关乡镇及部门对已拆除的定置渔具反弹现象,坚决予以彻底清理,巩固治理效果,全年拆除各类渔具4300余条。

【渔业安全生产】 2023年,市农业农村局组织开展渔业安全宣传教育及培训活动,提升渔民安全防范意识和渔业安全生产应变能力,培训人员500余人次。开展"渔业安全生产大检查"等安全整治行动,聚焦捕捞渔船作业安全、商渔船碰撞、渔船集中停泊点、涉渔住家船火灾等风险,持续强化渔业安全生产风险隐患排查整治,开展各类执法检查巡查232天、参加人员800人次、出动执法用艇240航次、出动执法车辆60余辆次,检查渔船1000余艘次,组织专项联合执法行动5次。严格执行渔船检验制度,组织渔业船舶检验3800余艘,有效提高渔业船舶的安全系数。渔业安全生产形势稳定,完成"全国平安渔业示范县"创建。

【渔业产业经营】 2023年,全市共有水产专业合作社362个,家庭渔业小农场585个,乡镇渔业协会26个,水产品批发市场12个,省级渔业农业产业化重点企业4家、泰州市级农业产业化重点企业22家。

种 业

【新品种推介和安全性评价】 2023年,市农业农村局在兴东镇周韩村落实新品种展示基地3.33万平方米,完成引进32个小麦新品种和32个水稻新品种(江苏好品种)展示、示范和安全性评估测试工作,同时在戴南镇组织开展6个小麦新品种大区(每个品种不少于3.33万平方米)示范推荐工作。

【种业市场监管】 2023年,市农业农村局出动执法人员500余人次,其中联合执法不少于30次,检查各类种子生产经营单位300余家次,检查覆盖率98%左右。集中打击各类违法经营现象,组织人员对12家经营门店进行重点检查,扦取涵盖水稻、小麦、大豆、玉米、蔬菜等农作物种子样品122个,实现主要农作物品种监督抽查全覆盖,完成样品的常规三项检测,抽样合格率100%。

【种子生产经营备案管理】 2023年,市农业农村局完成农作物种子备案1550份,其中委托生产17份、经营不分装销售备案1511份、委托代销22份,达到应备尽备。5家种子生产经营许可企业相关信息全部录入中国

2023年10月8日,市农业农村局组织开展2023年兴化市水稻新品种展示及安全性测试观摩 (市农业农村局/供图)

种业大数据平台,2家种畜禽生产经营许可企业全部信息录入“种畜禽生产经营许可管理系统”,核发农作物种子生产经营许可证副证变更6份。

【市场主体培育】 2023年,市农业农村局引导科研院所与本地企业进行产学研合作,破解品种创新难点。2个水稻新品种(金扬软玉、扬粳糯7号)、1个小麦新品种(兴农麦9号)通过省级品种审定。6家企业获“省级优势特色种苗(中心)企业”称号。

农业机械化

【概况】 2023年,全市农业机械总动力133.84万千瓦,同比增长1.18%;农作物耕种收综合机械化率88.6%。拥有大中型拖拉机2362台,高性能联合收割机2210台,高速乘坐式水稻插秧机2425台,复式播种机2034台,秸秆还田机2961台,渔业机械63696台,畜牧机械9895台,林果业机械1397台。农作物机耕面积19.26万公顷、机播面积16.88万公顷、机械植保面积17.38万公顷、机收面积17.55万公顷。

【机械化示范市创建】 2023年,市农业农村局实施农业生产全程全面机械化推进和农机装备智能化绿色化提升“两大行动”,坚持目标导向,突出政策创新,强化分类指导,加快农业生产装备与技术全程全面示范推广应用,促进农业机械化向全程全面高质高效转型升级,为农业稳产保供提供基础性保障,为农业农村现代化建设提供坚强的装备支撑。开展“无人化”农场、全程机械化+综合农事服务中心、特色农业机械化示范基地建设。

【秸秆机械化还田利用】 2023年,全市三麦种植面积7万公顷,秸秆机械化还田面积5.46万公顷,还田率78%,其中享受还田政策补助面积4.8万公顷,补助金额1796万元;水稻种植面积8.33万公顷,秋季完成秸秆机械化还田面积5.13万公顷(犁耕深翻5666.67公顷),秸秆机械化还田率62%,发放秋季犁耕深翻还田补助资金340万元。实施中央农作物秸秆综合利用重点县建设项目,项目补助资金894.2万元,主要用于购置秸秆打捆机械。全市建设秸秆收集加工基地19家,秸秆“五化”利用量24.37万吨,以燃料化、饲料化、原料化为主要利用形式,全年农作物秸秆综合利用率达95%以上。

【农机两项工程实施推广】 2023年,兴化市召开全国水产养殖机械化智能化数字化现场推进会,展示先进的水产养殖新模式新装备新技术。认真实施《江苏省现代农机装备与技术示范推广项目》,主要围绕全市河蟹产业,推广智能增氧、投饵、水草管护和智能监测设备,提高河蟹养殖智能化数字化水平。

【农机服务体系建设】 2023年,市农业农村局开展农业经营主体能力提升项目建设,提高农机基础设施水平,经过自主申报、资格审查、专家评审和网上公示,确定4个项目实施主体。

【农机财政补贴】 2023年,全市农机享受中央和省级财政农机购置补贴资金4695.49万元,市级财政配套补贴492.17万元,新增机具3987台,受益1445户。其中新增轮式拖拉机372台,高效植保机67台,水稻插秧机484台,谷物烘干机152台,联合收割机179台。

【农机安全生产】 2023年,市农业农村局共办理拖拉机、联合收割机驾驶证190人,其中拖拉机105人、收割机85人。农机“送检下乡”70天、310人次,注册登记轮式拖拉机148台、履带式联合收割机81台;检验轮式拖拉机1472台、履带式联合收割机1122台、手扶拖拉机运输机组153台。签订农机安全生产责任书1900余份,发放法律法规宣传资料2750余份。参加农机综合保险3738台,其中手扶拖拉机运输机组参保153台、拖拉机和收割机参保2540台、烘干机参保1045台。

【农机培训】 2023年,市农业农村局举办农机驾驶人培训班30期计2100人次,其中市乡联训拖拉机、收割机操作员培训12期213人;举办农机安全生产培训2期计230余人次;全市镇村农机网格员培训375人;举办农业生产全程全面机械化示范县创建业务培训班2期共105人;开展农机职业技能和基层农机管理人员培训2期共110人。

农田水利

【概况】 2023年,全市维修农村圩口闸70座、排涝站35座、圩口闸电启闭改造70座以及加修圩堤土方35万立方米任务,全部完成建设计划。市水利局坚持城乡一体,建管并重,水岸同治,统筹推进水环境治理、水生态保护、水资源管理、水安全保障等职能工作,取得较好成效。

【农村生态河道建设】 2023年,省厅下达兴化市农村生态河道170千米建设任务,上半年通过省级中期考核验收114.05千米,下半年通过泰州初验116.48千米,超额完成任务。编制《兴化市农田灌溉发展规划》,已通过省水利厅审查并上报水利部复核。垛田灌区项目北起车路河,南至蚌蜒河,西起卤汀河,东至幸福河,总面积460.84平方千米(耕地2.32万公顷),兴化垛田大型灌区通过部级审查。

(周广学)

农产品质量建设

【农产品质量安全】 2023年,全市形成以1家市级农检中心为基础,25个涉农乡镇农残速测检测体系,建成五星级乡镇监管站1家,四星级、三星级乡镇监管站各12家。省级蔬菜农药残留、畜禽产品违禁物及药物残留、生鲜乳违禁物例行监测合格率连续多年保持在98%以上,省级农产品质量追溯管理平台注册7406家农产品生产经营主体,溯源产品1.43万个,溯源批次2.76万批,累计打印溯源标签1250.6万张,2023年基地巡查1.73万次,农产品快检12.13万批次,出具电子合格证536.3万张,推动追溯管理与市场准入有效衔接,提升农产品质量安全与品牌质量。

【农药生产经营使用规范化】 2023年,市农业农村局坚持依法履职、依法尽责,提升农药行业管理能力,推动农药行业健康发展。开展农药日常监督检查,加强技术培训、政策宣贯和监督检查,推进农药生产企业危险化学品使用安全专项治理行动,压实企业安全生产主体责任,坚决防范和遏制农药行业安全事故发生。配合推进农药经营标准化门店建设,开展持证生产企业、限制使用农药经营单位许可条件"回头看"。参加省农药监管信息平台建设,建立农药产品质量追溯体系和企业诚信体系。切实落实农药使用记录制度,督促农药使用者严格执行农药推荐使用剂量和安全间隔期,提高安全科学用药水平。

【农作物病虫害防治技术指导】 2023年,市农业农村局发挥植保防灾减灾在稳定粮食生产、推进农业绿色发展等方面的重要作用,健全病虫害监测预警体系,辅以智能化预警系统建设,主要病虫预测预报准确率在95%以上;无人机植保社会化服务面积达720万亩次,统防统治覆盖率68%;建立省级粮食、蔬菜、果树病虫绿色防控示范区3个和稻麦杂草周年综合防控基地2个。综合利用绿色防控技术降低农药使用量,绿色防控覆盖率65%。主要粮食作物和园艺作物病虫总体危害损失控制在5%以内和10%以内,重大植物疫情处置率100%。通过推广高效低毒农药、实施农作物重大病虫绿色防控项目、推广病虫害绿色防控技术,实现农药负增长,农药使用量1526吨,较2022年使用量减少0.58%,完成削减0.5%的指标任务。针对福寿螺等农业外来物种,在做好宣传指导等本职工作的同时,协调市河道处等相关部门及时开展处置工作,收集螺卵近8700千克。

【测土配方施肥】 2023年,兴化市推广应用配方肥、缓释肥、有机生物菌肥等2.67万公顷,肥料"三新"技术集成推广165万亩次。主要农作物测土配方施肥技术覆盖率93%以上,主要农作物化肥(氮肥)利用率40%以上。建立化肥减量增效示范区3个,带动全市化肥使用总量与施肥强度持续下降。开展绿色种养循环农业试点,推进有机肥部分替代化肥,粪肥还田8333.33公顷,其中沼液还田3600公顷,堆制粪肥还田4733.33公顷,消纳畜禽粪污21.5万吨。全市各类有机肥施用45万吨,畜禽粪污综合利用率98%。规范主要农作物肥料使用强度监测,全年化肥使用量(折纯)5.98万吨。完善耕地质量监测网络,2022年度耕地质量等级平均为2.5等,1~3等地占比61%。

【农业废弃物回收利用】 2023年,兴化市完善现有废旧农膜及农药包装废弃物回收处置网络,建立市级回收中心1家、回收站

26家、回收点130家,形成市有回收中心、乡镇(街道)有回收站、村有回收点,布局合理、方便农户回收的市镇村三级废旧农膜和农药包装废弃物回收网络体系。回收废旧农膜621吨(废旧地膜44.81吨)、废弃农药包装瓶(袋)1525.64万只(折合264.03吨)、废弃化肥袋3274只,全市废旧农膜、农药包装废弃物回收率分别为98.57%、97.93%,农药包装废弃物处置率100%。"两废"回收处置工作获市委、市政府和泰州市废旧农膜及农药包装废弃物回收处置评估工作组高度评价。

(袁　野　余友银　贾静怡)

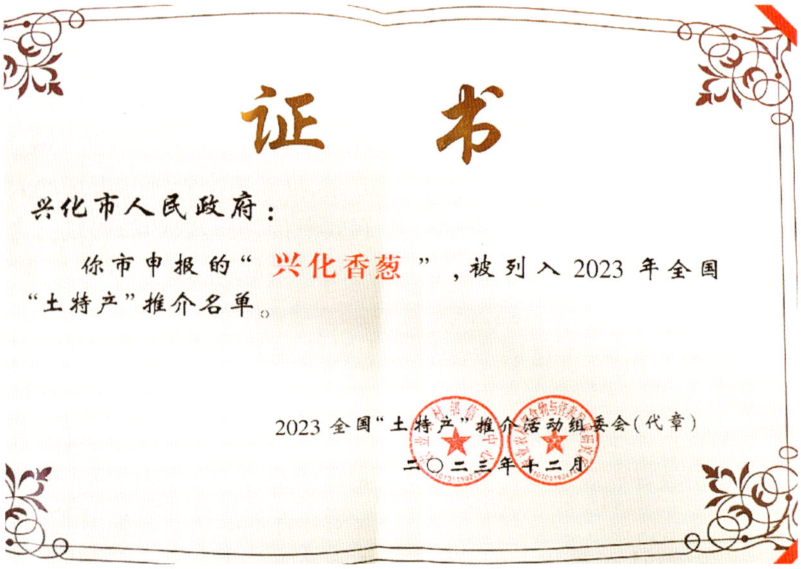

2023年12月,"兴化香葱"被列入2023年全国"土特产"推介名单

(市农业农村局/供图)

农业产业化经营

【农产品品牌创建】　2023年,市农业农村局制(修)订农业地方标准3项,总标准数为23项。获得绿色食品认证企业56家,认证的绿色食品共74个,有机农产品1个,创建绿色优质农产品基地16个,全市种植业绿色优质农产品比重达到89.82%。全市共有兴化大米、兴化红皮小麦、兴化面粉、兴化大闸蟹、兴化香葱、兴化龙香芋、兴化大青虾、兴化鱼圆、兴化荷藕、兴化小龙虾10个兴化特色农产品获得国家地理标志保护产品和集体商标。

【农产品品牌评选】　兴化香葱成功入选2023全国"土特产"推介名录、江苏农业品牌精品培育区域公用品牌名单,申报2023年绿色优质农产品新品培育建设项目。在2023浙江名优土特产展示展销暨首届长三角绿色优质农产品博览会上,兴化市难得酒厂、兴化市水韵沙沟食品有限公司获"最受市民喜爱的绿色优质农产品"称号。在"淮味千年"2023江苏最美绿色优质农产品(大米)企业评选活动中,江苏光明天成米业有限公司获"江苏最美绿色优质农产品(大米)企业"称号。在"泰州红"杯2023江苏最美绿色优质农产品(大闸蟹)企业评选活动中,江苏亦鲜大闸蟹有限公司获"江苏最美绿色优质大闸蟹企业"称号,江苏亦鲜大闸蟹有限公司获"金蟹奖";江苏胖舅舅生态农业发展有限公司、江苏兴缘泽生态农业发展有限公司、兴化市朋缘水产有限公司、江苏肥将军生态农业有限公司、江苏苏红大闸蟹有限公司等企业获"最具人气奖"。

工 业

综 述

兴化市始终坚持把提升传统产业、壮大新兴产业,作为高质量发展的主攻方向,已形成不锈钢、健康食品和高端装备制造三大主导产业。将以培育发展新质生产力为抓手,推进产创深度融合、加强产业链群发展、提升创新体系效能,不断锻造新质生产力强引擎、夯实新质生产力主阵地、激发新质生产力新动能。2023 年,全市完成征收期工业开票销售收入 1110.4 亿元;工业净入库税收 33.4 亿元,同比增长 39.9%;规上工业产值 1067.2 亿元,同比增长 5%,增幅排名泰州第 3;规上工业增加值 222.6 亿元,同比增长 7.3%。规上工业利润完成 61.8 亿元,增长 24.8%。开票过亿元企业 152 家,税收超千万元工业企业 21 家。

对乡镇园区板块的考核由产值增速转变为增加值增速,将工业开票增速和增加值增速作为主要工作抓手。开展全周期监测。建立月中看进项、月尾督开票、月头优化增加值的常态化制度,以月保季,月月冲刺。服务不锈钢产业转型提升,邀请省钢铁行业协会专家,对全市 10 余家合金新材料企业现场诊断,推动环保整治的同时,帮助企业明确转型路径。多次赴省厅、行业协会,就高新区金属新材料产业发展开展政策上争工作,对有转型提升意愿企业开展政策把关和项目可行性指导。

开展智改数转专题培训,组织乡镇、街道、园区党政领导干部赴苏州、南通等地学习先进经验和做法。先后举办“兴智汇”“兴链接”企业家沙龙以及企业 CIO(首席信息官)培训等各类活动 36 场,参与企业家 400 余人次。宣传江苏兴达钢帘线股份有限公司入选国家级优秀场景等典型案例,带动企业“看样学样”“敢转真转”。在新华网、交汇点、《泰州日报》等等媒体上进行广泛宣传报道,充分展示发展成果。强化标杆培育。开展企业“数字画像”,对 394 家规上企业进行免费诊断服务,实现 788 家规上企业诊断服务全覆盖。江苏兴达钢帘线股份有限公司创成国家 5G 工厂、省级智能工厂,其“数据治理与流通”及“数字孪生工厂建设”场景入选国家智改数转优秀场景,并与江苏威鹰机械有限公司共同获评省级工业互联网标杆工厂。完善服务生态。充分发挥中辉科技等 8 家软件服务商、设备生产商本土化优势,定期组织为全市重点企业开展服务。为江苏博生医用新材料股份有限公司、崴思新材料泰州有限公司等 40 余家企业进行点对点专题辅导。加快工业企业“上云上平台”,夯实企业数字化转型网络化连接基础。双乐颜料股份有限公司、江苏威鹰机械有限公司、泰州新希望农业有限公司建成两化融合管理体系贯标示范试点培育企业,93 家企业通过星级上云评审。

择优推荐五得利集团兴化面粉有限公司、江苏兴海特钢有限公司、江苏威鹰机械有限公司、江苏亚盛金属制品有限公司、江苏申源集团有限公司和江苏兴达钢帘线股份有限公司等 6 家企业申报省工业和信息产业转型升级专项资金项目。江苏威鹰机械有限公司“汽车用齿轴类零件智能化生产线技术改造项目”获2023年第一批省工业和信息产业转型升级专项资金,奖补资金300万元;江苏兴达钢帘线股份有限公司项目原计划奖补660万元。

不锈钢产业

【概况】 2023年,全市不锈钢制品产业完成产值463.8亿元,同比基本持平;装备制造产业完成产值127.1亿元,同比增长2.5%。

【“亩均论英雄”改革】 2023年,兴化市印发《兴化市推进工业企业“亩均论英雄”改革2023年工作要点》,进一步明确年度改革的总体要求、重点任务和保障措施,并将全年目标任务分解至各板块。盘活提升低效闲置工业用地174.87公顷,完成泰州市年度目标任务的218.6%。对全市规上企业和3亩以上规下企业开展综合评价,形成低效闲置工业用地清单。指导各乡镇制定盘活提升方案,确定改造提升低端低效企业名单。修改完善《工业企业“亩均论英雄”改革考核评价办法》,定期实地督查各乡镇完成进度,每月通报亩均工作完成情况,真督严查助推改革提速增效。打造典型案例。积极推广“兼并重组、改造提升、平台收购”等多种盘活提升方式,选树典型案例,开展推广运用,在“兴化工信”公众号推广发布开发区、高新区、大垛镇等乡镇、园区的典型案例20余篇。

【企业纾困】 2023年,市工信局推动落实2023年降本减负工作清单部署要求。加大中小企业转贷应急资金宣传力度,走访合作银行,拓展业务范围。中小企业转贷应急资金为113家中小微企业提供8亿元的转贷服务,有效帮扶企业纾困解难。筑牢安全生产防线。邀请专家对全市化工生产企业进行安全检查,发现并整改问题隐患58条。联合泰州市兴化生态环境局、自然资源和规划局,对22家已关闭化工等生产企业开展“两断三清”情况核查工作。联合市应急管理局、市消防大队,对5个乡镇11家劳动密集型企业进行隐患问题大排查,35条问题隐患全部整改到位。构建完善平台支撑。恒兴科技园被认定为省级小型微型企业创业创新示范基地,国家不锈钢制品质量监督检验中心被认定为省三星级中小企业公共服务示范平台。

健康食品产业

【预制菜产业】 2023年,兴化市聚力打造“千垛百味”农产品区域公用品牌,培育兴化香葱、兴化大闸蟹、兴化小龙虾等一批地理标志产品。8月24日,由省工信厅、泰州市工信局和兴化市联合主办,兴化市工信局和开发区共同承办的江苏省预制菜产业链电商供需对接专场活动暨兴化市预制菜平台合作大会召开。兴化市加强与中国食品工业协会建立战略性合作,建设中国健康食品产业创新基地,连续举办四届健康食品产业发展大会,打造预制菜产业集聚区,健康食品产业的规模越来越大、影响越来越强。通过补链、强链、延链,进一步推动预制菜产业链发展,预制菜已经成为全市健康食品产业中的重要板块、重要增长极。促成源石云与江苏省兴化经济开发区和市绿色健

2023年,市工信局领导班子成员常态化开展企业走访调研

(市工信局/供图)

康食品产业联盟的合作,以及苏州食万美味有限公司与兴化市华荣食品有限公司、兴化市嘉禾食品有限公司与江苏黎明食品集团有限公司等4组预制菜生产企业间的合作。9月19日,2023中国·兴化健康食品产业(预制菜)专题招商引智会在上海举行。来自北京、上海、中国台湾、英国、德国等地的100多名健康食品(预制菜)行业企业和客商代表等出席活动。活动共达成签约项目25个,其中产业项目19个、计划总投资129.2亿元,产学研项目5个,合作共建项目1个。为推动健康食品和预制菜产业高质量发展注入更大动能。

【江苏玛氏健康食品产业基地项目开工】 9月16日,江苏玛氏健康食品有限公司产业基地项目正式开工。项目由江苏吉得利食品有限公司投资兴建,公司专注厨房食材30余年,是一家集研发、生产、供应、销售厨房食材为一体的创新型技术企业,拥有专业技术人员1300余人,营销团队人数超200人,旗下拥有吉得利、亨利摩根、卡比兽、食光往事、元气甜心等多个品牌。江苏玛氏健康食品有限公司项目总投资11.6亿元,占地6.4公顷,新建生产厂房、办公楼、研发楼等10.6万平方米,设计年产调味品4万吨、休闲食品2.2万吨、预制菜1.2吨。

装备制造业

【概况】 2023年,兴化市围绕特色产业片区集群建设,突出强链、补链、延链,加快构建代表新质生产力、具有区域竞争力的现代化产业体系。12月9日,兴化市召开制造业高质量发展推进大会,发布《兴化市制造业高质量发展倍增计划(2024—2026年)》,制定《关于推动全市铸造行业高质量发展的实施意见》,高标准建设开发区耐热钢和热处理设备产业片区、戴南精密铸造产业片区、安丰镇铸造和新材料综合产业片区、陈堡镇高端精密铸造产业片区,打造装备制造产业高质量发展新载体。陈堡镇现有工业企业100余家,其中规上企业38家,全镇实现工业开票销售收入27.37亿元、工业入库税金总额1.58亿元。

【装备制造产业发展】 2023年,兴化市引导装备制造产业规范发展,突破船舶产能政策限制,推动建设全省首家内河船舶绿色智能创新发展示范区。江苏豹翔智能科技有限公司获评省级服务型制造示范企业,江苏博生医用新材料股份有限公司等9家企业获评泰州市服务型制造示范企业。聚焦"1650"产业体系及细分领域,对全市中小企业开展摸底排查,建立"专精特新"企业培育库,协调帮助企业解决生产经营困难。439家优质中小企业入库培育,106家企业获评创新型中小企业。加大宣贯,落实政策。更新完善"专精特新"中小企业服务专员库,组织服务专员按要求开展活动。通过开展专家现场诊断、召开政策宣讲、服务专员走访等活动,共对50余家企业开展服务指导。全程服务,合力培育。与上级工信部门保持紧密沟通,了解申报最新要求,并及时告知企业,合力推动上争工作顺利开展。东华链条兴化有限公司等7家企业获评国家级专精特新"小巨人"企业,51家企业获评省级"专精特新"中小企业,申报通过率为泰州第一,6家企业产品被列入省重点推广应用的新技术新产品目录,顶能科技有限公司等6家企业获评省级企

2023年6月2日,市工信局牵头召开全市铸造行业整治工作座谈交流会 (市工信局/供图)

业技术中心,15 家企业获批泰州市级企业技术中心。

【铸造行业整治】　2023 年,市工信局深入开展全市铸造行业整治提升行动,编制铸造行业转型提升三年行动方案。牵头对临城街道(江苏省兴化经济开发区)、戴南镇、荻垛镇、安丰镇、陈堡镇、沈坨镇等乡镇(街道)17 个新建铸造企业项目方案开展论证。赴戴南镇、安丰镇、陈堡镇开展铸造产业园建设方案调研走访,协助提升园区规划。组织企业赴天津市参加第十九届中国铸造协会年会,连续 3 年获评"中国精密铸造产业基地"称号。牵头开展"散乱污"铸造企业专项整治,重点对"散"类4 家铸造企业开展督察指导。全面摸底排查,对 10 家"乱"类铸造企业明确整改要求和时限,牵头召开"乱"类铸造企业整治推进会,指导企业办理相关手续。协调部门、属地政府强化帮办力度,形成工作合力,推动整治进程,10 家"乱"类、17 家"污"类铸造企业全部组织整改验收。"散乱污"企业整治提升共 31 家,2023 年底均已联合验收并销号。

【企业服务】　2023 年,市工信局对全市 2 轮企业走访活动 625 条问题清单式推进跟踪管理,认定办结 610 条。通过问题的集中管理和分析,归纳出阻碍企业发展的共性问题并提出建议意见,为市委、市政府优化企业服务,精准制定相关政策提供有力支撑。挖掘企业发展潜能。全面梳理国家、省、泰州市和本级惠企政策,形成《2023 国家级、江苏省级惠企政策汇编》《2023 兴化市惠企政策汇编》政策指南,全年累计发放政策汇编 1500 余册,切实推进惠企政策落地见效。汇总企业平台创建意向,组织职能部门与有项目创建意愿的企业一对一辅导,明确创建目标、创建等级和创成年度,实施清单化管理。培育创新人才。

【人才队伍建设】　2023 年,市工信局推进创新链产业链资金链人才链深度融合,扎实推动企业经营管理人才队伍建设。积极组织重点人才工程项目申报,4 人入选国家级引才计划。加强企业人才培育力度,举办"专精特新"企业家总裁研修班、新生代企业经营管理综合能力提升研修班,实施"兴火相传"青年企业家培育工程。江苏兴达钢帘线股份有限公司获评江苏省优秀企业,双乐颜料股份有限公司董事长杨汉洲获评江苏省优秀企业家。稳步推进职称申报工作。申报正高级经济师 1 人;副高级经济师 2 人,电子信息副高级工程师 1 人,医药石化副高级工程师 4 人,机械副高级工程师 6 人,冶金正高级工程师 2 人、副高级工程师 6 人。申报中级工程师 48 人。

【兴化市剑达铸造有限公司】　公司成立于 2010 年,注册资本 5098 万元,位于戴南镇唐刘工业集中区,专业从事生产各种耐高温、耐磨损、耐腐蚀等特种合金钢铸件制造,为全国各地热处理行业、水泥厂、电厂配套供应各种铸件。公司坚持科技引领,注重铸造技术的研发与应用,在热处理配套领域具有广阔前景。有专利 44 件,其中发明专利 12 件。2023 年开票销售突破 1 亿元。企业分 2 期投资 1.3 亿元,新上真空炉铸造设备,提升生产工艺水平,入驻戴南镇精密铸造产业片区,走集中发展路径。

(沈兆捷　孙　成)

建筑业

建筑高质量发展

【概况】 2023年,全市建筑业总产值实现672.8亿元,同比增长8.5%;建筑业税收4.8亿元。22家数字经济企业产值完成50.94亿元(季度统计数据),较2022年同期29.48亿元增长72.8%,在泰州排名第一。数字经济企业增加26家,合计48家。

【建筑业改革发展】 2023年,市住建局结合《省政府关于促进建筑业改革发展的意见》和《泰州市关于促进全市建筑业发展的若干措施》等文件精神,出台相关建筑业扶持政策,进一步推动全市建筑业高质量发展,不断增加产值和税收。鼓励市内建筑业企业通过改组、联合、兼并、股份合作等形式,培育一批实力相对较强、信用较好重点骨干企业,引导企业资质晋升,提升一批一级资质,做好一级、特级资质申报企业的服务工作。

【建筑创优工程建设】 2023年,市住建局在建筑企业中开展"创优质工程、树企业形象"活动,不断加强对每项工程事前、事中、事后的监管力度,稳步提升各项工程质量水平,增强企业的社会信誉度和市场占有率。指导创优工程18项,其中包括长安玖号街区酒店及商务楼项目等15项工程获泰州市优质工程奖"梅兰杯",新区高中公寓楼一期工程南楼等3项工程获江苏省优质工程奖"扬子杯",超额完成年度工作目标计划。

2023年11月25日,兴化市首届乡村建设工匠培训班圆满结束

(市住建局/供图)

表9 2023年兴化市获奖建筑工程一览表

工程名称	申报单位	参建单位	监理单位	工程类别	建筑面积(平方米)	结构形式	竣工验收时间	造价(万元)	备注
新区高中公寓楼一期工程	江苏舍得建工程有限公司		盐城市轩宇项目管理有限公司	房建	22372.44	框架	2021.9.14	10614.08	扬子杯

续表 9

工程名称	申报单位	参建单位	监理单位	工程类别	建筑面积(平方米)	结构形式	竣工验收时间	造价(万元)	备注
吴江区原松陵一中地块改建(鲈乡实验小学流虹校区)——地库、教学楼、综合楼	江苏永泰建造工程有限公司	苏州市华丽美登装饰装璜有限公司	江苏钜源工程项目管理有限公司	房建	24548	框架	2021.7.8	1154.931	扬子杯
长安玖号街区酒店及商务楼	南京长辉建筑工程有限公司	—	江苏华诚项目管理有限公司	房建	92950.3	框架	2021.9.28	14900	梅兰杯
兴化经济开发区基础教育(开发区幼儿园)工程	中建科工集团有限公司	—	江苏青山生态建设工程有限公司	房建	13891.38	钢框架	2022.6.22	9000	梅兰杯
年产35万吨高性能子午线轮胎用钢帘线扩建项目(一期)	中建安装集团有限公司	—	泰州市大地工程管理有限公司	房建	112594.59	排架	2022.6.22	18017.82	梅兰杯
西子湖畔居一期工程	江苏苏兴建设工程有限公司	—	兴化市方圆工程监理有限公司	房建	93841	框剪	2022.8.25	22334.25	梅兰杯
众盛滨河阳光小区7#楼	江苏奕宸建设工程有限公司	—	江苏华诚项目管理有限公司	房建	10486.92	框架剪力墙	2022.1.20	19347.4	梅兰杯
英莱达广场二期项目20#楼	兴化市宝鼎建设工程有限公司	—	江苏华诚项目管理有限公司	房建	27195.62	框架剪力墙	2022.6.6	9518.47	梅兰杯
化工机械加工项目2#厂房、3#厂房、4#厂房、门卫	江苏申基建设工程有限公司	—	泰州景泰工程咨询监理有限公司	房建	7381.29	门式钢结构	2022.1.11	949.68	梅兰杯
兴化市海棠府二期5#楼	江苏富安建设有限公司	—	江苏祥和项目管理有限公司	房建	7165.87	框架剪力墙	2022.8.11	2068.42	梅兰杯
兴化市陈口安置房二期10#楼	江苏富安建设有限公司	—	江苏国兴建设项目管理有限公司	房建	16659.3	框架剪力墙	2021.6.22	3945.88	梅兰杯
英莱达广场二期项目19#楼	江苏舍得建设工程有限公司	—	江苏华诚项目管理有限公司	房建	13980.28	框架剪力墙	2022.6.6	4893.1	梅兰杯
二期厂房、连廊、泵房、水池、二期配电房、门卫(扩建)、雨棚、环境应急池(只申报二期厂房、连廊)	江苏永泰建造工程有限公司	—	江苏鑫正项目管理有限公司	房建	9594.46	框架/地上3层	2021.12.15	3681.79	梅兰杯
K1栋研发楼、K2栋厂房及连廊、地下车库、地下雨水回收池(只申报K2栋厂房及连廊)	江苏永泰建造工程有限公司	—	江苏国创项目管理有限公司	房建	20761.02	框架/地上6层,地下1层	2021.2.18	5608.25	梅兰杯
DK20180005地块项目生产区及办公楼、仓库、1#门卫、2#门卫、危险品库(甲类)工程施工总承包(只申报生产区及办公楼)	江苏永泰建造工程有限公司	—	苏州工业园区智宏工程管理咨询有限公司	房建	19713.75	钢结构及框架/3层	2021.1.20	7406.07	梅兰杯
常熟领威(康桥)新建教育用房项目(只申报小学教学楼)	江苏永泰建造工程有限公司	—	南京工大建设监理咨询有限公司	房建	24033.99	框架/5层	2021.5.20	7042.14	梅兰杯
开发区污水处理厂二期项目污水处理池及配套设施工程	江苏佳宇建设工程有限公司	—	南京风景园林工程监理有限公司	市政	425.4	框架	2022.6.8	3322.9	梅兰杯

建筑施工

【概况】　2023年,市住建局检查施工现场309个,下发抽查记录13份、隐患整改通知书263份、局部停工整改通知书33份。发挥第三方专业机构作用,第三、第四季度会同第三方专业检测机构各开展专项整治检查1次,检查项目110项,起重机械设备303台,其中塔式起重机131台、施工升降机71台、流动式起重机3台,高处作业吊篮97台、附着式升降脚手架1台,排除隐患1230条。

【建筑市场管理】　6月13日至6月16日和12月11日至12月15日,市住建局组织质监站、安监站等相关科室专业技术人员组成2个检查组,开展2023年度上、下半年全市建筑施工领域综合大检查,对全市56个在建项目开展综合检查。从检查情况看,各项目建设总体上能按照国家相关法规和强制性标准实施,大多数责任主体行为比较规范,基本都能按照国家有关法律法规要求履行建设程序,工程质量处于受控状态,建筑施工安全生产措施得到加强,未发现扫黑除恶的相关线索。

建筑行业管理

【行业专项整治】　6月,兴化市成立预拌商品混凝土行业专项整治行动领导小组,通过各乡镇(街道)、4个工作专班及各职能部门的共同努力,围绕“攻坚克难,使命必成”的目标,将81家无资质企业,通过拆除混凝土生产设施设备等方式予以关停或改行。11月初,为巩固专项整治成果,市整治领导小组办公室组成2个预验收小组进行“回头看”,对提交销号验收申请的企业逐个现场预验收，确保2023年底前完成预验收工作。同时，为巩固整治成效，确保问题不反弹，建立健全常态化的巡查监管机制，制定《兴化市预拌商品混凝土行业长效管理规定》，待提交相关会议讨论通过后实施。

【新产业工人实名制管理】 2023年，市住建局在建筑工程领域全面落实"四项制度"，强化新产业工人实名制规范化管理，狠抓根治欠薪工作，全力保障新产业工人的切身利益。通过省建筑业实名制管理平台发放新产业工人工资7.87亿元，位列泰州第二。

建筑企业

【概况】 截至2023年12月底，全市入库建筑业企业共有207家，其中施工总承包企业特级资质1家、房屋建筑工程施工总承包一级资质企业11家、二级资质企业25家，其他企业170家。

【建筑企业管理】 2023年，全市新增规上建筑业企业10家，数字经济企业7家、更改代码27家；审核泰州市建筑市场监管与信用平台信用手册171家，合同归集201份。

2023年7月28日，市住建局召开全市建筑业企业家座谈会

（市住建局/供图）

【江苏新兴建设工程有限公司】 公司成立于2002年，注册资本6018万元，拥有房屋建筑施工总承包一级资质、机电设备安装、建筑装修装饰工程2个专业承包一级资质，具有钢结构工程、消防设施工程专业承包二级资质，市政公用工程施工总承包，地基与基础工程专业承包三级资质。现有专业技术人员600余人，一级注册建造师30余人，二级注册建造师60余人，高级职称20余人，中级职称100余人，有施工机械及设备价值2000余万元。获省市优质工程30余项，其中省优工程6项；获省市级标化工地20余项，其中省级标化工地7项。先后获评"江苏省建筑业优秀企业""泰州市建筑业企业综合实力三十强""泰州市文明单位""守合同重信用企业（AAA级）""兴化市建筑业企业排头兵"等。

（宗高翔）

商贸服务业

商贸流通

【概况】 2023 年,兴化市推动商贸流通载体提档升级,拓展乡镇商贸中心、农贸(集贸)市场商业功能,对县域商业体系项目认真梳理摸排。5 个项目通过省商务厅审核确定,项目总投资 1164.37 万元,获批省厅奖补资金 458.94 万元。

【批发零售】 2023 年,全市完成社会消费品零售总额 352.4 亿元,累计增速 11.8%,在泰州排名第一。完成批发业 505.11 亿元,累计增速 15.8%,在泰州排名第一;零售业 132.9 亿元,累计增速 38.5%,在泰州排名第一。持续开展"苏新消费·泰享消费"四季消费促进活动并取得较大影响。批零住餐企业新增入库 28 家,另有 118 家拟申报年度新增入库企业,服务全市限上企业平稳、健康、优质运营。

【"祥泰商超"创建】 2023 年,市商务局推进大型商超文明城市创建,配合泰州完成拍卖公司的年审工作,组织企业参加各级商务部门组织的活动,动员 14 家企业参加第二批祥泰商超、酒店(宾馆)评审,申报成功 9 家。完成 26 家再生资源综合利用企业布点风险评估。组织开展"一刻钟便民生活圈"试点工作,推荐沧浪社区、儒学社区参与省级试点,沧浪社区、儒学社区获"省级一刻钟便民生活圈示范社区"称号;9 家企业获评第二批祥泰商超、酒店(宾馆);兴化市上池斋药店、兴化市金松蛋品加工厂经省商务厅审核,拟授予"江苏省老字号"称号。5 家酒店命名为 2023 年泰州市"祥泰酒店(宾馆)"、1 家商业综合体命名为 2023 年泰州市"阳光外卖"网络餐饮示范街(区)、100 家餐饮经营单位命名为 2023 年"洁净厨房"。

2023 年度泰州市"阳光外卖"网络餐饮示范街(区)名单(兴化)

兴化新城吾悦商业管理有限公司

2023 年度泰州市"祥泰酒店(宾馆)"名单(兴化)

兴化市东方宴大酒店
兴化市天泽大酒店
兴化市清风餐饮管理有限公司
兴化市楚江春酒店
兴化市亚媛酒店管理有限公司

住宿餐饮

【概况】 2023 年,全市实现住宿业贸易额 2.74 亿元,比上年增长 40.5%,在泰州排名第二;餐饮业贸易额 6.46 亿元,累计增速 32.3%,在泰州排名第一。举办"2023 兴化名厨美食大赛"、2023 年陶庄牛羊肉美食文化节、2023 中国·沙沟金秋美食音乐节等活动,打造地方美食品牌,提升地方美食文化知名度;举办兴化品蟹赏菊音乐美食节等活动营造消费氛围,促进消费增长。

(许 红)

【餐饮经营单位】 2023 年,全市有餐饮经营单位 3772 家,其中特大型餐饮单位 11 家、大型餐饮单位 99 家、中型餐饮单位 577 家、小型餐饮单位 1314 家、小餐饮单位 1459 家、单位食堂 309 家、集体用餐配送单位 3 家。

2023 年 11 月 30 日，陶庄牛羊肉美食节开幕　（市融媒体中心/供图）

【管理服务】 2023 年，市商务局组织全市大型商业综合体、加油站、餐饮燃气安全监管人员安全生产培训 144 人次；完成 81 家加油站年度审查材料审核工作；开展“安全生产月”“安全生产督查日”活动，共计检查 93 家瓶装液化气餐饮商户，整改问题 147 项；排查整改 19 家大型商贸综合体问题 22 项。制定《商贸领域“生命至上，隐患必除”消防安全专项整治方案》《商贸服务业重大事故隐患专项排查整治行动实施方案》《“厂中厂”再生资源场所违规经营问题整治方案》，督促大型商业综合体、加油站及再生资源场所落实安全主体责任，建立安全管理长效机制。推动全市第二轮餐饮保护装置安装及监控平台建设，确保年底建成运行。联合执法部门赴 7 个乡镇，牵头查处非法加油车（点）14 辆（个）。

（许　红）

粮食流通

【概况】 2023 年，全市进一步强化粮食和物资储备管理，开展粮食流通监督检查质量提升行动，完善粮食流通协同监管工作机制，加强政策性粮食和夏秋粮收购市场监管，粮食流通市场平稳有序，未发生较大以上安全责任事故和粮食流通违法违规案件。继续粮食储备机制体制改革，实施政府储备粮监管信息化建设，成立兴化市粮食应急保障中心，新增市级政府储备粮规模 3000 吨，完成本级粮食储备库（点）集并，实行对政府储备粮的统一集中管理。完善应急物资保障机制，完成应急物资储备库升级改造项目建设，率先建立乡镇级应急物资储备站点，建立第一批应急物资生产保障企业名录并签订应急物资产能储备协议。深入推进优质粮食工程，成功申报 2022—2023 年度优质粮食工程建设示范县。

【粮油产业】 2023 年，全市列统粮食企业实现工业总产值 143.47 亿元，主营收入 140.38 亿元，利润 1.91 亿元。兴粮集团完成安丰粮库扩建项目，退出淘汰 2000 年以前建设仓储条件较差仓容，投入经费完成地方储备粮监管信息化建设。推进 3580 万元优质粮食工程项目建设，江苏兴粮粮食购销有限公司、兴化市贤人米业有限公司在沙沟、中堡、李中等乡镇建立订单基地，2022—2023 年完成订单收购，直接为基地农户增收 981 万元，带动全市农户增收 1.5 亿元。江苏光明天成米业有限公司在上海开设“水韵苏米、兴化大米”区域公共品牌门店，建成应急成品库，改造升级小包装大米生产线，提升全市产品粮应急保障能力。水韵苏米张洪程院士创新基地、江苏省水韵苏米产业研究院兴化工作站、南京财经大学研究生工作站、南京财经大学大学生实习实践基地完成挂牌。“兴化大米”获 2023 年度泰州市品牌营销奖，江苏光明天成米业有限公司获评“全国粮油加工 50 强企业”，“苏冠”品牌获评“中国十佳粮油（食品）品牌”，贤人米业获市长质量奖提名奖，被评为“江苏精品”。

【粮食购销】 2023 年，全市购进小麦 185.36 万吨、水稻 244.27 万吨，分别比上年增加 38.69 万吨、11.45 万吨；全年销售面粉 133.78 万吨、大米 159.31 万吨（省外销售面粉 73.83 万吨、大米 68.87 万吨），比 2022 年分别增加 51.81 万吨、7.98 万吨。继续实施稻谷收购补贴政策，优质优价收购水稻 20.42 万吨，落实收购补贴资金 714.78 万元。承办全省中国农民丰收节暨首届“水韵苏米”稻米文化节活动，进一步提升全市稻米产业影响力。

（徐小勇　夏福发）

供销合作

【概况】 2023年,市供销总社紧紧围绕全面推进乡村振兴、加快农业强国建设的新部署新要求,聚焦为农服务主责主业,持续深化综合改革。入选全省唯一的全国总社“绿色农资”升级行动试点县,获全省供销合作社“创新创优优胜单位”,获2023年度泰州市供销合作社系统“综合业绩考评特别贡献奖”。

【“绿色农资”升级行动】 2023年2月,全省供销合作社春耕农资工作会议在兴化市召开,市供销总社在会上进行交流发言。6月,兴化市入选全省唯一的全国总社“绿色农资”升级行动试点县,制定试点任务分工路线图和时间表。省政府、泰州市政府主要领导和分管领导,对兴化开展“绿色农资”升级行动试点都作了批示,提出要求。8月,市政府出台《兴化市农资应急储备实施意见》,按照“企业承储、自筹资金、政府补贴、市场运作、自负盈亏”原则,与21家农资企业签订承储协议,为建立农资应急储备机制提供组织保障和制度保障。开发兴化市“绿色农资智慧管理平台”,将全市328家农资经营网点纳入平台管理,并在21家农资应急承储企业的储备仓库安装摄像头,对储备农资进行后台实时监控。打造集生产、加工、销售于一体的3800亩“兴化大米全产业链示范基地”,建有1500平方米有机肥工厂和育秧工厂,年产有机肥4200吨,实行“一季绿肥,一季水稻”,生产大米获得绿色食品认证,成为示范带动兴化绿色农业发展的试验田。将废旧农膜及农药包装废弃物回收处置工作列入高质量考核,市财政每年给予500万元资金支持,促进农村绿色发展,有效控制农业面源污染,这项工作处于全省前列。

【为农服务能力水平提升】 2023年,市供销总社推进全市“1＋4＋N”农业社会化服务体系建设,在市现代农业产业示范园建立全市农业社会化服务指挥调度中心,建立4个农业社会化服务区域分中心,为全市各类农业经营主体提供生产服务。召开68场生产、供销、信用“三位一体”服务推进暨“供销惠农服务下乡”为农生产服务对接会。实施沙沟、沈坨、安丰基层社改造提升项目,建设供销大食堂、再生资源回收分拣中心和为农服务点。兴化市金穗农药连锁配送有限公司、兴化市欣农农业生产资料有限公司、泰州市和盛农资连锁有限公司加强与农户的沟通对接、田头指导,精准用药施肥,把农技服务贯穿农业生产全过程。通过基层社、农民专业合作社引导带动农户开展适度规模经营,提供全程服务。全系统完成土地全程托管和半托管、菜单式农业社会化服务68.11万亩,三项环节服务135万亩次。开展金融服务,增添农资企业发展动力,兴化市百发农村小额贷款有限公司为8家农资经营企业和80余户农资经营大户提供贷款1920万元。与华农财产保险股份有限公司江苏省分公司签订战略合作协议,推进“鸡蛋保险＋期货”创新服务项目,有效降低养鸡风险,保障养殖户收入。

【农副产品出村进城】 2023年,市供销总社发挥省农展中心“兴化馆”作用,借助平台优势,不断扩大兴化大闸蟹等兴化名优农产品在省内及全国品牌影响力和美誉度。推动兴化优质农产品入驻“京东”“天猫”“苏果优选”“强国城”等平台。组织大邹吴家村等16个村、96种优质农产品入驻省“鲜丰汇”、泰州“鲜供万家”消费帮促平台,年销售额达800万元。全年培育安丰镇等3个电商特色镇、兴东镇联发村等6个电商特色村、蟹小七等3个特色网货品牌,泰州市奇胜电子商务有限公司等4家电商龙头企业。组织“兴好有你　供销惠农”为主题的电商直播活动,开展千垛菜花旅游农旅专场和大营红皮洋葱专场直播活动9场,组织农村电子商务技能培训19场,共培训1365人,电商“110”处理问题523个。组织申报泰州市疫情防控期间农产品电商销售补助资金,共21家企业获得补助资金121万元。9月,承办“水润兴化　牧歌昭苏”农产品电商直播大赛暨农产品展示展销会,对新疆维吾尔自治区伊犁哈萨克自治州昭苏县和兴化市农民专业合作社、家庭农场及农业龙头企业的上百种农产品进行集中展示展销。组织优质农产品参加江苏名优农产品进上海、长三角供销合作社名优农产品和宁镇扬泰通供销社名优农产品展销会,开展兴化名特优农产品进泰州市政府食堂活动。

（贾静怡）

烟草专卖

2023 年 6 月 12 日，市烟草专卖局（分公司）联合兴化市职业中专学校举办“道德讲堂” （市烟草分公司/供图）

【概况】 2023 年，兴化市烟草专卖局（分公司）坚持“共建联创、优势互补、资源共享”的工作思路，与大垛镇陈下村、兴国县、江苏中烟基层党组织建立党建联盟，推进基层党建工作和助力乡村振兴再上新台阶。城区基层服务站被兴化市总工会评为“文明班组”，1 人获评“五一巾帼标兵”。4 篇论文分获全系统纪检监察工作理论研讨一、二、三等奖。2 篇论文分获全系统“学术活动月”研讨论文二、三等奖。宣传报道工作全省第一。1 人获评省烟草学会主题征文二等奖；1 幅作品获评全省年度“十大好图片”；1 人获省科普作品大赛二等奖、2 人获三等奖。1 人获全省系统第五届“安全隐患人人查随手拍”活动一等奖和第二届“安心杯”安全生产技能竞赛三等奖。分公司获评全系统“安全隐患人人查随手拍”一等奖 1 个、二等奖 3 个、三等奖 5 个、优秀奖 7 个以及优秀组织奖，2 部安全随手拍视频获一、三等奖。

【烟草市场监管】 2023 年，兴化市烟草专卖局（分公司）查获各类涉烟案件 566 起。开展“净链 2023”“平安寄递”“清朗行动”“利剑 10 号”等专项行动。常态化开展“1 + 3 + N”多员联动和跟车走访活动。围绕“1 + 2 + 3 + X”治理目标，实施精准打击，确保监管到位。承办行政许可标准化体系现场会，推动行政许可标准化规范化工作再上新台阶。探索应用“235”许可证后续监管工作法，提升许可证后续监管水平。提高“12313”热线服务水平，处置率 100%，满意率 99.01%。在全区率先建立电子烟库房，实现线上电子库和线下实体库账实相符。严守规范底线，行政复议零撤销、行政诉讼无败诉。

2023 年 1 月 10 日，市烟草专卖局（分公司）开展“四方共建”活动 （市烟草分公司/供图）

【创新管理】 2023 年，兴化市烟草专卖局（分公司）发挥“创客中心”平台作用，1 项 QC 课题成果获评全省系统成果引进应用奖。获全系统创新课题二、三等奖各 1 个，优秀奖 3 个；优秀 QC 课题一、二、三等奖以及优秀奖各 1 个。7 项专利获国家知识产权局授权，3 项软件著作权获登记证书。

【为民服务】 2023 年，兴化市烟草专卖局（分公司）开展志愿

2023年8月24日，市盐业公司组织开展抢购期间食盐市场应急保供工作（市盐业公司/供图）

服务、社会公益、扶贫济困、文明创建等活动，充分展现兴化烟草主动承担社会责任，热心于公益事业的良好社会形象。开展“同栽一棵爱心树，共育党员先锋林”“浇灌中国心　厚植爱国情”等志愿活动，通过献爱心方式，帮助特殊困难群体解决生活用品问题。开展安全知识进企业、进社区、进学校、进乡村、进商铺“五进”活动，进一步增强公众安全防范意识和应急处置能力，筑牢安全管理防线。开展助农直播带货活动6次，助力乡村振兴。帮助安丰镇民乐村实施完成2023年太阳能路灯安装、停车场增设雨水管道项目2个。

（刘文杰）

食盐经营

【概况】 2023年，兴化市盐业有限公司实现销售食盐合格率为100%，累计销售盐类产品2.81万吨，其中小包装食盐3121吨；实现销售收入2460万元，其中，主营业务销售收入为2107万元，非盐类产品销售收入353万元。

【食盐储备管理】 2023年，兴化市盐业有限公司严格按照苏盐集团《关于进一步加强食盐政府储备管理工作的意见》，采取“长期储备、定期轮换”的经营和管理模式，完善两级政府食盐应急储备体系，加强食盐储备管理，维护食盐市场稳定。8月24日，受日本核污染水排海事件影响，公司高度重视，启动食盐保供应急预案，向相关部门报告，请求动用两级政府储备食盐。通过市融媒体中心宣传，协调公安部门开展现场疏导，组织党员干部职工24小时驻守仓库和储备库，保障供应。2天内，市盐业公司发出近1000吨食盐，有效保障全市食盐市场的稳定。

（王　凯）

邮政快递

【概况】 2023年，全市有快递品牌9家、分支机构13家。推动邮政快递服务现代农业发展，打造兴化脱水蔬菜泰州唯一“快递出海”品牌，建设“兴农红驿”村级寄递物流综合服务站，助力乡村振兴。完成快递业务量8054.79

2023年8月31日，兴化市政邮联合打造“兴农红驿”物流进村党建服务品牌（市邮政公司/供图）

万件、邮政业务总量9.92亿元,分别较2022年同比增长19.18%、19.26%。2月,兴化邮政管理局被江苏省邮政管理局评选为2022年度“县级邮政管理机构服务地方贡献奖”。

【邮政兴化分公司】 2023年,中国邮政集团有限公司兴化分公司累计完成业务总收入3.87亿元,同比增长10.22%,规模位列泰州市第一。完成普服“一确保、两稳固、三强化”等重点工作,10项核心指标全面达标,达标率100%;聚焦服务“村、社、户、企、店”五类客群,完成各项惠农及会员服务,推荐惠农白名单788名,发放惠农贷款247笔,贷款金额7349万元;累计建成邮乐购加盟店881个、村邮站501家,农产品累计销售2910万元。邮政兴化分公司工会获评2023年全省邮政工会“先进集体”、兴化市“新业态劳动者服务联盟单位”;兴化邮政集邮与文化传媒部获“一星级省级青年文明号”称号;兴化邮政西鲍支局在全省客户体验创先争优评比中获“窗口服务星级示范网点”称号。

通信服务

【中国电信股份有限公司兴化分公司】 2023年,中国电信股份有限公司兴化分公司实现主营收入31757万元,增幅5.6%;存量客户保有率91.2%,收入保有率109.9%。其中基础收入完成24652万元,增幅2.3%;其中新兴收入完成7105万元,增幅19%;利润完成2078万元。天翼净增1.61万户,天翼产品份额26.18%,5G渗透率66.8%,宽带净增7000户,完成46.6%;千兆净增0.91万户,完成率57.1%;全屋WiFi+天翼看家占家宽比的57%。项目签约9474万元,完成率82.4%。产数收入7105万元,完成率88.7%,同比增幅19%。100户以上天翼团购大单签约13个,拉动天翼新增用户2743户;规上企业渗透率提升2.4%,拓展V网16家,拉动天翼新增用户683户。道路监控项目融通发展,拉动专线500条。实施标杆项目2个,分别为5G智慧大棚、江苏吉得利食品有限公司5G+智能仓储云。三星上云企业完成42家。兴化经济开发区5G+标识智慧园区数字综管平台项目签约1908.7万元,完成建设交付使用。智慧教育、雪亮技防完成建设交付使用。完成全国农业大会现场保障工作。分公司获评江苏省公司农业农村行业优秀团队奖、江苏省厂务公开民主管理先进单位,5G智慧农场项目获评“光华杯”乡村专题全国二等奖,新区支局获评江苏省美丽支局,渠道运营中心获评江苏省美丽班组。

(张 凯)

【中国移动通信集团江苏有限公司兴化分公司】 2023年,中国移动通信集团江苏有限公司兴化分公司围绕城市发展主线,推进物联网、云计算、人工智能等新兴技术落地,提供政务云、大数据等服务项目。围绕需求精准建设大网工程,2023年总计建成700M站点416个,5G补盲站点25个,4G弱覆盖站点24个。首次实现城区5G连续覆盖,乡镇镇区全覆盖,行政区90%覆盖。

(宗 晨)

【中国联合网络通信有限公司兴化分公司】 2023年,中国联合网络通信有限公司兴化分公司坚持新发展理念,深入落实聚焦创新合作战略,按照高质量发展要求,培育强健互联网新基因,内通新生态,奋力开创新时代中国联通发展新局面。推进互联网营销转型,与多行业开展异业金融合作,通过双向引流和权益包装,为消费者释放更多实惠。以云计算、大数据、物联网为引领,结合传统业务、应用、云网一体化产品,通过“云+网+应用”集成服务,满足客户数字化转型需求。聚焦政务、教育、医卫、生态环境、交通、文旅、工业互联网、5G行业应用八大领域,推进创新业务规模效益发展。推进数字化转型,投入资金3100万元,新建宽带小区102个、新增传输光缆300千米、开通5G小区532个,室分系统9处,单站验证完成率100%。

(蔡小花)

电子商务

【概况】 2023年,全市实现电子商务交易额164亿元,同比增长1.5%,网络零售额实现100.3亿元,增速在泰州市所有区县中排名第一。依托电子商务产业扶持奖励政策,财政累计奖补60.26万元。

【电子商务发展】 2023年,市商务局推进电子商务进农村综合示范项目,统筹省级县域电商产业集聚区发展。推荐选手参加第二届江苏电商直播大赛获评优秀奖。孵化江苏清水源食品科技有限公司等10家电商企业创业发展,完成涵盖23个乡镇、120个村级服务站点建设,优化县域三级物流配送体系,做强全域电商。直播在电商领域迅速渗透,全市12763个商品参与直播,投放率3.9%;参与直播的商品实现零售额5.81亿元,实现零售量1207万件,直播场次1.35万场,累计观看人数1.16亿人次。实施培训跟踪服务制度,对参与4月开展的第一期电子商务培训的200余人,进行满意度调查和相关测试,发掘电商人才参与后续开展的实操培训,不断增强培训人员电商转化率。强化对农产品电商跨越发展的资金支持和制度保障,依托《关于推进全市电子商务产业持续发展的扶持政策》,对申报的14家电商企业发放奖补。

(薛建中)

房地产业

【概况】 2023年,全市成交商品房1088套,销售面积12.85万平方米。1—12月,房地产中心共办理存量房网签备案3504宗,成交面积40.24万平方米,交易合同金额30.42亿元。办理存量房交易资金监管服务1589笔,监管并结算交易资金13.72亿元。

【用地保障】 2023年,全市国有建设用地使用权供应55宗、总面积145.2公顷,出让金36.6亿元。办结建设项目用地预审与选址意见书33件,核发建设工程规划许可证166件、乡村建设规划许可证1054件、非工业项目建设工程规划许可手续90件。

【房屋交易管理】 2023年,市住建局推动实现存量房交易、纳税、登记"一窗受理、一链办理";根据营商环境考核要求,房地产中心对存量房交易备案系统电子合同和推送接口进行优化调整,为全面实现不动产交易登记"一件事、一次办"改革目标奠定基础。10月,房地产中心加强与不动产登记中心的协调对接,在确保资金安全的情况下,通过优化办件流程,升级存量房交易备案、资金监管系统,成功实现跨行"带押过户"交易,进一步提升企业群众获得感和满意度。

【违章装修处理】 2023年,市住建局处理违章装修工单131件,开展其他鉴定服务73件,危旧房维修翻建鉴定5户,鉴定面积800平方米,领取公积金鉴定8户,鉴定面积1126平方米;企业房屋鉴定60户,鉴定面积63.72万平方米。

【房屋安全管理】 2023年,市住建局为落实自建房等既有建筑安全专项整治工作,开展"送政策、送技术、送法律"到基层的"三送"活动,对全市26个乡镇(街道)进行自建房安全专项整治工作思想动员和政策辅导。开展全市群租房安全检查,共检查群租房27家。6月9日,开展"安全生产月"房屋安全宣传活动,共发放400余份宣传材料,解答群众疑难问题60余人次。开展校外培训机构既有建筑安全联合检查,共检查校外培训机构49家。9月6日,对房屋安全鉴定检测单位开展安全工作专题宣讲与检查活动。出台《兴化市宾馆、饭店经营性自建房大排查再整治工作方案》,制定结构安全、消防安全、功能改变3个方面的突出问题以及17项排查内容。针对上级部门核查通报的问题,迅速落实属地管理职责和房屋产权人、使用人房屋安全主体责任,通过发放房屋安全鉴定通知、隐患整治通知以及要求业主对隐患建筑加强观察使用等措施,指导督促房屋安全责任人及时整治隐患。开展自建房等既有建筑安全排查整治"回头看"工作,组织自建房安全专项整治牵头单位和房屋安全技术人员分别组成5个专项整治督导组,对自建房等既有建筑排查进行抽样核查,发现问题及时责令整改。完成排查自建房89.71万栋,其中经营性自建房3.6万栋、其他自建房86.11万栋。经营性自建房"百日攻坚"行动中共发现隐患68栋,其中维修加固12栋,拆除解危12栋,停止使用并设立警示标识管理措施44栋;其他自建房隐患建筑1279栋,采取清人、停止使用、设立警示标识管控978栋,维修加固99栋,拆除202栋;完成排查既有建筑97万余栋,隐患建筑255栋。根据隐患情况制定隐患建筑"一房一策"3年整治计划,发现隐患做到"即知即改",严重隐患房屋实行清人、停用、封房等措施,并设置警示标识;一般隐患房屋制定整改方案,明确整改时限。截至2023

年12月底，全部完成整治。其中维修加固48栋，拆除解危97栋，停止使用并设立警示标识管理措施109栋，经鉴定排除隐患1栋。

【房屋中介】 2023年，市住建局开展房产中介行业乱象整治和“双随机、一公开”监督检查，对不规范行为进行曝光和处罚，规范房地产市场秩序。针对“12345”政府热线工单反馈信息和社交平台出现的不实信息，专门分批次警示约谈7家中介机构和多名自然人，要求全面梳理社交在平台发布的房源信息，勒令立即删除违规宣传内容，及时消除负面影响。9月下旬，与市市场监管局联合开展年度跨部门“双随机、一公开”行政执法检查，2次检查中发现12家房地产经纪机构存在备案不及时、营业执照与门店信息不符等问题，检查人员现场下达整改通知书，责令经纪机构限期整改。

【物业服务管理】 2023年，全市开展物业管理攻坚提升行动，多次召集各属地街道部署落实住宅组团式物业覆盖、业委会（物委会）组建工作。全市263个小区，154个封闭式小区专业化物业覆盖率100%、业委会组建率100%，109个住宅组团式小区专业化物业覆盖率100%、业委会组建率已达100%。全市获评省级示范小区2个、省级党建示范点1个、省级宜居小区1个、党建引领物业服务工作市级示范点7个。文旅紫薇府、紫荆府被泰州市住建局评为2022年度市级示范物业管理项目，文旅紫薇府被泰州市住建局评为2022年度市级宜居示范居住区。答复市长信箱1件、书记信箱2件、省工单14件、泰州工单26件、“12345”政府热线163件、共209件，问题已全部解决，业主满意率100%。

（周春山　宗高翔）

物流业

【概况】 2023年，全市物流产业集群化、规模化发展态势明显，江苏（戴南）不锈钢综合物流园区获批省级示范物流园，兴化市粮食交易市场和江苏戴南现代物流园区获批省重点物流基地，江苏中发物流股份有限公司获批2022年度省级重点物流企业。江苏（戴南）不锈钢综合物流园区、兴化市粮食交易市场等受邀参加2023年江苏省物流园区联盟成立大会暨2023年中国物流学术年会等活动。

（许　红）

【兴化市寄递物流共配中心建成】 6月6日，国家电子商务进农村综合示范项目——兴化市级寄递物流共配中心正式启用。推进邮快合作，实现“邮政＋快递”统仓共配联盟，彻底解决农村电子商务“首末一公里”难题，打造“农产品进城，工业品下乡”双向互联互通的物流体系。项目建设历时1年，完成自动分拣设备安装改造、智慧管理系统上线运营，23家镇级电商服务站、120个村级电商示范点全部建成，进出口邮件处理能力约提升40%。

【“兴农红驿”物流品牌打造】 8月31日，兴化政邮共建“兴农红驿”村级物流服务品牌发布和试点村启动大会在兴化召开。“兴农红驿”站点按照“统一建设标准、服务功能、岗位设置、品牌形象”要求，综合考虑资源优势、产业特色、交通条件、市场需求等因素，本着“就近设置、便民实用”原则，依托村党群服务中心以及其他集体闲置资产进行打造。站点内分为仓储区、办公区、活动区，并配备冷藏保鲜集

2023年6月6日，兴化市寄递物流共配中心建成启用

（市邮政公司/供图）

装箱,提供手机充电、无线上网、茶水休息、饭菜加热等基本服务。站点具备农产品收寄、邮件自提、助农贷款、直播销售等邮政服务,创设针对退役军人、“五保户”、留守儿童、重要养殖户等特殊群体的专享服务。“兴农红驿”由村“两委”班子成员牵头负责,“红小哥”党员志愿服务队队员和乡镇邮政支局工作人员具体从事运营工作。

(张兴华)

公共事业服务业

【人力资源服务】 2023年,全市有人力资源服务机构96家,从业人员2516人,实现营业收入3.56亿元。市人社局在全市人力资源服务机构中开展诚信机构创建活动,明确诚信机构创建标准和创建要求,引导鼓励经营性人力资源服务机构诚实守信。兴化市民生劳务服务有限公司、兴化市建兴人力资源有限公司被认定为省诚信人力资源服务机构。开展人力资源服务机构年度报告公示、人力资源市场年报统计等业务培训。1856人参加人力资源管理师、江苏省人力资源服务资格证书等培训。

【公共法律服务】 2023年,市司法局组建河蟹、龙香芋和脱水蔬菜产业法律服务团,全面落实村居法律顾问“万场讲法”活动,组织设计村居法律顾问讲法示范课,让讲法更接地气、更有针对性。整合资源、提档升级“法蟹畅行”项目,更加精准地为蟹农、企业、商户等提供优质高效的法律服务。聚焦三大特色产业,向重点产业链上下游企业推广针对性法律服务产品,帮助企业把控法律风险。2023年走访企业600余家,以提示函、意见书、告知书等形式出具180余份法律意见。

【公证服务】 2023年,市公证处紧紧围绕市委、市政府的中心任务开展工作,充分发挥公证机构的服务、沟通、证明、监督作用。办理各类公证2666件,其中国内公证1391件,涉外公证260件,涉澳4件,涉台24件,向17家企业提供公证服务,共办理涉企公证26件,包括委托公证2件、保全证据公证8件、文书签名(印鉴)公证2件及涉外公证10件。投入专项经费14.92万元,在11个乡镇(街道)开展“远程公证”服务试点工作,推动在线公证服务持续向有公证需求的地点延伸。提供远程公证服务咨询243件次,办理远程公证事项146件,其中委托公证1件,出生公证3件,证书、执照公证139件,亲属公证关系2件,无犯罪记录公证1件。

【律师服务】 2023年,全市有律师事务所13家,律师242名,其中专职律师133人,公职律师106人,公司律师3人。党员律师41人。

【食品检验检测服务】 2023年,市食品质量检验检测中心完成检测1651项,涉及兽药残留、农药残留、真菌毒素、食品添加剂、无机元素等类别。出具检测报告7846份,其中委托检测4492份,监督抽检3254份,服务企业316家,通过各项能力验证13次,组织中、高考等重大活动专项抽检352批次。4月获得二级生物安全实验室备案证书,2023年7月获批“泰州市中小企业公共服务二星示范平台”称号。

(佘友银)

居民生活服务业

【养老服务】 2023年,全市有敬老院30家,床位3877张,护理型床位100%,区域性养老服务中心5家。制定出台《“兴有颐养”农村养老服务体系建设改革创新试点工作方案》,指导试点乡镇以公办民营、卫生院托管、政府购买服务等形式进行运营体制改革。推进“四助合力”养老服务新模式,组织开展失能老年人家庭成员照护培训80人次,规范设置家庭养老照护床位20张。强化人才队伍培育,组织护理员轮训,培训养老护理员480人;备案养老机构32家,有床位数3877张,其中护理型3877张,占比100%。扩大居家上门服务覆盖面,上门服务覆盖率97.8%。探索睦邻互助模式,推动建立村级“互助托老所”“幸福大院”等全托场所,通过农村留守妇女、低龄健康老年人为主体的养老服务志愿队伍,帮扶看护高龄、失能老年人。

(李正泉)

【家政服务】 2023年,全市有家政服务经营主体1018家。开展针对性、实效性康复养老、幼儿保育技能培训,1124名学员通过培训获取养老护理员、保育师、健康照护(老人)技能等级、专项能力证书;组织开展市养老护理职业技能竞赛暨泰州市养老护理职业技能大赛选拔赛,以赛促训、以赛促学,激发广大养老护理员岗位练兵、岗位成才的自觉性,促进养老护理员的整体素质提升。

(汤志宏)

【托幼服务】 2023年,全市聚力打造普惠托育服务体系,按照"政府引导、部门协同、家庭为主、多方参与"的总体思路,将促进婴幼儿照护服务体系建设和发展普惠托育纳入"十四五"卫生健康工作规划。加大托育托幼资源整合,推进"一乡镇一街道一普惠",增加托位供给,以大托班、混龄班的形式优先解决2~3岁婴幼儿的照护需求。全市提供3岁以下托育服务的机构70家,其中幼儿园托班64家、早教托育机构6家,形成公办和民办共同发展的托育服务模式,覆盖乡镇(街道)25个,提供托位4499个,每千人托位数4.02个。兴化市昭阳中心幼儿园等3家单位被评为江苏省普惠托育机构,兴化市唯斯顿、翰林敦品幼儿园等10家单位被评为泰州市普惠托育机构。

(罗爱华)

【中介管理服务】 2023年,市行政审批局编制《兴化市行政审批中介服务事项清单(2023年版)》,结合机构改革职能划转和权力事项调整情况,对各部门行政审批中介服务事项进行动态调整。围绕工业企业投资建设经营全过程,编制《兴化市工业企业投资建设经营全生命周期行政审批中介服务事项清单》,对审批部门、中介服务事项及机构、收费标准等要素进行详细表述。梳理涉审中介服务事项、涉审中介服务机构、涉企非涉审中介服务机构和行业主管部门监管职责等"四张清单",制定出台《兴化市中介机构管理办法》《兴化市行政审批中介机构星级评价考核办法》《兴化市网上中介服务超市运行管理办法》,成立中介机构管理工作领导小组,督促各有关部门结合行业实际制定中介机构管理细则及星级评价考核细则,构建"1+2+N"中介服务监管机制。推广中介超市,通过市政府网站、局微信公众号发布《诚邀中介服务机构入驻网上中介超市的公告》,向有关行业主管部门发函要求组织本行业中介机构入驻网上中介超市,中介超市共入驻中介机构424家、采购单位117家,发布采购项目837项。

【美容美发】 2023年,兴化市注册登记经营范围"生活美容服务"的市场主体860家。

【洗浴保健】 2023年,兴化市新注册登记"洗浴服务"市场主体40家、"养生保健服务"市场主体281家。注销"洗浴服务"市场主体30家、"养生保健服务"市场主体85家。

(杨　帆)

金融业

综　述

2023年,全市共有地方金融组织等金融机构69家,其中银行业金融机构18家。全市银行机构本外币各项存款余额1537.44亿元,各项贷款余额1288.62亿元。推广应用江苏省综合金融服务平台,新增注册上线企业10881家,授信笔数2056笔,授信金额119.40亿元。

全市共有中信建投、华泰证券、长江证券3家证券业机构。建立完善企业走访服务制度,动态更新企业上市(挂牌)后备库,在库企业达43家。全市共有A股上市企业1家,港股上市企业1家,新三板挂牌企业2家。新增58家企业在江苏股权交易中心挂牌。

指导银行机构将贷款市场报价利率嵌入金融产品定价模型,将LPR下行效果充分传导至贷款利率,持续释放贷款市场报价利率改革效能。兴化农商行推出全民抗疫贷(利率3.8%)、助企抗疫贷(利率3.6%)和兴商抗疫贷(利率3.6%)等产品。实现存款保险宣传全市463个行政村100%全覆盖。指导银行机构围绕存款保险网点宣传"四个齐备"要求,开展常态化宣传,在"3·15"消费者权益保护日、"5月存款保险宣传月"、"全民国家安全教育日"、"9月金融知识普及月"等开展集中宣传活动。指导银行机构按照业务办理"三项操作"要求,将存款保险知识宣传嵌入日常的存取款、"整村授信"、贷款"三查"等业务办理中,助力将存款保险宣传在农村落地生根。发出《存款保险知识宣传现场巡查整改通知书》6份,督促银行机构进一步强化存款保险宣传、培训工作,合理、规范使用存款保险标识。

制定出台《兴化市政银企常态化对接工作实施方案》《兴化市银企对接管理办法》,加强"事前、事中、事后"统筹协调管理,提高银企对接的效率。开展专场对接活动,先后举办"金融服务民营小微企业乡镇行""小微企业银企对接融资洽谈会""银企直通车　青兴面对面"等集中银企对接活动28次。组织各银行机构主动加强与普惠小微企业的对接,举办各类"微对接"活动49次。以推进账户分级分类管理为主线,通过小微企业简易开户、优化开户手续和流程、强化账户风险管理等举措,不断提升账户服务的效率和透明度。指导建设单位结合特色田园乡村和农村电商建立具有银政结合特色的金融服务点,不断提升支付活跃度,有效满足兴化农村地区基础支付服务需求。强化商品房预售资金监管,通过专项现场检查,持续协调解决存在的问题,助力预售资金监管政策快速落地生效。

起草并推动市政府出台《兴化市数字人民币试点工作方案》,先后召开银行业机构数币推广工作推进会6次,组织银行业机构开展集中宣传3次,联合市开展"深化主题教育破解难题数字人民币推广增量扩面"活动,强力推进数字人民币试点工作。树立以人民为中心的金融服务理念,围绕"民有所求,我有所应"的主线,完善客户投诉受理、分办、会办、督办和回访全流程管理机制,确保投诉事项件件有落实、件件有处理,件件有回音。

2023年6月8日,2023年夏粮收购专场座谈会召开

(市农发行/供图)

市场,抢抓资金源头,以行政事业单位、拆迁项目和智慧工地建工代发为突破口加强代发项目营销,通过代发工资、代分红等方式拼抢存款市场份额,进一步做大做强存款规模。加强资产质量管理,强化不良贷款源头排查,全力推进不良资产清收工作。开展政风行风建设,进一步提高服务效率;行长室成员根据分工安排,深入各个部门、网点,切实关怀每一位员工的工作生活,做到让员工满意,最终达到全行行心凝聚的目标。

(解文倩)

2023年,受理投诉182起,投诉办结率、满意率均为100%。

(焦　倩)

银　行

【中国农业发展银行兴化市支行】　2023年,中国农业发展银行兴化市支行各项贷款余额78.32亿元,日均存款余额8.72亿元,完成FTP利润(Funds Transfer Pricing利润,指商业银行内部资金定向转移带来的利润)9206万元。累计投放项目贷款25.11亿元,秋粮收购贷款1亿余元。累计发放粮食收储贷款3.91亿元,其中地方储备粮油贷款1.43亿元、购销企业粮油收购贷款2.4亿元、粮油购销流动资金贷款800万元。聚焦戴南镇土地流转与规模经营,发放贷款1.25亿元,支持戴南镇现代高效农业产业项目。对接营销千垛镇等3个乡镇高效生态养殖工程,将水域生态环境整治与大水面渔业养殖相结合,实现水面土地高效利用。助力城市更新行动,建设张皮安置房工程、开发区葛家村周边地块城市更新工程、龙津河城市更新改造工程,投放贷款13.1亿元。投放贷款8.5亿元,推进地方水利建设,支持兴化市镇村水域治理工程一期工程、兴化市乡村沿路河道综合整治工程。发放小微企业贷款2笔,累计金额1800万元,其中发放农业小企业贷款1000万元,支持兴化市贤人米业有限公司业务;发放粮油购销流动资金贷款800万元,支持江苏光明天成米业有限公司粳稻收购。

(周　娟)

【中国银行股份有限公司兴化支行】　2023年,中国银行股份有限公司兴化支行本外币各项时点存款56.35亿元、本外币存贷款余额70.28亿元,营收21784万元。支行推进结构优化,坚持夯实客户基础,推动兴化中行蹄疾步稳发展。高度重视"存款立行"理念,以"做客户"为抓手,积极争揽新客户、大客户,深入

【中国工商银行股份有限公司兴化支行】　2023年,中国工商银行股份有限公司兴化支行实现人民币各项存款余额103.28亿元,各项贷款余额72.31亿元。实现中间业务收入1.24亿元,实现净利润2.09亿元。不良贷款余额1159万元,不良贷款率0.16%,不良贷款余额和不良贷款率实现双降,资产质量进一步提升。坚持以高质量党建推动竞争力提升和高质量发展,把服务实体经济和人民群众作为金融工作的出发点和落脚点,鼎力支持地方经济。推进乡村振兴战略落地,积极探索金融服务乡村振兴有效路径,大力推广"种植e贷"。切实履行"金融为民"主体责任,积极推动消费者权益保护工作。

(裴建坤)

【中国农业银行股份有限公司兴化市支行】　2023年,中国农业银行股份有限公司兴化市支行主动融入兴化地区经济社会发展大局,加快推进"四大

2023年11月13日，中国工商银行兴化支行开展线下金融知识宣传
（市工行/供图）

银行建设”，统筹发展和安全，各项工作取得较好成绩。截至2023年末，本外币各项存款余额241.43亿元，比2023年初增加36.08亿元；本外币各项贷款余额129.3亿元，比2023年初增加26.25亿元；实现中间业务收入8390万元，同比多增768万元。聚焦负债业务高质量发展，抓牢客户建设和资金稳存增存。持续做好重点客户金融服务，主动对接机构部门、平台客户，强化客户和账户拓展；加快推进源头性营销和重点客户流量经营，抓好各类资金体内循环。服务市政重大项目建设，强化对新型基建、城镇化、交通等领域项目服务，扩大重大项目信贷服务面。推进乡村振兴金融服务，坚持“一项目一方案一授权”普惠信贷业务运作模式，主动对接全市各类产业集群、成熟专业市场和“四类农业”，组织开展“万人进千村”“整村推进”等专项服务活动，切实提升农户、个体工商和中小微企业金融服务力度。截至2023年末，制造业贷款余额28.36亿元，比2023年初增加6.84亿元；普惠贷款余额29.38亿元，比2023年初增加8.29亿元。全年不良贷款清收处置、不良贷款本息现金清收等指标超额完成目标任务。组织开展“营销行为乱象”整治专项排查等活动，开展反洗钱、反电信网络诈骗等工作，切实提升反洗钱和反诈履职能力。开展消费者权益保护工作，安全生产、信访维稳、声誉风险等工作得到进一步加强，全年未发生重大案件、责任事故和有影响的声誉风险事件。组织“金融知识宣传进社区”、“3·15”消费者权益保护日、“征信安全宣传月”、防范和处置非法集资宣传等活动，切实提升社会公众金融风险防范能力。持续加强适老化服务模式，推进营业网点适老化改造，为老年客户提供便捷、舒适的金融服务体验；围绕弱势群体金融需求，组织送金融服务上门等专项服务。

【中国建设银行股份有限公司兴化支行】 2023年，中国建设银行股份有限公司兴化支行一般性存款日均余额116.75亿元，新增23.93亿元，增幅27%，各项贷款余额85.85亿元，新增5.69亿元，增幅73.5%，资金使用效率及效益较高。全年实现

2023年10月27日，市建行与市供销社签订战略合作协议
（市建行/供图）

中间业务收入 8385 万元，资产质量稳定，不良资产控制在计划之内。拨备前利润 2.62 亿元，与 2022 年比增长 1800 万元。坚持数字化转型，通过普惠金融服务“五化”新模式加力拓展优质客户，提高普惠服务覆盖面。建立“信贷融资 + 综合金融 + 经营管理”综合服务生态。打造“裕农通”乡村振兴综合金融服务平台，“裕农通”服务点与“裕农通”App 相结合形成“线上 + 线下”的服务体系。抓好重点领域和关键环节的风险防范化解，拓维升级全面主动智能的风控体系；推动 ESG 理念融入全行经营管理，努力实现经济价值和社会价值的和谐统一，持续保持区域性大型商业银行领先水平。

（梅林森）

【兴化农村商业银行】 2023 年，兴化农村商业银行实现资产总额 689.07 亿元、各项存款余额 582.04 亿元、各项贷款余额 440.74 亿元。实现营业收入 28.33 亿元，净利润 4.78 亿元。全年缴纳税收 1.96 亿元，对外公益捐赠 232 万元。聚焦“双招双引”、产业升级、民营制造等重点领域，为地方经济提供稳定的金融血脉输送，民营企业贷款余额 312.94 亿元，与 2022 年比增加 35.81 亿元。持续延伸服务触角，建设医疗保障便民服务点 27 个，税银缴费点 517 个、“农商 · 苏服办”服务点 455 个，升级打造全省首家“乡旅金融驿站”，“医享 e 通”项目获评全省农商行首届场景金融案例大赛金奖。创新推出“兴隆易贷”“标易贷”“粮农贷”“兴舒贷”等信贷产品，形成以“阳光 e 贷”为主体的差异化信贷产品体系。加快数字化转型步伐，开发上线客户综合管理平台、信贷全流程系统、“共兴甄选”小程序等应用。《乡村振兴金融党委 党建引领共兴共富》入选“江苏省农商行系统党建共建优秀案例”。出版《大普惠——地方性银行服务乡村振兴的兴化模式》，被《中国农村金融》杂志社纳入“中小银行卓越管理丛书”。年内，获“金融赋能乡村振兴典范”“驻泰银行机构服务高质量发展考核第一等次”“服务地方发展标兵单位”“兴化市纳税十强企业”“全国工会职工书屋示范点”“全国巾帼文明岗”“全省金融系统最美职工小家”等荣誉。

（冯婷婷）

【苏州农商银行兴化支行】 2023 年，苏州农商银行兴化支行实现营业收入 3888.48 万元，人均模拟利润 244.11 万元。存款余额 19.1 亿元，比年初增加 4.27 亿元，公司存款时点 13.14 亿元，比年初净增 3 亿元，公司存款日均 12.5 亿元，储蓄存款时点 5.96 亿元，比年初净增 1.27 亿元，储蓄存款日均 5.99 亿元，比年初净增 1.97 亿元。贷款余额 9.71 亿元，比年初增加 1 亿元。公司贷款时点 7.37 亿元，比基数净增 9200 元，零售总贷款时点 2.34 亿元，比年初净增 800 万元。

（唐小军）

【中国邮政储蓄银行兴化市支行】 2023 年，中国邮政储蓄银行兴化市支行实现各项存款余额 200.4 亿元，各项贷款余额 64.7 亿元，实现自营收入 2.19 亿元。强化全面风险管理理念，严控信用风险，降低操作风险，减少合规风险，杜绝案件风险，提高风险管理精细化、专业化水平，推动全面风险管理体系扎实落地。发挥案防领导小组核心作用以及派驻风险经理效能，统筹推进各项反洗钱工作，在市分行组织的 2023 年“内控合规知识竞赛”活动中获团体一等奖。开展“防范非法集资宣传月”、“3 · 15”消费者权益保护教育宣传”、“普及金融知识万里行活动”、“普及金融知识，守住‘钱袋子’”等宣传活动，提升社会公众风险防范意识。推进安全生产、保密管理、网络安全等各项工作，全年未发生安全事故和风险案件。年内，获系统内“全省邮政工会先进集体”、“助力乡村振兴先进基层党组织”、江苏省银行业协会“2023 年度江苏银行业‘普惠之星’”、“江苏省文明单位”等称号。

（周思敏）

【江苏银行股份有限公司兴化支行】 2023 年，江苏银行股份有限公司兴化支行实现总存款 45.19 亿元，其中对公存款余额 22.07 亿元。储蓄存款时点余额 22.86 亿元。零售贷款余额 9.41 亿元，绿色贷款余额新增 7.09 亿元，制造业贷款新增 3.6 亿元，普惠余额贷款新增 2.2 亿元，普惠余额自然增长突破 10 亿元。聚焦食品产业园区，开展健康食品和预制菜供应链产业调研及营销，与兴化市脱水蔬菜行业协会建立合作，推出“行行出状元”金融服务小程序。支持江苏大公园（兴化）2023 乌巾荡啤酒龙虾节、市团委青年人才联谊、纳凉晚会、阅读马拉松等活动,扩大宣传面,提升重点产品营销成效。

(姜晓虎)

保　险

【中国人民财产保险股份有限公司兴化支公司】 2023年,中国人民财产保险股份有限公司兴化支公司实现保费收入6.5亿元,比2022年增长14.11%。强化基层内控体系建设和内控合规文化建设,强化风险防控。9月,中标兴化市残疾人意外伤害综合保险项目。持续推进服务十局,聚焦政企互动和跟踪拜访力度;深挖园区需求,提高产品供给及服务水平;强化项目管理,加强政府项目保源跟踪制度;聚焦八项战略服务,丰富产品供给,挖掘发展潜力,提升服务地方经济建设的参与度和覆盖率。11月,在安丰镇成立"农产品成本联合调查站"。

(朱健鸿)

【中国人寿保险股份有限公司兴化支公司】 2023年,中国人寿保险股份有限公司兴化支公司实现保费收入5.04亿元,其中新单保费收入1.06亿元,短险保费3619.25万元。销售渠道3个,有销售人员536人。处理赔案3.32万件,其中长险693件,短期健康险和意外险3.25万件,各种满期给付3亿元。城乡居民领取独生子女父母养老保险、个人养老金保险5000余人。联合乡镇卫生院、敬老院、为民服务中心举办"安康关爱"宣传活动,邀请卫生院专科医生为敬老院的"五保户"免费检测血压。全市15万名60岁以上老年人参加"安康关爱行动"老年人专属意外保险。开展金融消费者权益保护教育宣传月活动,教育引导居民理性投资、合法理财,提高风险意识和识别能力。

(时小琴　董维安)

证　券

【华泰证券股份有限公司兴化英武中路证券营业部】 2023年,华泰证券股份有限公司兴化英武中路证券营业部始通过数字化赋能持续为兴化本地企业提供投融资全业务链服务支持,助力本地区实体经济发展,完成考核收入超1000万元,为地方服务融资6亿元。累计金融产品销量2.1亿元,其中年累计公募基金销量1.17亿元,私募基金销量1700万元。持续依托昌荣镇盐北村作为对口联建村开展乡村振兴对口帮扶,按照整体帮促规划,建成盐北村研学项目及华泰魔法餐厅项目,项目面积636平方米。每月开展投资者教育宣讲,累计受益1000余人。

(徐　晗)

【中信建投证券股份有限公司兴化牌楼西路证券营业部】 中信建设证券股份有限公司兴化牌楼西路证券营业部成立于2009年,隶属于中信建投证券股份有限公司江苏分公司。主要业务包括证券经纪、证券投资咨询、融资融券、IB业务等。2023年,营业部加强客户服务体系建设,利用公司的CRM(客户关系管理,Customer Relationship Management)系统,进行客户筛选,分类成交易型和产品型客户。在固定收益、经纪业务、基金业务、融资融券等领域形成自身特色和核心业务优势。2023年,营业部完成产品销售7621万元,其中私募销售3325万元。

(于学谦)

其他非银行金融机构

【小额贷款】 2023年,全市有兴化市百发农村小额贷款有限公司、兴化市兴达农村小额贷款有限公司、兴化市三鑫农村小额贷款有限公司、兴化市惠兴农村小额贷款有限责任公司、兴化市安信农村小额贷款有限责任公司、兴化市和诚农村小额贷款有限责任公司、兴化市董北富联农村小额贷款有限公司等7家小额贷款公司,有农民资金互助社1家,即兴化市兴东镇西鲍农民资金互助合作社。

【融资担保】 2023年,全市有江苏兴财源融资担保有限责任公司、江苏省农业融资担保有限责任公司兴化分公司、江苏华鼎融资担保有限公司等3家融资担保公司。推动政府性融资担保公司业务拓展,在保余额2.07亿元,累计为辖内农户、涉农企业担保5.76亿元,减免保费449万元。

【商业保理】 2023年,全市有保险业从业机构38家,其中寿险从业机构19家,财险从业机构17家,保险代理公司1家,保险经纪公司1家。全市保费收入累计29.5亿元,其中财产险保费收入累计10.06亿元、人寿险保费收入累计19.44亿元。

(焦　倩)

综 述

2023年，市文体广电和旅游局坚持以文塑旅、以旅彰文，扎实提升历史文化影响力、全域旅游吸引力、文体旅游产业竞争力，努力开创文旅深度融合、高质量发展新局面，各项事业迈出坚实步伐。

全市有世界重要农业文化遗产1处、国家AAAA级旅游景区2家、国家AAA级旅游景区7家、省级生态旅游示范区1家、中国历史文化名镇1家、全国和省重点文保单位15处、省历史文化街区2处，非遗名录124项。

充分发挥文旅赋能乡村振兴积极作用，用好用足四季特色旅游资源，将农耕水乡的生态优势转化为宜居宜游的旅游发展优势，以“花”为媒嫁接四季特色，接纳八方宾朋，以节会友，穿针引线，吸引来自长三角、京津冀等二十余省市游客。春季旅游季承办第十四届江苏省乡村旅游节、泰州水城水乡国际旅游节开幕式等系列活动；夏季旅游季首次举办里下河龙舟邀请赛、啤酒龙虾节、里下河（兴化）音乐节等系列活动；秋季旅游季联动举办品蟹赏菊音乐美食节、承办首届“水韵苏米”稻米文化节；冬季旅游季举办首届多彩兴化暖冬摄影展、花海森林半程马拉松赛等活动。乡村旅游节期间，全市重点景区景点接待游客89.54万人次，开幕式当天，接待游客近3万人次，千垛景区游客量高达35.8万人次，实现旅游收入5.37亿元，“农家乐”、民宿收入1.06亿元，“春看菜花、夏赏荷花、秋品菊花、冬览芦花”四季文旅活动品牌影响力持续提升，有力促进乡村旅游市场复苏。全年接待游客622.4万人次，实现旅游收入41.4亿元。

旅游资源

【千垛景区】 位于千垛镇东旺村，总面积逾万亩；是世界重要的农业文化遗产，江苏省四星级乡村旅游景区；与法国普罗旺斯薰衣草花海、荷兰郁金香花海、日本京都樱花花海，并称为“全球四大花海”；享有“全国最美油菜花海”“江苏最美赏花地”“长三角十佳乡村旅游景区”等称号。这里河湖港汊纵横交错，独一无二的垛田地貌入选为全球重要农业文化遗产；“河有万湾多碧水，田无一垛不黄花”“船在水上行，人在花中走”的生态美景，使其不仅登上中国邮政“美丽中国”邮票系列，还成功亮相美国纽约时代广场。

【李中水上森林景区】 是江苏省最大的人工湿地生态林，始建于20世纪70年代末，位于兴化市千垛镇舜川路东首，是国家AAAA级旅游景区。这里原是一片芦苇荒滩，经人工改造、垒土为垛，栽种10万余株水杉、池杉等树木，长成高大茂密、生机盎然的水上杉林，形成“林中有水，水中有鱼，林中有鸟，河流回环，水杉林立”的生态湿地景观，吸引白鹭、灰鹭等数万羽鸟类来此栖息，被称为“苏中九寨沟、华东鸟天堂”。在旅游产业转型升级背景下，李中水上森林景区着力打造以湿地森林为核心，囊括康复医院、医养大厦、花园式酒店、万亩养生花海等项目在内的水上森林康养旅游综合体。

【郑板桥·范仲淹纪念馆】 纪念馆建于1986年,位于市区牌楼北路,是江苏省、泰州市、兴化市爱国主义教育基地,国家AAAA级旅游景区,是兴化收藏、保护、研究、展示文物和研究郑板桥、施耐庵、范仲淹的主要机构。纪念馆总面积2.55万余平方米,建筑面积3289平方米,展陈面积2180平方米,东与李园相连,南与兴化县署(范仲淹纪念馆)相通,系仿明清徽派建筑风格而建。全年免费对社会开放,年接待参观总人数超过60万人次。有固定陈列"楚水流长——兴化简史料陈列馆"、"三绝奇才——郑板桥生平及艺术成就展馆"、范仲淹纪念馆、施耐庵文物史料陈列馆、兴化历代名人史料陈列、当代兴化名人成就展等展馆。

【沙沟古镇】 位于兴化市西北部,始建于公元前206年,东邻盐都,西与高邮、宝应毗邻,北与建湖隔河相望,自古便是五县通衢的中心城镇,是国家AAAA级旅游景区,国家级历史文化名镇。这里人文荟萃、底蕴深厚,走出过举人、进士120余名,诞生福建右布政使万云鹏、《中国医学史》作者陈邦贤等诸多名贤。古镇拥有保存完好的古街巷75条、明清古建筑187处,虹桥、大士禅林、进士坊、望火楼、明清古厕、板桥塾馆、沙沟市政府旧址、苏中公学、程家大院等众多历史文化景观。沙沟渔业资源丰富,古法捕鱼"十八帮"传承至今,沙沟大鱼圆驰名中外;被评为"江苏省渔文化旅游风情小镇",获国家级"最美渔村"称号。

【金东门老街景区】 位于市区中东部,是由明清古建筑群组构而成的街区,素有"金东门"之称,国家AAA级旅游景区。历史上店铺林立、商贾云集、日进斗金,形成"一街(东城内、外大街)三行(菜行、鱼行、米行)"的商业形态和"竹巷""染坊巷""珠瑟巷"等手工业集聚区,是省级文物保护单位。现存街道东西长约1200米,鱼骨状的幽深古巷分布在南北两侧,原住居民近万户。明城墙、东岳庙、上池斋药店、竹业公所、家舒巷古民居建筑群,赵海仙洋楼、状元坊、解家祠堂等各级文物保护单位均坐落于此。

【施耐庵文化园】 位于新垛镇施家桥村东北,为元末明初大文学家、《水浒传》作者施耐庵墓地。墓地四面环水,墓冢为圆形土堆,高3.5米,直径4.5米,立"大文学家施耐庵先生之墓"石碑一方,前有三门砖砌牌坊,正中横梁上悬有"耐庵公坊"四字石刻,是国家AAA级旅游景区。墓园东南方为施耐庵文物陈列室,陈列有施氏家世表、与施耐庵及其后裔有关的各类文物以及《水浒传》的各种版本资料。

【乌巾荡风景区】 位于市区北部,是省级旅游度假区,乌巾荡旅游度假区规划总面积约18.29平方千米,拥有全球重要农业文化遗产、世界灌溉工程遗产千垛景区,里下河国家湿地公园,千垛田园国家级综合体,全国乡村旅游重点村东罗村,国家AAA级旅游景区乌巾荡湿地公园,全国"最具乡愁的路"千垛美路,水上旅游廊道——兴化1号水路、昭阳里·森林露营、长安驿站等各类特色旅游项目20余个。

【万亩荷塘】 国家AAA级旅游区。位于千垛镇刘家沟村。2015年,由泰州市九州营销策划有限公司投资开发,同年7月28日开园迎宾。景区是以"荷文化"为主题打造的生态旅游景区,核心区域总面积80公顷,是集旅游观光与休闲度假于一体的生态农业区。每年盛夏季节,藕莲、子莲、花莲、王莲四大类20个品种36个品系的荷花竞相开放,乘坐一叶木筏穿行于荷花、荷叶之间,阵阵清香扑鼻而来,可体验"船在水上走,人在画中游"的奇妙感觉。

【徐马荒湿地】 位于千垛镇徐圩村和马港村西侧,总面积10.68平方千米,有陆地133.33公顷、林地200公顷、荒滩水面266.67公顷、鱼池333.33公顷。湿地景观四季分明、各有特色——春季森林鸟鸣翠、夏季荷塘碧连天、秋季芦荡花飞雪、冬季荒野寂无声,享有"苏中沙家浜"和江苏"香格里拉"等称号。千垛镇政府在加大生态保护和修复工作的同时,正抓紧把徐马荒湿地打造成为苏中地区重要的鸟类摄影基地,成为人们走进自然、认识鸟类、研究鸟类、享受生态的科普之地。

【郑板桥故居】 位于兴化东城湾郑家巷(在今板桥东路)9号,俗称"郑家大堂屋",为市级文物保护单位,原建于清代,1983年重修。整座故居坐北朝南,前后两进,有正屋坐南朝北房3

间，另有门楼、小书斋、厨房等。故居原为板桥之父郑立庵家居课徒之处，郑板桥出生和青少年时代生活、读书也都在这里。故居基本陈列为“郑板桥生平及艺术成就”，有郑板桥生前遗物、7种版本的《郑板桥集》、板桥墨迹的复制品及有关研究论著、资料等。

【状元坊】 位于市区东门历史文化街区，是一座双柱单门跨街牌坊，为明嘉靖二十六年（1547）状元李春芳所建。李春芳是兴化明代“三宰相”（高谷、李春芳、吴生生）之一，有“状元宰相”之称。状元坊旁边的状元巷是李春芳刻苦攻读、考中状元的地方。

【上池斋药店】 全国重点文物保护单位。位于昭阳镇东城外大街10号。始建于清康熙年间，民国21年（1932）落架大修，创建者为扬州人方石川。在深入考察兴化市场后，方石川毅然率族迁居兴化城，并在城门口黄金地段附近买房置业，开设药店，悬壶济世，并根据《史记扁鹊传》中“饮是以上池之水，三十日当知物矣”典故，定药店名称为“上池斋”。清乾隆十五年（1750），上池斋业主聘请被“扬州八怪”代表人物郑板桥誉为“邑中楷书第一”的书法家李培源为其书写店名，并将其制成金字招牌。

【成家大司马府】 位于牌楼东路。明洪武年间成铨初建，明洪熙元年（1425）改建，又名“成氏宅第”“兴化大司马府”，是明朝兵部尚书成和五世孙成谐的故居。成铨次子成琎（1359—1408）入仕后，曾追随燕王朱棣参加“靖难之役”有功，去世后被追赠“兵部尚书”，成氏宅第因此赐建为成家大司马府。此宅现存建筑两路六至七进，占地面积1895.62平方米，建筑面积1280.24平方米，共13个院落，南北间各院有通有隔，两路间以中内廊、东火巷、西串廊相缀而成。成家大司马府现为江苏省现存体量较大的明代府第建筑群，其内部院落之间，隔而不断，分而不散，对于研究地方明早期相关等级的府第建筑有一定的历史与科学价值。2011年12月，被江苏省政府公布为江苏省文物保护单位。

【东岳庙】 位于城区东大街，始建于明永乐年间，局部建筑（四圣观）建于元至正年间，占地面积5005.7平方米，建筑面积2839.6平方米。东岳庙大殿为垂檐歇山顶，间架端正，由前后两部分相接组成，西阔三间13米。殿前门楣、额枋、雀替、斗拱俱全。传说兴化籍状元宰相李春芳为表孝心，按照京城金銮殿的格局样式为父母修建，以慰二老不能目睹紫禁皇城之憾事。2019年3月，被江苏省政府公布为江苏省文物保护单位。

【四牌楼】 兴化市级文物保护单位。位于市区牌楼路。始建于明朝，原名“四攒坊”，清代后更为今名。牌楼高8.63米，每边底宽7.3米，建筑面积53.29平方米。牌楼内外共悬挂47块匾额，旌表兴化忠臣孝子、乡贤名家75人81人次，上自南宋“开科第一”，下迄民初“仁寿之征”，跨越宋、元、明、清、民国五个朝代。著名者如“五朝元老”高谷、“状元宰相”李春芳、“中原才子”宗臣、“东海贤人”韩贞、“才步七子”郑板桥、“经训贻芳”任大椿、“性静情逸”刘熙载等人。原四牌楼在“文化大革命”中被毁，仅保存“五岳朝天”金属顶和7块老匾。20世纪80年代重建，除利用幸存的7块老匾外，其余40块匾额为邀请全国各地的书法家重新书写，包括启功、赵朴初、武中奇、沙孟海等当代大家。重建后的四牌楼，可以称为书法艺术的瑰宝与奇观。

【李园】 位于兴化城区武安街13号，原为清咸丰年间祖籍高邮的扬州盐商李半园（1814—1881）迁居兴化后所建的私家园林。李园的典型建筑为“沧浪画舫”（又称船厅），船厅整体呈船状，船头朝西，呈“L”形，共7间，卷棚歇山顶。船头挂落上方，悬“自在流行”匾额；舱屋中间以大型双面雕花落地罩分隔。东端与后舱有隔栈，上悬常州书法家汪洵所题“沧浪画舫”额。后舱南北为3间，南间与北一间中有圆形落地罩分隔，花罩上方悬清代著名书法家杨岘所题“谅斋”小匾。船厅外部南侧正中有一斜面坡道，状似跳板；船头外有花台，缠绕的紫藤树干好似缆绳系在岸边，整个船厅便犹如一艘装饰典雅的画舫荡漾在花草树木之中，是江苏省文物保护单位。

【八字桥文旅休闲街区】 为第二批江苏省省级夜间文化和旅游消费集聚区建设单位。位于老城内八字桥风貌区，街区以板桥“竹”为主题，沿街导览标识

2023年，银北门"品蟹一条街"　（市文体广电和旅游局/供图）

和路牌门牌个性鲜明，富有人文气息，周边环境风貌协调统一。街区内设有综合服务中心，提供旅游咨询、导览导游、投诉处理服务。街区常年开展夜演、夜秀、夜展活动，如兴化县署开演《板桥放粮》《范公断案》等传统淮剧小戏。街区核心地段定期上演大型5D实景演出《垛上谣》。

【银北门"品蟹一条街"】　位于兴化老城区北首，是江苏省历史文化街区，以品蟹为主题的农文旅美食休闲街区。街区含1处省级和4处市级文物保护单位、6处登记不可移动文物和5处历史建筑。街区有兴化大闸蟹、兴化早茶、全蟹宴、特色美食、夜间休闲、网红打卡等多元素的旅游体验，美食与美景交相辉映。

旅游开发

【概况】　2023年，兴化市加快推进里下河国家湿地公园二期项目，邀请第三方公司对景区创建能力进行评估，出具可行性报告，进一步推进景区创建基础及相关配套设施建设工作。修编里下河湿地公园二期、乌巾荡旅游度假区总体规划，编制陈堡草荡国家水上国民休闲运动中心创建规划、千垛景区桃园地块建设规划，启动沙沟古镇开发与保护工作，提升古镇人气。

【板桥文化园】　8月7日，兴化市板桥文化园获批国家AAA级旅游景区。板桥文化园位于兴化市大垛镇管阮村北侧，南临国道344，西接宁靖盐高速公路兴化互通出口，交通便利。景区内5条河流在园内交汇，状似五龙戏水，形如凤尾，古称凤凰宝地。内设有板桥书院、板桥道情馆、板桥林园、碑廊、百竹园等景点，集中展示郑板桥"清廉""民本"思想及其诗书画艺术成就。年累计接待全国各地游客500余人。

旅游促销

【兴化荷文化旅游节】　6月20日，"千垛之城　荷你有约"——2023兴化市荷文化旅游节开幕。现场展示各式各样与荷有关的艺术作品、荷系列农产品以及荷花主题文创产品等。举行"盛夏赏荷乐游兴化"自驾活动发车仪式，"水润荷风"媒体及OTA平台战略合作签约及"自驾游旅游目的地"授牌仪式。

【中国·兴化品蟹赏菊旅游季】　9月6日，2023中国·兴化品蟹赏菊旅游季新闻发布会暨秋季旅游专题推介会在南京举行。举办时间9月26日至11月初，主场地设在千垛景区。9月26日，中国·兴化"品蟹赏

2023年9月26日，中国兴化"品蟹赏菊"音乐美食节在千垛景区开幕
（市融媒体中心/供图）

菊”音乐美食节在千垛景区开幕。以国家全域旅游示范区创建为抓手，持续推动文化旅游融合发展，先后获评江苏省历史文化名城和全域旅游示范区，入选省级文旅产业融合发展示范市。

【“苏新消费·活力水乡”】 6月19日，兴化市举办“苏新消费·活力水乡”消费促进系列活动，践行新理念，科学发展“夜经济”，在城投大厦西侧广场举办城南邻里中心首届夜市文化节，是一场集音乐、美食、娱乐于一体的大型文化活动，由以往单一业态的消费模式向产业多元化、场景融合式等新型模式转变，让升级版夜间经济成为市民们消费的新亮点。活动为期1个月，开展文艺表演11场，来访市民约5万人。

【“水韵苏米”稻米文化节】 9月21日，兴化市举办首届“水韵苏米”稻米文化节。加速推进区域粮食转型发展，全方位、多渠道持续打造的“兴化大米”。“产学研”融合、“校村企”携手，举办水韵苏米张洪程院士创新基地、江苏省水韵苏米产业研究院兴化工作站、南京财经大学研究生工作站、南京财经大学大学生实习实践基地授牌仪式，发布“水韵苏米”高质量发展三年行动计划。

【中国农民丰收节暨2023兴化大闸蟹开捕节】 9月23日，在泓膏大闸蟹生态园举办中国农民丰收节暨2023兴化大闸蟹开捕节。推进河蟹产品精深加工，推动与生态休闲、旅游观光、现代物流融合发展，形成一、二、三产联动效应，拉长延伸产业链条，推广生态健康养殖模式，注重区域品牌打造，继续坚持走绿色发展之路，加快渔业科技创新，提升水产品质量，培育大龙头，建设大园区，打造大品牌。为评选出的“兴化大闸蟹产业十大能手”授牌；进行兴化大闸蟹品牌价值的发布与授牌，并举行签约仪式。

【中国·沙沟金秋美食音乐节】 10月20—22日，沙沟镇以创建国家AAAA级旅游景区为契机，构建“互动娱乐+体验消费+拉动经济”新模式，举办“美滋美味、食在沙沟”中国·沙沟金秋美食音乐节。沙沟镇围绕文、食、住、游、娱、购六大元素展开，通过展示、体验、娱乐、旅游等方式，进一步拉动消费，同时展示沙沟的魅力、实力和活力。

【第十四届江苏省乡村旅游节】 5月19日，第十四届江苏省乡村旅游节启动仪式在千垛镇举行。推动大众旅游、探索发展绿色旅游、积极倡导文明旅游、推进文旅深度融合、满足人民群众美好生活需要，市文体广旅局在八字桥文旅休闲街区举办2023年中国旅游日广场宣传活动。现场向市民、游客发放兴化旅游、景区以及文明旅游、历史文化的宣传资料，讲解、解答旅游的相关政策、内容以及关注方式，设置传统非遗技艺的制作、互动。

旅游管理

【旅行社管理】 2023年，全市有旅行社、设立社15家。市文体广电和旅游局组织全市各旅行社、景区景点导游（讲解员）进行讲解技能、消防技能、应急救援等各项业务技能培训，提高旅游从业人员业务技能素质。建立“日常巡查+驻点服务”工作机制，最大程度降低游客维权成本。对景区实施分片区包保，每日开展巡查和监管，及时纠正商家不规范经营行为。在景区设立消费维权服务站，每日派员驻点指导，同时派出消费维权服务车，全天候受理游客投诉，实现消费投诉、受理维权“零距离”。旅游节期间，处理旅游投诉21件，做到“有诉必接、有接必答、举止文明、细致耐心、程序合法”。

2023年9月23日，兴化市在泓膏大闸蟹生态园举办中国农民丰收节暨2023兴化大闸蟹开捕节　（市融媒体中心/供图）

【旅游饭店管理】 2023年,全市有列统旅游星级饭店5家,其中四星级1家、三星级4家。旅游星级饭店房间数596间,床位数916张,全年旅游星级饭店客房出租率约49.5%,平均房价约每间每天288元。菜花节期间,市市场监管局召开大型以上餐饮单位培训会,发放《致全市餐饮行业告知书》,集中签订《餐饮服务食品安全承诺书》,明确餐饮各环节食品安全管理要求。分片区、分批次开展城区大中型以上餐饮服务单位专项检查,对景区30余家农家乐进行巡查,压实餐饮服务单位主体责任。对景区及其周边经营食品累计抽检126批次。成立由13名价格检查业务骨干组成的工作专班,加大对虚标原价、哄抬价格和串通涨价等违法行为的监督整治力度。召开宾馆房价行政约谈会,及时通报典型案例,宣贯相关法律法规,开展自查自纠。

【旅游市场综合管理】 2023年,市市场监管局通过“泰州市特种设备智慧管理云平台”对景区特种设备检验情况进行实时监测预警,针对性地开展风险隐患排查整治行动。对7家液化气站和景区附近餐饮场所使用的液化石油气钢瓶进行检查,督促店家更换波纹管86根,杜绝使用过期瓶、报废瓶和无码瓶。加大对游乐设施、电梯的安全检查力度,联合市应急管理局、文体广电和旅游局对设备注册登记、定期检验、人员持证上岗等情况进行检查,确保大型游乐设施安全运行。联合兴化市公安局,通过政府网站、公众号、景区显示屏等渠道,发布旅游市场价格提醒函,督促市场主体全面对照检查,规范经营行为。

旅游公共服务

【公共服务优化】 2023年,兴化市建设全市智慧文旅平台,通过数字化、智慧化手段,实现覆盖全市文保单位、景区景点的综合管理。推动道路、旅游厕所等数字化建设,推动一批无人化、非接触式基础设施普及运用。提升高速公路服务设施的文化和旅游功能,完善普通公路旅游服务设施,配套建设停车场、驿站等设施,打造精品公路旅游产品,建设自驾游营地,完善旅游交通标识引导系统和加油、车辆修理、医疗救护等设施,实现自驾车无障碍旅游。

【文旅融合发展】 2023年,兴化市多次召开文化旅游产业融合发展会议。推进文化和旅游深度融合发展。兴化文化底蕴深厚、旅游资源丰富,有着得天独厚的条件,推动文旅融合发展大有可为。5月31日,兴化市召开文化旅游产业融合发展委员会第一次会议。市委书记陈锋剑强调,推动文旅融合发展,关键要加强联动。要加强活动联动,立足兴化“春夏秋冬”特色资源,精心策划推出一批活动,使活动之间有序错开、有机衔接。要加强景区联动,整合旅游资源,优化旅游线路,推动串点成线、连线成片。要加强区域联动,组建旅游联盟,更有针对性吸引外地游客来兴化旅游。推动文旅融合发展,核心要提升效益。围绕提升生态效益,坚持在保护中发展,在发展中保护,牢牢守住生态保护底线。要围绕提升社会效益,充分挖掘城市文化内涵,打造城市品牌,展示城市形象。围绕提升经济效益,明晰方向、明确预期,积极调动各方资源,开发打造更多“二次消费”项目。推动文旅融合发展,重点要整合力量。文旅产业融合发展委员会要加强组织领导,高位统筹推进,加快推动职能部门、属地镇街、国有企业资源整合、工作联动,心往一处想、劲往一处使。文旅专家咨询委员会充分发挥好智囊和参谋作用,在深入了解、广泛听取意见的基础上,为兴化文旅产业融合发展把脉问诊、出谋划策。

【体旅融合发展】 2023年,兴化市在旅游景区中融入体育元素,增设休闲体育项目。兴化市翼翔航空运动俱乐部入驻千垛菜花景区,占地面积2万余平方米,拥有3架动力三角翼,主营动力三角翼低空观光、培训以及航拍等项目,年接待3000人次。大纵湖旅游观光区摩托艇项目,中堡镇利用退圩还湖打造观光区水上休闲运动基地,该基地位于大纵湖旅游观光区内,水域面积近20万平方米,有附属用房1座,摩托艇5台,桨板、舢板、儿童游船等其他水上运动设施10余件。举办2023里下河龙舟邀请赛暨兴化市第十五届龙舟大赛以及花海森林兴化半程马拉松赛,吸引游客及外地运动员超1万人次。

(王　翔　王　宇)

招商引资

【概况】 2023年,全市新签约亿元以上内资项目和1000万美元以上外资项目143个,完成全年目标的119%。其中5亿元以上内资项目和3000万美元以上外资项目48个,同比增长11.63%。

【项目建设】 2023年,兴化市出台《兴化市重大产业项目招商引荐人奖励办法》《兴化市实际利用外资奖励实施细则》《兴化市商务接待管理办法(试行)》《兴化市2023年度招商引资有效信息考评细则》,收集亿元以上招商引资项目信息197条。研究制定《兴化市2023年招商活动计划》,先后参加泰州主题投资促进系列活动,市领导带队开展境内外招商活动88次,全市各镇街园区共外出招商249次。举办2023兴化春季投资贸易洽谈会、2023兴化金秋经贸科技洽谈会等招商活动,推动更多优质项目落户兴化。选派23名优秀年轻干部组建6个专职产业招商小组,出台专职招商人员管理办法、商务接待管理办法,组织专职招商人员赴浙江大学等地开展专题招商培训4场,参训人数400余人次。聘请45名专家分产业组建咨询委员会,以招引重大产业项目为主攻方向,精准开展靶向招商。成立招商信息收集研判专班,负责建立健全项目信息收集、项目签约考核机制,推动签约项目转化。

(宫烨然)

对外贸易

【概况】 2023年,全市实现进出口总额11.2亿美元。其中出口10.8亿美元,进口4000万美元。国家外贸转型升级基地(脱水蔬菜)企业出口额1.14亿美元,占全市出口额的10.6%。

【进出口贸易】 2023年,市商务局制定出台外资外贸三年倍增计划,组织亚盛金属、顶能科技等多家企业参加2022中国(深圳)国际电商产业博览会、2023中国跨境电商交易会(春季)、广交会等各类展会。帮助企业借助出口信保等政策性保险工具规避出口风险,1—6月,帮助37家小微企业享受免费政策保险,6家企业申请省级出口信保21.07万元;7—12月,邀请中国出口信用保险公司到兴化市开展专题政策辅导和现场业务办理,现场帮助17家企业免费办理出口信用保险。其中0~30万美元平台办理5家,30万~300万美元平台办理5家,300万~1000万美元平台办理7家。

(仲　文)

境外经济技术合作

【概况】 2023年,全市新批项目3个,协议对外投资额2.3亿美元,实现外经营业额3500万美元,完成全年任务的100%,实现对外投资总额3900万美元。

【境外投资】 2023年,兴化市境外投资规模与体量明显增长。市商务局跟踪服务江苏兴达钢帘线股份有限公司泰国项目,近年来为企业上争市级、省级、国家级资金2000余万元。钢帘线泰国项目已具备年产钢帘线5

万吨的生产能力,成长为当地的龙头企业,2023年增资2.4亿美元。江苏昊星新材料有限公司美国并购项目,第一期资金已全部到位,与美方合作进入正常化。境外投资项目数较2022年度有较大增长,全市有3家企业取得商务部颁发的境外投资批准证书,并与国内4家企业联合在越南进行投资,实现中小企业“组团出海”开展境外投资,有力规避海外投资风险。兴化地区境外投资方式从以前的“境外办事处”“境外贸易公司”升级为现在的“境外工厂”;投资国家地区也由原先的东南亚,发展为现在的美国、澳大利亚、墨西哥等国家,境外投资方式与投资国家地区呈现多元性。

(王永庆)

园区建设

【概况】 2023年,全市有省级经济技术开发区1个,省级高新技术开发区1个,特色产业园9个。江苏省兴化高新技术产业开发区有院士工作站1个、博士后工作站3个、国家级企业技术中心1个、省级工业设计中心2个、省级研发平台41个、省级科技孵化器2家、省级众创社区1家、省级众创空间1家。江苏省兴化经济开发区获批国家级专精特新“小巨人”3家,省级技术中心2家,市级技术中心3家。申报高新技术企业通过28家,其中新增高新技术企业10家。培育推进3家企业申报省级智能制造示范车间,4家企业申报市级智能制造示范车间。培育推进15家星级企业上云,申报通过10家星级企业上云。推进全区63家规模以上工业企业“智改数转”诊断,两化融合贯标企业4家,星级安全防护企业3家。3家企业创成省级绿色工厂,4家企业建立能源管理体系并通过市级评价认定,2家企业通过能源管理体系认证。

【江苏省兴化经济开发区】 园区位于兴化城区西南,于1993年经省政府批准设立的省级经济开发区,2006年经省政府同意设立的农副产品加工区,2011年被农业农村部认定为国家农业产业化示范基地。2023年,兴化经济技术开发区拥有良好的综合配套能力,供电、供热、治污、排水等各类管网设施配套齐全,健康食品产业研究院、食品质量检验检测中心、科技创业中心、职业教育中心、职工生活服务中心等各类服务平台齐备完善,是具有兴化水乡特色的园林式、环保型的省级生态工业园区。通过平台收购、绿色智改、依法征收、招引嫁接、增资扩产等措施,盘活低效闲置工业用地20处共计51.83公顷,完成全年目标的155.4%,退出低端低效企业14家,占地3亩以上工业企业亩均税收增幅30.09%,超过增幅18%的年度目标。围绕复合调味料、休闲及功能性食品、预制菜肴三大品类,划定东至卤汀河、南至必存路北侧、西至省道351、北至城南路的12.42平方千米区域内建设健康食品产业园,打造绿色化、品类全、高端化的健康食品产业集群。打通科技孵化和市场需求,引入技术、人才、资本等创新要素,7月,与江南大学共建健康食品离岸科技孵化创新中心。推进农产品加工业集聚发展和优化升级,创成省级农产品加工集中区,入驻28家企业;围绕预制菜产业园片区内企业职工、高管的生产生活需求,完成24套安置房改造人才公寓。做强冷链物流配套功能,推动投资30亿元的45万平方米冷库和冷链物流中应冷冻食品加工等项目落地建设。被泰州自规局推荐为工业用地“标准地”改革试点单位,推动土地要素优化配置,探索形成工业用地“标准地”全流程管理。兰特黎斯项目服务专班获评泰州市“骏马奖”,保利澳瑞凯专用车制造项目入选省重大项目。制定《开发区产业发展三年行动计划》《开发区制造业高质量发展倍增行动计划》等纲领性文件,出台《关于扶持企业上市的实施意见》《关于支持企业提升核心竞争力积分奖励办法(试行)》《关于鼓励孵化产业项目发展的奖励办法(试行)》等一系列政策意见,大力支持企业创新发展,着力提升企业核心竞争力。成立开发区企业倍增服务工作领导小组,对纳入倍增计划的重点企业实行专人专班服务。强化政企联动,对155家规上企业及重大项目,明确专人挂钩联络、对接服务,及时了解企业所盼所求,为企业发展纾困解难。优化行政审批专区职能,畅通并联审批“绿色通道”,加快推进项目建设速度。推动科技赋能。全面深化组织架构改革。按照区党工委(管委会)领导下的“临城街道+专业园区+经发公司”园区改革组织架构,进一步厘清开发区和临城街道职责边界,剥离开发区社会

2023年7月28日,江南大学和江苏省兴化经济开发区共建健康食品离岸科技孵化创新中心。图为签约仪式 (赵朝春/摄)

事务管理职能,突出开发区经济发展主责主业。加快推进国企市场化改革。致力经济发展公司实体化转型,成立兴化港绿色建材有限公司,实现开票销售收入2300万元,并与宁盐高速等重大工程项目达成业务合作意向;成立兴化经发科技产业园运营管理有限公司,开发建设经发科技产业园。成立兴化经开区招商管理有限公司并正式试运营。集聚工业企业850余家,其中规上企业155家。开发区新签约项目27个,其中1亿~5亿元签约项目15个,5亿元以上签约项目10个。新开工亿元以上项目18个,其中5亿元以上项目6个,总投资40.5亿元;新竣工亿元以上项目14个,其中5亿元以上项目4个,总投资20.3亿元;实际利用外资6048万美元。

(赵朝春)

【兴化高新技术产业开发区】江苏省兴化高新技术产业开发区(筹)依托戴南科技园区创建,位于中国不锈钢名镇——兴化市戴南镇,2020年1月21日经省政府批准筹建。高新区现集聚中小微制造业企业3000余家,其中规上企业295家。兴化高新区不锈钢产业经过50余年的发展和几代人的创业奋斗,由最初的自发回收利用到政府规范引导,发展成为全国最大的废旧不锈钢回收利用体系,是兴化市的支柱产业,已成为全国不锈钢产业的重要板块。拥有从市场(废旧原材料回收)—冶炼—质检—轧制—酸洗—制品—物流—商贸的不锈钢产业链条。坚持"多品种、小批量、大市场"的定位,拥有不锈钢企业1000余家,产品涵盖40余个系列、1万余个品种,有不少产品填补国内空白,全国近70%的不锈钢钢丝和不锈钢焊丝、80%的不锈钢异型件和非标产品都出自戴南镇,戴南镇也是全国最大的气阀钢生产基地。园区建有省级物流中心和覆盖全国的物流网络、中转节点,有覆盖全国的物流专线145条、中转节点1195处,是省级现代服务业高质量发展集聚示范区。有支柱企业江苏兴达钢帘线股份有限公司、江苏申源集团有限公司、双乐颜料股份有限公司等,也有行业龙头如江苏新宏大集团有限公司、江苏兴海特钢有限公司、江苏星火特钢集团有限公司等,还拥有国家级专精特新"小巨人"企业6家、省级"瞪羚"企业3家、省"专精特新"中小企业33家、国家高新技术企业159家、科技型中小企业382家以及一大批成长型中小微企业。常年有4万余人在全国各地从事废旧不锈

2023年2月7日,开发区高质量发展大会召开 (赵朝春/摄)

钢回收和不锈钢制品销售,回收网点4000余个,回收企业960余家,年回收废旧不锈钢150万吨以上。园区正紧扣不锈钢产业转型升级实施方案,坚定不移推进市场、冶炼、酸洗、物流、质检、展示、交易“七个集中”,科学定位产业发展方向,深化不锈钢全产业链的补链强链延链,紧盯产业链高端环节,聚焦不锈钢制品产业战略型、龙头型、配套型项目。2023年获评3个省重大项目,分别是总投资12亿元的高端焊材智能化工厂建设项目、总投资10亿元的核电军工用特种合金管板深加工产业化建设项目和总投资10亿元的年产10亿支高端电磁阀软磁阀芯项目。

(周冬平)

【兴化市安丰工业园】 园区位于安丰镇省道229东侧惠安路1号,划分为东、南、西、北、中5大片区,共有企业187家(其中规模以上企业31家),主要是机械铸造、纤维新材料、预制菜等3大产业集群。园区管委会认真抓好产业集群规划,产业集群平台建设,产业要素保障和龙头企业培育等一系列工作。2023年,园区实现主营业销售收入27.51亿元,新上技改项目3个,技改投入5000万元,利用外资157万美元,获“安丰高质量考核综合一等奖”。签约落户项目10个,其中东区1个,南区1个,西区1个,北区2个,中区5个。盘活闲置用地17.72公顷,亩均税收完成项目有江苏省丰纤维科技有限公司、兴化市荣乙塑料有限公司、兴化市卡特金属制品有限公司、兴化炜泰制衣有限公司。为提升企业创新创业活力,助力企业高质量发展,帮助企业申报高新企业成功2家,有效专利28个,江苏飞月轴瓦有限公司入选江苏省“专精特新”企业。

(屠荣梅)

【兴化市精密铸造产业园】 园区处陈堡镇,位于省道231、陈张公路交会处,省道352、阜兴泰高速和规划中的城际铁路从该镇经过,交通十分便捷。园区面积173公顷,入园企业92家。保持规划的科学性、合理性、前瞻性,并通过区域环评,精密铸锻造、电子元器件两大主导产业特色明显。近年来,陈堡镇注重发挥“江苏省精密铸造产业基地”“江苏省中小企业产业集聚示范区”“泰州市特色工业园区”效应,通过产业招商、以商引商、驻点招商形成精密铸锻造企业集群效应。随着全镇铸造产业的转型升级和铸锻造企业的集聚集群,“兴化市精密铸锻造产业园”品牌效应越发凸显,2017年,园区获评“中国精密铸造产业基地”和“中国产学研合作创新示范基地”,兴化市精密铸锻造产业研究院获批省级孵化器。2018年9月,省铸造学会在陈堡成立省铸造熔模专委会,平台载体功能进一步强大。2023年,陈堡镇与国投公司合作新建国家精密铸造产业基地园中园项目,同步建设工业绿岛、蓝领公寓。强化精密铸造产业园区建设,通过“中国精密铸造产业基地”称号复评。协助举办“首届长三角铸造大会暨青年人才创新发展论坛”和“长三角熔模铸造高峰论坛”,承办“上海投资环境说明会”,前往北京对接铸造产业相关政策,组织企业参加省铸造学会理事会议、中铸协天津年会和中铸协精密铸造年会,行业影响力和品牌知名度不断提高。

(闵月蓉)

【兴化市双蝶工业园】 园区位于周庄镇北侧,建成面积2.4平方千米,入园企业66家,其中规模以上企业31家。2023年,园区实现产值23.4亿元,上缴税收3470万元,就地就近创造就业岗位1100个。园区地处泰州、兴化的地理位置中心,省道352、省道231在此交会,阜溧高速周庄出口直达园区;园区西侧的省三级航道卤汀河直通长江。围绕镇园共建,一体推进的总体思路,结合园区发展规划,加大投入力度,加快提升园区环境。园区基础设施日臻完善,项目落户配套的水、电、路、网、气等要素全部到位。推进“亩均论英雄改革”,抓好低效闲置工业用地盘活,为更多优质项目落户园区提供用地保障和发展空间,力促园区经济可持续、高质量发展。利用“周为聘”小程序,为企业搭建招工用工平台,取得较好成效,中央电视台《新闻直播间》栏目作专题报道。立足产业兴园、工业强镇不动摇,周庄镇以抓实新旧动能转换为抓手,推动园区产业发展,坚持传统产业抓提升、新兴产业促壮大、未来产业紧盯住,更好明晰产业发展方向,加快构建现代产业发展新格局,重点在新能源汽车零部件、智能家电配件、新材料绿色环保产业方面,实施精准招商,大抓项目建设,力推产业结构优化、产业能级提升,助力周庄镇工业经济发展行稳致远。

（周长青）

【兴化市新源轻工科技产业园】 园区位于大垛镇,地处宁靖盐高速与国道344交会处,水陆交通便捷,区位优势明显。园区创建于2003年7月,同年12月经兴化市政府批准挂靠省级兴化经济开发区挂牌"兴化市民政工业园",按照"一次规划、分步实施、招商同步、主攻项目"的总体要求,形成以国道344为轴,南区北区"一体两翼"的开发格局,园区内电力通信、有线电视、道路桥梁、绿化亮化、给排水、污水处理等基础设施全部到位。2011年1月,由兴化市委、市政府更名为兴化市精纺产业园。2012年10月为促进新型包装材料产业及轻工产业集聚发展,提升工业园区的综合竞争力,经兴化市人民政府同意更名为兴化市新源轻工科技产业园。入园企业103家,从业人员6000余人。形成新型包装材料、有色金属、机械加工、纺织服装等四大支柱产业。根据"布局集中、用地集约、产业集聚"的要求,实施南北两区之间错位发展,以龙头企业和重大项目为依托,以产业集聚和产业链延伸为重点,转型升级、结构调整,形成产业集聚度高、特色突出鲜明、规模效益显著的产业集群。北区逐步发展形成以新型材料为主的特色产业:围绕新烜新材料(泰州)有限公司产业链,计划招引更多新型材料、金属包装配套企业、仓储物流企业落户,重点引进产业配套性强的企业。打造产业链,以金属包装企业为利益核心,打造利益共同体。形成紧密联系的产业链,增强应对挑战和风险的能力。南区形成以有色金属、纺织机械制造为主的特色产业:以通泰纱线、汤氏纺机为代表的一批有色纺纱、机械制造企业,通过企业发展提升产品档次,联合科研院所提升科技创新能力、实现借力发展,做大做强。不断推进传统产业提档升级,依靠技术进步提高劳动者素质推动转变,从注重生产能力扩张向注重技术能力积聚转变,从生产型制造向服务型制造转变,实现由制造向创造的转变。合理配置资源,促进产业集聚,提高工业经济核心竞争力,创新服务机制,提高服务效能,推动园区企业成长与发展,将园区建设成为一个投资环境优越、人居环境优美、经济发展优质、社会管理优异的兴化一流工业园区。

（徐杨洋）

【兴化市铜制品产业园】 园区位于江苏省兴化市荻垛镇集镇北侧,地处省道229,区位优势明显。园区设立于2005年,2011年被兴化市委、市政府设为全市重点工业园区,产业定位授牌"兴化市铜制品产业园"。园区建成"六横两纵"主框架,有企业用地约80公顷,有企业72家,其中合金生产企业21家,主要从事铜镍、铜锌、铝锌(银)、镍铁等合金材料及产品的生产,主要产品有各类标准型号及异型的高纯度铜带、铜排、铜管、铜套;镍白铜带;铝合金型材、铝套、排号合金铝锭;飞机发动机叶片等特种合金钢铸造件;新型铬铁合金等。园区内供电、供水、通信、排水、燃气等管网设施配套齐全,道路绿化亮化到位,园区紧依集镇,国税、地税、工商、电信、银行、公安、国土、住建、人社等部门均设有分机构,方便企业办理业务。园区积极鼓励、支持、引导企业进行转型升级。兴东铸钢、东方铸钢、华航精密铸造通过技改,先后新注册江苏金汇陶瓷精铸股份有限公司、江苏奥宇合金材料有限公司、江苏华航陶瓷新材料科技有限公司,与上海、南京等地有关科研院所合作,分别在低碳、超低碳铬铁合金和航空发动机、燃气轮机单晶叶片等产品领域取得革命性升级。

（张逸陶）

【兴化市汽车齿轮产业园】 园区又称塔子河工业园区,坐落于兴化东北部,与盐城大丰区草堰镇、白驹镇相毗邻,地处沿江沿海发展战略"T"形经济带,省道351穿境而过,北邻省道465、西连宁靖盐高速东临沿海高速、国道204位于合陈镇西昌合路两侧,东至塔子河,西至横泾河,总面积约3.31平方千米。近年来,园区所在地合陈镇党委、政府坚持"园区是窗口、园区是特色、园区是品位、园区是实力"的理念,高度重视园区平台建设,切实加大园区的规划引领和基础设施建设力度。园区主要以机械制造、齿轮生产为产业定位,产业链条越来越明显。拥有2条总炉量20吨的热处理加工生产线,拥有各类翻砂铸造、石蜡浇铸、机械配件精深加工等生产厂家,拥有专业抛丸机械、起重机械设备和服务外包市场,拥有技术先进的齿轮加工检测设备平台等产业可配套要素,基本形成从“金属铸件—毛坯铸造—抛丸处理(起重运装)精深加工—热处理工艺—产品检测—产品形成”的一条龙产业链,品种齐全,条件优越,互补优势明显,新上合作项目配套空间非常广阔。2023年,江苏康柏斯机械科技有限公司投资5190万元,开工建设二期工程,利用原有存量土地3.07公顷,在现有厂区内扩建厂房9200平方米,当年完成厂房建设。

(葛 超)

【兴化市脱水果蔬产业园】 园区创建于1991年3月,2003年4月经兴化市人民政府正式批准为市级产业园。2010年底,正式更名为兴化市脱水果蔬产业园。2023年被认定为江苏省四星级农产品加工集中示范区,同年3月经商务部考核认定为国家外贸转型升级基地(脱水果蔬)。园区位于兴东镇、垛田街道境内,地理位置优越,水陆交通便利,为脱水果蔬企业配套原料基地530余公顷,有脱水果蔬规模企业18家,其中兴东镇8家、垛田街道10家,年消耗农产品60余万吨,脱水蔬菜产品8万余吨。2023年,脱水果蔬产业实现工业开票销售收入8.82亿元,利税总额2796.7万元,提供就业岗位1万余个。脱水果蔬产业作为兴东镇、垛田街道的地方特色传统优势产业,经过多年发展,实现由量的扩张到质的提升,成为极具兴化地域特色的支柱产业、富民产业。

(杨洪江)

【兴化市竹泓木船文化产业园】 园区位于竹泓镇,2012年8月份,在兴化市委、市政府的支持下,兴化市竹泓木船文化产业园建设正式启动,园区成立兴化市竹泓木船文化产业有限公司,负责基础设施建设以及企业的管理、生产和销售工作。园区入驻企业24家,其中年销售额超亿元的企业有1家,为江苏苏航船业集团有限公司。年产各类木船8000余条,产品主要销往旅游景区、酒店等,带动近千名村民就业。园区内所有木船制造企业都建立线上网站,并且在阿里巴巴、慧聪网、淘宝网等平台注册300余家网店,通过网络推广,近年来竹泓木船远销荷兰、德国、新西兰等海外国家,国际销售市场得到拓展,竹泓镇木船产业有了一定的发展,木船产业发展的同时带动当地家具产业和传统制香产业的发展。通过竹泓镇非遗大师和传承人的不懈努力,木船制造业技术方面也得到提高,将锂电池技术、玻璃钢技术和数控机床等新技术应用到木船制造上,拥有更广阔的市场前景,先后设计和创意的一批木船精品,享誉国内外。竹泓木船拥有7项木船制造外观设计专利和26个注册商标,参与德国柏林大型双层太阳能游船项目、浙江嘉兴南湖红船仿制项目、湖北荆州古城游船项目、南海一号古船仿制项目等一批重大船舶制造项目。竹泓木船文化产业有限公司和兴化竹泓木船非遗工坊分别获“国家级非物质文化遗产生产性保护示范基地(2023—2025年)”和“江苏省首批省级非遗工坊”等称号。

(徐晟龙)

铁 路

【概况】 2023 年，全市铁路里程 11.79 千米。有车站 1 个，位于合陈镇锦贤村，距东台市东台站约 20 千米，离盐城市盐城站 43 千米，隶属上海铁路局管辖，为四等站。2004 年 11 月曾办理旅客乘降和行李、包裹托运业务。现办理货运以及区间列车会让等业务。

【铁路建设】 2023 年，兴化市配合省铁路办、省铁路集团推进盐泰锡常宜铁路项目项目可研、初步设计等前期工作，深入沿线乡镇完成红线范围内房屋征拆初步调查。

公 路

【概况】 2023 年，全市公路总里程 3075 千米。按行政等级划分：高速公路 72.65 千米，国省道公路 352.37 千米，县道公路 339.61 千米，乡道公路 1368.85 千米，村道 941.52 千米；按技术等级划分：高速公路 72.65 千米，一级公路 316.78 千米，二级公路 540.08 千米，三级公路 106.33 千米，四级公路 2039.17 千米。

【公路管理】 2023 年，市交通运输局推进“四好农村路”全国示范县创建，兴化市入选第四批“四好农村路”全国示范县名单。推进路长制，落实各乡镇调整完善路长制组织机构和工作职责，路长制工作有序开展。推进农村公路管理养护工作，制定养护作业计划，下发任务通知书，强化过程监督检查，保障道路安全顺畅。

【公路运输】 2023 年，全市境内公路客运量 1300 万人次，客运周转量 4.88 亿人千米；货运量 580 万吨，货运周转量 8.067 亿吨千米。

【公路建设】 2023 年，阜溧高速公路建湖至兴化段项目已进入扫尾阶段，沥青路面全部完

2023 年 8 月 11 日，交通运输部“四好农村路”全国示范县评估验收组到兴化评估验收现场 （市交通运输局/供图）

成,房屋建筑工程完成98%,交通安全设施工程完成75%。完成投资50.9亿元,占总投资的75.5%。东兴高速公路兴化段项目用地报批已批复,施工单位进场,基本完成三场一部,正联合乡镇完成路田分离、落实红线范围内鱼塘、蟹塘停养及相关清障工作。宁盐高速公路兴化段全线工程建设用地已获自然资源部批复,主线施工单位已进场,正推进三场一部、便道便桥建设。省建设计划农村公路项目6千米道路、120座桥梁通过泰州和省级验收。

水　路

【概况】　2023年,全市完成水路货物运输量6300万吨,货运水路周转量151.82亿吨;全市港口码头133个,码头泊位241个,码头总延长1.47万米。

【中交(兴化)港口开发有限公司】　泰州内河港兴化港区城南作业区码头是由兴化市人民政府授权江苏省兴化经济开发区管理委员会作为实施机构,与世界500强企业中国交通建设集团有限公司的直属子公司中交海洋建设开发有限公司合作推进,创建中交(兴化)港口开发有限公司(以下简称中交兴化港),负责项目的投融资、建设、运营及移交等工作。中交兴化港2018年9月20日开工建设,2020年8月6日开港,2021年正式运营。拥有1个1000吨级散货泊位、3个1000吨级件杂货泊位、2个1000吨级集装箱泊位和1个1000吨级待泊泊位及配套港机设备,泊位总长553米;港口一期总占地面积约32.4公顷,预留发展用地约7.33公顷。年通过能力251万吨,集装箱10.6万TEU(Twenty-foot Equivalent Unit,指的是1个标准20英尺集装箱的容量)。2023年,中交港口完成货物吞吐量150.06万吨,同比增长25%。集装箱吞吐量3.81万标箱(其中空箱1.46万标箱、重箱2.35万标箱),同比增长72.92%。

【航道建设】　2023年,兴化港有5条集装箱班轮航线,分别是兴化—上海宜东、兴化—太仓、兴化—南通、兴化—南京、兴化—江阴—张家港—如皋—南通—太仓航线,进驻兴化港的集装箱班轮公司有中远海、中谷、安通、信风、南京通海(江苏远洋达海)、君安、如皋港海运、民生等8家。通过集装箱出运的货物主要有五得利面粉,戴窑镇大米,戴南镇不锈钢,大垛镇塑胶颗粒,扬州高邮市、盐城东台市和兴化市的麦芽等;进口货物有陶瓷、卫浴、玉米、塑料粒子、石英砂、石粉等。航道总里程959.99千米。其中,三级航道106.2千米,五级航道31.42千米,六级航道87.34千米,七级航道246.23千米,等外航道488.8千米。

【航道管理】　2023年,市交通运输局组织航道工程通航条件技术审查,完结5个航道工程的行政确认许可,加强航道赔(补)偿费的征收,征收48.88万元,做到应征不漏。对辖区内所有等级航道及等外级航道进行巡查。巡查里程3200千米。对辖区七级及部分等外航道内513座桥梁进行拍照、定位排查登记,对所有航道桥梁通航尺度进行测量。

交通运输管理

【公路路政管理】　2023年,全市县道日常维护开展有序,路肩边坡割草325千米,清除路肩边坡杂物、堆积物3250立方米,路

2023年6月20日,市交通运输局联合开展客运行业消防安全应急演练
(市交通运输局/供图)

面保洁3850平方千米，标线出新3.53万平方米，修复或新增波形梁护栏2852米，修复路面龟裂、沉陷等病害约2.8万平方米，采取预防性养护灌缝约6.1万米。为保障县道通行安全，在全市325千米县道范围内对影响通行安全的树木及平交道口乔木灌木等组织进行精细化修剪。完善应急预案，落实安全保畅措施，全市共出动应急处置人员50人、巡查车7辆，应急工程机械车辆1台，固体融雪剂6吨，全市县道无积雪、无结冰，车辆通行正常。

2023年12月9日，兴化市汽车维修行业功能型党支部成立

（市交通运输局/供图）

【公路运输管理】 2023年，市交通运输局优化行政执法流程，明晰行政执法责任，共办理行政处罚案件389起。联合公安部门，开展打非治违行动，严查无证经营网约车、“黑车”、出租车、客运班车不规范经营行为171起，免处罚出租汽车车容车貌不整洁轻微违法行为119起，保障客运市场稳定有序。加大区域协作，采取定时与不定时、流动与固定检查相结合的方式开展超限超载专项治理，共出动人员3226人次，检查车辆1.06万辆次，查处违法超限车辆1583辆，卸驳载5434吨，对违法超限车辆驾驶员实施扣分累计1751分，全市公路超限率控制在0.04%，远低于0.3%的省控线。开展工程领域“蓝盾”行动，参与配合开发区市政三条道路白改黑工程建设任务，通过交工验收并投入使用。开展汽车维修市场专项整治，下发整改通知书112份，拆除非法维修设备9个，取缔钣金喷漆经营业户14家，督促企业备案172家，累计处罚并责令停止经营2家，责令关停未经备案经营点31个，移送涉环保案件1起。对全市133家普货、危化品码头和2家危险品运输企业实施检查276次，排查隐患287起，并督促其自查自纠，整改闭环率100%。

【驾培管理】 2023年，全市共有机动车驾驶培训学校9家，开班50期，培训学员1.03万人次。开展“机动车驾驶员培训机构突出问题专项整治年”活动，组织驾校教练员教育培训，经考核优秀率达90%以上，及格率100%，经营性道路运输从业人员资格证累计换发2065件。

【汽修市场管理】 2023年，全市备案在册的机动车维修企业共有236家，其中一类维修企业25家，二类维修企业19家，三类维修企业192家；全市检测机构总计9家；尾气排放治理维护站（M站）总计5家。

（刘小涛）

国土空间规划

【国土空间总体规划】 9月6日,江苏省人民政府正式批复《兴化市国土空间总体规划(2021—2035年)》(以下简称《规划》),是机构改革后全国首批获批的县级国土空间总体规划。兴化市政府第13次常务会、市十七届人大常委会第七次会议、市委第45次常委会审议通过,省自然资源厅专家论证会通过,全省第一批行文上报。全市需要编制乡镇国土空间规划共23个乡镇,全部启动规划编制工作。详细规划单元划定成果12月7日通过专家评审。“多规合一”实用性村庄规划。全市462个行政村,其中规划发展类村庄所在行政村355个,编制完成246个,27个村正在编制。《规划》优化国土空间开发保护格局,构建等级合理、协调有序的城镇体系,加强城乡融合发展,优化镇村布局,推进宜居宜业和美乡村建设。优化“一源十廊多节点”的生态空间格局,开展湖荡湿地生态修复,持续推进生态文明建设。促进形成“两核、三区、六园”的农业空间格局,推动农业安全、绿色、高效发展。严守城镇开发边界,严控新增城镇建设用地,合理安排新增城镇建设用地的规模、结构和布局。优化中心城区空间结构和用地布局,统筹安排公共服务设施布局,严格城市控制线管控;加大历史文化名城、名镇的保护力度,切实保护好传统风貌和格局,保护垛田全球重要农业文化遗产,强化城市设计、村庄设计,彰显“田园水乡、人文垛城”的城乡风貌;完善区域和城乡各类基础设施建设,健全公共安全和综合防灾体系,提高城市安全韧性。到2035年,兴化市耕地保有量不低于12.3万公顷,其中,永久基本农田保护面积不低于11.12万公顷;生态保护红线面积不低于75.35平方千米。

【专项规划】 2023年,《兴化市国土空间生态保护和修复规划(2021—2035年)》通过专家评审,报经泰州市局审查合格;《兴化市城市综合交通规划》《“三园”产业发展和用地布局规划》《沙沟历史文化名镇保护规划(2021—2035)》通过专家评审。组织编制《兴化龙津河历史地段保护整治规划与城市设计》《北门历史街区保护整治修建性详细规划》等,修编《东门历史文化街区保护规划》《沙沟历史文化名镇保护规划》《戴窑镇历史文化保护规划》,焦庄村、边城村历史文化保护规划等。组织排查、公布、挂牌第三批历史建筑110处,启动排查第四批历史建筑,为全市申报国家历史文化名城提供有力支撑。

(周春山)

基础设施建设

【道路桥梁】 2023年,北樊安置房周边道路工程莲溪路(将军庙路—五里东路),北起将军庙路,南止五里东路,宽32米、长508.5米,为城市次干路。2022年4月18日开工,2023年3月16日通车。投入资金2388.73万元,建设西子湖畔居沿河道路及滨河步道景观工程,道路长557米,紫荆河北路宽16米,行车道宽9米,两侧人行道各3.5

2023 年 6 月 1 日，北水关大桥合龙　（梅立成/摄）

米。直港河西路宽 20 米，行车道宽 12 米，两侧人行道各 4 米。完成主次干道维修共 1351 处，较好地保障城区市政设施完好率。北水关大桥拆除重建工程西起长安路、东至九顷小桥，全长 573 米，其中重建桥梁 380 米，路桥连接线长 193 米，主桥 100 米，为钢桁架廊桥，单跨上官河三级航道。桥梁断面为机非分离布置，非机动车道采用“Z”字坡，主桥宽 22.5 米，快车道宽 8.5 米。总投资 1.115 亿元。2022 年 8 月 10 日启动建设，2023 年 12 月 28 日通过竣工验收，2023 年 12 月 31 日通车。

【智慧菜场建设】 智慧菜场是兴化市首家集健康、安全、绿色、环保、便捷、智慧等元素为一体的大型便民服务平台。总建筑面积 1300 平方米，5 月建成并正式对外运营。

【灯光亮化】 兴姜河大桥亮化分为功能照明和景观照明 2 个部分，其中景观照明为大桥两侧栏杆位置安装 282 个 6 瓦投光灯，大桥两侧桥边及桥下桥墩位置安装 894 米 24 瓦洗墙灯。功能照明为桥上及桥两侧引坡安装 22 杆高杆路灯，大桥钢结构两侧及造型拉杆安装 192 个 48 瓦投光灯和 504 米 1.5 瓦点光源。总投资 131.84 万元。6 月 5 日竣工。千垛景区品蟹赏菊音乐节亮化工程，总投资约 162 万元，分为功能照明、景观照明、配电施工、维修 4 部分。9 月 28 日，完成安装并调试亮灯。

【市政道路】 2023 年，市住建局强化市政基础设施建设，维修主次干道路面约 14053 平方米，更换排水管道约 530 米，维修突发桥梁栏杆撞坏 20 处，路面沥青灌缝养护约 1.3 万米，保障群众出行安全。

【停车场建设】 2023 年，各属地街道负责实施新增停车位任务，新增 2505 个小区停车位。昭阳街道（16 个社区）辖区 103 个小区增设智能电动自行车集中充电位进行试点。项目 4 月

2023 年 9 月至 11 月，市住建局路灯处开展城区超期服役 LED 灯具更新行动　（市住建局/供图）

27日开始建设,新增9569个插座、18139个电动自行车充电位,并全部投入使用。

公用事业

【供电】 2023年,全市全社会用电量86.39亿千瓦时,同比增长4.77%。调度最高用电负荷155.40万千瓦。投产110千伏及以上线路22.77千米、变电容量26.3万千伏安。供电可靠率99.99%。线损率2.33%。坚持先降后控,有效管控110千伏及以上电网风险预警66项,防范电网运行风险。高效应对迎峰度夏、"12·18"低温降雪天气等保供挑战,获市政府主要领导批示肯定。完成江苏省旅游节、兴化乡贤论坛等30余项重要活动保电任务。储备220千伏兴东变等23项电网建设工程。投运110千伏戴窑变等6项基建工程,110千伏垛田变工程获省电力公司输变电优质工程金奖。完成2.6亿元配农网项目投资,新建改造10千伏线路178千米、配变331台,中低压配电网进一步增强。全市省级园区均纳入"开门接电"示范区,完成泰州安井食品有限公司三期、江苏明璐特钢集团有限公司等项目送电。深化"三零三省"服务,惠及用户1.89万户,占比全市35.9%,节约客户投资1.5亿元,服务水平全市领先。打造7个开门接桩小区,完成2075户充电桩接电。服务北水关大桥等市政工程杆线迁改。营商环境"获得电力"指标列全省县级大供第一名,连续2年保持第一方阵。

2023年11月17日,市住建局联合开展燃气安全进校园宣传活动

(市住建局/供图)

【供气】 2023年,全市天然气供气量2.86亿立方米,居民用户数约14.78万户,商用1287户。加大燃气安全宣传教育力度。采取入户告知、集中宣讲、线上宣传等方式,开展燃气安全宣传活动60余次,发放燃气安全宣传材料2.67万余份。液化石油气累计安检7.2万户,维修换表1530户。查处违规使用瓶装液化气用户95户,清除钢瓶120只,完成1.76万户居民用户的老化连接软管更换、1025户餐饮的橡胶软管更换金属软管工作。

【供水】 2023年,城区售水量1979万立方米,乡镇售水量5097万立方米,水质综合合格率100%。完成镇村供水提质增效工程管网的初步设计、概算编制。完成富康花园三期、建设公寓、锦绣文华、兴旺公寓、时代嘉园、丁香花园、金兴花园、楚水园、昭阳花园、泰和苑10个住宅小区二次泵房改造。完成北樊安置房、西子湖畔居二期、吾悦和府东地块二期、莲溪公馆二期、水韵和院等住宅小区给水工程;完成通径100毫米以上管道安装23.5千米;完成家庭自来水用户安装358户。

【污水处理】 2023年,市城投公司实施城南生活污水处理厂三期扩容和城东生活污水处理厂工艺技术改造工程。日处理能力分别为6万吨和1.2万吨,2023年平均进水BOD(生化需氧量)浓度分别为104毫克/升和80毫克/升,现状日平均处理水量分别为5.5万吨和1万吨,运行负荷率分别为91.6%和85%。其中,兴化市城区生活污水处理厂扩容工程建设项目用地3.07公顷,设计处理规模2万吨/日。采用改良A2/O工艺作为生化处理工艺,以高效混凝沉淀+砂滤作为深度处理工艺。出水达到《城镇污水处理厂污染物排放标准》(GB18918—2002)中一级A标准。项目投资1.07亿元。城东生活污水处理厂技改项目的厂区原水解池改造为厌氧缺氧池、分两步拆除原生物转盘设施并新建A2/O生化池、高效沉淀池、反硝化滤池、鼓风机房、加药间等设施,建成1.2万吨/日处理设施,实现厂区生产稳定达标排放，出水排放采用一级A标准。项目投资4600万元。1—12月份城区处理水量1942万吨，城市生活污水收集率60%，超过泰州下达的年度50%的考核目标。大垛镇生活污水厂扩建工程于6月开工，11月竣工，扩建1座3000立方米/日的生活污水处理厂，竹泓、林湖、昌荣、荻垛、陶庄5个乡镇的镇区生活污水接入，实现达标排放。全市形成13个乡镇生活污水处理厂布局，实现乡镇污水治理的第一步发展目标。

【园林绿化】 2023年，市城投公司实施张皮安置房绿化工程，总投资175万元；实施千垛景区菊花展示区绿化工程，总投资350万元。实施戴窑镇停车场绿化改造工程，总投资245万元。完成兴姜和苑周边、长安北路苗木补植；完成英武大桥侧分带提升；完成生态园、市第一中学、融媒体中心、乌巾荡公园等绿化改造，共补植树木590株，铺设草坪1.9万平方米，补植兰花等地被植物2000平方米，更换草花1.7万平方米，清理补缺水生植物更换浮板1500平方米。

城市更新

【报告评估】 2023年，市住建局启动城市更新体检评估工作，完成城市体检评估报告以及城市更新行动计划。通过城市体检深入查找群众反映强烈的难点、堵点、痛点问题，深刻查找影响城市竞争力、承载力和可持续发展的短板弱项，尽快形成“城市病”和问题清单，为编制城市更新行动方案和年度实施计划、谋划更新项目提供工作建议，并把城市体检发现的问题作为城市更新的重点，建立健全“发现问题—解决问题—巩固提升”的工作机制。

【老旧小区改造】 2023年，市住建局推动居民小区基础设施提升，实施17个老旧小区改造项目，涉及居民3371户、建筑面积约29.97万平方米、房屋111幢。无障碍设施在老旧小区改造项目中同步实施。

【加装电梯】 2023年，市住建局推进有条件的楼栋加装电梯，解决“悬空老人”出行问题，营造“无碍有爱”的出行环境。市住建局及各相关职能部门遵循“业主主体、政府指导、各方支持、保障安全”的原则，有序推动既有住宅增设电梯工作。完成投入使用24台。

城乡公共交通

【城乡公交】 2023年，全市营运公交车415辆，经营线路132条（城市公交29条、城乡公交103条），实际运行线路127条，其中城市公交29条、城乡公交98条（含毗邻公交7条），另开通中医院、人民医院、兴化中学4条定制公交专线，日均营运里程5.9万千米、日均运送旅客4.2万人次。城市公交、城乡公交营业收入1737.1万元，支出8218.7万元。

【出租车】 2023年，全市有出租公司1家，为兴化市民生出租公司。公司有出租车175辆，9辆车已更新为新能源电动汽车，有32辆车等待报废。引进“T3出行”网络预约出租汽车平台，推动出租车行业转型升级，规范网约车管理，引导巡游车与网约车融合发展。

2023年12月22日，兴化中学2条公交线路——“兴化中学定制公交”一号线、二号线开通试运营　（市交通运输局/供图）

城市管理

【概况】　2023 年,市城管局坚持“人民城市人民管、管好城市为人民”理念,以城乡文明共建共享建设为契机,推进市容环境卫生整治,落实“市容环卫责任”,努力提升城市管理水平,不断满足人民群众对宜居城市环境的精神需要。组织开展各类市容环境整治 500 余次,取缔流动摊点 1.68 万余处,规范超门窗经营 1.5 万余次,清理占道晾晒 1900 余处,拆除破损店牌店招、违法设置灯箱 125 处,规范广告戗牌设置 798 处,清理“牛皮癣”小广告 2400 余处,查处渣土车辆违法运输 100 余起,立案查处大气污染案件 11 起,完成城区主次干道非机动车辆停放区域画线 6.3 万米。

2023 年 8 月 13 日,市城管局开展垃圾分类宣传活动(市城管局/供图)

【垃圾处理】　2023 年,全市转运并终端处置城乡垃圾 27.48 万吨,生活垃圾无害处理率、餐厨废弃物处理率均达到 100%。完成建设城区四分类小区 47 个、全域垃圾分类试点镇(垛田街道、林湖乡)2 个,建成省级垃圾分类达标小区 18 个。高质效完成“农村生活垃圾收运处置设施建成率”省高质量考核,垃圾分类省级试点乡镇昌荣镇获评全省优秀等次,新增垛田街道、林湖乡全域分类试点镇建设。集中宣传、发放《告广大临街商户、业主的“一封信”》1.1 万余份,动员临街商户和业主落实源头分类、配合上门收集,督促临街餐饮商户落实厨余垃圾定点收集措施,同时撤除城区部分主次干道垃圾桶 258 只。10 月 18 日,全省生活垃圾填埋场治理工作现场推进会在兴化市召开,全省城管系统兄弟单位实地观摩生活垃圾卫生填埋场封场项目。

2023 年 10 月 18 日,全省城管系统单位实地观摩生活垃圾卫生填埋场封场项目　(市城管局/供图)

【执法管理】　2023 年,市城管局推进城市管理领域行政执法规范化建设专项行动,召开专项行动部署会,传达泰州市专项行动部署会会议精神,对全市城市管理执法队伍管理工作进行安排部署;研究制定《兴化市城市管理领域行政执法规范化建设专项行动培训计划》,对全市城管系统学习培训工作进行全面部署。围绕“历史违建减存量,新增违建零增长”的目标,依法查处违法建设 21 处,总面积1134.8平方米。其中新增违建7处，面积109.4平方米，存量违建14处，面积1025.4平方米，新增违建处置率100%；共受理各类群众举报工单17起，答复率100%。

2023年8月17日，市城管局召开行政执法规范化建设警示教育大会
（市城管局/供图）

【市容整治】　2023年，市城管局开展市容秩序专项整治，对城区18条主次干道、农贸市场、学校、景区、重要商圈周边以及城郊接合部等区域进行管理整治，集中整治500余次，共计劝离流动摊点1.68万处，规范出摊经营1.55万处，清理垃圾杂物300余吨，清理占道晾晒1938处；拆除破损店牌店招、违法设置灯箱125处，规范广告戗牌设置798处。规范“七小行业”占道经营570余处，含规范占道洗车55处。规范景区固定摊点100余处，拆除景区内违规搭建的遮阳棚2顶，为游客和市民提供干净整洁、规范有序的市容环境。与交警部门联动开展非机动车乱停乱放专项整治行动，查处违规停放机动三轮车、三轮电动货车50余辆并予以行政“微处罚”。市容劝导队落实定岗包段责任制，及时规范城区各点位非机动车辆停放，对乱停乱放的非机动车强化宣传引导，共计纠正城区非机动车乱停放4.8万辆次，新画、补画非机动车辆停车区域标识线约6.3万米（含交投公司施划部分）。推动“牛皮癣”小广告整治行动，对辖区主次干道沿线以及背街小巷开展全覆盖排查，及时清理，对需要实施查处的违法行为，共清理乱张贴的“牛皮癣”小广告2473处，其中立案查处“牛皮癣”小广告案18起，拆除小区落杆商业广告26处，清理破损陈旧春联、福字、灯笼600余处，清理乱张贴、橱窗广告1564处。规范户外广告设置管理秩序，对城区户外广告设施进行全面摸排和详细调查，审批店招标牌807份，拆除违规设置的楼顶广告牌15处、墙体广告牌3处，新增331块PVC板公益广告，128处户外广告牌公益画面；出新96处破损户外广告设施画面（含店招），300处绿化带插牌PVC板画面；安装39处小区公示栏，165处绿化带公益插牌，10座雕塑小品，1处绿植文化墙，并对富安小区店招进行统一改造。配合市委宣传部、市文明办开展14个公益主题宣传，利用户外显示屏播放各类公益广告1800余次。

【项目建设】　2023年，全市市场化管护一类公厕12座（装配式3座、旅游式7座），二类公厕125座，三类公厕164座。5座公厕升级改造项目建设竣工并投入使用；垛田生活垃圾中转站建设竣工验收并投入使用；3处建筑装修垃圾临时中转点项目建设完成并投入使用；生活垃圾卫生填埋场封场项目、建筑垃圾综合处置项目建设完成，生活垃圾卫生填埋场封场项目获得省住建厅高度认可；水生植物垃圾中转站项目正持续推进。

（朱鸿程）

综　述

2023年,兴化市坚持以习近平新时代中国特色社会主义思想为指导,全面贯彻中央、省委、泰州市委农村工作会议精神,围绕产业振兴、人才振兴、文化振兴、生态振兴、组织振兴,交流工作、研究举措、破解难题,加快农业农村现代化步伐学习运用“千万工程”经验,研究总结连续3年省乡村振兴实绩考核第一等次的经验做法,大力实施乡村振兴战略,推进农业强市建设,全市农业稳产增产、农民稳步增收、农村生态宜居。全面夯实粮食安全根基,严格落实粮食安全责任制,树立大食物观,持之以恒压实“米袋子”、丰富“菜篮子”。改造提升高标准农田4000公顷(含高效节水灌溉100公顷),维修农村圩口闸70座、排涝站35座、圩口闸电启闭改造70座,加修圩堤土方35万立方米,垛田灌区列入水利部灌区名录,农业防灾减灾能力增强。开展全国“绿色农资”升级行动试点,加强耕地质量监测与评价,新建2个“三区四情”综合监测点和24个县级耕地质量监测点,第三次全国土壤普查工作有序推进。完成粮食种植面积16.4万公顷、总产125万吨,建成粮油绿色高质高效示范片40个。压紧压实“菜篮子”市长负责制,推进蔬菜生产保供和“美丽菜园”创建。全年蔬菜播种面积37.56万亩次、产量95.97万吨,分别比2022年增长2.1%、5.1%。改造标准化池塘1800公顷,发展大水面生态渔业,水产品总产量32万吨,同比增长4.99%。建成全市粮食应急供应网络,拥有应急储运企业1家、应急加工企业7家、应急供应网点45个。

深化农村集体产权制度改革,加快农村产权流转交易信息服务平台和市场体系规范化建设,积极探索“小田变大田”,破解耕地细碎化等问题。完善农村土地承包经营权确权登记颁证工作,实行常态化管理,全市共颁发经营权证30.44万份,承包地确权总面积9.57万公顷。全面取消落户限制,探索建立城乡双向流动的落户通道,“即审即办”“流转办理”两类高频户籍事项“跨所通办”工作正在试点推进,进一步提高户籍服务便利化水平。

强化科技装备支撑,提高农业现代化发展水平。以全国综合考评第一的成绩成功列为首批“全国农业科技现代化先行县”,创成2022—2023年度全国平安渔业示范县,被农业农村部评为2022—2023年度畜牧业统计监测工作优秀生产监测县。

产业振兴

【农村一、二、三产业融合发展】 2023年,兴化市全面落实《乡村振兴责任制实施办法》《江苏省乡村振兴促进条例》,发挥市委农村工作领导小组“三农”工作牵头抓总、统筹协调的作用,实施目标考核制度,凝聚协同推进强大合力。坚持把乡村振兴作为财政优先保障领域,全年市本级农林水支出预算为11.9亿元,与2022年比增加8442万元。出台《2023年促进乡村振兴产业发展奖补办法》《关于建立兴化市农村一二三产融合发展用地需求项目库的通知》,新增建设用地,保障农村一二三产融合发展用地和重点帮促村集体经济发展用地项目需求,盘活存量土地2.84公顷,保障3宗用地计划。构建"2+N"农业全产业链高质量发展格局,打造优质粮油、特色水产2条超100亿元的优势农业全产业链和油菜(休闲)、香葱、淡水鱼等3条特色农业全产业链,加快布局健康食品(预制菜)产业,培育"中国唯一、世界第一"调味品产业集聚区。建成国家香葱全产业链标准化示范基地,认定11家省级"头雁"家庭农场,获评省级农业全产业链链主企业2家、骨干企业3家,认定国家级生猪屠宰标准化示范企业1家、国家香葱全产业链标准化示范基地1个,兴化健康食品加工集中区获批省级农产品加工集中区。

【庭院经济】 2023年,兴化市按照中央、省、泰州市关于学习浙江"千万工程"经验的统一部署,突出"小庭院"这一"大民生",立足全市35万户农家小院,助力农村乡村振兴产业发展,以"改善人居环境、弘扬良好家风、建设文明乡风"为目标,开展"百村示范引领、全域整治提升"行动,建成200个"美丽菜园"示范村、2000个"美丽庭院"示范户,以庭院小美促乡村大美。9月5日,全省高质量发展"庭院经济"工作交流培训会议在兴化市召开。出台专项政策,支持旅游民宿、农村电商发展,加快乡村旅游、农耕体验、电商直播等新业态向庭院集聚,形成"小规模、大群体""小产品、大产业"的庭院经济发展格局,2.89万个美丽菜园增加全市农户收入2600余万元,实现乡村环境美化与村民居家增收的"双赢"。推动庭院经济向特色化、品牌化、规模化发展,努力形成主导产业引领庭院经济高质量发展。全市有各类家庭农场6678家(工商注册3843家),农民专业合作社1039家,省和泰州市级示范家庭农场分别为119家、306家,国家、江苏省和泰州市级示范合作社分别为2家、17家、77家。

【农业农村重大项目建设】 2023年,全市新建省农业农村重大项目36个、续建7个,年度投资额21.12亿元。实施集体经济发展项目19个,涉及31个村,分别争取省、泰州市项目资金600万元、1093万元,每年可增加村级集体经营性收入90万元。

人才振兴

【乡土人才培育】 2023年,兴化市坚持以人才振兴赋能乡村振兴,实施"三个一批"工程,出台《关于实施乡村人才振兴计划的若干意见》《乡土人才选拔培养管理办法》政策,将农村人才、乡土人才纳入全市统筹管理。公开选聘党政青年人才(乡村振兴岗)8名,集中招录"乡村振兴青年人才"508人,定向委培"定制村干"98名,录取乡村定向师范生79人,农村订单定向医学生62人。打造乡土人才传承示范基地、大师工作室43个,其中泰州级14家、省级3家。深化"泰惠农·金融服务乡村振兴"活动,开展"金融服务乡镇行",全年投放支农再贷款6亿元以上,新增"蟹农贷""蟹农通"等贷款规模3亿元以上。

【高质量农民培育】 2023年,市农业农村局开展农技推广、送技下乡,选聘190名技术指导员,公开遴选1900户科技示范户,将生产技术零距离送到千家万户。组织56名农技人员面向基层一线,开展定点定期服务。

文化振兴

【农村精神文明示范创建】 2023年,兴化市发挥全国文明村镇示范引领作用,开展各类文明创建活动,实施卫生设施千村整治、文明实践百站提升、文化惠民服务覆盖、移风易俗专项整治等重点工程,打好镇村创建、市容整治攻坚战。推进农村社区"减负增效",组织开展"兴"农人评选活动,深入推进"精网微格"工程,加强"法律明白人"队伍建设,培育农村学法用法示范户,扎实推进农村"雪亮工程"。坚持好发展好新时代"枫桥经验",完善社会矛盾纠纷多元预防调处化解机制。

【新时代文明实践中心建设】 2023年,兴化市建好用好新时代文明实践中心,进一步完善管理机制,深化"十所百站"示范建设,2024年再提升10个所、100个站,建设1000个文明实践点。全面落实推广文明实践积分制,开展"四帮四促""为民双解"活动,奋力推动精神文明建设走进群众、落在实处。泰州市十佳新时代文明实践所暨优秀文明实践“站长项目”述评决赛举行。兴化市大营镇新时代文明实践所获泰州市十佳新时代文明实践所金奖、兴化市昭阳街道新时代文明实践所获银奖,兴化市昭阳街道南沧社区新时代文明实践“站长项目”“潮”学堂获泰州市优秀文明实践“站长项目”银奖。

【农产品营销】 2023年,兴化市举办农民丰收节暨2023兴化大闸蟹开捕节、第十三届泰州水城水乡国际旅游节暨中国·兴化千垛菜花旅游节等重大文旅节庆活动,累计吸引游客485.7万人次,实现旅游收入36.5亿元。主办“水润兴化 牧歌昭苏”农产品电商直播大赛暨农产品展示展销会,培育3个电商特色镇、6个电商特色村、3个特色网货品牌、4家电商龙头企业,推动农产品线上线下营销,促进农产品出村进城。

【文化乡风建设】 2023年,兴化市培育群众文化艺术团队申报省优秀群众团队项目,指导基层开展文艺活动,组织优秀民间文艺团队、宣讲人才团队、文化志愿服务队深入基层参与各项文艺活动。强化文化基础设施建设,常态化开展线上线下文艺展演、群众文艺优秀节目巡演会演、“文化进万家”惠民等活动。注重本土文艺骨干队伍培养,持续做好“小淮班”培育孵化,不断放大“抖淮”效应,积极投身精品剧目展演、送戏下乡等演出,切实提升能力素养。加大对文艺精品的扶持和奖励力度,指导淮剧团新创重点文艺剧目,动员文学艺术爱好者深入基层体验生活,推出一批体现兴化特色、具备全国视野的精品力作。

生态振兴

【美丽乡村建设】 2023年,全市成立26家乡镇(街道)美丽乡村发展公司,推进村村抱团、村企(国企)联建、村银(农商行)共建,镇村两级“单打独斗”变为市镇村三级“联动发展”,全面助力农村产业集聚、转型升级、融合发展。完成246个行政村规划编制,编制率69%。深入学习浙江“千万工程”经验,根据人口规模、资源禀赋和省宜居宜业和美乡村创建要求,实施“百村示范引领、全域整治提升”工程。建立“三巡五必须”工作机制,开展“四清一治一改”和“三乱整治”行动,清理村庄垃圾,推进农村“厕所革命”,落实旱厕清零行动,无障碍设施公厕实现行政村全覆盖,整治完成52个人居环境薄弱村。新创省级特色田园乡村4个,获泰州市特色田园乡村可持续发展一等奖。累计命名江苏省传统村落23个、省级传统建筑组群9个,“垛田”特色田园乡村示范区完成规划编制。新建省级绿美村庄3个,改造提升原绿美村庄2个。建成省生态宜居美丽示范乡镇1个、示范村29个,泰州市乡村振兴中心镇3个、示范村34个。

2023年9月23日,“垛上丰景 美好乡伴”千垛镇2023年农民丰收节暨第二届乡村旅游民俗节开幕 (千垛镇/供图)

【农村住房条件改善】 2023年,兴化市在全省率先出台农房改善专项行动实施方案,2个高品质农房改善项目入选省级示范,2个现代宜居农房建设项目被省住建厅作为典型案例推荐至住建部。全年改造改善农房3652户,其中1980年及以前建设的农房1035户,低收入群体危房改造123户,农房改造工作被授予泰州市第十三批“骏马奖”。

【农村人居环境治理】 2023年,泰州市兴化生态环境局推进农村环境整治工作，在陈堡镇、沙沟镇、千垛镇和中堡镇治理50个行政村104个自然村展开农村生活污水治理工作。会同市农业农村局、市水利局和属地乡镇开展2023年度黑臭水体整治工作，完成20条年度整治任务。对46个日处理20吨以上的农村污水处理设施运行情况进行检查，完成水质自行检测和监督性执法监测工作。

【农村户厕建设】 2023年，兴化市建立“三巡五必须”工作机制，开展“四清一治一改”和“三乱整治”行动，清理村庄垃圾，推进农村厕所革命，落实旱厕清零行动，无障碍设施公厕实现行政村全覆盖，整治完成52个人居环境薄弱村。

【农村河道治理】 2023年，市水利局推广“河管家”模式，在泰州地区率先推行涉水项目审批“多评合一”改革；宅基地“审批建管”管理新机制被江苏省农业农村厅推介；钓鱼镇南赵村获评第三批全国乡村治理示范村。改造危旧桥梁120座，完成6.3千米农村公路建设，加大农村水系治理力度，完成农村黑臭水体整治8条以上，打造农村生态河道170千米，陈堡草荡被水利部淮委河湖处列入“淮河流域幸福河湖”候选名单。

【农村农业面源污染治理】 2023年，市农业农村局推进农业面源污染治理，开展化肥农药减量行动，试点绿色种养循环农业，实现化肥减量0.62%、农药减量0.58%。建立市、镇、村三级“两废”(废旧农膜、农药包装废弃物)回收处置网络，全市回收率分别90%、95%。

组织振兴

【党建引领】 2023年，兴化市聚焦党建引领、创新推动，拓宽村集体经济发展思路。构建“市主导、镇主抓、村主打”三级发展体系，制定市级发展村集体经济“促富”责任清单，发挥基层党建“书记项目”牵引作用，定期调度、研究部署村集体经济发展工作。充分发挥“1+3+N”党建工作机制作用，研究制定《抓党建促“村”“民”共富行动方案》，明确路径举措、要素保障等4大项12条措施，出台财政扶持、土地政策、金融支持等5大类28条扶持政策，为助推全面乡村振兴提供路径指引和政策保障。建立基层党组织“组织力指数”监测体系，实时监测项目实施、经营性收入、可支配收入等指标完成质效，以评促改、奖惩并举，激活引领村集体经济发展“最末梢神经”。苏货直播新农人培育行动启动暨兴化市红色主播“e心向党 数字赋能”培训班开班仪式在兴化市举行。坚持党建引领，充分发挥网络联盟党委的重要作用，创新探索高质量党建引领电商直播行业高质量发展的路径；坚持政策引导，整合乡村振兴政策和本地网红资源，孕育、扶持、打造更多的“10万+”“100万+”粉丝网红；坚持人才引培，以农村党员干部、返乡大学生、乡贤能人和青年企业家为重点，培育一批业务精湛、扎根农村、热爱乡土的直播新农人；坚持产业引流，围绕一二三产、农文旅融合发展，全方位展示、宣传全市美食美景、风光风物，不断提升兴化的影响力、知名度、美誉度。助力乡村打造新农商、输送新农技、发展新业态。

【农村基层治理】 2023年，兴化市从严从实整顿软弱涣散基层党组织，持续抓好“基层党支部标准化建设工程”和村级党群服务中心“规范+提升”建设。常态化推动县乡村三级干部“村村到、户户进、人人访”，持续深耕基层党建“书记项目”“委员项目”“放亮项目”。建成34个“兴农红驿”，汇集党建、快递、仓储、电商等集成板块，搭建惠农便民暖“新”的枢纽平台，积极打造村企农联建“共同体”。指导各村居开展“微自治”试点，千垛镇万旺村获泰州市村级事务民主协商“十佳”村称号；沙沟镇光耀村《让“爱心菜”种在乡村振兴的“心田”上》获评泰州市基层治理“十佳”案例；沈坨镇柏九村村规民约被表彰为泰州市“十佳”村规民约；昌荣镇盐北村、千垛镇陈杨村获评泰州市新型农村五星级示范点。

(袁　野)

生态建设

综　述

2023年,兴化市坚持以习近平生态文明思想为指导,全面贯彻党的二十大和全国、全省、泰州市生态环境保护会议精神,以改善生态环境质量为核心,持续深入打好污染防治攻坚战。全市$PM_{2.5}$浓度32微克/立方米,排名泰州第一,空气质量优良天数比率为76.7%,空气指标高质量考核二类地区第一。地表水达到或好于Ⅲ类水体比例100%。无劣Ⅴ类断面,达到年度考核目标要求。化学需氧量、氨氮、总氮、总磷等4项主要水污染物排放总量"十四五"期间已累计削减1200吨、60吨、120吨、15吨。

围绕水环境质量改善核心目标,强化源头治理,加强环境基础设施建设,促进全市水环境质量巩固提升。印发《兴化市2023年水生态环境保护工作计划》《兴化市2023年汛期水质保障专项行动实施方案》《兴化市2023年兴盐界河水污染防治工作方案》,对重点工作及时提醒,压紧压实各部门、乡镇(街道)工作职责,坚决防范汛期水质下滑,推动兴盐界河民主村断面稳定达标。开展国省考断面及镇界断面加密监测,加密监测考核点位覆盖全部镇街,镇界断面数据作为乡镇年度考核依据。组织相关部门、乡镇,常态化开展水环境巡查,发现问题立即交办并闭环管理。

全面落实中央和省生态环境保护督察整改要求,在全市开展"散乱污"企业整治提升、固体废物整治、城镇生活污水收集处理能力提升、"清洁城市建设"、内河岸线占用整治、养殖业污染防治等6大专项行动。开展2023年度省级生态文明建设示范镇(村)创建工作,完成1个省级生态文明建设示范镇和2个省级生态文明建设示范村材料申报及考核验收准备工作。开展兴化市生态空间管控区监督管理自评估工作,通过召开会议、收集资料、梳理汇总,顺利形成报告上报。开展2023年度企业强制性清洁生产审核,完成17家企业审核验收工作。里下河国家湿地公园获"江苏省生态文明教育实践基地"命名。优化生态环境保护服务工作,做好腾达紧固科技(江苏)有限公司和泰州玛氏健康食品基地重大项目跟踪服务工作。

环境质量

【概况】 2023年,全市环境质量总体保持稳定,城镇集中式饮用水水源水质达标率100%,主要河流水质达到相应功能区标准,城市环境空气质量优良天数比例76.7%,市区声环境质量达到《兴化市区域环境噪声标准适用区域划分》规定的标准。生态环境状况指数61.74,处于二类等级,泰州第一。

【环境空气状况】 2023年,全市环境空气质量状况良好,空气优良天数占监测总天数的76.7%。二氧化硫(SO_2)、二氧化氮(NO_2)年日均值为9.3微克/立方米、19.5微克/立方米,可吸入颗粒物(PM_{10})、细颗粒物($PM_{2.5}$)年平均浓度为61微克/立方米、32微克/立方米。

【水质状况】 2023年,全市境内总体水质较好,主要河流(卤汀河、横泾河、上官河、白涂河、蚌蜒河、车路河、兴姜河、海沟河、下官河、猪腊沟、大纵湖、兴盐界河、盐靖河)总体水质符合《江苏省地表水水域功能区划》划定的水质标准。兴化市自来水厂饮用水水源水质达标率保持100%,3个国考和9个省考断面的水质达标为100%。

【声环境质量】 2023年,城区噪声环境质量达到相应功能区标准,城区环境噪声平均值昼间52.1分贝,城区交通干线噪声平均等效声级为61.60分贝,不超过交通干线道路两侧标准。

表10 2023年兴化市环境空气优良天数统计结果表

单位:天

时间	一级	二级	三级	四级	五级	六级	首要污染物	优良天数所占比例
	优	良	轻度污染	中度污染	重度污染	严重污染		
2023年	91	189	72	10	3	0	$PM_{10}/PM_{2.5}/O_3$	76.71%

表11 2023年兴化市饮用水水质监测结果统计表

2023年	城区饮用水水源达标率(%)	自来水厂	100%
		第二自来水厂	100%

表12 2023年兴化市降水监测结果统计表

年度 \ 指标	降水次数	降水量(毫米)	降水 pH 均值	其中酸雨		
				次数	雨量(毫米)	pH 均值
2023年	50	1357.1	6.05	—	—	—

注:降水 pH 值小于5.60时为酸雨

表13 2023年兴化市区域环境噪声数据统计表

单位:分贝

时间	网格大小(米×米)	测定总数	Leq	L10	L50	L90
			平均	平均	平均	平均
2023年	400×400	134	52.1	54.5	49.0	44.5

土地资源保护

【耕地保护】 2023年,兴化市把“严守耕地红线”作为头等大事,狠抓土地复垦新增耕地。坚持一块都不能放弃、一寸都不能失守,全力整改五种耕地流出类型,强化压力传导,严查实督推进,对于推堆土、项目类蟹塘、疑似新开蟹塘未整改到位的镇街,暂停用地计划安排、项目用地报批。建立耕地“大保护”机制,逐层签订耕地保护和粮食安全目标责任书,明确位置范围,落实人员责任,确保每一寸土地有人看、有人管、有人护。实施占补平衡331.47公顷、增减挂钩42.73公顷,占补平衡指标交易143.13公顷、金额5.01亿元。上争部、省厅及时形成366.67公顷水田指标,指标交易149.33公顷,资金入账6.27亿元。省厅将全市649.87公顷断头河沟调出高水位范围,释放耕地后备资源528.2公顷,为年度全国唯一,获泰州市第十七批“骏马奖”。

【土地执法监督】 2023年,兴化市加大巡查监管频度,对新增违法用地零容忍。及时发现制止新增违法用地27宗、面积2.89公顷,立案查处违法用地4件,查处规划违法案件2件、林业违法案件2起。

水资源保护

【水资源管理】 2023年,市水利局利用“3·22”世界水日、“中国水周”契机,开展《中华人民共和国水法》《中华人民共和国防洪法》等水法律法规宣传,增强全民的爱水护水意识。创建省级节水型小区1家、节水型企业1家、节水型机关1家、节水型学校1个。征收水资源费730万元,助企纾困资金20余万元。收缴工业水费计收任务90万元,超额完成泰州市交办38万元目标任务。投资564万元,开展农田灌溉水有效利用系数测算,实施灌溉机泵升级改造28座;全年累计征收水土保持补偿费94.85万元,助企纾困资金23.72万元。开展农业水价核定、工程维护组织运行、用水计划管理、改革经费落实、计量措施配备、成本的核算、计量点用水记录大检查,确保各项措施落到实处、见到实效。

【河长制】 2023年,市水利局坚持以深化河长制为抓手,以打造幸福河湖为重点,坚持生态优先、绿色发展,突出问题导向,树立系统思维,构建河湖保护常态长效机制。开展4次水环境整治专项行动,加大水环境整治力度,全市水环境质量得到全面提升。完成水利部3135处遥感变化点核查处置,整改市管河道“遥感变化点”36处。着力处置河湖新增“两违”“四乱”和历史存量,永续发挥河湖综合功能。按照“河安湖晏、水清岸绿、鱼翔浅底、文昌人和”目标要求和24项标准,积极推进381条幸福河湖建设,其中市镇级河道30条、乡村级河道351条。在安丰镇安东村开展“河管家”新模式试点取得成功经验,市政府在安丰镇安东村召开全市“河管家”新模式推广动员部署会,推广“河管家”治水护河新模式,在全市各乡镇(街道)取得良好效果。

【水政执法】 2023年,市水利局以规范行政执法、深化河湖管理、强化队伍建设为重点,全面提升水行政执法水平。全面落实水利工程安全生产管制度,增强安全意识,保持警钟长鸣,印发《全市水利重大事故隐患专项排查整治工作方案》,以水利工程建设和水利工程运行管理为重点开展安全隐患排查整治工作,全年安全无事故。建立河湖巡查制度,出动巡查366航(车)次,立案查处4起涉水案件均结案。打击非法取水,封填非法取水水井5口。

(周广学)

森林与湿地保护

【国土绿化】 2023年,全市完成净增造林面积21.06公顷,更新造林、退化林修复和低效林改造面积200.12公顷,四旁植树92.05万株,实施森林抚育335公顷,新建农田林网控制面积618.7公顷、完善农田林网控制面积3880公顷。新建3个省级绿美村庄,改造提升2个原省级绿美村庄。

【林地保护】 2023年,市自然资源和规划局编制新一轮林地保护利用规划,纳入国土空间总体规划“一张图”管理。加强生态护林员队伍建设,建立林长制信息化平台,指导乡镇科学选址绿化。加强林地管护,做好森林防火,严格用林审批,抓细落实美国白蛾、杨树食叶害虫防治成灾面积控制任务。探索集体林权制度改革,积极稳妥确认林地资源,平台公司筛选可利用地块,商谈运营模式,办理林权类不动产登记,推动林业生态资源价值实现,为经济发展再添活力。

【湿地保护】 2023年,全市开展湿地生态系统入侵物种普查工作,摸清入侵物种本底情况;新建湿地保护小区29个,不断完善湿地保护体系。建有1个国家湿地公园和92个湿地保护小区,经省林业局核查认定,全市受保护湿地面积2.55万公顷,湿地保护率43.4%。推进湿地保护小区建设,建设人与自然和谐共生的美丽兴化。

【里下河国家湿地公园保护】 2023年,兴化里下河国家湿地公园持续推进保护管理建设,基于湿地公园在建设期间开展的系列湿地修复工作,以湖荡沼泽湿地修复为特色,总结提炼修复理念、修复方案、适应性管理和修复成效等,参与江苏省林业局和江苏省生态学会联合组织的“江苏首届10佳湿地生态修复案例”评选,经网络投票和专家评定,兴化里下河国家湿地公园湖荡沼泽湿地修复案例入选“江苏首届10佳湿地生态修复案例”。

(周春山)

2023 年 7 月 12 日，兴化举行 2023 年全国低碳日宣传活动

（市生态环境局/供图）

节能减排

【交通节能】 2023 年，泰州市兴化生态环境局联合市公安局开展柴油货车路检路查，检测柴油车 506 辆，并通过遥感监测等技术手段进行监督抽测，对不合格车辆实施处罚，限期完成尾气整治。开展国三及以下排放标准柴油货车提前淘汰报废资金补贴工作，补贴 345 辆车，核发金额 457.3 万元。组织开展非道路移动机械编码登记工作，会同市住建局开展非道路移动机械入户检测，会同市交通运输局开展汽车维修行业废气处理情况检查。编制 474 家工业源、4 家用车大户、91 个扬尘源应急减排清单。推动 7 家排放大户持续、稳定实现友好减排。

【工业节能】 2023 年，市工信局紧紧围绕高质量发展考核要求，制定全市节能减排综合实施方案，科学分解目标，压实各级责任。召开能耗强度控制工作会议，实施一、二、三产业全领域节能降耗工作，对各行业能耗强度控制工作提出具体要求。强化节能专项监察。围绕省下达节能监察任务，结合专项整治和“双随机、一公开”节能监察要求，制定节能监察任务 64 家，已基本完成。对违法违规用能及不合理用能行为下达责令限期整改通知书、节能监察建议书 48 份，部分企业完成整改。开展“节能宣传周”活动，组织“节能低碳”进机关、进商超、进企业、进社区，营造良好社会氛围，承办泰州市节能绿色低碳新技术、新产品推介活动。强化标杆示范引领作用，开发区创成兴化市首家工信部命名的国家级绿色工业园区，同时获评省级绿色工业园区；兴达钢帘线建成国家级绿色工厂，6 家企业建成省级绿色工厂。

【公共机构节能】 2023 年，市机关事务服务中心牵头印发《关于全市公共机构带头做好迎峰度夏降温负荷节约用电助力电力保供的通知》，动员全市公共机构严格控制办公用电。2023 年节能宣传周活动中，发放发送宣传手册单页 1000 余份、节能短信 12 万余人次、印有节能标语的小电扇 500 余台，倡导“电扇 + 空调”等节电模式。组织、指导、协调有条件的单位申报国家、省级示范点，陈堡镇政府获评“省公共机构节能低碳示范单位”。推进党政机关分布式光伏系统建设，先后对全市 86 处党政机关屋顶进行现场勘查和分析，确定符合条件的建设面积 1.84 万平方米，装机容量约 2.1 兆瓦。

（孙　成　汪春霞　李　飞）

污染防治

【水污染防治】 2023 年，泰州市兴化生态环境局推进断面稳定达标，围绕水环境质量改善核心目标，强化源头治理，加强环境基础设施建设，促进全市水环境质量巩固提升。序时推进工作。先后印发《兴化市 2023 年水生态环境保护工作计划》《兴化市 2023 年汛期水质保障专项行动实施方案》《兴化市 2023 年兴盐界河水污染防治工作方案》，对重点工作及时提醒，压紧压实各部门、乡镇（街道）工作职责，坚决防范汛期水质下滑，推动兴盐界河民主村断面稳定达标。坚持监测巡查，开展国省考断面及镇界断面加密监测，加密监测考核点位覆盖全部镇街，镇界断面数据作为乡镇年度考核依据。9 月开始，民主村断面采样前，每日对兴盐界河主要支流开展加密监测，针对预警异常数据，及时溯源并采取应急管控措施。联合相关部门、乡镇，常态化开展水环境巡查,发现问题立即交办并闭环管理。组织开展2022年度城市和乡镇区域水污染物平衡核算,推进城区4个生活污水处理提质增效达标区建设,城南生活污水处理厂扩容至6万吨/日,实施老城区排水户转接、城东污水处理厂改造提升,新建大垛污水处理厂并接纳周边乡镇生活污水,新建千垛污水处理厂并配套管网23.2千米,针对东北片区,实施安丰集镇段、新垛集镇段沿河生活污水排口专项整治。农业面源治理方面,完成1800公顷池塘标准化改造,中堡镇、安丰镇等7个乡镇秸秆离田综合利用4600公顷。组织开展工业废水与生活污水分质处置评估,推进涉氟化物企业专项整治、重点行业工业企业雨水排放环境管理以及重点行业涉磷企业排查整治。继续实施全长约21.8千米的海沟河水环境综合治理工程,对兴盐界河沿线中心河、村级河道等组织开展疏浚,开展全市河道水环境和岸线综合整治行动,做好河道常态化保洁,打捞水生植物近100万吨;淮河流域入河(湖)排污口三级排查,确定排口2752处,完成年度30%的整治目标任务。

【大气污染防治】 2023年,泰州市兴化生态环境局制定首季争优、质量提升、强化督查、百日决胜等实施方案,部署推进大气工作任务,完成综合治理、源头替代、生物质锅炉改造等105项治气工程。针对扬尘污染问题,会同住建、城管、交通等部门组建大气污染防治工作专班,对施工工地、垃圾堆场、港口码头、收储地块等开展检查1900余次,督促937个问题即知即改。每月对乡镇环境空气质量进行排名,对戴南镇、陈堡镇、安丰镇、大邹镇等14个乡镇41家重点涉气企业、省控点周边开展日常巡查、帮扶指导,进一步提升治气精准性。

【土壤污染防治】 2023年,泰州市兴化生态环境局推进敏感用地场地调查和土壤污染治理工作。会同市自然资源和规划局、市工信局制定《兴化市化工等企业关闭遗留地块土壤污染风险管控整改工作方案》,全面掌握全市22个高风险遗留地块现状,完成5家土壤污染状况调查,17家正在调查。对36个用途变为住宅、公共管理和公共服务类地块的场地组织开土壤污染状况调查评审,全市2023年度土地安全利用合格率100%。组织全市26家土壤污染重点监管企业业务培训,开展隐患排查"回头看"、自行监测、风险管控等工作。

2023年9月8日,市委副书记、市长殷俊(前一)带领相关单位负责人调研农村生活污水治理工作 (市生态环境局/供图)

【固体废物防治】 2023年,全市工业固体废弃物产生总量21.2万吨,综合利用处置率99.65%,泰州市兴化生态环境局组织戴南镇20家高温线缆制造企业、全市240余家企业开展固体废物、危险废物规范化管理培训,完成43家危废经营企业和重点产废单位规范化评估工作。开展固体废物排查,制定《兴化市一般工业固体废物专项整治方案》,开展涉铝企业产废、2500余家企业工业废盐和工业副产盐排查,完成900余家企业化学物质环境基本信息填报工作。完成江苏恒嘉再生资源有限公司库存5.21万吨酸洗污泥渣清运处置。戴南镇污水处理厂北酸洗中心治理与修复项目,5.21万吨一般固废、3.44万吨危废类污染土壤清挖转运处置完毕。完成26家一般工业污泥产生和利用处置单位环境隐患排查整治工作。印发《兴化市危废领域夏季安全生产专项治理行动方案》,共排查企事业单位208家，完成整改隐患问题62个。

环境监管

【项目管理】　2023年，泰州市兴化生态环境局审批建设项目环境影响评价报告书（表）111份，接待建设项目咨询200余次。督促排污许可单位完成年度执行报告，核发排污许可证412份，注销361份。审核建设项目总量申请96份，服务市重点项目20场次。江苏双乐颜料股份有限公司、兴化市热电有限责任公司、兴化市热化能源有限公司完成“江苏省绿色发展领军企业”申报，江苏双乐颜料股份有限公司获“江苏省绿色发展领军企业”称号。

【环境宣传】　2023年，泰州市兴化生态环境局拓宽信息宣传渠道，完成国家、省、市宣传报道累计87篇，丰富微信公众号内容，组织拍摄微视频《守荒别慌》1部、抖音视频1部。搭建公众参与交流的平台，运用新媒体加强生态文明宣传，及时报道打好污染防治攻坚战成效，迅速回应群众关心的热点环境治理工作。利用4处环保管理平台作为环保普法宣传阵地；增加“生态兴化”微信公众号的宣传资金投入，鼓励朋友圈、抖音环保法律法规宣传。强化“环境守护者”队伍建设，完善县、乡、村的普法宣传渠道；通过5月民法典宣传月、5月22日国际生物多样性日、6月5日世界环境日、12月4日宪法宣传周和环境大接访等活动，广泛凝聚生态环境保护共识。

2023年5月22日，兴化市开展宣传活动保护生物多样性

（市生态环境局/供图）

【环境执法】　2023年，泰州市兴化生态环境局强化生态环境监管执法效能。出动执法人员2548人次，检查企业1186厂次，日均出动执法人员10.19人次，日均检查企业4.74厂次。按照《2023年全国生态环境保护执法大练兵活动方案》，持续加强日常环境执法监管力度，组织开展“双随机”执法检查。下达行政处罚决定44件，罚款金额469.45万元，涉嫌环境违法犯罪刑事移送4件。开展生态损害赔偿工作，开展生态损害索赔案件22件，完成磋商并录入平台系统案例22件。配合市住建部门开展商混专项整治工作，督促17家商混企业全部关停拆除。推进企业用电监控安装联网进度，用电监控安装联网329家。

【环境监测】　2023年，兴化市城区2座环境空气自动省考站点和城区9个热点网格空气监测微型站保持正常运行。26个乡镇（街道）空气自动监测站正常运行。泰州市兴化生态环境局投入300余万元，更新部分常规仪器和自动监测仪器、添置部分应急监测仪器设备。开展地表水国考、省考断面预警监测、乡镇考核断面的例行监测和备用水水源地水质监测。开展功能区环境噪声、区域环境噪声、交通噪声监测，编制《兴化市功能区声环境质量监测点位优化调整技术报告》，完成全市声功能区环境自动监测网络体系建设。对60家重点污染源进行每半年1次的监督监测工作；对长江经济带入河排口进行1次监测。及时做好中央督察组交办问题、突发性环境污染事件的监测，保证各类执法活动的顺利开展。

（汪春霞）

科学技术

科技项目

【概况】 2023年,兴化市在全国科技创新百强县(市)榜单中排名第65,研发支出占地方生产总值的比重为2.38%。技术合同成交额累计59.31亿元,占地区生产总值的比重为5.11%。科学研究和技术服务业营业收入5.14亿元,增速34.95%,位列泰州第二。获批泰州市级以上科技计划项目、品牌、资金等29个,其中获省级科技计划项目、品牌、资金6个,上争资金1530万元。全市239户高新技术企业申报享受研发费用加计扣除4.65亿元、54户企业享受高新技术企业所得税优惠减免9895.74万元,172户高新技术企业选择享受小型微利企业所得税优惠减免5230.21万元。利用兴化市丽泽产业投资基金(有限合伙),完成对约塔科技泰州有限公司等科技型中小企业的投资,出资2000万元参与共同设立泰州市天使引导投资基金。开展"高企融资直通车"活动,持续推进"苏科贷"科技贷款工作,发放"苏科贷"贷款6.02亿元,惠及107家科技型中小企业。

【科技项目转化】 2023年,市科技局引导科技成果对接特色产业需求转移转化,组织申报省重点研发计划项目8项、省国际合作项目3项,省、泰州市级科技成果转化项目11项,泰州市创新奖9项。江苏兴达钢帘线股份有限公司"重载轮胎用高强度耐疲劳胎圈钢丝(圈)研发及产业化"首次获批省科技成果转化专项资金项目,获批省资助经费1000万元。组织申报省重点研发科技计划现代农业项目和社会发展项目各3项,泰州市级现代农业项目3项、社会发展项目2项,推荐大健康产业创新能力提升项目6项,获批省重点研发现代农业项目1项。江苏特味浓食品股份有限公司获批承担国家重点研发计划现代农业项目,江苏兴达钢帘线股份有限公司获批省重大科技项目,江苏省兴化高新技术产业开发区获批奖励资金。

【项目招引】 2023年,市科技局加大科创项目招引力度,强化新兴产业项目招引,重点围绕新材料、高端装备、电子信息、节能环保等领域,引进约塔科技、朋庆科技、海浦电子等一批具有核心技术的科创项目,新招引科创项目200余个。

【科技奖励】 2023年,市科技局组织企业申报省级科技计划项目,争取国家、省项目扶持、培育奖励1530万元。江苏申源集团有限公司、江苏晶道新能源科技有限公司、江苏森吉米尔金属制品有限公司、江苏海宇机械有限公司和江苏兴达钢帘线股份有限公司5家企业列入泰州"凤城英才计划"双创引进专项资助对象,奖补兑现350万元。对江苏兴顺电子有限公司、法乔拉蒂流体设备(泰州)有限公司等21家单位给予专项奖励70万元。

产学研合作

【概况】 2023年,市科技局开展技术需求征集工作,制定出台《关于征集2023年度企业技术和高层次人才需求信息的通知》，面向全市企业常态化广泛征集技术需求，收集有效技术需求60余项，新增产学研合作项目65项。

【产学研对接】 2023年，市科技局组织开展实效型校企对接活动，开展"才聚兴化 智创未来"海洋工程特种合金应用前景报告会、"泰智汇"产学研对接活动走进江苏大学、中科院金属所—兴化市产学研对接暨金属新材料成果发布会等院企对接活动13场，先后邀请中国科学院金属研究所、清华大学、广东省科学院等专家教授90余名，参加企业120余家，引进科技副总9人。

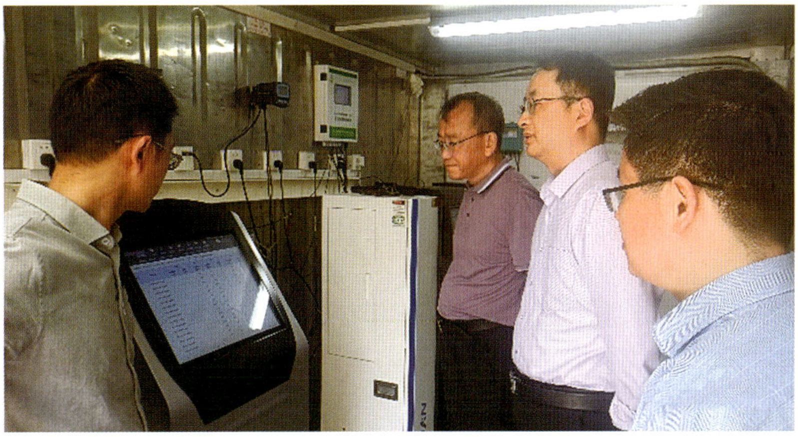

2023年4月20日，南京工业大学环境科学与工程学院院长仲兆祥(右二)一行到兴化市开展产学研对接活动 (市科技局/供图)

【产学研平台载体建设】 2023年，市科技局邀请省科技战略研究院的知名专家，协助高起点编制高新区总体发展规划和产业发展规划。争取上级部门支持，牵头协调相关部门，召开专题会议，研究重大事项，解决关键问题，落实高质量科技发展各项指标工作。建立健全离岸创新服务体系，打造高能级创新平台，推进科技成果转移转化与产业转型升级相结合，提升全市创新资源配置和集聚能力。与钢铁研究总院、北京科技大学合作，探索共建高新区金属新材料研发中试平台。加强与省和泰州产研院对接合作，推动江苏星火特钢集团有限公司等龙头企业与省产研院共建企业联合创新中心。新创建省级工程技术研究中心1家，泰州市级工程技术研究中心3家，3家企业工程技术研究中心参加省绩效考评获得优秀等次。

表14 2023年度兴化市新创建省级工程技术研究中心一览表

序号	研究中心名称	企业名称
1	江苏省莱鲍迪甙A甜菊糖苷提取工程技术研究中心	兴化格林生物制品有限公司

表15 2023年度兴化市获批泰州市工程技术研究中心一览表

序号	研究中心名称	企业名称
1	泰州(优华达)高吸附性活性炭工程技术研究中心	江苏优华达环保材料科技有限公司
2	泰州市食品软塑包装材料及制品工程技术研究中心	江苏华东包装科技有限公司
3	泰州市(维卡)新型高温合金工程技术研究中心	江苏维卡金属合金材料有限公司

表16 2023年度兴化市参加省绩效考评获得优秀等次工程中心一览表

序号	研究中心名称	企业名称
1	江苏省冷温热复合精密成形工程技术研究中心	江苏威鹰机械有限公司
2	江苏省分离机械工程技术研究中心	江苏新宏大集团有限公司
3	江苏省(兴野)果蔬脱水加工工程技术研究中心	江苏兴野食品有限公司

科技创新

【创新环境】 2023年,市科技局持续完善企业科技创新积分标准,以企业创新能力量化评价为手段,精准识别和有效发现研发能力强、成长潜力大的科技初创企业,通过创新积分切实引导技术、资本、人才、公共服务等各类创新要素向科技企业集聚,助力科技企业快速成长。全市有1034家企业获创新积分9.41万分,兑现财政奖补资金2924.43万元。

【创新服务】 2023年,市科技局牵头修订完善《兴化市企业科技创新积分管理办法》和《兴化市企业科技创新积分计分标准》,推进离岸创新中心建设,指导兴化(南京)创新中心提升专业化运营质量,推动高新区与东北大学合作建设沈阳离岸创新中心,开发区与江南大学合作共建泰州市级无锡离岸创新中心,3家离岸创新中心招引入驻孵化项目35个。开展创业孵化品牌推广活动,组织企业(团队)报名参加省、市创新创业大赛项目37项,进入省行业赛3项,获泰州大赛优秀奖5项。

【高新技术产业】 2023年,全市新认定高新技术企业162家,认定数和通过率泰州第一,有效期内高新技术企业数369家。入库国家科技型中小企业717家,江苏凯普特动力机械股份有限公司入围江苏省科技上市培育计划企业,江苏雅固标准件有限公司获批江苏省瞪羚企业,获批泰州市级科技瞪羚企业4家,新招引科创项目200个。

表17 2023年度兴化市新增国家部委认定高新技术企业一览表

序号	企业名称	序号	企业名称
1	江苏汇博机械科技有限公司	21	泰州鹏达锌业有限公司
2	泰州市美鑫铸造有限公司	22	江苏汤氏纺机集团有限公司
3	兴化市新天地机械制造有限公司	23	泰州市顶锋剃须刀制造有限公司
4	兴化市龙盛机械制造有限公司	24	兴化市鼎润锌业有限公司
5	泰州康达机械制造有限公司	25	泰州市中安金属制品有限公司
6	泰州市华宽金属制品有限公司	26	兴化市万达电力工具有限公司
7	江苏国焘金属制品有限公司	27	兴化市佳辉电力器具有限公司
8	凯镇(泰州)精密机械有限公司	28	泰州俊宇不锈钢材料有限公司
9	江苏鑫润轨道交通车辆配件有限公司	29	兴化市聚鑫不锈钢有限公司
10	泰州市天元精密铸造有限公司	30	泰州市银利标准件制造有限公司
11	江苏优耐特体育器材科技有限公司	31	江苏圆圆特钢股份有限公司
12	江苏华能电子有限公司	32	兴化市炜顺金属制品有限公司
13	江苏海宇机械有限公司	33	江苏宏发气阀有限公司
14	江苏汉诺威铸业有限公司	34	兴化市剑达铸造有限公司
15	泰州市宝馨精密铸造有限公司	35	双乐颜料股份有限公司
16	江苏威鹰机械有限公司	36	泰州市大明不锈钢有限公司
17	江苏润通锌业有限公司	37	泰州市佳乐金属制品有限公司
18	兴化市庆丰锌品有限公司	38	江苏正通金属封头有限公司
19	兴化市海斯美尔医疗器材有限公司	39	江苏兴缘高温线缆有限公司
20	江苏众嘉新材料有限公司	40	泰州市凯辉金属制品有限公司

续表 17

序号	企业名称	序号	企业名称
41	江苏森森电力环保科技有限公司	78	江苏美宇电气有限公司
42	兴化市宏武不锈钢制品有限公司	79	江苏迈特濠管道设备科技有限公司
43	兴化市兆泰金属材料有限公司	80	江苏中远电气设备有限公司
44	泰州市惠泰不锈钢制品有限公司	81	兴化市兆驰机械科技有限公司
45	兴化市亚鼎不锈钢制品有限公司	82	兴化市程璐不锈钢制品有限公司
46	泰州明锋资源再生科技有限公司	83	泰州枫叶冶金设备有限公司
47	兴化市顺杰高温合金制品有限公司	84	江苏安惠环境设备科技有限公司
48	兴化市富翔不锈钢制品有限公司	85	兴化市永正不锈钢制品有限公司
49	普誉窑炉科技（江苏）有限公司	86	江苏博生医用新材料股份有限公司
50	兴化市金帆管业有限公司	87	泰州新星金属材料有限公司
51	泰州市环星不锈钢有限公司	88	兴化市志宇不锈钢制品有限公司
52	泰州市柳杰金属科技有限公司	89	泰州华泽金属工业有限公司
53	泰州市锦峰新材料科技有限公司	90	泰州市双工链条制造有限公司
54	江苏环能硅碳陶瓷有限公司	91	江苏飞宇高温线缆有限公司
55	江苏新核合金科技有限公司	92	江苏兴海特钢有限公司
56	泰州市元彬不锈钢制品有限公司	93	兴化市银龙不锈钢有限公司
57	江苏康业金属制品有限公司	94	江苏浩本金属制品有限公司
58	兴化市森吉米尔金属制品有限公司	95	兴化市万鼎不锈钢制品有限公司
59	江苏华耀电器设备有限公司	96	泰州蒽威照明电器有限公司
60	江苏新宏大集团有限公司	97	泰州市凌瑞不锈钢制品有限公司
61	泰州市申工不锈钢制品有限公司	98	江苏冰泓餐饮设备有限公司
62	江苏佳华金属线有限公司	99	江苏沪华电气有限公司
63	江苏明镜金属制品有限公司	100	兴化市万集不锈钢制品有限公司
64	江苏永上钢管有限公司	101	兴化市顺鑫金属制品有限公司
65	泰州华鑫不锈钢制品有限公司	102	江苏承耀不锈钢制品有限公司
66	华新航空设备有限公司	103	南业金属制品科技（江苏）有限公司
67	江苏佳杰特种螺钉有限公司	104	江苏凯瑞斯安全防护用品有限公司
68	江苏迅杰环境工程有限公司	105	兴化市鑫杰船用设备有限公司
69	兴化市欧邦电器科技有限公司	106	泰州信诚过滤设备有限公司
70	江苏金新幕墙材料有限公司	107	江苏银海钢结构工程有限公司
71	江苏奥正金属制品有限公司	108	兴化市宏丰铝业有限公司
72	江苏沪宝船舶机械有限公司	109	江苏天行健体育产业发展有限公司
73	江苏环亚电热仪表有限公司	110	顶能科技有限公司
74	江苏长达特钢制品有限公司	111	兴化市华成镀锌管件有限公司
75	江苏锐金钢丝绳索具有限公司	112	兴化市广福金属制品有限公司
76	泰州市浩联钢绳有限公司	113	江苏康柏斯机械科技有限公司
77	兴化市慧钢不锈钢有限公司	114	兴化市群华机械制造有限公司

续表 17

序号	企业名称	序号	企业名称
115	江苏星宇户外休闲用品有限公司	139	兴化市金鹏合金钢有限公司
116	泰州市亚太防火门窗有限公司	140	兴化市恒源特钢有限公司
117	兴化市大地蓝绢纺有限公司	141	兴化市亚鑫消防器材有限公司
118	伽力森食品生物科技(江苏)有限公司	142	江苏凯普特动力机械股份有限公司
119	江苏锁龙消防科技股份有限公司	143	兴化市三圆锌品有限公司
120	江苏金鼎消防科技有限公司	144	江苏鑫岳装饰材料有限公司
121	江苏瑞德机械有限公司	145	江苏同舟耐热科技有限公司
122	兴化市中兴电器制造有限公司	146	江苏泰伦不锈钢制品有限公司
123	江苏兴利达齿轮有限公司	147	江苏博诚金属制品有限公司
124	兴化市企盟计算机软件有限公司	148	泰州金鑫特种线缆有限公司
125	兴化市方圆消防器材有限公司	149	泰州市雷通机械有限公司
126	江苏日升电力机械有限公司	150	江苏融汇钢管有限公司
127	江苏凯达新材料科技有限公司	151	江苏江电电力设备有限公司
128	兴化市精锐机械有限公司	152	江苏蓝科环保(集团)有限公司
129	兴化市华伦达铸钢有限公司	153	江苏兴逸阀门有限公司
130	兴化市同步铸造有限公司	154	江苏润城网业科技有限公司
131	江苏恒械机械有限公司	155	兴化市杰俊机械有限公司
132	江苏航宇环境科技有限公司	156	兴化市通科机械有限公司
133	江苏恒力达机械有限公司	157	泰州恒润玻璃有限公司
134	江苏长友特钢机械有限公司	158	泰州茂翔电子器材有限公司
135	泰州市豹翔机械有限公司	159	泰州市众擎金属制品有限公司
136	泰州日晞机械制造有限公司	160	江苏金瑞机械制造有限公司
137	兴化市启源机械有限公司	161	泰州市凌峰机电设备有限公司
138	兴化市福鑫机械制造有限公司	162	江苏苏中泵业制造有限公司

表 18　2023 年度兴化市获批泰州市级科技瞪羚企业一览表

序号	企业名称	序号	企业名称
1	泰州市元彬不锈钢制品有限公司	3	江苏华东包装科技有限公司
2	江苏森吉米尔金属制品有限公司	4	江苏凯普特动力机械股份有限公司

科技服务

【农村科技】 2023 年，市科技局以全市农村科技服务超市、便利店为载体，整合品种、技术、成果信息等科技要素，采取农民“下单”、专家“配菜”的模式，为农民提供全方位服务，助推科技成果转化及新品种新技术新产品的示范推广，累计帮助广大农民解决农业生产经营过程中的需求难题 1000 余次，发布各类农产品信息 2200 余条，接受科技咨询 5000 余人次，培训农民 3100 余人次，举办各类科技培训 26 场次，示范推广新品种、新技术 20 余万亩次。组织科技服务超市分店、便利店参加省绩效考评，其中 2 家分店获得最高优秀等次，5 家便利店获得合格等次。

【科技企业培育】 2023 年，市科技局挖掘运用高企培育成长规律，构建“科技型中小企业—高新技术培育企业—高新技术企业”三级梯队培育库。建立起市领导牵头、部门推动、镇区街发动的协同推进机制，并把高新技术企业和科技型中小企业培育等指标纳入各镇区街的综合考核，明确目标任务，分解落实责任，合力推进工作。联合各乡镇（街道）园区、孵化平台对全市企业进行全面摸排和实地走访调研，从技术领域、知识产权、研发费占比、成果转化等方面，筛选一批科技含量高、技术创新能力强的高成长性企业作为重点培育对象。强化科技企业政策宣传和辅导，开展线上和线下培训，参加培训企业代表500余人。收集企业知识产权、近3年产值、研发费用等相关信息，对照高新技术企业申报条件进行评估。对基本符合当年度高新技术企业申报条件的企业，根据企业实际存在的问题，开展针对性指导，提醒企业及时完善，做到服务精准。实行申报工作“三审核”制度，确保每家企业申报材料都经过形式初审、专家预审、部门联审3个环节。引入市外顶尖服务中介，一对一精准指导，做好知识产权布局，开展“保姆式”“店小二式”全方位精准服务，助力伽力森食品生物科技（江苏）有限公司、顶能科技有限公司通过国家高新技术企业认定。

【科技人才服务】 2023年，市科技局组织9家企业申报2023年江苏省科技副总项目，其中扬州市职业大学褚军博士与泰州市春光生态农业发展有限公司合作的项目入选。组织泰州市博世特精密铸造有限公司、江苏亚盛金属制品有限公司2家3名教授企业申报省双创人才项目。与乡镇部门加强联动，挖掘资源，在了解相关资源后第一时间奔赴企业，主动上门服务，解决伽力森食品生物科技（江苏）有限公司、江苏兴达钢帘线股份有限公司等企业办理外国人工作证的困难。组织外国专家人才填写《重点外国人才有关情况排摸表》，了解外国专家在兴化的工作情况，以便做好服务。组织伽力森食品生物科技（江苏）有限公司有效申报省外国专家工作室。新增A类外国专家4名。

【科技服务先锋队】 7月25日，市科技局举行兴化市“兴小科”科技服务先锋队成立仪式。先锋队分为高企培育、政策宣讲、技术对接、科技招商4支队伍，全方位为全市科技型企业提供“保姆式”精准服务。常态化开展入企服务，提供政策宣讲、业务辅导、项目申报等科技服务，推行“一镇区一企一表一清单”个性化服务模式，累计服务企业1000余家。

（鲁　萍）

科技普及

【科技交流】 7月15日，市科协联合省铸造学会举办为期2天的“首届长三角铸造大会暨青年人才创新发展论坛”，来自国内外铸造产业领域的院士、专家及企业代表400余位齐聚兴化，近30位国内外专家教授学者到会举办系列学术报告，共谋铸造发展大计、探寻未来发展机遇。6月中旬，组织泰州市博世特精密铸造有限公司等15家企业远赴欧洲发达国家，走访有关商会、协会、企业等推介兴化铸造等产业项目，同时参加4年一届的德国杜塞尔多夫国际精密铸件博览（NEWCAST），与国际一流铸造企业和上下游产业企业界人士交流研讨。邀请国家金属学会和国家冶金工业信息研究院等5位专家学者到中国不锈钢名镇——戴南镇开展不锈钢产业发展专题调研，帮助企业解决技术难题，提高企业核心竞争力，激发企业科技成果转化内生动力，让创新活力竞相迸发。新建企业科协20家，培育重点企业科协5家，专业应用典型案例5个，组织江苏兴达钢帘线股份有限公司参加2023年创新方法大赛获省二等奖，江苏锁龙消防科技股份有限公司在2023年“科创江苏”提升学会服务科技

2023年7月15日至16日，“首届长三角铸造大会暨青年人才创新发展论坛”在江苏兴化成功举办　（市科协/供图）

创新能力计划项目中得到省科协专项资助。

【全域科普】　2023年,市科协借助全国科技活动周和全国科普日为契机,围绕“点亮青少年科学梦想”主题,开展“科普大篷车进校园”、科普微视频展播、科学家精神宣讲、馆校合作等各类科普宣传活动,覆盖人次5万余人。举办兴化市首届乡村校园科技节,机器人表演、无人机体验、科学表演秀、快乐七巧板拼搭、科学创想画、垃圾分类投放、阅读分享科普书籍等将近20项活动内容。兴化市安全文化教育体验基地被评为省科普教育基地,里下河湿地公园科普馆被评为泰州市科普教育基地,在图书馆建设科普驿站,依托新时代文明实践中心,建设科普小院,介绍10位兴化籍院士的生平,设有双人虚拟现实体验、科普知识翻转墙、机器人、无人驾驶等展品,同时开展科普知识竞赛等活动。

(沈小伟)

气象服务

【概况】　2023年,市气象局在江苏省局、泰州市局党组和兴化市市委、市政府的坚强领导下,秉承“观云测天为人民、优质服务创一流”的工作宗旨,党建工作扎实,业务质量稳定,安全管理有力,立足本职工作,“河蟹无公害安全生产技术”获江苏农业科技奖三等奖,获“2022年度改革创新提名奖二等奖”,通过全国气象系统创建模范机关先进单位复查。

【气象服务】　2023年,市气象局发布气象预报预警服务材料215期,其中气象灾害预警信号68期,重要天气报告27期,一周天气52期,重大社会活动气象保障服务46期,特殊农时气象服务22期;年内启动重大气象灾害应急响应14次。及时完成全市气象防灾减灾责任人信息库的更新,做好每一次灾害性天气预报预警服务;准确预报“7·6”特大暴雨,在强降雨来临前36小时发布天气提醒,提前4小时发布“暴雨橙色预警信号”,明确提出“兴化市低洼地区将会出现积水内涝”,为兴化市政府提前调度,做好充足排涝准备提供有力依据。为“3·23”水城水乡旅游节、“3·31”江苏省乡村旅游节、4月13—19日中央电视台《山水间的家》拍摄、7月里下河(兴化)音乐节、9月江苏省“水韵苏米”稻米文化节、10月“品蟹赏菊”旅游季、11月兴化马拉松赛事等各类活动提供准确及时的气象服务,为各项活动顺利开展保驾护航。联合市农业农村部门、保险公司建立现场查勘定损机制,充分利用气象雷达监测产品、临近气象站监测资料等进行对比分析,确保查勘定损的及时性、科学性、合理性和公正性,尽最大可能保障农民利益不受损。

【行业社会管理】　2023年,市气象局对安全监管工作常抓不懈,明确安全生产责任,多次开展安全生产主题宣讲。在主汛期来临之前,完成对104家防雷监管企业的防雷安全检查全覆盖,下半年对行业中介机构进行全面检查。通过“3·23”世界气象日、“5·12”全国防灾减灾日、安全生产月、科普宣传周等活动节点,广泛宣传气象防灾减灾知识和安全生产相关法律法规,在重大节日来临前开展施放气球安全巡查。开展安全生产宣讲活动5次,组织开展、参加应急演练4次。

(葛　蕾)

2023年3月29日,市气象局对104家企业实行防雷安全监管

(市气象局/供图)

教 育

综 述

2023年,全市有普通小学34所,在校生5.6万人,专任教师3860人;初级中学40所,在校生3.27万人,专任教师2895人;特殊教育学校1所,在校生175人,专任教师36人;普通高中9所,在校生1.79万人,专任教师1728人。有民办学校10所,其中独立小学2所、独立初中1所、九年一贯制学校5所、普通高中2所,民办幼儿园39所,其中省、泰州市优质幼儿园12所,普惠性幼儿园11所,据事业年报统计,中小学校、幼儿园在校学生13万人,民办在校学生1.63万人。其中民办在园幼儿4417人,小学2070人,初中6402人,高中3455人。

2023年,在市委、市政府的坚强领导下,市教育局认真贯彻党的二十大精神,坚持以人民为中心发展教育,砥砺奋进,推动兴化教育高质量发展。制定实施农村义务教育薄弱学校质量提升实施方案和农村小规模学校撤并三年行动计划。暑期有序撤并西鲍小学、湖东小学、中圩小学等3所农村小规模学校。实施中小学幼儿园建设项目24个,其中新开工项目3个,续建项目12个,竣工项目14个,前期准备工作9个。城区文峰初级中学等5所义务教育学校全面竣工,海棠府幼儿园、严家幼儿园、大营镇中心幼儿园秋学期交付使用,周庄镇中心幼儿园、沙沟镇中心幼儿园、大垛镇中心幼儿园竣工。周庄初级中学综合楼、周奋小学综合楼主体竣工。启动兴化市智慧教育创新改革实验区建设,举行启动仪式。遴选确定20所学校智慧教育创新改革项目,组织部分学校开展先行先试,寻求贴合学校校情、学情的智慧教育新样式。完成智慧教育一期工程,推进教育云桌面和标准化实验室建设,所有班级配备交互式一体机,所有公办学校千兆接入教育城域网,实现学校重点区域无线网络全覆盖。抓好城乡结对互动课堂应用,为教育均衡发展、城乡一体化教学探索出新路径。

持续加大校园招聘力度,给予学校更多的自主权,校园招聘人数约占计划总数的30%。在校园招聘和高层次人才引进中,录用人员毕业院校的层次明显提升。引进1名中国科技大学的博士生来兴任教,招引“211”院校的硕士研究生3人。持续开展本土优质师资培养,招录乡村教师定向师范生80人。安排编制计划,持续开展订单式培养优质师范生,签约30人。以中小学幼儿园校园长、教师综合业务素养提升为核心,开展多层次、多维度业务培训,提高教师专业素养。组织实施中小学幼儿园教师全员研修,参培人员近1万名。组织开展专题研修,邀请南京、南通等地名师开展高三、初三教师教学研究专题培训,中考、高考备考工作思路更加清晰、策略更加实效、效果更加显著。举办高中英语教师教学研究专题培训,更新教育教学观念,促进教师深入理解“新课标、新高考和新教材”的要求。依托“名、特、优”教师组建乡村骨干教师培育站,打造教师学习共同体,推动乡村优秀青年教师成长,引领乡村教师全员发展,提升乡村教育教学整体质量。

2023 年 10 月 9—10 日,市教育局开展"落实《评估指南》提升保教质量"主题研训活动　（市教育局/供图）

学前教育

【概况】 2023 年,全市有幼儿园 96 所,其中城区 40 所、镇区 48 所、乡村 8 所,在园幼儿 20025 人,教职工 2961 人,其中专任教师 1603 人。市教育局承办江苏第二师范学院六期组织的国培班、研修班项目,接待来自北京、广东、新疆、海南、广西、重庆、江西、河北等多省市的学前教育管理人员、研究人员和幼儿园园长、老师 700 余人。

【教学质量提升】 2023 年,兴化市全面推进教育部"安吉游戏推广计划"实验区和省教育厅幼儿园课程游戏化区域建设项目,取得显著成效,并被评选为教育部"幼儿园保育教育质量提升"实验区。幼儿园课程游戏化建设区域推进项目被省教育厅评为项目管理与保障水平优秀等次,学前教育课改工作经验被《中国教育报·学前教育周刊》头版头条报道,"学习强国"学习平台同步推送。戴南镇中心幼儿园、竹泓镇中心幼儿园创作的视频案例被教育部评选为 2023 年全国学前教育宣传月优秀视频案例,并通过教育部门户网站及官方微信公众号"微言教育"同步推送。

【学校管理】 2023 年,1 所幼儿园被认定为江苏省优质幼儿园,1 所幼儿园接受省优质幼儿园现场考察,6 所幼儿园被认定为泰州市优质幼儿园,22 所省优质幼儿园接受复审。2 所新建幼儿园、1 所易址改扩建幼儿园投入使用,全市普惠性学前教育资源进一步扩大、优化。

义务教育

【概况】 2023 年,全市义务教育学校现有独立小学 26 所,独立初中 14 所,九年一贯制学校 25 所,十二年一贯制学校 1 所,小学在校生 5.6 万人,初中在校生 3.27 万人。

【教育质量发展】 2023 年,兴化市全面落实"双减"工作要求,强化"五育"并举,推进"五项工程",促进学生核心素养提升,推动义务教育高质量发展。戴南中心小学、戴泽初级中学创建成泰州市新优质学校,景范学校创建成 2023 年江苏省中小学思政育人特色学校,唐宇等 3 名同学获第九届泰州市青少年科技创新市长奖,孙嘉遥等 3 名同学获市长奖提名奖,江苏省兴化中学获创新教育摇篮奖。国际象棋代表队获泰州市团体第一,乒乓球代表队获泰州市乒乓球比赛高中男子组第二名;省兴化中学获泰州市篮球比赛高中女子组第二名,楚水初级中学获泰州市篮球比赛初中男子组第一名。戴南中心小学创建成江苏省心理健康教育示范校、戴窑中心小学创建成泰州市心理健康教育特色校。《聚焦跨学科实践性学习 深化劳动教育课程创新发展》等 4 个项目入选 2023 年省基础教育内涵建设项目。推进义务教育共同体建设,依据 7 大片区管理基础,统筹调整城乡学校共同体布局,实现校际教育联动发展。

普通高中教育

【概况】 2023 年,全市有普通高中 9 所,其中公办普通高中 7 所,民办普通高中 2 所。其中,四星级普通高中 5 所,三星级普通高中 4 所,在校生 1.78 万人。

【教学管理】 2023 年,兴化市推进高中教育特色多样发展,深化普通高中育人方式变革,结合高考选科指引 3.0 变化,加强学生选科指导,促进学校综合素质

2023 年 10 月 28 日，兴化高中英语教师教学研究专题培训开班仪式暨第一次集中研修　　（市教育局/供图）

评价与德育工作的融合，推进高中学校素质教育。大力支持省兴化中学创建省高品质示范高中。省兴化中学《高中拔尖后备人才的选拔和贯通培育的研究》入选省基础教育前瞻性教学改革实验项目。推动普通高中星级提档，第一中学于 11 月 29 日通过省教育评估院组织的晋星现场考察。落实高中教育评价改革，对周庄高级中学等学校进行教育教学工作专项视导，不断提高全市高中学校教育教学管理水平。高考质量持续提升，文化类本一进线人数 1489 人，600 分以上 356 人，6 名同学被中国人民解放军空军航空大学录取，其中 2 名同学被清华大学录取为“双学籍”空军飞行学员。

特殊教育

【概况】 2023 年，全市有特殊教育学校 1 所，位于城区英武北路兴严桥西首。兴化市特殊教育学校校园环境优美，是招收听障、智力障碍学生为主，以兼收脑瘫、自闭症、多重障碍学生，集学前教育、义务教育、中等职业教育于一体的十五年制特殊教育学校。有教学班 15 个，在校学生 184 人，专任教师 40 名。学校紧紧围绕“一切为了特殊需要的孩子”的办学宗旨，倡导“生活自立、适应社会，最终融入社会”的办学理念，培养学生“自信、自立、自强、阳光、快乐、感恩”的品质，强化康复教育，突出生活教育，发展职业教育，始终把培养“自食其力的劳动者”作为学校的奋斗目标。学校有 2 个省级在研课题、3 个市级在研课题。学校获全国残疾人排舞大赛特等奖，先后获“泰州市法治校园”“泰州市文明校园”“泰州市智慧校园”“兴化市学校综合管理先进单位”“兴化市中小学心理健康特色示范校”“兴化市德育工作先进单位”等称号。

【课程体系构建】 2023 年，江苏省兴化中等专业学校立足特殊学生多元化、个性化的生活需求，构建发展学生、发展老师、发展学校的课程体系，提高特殊学生的自我服务能力和社会适应能力。开设基础教育、康复、职业教育、体艺教育 4 类课程。开展基础教育课程教学，发展学生潜能，完善职业素养、职业技能等职前课程，开设烘焙、美发美甲、中式面点、汽车美容、茶艺等职业课程，不断探索“教育、康复、职训、就业一体化”的办学模式。借助多方资源开展支持性的康复课程教学及指导，帮助学生习得生活自理能力，让每个学生都有人生出彩的机会。学校持续加强内涵建设，提升特殊教育的专业能力，成功申报“江苏省特殊教育发展工程建设项目——特教学校专业能力建设”，指导戴窑中心小学成功申报江苏省融合教育示范校。

中等职业教育

【概况】 2023 年，全市有公办中等职业学校 1 所，位于经济开发区施耐庵西路 21 号。江苏省兴化中等专业学校是国家级重点中等职业学校、江苏省四星级中等职业学校、江苏省高水平现代化职业学校、江苏省现代化示范性职业学校、江苏省优秀中等职业学校建设单位。校园占地 13.6 公顷，建筑面积 9.3 万平方米。实验实训设备总值超 4151 万元；教职工 180 人，高级职称教师 69 人，外出教师 40 余人；在校全日制学生近 3200 人。开设机械加工技术、数控技术应用、汽车运用与维修、新能源汽车制造与检测、计算机应用、动漫与游戏制作、机电技术应用、食品加工工艺、幼儿保育、直播电商服务、高星级饭店运营与管理、城市轨道交通运营服务、美发与形象设计、会计事务、工艺美术等25个专业。

【校企合作】 2023年,江苏省兴化中等专业学校加强基础能力建设,适应社会需求,建成江苏省级品牌专业4个,省现代化专业群2个,优质专业3个;国家级实训基地1个,省级高水平示范性实训基地2个。与江苏兴达钢帘线集团、纬创资通(泰州)有限公司、江苏华立自控仪表有限公司、江苏新宏大集团公司、兴化东华齿轮公司、兴化市三诚精密锻造有限公司、泰州天德湖宾馆、泰州安井食品有限公司等50多家单位签订校企合作协议。

社会教育

【概况】 2023年,全市26个乡镇社区教育中心均创建为省级标准化社区教育中心。建有村(社区)居民学校523所,建有省高水平农科教结合富民示范基地3个。以兴化市老年大学为主体,各乡镇(街道)均设立老年学校,乡镇(街道)老年教育机构覆盖率100%,老年教育参与率超过50%。

【教育中心能力建设】 2023年,兴化市以构建服务全民终身教育体系为目标,以社区教育项目创建为抓手,以打造覆盖城乡数字化学习网络为载体,推进乡镇(街道)社区教育中心基础能力建设,打造社区教育网络平台和宣传学习阵地,开展形式多样的文体活动,努力提高社区居民综合素质和生活质量。永丰镇、安丰镇、垛田街道等社区教育中心常年开设书画、戏曲、瑜伽、舞蹈、太极拳等多门课程,组织参加各类老年文艺活动近百场。戴窑镇社区教育中心报送的社区教育视频课程被省社指中心评为优秀奖以及金牌知识官;陶庄镇社区教育中心的社区工作者被省成教协会评选为2023年省级"社区教育优秀志愿者";永丰镇社区教育中心报送的品牌社区学习中心典型案例被泰州市教育局推选到省教育厅,该社区教育中心被省社指中心评选为兴化市2023年江苏省社会教育先进集体。扎实开展"泰州·兴化学习在线"登录注册、在线学习、宣传报道等工作,注册用户累计8536人,网站总访问量累计123.5万人次。

(李永辉 蒋春峰)

表19 2023年兴化市基础教育学校办学条件(总计)一览表

	学校占地面积(平方米)	校舍建筑面积(平方米)	教学及辅助用房(平方米)	行政办公用房(平方米)	生活用房(平方米)	其他用房(平方米)	#被外单位(借)用(平方米)	#租用外单位(平方米)	图书(册)	固定资产总值(万元)	#仪器设备总值(万元)
总计	4296247.06	1733697.48	889304.25	152931.3	575495.4	115966.53	10258	59683	4628911	411240.65	44073.75
幼儿园	556122.16	325101.24	242418.27	24929.68	26594.76	31158.53	0	10217	466337	78149.46	6244.89
小学	1073187.7	323583	204138	29750	70536	19159	0	7240	1391284	65570.43	11415.81
初级中学	558357.9	223883	116081	18977	78490	10335	0	5494	808504	37596.45	6090.94
九年一贯制学校	1049577.3	406530.8	160088	33753	180415.8	32274	0	26732	981038	47458.78	7162.37
职业初中	0	0	0	0	0	0	0	0	0	0	0
完全中学	0	0	0	0	0	0	0	0	0	0	0
高级中学	756109	315261.44	118222.98	33840.62	142130.84	21067	10258	10000	797760	159920.90	11351.75
十二年一贯制学校	292893	135772	46806	11395	75807	1764	0	0	176600	21889	1673
特殊教育	10000	3566	1550	286	1521	209	0	0	7388	655.63	135

文 化

文化场馆

【概况】 2023年,全市有文化馆1个,图书馆1个,乡镇基层文化服务中心27个,农村百姓大舞台397个,专业表演团队1个。有规模以上文化产业单位153家。

【图书馆】 2023年,全市藏书量30.87万册,图书28.17万册,盲文图书88册,古籍20.26册,善本147册,报刊5523册,视听文献1160件,开架书刊14.45万册,少儿文献5.08万册,电子图书总量16.88万册,新增藏量5595册,新增电子图书1000册,购买报刊种类381种,实际持证活跃读者数2.49万个,总流通人数29.5万人,书刊文献外借人次23.01万人,书刊文献外借册次35.26万册。组织各类讲座12次,参加人数1631人,举办展览49次,参观人数6.25万人,举办培训班10个,培训人数727人。

2023年10月12日,兴化市举行第三届"阅读马拉松"大赛

(市文体广旅局/供图)

【博物馆】 2023年,市博物馆文物藏品总数2909件(套),其中国家一级文物5件(套)。二级文物48件(套),三级文物114件(套)。组织策划9次临展,包括线上与线下,受众群众14.9万人,展览包括"松柏同春"——赵念葆、祭彦俊80华诞诗书画联展作品展、"故乡行"——张兴来中国画邀请展、"盛唐风流"——大型摩崖刻石《纪泰山铭》碑拓特展、"传承优秀文化·发展协商民主"——兴化市政协协商文化培育展示展、"翰墨书文旅·丹青绘振兴"书画展、"劲竹馨兰"——台湾宜兰县书画作品板桥故里展、"枝叶关情"——郑板桥艺术成就展(兴化潍城范县联展)、付少雄金属艺术作品展——风骨·致敬郑板桥。"翰墨书文旅 丹青绘振兴"书画展邀请本土书画名家30人,新创作74幅作品。秉承传播普及社会科学文化知识的使命,开展社会教育活动(线上、线下)共23次,受众群众48.69万人。与各小学联合开展"小小讲解员"活动,邀请小学生并

2023 年 10 月 28 日,兴化市举办“贯彻二十大 奋进新征程”2023 年兴化市新创文艺节目调演活动（市文体广旅局/供图）

对其进行讲解员礼仪、文史知识培训,让学生们在“楚水流长”展厅对广大游客进行讲解,受到游客、学校、学生以及学生家长的多方欢迎。7 月 23 日,兴化市博物馆开展“博物知旅”暑期研学游活动。活动融合多种新鲜元素,不同的主题、独特的体验,将“研”“学”“玩”有机结合,吸引众多孩子们的广泛参与。活动于 12 月被省文物局评为全省第二季“博物知旅”主题活动优秀案例。落实安全措施,加强安全巡查制度,向省厅争取“智慧消防综合管理系统”项目资金 170 万元,用于馆内安全项目建设。

【文化馆】 2023 年,市文化馆肩负“开放 融合 创新”的新时代文化馆使命和责任,不忘初心、牢记使命,坚持以传承中华优秀传统文化为核心,以弘扬社会主义核心价值观为主线,全馆上下奋战在群众文化工作的第一线,团结协作、积极履责,推动全市群众文化事业高质量发展。举办新春舞龙表演大赛、第十五届龙舟大赛,赛事紧凑、程序规范;广场舞大赛邀请省广场舞协会前来指导,赛事活动进一步促进文体旅融合发展;创新开展文旅节庆活动,承办第十三届泰州水城水乡国际旅游节暨 2023 年中国兴化千垛菜花旅游节开幕式、第十四届江苏省乡村旅游节开幕式、“千垛之城 荷你有约”2023 兴化市荷文化旅游节开幕式、《壹念 千垛》实景演出等,全面宣传兴化“江苏大公园 人文梦水乡”的新时代鱼米之乡。利用春节、元宵等中国传统佳节进行文艺演出、非遗展示、研学活动,发扬和传承中华民族优秀传统文化。举办主题鲜明的 50 余场群众文化活动,举办 2023 年兴化市戏曲票友大赛、“三下乡”集中志愿服务活动、沙沟镇乡村春晚、学雷锋志愿服务主题活动、盐泰地区淮剧票友联谊会、七彩夏日主题活动、国庆歌咏大赛等,做到“周周有活动、月月有主题、季度有特色”的群众活动,不断满足人民群众文化需求,增强群众的获得感、幸福感、满意度。

（王　翔）

2023 年 3 月 6 日,市淮剧团组织参加泰州市文化惠民演出（市文体广旅局/供图）

公共文化

【公共文化活动】 2023 年，市淮剧团结合剧团实际情况，积极开拓演出市场，狠抓演出场次，取得良好的经济效益，较好地完成全年各项演出任务。完成送戏下乡、文化进万家、戏曲进校园等大型演出近 300 场次，受众 20 余万人，让广大淮剧观众享受高质量、高规格且充满正能量的文化表演。其中泰州市海陵区、姜堰区和医药高新区演出近 70 场，演出收入 130 余万元，超过泰州市区专业院团 2023 年度惠民演出经费总投入的一半，为剧团各项工作的有序开展提供坚强的经济保障。

【公共数字文化服务建设】 2023 年，市文化馆狠抓公共服务基础设施建设，补齐短板，夯实公共文化阵地。在各级领导的关心和指导下，成功申报为江苏省华侨文化交流基地，为泰州地区唯一入选单位，为侨联组织、海内外侨胞到访和参观考察免费提供交流场所，积极主动协助侨联组织开展各类文化交流活动。推进文化馆总分馆制度建设，指导各乡镇开展展览、讲座、文艺演出等文化活动。获得“省优秀群众文化团队称号”的 8 位团队负责人签订全年目标责任书，明确工作任务、细化工作举措，引领全市群众文化茁壮成长。推进公共数字文化服务建设，通过落实考核专题会议要求，实行“3 天工作一推进”制度，确保各乡镇考核指标落到实处。公共数字文化建设 870.9 万次，人均 7.78 次，超额完成年初既定目标，位居泰州地区第一。

文旅融合发展

【文旅资源整合】 2023 年，兴化市在北门街区举办元宵游走灯会、银北门 · 遇见美、非遗大集等多场文旅活动，受到社会广泛好评。城中历史地段利用郑板桥—施耐庵纪念馆、李园、兴化县署、八字桥、四牌楼、元老府、徐府等文保单位和人文景点，打造八字桥文旅休闲街区，并获批“省级夜间文化和旅游消费集聚区”称号。郑板桥—施耐庵纪念馆入选江苏省第二批无限定空间非遗进景区示范项目。

【市淮剧团】 2023 年，市淮剧团紧紧围绕市委、市政府的中心工作，积极参加全市重大活动，先后组织参加全市各类重大节庆文艺演出近 40 场次。组织参加 2023 旅游年卡发放、博物馆道情小剧场春节专场文艺演出，以及元宵节、“三八”国际劳动妇女节、端午节等专场文艺表演。历时 3 个月，新创淮剧系列小戏《三拆桥》，组织参加第十四届江苏省乡村旅游节演出；组织参加江苏省首届苏派旗袍风采大赛总决赛、第十三届中国泰州水城水乡国际旅游节暨 2023 中国兴化千垛菜花旅游节开幕式、2023 里下河龙舟邀请赛暨兴化市第十五届龙舟大赛开幕式演出以及首届兴化发展论坛欢迎晚宴文艺演出、2023 中国 · 兴化品蟹赏菊旅游季驻点演出；组织参加兴化市“亲语连廉 · 清风讲堂”专场文艺演出；组织开展协商文化专场文艺演出节目创排。举办和参加 2023 淮剧文化节、道情大赛、八字桥广场专场文艺演出等 2023 郑板桥艺术节相关系列活动。陈波表演的节目《对话板桥先生》代表泰州市参加江苏省“百姓名嘴”风采大赛，获一等奖。

【文旅深度融合】 2023 年，兴化市成立以市政府主要负责人任组长的文旅产业融合发展委员会，向社会发布首批 10 项文旅研究课题，邀请文旅专家建言献策，高位推动文旅深度融合发展。强化区域联动，邀请泰州姜堰区，扬州高邮市，盐城东台市、大丰区，淮安金湖县共同组建“里下河金色旅游联盟”，推进里下河城市旅游交流合作。制定《兴化市文旅融合高质量发展三年行动计划》，编制《乌巾荡旅游度假区总体规划》，推动度假区实体化运行。发放产业引导资金 278.62 万元，全市规上文化产业单位 162 家，文旅融合产业体系基本形成，兴化入选首批江苏省文旅产业融合示范区。

文学艺术

【概况】 2023 年，市文联坚守“举旗帜、聚民心、育新人、展形象、兴文化”使命任务，以讴歌新时代，传播正能量为己任，践行艺术服务社会、服务大众的理念，着力组织广大文艺工作者积极投身各类形式多样的主题活动和公益志愿服务活动中，在巩固共同思想基础、塑造主流舆论格局、推动文化创新创造、加快提高社会文明程度、增强文明传播力影响力上发挥积极作用。

【文艺创作】 2023年,兴化市新增4位作家加入中国作家协会。市文联和兴化市总工会联邦结对,以文学的力量擦亮城市名片,组稿出版《一线》杂志4期。市朗诵协会组织会员走进中国诗歌学会“中国诗歌地图”直播间,诵读推介兴化籍作家的诗歌作品,助力市作协完成“品读春天的诗 诗意兴化”专场直播活动。11月,开展“郑板桥文学艺术奖”评选活动,激发本土文艺工作者创作热情,鼓励提高创作水平,夯实文艺创作人才队伍基础。市文化馆多次牵头召开创作研讨会,精心谋划、细细打磨,以第十六届省五星工程奖为目标,组织开展“贯彻二十大 奋进新征程”2023年兴化市新创文艺调演大赛,吸引全市各乡镇(单位)30余件作品参赛,创历年参赛作品数量新高;新创节目《妹在花中等你来》《飘在水上的小村庄》等8件作品获评优胜奖;组织推荐新创节目《幸福的人儿在水边》获评泰州新创文艺节目调演一等奖;举办首届板桥道情大赛,新编情景剧《红袖添香》在30个节目中脱颖而出,获评一等奖,代表大赛参加艺术节开幕式,节目剧照登录新华网、澎湃、人民网等国内知名网站,进一步叫响板桥文化。

文化遗产保护

【概况】 2023年,全市共有非物质文化遗产保护项目124项,其中,泰州级24项,省级21项,国家级3项,建成全球重要农业文化遗产1处、国家AAAA级旅游景区2家、国家AAA级旅游景区5家、省级工业旅游区1家、省星级乡村旅游区13家、省级生态旅游示范区1家、中国历史文化名镇1家、全国重点文保单位3处,省级重点文保单位13处、省级历史文化街区2处。全市现有历史文化街区2处,不可移动文物119处,文保单位110处,其中,全国重点文保单位3处,省文保单位12处,非遗名录124项。

【物质文化遗产保护】 2023年,兴化市启动蒋庄遗址博物馆的陈列布展工作,邀请专家对布展方案进行论证。推动兴化垛田文化的研究工作。完成全市文保单位永久性保护标志和不可移动文物直接责任人标牌的制作安装工作。完成兴化市第四批文物保护单位保护范围和建设控制地带的认定和兴化市第五批文物保护单位的评定,报政府常务会讨论通过,并向社会公布,基本完成第五批文物保护单位保护范围和建设控制地带的编制。邀请省考古研究院专家对草堰港遗址(新石器时期遗址,距今约7200年)进行抢救性挖掘,并于12月19—22日举行由中国考古学会和省文物局联合主办的草堰港遗址考古发掘成果专家论证会暨江淮地区史前文化发展与区域互动学术研讨会。专家们一致认为,草堰港遗址的发现,丰富江淮东部地区的考古序列,填补该地区考古学的文化空白,实证这一地区早在7000年前就已经形成独立文化区,对研究江淮东部远古文化具有重要意义。考古发掘工作正在有序推进,已发掘面积2100平方米,出土一批陶器、石器、玉器、麋鹿角亚化石、动物骨骼、鹿角靴形器等文物标本2200余件。东门历史文化街区古建筑维修改造工程和北门古建筑修缮工程顺利竣工,市保单位王府大厅和古建筑朱友兰方脉等得到保护性修缮。上争国家文物局“三防”专项资金788万元,该工程8个项目即将竣工。上争省文物局2批专项资金计710万元,进入招标采购阶段。对市保单位陈五房进士第(毕飞宇工作)、元老府和历史建筑解都堂进行维修。完成2023年东门古建筑维修工程、西门市保单位许家大院修缮工程、市博物馆及兴化县署维修工程的方案设计和概算编制。开展文保单位保护利用,完成北城外大街垛田农民画传习馆的改造提升。国保单位蒋庄遗址正在实施布展工程,省保单位影山头遗址建成陈列室并对外开放,省保单位万兴大典和市保音准竹业公所陈列布展工程正在有序推进。完成省保单位万盛桥修缮及周边环境整治工程方案。

【非物质文化遗产传承】 2023年,兴化市开展非遗传承体系建设,申报非遗代表性项目。组织、指导全市9项市级非遗项目申报第五批省级非物质文化遗产代表性项目,锡器制作技艺、米甜酒酿造技艺等9个项目获得“第五批省级非物质文化遗产代表性项目”称号。开展非遗调查研究,编撰出版《兴化非遗》《竹泓传统木船制造技艺》。向国家、省、市级上争非遗保护专项资金42万元,拓宽项目保护资金的来源渠道,推动非遗项目的保护、传承、发展。非遗进郑板桥·范仲淹纪念馆景区入选第二批江苏省无限定空间非遗进景区示范和培育项目名单。为推动非遗助力乡村振兴,与市人社局、市乡村振兴局联合公布一批非遗工坊,5 家单位入选,兴化市竹泓木船入选江苏省首批省级非遗工坊名单。竹泓木船入选国家级非物质文化遗产生产性保护示范基地公示名单。以兴化文化馆为平台创作非遗短片,浏览转发人数超 10 万人,充分利用网络、电视、报刊等形式开展传承人事迹推广和“非遗”知识科普。常态化开展“非遗进校园”“非遗进社区”等一系列宣传活动,让传统非遗走近群众生活。

【非遗活动】 2023 年,市文化馆举行“非遗传承进课堂 助力‘双减’惠民生”进校园活动,全面传承和保护好全市非物质文化遗产,在继承优良传统文化的基础上,充实创新课程,助推“双减”政策有效落实,培养学生对非物质文化遗产的兴趣和保护意识。加强非遗传承人队伍建设,关心关爱传承人,推动非遗项目创新发展,持续加强数字化建设。《甜蜜的手艺》《垛田农民画》《魅力非遗润童心 传统文化进校园》等原创视频登上“学习强国”学习平台,其中《兴化木杆秤制作技艺》获评文化和旅游部全国公共文化发展中心和人民网融媒中心联合举办的“我与文化馆”主题短视频 100 部优秀作品,为泰州地区唯一入选视频;每周接待 1 ~2 所学校到市文化馆传统音乐传习中心进行“研学游”活动,为学生们提供优质民歌传承讲解、民歌学唱体验。激发他们对传统音乐的兴趣。联合上级和兄弟单位(协会)每月开展风格不同、主题鲜明的布展活动,首届“南亭杯”全市书法作品展、“文林鼓韵 润泽师生”学生绘画作品展、泰州老干部书画摄影巡回展、省乡村振兴艺术摄影展等省、泰州和兴化优秀书画摄影展 20 余次,深受全市人民好评。

(王 翔)

社科普及

【概况】 2023 年,市社科联承办全省首届里下河地域文化研讨会,进一步挖掘、保护、利用里下河地域文化,形成《里下河地域文化研讨会论文汇编》,持续提升区域文化影响力。致力于对本地特色文化资源的发掘、保护、弘扬,召开《兴化文化丛书》第二辑首发式和推广座谈会,持续做好丛书和本地文化的推广活动,提高群众知晓率和普及率。持续发挥省、市社科普及基地作用,新增 3 家泰州市级社科普及基地。组织“社科普及周”主题活动,策划“阅读马拉松”“非遗大集”等重大活动,持续开展社科服务下基层品牌活动,以有趣的内容、生动的互动体验,吸引基层群众广泛参与,着力提升社会公众的社科人文素养,切实推动社科为民、社科惠民。

【理论宣传】 2023 年,市社科联以名师引领、业务培训、集中备课等多种途径,培养政治强、懂政策、水平高的理论宣传队伍,组织“百姓名嘴”风采展示、“贯彻二十大 奋进新征程”主题宣讲等活动,构建宣讲队伍多元化、受众群体分众化的宣讲格局,在全省“百姓名嘴”风采大赛中获一等奖。组织社科工作者开展送理论、送政策、送法律、送文化等志愿服务项目,持续探索“理论 + 文艺”路径,把党的创新理论编进茅山号子、板桥道情等群众耳熟能详的曲调,增强群众的理解和认同感。依托新时代文明实践所(站),全年组织志愿服务走基层活动 12 场,通过“习语共鸣”“你惑我解”等活动,有力推动党的创新理论在兴化落地生根、开花结果。

【阵地建设】 2023 年,市社科联坚持以社科普及示范基地建设为重点,推动大垛镇板桥文化园、新垛镇施耐庵文化园、融媒体中心获评泰州市第五批社科普及基地。在泰州市社科普及基地 2022 年度考核结果中,市图书馆、沙沟渔文化旅游风情小镇被认定为第一等次,戴南镇文化艺术中心、市博物馆、市文化馆、严昌荣红色军事教育基地被认定为第二等次。张巍巍(图书馆)、石勇(沙沟渔文化旅游风情小镇)、王少海(博物馆)、叶纯(戴南文化艺术中心)、卞建平(严昌荣红色军事教育基地)、陈德勇(文化馆)获评 2022 年度泰州市社科普及工作先进个人。“悦读水乡 理响兴化”传统文化推广活动项目获得 2023 年度泰州市社科联社科普及重点项目资助。

【课题研究】 2023 年,市社科联在全市分层分类组织开展“学习宣传二十大精神 贯彻落实现代化任务”调研活动,市领导牵头 34 个重点调研课题,带动广大党员干部到一线调研形成500余篇高质量调研报告。组织重点单位部门围绕政策资金、试点活动等方面,全面上争对接,梳理出115项重点成果,进一步厘清未来三年发展方向和重点任务。在《兴化日报》开设“学习宣传二十大精神 贯彻落实现代化任务”专栏,刊发学习体会文章,推动党员干部的学习由感性认识向理性认识转化。在市内“报、网、端、微、屏”传播矩阵刊登理论学习文章,把党的创新理论讲清楚、说明白,让老百姓听得懂、能领会、用得上。

(徐亚军)

党史编研

【概况】 2023年,兴化市党史方志办公室参与全市党史宣讲团,与昌荣、戴窑、安丰等镇党委联合开展党的二十大精神宣讲,推动党史学习教育常态化长效化。续编兴化党史三卷本,会同市委宣传部、市文体广电和旅游局、市教育局等单位共同举办兴化市第五届红色故事宣讲大赛,组织党史宣传“六进”活动,与市委宣传部等单位一起承办泰州市纪念抗日战争胜利78周年“强国复兴有我”群众性主题宣教活动。

【党史资料征编】 2023年,市党史方志办公室搜集、整理兴化水利建设相关档案材料,撰写完成1.5万字的《兴化水利建设发展历程》专题。征集兴化市渡江战役支前模范及其亲属子女方面的资料,完成“泰州与海军”专题资料征集。年内,《红色印迹——兴化市红色资源史料册》获全省档案文化精品奖、史料汇编作品类三等奖。

【党史成果转化】 加强党史成果转化利用,提升党史研究业务水平,全面扩大党史影响力。年内撰写3篇业务论文,《成立在抗日烽火中的兴化独立团》《新时期“四史”宣传实践路径的探析》分别在《大江南北》《北大荒文化》发表,《兴化党史三卷本编写体会》入选泰州市党史方志档案学术年会论文集并获优秀奖。

地方志编修

【《兴化年鉴(2023)》被评为“江苏精品年鉴”】 2023年,市党史方志办公室立足省精品年鉴创建,完善年鉴篇目大纲。将原有的27个类目扩展为35个类目,下设分目204个、条目951个。新列“鱼米之乡”“河蟹产业”“乡村振兴”等类目,保留特色鲜明的“文化”“体育”“千垛菜花旅游”等类目,加大“就业与社会保障”“教育”等类目的记述比重。12月6日,《兴化年鉴(2023)》被评为“江苏精品年鉴”,由方志出版社出版,发放至全市70余家单位。

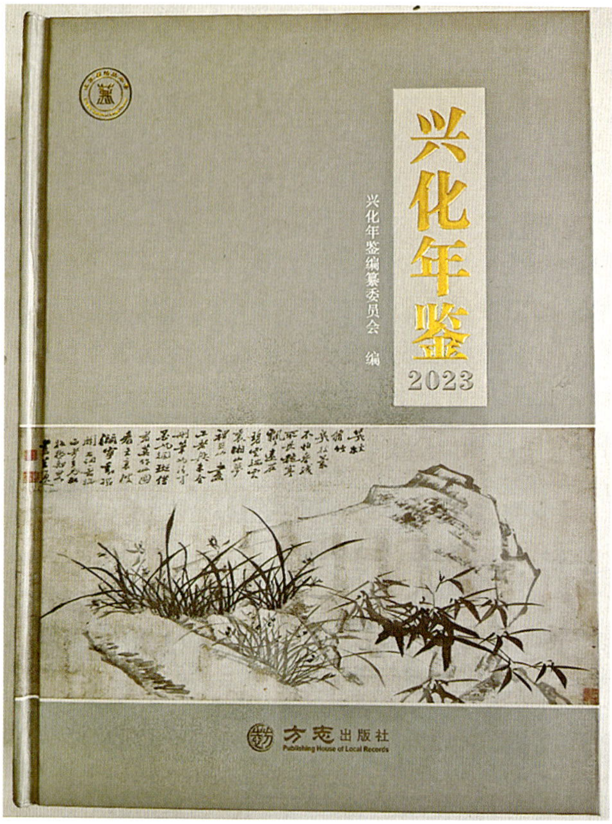

2023年12月6日,《兴化年鉴(2023)》被评为“江苏精品年鉴”

(市党史方志办/供图)

【镇志编纂】 2023年,市党史方志办加强业务培训和指导服务,提升编纂人员业务水平,组织编纂业务培训班4期,邀请省方志专家在兴化设专场业务培训。总审稿量和反馈量600余万字,首批7家镇志编纂单位中出版镇志4部、村志1部(其中2023年出版《安丰镇志》《光耀村志》),《友谊村志》通过终审,《垛田镇志》《竹泓镇志》《赵万村志》通过复审;第二批18家镇街志编纂单位中有1家完成初稿、5家通过初审、6家通过复审、1家通过终审、1家完成验收,另有4家资料收集率70%以上。《沙沟镇志》2023年在全省镇村志质量评定中被评为二等镇志。

【旧志点校出版】 2023年，市党史方志办聘请地方文史专家审稿，完成《兴化县新志》《兴化县志》《重修兴化县志》《续修兴化县志》4部旧志的点校工作，形成150万字审核稿，并移交出版。

【方志文化宣传】 2023年，市党史方志办加强方志文化宣传，举办以“天下第一垛与人文兴化”为主题的方志大讲堂活动，通过“方志江苏”视频号进行直播，线上观看人数过1万人，获“2023年江苏方志大讲堂十佳奖”、2023年度泰州各市(区)特色创新项目评定第一等次。与省文案指导专家联络做好文案编纂和修改，多次组织千垛影像志拍摄踩点活动，并配合后期修改、整理。协助完成千垛影像志拍摄并在全省率先播出，获评《江苏省情影像志》(第一批)优秀组织单位和优秀个人。报送各类方志信息60篇，被省、泰州史志办采用42篇，连续2年被省方志办选为“全省地方志系统政务信息报送优秀单位”“全省方志文化宣传优秀组织单位”。

2023年4月6日，江苏方志大讲堂暨泰州记忆讲堂兴化专场活动在兴化市千垛镇千垛菜花风景区举行 (市党史方志办/供图)

档案管理

【概况】 2023年，市档案馆严格档案库房管理，每日巡查登记温湿度情况，每季度开展温湿度情况分析。加强档案数字化加工安全保密工作，做好数据核查，定期备份档案数据。完成原34个乡镇全宗卷整理及已进馆13家市级机关的全宗介绍编制。完成1981—1996年间3.58万卷、124.9万件的文书档案审核，开放审核4825卷22.29万件。

2023年8月8日，市党史方志办召开八尺沟、施家桥口述史工作调度会 (市党史方志办/供图)

【档案接收】 2023年，市档案馆接收民政局2022年婚姻档案229盒1.1万件，2013—2018年原安丰镇、下圩镇、老圩乡、西郊镇、缸顾乡、李中镇文书档案约1万件，纪委案件档案900余卷。

【档案征集编研】 2023年，市档案馆挖掘兴化文化精髓，弘扬传统文化，提升档案馆文化内涵，开展档案征集活动。征集《中医儿科流派研究》《史氏儿科疗法真传》《史氏儿科治验传薪》图书3册，《冯氏宗谱》《葛氏家谱》族谱资料2套6册，兴化乡贤宗源的18件革命遗物。

2023年6月9日,市党史方志办开展2023年国际档案日主题宣传活动

(市党史方志办/供图)

完成新垛镇施家桥村、钓鱼镇八尺沟村口述史采集,形成51小时视频、24万字材料上报存档。

【档案业务指导】 2023年,市档案馆夯实全市档案工作基层基础。指导市公安局、市检察院创成“江苏省示范档案室”,市人民医院、市农发行、市融媒体中心、兴东镇财政局、江苏省兴化经济开发区派出所、市医保局等10家单位创成“江苏省规范档案室”。专题指导全市洼地治理工程,细化和完善《兴化市档案工作年检考核标准》,对100余家单位进行年检考核。推动乡镇、部门规范建档,探索建档向民营企业、宗教场所、行政村发展,有386家行政村规范建档,建档率达85%以上。

【档案查阅利用】 2023年,市档案馆接待查阅档案4000余人次,调阅各类档案2万卷次、3万余件。推动档案信息建设,推出重要民生档案长三角地区异地查询便民服务,办理异地查档申请100余份,完成档案数字化扫描35万余件。

【档案宣传】 2023年,市档案馆协助开展“奋进新征程 兰台谱新篇”主题征文活动,征集18篇论文。举办“6·9”国际档案日宣传活动,联合昭阳街道在新义社区城楼广场开展咨询和展览活动,重点宣传《中华人民共和国档案法》及实施办法,发放档案编研资料和宣传品4000余份,唤起广大市民的档案意识和知党史、报党恩的热情。连续5年获全省档案宣传特等奖(泰州市第一),1人获评全省档案宣传工作先进个人。

(孙东圣)

融媒体

【概况】 2023年,市融媒体中心重塑生产流程,统一策划重大主题,统一安排记者,统一渠道发稿,平台间各有侧重,又相互呼应,实现传统媒体与新媒体的深度融合,形成新媒体首发快发优发、广播电视报纸跟进深度报道的传播新格局。尝试多渠道多途径创收,增加广告收入、活动收入和产业收入,经营创收实际到账资金1619万元,同比增长22.5%,为中心发展持续不断地注入澎湃动力。

【移动传播】 2023年,市融媒体中心实施“移动优先”战略,打造移动传播矩阵。“兴化发布”微信公众号进一步明晰内容定位和美编风格,在泰州市微信排行榜政务类榜单中持续排名第一。打造“兴化发布”视频号,“兴化融媒”抖音,“今日兴化”App(应用软件)等新媒体平台,开辟“兴化发布”微博号、小红书,启动视频号直播和慢直播业务,实现网微端号百花齐放、文图音视推优出新,生产和聚合的高质量内容全面覆盖,“新媒矩阵”质效凸显,为拓展经营创收打下良好基础。

【培育兴化融媒IP】 2023年,市融媒体中心灵活运用短视频、直播、海报等丰富多样的形式进行立体呈现,持续策划生产《兴化老味道》等一批既符合移动传播规律,又与主流媒体品格和气质相一致的融媒精品,打响兴化融媒品牌。“兴化发布”视频号策划推出600余条短视频,自主创作比例95%。点阅量过1万的短视频占作品总数40%以上,总点阅量超过660万人次,其中《家乡主播说》等收获10万余次点阅量,《“兴”未来 “化”

泰州微信排行榜 政务类

2023.8.1-8.31

序号	公众号	文章总数	阅读总数	在看	WCI
1	兴化发布	180	96万+	13817	1122.34
2	微海陵	181	91万+	2202	1039.54
3	平安泰州	67	43万+	1778	964.49
4	江苏姜堰	134	42万+	4465	939.74
5	泰州教育发布	92	40万+	1488	933.99
6	靖江发布	108	36万+	1340	883.22
7	靖江发布	90	27万+	922	837.32
8	泰州高新发布	144	34万+	1595	862.33
9	泰兴发布	93	23万+	2641	849.76
10	先锋泰州	110	15万+	3626	765.85

指数发布：泰州市互联网信息办公室 腾讯·大苏网 JS.QQ.COM 数据支持：清博指数

2023年8月，泰州市互联网办公室发布泰州微信排行榜(政务类)，“兴化发布”公众号位列第一 (市融媒体中心/供图)

非凡》收获25万余次点阅量，《90后姑娘担当新闻联播主播》收获60万余次点阅量。

【画册策划制作】 2023年，市融媒体中心利用媒体资源优势，瞄准画册策划、制作新赛道，短时间内高质量完成《你好，兴化》系列画册、《兴化乡贤》杂志的策划、制作，受到社会各界的广泛好评，既为全市重大活动营造良好氛围，又成为创收工作的新增长点。

【活动承办】 2023年，市融媒体中心承办“产业高质量发展大会”“吾论如何成长论坛线下沙龙”“四敢先锋大讲堂”等室内大型活动，“全国涉农高校强农行动——最炫农科生集结仪式”“农民丰收节暨大闸蟹开捕节”“水韵苏米 稻米文化节”“林湖葡萄采摘节”“陶庄牛羊肉节”等户外大型活动，并尝试走出兴化，在江苏大学和东北大学举办“泰州·兴化人才发展推介会”等活动，通过全流程活动策划、现场直播、推广报道服务，各类大型活动百花齐放，全年无空档，逐步树立起品牌。

【精品创作】 2023年，市融媒体中心制作的《从兴出发 创梦未来》《“兴”未来 “化”非凡》《约定兴化》《品味兴化》等多部专题片，得到群众和领导的高度评价，高质量的视频产品逐步打开市场。

广播电视

【概况】 兴化市人民广播电台调频101.9兆赫，全天播出本地新闻资讯、社教专题、广播文艺以及直播节目《政风热线》等节目17小时。市电视台设新闻综合和文化旅游2个频道，每天播出时长40小时，其中自办栏目16个。《兴化新闻》已开播20余年，通过融合发展，新闻触角延伸到经济社会发展、重大项目建设等重点工作最前沿，高扬改革发展主旋律，让融媒体中心的舆论宣传与市委、市政府中心工作始终同频共振。《民生直通车》栏目长期关注民

2023年10月1日，市融媒体中心推出的《“兴”未来 “化”非凡》专题片 (市融媒体中心/供图)

生问题，得到观众的长期认可和好评。

【宣传报道】　2023年，市融媒体中心围绕市委、市政府中心工作，发挥主流媒体职能，做到导向正确，引导有力。持续奏响宣传贯彻党的二十大精神的壮阔旋律，开辟《新时代 新征程 新伟业》《牢记嘱托、感恩奋进、走在前列》《学思想、强党性、重实践、建新功》等专题专栏，推出《贯彻党的二十大精神在基层》等系列报道，把“国之大者”与“民之关切”相结合，小切口反映大主题，生动鲜活地讲述兴化故事、奋进新时代的故事。聚焦中心，围绕弘扬“四敢”精神、农文旅融合、文明城市创建、项目建设等主题，开展系列宣传活动，《弘扬“四敢”精神 争当“四敢”先锋》《“敢”在春天里 · 不负好春光 发展挑大梁》《小城胜景人自醉 人文水乡迎客来》《同创全国文明城市 共建幸福美好兴化》《共享丰收成果 助力乡村振兴》《高质量发展调研行》《代表问效》《提案跟踪》等系列专栏专版，为全市奋进新征程提供有力舆论支撑。

【安全检查】　2023年，市融媒体中心进一步完善突发事件处置预案，组织开展广播电视安全播出大检查、大演练，通过自查、上级安全检查，对查出的问题进行整改，完成重要节点的广播电视转播任务。保障播出广播6000小时和电视1.8万余小时，播发应急广播累计1100余次，没有出现任何重大责任事故，实现优质安全播出。

（竺小兰）

《兴化日报》

【概况】　《兴化日报》由中共兴化市委、兴化市人民政府主办，由兴化市融媒体中心承办。《兴化日报》为4开8版，周五刊，双面彩印刷；一版、二版为要闻版，三版为民生版，四版为广角版，五版为时评版，六版、七版为部门联办专版，八版为公益广告版面，每周五刊发四版副刊。《兴化日报》期发行量2万份，2023年出版239期（第8596期至第8835期）。

【新闻宣传】　2023年，《兴化日报》始终坚持党对意识形态领域工作的领导，深耕主题宣传责任田。按市委、市政府年度目标要求，围绕重要节点，刊发新闻报道5000余条。持续开展“新时代 新征程 新伟业”“学思想 强党性 重实践 建新功”“牢记嘱托、感恩奋进、走在前列”“弘扬‘四敢’精气神 永葆发展‘兴’活力”等专栏宣传，以地方党媒的形象牢牢扎根基层舆论宣传阵地。

江苏有线兴化分公司

【概况】　江苏有线网络发展有限责任公司兴化分公司（主要从事兴化城乡广播电视传输网络建设、开发、维护和管理，广播电视节目传输，数字电视及综合信息业务的服务和营销。分公司于2014年12月30日正式挂牌成立，秉承“建精品网络、创优质服务、传先进文化”的发展理念，锚定数智全业，聚力融合创新，围绕“新四网”全业务，争做业务强、技术强、服务强、管理强的“四强”分公司。提升综合竞争力，实现社会效益和经济效益双效提升，努力成为兴化文化产业和信息服务的主力军。

【广网服务】　2023年，分公司建成46个一站式服务营业厅，开通“96296”客户服务热线，规范服务窗口工作流程，推行对外服务八项公开承诺和社区服务经理制，开展“服务志愿者”“党员先锋队”等活动，营造良好的服务环境。加强节目内容建设，改变以往单一内容服务模式，推进“5G + 宽带 + 电视 + X”全业务融合的发展新格局及一体化运营服务，尽力满足人民群众广播电视基本公共服务需求和个性化多样性文化服务需求。

【政企业务】　2023年，分公司注重集团业务的开拓，拓宽公司营收渠道。进一步打造数字经济新优势，坚持新发展理念，营造良好数字生态，在做好市场数据分析的基础上，探索弱电智能化项目，积极参与兴化地区“雪亮工程”和智慧技防建设，中标“智慧小区”项目和“技防城升级版”项目，完成全市应急广播体系项目建设。适应乡村振兴战略新趋势新要求，推进智慧广电乡村工程示范村（小区）建设工作。履行“党媒政网民屏”的社会责任，致力并服务于地方经济社会发展。

（黄亚婷）

文化产业

【概况】　2023年，市文旅公司以农文旅融合为方向，以西北片区为载体，以筹办四季活动为串联，拓展融资渠道，优化景区管理，推进项目建设，实现融资总额48.87亿元，占市交目标任务的122.18%。

【项目建设】 2023年，市文旅公司编制年度文旅投资建设项目计划，制定“三湖三荡”水面资源管护利用实施方案，推进陈堡草荡水上国民休闲中心一期投资建设，研究农产品电商冷链物流产业园、文旅酒店等项目投资可研方案。树立“优秀人才优先安排到一线锻炼、重要岗位人员首先从一线选拔”的用人导向，围绕实体化项目清单，组建项目专班。推进里下河国家湿地公园二期项目，邀请第三方公司对景区创建能力进行评估，出具可行性报告，进一步推进景区创建基础及相关配套设施建设工作。启动沙沟古镇开发与保护工作，积极参与沙沟古镇景区创建和运营，提升古镇人气。抓好八字桥文旅休闲街区业态提升，坚持小投入、微改造，灵活引进有流量、有营收、有特色的文旅项目，推动文化、旅游、休闲融合，促进文旅消费升级，提升城市文化品位。坚持“留改拆”并举，审慎改造金东门、银北门历史文化街区，逐步提高居住质量，留住原住民留住古风貌、留住烟火气。

文化市场管理

【概况】 2023年，市文体广电和旅游局畅通“12345”举报渠道，收到并处理完毕“12345”热线工单431件，阳光信访平台44件，你拍我办9件，市长信箱2件，兴化市市长信箱1件，兴化市书记信箱4件，你问我答21件，群众满意率100%。定期对全市歌舞游艺场所27家、网吧36家、体艺类校外培训机构57家、星级酒店5家、A级景区9家、文保单位110家开展消防设施设备维护和重要风险点安全检查，均按要求签订安全责任承诺书、按期完成消防培训演练。

【文化市场综合执法】 2023年，市文体广电和旅游局组织开展“双随机”监管工作，制定年度“双随机、一公开”抽查计划，开展单部门随机抽查18次，检查市场主体61家，跨部门随机抽查3次，检查市场主体14家，实现监管领域全覆盖。六是聚焦文旅市场监管难点热点，开展校园周边文化市场提升行动、“七小”行业专项整治行动、“扫黄打非”专项行动、文化市场综合执法“先锋”系列行动等工作。出动执法人员2940人次，检查文化经营场所907家次，办结案件15件，处罚没款26.8万元，没收出版物448册，吊销许可证2家次，取缔无证娱乐场所1家次。12月，文体广电和旅游局被省广电局评选为“2023年度境外卫星电视传播秩序专项整治工作成绩突出单位”。出动执法检查人员1500余人次，检查企业600余家次，排查整改一般安全隐患992条，上报重大安全隐患3条，分别为省道231、国道344、兴沙线、省道495、省道351等主要交通干道约58处悬挂式旅游交通标识牌年久失修，易坠落导致事故，标识牌全部进行加固并完成销号；乌巾荡公园观景吊脚木楼（约100平方米）承载不够，经鉴定为C级危房。7月15日，“乌巾荡公园木楼加固工程”项目完成验收并销号；上池斋药店（国保单位）为砖木结构，无安防、消防、防雷等安全保障措施，易造成火灾事故，药店“三防”工程已完成主体施工，市专治办到现场进行验收销号。

（王 翔）

卫生健康

综 述

2023年,全市卫生健康工作按照市委、市政府的决策部署,紧紧围绕“健康兴化”总体目标,深入贯彻新时代党的卫生健康工作方针,锐意进取、担当作为,紧紧围绕健全医疗卫生服务体系,完善医疗卫生运行机制,更加注重机构功能布局均衡,改善基础设施条件,推动智能化、数字化应用,发挥中医药特色优势,提升防病治病和健康管理能力,增强突发公共卫生事件应对处置能力,壮大人才队伍,优化人员结构,提高服务质量,改善服务体验,为建立协调有序的就医和诊疗体系奠定坚实的基础。联合多部门制定《兴化市医疗卫生单位“订单式”医学人才培养实施办法》,开展“订单式”医学人才培养,首批签约“订单式”医学生9名,全年培养农村订单定向医学生62名,培养人数为历年之最。赴省内外高等院校开展校园招聘,达成就业意向78人。全年共招引高层次人才35人,卫生技术人员107人,创历年新高。

全市有公立医疗卫生机构44个,其中基层医疗卫生机构36个。全市床位数7977张,其中市直医疗卫生机构4308张,基层医疗卫生机构3669张。在编人员3367人,其中高级职称1056人、中级职称675人。村卫生室和服务点475个,在编乡村医生921人。全系统资产总额47.39亿元,负债18.02亿元,净资产29.37亿元;房屋建筑总面积59.45万平方米,其中业务用房37.98万平方米。收入31.21亿元,支出31.32亿元。

设立国家基本公共卫生服务质量控制和技术督导专员,对薄弱项目工作开展专项治理,基本公共卫生服务项目质量稳步提高。开展卫生防病工作,传染病总发病率较2022年同期下降,规范完成学生常见病、饮用水、农村环境卫生、血吸虫病、伤寒/副伤寒、艾滋病哨点等省、国家级监测任务。全市免疫规划、慢性病防治、健康教育等工作稳步开展,完成各项工作任务。配合市委政法委运行易肇事肇祸严重精神障碍服务管理平台,管理979人,严重精神障碍管理治疗工作名列泰州第一。

举办“千县工程”肿瘤防治中心指南宣贯会暨示范中心承建会。市人民医院被省医改办确定为公立医院高质量发展省级试点单位。完成2022年度国家卫健委和省卫健委医共体建设进展监测工作。医共体牵头医院逐步优化双向转诊流程,落实基层首诊、转诊审核制度。全市所有公立医疗机构接入省卫健委云影像平台。市人民医院医共体先后在基层挂牌成立五大急救中心网格医院。整合基层医疗卫生机构,撤并减少基层医疗卫生机构6家。

抓好主题教育,将问题整改整治贯穿主题教育始终,全系统梳理11个突出问题,从“小切口”入手,坚决防止表面整改、虚假整改、纸上整改。开展“四下基层”活动,把惠民政策讲清讲透,追本溯源查找症结,举一反三深化研究,共下基层4次,现场办公2次,解决实际问题4个,化解信访积案2个。开展医药领域反腐败集中整治,开展警示教育32次,督导调研2次,谈心谈话全覆盖,收到举报线索7条,6条移送市纪委,1条移送公安部门。制定45条措施,全面落实市委巡察组整改要求。对市“基层突出问题大起底”中涉及卫健系统的15条问题,全部解决落实。开展零星工程、商业目的统方集中整治工作。全系统有209人次主动上缴“红包”19.2万元。

疾病预防与控制

【概况】 2023年,市疾控中心始终坚持“预防为主”工作方针,高效统筹发展后疫情时代的各项疾病预防控制工作,奋跃而上,笃定前行,圆满完成各项卫生防病任务,谱写全市疾病预防控制事业高质量发展新篇章。中心获“省疟疾和重点寄生虫病监测工作先进集体”“兴化市食品安全工作先进单位”“兴化市卫生健康系统先进基层党组织”“卫健系统综合目标管理先进单位”等称号。

【卫生应急】 2023年,市疾控中心不断健全联防联控工作机制,加强传染病监测预警、应急处置等能力建设,新调整中心突发公共卫生事件应急处置队伍,多形式地组织中心和乡镇业务人员进行卫生应急培训,不断提高全市应对突发重大公共卫生事件的能力。10月,承办泰州市重大自然灾害突发公共卫生事件应急演练暨培训。全年全市发现、报告、处置9起流感样病例暴发疫情、1起学校水痘暴发疫情以及8起学校肺结核散发疫情,均能按照要求及时进行流行病学调查处置和网络报告,报告规范率、调查处置率100%。

【预防接种】 2023年,市疾控中心为迅速构筑有效免疫屏障,更好地保护全市儿童的生命安全和身体健康,及时制订接种实施方案,多次召开推进会,全面推进免规水痘疫苗和国产二价HPV疫苗的规范接种,共计接种水痘疫苗4.2万剂、国产二价HPV疫苗5593剂。

【慢性病防治】 2023年,全市累计建立并有效管理居民电子健康档案102.53万份,年度档案更新78.12万份,更新率76.2%。全市年度健康管理老年人18.46万人,年度老年人健康管理率68.5%。在区域卫生信息平台中管理高血压病人10.52万例,规范管理7.42万例,规范管理率70.5%,血压控制7.59万例,血压控制率72.2%;管理糖尿病病人3.43万例,规范管理2.44万例,规范管理率71%,血糖控制2.34万例,血糖控制率68.2%。全年网络报告死亡病例1.38万例。新发肿瘤病例5411例,冠心病病例1158例,脑卒中病例8004例。随访现存肿瘤病人2.7万人次。慢阻肺发病登记报告7143例。

【结核病防治】 2023年,全年辖区非结核病定点医疗机构登记疑似结核病人377例,辖区同期共报告疑似病人377例,报告率100%;结防机构同期收到转诊单数354张,转诊率93.85%;应转诊追踪病人379例,转诊追踪到位361例,总体到位率95.25%。肺结核患者家属密切接触者登记459例,落实检查459例,检查率100%,其中免费胸片筛查455例,结核潜伏感染筛查221例,落实预防性治疗23例,发现1例肺结核患者。登记落实治疗结核病人319例,其中病原学阳性210例,病原学检查阴性106例,单纯结核性胸膜炎3例,病原学诊断阳性率66.46%。新生入学体检应开展结核潜伏感染筛查9347人,落实筛查9138人,筛查率97.76%,发现1例活动肺结核、3例陈旧性肺结核、结核潜伏感染68例,落实预防性治疗40例,预防性治疗率58.82%。规范处置学校散发结核病疫情8起,筛查密切接触者425人,结核潜伏感染12例,落实预防性治疗11例,预防性治疗率97.76%。对全市医疗单位开展肺结核漏报、漏登专项调查,加强督导频次,规范肺结核报告、转诊流程。

【血地寄防治】 2023年,全市开展春季监测查螺工作,组织查螺人员67人,投入查螺用工日740个,完成查螺面积32.58万平方米,未发现螺情。完成血吸虫病询检查病1.16万人,血清学查病1219人,未检出阳性。完成5个乡镇300户居民户家中食用盐碘含量检测工作,检出非碘盐5份。完成监测点学校8~10岁学龄儿童甲状腺肿大率调查和监测点乡镇学龄儿童、怀孕妇女尿碘、盐碘检测工作;开展重点人群尿碘筛查检测工作,对全市晚血病人开展询诊体检工作,组织开展血地寄防业务培训和疟原虫镜检技术培训活动。全市共上报发热病人疟原虫血检616人,未检出疟原虫阳性;市疟疾中心镜检站复查送检血片310张,复检率50.32%。

2023年4月21日,市疾控中心开展"宜居靓家园 健康新生活"全国第35个爱国卫生月广场宣传活动 (市疾控中心/供图)

【检验检测】 2023年,市疾控中心完成检验样品或标本3.34万份7.72万项次,其中微检3.1万份5.86万项次,理化2366份1.86万项次。

【健康教育】 2023年,市疾控中心围绕重大卫生日宣传主题,开展各类卫生日公众健康咨询活动累计500场次,健康教育处方180万份,健康知识巡讲累计3696场次。播放健康教育音像资料累计16万余场次。发挥全市健康教育组织网络作用,依托"兴化疾控"微信公众号等平台,推送疾控工作动态、卫生科普知识300余篇。

【标准化门诊建设】 2023年,继续加强标准化门诊建设,改善接种环境,新建城中社区卫生服务中心预防接种示范化门诊。全市42家儿童预防接种门诊均达到省标准化预防接种门诊建设要求,以乡镇为单位适龄儿童预防接种率95%以上。

妇幼保健

【概况】 2023年,市妇幼保健院门诊就诊人数11.72万人次,与上年比下降14.5%。儿保建卡1206人,下降218人;围保建卡1200人;婚检7415对,婚检率94.66%,疾病检出率6.59%;孕前优生优育检查3466人次;住院人数3008人次。门诊药占比22.35%,材占比3.1%,住院药占比16.64%,材占比12.17%。完成体检单位90余个、4176人次,收入272.3万元;个人体检人数2273人,收入143.71万元;完成城区企业退休职工体检人数1.15万人;幼师体检人数1807人。总收入8915.08万元,与上年比增加330.22万元。其中财政补助1996.47万元,医疗收入6560.88万元,上级补助收入15.40万元,其他收入234.91万元,利息收入107.42万元。总支出9580.48万元。

【妇幼保健督导】 2023年,市妇幼保健院加强妇幼保健业务培训与督导,提高妇幼工作人员服务水平,强化妇幼人员业务新知识的培训、岗位交流,召开例会3次,举办或组织参加各种培训班12次,累计共培训近2000人次。举办保健知识讲座22次,基层义诊5次,通过各种途径发放宣教材料5000余份。抓住"母乳喂养宣传周"、妇女节等契机为社区、机关单位、企业等不同职业女性开展女性保健知识讲座,宣传妇幼健康知识,深受各界群众好评。

【妇幼保健】 2023年,市妇幼保健院加强妇幼专科建设,入选首批国家婚前保健特殊专科建设单位。推进"新生儿出生一件事"改革,提升办事群众便利度。全市产前筛查和新生儿疾病筛查基本达到愿筛尽筛,预防艾滋病、梅毒、乙肝母婴传播综合干预全面落实。早孕建卡2783人,早孕建卡率84.13%,孕产妇健康管理3184人,孕产妇健康管理率97.52%,产后访视3238人,访视率97.89%。出生缺陷发生数22例,发生率7.89‰,无孕产妇死亡。新生儿访视3173人,新生儿访视率95.92%。0~6岁儿童健康管理率97.01%;0~6岁儿童眼保健和视力检查人数3.48万人,0~6岁儿童眼保健和视力筛查覆盖率81.35%。听力筛查数3247人,筛查率98.16%;新生儿心脏病筛查3278人,筛查率99.09%;全市产前筛查3247人,筛查率99.45%。

【“两癌”筛查管理】 2023 年，全市“两癌”检查初筛机构共 15 家乡镇。市妇幼保健院组织专家对初筛机构现场进行培训，培训 360 人。“两癌”筛查完成数 2.84 万人，完成率 102.54%。其中，阴道镜检查 993 人，宫颈活检 607 人，HPV 异常转诊 TCT 检查 364 人，低级别病变 199 人，宫颈高级别病变 147 人、原位癌 4 人、微小浸润癌 5 人和浸润癌 10 人；钼靶检查 630 人，发现乳腺导管原位癌 5 人和浸润性导管癌 9 人，可疑和确诊案例都提供随访服务工作。

【生育登记】 2023 年，全市推进“婚育一件事”一次办落地见效，全市一孩登记 1627 人，二孩登记 1266 人，三孩登记 178 人。签发出生医学证明 2987 份，其中首次签发 2834 份，换发 39 份，补发 114 份，医疗机构外首次签发 2 人。

职业健康

【概况】 2023 年，市疾控中心统筹职业健康体检及从业人员健康体检工作；配合卫生主管部门做好职业病健康监护机构管理和体检工作指导。体检食品、公共场所从业人员共计 22602 人，其中合格数为 22258 人，异常数为 256 人，发放健康证 22514 人。

【职业病防治调查】 2023 年，市疾控中心开展 33 家企业的现场采样和职业病防治调查；审核职业健康检查结论 1.74 万例，发现疑似职业病 1 例，职业禁忌证 52 例。

老年健康服务

【概况】 2023 年初，市疾控中心为保质保量完成 2023 年度老年人健康管理工作，制定绩效考核方案，配合市卫健委多次召开业务培训会、分批开展集中督导和现场督导并针对发现问题召开整改推进会，同时还针对系统存在的问题，召开系统平台的功能完善和提升座谈会，进一步优化系统平台功能，全市老年人健康管理工作质量得到提升。全市健康管理老年人 18.46 万人，老年人健康管理率 68.5%，达到考核指标标准。

【老年医院创建】 2023 年，市中医院充分利用新院区建成投入使用，硬件条件大为改善的契机，积极营造老年友善文化，着力推进老年友善管理，建设一流老年病科，做优老年友善服务，丰富老年友善服务内涵，建设一流的老年友善环境，确保就诊环境的适老化、无障碍，切实改善老年人就医感受，广大患者的就医获得感、幸福感、安全感进一步增强。在全省老年友善医院评审和老年医院评审中得到领导和专家组好评，获批兴化市老年医院。

中医药事业

【概况】 2023 年，市中医院推进医院经济结构调整，不断提高运行效率，以公立医院绩效考核核心指标和 DRG(疾病诊断相关分组)支付方式改革为导向，每周通报关键数据，深入开展医嘱点评，对存在问题的科室和个人进行四种形态的谈话提醒，医院各项核心指标逐渐向好，收入结构得到明显改观。门诊、急诊 28.9 万人次，增长 10%，出院 2.28 万人次，增长 15%，手术 4584 台次，增长 3%，床位使用率增长 19%，基药金额占比 45.5%，服务收入占比 21.89%，出院病人均次费用 6802 元，较 2022 年下降 1707 元，药占比 32.2%，西成药销售下降 2148 万元，材料下降 1142 万元，中草药 3156 万元，上涨 1115 万元，病例成本有效控制，全年 DRG 盈余在 800 万元以上。

【中医药事业发展】 2023 年，全市开展中医药文化宣传和“中医药就在你身边”健康巡讲活动，持续做好“西学中”培训工作，建成五级中医馆 1 家、四级中医馆 6 家。全市基层医疗卫生机构基本药物金额、品种占比均在 70% 以上，二级以上医疗卫生机构金额、品种占比均在 45% 以上。

【中医品牌打造】 2023 年，市中医院推进“兴化中医品牌”打造，做好《兴化日报——兴化中医》专版，讲好兴化中医故事，传播中医文化；坚持和电视台合作开展《中医养生堂》栏目，中医专家每月 2 次，走进屏幕，宣讲中医养生理念，普及中医防病治病知识；“中医药就在你身边”活动正常开展，中医专家走进乡镇 25 次，开展讲座咨询义诊查房活动，配合主题教育活动，中医进社区，进校园，进乡村活动，开展中医护理操作示范、中草药识别、穴位按摩防近视、中医故事会等群众、学生喜闻乐见的各种活动;与兴化市实验小学合作,开展“岐黄进校园”活动,在实小投资建设“中医角”,让更多的小朋友了解中医药、相信中医药,让代表中国传统文化的中医药从小就根植于少年儿童的心中。协助推进江苏省中医药文化宣传教育基地——赵海仙洋楼网上展馆建设,安排新进员工到赵海仙中医博物馆、上池斋药店参观学习,增进大家对兴化中医历史源流的认识。

【中医服务范围拓展】　2023年,市中医院推进“兴有良医”活动,邀请兴化在外的知名中医专家回兴化坐诊指导,汪悦院长主持“汪履秋——汪悦中医传承工作室”,每月1次坐诊,每次接诊病人都在60人次以上,并且每年都组织省中医院临床各科专家到兴化开展“冬病夏治”“冬令膏方”活动,为兴化群众把脉开方。黄煌经方工作室正常开展,经方团队每月安排专家前来坐诊,科教科定期组织跟诊抄方人员经方沙龙活动,肿瘤科胡守友、呼吸科周林福、骨科金正帅、胸外科骆金华、胃肠外科赵庆洪都在兴化建有工作室,定期坐诊、指导手术。与扬州大学医学院合作,举办“西学中”培训班,历时2年余,包括院内外医疗护理人员先后有100余名学员参加学习。安排中医专家定期到乡镇医院坐诊,设立名中医工作室,开设联合病房,助力基层医院中医特色专科建设。合陈孔祥文主任肺病科、大营许立华主任骨伤科、陈堡陆长勤主任脾胃科、城中平启年主任脑病科、周庄朱文院长肛肠科、昌荣夏勇江主任针灸科、左维民心血管科、缸顾、李中石育才主任针灸科等,在16个乡镇设立名中医工作室,在陈堡、海南、城西开设中西医结合联合病房。

基层医疗卫生

【乡村医生培训】　2023年,市妇幼保健院结合农村医疗工作实际,对全市乡村医生进行为期三年的公共卫生项目服务能力培训,制作并发放乡村医生手册。同时,发放全市母子保健手册家长版5755本,孕册4250本,儿册5000本,并全部按照既定数量配送到各乡镇卫生院。保健口到基层指导工作594人次,对14家乡镇共340余名村医进行培训,指导乡村医生对产妇进行入户访视,有力提升周边地区广大妇女朋友的幸福感。加强与联盟单位、乡镇医院的合作,深化与乡镇医联体单位的合作内涵,为优化资源配置、促进分级诊疗、双向转诊、提升服务能力,与24家医联体单位签订转诊协议,与戴窑、大营、陶庄、唐刘等4家卫生院共建妇科、盆底门诊病房,全年接收转诊119人次,其中门诊82人次,住院37人次,共收入36.7万元。

【基层医疗设施建设】　2023年,全市启动竹泓镇卫生院综合楼、千垛镇缸顾卫生院房屋改造、周庄中心卫生院病房楼改造等项目,完成安丰镇中圩卫生院医养结合医疗用房、合陈镇卫生院综合楼改造、戴南镇唐刘卫生院门诊楼装修等项目。公共卫生医疗中心竣工验收,妇女儿童健康中心裙房及塔楼主体结构封顶,正在进行室内二次结构施工。

爱国卫生

【健康促进】　2023年,市卫健委联合市文明办举行以“宜居靓家园 健康新生活”为主题的全国第35个爱国卫生月活动。推进省健康促进医院建设,垛田街道社区卫生服务中心通过省健康促进医院评估命名。新申报陈堡镇卫生院创建省健康促进医院并通过泰州市级评估。

【病媒生物防制】　2023年,全市开展爱国卫生运动,指导开展灭杀和专业消杀,清除“四害”滋生地。做好重点场所病媒生物防制,组织春秋两季全市集中除“四害”运动。

【卫生创建】　2023年,全市推进卫生创建工作,4个国家卫生镇、5个省卫生镇通过暗访评估,沈坨镇、中堡镇、昌荣镇、合陈镇通过国家卫生镇评估,周庄镇、陈堡镇、林湖乡、海南镇、安丰镇通过省卫生镇评估。

卫生监督

【概况】　2023年,市卫健委办理卫生健康各类许可356件,发放新证202件,延续、校验、变更、注销各类许可154件。完成国家、省“双随机”监督检查任务755件,省、泰州及兴化市级跨部门“双随机”监督抽检任务51件。受理各类投诉举报事项122起,通过投诉举报线索立案查处11起。实施各类行政处罚62起,罚没款120.52万元。移送公安部门非法行医涉嫌犯罪2起。全年无行政诉讼败诉及行政复议撤销、变更或确认违法案件。

【学校监督】 2023年，建立兴化市级职业卫生专家库，开展8家企业健康示范企业创建工作，2家通过市本级初审。完成放射卫生技术服务机构资质申请及现场评审工作。全市开展172所学校因病缺课监测，全市学生因病缺课监测覆盖率100%，组织开展全市中小学生健康体检工作，参与学校各类考试防疫保障2次，处置学校预警信息2178次。

医政药政管理

【概况】 2023年，全市完善分级诊疗工作，市人医、市中医院下沉医疗资源，新增在基层挂牌专家工作室(联合病房)7个。持续开展优质服务基层行活动，全市基层单位创成12家推荐标准单位。完成等级医院复检评审，市三院、戴南人民医院、五院通过二级乙等综合医院复核。制定兴化市5大区域中心功能中心建设方案，各区域中心依据自身特点，对照建设标准，稳步推进功能中心建设。各区域中心辐射作用明显增强，服务效率明显提高。安丰中心卫生院疼痛康复中心和戴窑中心卫生院消化内镜中心通过省现场复核评审，2家功能中心建设完成。沙沟中心卫生院完成基层卫生人员技能实训中心设置。

【医疗机构监管】 2023年，市卫健委依照《医疗机构管理条例》等文件，加强对医疗机构的监管，及时开展医疗机构的审批、校验等工作，依法开展医疗机构执业许可证的校验工作，对首次校验机构和2个校验期内未曾进行现场审查的29家医疗机构全部进行现场核验；完成22家医疗机构许可事项变更，19家医疗机构注销。开展病原微生物实验室生物安全管理专项检查，有力规范全市医疗秩序，保障人民群众的安全就医。

【医学继续教育】 2023年，举办176场医学继续教育学习培训，其中省级继续教育项目1次，泰州市级继续教育项目10次，单位自管项目继续教育165次，参培人数2.29万人次。市人民医院"关爱生命，救在身边"天使培训队持续开展急救技能培训，培训人数320余人。

【院感管理】 2023年，市疾控中心完成《2023年泰州市医疗机构消毒质量监测方案》相关任务，院感质控小组参与技术指导；组织以院感为主的专家组，对全市6家医疗机构血透室和1家血透中心进行1次督查、1次"回头看"；加强对医疗废物、污水处置的督查。

【药事管理】 2023年，市卫健委加强药事管理，以基本药物为主导，通过每月通报各医疗卫生机构的基本药物配备使用情况为抓手，切实地提高基本药物品种和金额占比数，全市基层医疗卫生机构基本药物金额、品种占比均在70%以上，二级以上医疗卫生机构金额、品种占比均在45%以上。强化麻精药品使用管理，联合市市场监管局对全市医护人员举办麻醉药品和精神药品规范化管理培训，225人参加培训，其中考试合格取得麻精药品管理使用合格证书194人。联合市市场监管局成立专家组，对医疗机构进行麻精药品专项检查，检查9家民营医疗机构，19家公立医疗卫生机构，进一步规范麻醉药品和精神类药品的使用管理。组织开展"家庭药师进万家"活动，活动共服务336户家庭，服务重点人员41人，建立用药档案128份，整理家庭药箱，涉及药品1271盒(瓶)，用药评估后节省药费估算值1035元，整理过期药品数118盒。

(罗爱华)

体育设施

【概况】　2023年，全市完成昭阳街道、临城街道85处居民小区以及乡镇基层100处健身路径建设任务，更新置换健身器材1406件，超额完成泰州市下达建设任务；完成西子御园步道、海池河公园步道、沧浪河南侧步道等健身步道10.28千米建设任务；完成戴南镇双乐体育公园建设任务，配置篮球场、足球场、乒乓球场、健身路径、健身步道等体育设施，并通过省局专家组检查验收，更新健身路径60套。完成昭阳街道、临城街道92处居民小区健身器材安装任务。人民体育场、新区体育馆、游泳馆、全民健身中心免费低收费开放服务80万人次。2023年，兴化市三水体育公园获“省示范体育公园”称号，安丰镇体育公园获“省最美乡村健身公园”称号。

【体育设施建设】　2023年，市文体广电和旅游局按照市人民政府《关于印发〈兴化市全民健身实施计划(2021—2025年)〉的通知》文件精神，推动属地政府对接相关部门严格落实新建居民区和社区健身设施配建标准(室内人均建筑面积不低于0.1平方米或室外人均用地面积不低于0.3平方米)，并与住宅主体工程实现同步设计、同步施工、同步验收、同步投入使用。全市人均体育场地面积大幅提升，新增体育场地面积145.3万平米，人均体育场地面积提升至3.69平方米。全年共新增体育场地面积约25.49万平方米，总面积441.1万平方米，人均体育场地面积3.92平方米，超额完成目标任务。

【万村篮球场工程】　2023年，兴化市重点推进将原有的“万村工程篮球场”，结合镇村停车场改造、乡村环境整治、新时代文明实践中心建设等项目进行翻新利用，增设体育设施、打造小型多功能运动场。新建、改建室外篮球场452处，大幅增加体育场地面积，为基层群众开展业余文体生活提供主阵地。

【健身设施管护】　2023年，全市有室外健身器材1.4万余件，部分已超过保质期或临近保质期，存在安全隐患。全面普查，摸清家底，对辖区内所有健身器材拥有情况、使用状态进行登记造册，形成本区域健身器材布设数据库。建立健全器材使用、维护和管理的工作制度，落实日常管理和维护人员，安排专人或社会体育指导员定期对器材进行检查，发现问题及时按照相关规定处理。省局配送室外健身路径40组，自采室外健身路径60组，对城乡100处860件超保期健身路径进行更新置换。

群众体育

【概况】　2023年，兴化市群众体育工作以进一步完善群众身边的“三边工程”为主要工作目标，加大基层公共体育设施建设投入力度，全面开展群众性体育活动，持续提升公共体育服务水平，全力推动后省运时代群众体育利好发展。为推动全民健身工作的各项目标、要求、内容落到实处，相继牵头召开市高质量

2023 年 10 月 1 日，2023 年兴化市首届社区运动会象棋、围棋比赛暨兴化市第十九届“金桥杯”职工棋类比赛举办 （市文体广旅局/供图）

发展指标工作推进会、乡镇体育重点工作布置会、体育社会组织管理工作会等相关会议，传达学习《江苏省全民健身基本公共服务实施标准》《泰州市全民健身条例》《兴化市全民健身实施计划（2021—2025）》《关于进一步加强我市健身设施管理维护的通知》《兴化市体育为民突破行动全民健身场地设施建设方案》《兴化市文体广电和旅游局主管社会组织管理办法》等文件，明确工作职责，细化工作任务，达到认识到位、领导到位、责任到位、工作到位、完成到位。

【体育社团】 2023 年，市体育总会进一步完善各单项协会组织机构，提升体育服务指导水平，完善社团网络建设。全市所有乡镇（街道）均成立或备案成立体育总会、社会体育指导员协会、老年人体育协会以及 2 个单项体育协会，拥有市级单项体育协会 35 个、民办非企俱乐部 46 个，体育类校外培训机构 17 个，乡镇体育社会组织 141 个，社会体育指导员 6174 名，其中 AAAA 级体育社团 2 家、AAA 级体育社团 12 家。新增安丰镇龙鼓舞俱乐部 1 家。兴化市老友篮球队报送“为兴化群众性篮球运动添彩助力”、兴化市游泳协会防溺水志愿服务队报送“防溺水宣传督导 共创平安新兴化”等案例获评 2023 年江苏省民间健身团队项目优秀案例。兴化市紫气东来健身站获评 2023 年度江苏省优秀民间健身团队。兴化市社会体育指导员协会杨健获“2023 年度江苏省最美社会体育指导员”称号。

【全民健身活动】 2023 年，兴化市致力于打造全民健身特色活动体系，做到一乡（镇）一特色、一区（社区）一品牌。开展群众性体育赛事，举办 2023 年兴化市首届社区运动会，累计参与 5000 人次。举办新春舞龙大赛、2023 里下河龙舟邀请赛暨兴化市第十五届龙舟大赛、“全民健身你我同行”2023 年兴化市“行走大运河”全民健身健步走活动、“幸福江苏 水润兴化”全国百城千村健身气功交流展示兴化站活动，纪念毛主席题词“发展体育运动 增强人民体质”71 周年暨“幸福江苏”2023 年兴化市全民健身志愿服务大

2023 年 6 月 23 日，兴化市举办里下河龙舟邀请赛暨兴化市第十五届龙舟大赛 （市文体广旅局/供图）

联动主会场、分会场活动,体育宣传周庆祝活动、全市广场舞大赛以及重阳节、农民丰收节活动等一系列群众参与度高、社会评价好的赛事活动。举办群众性赛事活动128次,参与人数1.5万人次。

竞技体育

【概况】 2023年,市气排球、篮球、羽毛球爱好者分别与来访的苏州排协、仪征排协、宝应篮协、张家港羽毛球协会进行互动交流,活动的举办不仅提高全市全民健身项目竞技水平,开阔眼界,更是架起兴化与兄弟县市体育爱好者的友谊之桥。举办第十五届全国国际象棋锦标赛(个人甲组),兴化本土选手郭琦勇夺女子组冠军。组队参加江苏省第二届智力运动会,取得2金2银3铜成绩。

【赛事活动】 2023年,市文体广电和旅游局组织参加2023年"迎新春 抗疫情"第三届江苏省健身气功八段锦网络公开赛活动,比赛历时20天,完成个人赛3750人次,集体赛35组的赛事任务,多人获得各类奖项;选拔12人参加省第二届智力运动会国际象棋、中国象棋比赛,获2金、2银、3铜;参加2023年全国游泳城市系列赛(黄山站),获评团体总分第一名、女子团体第一名、男子团体第二名、32个单项第一名。参加第23届全国成人游泳锦标赛(江阴站)、"幸福江苏"2023年江苏省门球锦标赛、省退役军人门球赛、省气排球联赛、省广场舞大赛、泰州市气排球交流赛、泰州市首届社区广场健身舞邀请赛等上级赛事活动,均取得较好成绩。

2023年8月10—11日,2023年泰州市青少年阳光体育运动联赛第二届中小学生游泳比赛在兴化市游泳馆开赛 (市文体广旅局/供图)

【残疾人体育】 2023年,市残联推动残疾人体育纵深发展,举办第13次残疾人健身周活动,组织残疾人运动员参加2023年残疾人竞技体育项目运动员选拔;参加举办泰州市"残健融合"健步跑大赛,多人次获得名次,组织市盲协参加并承办"走近郑板桥"经典诵读活动。

表20 2023年兴化市运动员参加泰州市级以上赛事获奖情况一览表

比赛项目	赛事名称	运动员姓名	获得名次
游泳	江苏省游泳俱乐部联赛	许俊安	50米蛙泳金牌、100米蛙泳金牌
		曹诗芩	50米仰泳金牌、100米仰泳银牌
		吴呈熙	50米蛙泳银牌
击剑	世界青少年击剑比赛	石籽妍(兴化籍)	女子团体季军
国际象棋	江苏省第二届智运会	高木子嫣	少年女子组个人金牌
		高木子嫣、王涵辰	少年女子组团体金牌
		王涵辰	少年女子组个人银牌
		吴坤昱、王一辰、季承瀚	少年男子组团体银牌
		陆静好	儿童女子组铜牌
		宗逸凡	儿童男子组铜牌
		宗逸凡、程宇驰、朱宇陆	儿童男子组团体铜牌

续表 20

比赛项目	赛事名称	运动员姓名	获得名次
游泳	江苏省青少年游泳冠军赛	赵 敏	女子 15～17 岁组 100 米仰泳金牌
		吴呈熙	男子 13～14 岁组 100 米蛙泳银牌
		曹诗芩	女子 12 岁组 100 米仰泳第四名
		许俊安	男子 12 岁组 200 米蛙泳金牌
			男子 12 岁组 100 米蛙泳金牌
		曹诗芩	女子 12 岁组 100 米仰泳铜牌
国际象棋	第十五届中国・兴化全国国际象棋锦标赛(个人甲组)	郭 琦	女子组冠军
游泳	江苏省青少年游泳(县组)锦标赛	许俊安	100 米蛙泳、200 米蛙泳金牌,100 米仰泳第五名
		曹诗芩	100 米仰泳、200 米仰泳银牌
		张云超	1500 米自由泳铜牌、400 米自由泳第四、200 米自由泳第八名
		冯思涵	100 米蛙泳第五、100 米蝶泳第七名
		团体总分	第六名
乒乓球	江苏省青少年乒乓球(县组)锦标赛	李明轩	男子 10 岁组单打第二名
		顾品祎	女子 10 岁组单打第十一名
		团体总分	第八名
游泳	江苏省青少年游泳锦标赛	许俊安	男子 12 岁组 100 米蛙泳金牌
			男子 12 岁组 200 米蛙泳金牌
		吴呈熙	男子 13～14 岁组 100 米蛙泳第四名
			男子 13～14 岁组 200 米蛙泳第六名
		冯思涵	女子 12 岁组 100 米蛙泳第四名
		杨 涛	男子 16～17 岁组 100 米蛙泳第五名
		陈 磊	男子 16～17 岁组 400 米混合泳第六名
			男子 16～17 岁组 200 米混合泳第八名
		赵 敏	女子 16～17 岁组 100 米仰泳第六名
			女子 16～17 岁组 100 米蝶泳第七名
		张云超	男子 12 岁组 1500 米自由泳第八名
		团 体	男子 11～12 岁组 4×50 米混合接力第五名
			男子 11～12 岁组 4×100 米自由接力第六名
			男子 11～12 岁组 4×100 米混合接力第七名
			男子 11～12 岁组 4×50 米自由接力第七名
国际象棋	第 28 届“李成智杯”全国少年儿童冠军赛	高木子嫣	女子丙组(U12)冠军
国际象棋	江苏省青少年国际象棋锦标赛青少年个人冠军赛	顾 毅	男子甲组第二名
		焦兆瑞	男子乙组冠军
		魏建州	男子乙组第三名
		王涵辰	女子乙组冠军
		郭诗然	女子乙组第二名
		李涵政	女子乙组第六名
		邵明雨	男子丙组第二名

续表 20

比赛项目	赛事名称	运动员姓名	获得名次
国际象棋	江苏省青少年国际象棋锦标赛青少年个人冠军赛	高木子嫣	女子丙组冠军
		张建灿	女子丙组第五名
		徐昕辰	女子丙组第六名
		季承瀚	男子丁组第二名
		张楷瑞	男子丁组第四名
		宗逸凡	男子丁组第七名
		朱加亦	男子丁组第八名
		张蓓可	女子丁组冠军
		程宇驰	儿童男子组第三名
		崔一博	幼儿男子组第三名
		从若溪	幼儿女子组冠军
		孟淑清	幼儿女子组第三名
田径	2023 年江苏省青少年田径县组锦标赛	张俊鑫	男子(13～15 岁组)三项全能第六名
		董文楠	男子(13～15 岁组)三级跳远第八名
国际象棋	泰州市青少年国际象棋比赛	顾　毅	少年男子甲组第一名
		陈牧野	少年男子甲组第二名
		万　彬	少年男子甲组第三名
		王承珂	少年男子甲组第四名
		陈　瀚	少年男子甲组第五名
		苏美玲	少年女子甲组第一名
		马若涵	少年女子甲组第二名
田径	第一届全国学生(青年)运动会	周慧(兴化籍)	田径项目中学组女子三级跳远冠军
	泰州市青少年游泳比赛	杜宇翔	高中男子 50 米自由泳第一名
			高中男子 50 米蝶泳第一名
		杨　涛	初中男子高中男子 50 米蛙泳第一名
			初中男子高中男子 100 米蛙泳第一名
		雍　容	初中男子 50 米蝶泳第一名
			初中男子 50 米自由泳第二名
		吴呈熙	初中男子 100 米蛙泳第一名
			初中男子 50 米蛙泳第三名
		邹易峰	初中男子 50 米蛙泳第二名
		张云超	小学男甲 100 米自由泳第一名
			小学男甲 50 米自由泳第一名
			小学男甲 4×50 米混合接力第一名
		许俊安	小学男甲 50 米蛙泳第一名
			小学男甲 100 米蛙泳第一名
			小学男甲 4×50 米混合接力第一名

续表 20

比赛项目	赛事名称	运动员姓名	获得名次
田径	泰州市青少年游泳比赛	荀灏希	小学男甲 50 米蛙泳第二名
			小学男甲 50 米蝶泳第二名
			小学男甲 4×50 米混合接力第一名
		徐嘉骏	小学男甲 50 米蝶泳第三名
			小学男甲 4×50 米混合接力第一名
		潭子龙	小学男甲 50 米仰泳第二名
			小学男甲 50 米蛙泳第三名
		韩 仰	小学男甲 100 米自由泳第三名
		冯思涵	小学女甲 100 米蝶泳第一名
			小学女甲 100 米蛙泳第一名
			小学女甲 4×50 米混合接力第一名
		曹诗岑	小学女甲 50 米仰泳第一名
			小学女甲 50 米蝶泳第一名
			小学女甲 4×50 米混合接力第一名
		邹羽佳	小学女甲 50 米蛙泳第二名
			小学女甲 100 米蛙泳第二名
			小学女甲 4×50 米混合接力第一名
		王谨萱	小学女甲 50 米蝶泳第二名
			小学女甲 4×50 米混合接力第一名
		戴芷玥	小学女甲 50 米仰泳第二名
			小学女甲 50 米蛙泳第三名
	泰州市中小学生田径比赛	朱乾镇	小学甲组男子 400 米第五名
		房 炜	小学甲组男子 800 米第五名
			小学甲组男子 1500 米第二名
		许冰茹	小学甲组女子跳高第一名
			小学甲组女子跳远第一名
		陈祥龙	小学甲组男子 400 米第二名
			小学甲组男子 800 米第一名
		薛殿鹏	小学甲组男子 400 米第三名
			小学甲组男子 800 米第四名
		吴安妮	初一组女子 200 米第四名
		蒋倚辰	初一组男子 100 米第四名
			初一组男子 200 米第六名
		张思莹	初一组女子 400 米第二名
		吕婉萍	初一组女子跳远第二名
			初一组女子 100 米第四名
		赵语仪	初二组女子 100 米第二名
			初二组女子 200 米第四名

续表 20

比赛项目	赛事名称	运动员姓名	获得名次
田径	泰州市中小学生田径比赛	程咏霖	初二组男子3000米第五名
		刘佳鑫	初二组男子跳高第一名
			初二组男子三级跳第五名
		王诗蕊	初三组女子接力第三名
		刘　洋	初三组男子跳高第一名
			初三组男子三级跳第三名
		张俊鑫	初三组男子跳高第二名
			初三组男子跳远第六名
国际象棋	第五届全国智力运动会国际象棋比赛	焦兆瑞	少年男子团体第五名
		高木子嫣	少年女子个人快棋第六名
		高木子嫣、郭诗然	少年女子团体第六名
国际象棋	亚洲青少年国际象棋锦标赛	高木子嫣	女子12岁组快棋赛冠军
			女子12岁组慢棋赛冠军

体育产业

【概况】 2023年,市文体广电和旅游局从体育彩票公益金中安排约60万元,专项扶持培育各类体育社团,承办各类全民健身活动。兴化市“三馆一场”严格按照有关规定执行低免开放,免费接待近60万人次,周开放时间70小时,体育场馆所属户外公共区域及户外健身器材每天开放时间12小时。努力提高人民群众的身体素质、体育意识和科学健身水平。

【体彩销售】 2023年,市文体广电和旅游局利用线上平台、线下培训等形式,对机构人员、业主销售员和购彩票者等3类群体广泛开展责任彩票宣贯工作,提升网点业主的责任彩票意识,规范体彩网点的销售行为,严格落实彩票代销者准入标准,加强代销者管理,压紧压实专管员巡检责任,通过大额投注预约干预、业内案例警示、网点违规处罚等多种途径,倡导理性购彩,促进彩票事业稳定健康发展。实现销售2.18亿元,其中乐透型增幅8.8%,即开型增幅102.47%;竞猜型增幅141.98%;同比增长73.67%,全省排名第23,市场份额占比70.33%。在售站点179家,其中新增传统网点10家,行业网点10家,实现销售渠道稳步发展。

(王　翔　朱　锋)

就业创业

【概况】 2023年，城镇新增就业8934人，支持成功自主创业5827人，扶持农民自主创业4182人，组织创业培训2480人。发放“富民贷”1.53亿元，发放普惠性稳岗返还资金1604.32万元；发放初创及带动就业补贴15.3万元，惠及60名创业和就业者；发放租金补贴155.1万元，惠及创业者182人。发放灵活就业社保补贴2759.87万元、公益性岗位补贴703.67万元。新增泰州市级创业孵化基地1家。

【重点群体就业】 2023年，市人社局开发就业援助业务，对就业困难人员实行实名制管理，提供精细化服务，建立援助档案，做到“一人一册”，实现对数据信息的动态维护和实时更新；打通就业服务“最后一米”。新建昭阳街道牌楼社区、临城街道兴南社区、临城街道五里亭社区、垛田街道戴家村和周庄镇边城社区5个“家门口”就业服务站和1个吾悦“就创中心”就业服务点。

【政策惠民】 2023年，市人社局发放普惠性稳岗返还企业4034家、1604.32万元，发放灵活就业社保补贴2759.87万元，单位吸纳就业困难人员社保补贴114.64万元。发放公益性岗位补贴703.67万元、23家，在岗404人。发放失业保险金1611.03万元、1757人，发放失业补助金207.09万元、912人。

【创业富民】 2023年，市人社局举办“创响江苏”高校毕业生等青年人才创新创业大赛兴化分赛，择优推荐9名选手到泰州参赛，获评一等奖1人、二等奖3人、三等奖5人；开展“源来好创业”青年创业资源对接服务季活动，编制“三清单两名录”，向广大创业者发布创业就业资源信息；举办“创富泰州”专家基层行活动，推进“三送三进”“创业政策大礼包”大派送宣传活动，保障各项创业富民政策落地生效，在全市营造良好创业氛围。

【就业服务】 2023年，市人社

2023年5月23日，泰州市2023年首批“企业新型学徒制”签约仪式在江苏兴达钢帘线股份有限公司举行　（市人社局/供图）

2023年8月4日,市人社局举办“相约兴化 人才汇聚”2023年人才夜市创业市集首场活动　　（市人社局/供图）

局围绕省高质量发展要求,集中力量、精准发力,持续做大做实。突出企业用工主体,鼓励企业开发岗位吸纳就业。充分摸排企业用工需求,优化招聘服务,着力打造线上、线下互联互通的招聘公共就业服务平台,开展各类就业服务专项活动,满足企业用工需求。强化部门联动,搭建“人才码头”“就创驿站”,实现企业招聘、求职创业一站式便民就业服务。全年组织“新春大型现场招聘会”、“高校毕业生大型专场招聘会”、“就在兴化 职面未来”、人才夜市、“金秋招聘月”等系列招聘活动106场,已服务企业参加线上线下招聘活动超过4000家次,发布就业岗位3.9万余个。

（汤志宏）

收入与消费

【居民收入】 2023年,全体居民人均可支配收入4.27万元,比2022年增加2621元,同比增长6.5%。其中工资性收入2.47万元,同比增长7.0%;经营净收入1.09万元,同比增长5.7%;财产净收入1298元,同比增长2.5%;转移净收入5874元,同比增长6.9%。按常住地分,城镇居民人均可支配收入5.39万元,增长5.3%;农村居民人均可支配收入2.99万元,增长8.3%。城乡居民收入比由上年的1.85∶1缩小至1.8∶1。

【居民消费】 2023年,全市实现社会消费品零售总额352.43亿元,同比增长11.8%。限额以上社会消费品零售额134.24亿元,同比增长26.9%,其中,基本生活类商品实现零售额90.79亿元,增长57.2%;文化娱乐健康类商品实现零售额14.26亿元,增长23.8%;交通类商品实现零售额13.86亿元,下降16.4%;居住类商品实现零售额5.63亿元,增长1.7%。限额以上单位通过公共网络实现商品零售额54.59亿元,同比增长57.1%。

（李　炜　侯素萍）

社会保险

【概况】 2023年,市人社局全面贯彻落实企业职工基本养老保险全国统筹制度,深入实施全民参保计划,持续推动社保扩面提质增效,配合税务部门实施社保基金征收“统模式”。企业职工基本养老保险、失业保险、工伤保险分别新增参保人数1.31万人、1.89万人、1.82万人。城乡居民基本养老保险参保人数42.08万人,参保缴费率97.05%,探索开展城乡居保集体补助试点工作。

【机关事业养老保险制度改革】 2023年,市人社局常态化开展机关事业单位退休“中人”养老保险待遇申领工作。推进全额拨款单位职业年金虚账记实工作,完成试点期间机关事业养老保险个人缴费数据整理上传工作。稳妥推进编外参保人员养老保险关系划转工作。

【提高养老金待遇】 2023年,兴化市连续第19年调整企业退休人员基本养老金,并自2016年以来连续第8年同步提高企业和机关事业单位退休人员养老金水平,涉及企业退休人员7.39万人、机关事业单位退休人员1.38万人。企业退休人员月人均养老金水平由2559元提升至2673元。连续第12年调增城乡居民养老保险基础养老金标准,由每人每月228元提升至243元,惠及全市34.75万人。

【提升社会保险经办服务】 2023年,市人社局深入实施人社领域“一件事”改革工作,加强窗口工作人员作风建设，组织开展业务技能培训和比武练兵活动，提升社保经办服务水平。推进“资格认证不见面服务”，广泛宣传引导退休人员通过“江苏智慧人社”软件进行自助认证，加强大数据应用，完善与民政、卫健等部门信息共享机制，及时核验待遇领取人员生存状态。深化社银合作，建成社保业务“就近办”银行合作网点32个，确保每个乡镇都有一个“就近办”网点，加强社会保障卡应用，推进电子社保卡申领工作，电子社保卡申领率75.39%。

社会救助

【城乡低保】 2023年，全市在册城乡低保1.03户1.56万人，累计发放低保费用9246.37万元；自7月1日起，兴化市将城乡低保标准提高为每人每月800元。累计核减低保780户1281人，新增682户1313人。开展低保边缘和支出型困难家庭认定，认定低保边缘家庭1740人、支出型困难家庭152人。

【特困供养】 7月1日起，兴化市将农村特困基本生活费提高为12480元/人·年；核减特困人员870人，新增618人，全年为1.21万名特困人员累计发放供养资金1.49亿元。

【教育救助】 2023年，全市资助家庭经济困难学生2.5万人次，发放资助金1992.01万元。资助考入普通高校的贫困新生83人，金额19.9万元。做好生源地助学贷款工作，与260名家庭经济困难学生签订助学贷款合同，发放助学贷款342.36万元。拓宽资助渠道，举行第三届葛家澍教育基金捐赠暨“家澍奖”颁奖仪式。全年走访8390个家庭经济困难学生，发放各类宣传册8万余份，让国家资助政策深入人心。深入开展“爱心帮扶、师生结对”资助育人活动，与3360名学生建立一对一的帮扶关系。

（蒋春峰）

【精准资助】 2023年，兴化市全面落实城乡居民基本医保参保财政补助政策。对特困供养人员等8类困难人员按照个人缴费标准的100%资助参保；对低保边缘家庭成员等4类人员，按照个人缴费标准的80%给予定额资助参保。对未参保的新增救助对象，及时资助参保，免除待遇等待期。全市资助困难人员47286人参保，资助金额2118.81万元。

【医疗救助】 2023年，市医疗保障局分类设定年度救助起付标准和救助比例，对100%资助参保对象及市总工会核定的特困职工不设起付标准，按不低于85%的比例救助；定额资助参保对象不享受普通门诊救助，起付标准按照兴化市上年居民人均可支配收入的10%设置，救助比例为70%。合理设定年度救助限额，政策范围内医疗费用的年度最高救助限额为兴化市上年居民人均可支配收入的3倍，其中普通门诊救助限额为1万元，每月救助不超过3次，每次不超过280元；门诊慢性病、特殊疾病和住院共用救助限额。2023年，全市门诊住院救助40.04万人次，救助费用11.16亿元。

【托底保障】 2023年，市医疗保障局夯实基本医保、大病保险、医疗救助等三重保障，规范转诊且在市域内就医，经三重保障后政策范围内个人负担仍然较重的，给予倾斜救助，对超过救助年度最高支付限额以上的自付医疗费用，超出城乡居民大病保险起付线的部分按70%比例救助，再救助限额为10万元。经基本医保、大病保险、医疗救助等结报后，救助对象在县域内定点医疗机构住院个人自付费用控制在政策范围内住院总费用10%以内。

【预警机制】 2023年，市医疗保障局强化实施救助对象信息动态管理。符合条件的及时纳入救助范围。分类健全因病致贫和因病返贫双预警机制，重点监测经三重保障待遇后个人医疗费用负担仍然较重的低保边缘家庭成员和支出型困难家庭成员，做到及时预警。加强部门间信息共享和核查比对，协同做好风险研判和处置。

【医保公共服务】 2023年，市医疗保障局坚持医保公共服务的均衡性、可及性、便民性，共建成乡镇“15分钟医保服务圈”示范点26家，村（社区）医保公共服务站521个、医疗机构医保服务站59家、金融网点医保便民站27家。下沉参保登记等5大类15项医保高频服务事项，同时在所有医保便民服务点，全部上线OCR零星药费智能扫描识别系统，创新药费智能审核。2023年，兴化市被江苏省医疗保障局评为“15分钟医保服务圈”省级示范市。

（王海华）

【临时救助】　2023年,兴化市放宽临时救助户籍申请限制,全年累计临时救助8454人次636.53万元。春节期间及时发放一次性生活补贴764.09万元。下拨临时救助备用金940万元。

【流浪乞讨人员救助】　2023年,兴化市救助各类对象58人次,开展街面巡查90余次,出动车辆70辆次、人员270余人次,处置街面临时救助流浪乞讨人员35人次。遇到高于35℃高温天气或0℃以下的严寒天气,及时启动街面巡查预案;节假日等关键时间节点24小时上街巡查。

【人道救助】　2023年,市红十字会慰问困难群众1015户,发放慰问金及物资总价值67.89万元。"博爱助医"是兴化市自主设立的救助项目,救助37名重大疾病患者,发放救助金10.8万元。

(朱　锋)

【慈善救助】　2023年,市慈善总会募集善款1521.39万元,支出善款780.9万元,受益群众约2500人。向164名当年考取大专以上的困难家庭学生每人资助3000元,支出49.2万元。与市关工委联合开展"百名特困学子资助"行动,支出20万元。与市妇联联合开展"兴联心童心港湾"行动,对29名困难儿童每人资助2000元,支出5.8万元;与团市委联合开展"兴星点灯"行动,对事实无人抚养儿童为主体的困境青少年救助,支出10万元。对全市低收入家庭18周岁以下重大疾病儿童慈善救助,支出10.88万元。开展"济急纾困"活动,向200户因突发性重病灾导致支出型困难的家庭每户救助3000元,支出100万元。与市第四人民医院、市妇幼保健院联合开展残疾儿童关爱行动,向94名(年龄15周岁以下)正在康复的残疾儿童给予交通、租房补助,支出10.13万元。开展残疾儿童微心愿活动,支出4.97万元。与市民政局联合开展特困和重残老人助洁活动,向城区分散供养失能老人和65周岁以上的肢体残疾老人发放"助洁券",支出24.51万元。同时,为被服务老人购买意外伤害保险,支出4.83万元;对全市10所学校捐赠校园除颤仪,支出12万元。联合市医保局对410名困难人员购买医惠宝一号保险6.48万元。实施"99公益"项目,支出484.97万元。开展慈善文化宣传,支出22.52万元,其中,慈善文化园建设一期建设支出8.52万元,开展"慈善文化进校园"活动支出10万元。定向捐赠支出10.6万元,其中,资助茅山北村助学捐赠支出6000元,建达工程公司定向捐赠支出10万元。

(吉天鹏)

社会福利

【儿童福利】　2023年,兴化市将散居孤儿保障标准提高至每人每月1920元。全市有2836名困境儿童纳入各类保障,实现困境儿童应保尽保。发放保障资金2155.29万元。建立健全市乡镇村三级未保工作机制,切实完善村级"儿童关爱之家"建设,配齐配全村级"儿童主任"523名。海南镇建成1个2023年度省级示范型未成年人保护工作站(儿童"关爱之家"),实行同步建设同步运行。未成年人保护工作站实现乡镇(街道)全覆盖。健全立市、乡镇、村居三级大未保体系,建立"闭环处置、部门联动、褒奖激励"的新机制,探索出"大数据、网格化、铁脚板"更精准的主动保障模式。开发出智能、集成、高效的未成年人关爱保护信息系统;建成兴化市未成年人关爱保护中心;发放儿童主任交通、通信补贴;社会组织"泰州市兴化益行儿童基金会"参与未保活动运作。

【老年人福利】　2023年,全市发放尊老金4133万元,发放人数5.96万人次。推进政府购买居家养老服务,为7万名老年人提供政府购买居家养老服务,享受政府购买养老服务的老年人占比超17%。

【残疾人福利】　2023年7月1日起,兴化市将无固定收入重残人员生活补贴提高为800元/人·月;一户多残、依老养残人员补贴提高为480元/人·月。将农村重度残疾人护理补贴标准由每月100元调整为110元。为1.92万名残疾人员累计发放残疾生活补贴1.49亿元,为1.68万名重残人员发放重残护理补贴2146.80万元。

【福利彩票】　2023年,全市福利彩票销售额1.02亿元,比2022年增长22.61%。其中电脑票销售7721万元,增长8.76%;即开票销售2475万元，增长103.37%。体育彩票销售额9849万元。福利彩票与体育彩票同质游戏市场占比50.8%。全市新增投注机8台，退机11台，新增商超店2家（万达广州1家、吾悦广场1家）。累计新增站点8家，退机9家，现共有站点155家。

（李正泉）

住房保障

2023年12月31日，张皮安置房项目竣工　　（梅立成/摄）

【公共租赁住房】 2023年，市保障住房发展中心经过材料复核、实地走访后，联合社区、街道办、市民政局等相关职能单位进行综合认定，通过新闻媒体公示后，全市5户新申请住房保障家庭符合保障条件，对符合保障条件的家庭进行公开摇号选房，新一批住房困难家庭顺利得到保障。市保障住房发展中心公租房实物配租在册家庭574户，累计发放租赁补贴254户，总额19.78万元。

【直管公房管理】 2023年，兴化市强化直管公房租赁、出售动态管理，更新完善直管公房变更信息，严格规范直管公房档案管理制度，出售直管公房22户，出售面积832.35平方米，出售金额16.1万元。做好公房检查修缮工作，采取日常巡查和专项检查相结合的方式对公房进行检查，特别在寒潮、冰冻、汛期等恶劣天气情况下及时上门检查，并准备好防汛、防冻物资，启动应急预案，严格执行24小时值班制度，切实保障直管公房住户的人身安全。

【养老服务用房配套建设】 2023年，兴化市“积极应对人口老龄化能力指数”2014年前建成养老服务用房配建，涉及全市12个乡镇（街道），179个住宅小区，总户数7.35万户，应按照指标每百户配建15平方米的比例要求，配建居家养老服务用房，全市配建11029.05平方米，配建率100%。

（宗高翔）

【安置房工程建设】 2023年，兴化市安置房工程项目竣工1个，开工1个。张垛花园（张皮安置房）项目位于兴化市兴泰公路东侧、文昌路南侧。占地面积6.36万平方米。总建筑面积19.24万平方米，其中地上面积13.69万平方米（计容面积12.93万平方米），地下面积5.54万平方米，绿化率35%，机动车停车位1098个，非机动车停车位2064个，共1084套，总投资金额9.57亿元，项目于12月31日竣工。南亭雅苑（东五里二期安置房）项目位于兴临路西侧，南亭路南侧，占地面积4.3万平方米，总建筑面积12.6万平方米，共696套，投资金额7.28亿元，6月26日开工。

（梅立成）

【住房公积金管理】 2023年，市公积金中心归集额缴9亿元，归集余额28.6亿元。住房公积金开户单2300家，开户职工6.3万余人，归集余额27.87亿元。住房公积金贷款696户，总额3.11亿元，其中购房贷款371户，总额1.88亿元。新增缴存单位78个，新增开户职工4435人。推进住房公积金扩面工作，年初分解细化全市非公企业情况，分组走访重点企业的宣传，先后走访戴南龙头企业钢链线有限公司、金陵酒店、新兴建设有限公司、仁安康复医院等多家企业，耐心宣传公积金政策，增进双方了解和沟通。钢链线有限公司380人新开户缴存。紧抓贷款管理清收工作，把贷款逾期率降到最低。发放个人住房公积金贷款750户，总额3.39亿元，贷款发放额比2022年上升102%，贷款余额14.47亿元。贷款抵押率98.18%，贷款逾期率为0。

（苗　浩）

社会事务

人口家庭

【人口家庭状况】 截至2023年末,全市常住人口112.26万人,比2022年末减少0.02万人;常住人口城镇化率59.82%,比2022年末提高0.91个百分点;户籍人口147.01万人,比2022年末减少1.73万人。户籍人口中,出生登记0.52万人,人口出生率3.54‰,比2022年下降0.41个千分点;死亡注销1.3万人,人口死亡率8.76‰,比2022年下降2.65个千分点。

【婚姻登记】 2023年度,全市办理婚姻登记1.38万对,社工介入婚姻危机99件,并成功缓解81例。为当事人及司法部门调阅档案3344次,“婚姻一件事”联办受理1989件。线上“不见面”服务共受理1.3万件,线上线下接待办事群众4.4万余人次。深化“放管服”改革,在泰州率先出台“结婚一件事”改革实施方案,实现婚姻登记新政在兴化“落地”。设置“跨省通办”“婚姻一件事”专窗,开设“舒兴”窗口服务。为办事群众提供快捷和便利。创新

2023年2月14日,“兴好有你 缘来是我”婚俗改革主题活动在婚姻登记处颁证厅举办 (市民政局/供图)

优化政务服务，推出微信公众号24小时便民咨询服务平台。打造从婚前到婚后“全站式”服务，坚持“服务前移、贴近新人、主动服务”的理念，对处于离婚冷静期的家庭进行专业社工婚姻辅导服务。

【收养登记】 2023年，市民政局办理收养登记3例，与公安等部门加强沟通联系，做好弃婴(儿)接收、落户、救助、抚育等工作，切实保障弃婴(儿)合法权益。加强对各类儿童福利机构以及弃婴(儿)收养工作的指导和管理，会同有关部门配合泰州市局做好弃婴(儿)的接收、救治、安置工作，提高弃婴(儿)的养育质量和抚育水平。

【殡葬改革】 2023年，市殡仪馆改扩建一期工程完成竣工验收；推进公益性殡葬设施提档升级，完成新垛镇、周庄镇和沙沟镇中心公墓的提档升级。推进殡葬领域专项治理行动，开展突出问题排查整治。宣传移风易俗，加强祭祀活动的文明安全管理，引导广大群众树立健康、文明、绿色的祭祀新风尚。

(金 鑫 罗爱华 李正泉)

关心下一代工作

【概况】 2023年，市关工委坚持“急党政所急，想青少年所需，尽关工委所能”工作方针，按照“三关一围绕”工作思路，勇于创新，主动作为，主题教育、法治宣讲、“三童”精准帮扶、特殊青少年结对帮教及“双万”活动、校外教育辅导站、劳动实践基地建设等工作亮点纷呈。进一步加强市关工委的领导力量，乡镇(街道)、村(社区)、机关部门、学校、部分民企等建立关工组织，配齐配强领导班子，全市有关工组织1118个，组织网络覆盖全市。市关工委被泰州市委、市政府评选为“全市关心下一代工作先进集体”。沈坨镇樊才林自办“关情书苑”辅导站，倾心服务“三童”，获评“全省关心下一代工作最美五老”。“注重增强三性，力推法治教育常态长效”工作情况，“订单式预约，常态化宣讲”道德法治教育方式被省关工委推介。

【校外教育辅导】 2023年，全市97家辅导站开设246个班，900余名“五老”、在职教师、社会志愿者参加辅导服务，近6000名留守、困境学生入站活动学习。沙沟镇校外教育中心辅导站拍摄制作的《寻访红色足迹，传承红色基因》校外辅导活动视频，获全省二等奖。市关工委选送的《茅山号子》获全省校外教育辅导站“优秀教案”二等奖。

【困境儿童帮扶】 2023年，市关工委组织开展全市青少年基本情况排查调研，进一步核实留守困境儿童、特殊青少年、事实无人抚养儿童底数，一人一档，动态管理，分类施策，确保关爱帮扶工作更加精准有效。对事实无人抚养儿童开展排查，全市近1000名“五老”进村入户，初选出202名对象，形成调研报告，提出关爱措施和建议，经市民政、市未成年人保护等部门审核，确定13人列入事实孤儿名单，并享受相关政策性救助。各级关工委筹措帮困资金219万元，帮扶2205名儿童；在“99公益”网络慈善捐赠期间，6000余人次捐款，为困境儿童募集近18万元善款。戴窑镇朱松林爱心助学工作室、昭阳街道南沧社区“启兴慈善会”资助困境儿童均已累计超100万元。

2023年5月26日，全市启动“法润童心 护航青春”警示教育图片展

(市关工委/供图)

【未成年人违法犯罪预防】 2023年,全市中小学校配备法治副校长,通过法治宣讲、图片巡展、模拟法庭、网吧督查等常态化活动,强化青少年道德法治教育。市关工委、市委政法委、市法院、市教育局联合举办"法润童心 护航青春"——预防青少年违法犯罪典型案例警示教育图片展,在全市中小学校巡回展出,5万余名学生接受教育。在各级关工委和公安派出所关爱工作站主导下,通过"一帮一""多帮一"等形式,精准发力,成效明显。全市有615名志愿者与270名重点青少年结对,开展帮教工作,转化率98%。全市522个村(社区)中,有512个村未成年人犯罪率为0,占比98%。

【"万名五老做万件好事"活动】 2023年,全市各级关工委以"万名五老做万件好事"活动为抓手,组织"五老"志愿者发挥所长,尽其所能,紧紧围绕党政中心工作,充分发挥可为、有为、善为正能量,促进青少年成长,助力经济社会发展。全市有"五老"志愿者1.8万余人,成为做好关工委工作的重要力量。"双万"活动成为创新创优工作品牌,国家、省、泰州关工委多次宣传推介兴化市"双万"活动的做法。

【"三扶两创"活动】 2023年,市关工委以银发指导、志愿服务为载体,开展"三扶两创"活动,实施"双百"工程,与创业青年农民"一对一"挂钩帮扶,科技人员与创业青年点对点服务,帮助创建"青年农民创业示范园"。320名老农科工作者,帮助创建青年农民创业示范基地39个、新农人合作社等新型经营组织56个,培养青年农民创业之星42人。

(孙万寿)

老龄事务

【概况】 2023年,全市60周岁以上老龄人口40余万人,享受高龄人员养老待遇补贴(尊老金)人数5.96万人次。打造区域性养老服务中心的建设,拓展延伸居家养老服务功能,全面推广"市级中心—区域中心—农村中心"的三级体系模式。建成374个居家养老服务中心,改造提升城市街道综合养老服务中心3个、农村区域性养老服务中心5个;新社会福利院正式投入运营;打造星级标准居家养老服务中心72家,推进9个新建小区养老服务设施建设。

【老年人服务】 2023年,兴化市制定居家养老上门服务招标方案,创设公益基金,引导承接组织开展公益活动,培育兴化市悦老社会工作事务所、兴化市顺泰社会工作事务所等养老服务社会组织10余家。对困难家庭中的高龄、失能半失能、残疾老年人实施家庭适老化改造,完成改造550户。实施新建小区嵌入式养老服务设施建设,滨河阳光、兴姜和苑、五里亭、吾悦和府(东、西)等5处示范性居家养老服务中心建成并投入使用。探索出"爱心食堂""互助代伙""一院十站服务千人""中央厨房"等模式,全年累计服务人次30万人次。按照"六室一场所"的标准,打造城乡社区养老服务网络,实现城乡社区全覆盖。

(李正泉)

残疾人事务

【概况】 2023年,全市有各类残疾人10.98万人,占全市总人口的7.1%,持证残疾3.24万人,其中,视力残疾4502人,听力残疾1180人,言语残疾47人,肢体残疾1.65万人,智力残疾5051人,精神残疾3789人,多重残疾1280人,一级、二级重度残疾1.94万人。

【社会保障】 2023年,兴化市通过全体人大代表票决,将"残疾人提供居家托养服务"纳入市政府民生实事项目,从政府层面推动居家托养服务的开展,完成居家托养总人数715人,提供上门服务1.7万余次,依托"残疾人之家"服务残疾人日间照料429人。通过多次请示市政府,协调财政部门,残疾人购买意外伤害综合保险标准每人上调20元。投入196.992万元,为全市持证残疾人购买意外伤害保险,实现持证残疾人全覆盖。推进就学资助全覆盖,避免残疾学生因家庭困难辍学,发放残疾学生和残疾人子女教育补贴61.6万元,272名学生获得救助。

【康复医疗】 2023年,市残联持续开展残疾人精准康复服务行动,为6099名有需求的残疾人提供康复服务;为578名残疾人提供辅助器具。农业低收入残疾人康复服务536人。扩大儿童康复服务模式,联合市慈善总会、市未保办等部门,通过"微心愿""交通、住房补贴""99公益”等公益项目，在省定康复经费标准上加大对残疾儿童的救助服务保障。有效保障康复需求，实施贫困白内障免费手术138例，手术成功率达100%；加大排查力度，继续为458名精神残疾人免费送药。残疾儿童康复服务流程更加科学，服务对象更具个性化，服务形式更加高效，为全市319名0～15岁残疾儿童提供免费康复服务，家长康复满意度98%。

【残疾人就业培训】 2023年，市残联通过政策宣传、举办招聘、就业援助等一系列助残就业服务举措，全市残疾人就业率显著提升，净增残疾人就业757人。做好按比例安排残疾人就业和残保金征收工作，年审通过172家用人单位，安置残疾人915人。联合市委组织部、市委编办、市财政局等7个部门出台《机关、事业单位、国有企业带头安排残疾人就业办法》文件，鼓励各单位带头安排残疾人就业。举办实用农用技术、水产品养殖、辅助性就业手工操作、电子商务等8期技能培训，培训人数670人。

【残疾人维权】 2023年，市残联由机关、残疾人就业管理处和残疾人康复（托养）中心3个机构组成。机关内设一室三部，即办公室、组织维权部、康复部和教育就业部。市残联下设肢体、盲人、聋人、智力、精神5个残疾人专门协会。专门协会主席、副主席由残疾人或残疾人亲属担任。全市26个乡镇（街道）都相应地成立残联，街道乡镇配齐残联理事长和残疾人专职委员。深化评残改革，在全省同类县市中率先进行残疾人证管理改革，推行门诊常态化预约评残，评残发证工作也由最初的每年1次，逐步改为每月1次，为残疾人带来便利，为5500余名残疾人进行残疾鉴定。有序开展维权工作，完成日常来访来电37件、“12345”政风热线62件、来信2件，做到事事有着落，件件有回音。做好残疾人机动轮椅燃油补贴发放工作，残疾人申领C5汽车驾驶证学费补助和发放车辆加装装置补贴工作。完成94户残疾人家庭状况调查。

（朱　锋）

退役军人事务

【概况】 2023年，市退役军人事务局坚持以习近平新时代中国特色社会主义思想为指导，全面学习贯彻党的二十大精神和习近平总书记关于退役军人工作重要论述，严格对照全年工作目标和高质量考核任务，全面激发“两争一先”的精气神，进一步强能力、转作风、抓落实，努力寻特色、找亮点、创品牌，全面完成服务保障体系建设、安置就业、优待抚恤等目标任务。

【优抚优待】 2023年，市退役军人事务局推进拥军优抚优待政策落实，新增办理优待证5383人，聚焦“衣食住行”多个领域，拓展拥军优待门店63家。提高抚恤补助标准，足额及时发放各类抚恤补助1.63万元。落实功勋军人激励政策，协助解决子女中考加分4人、义务教育入学问题10人。超前完成长短期疗养252人次，医疗巡诊207人次，免费体检8164人次。不断优化重点优抚对象住院医疗保险政策和一级至六级残疾军人医保制度，减流程、缩周期，提待遇。全年资助参保4247人，受理住院医疗保险1420人次，报销约79万元。

【移交安置】 2023年，市退役军人事务局完成转业干部和政府安排工作退役士兵积分选岗工作，安置数量稳居泰州第一。提优退役返乡“一件事”办理，新开辟线上办理通道，实行“一窗受理、内部流转、一站办理、只跑一次”的办理模式，线上线下办理815人次，此项工作受到省厅通报表扬，同时入选泰州市政务公开优秀案例。探索实行“123”待安置期服务管理工作法，组织开展岗前实习锻炼，引导参与文明创建、乡村振兴等基层社会治理工作。

【就业创业】 2023年，市退役军人事务局组织退役军人适应性培训294人次、创业培训45人次、特色培训10人次、个性化培训10人次。举办退役军人养蜂技术培训班，3人培训后着手创业。与地方金融企业合作推出“富民创业贷”“退役军人专属贷”“拥军e贷”等特色贷，为17名退役军人发放创业扶持贷款625万元，提供优质岗位2个。授牌3家退役军人就业创业示范基地和1家教育培训实训基地，成立退役军人就业创业服务联盟，组织26名“兵支书”能力提升培训，协调做好“兵教师”试点和退役军人大学生士兵事业编制专岗开发工作。全年共开展线上线下专场招聘5场，常态化推荐各类招聘17次，就业“小超市”持续更新，提供岗位21355个，涉及企业、单位561家，439人达成初步就业意向。

【服务保障】 2023年，市退役军人事务局依托全市乡镇(街道)、村(社区)基层服务站，走访3000余人，掌握辖区内身体有疾病、生活有困难的退役军人底数。帮助7名急难特困退役军人申请到省退役军人关爱基金会帮扶资金7万元。组织全系统105名业务骨干参加退役军人事务系统业务能力提升培训班。深入基层开展业务指导、培训交流、工作督查等活动，攻难点、补弱点、出亮点，推动乡镇、村(社区)退役军人服务站建设水平和服务保障能力全面提升。

(张　燕)

民族宗教事务

【概况】 2023年，市民宗局坚持以铸牢中华民族共同体意识为主线，深入开展民族团结进步创建，积极引导宗教与社会主义社会相适应，全市民族团结、宗教和顺、社会和谐。全市有苗族、壮族、回族等42个族别，少数民族常住人口3077人，流动少数民族人口1500人，分布全市26个乡镇(街道)。有佛教、道教、天主教、基督教4个教种，宗教团体3个，宗教活动场所84处，其中佛教54处、道教7处、天主教1处、基督教22处。

【民族团结进步工作】 2023年，兴化市举办“民族团结进步宣传月”系列主题活动，主题为“石榴籽红心相连 携手奋进新征程”。曲水县青少年冬季同心营、曲水县民族团结模范代表团到兴化市开展考察学习活动。以援疆教师为纽带，在兴化市第一中学、戴南高级中学和实验小学举办对口援助新疆昭苏的图书漂流仪式，搭建两地学子友谊桥梁。与市公安局联合承办“中华手拉手——‘行走的舞台’”石榴籽文化宣传活动，进一步拓宽交流的渠道和形式，促进各民族交往交流交融。开展“红石榴就业行动”，市人社局到贵州省遵义市开展劳务协作，泰州市永宁亚克力制品有限公司等4家企业在“民族8省区”招工102人。

【宗教团体建设】 2023年，兴化市开展“规范管理年”活动，推动宗教团体落实全面从严治教要求，巩固和深化崇俭戒奢教育活动成果，建立健全宗教团体联席会议、重大事项报告等制度，完善宗教团体工作考核机制。在佛教道教场所开展规范燃香行为专项行动，加强对管理薄弱场所的治理整顿。安丰古观音阁、林湖镇沟禅寺、茅山基督教福音堂、基督教唐刘聚会点等宗教活动场所，获评泰州市第三批宗教活动场所政策法规宣传教育基地。开展宗教界“爱党爱国爱社会主义”暨“五个认同”主题教育活动，深化“四史”宣传教育以及场所“四进”工作，建立与宗教界人士谈心谈话机制。在宗教界广泛开展宗教政策法规学习和反邪防渗教育，开展“民族宗教政策法规学习月”活动。兴化市基督教“三自”爱国运动委员会开展“与法同行 法进场所”主题普法活动，积极探索宗教中国化兴化实践路径，该活动获评2023年度全市法治为民办实事项目。

【宗教领域专项行动】 2023年，兴化市组织开展“抵御境外基督教渗透专项行动”和“治理非法宗教活动专项工作”2个专项行动。市民宗局与市公安局国保大队联合开展执法行动，取缔7处基督教私设聚会点，查处3起非法宗教活动。巩固深化专项排查整治工作成果，围绕宗教领域专项排查整治工作、佛教道教商业化治理、“两个专项”、贯彻落实《互联网宗教信息服务管理办法》和宗教活动场所安全工作情况等5个方面，对全市依法登记的宗教活动场所和民间信仰场所开展“回头看”，宗教活动场所排查出100个问题，民间信仰场所排查出27个问题，全部完成整改。

【宗教场所安全管理】 2023年，市民宗局贯彻落实宗教领域安全风险专项整治巩固提升年行动，开展全市宗教领域“安全生产月”活动，持续深入开展安全生产百日攻坚行动、“生命至上，隐患必除”消防安全专项行动和重大事故隐患专项排查整治行动，重点抓好宗教活动场所消防、燃气、电气和既有建筑安全整治，实行安全风险隐患闭环管控。开展宗教领域燃气安全专项排查整治，44家宗教活动场所完成“气改电”工作，联合市新奥燃气公司对4家使用管道煤气的宗教活动场所开展安全检查。向农村宗教活动场所推广上方寺、东岳庙和恩典堂安全“三色”管理工作模式,全市84家场所实现全覆盖,提升全市宗教活动场所本质安全水平。

（舒　苏）

基层建设

【基层民主建设】　2023年,兴化市推进市域治理现代化,指导村(社区)结合各自实际,规范村规民约合法性审核和备案工作。组织开展“三评三促三提升”评选活动,优选有特色、有亮点的“微自治”、基层治理优秀案例、优秀村规民约参加泰州评选。千垛镇万旺村获泰州市村级事务民主协商“十佳”村称号,沙沟镇光耀村《让“爱心菜”种在乡村振兴的“心田”上》获评泰州市基层治理“十佳”案例,沈坨镇柏九村村规民约被评为泰州市“十佳”村规民约。探索创新“五社联动”,昭阳街道评为江苏省“五社联动”机制创新试点单位。探索基层群众性自治智慧化,兴化市被评为江苏省“智慧社区”建设试点市。

【社会组织管理】　2023年,市民政局强化社会组织年度检查,按照行业管理部门分类整理所属社会组织名单年检情况。全年参加年检社会组织1263个,比2022年数量增加近1倍,年检总数、年检率均位于泰州各市区前列。扶持社会组织培育发展,争取30万元专项资金,开展首次公益创投活动,通过资金补助激发社会组织活力。爱心公益协会、助飞雏燕志愿者协会公益创投项目分别被泰州电视台、兴化电视台专题报道。推进社区社会组织建设,支持戴南镇成立登记40家村级养老服务类民办非企业单位,助力乡村振兴高质量发展指标考核。开展社会组织等级评估,参评社会组织463家,引导社会组织以评促建。认真落实受理、审核、批准的行政审批岗位职责,2023年成立登记77家,变更登记162家,换届备案172家,年检年报1263家,累计审批次数5279次。

【社会组织建设】　2023年,兴化市承办泰州市群众性基层组织建设现场推进会,“乡贤文化融合基层自治”在会上做经验交流。出台《兴化市村(社区)民生综合台账目录》《村级组织“三张清单”》,联合下发《关于进一步规范基层群众性组织出具证明和印章使用管理的通知》文件。分类分块打造4家“五美驿站·邻里中心”,将上级部门下沉到社区的各项职能以打包方式植入相应的驿站中,有效遏制在社区占房子、挂牌子等各自为政的现象。

【社会工作人才队伍建设】　2023年,市民政局联合市委组织、市委政法委、市委人才办等部门,发布全国社会工作者职业水平考试报名通知,摸清报考人员学历层次、年龄结构等信息,使动员报名工作更加精准,493人通过考试。实施社区工作者“青蓝工程”,组织社区工作名师参加集中培训班学习,17名社区工作者获评泰州市“全科社工”,3人获评泰州市“金牌社工”称号,2家社区名师工作室打造成泰州市示范名师工作室。

【社区治理】　2023年,市民政局紧紧围绕“融治理”工作目标,牢固树立争先创优意识,谋划《“五社联动”试点创新,助力基层融治理》创新项目,着力补齐全市在“五社联动”治理工作中的短板弱项。申报推进省级智慧社区建设试点工作,提升城乡社区治理服务智慧化、智能化水平。

【志愿服务】　2023年,市民政局开展主题活动,公布“五社联动 关注一老一小”社工项目实施方案,开展“最美社工”“社工示范项目”“社工督导人才”推荐工作。组织慈善社工站参加泰州市“百姓慈善 幸福家园”首届慈善社工示范项目大赛评比。千垛镇慈善社工站“邻里守望关爱空巢”项目获“创新示范金子奖”,昭阳街道慈善社工站“爱同行 乐活银龄”项目、周庄镇慈善社工站“特殊关爱 精准服务”获评“优秀示范金子奖”。周庄镇慈善社工站、千垛镇慈善社工站获“泰州市爱心示范站”。开展志愿服务记录与证明实地抽查,推动志愿服务制度化规范化。围绕“学雷锋纪念日”“国际社工日”开展志愿宣讲活动。联合市委宣传部联合开展“最美兴化人”评选活动,营造志愿服务全员参与的良好局面。

（李正泉）

公共安全

防灾减灾

【概况】 2023年,市应急管理局深入学习贯彻党的二十大精神以及习近平总书记关于应急管理、防灾减灾救灾的一系列重要论述,着力防范化解安全生产和自然灾害重大风险,切实提升灾害事故防范救援能力。全年生产安全事故起数和死亡人数持续保持"双下降",未发生较大及以上和有较大影响的生产安全事故,未发生自然灾害亡人事故,全市安全生产形势总体平稳向好。

【灾害预警】 2023年,市应急管理局强化部门间的衔接和信息共享,加强对台风、暴雨、强对流等灾害性天气预警监测和会商研判,提高短临天气预报的时效性、准确性,采取短信、微信、公众号等多种手段,及时高效发布自然灾害监测预警信息,发布兴化市气象灾害应对工作提示单17次,引导企业和社会公众做好防范应对工作,最大限度减少灾害造成的人员伤亡和财产损失。

【抗震减灾】 2023年,兴化市依据《兴化市抗震减灾专项规划(2020—2035)》的要求,完成原兴化中学九顷校区(现兴化市第一中学)、板桥竹石园应急场所的新建项目,并通过泰州市住建局组织的专家验收,4月对项目进行省级奖补资金申报工作,获省级奖补资金210万元。开展"5·12"全国防灾减灾日宣传活动。

【水旱灾害防御】 2023年,全市实施维修农村圩口闸70座、排涝站35座、圩口闸电启闭改造70座以及加修圩堤土方35万立方米,在汛期发挥作用。城区防洪工程14台老旧水泵更换到位。修订《防汛抗旱防台应急预案》,及早开展汛前检查,消除各类工程安全隐患,及时备足各类抢险物资,按照"农村一小时、城区半小时"应急响应圈要求,落实市镇两级防汛抢险队伍,加强业务培训,开展抢险演练,提高应急抢险能力。

2023年5月9日,全市防灾减灾救灾工作暨灾害信息员业务培训会召开 (市应急管理局/供图)

针对梅雨期降雨量异常偏多，及时申请上级防指启动江都、高港枢纽全力抽排里下河涝水14.2亿立方米，保障全市安全度汛。

（郭　爱　周广学）

安全生产监督管理

【概况】 2023年，兴化市开展重大隐患排查整治、专项整治巩固提升年、基础建设强化推进年和“六个一”专项行动，聚焦重点行业领域，确保安全生产形势持续稳定。全市累计检查生产经营单位2.53万家次，排查整改安全隐患1.85万项。执行涉企处罚“三张清单”，坚持“一次告知、二次提醒、三次约谈、四次处罚”的原则。注重“两书一函（执法检查事项告知书、整改通知书、提醒函）”工作的落实，开展执法前服务指导企业490余家，帮助企业查找发现隐患1000余条，下发执法前告知整改通知单490余份。通过督促整改、行政约谈等形式为企业避免可能造成的行政处罚约609万元。

【危化品企业监管】 2023年，兴化市对全市22家危化品企业、2家烟花爆竹批发公司开展主要负责人“一述三评”活动，其中优秀17家，合格7家。召开危化品企业警示教育会，要求兴化市兴达锌业制品厂、兴化市星锌冶化厂主要负责人进行安全生产述职，并签订安全生产承诺书。

【工贸企业监管】 2023年，兴化市突出工贸企业安全生产第一责任人，开展主要负责人履职述比活动，提升企业主主动抓、认真抓安全的意识、信心和决心。以安全专家队伍和重点企业安全总监为班底，组建安全生产导师团，结对安全管理水平较弱、自主提升意愿较强的企业，帮助企业培养安全管理人才。坚持执法检查与宣传引导相结合，引导企业全面开展自查自改，采取“四不两直”抽查、涉炉企业夜查等执法形式，发现问题严格依法查处。执法检查企业631家，排查隐患1179项，其中重大事故隐患86项，均落实停产停业整顿或停用相关设备、设施等现场处理措施，事前立案114起，一案双罚案件36起，其中重大事故隐患立案86起，重大事故隐患立案率100%，占立案总数75.4%。

2023年5月30日，2023年兴化市“安全生产月”活动启动仪式举行

（市应急管理局/供图）

【安全宣传教育】 2023年，兴化市开展“安全生产月”“防灾减灾宣传周”“省级安全发展示范城市宣传”等宣传活动，创新“五进”活动，打造特色亮点，推广全市应急管理和安全生产经验做法，提升应急管理工作影响力。在《江苏应急管理》、《新华日报》、交汇点新闻等省级媒体刊发文章19篇；《泰州日报》、“新泰州”App、“学习强国”泰州学习平台、泰州应急管理公众号等市级媒体刊发文章23篇；在兴化新闻上刊发文章25篇。

【安全生产责任落实】 2023年，兴化市制定《市委常委会成员、市政府领导班子成员2023年安全生产重点工作清单》，推行重大安全隐患市领导挂钩化解机制，其中按时完成泰州市级领导挂钩化解重大安全隐患2项。兴化市领导挂钩化解重大安全隐患20项，整改17项；出台《市安全生产委员会2023年工作要点》，明确全市安全生产22项年度重点任务，督促指导15个市专委会履职尽责。制定《兴化市新兴行业领域安全生产监督管理职责》，明确新能源汽车充（换）电设施等12个新兴行业领域50条监管重点，织紧织密安全监管网络,消除监管盲区。

应急管理

【概况】 2023年,市应急管理局坚持“人民至上、生命至上”,着力防范化解安全生产和自然灾害重大风险,切实提升灾害事故防范救援能力。与市人武部签订应急救援合作协议,进一步强化军地联动的应急体系。指导督促相关部门将应急救援队伍相关基本信息填报至智慧泰州应急管理综合平台。协调消防、住建、城管等单位参与特大暴雨城市内涝应急救援。督促各乡镇与周边应急救援力量签订救援互助协议,加强乡镇之间的救援联动。落实24小时值班制度,合理化安排值班值守人员,及时接收、处理国家应急指挥综合业务系统内通知、信息,同时做好相关预警信息的转发工作。完成节假日、亚运会等重要时段的安全防范工作,接受并交办处理电话举报86件,“12345”网上信访工单119件,应急管理部信访平台11件,书记信箱信件1件,阳光信访平台6件,信访按时结案率100%。

【应急预案】 2023年,兴化市完善事故灾难和自然灾害分级应对制度,组织编制总体应急预案和安全生产类、自然灾害类专项预案。推进乡镇(街道)、村居(社区)等基层组织“1+13+X+Y”的应急预案编制工作。完成市级1个总体应急预案,32个专项预案以及部门预案,乡镇(街道)26个总体预案,专项预案338个,完成率100%。

【应急物资储备】 2023年,兴化市紧扣“集中管理、统一调拨、平时服务、灾时应急、采储结合、节约高效”的原则,建立贯穿生产、储备、调度全链条,市、乡镇(街道)、自然村(社区)三级全覆盖的应急物资保障体系,提高应急物资管理的科学化、专业化、智能化、精细化水平。出台《兴化市市级应急救灾物资调拨规程(试行)》,进一步明确各部门(单位)救灾应急物资储备工作职责。

【应急资源调查】 2023年,市应急管理局指导各乡镇(街道、开发区)开展应急资源调查工作,摸清本辖区内企业应急救援队伍和能力情况,做到心中有数,建立5支市(区)级重点专业应急救援队伍。指导江苏美乐肥料有限公司、江苏锁龙消防科技股份有限公司、双乐颜料股份有限公司等3家危化品企业,制定管辖区域内每个装置每个罐区的应急救援行动方案,切实提高事故初期的应急救援能力。对社会救援队伍“蓝天救援中心”开展义务指导,协调参与应急救援3次,得到救援对象的一致好评。

(郭　爱)

消防安全

【概况】 2023年,市消防救援大队落实各级消防工作责任,推动公共消防设施建设、火灾隐患排查整治、基层消防监管、消防宣传培训、综合应急处置能力再上新台阶,完成以防火、灭火和抢险救援等各项任务,实现社会面火灾形势和队伍内部管理“双稳定”。接警出动1125起(其中火灾扑救436起,抢险救援689起),出动车辆1703辆次,出动警力1.14万人次,抢救被困人员126人,疏散被困人员234人,抢救财产价值5382.76万元。得胜湖专职消防队连续2次被国家消防救援局评为先进政府专职队,五里西路消防救援站党支部被省总队评选为“先进基层党组织”,五里西路消防救援站获“2022年度泰州市青年文明号”称号,大队消防救援见义勇为工作站获评泰州市见义勇为“五好”工作站。

【消防责任落实】 2023年,兴化市召开市委常委会会议、市政府常务会、消委会工作例会6次,听取消防工作汇报、研究消防重点工作。印发乡镇(街道)、消委会成员单位消防工作任务清单、市政府领导消防工作职责清单和任务清单,并将消防安全纳入高质量发展考核内容。挂牌成立市消防安全指导服务中心,市委编办批复同意明确事业编制人员3人从事中心工作,承担市消委办日常工作,对乡镇(街道)每季度开展1次全面督查、每月开展1次抽查,对行业部门每半年开展1次全面督查。全年向乡镇(街道)、行业部门发送任务清单12份、提示函(建议函、提醒函)、督办单54份。

【消防基础设施建设】 2023年,兴化市财政投入2040.65万元建设的兴化市第三消防站,完成土建和内部装修工作。23个乡镇投入148万元,完成《消防专项规划》编制并报请市政府同意实施。

【消防救援队伍建设】 2023年,市消防救援大队落实政府落实消防员优待政策,新征召专职消防员43人、消防文员3人。开展全员岗位练兵,开展熟悉演练1870次,多部门联合演练5次,大队级演练12次,预案率100%,微型消防站拉动培训1086家,大中队、专职队开展防火巡查1759次。

【防火监督】 2023年,市消防救援大队推进重大风险隐患专项排查整治、“生命至上,隐患必除”、燃气安全、电动自行车、动火作业、“9+N”小场所等专项治理,深化与市公安、市卫生健康等部门“消防+”协作机制,按照“双随机、一公开”和执法规范化要求,制定检查计划、抽查比例,年内检查单位1318家次,发现隐患或违法行为1794处(起)、督促整改1667处(起),下发责令改正通知书756份,临时查封单位2家,行政办案121起,责令三停17家,罚款158.47万元。挂牌督办重大火灾隐患单位7家,完成整改并销案摘牌6家。新建市政消火栓80只,推广安装智能电动自行车集中充电位4032个、独立式感烟探测报警器720只、简易喷淋80套、电梯AI阻车系统60套,接入消防设施联网监测系统单位企业7家。

【消防安全宣传教育】 2023年,市消防救援大队推进消防宣传“五进”(进社区、进学校、进企业、进农村、进家庭)工作。开展“119”消防宣传月、消防科普年等系列活动,组织全市中小学师生、社区群众参观消防站、体验馆100余次,受教育4000余人。开展消防安全“开学第一课”、“我心中的火焰蓝”、消防蓝码全民扫码学习等活动。开展知识常识培训、疏散演练40余次,受教育5000余人;开展打铁趁热警示宣传教育4次。

(陈红兵)

网络和信息安全

【网络和数据安全】 2023年,兴化市健全应急指挥体系,加大软硬件投入保障力度,完善网络安全态势感知等系统建设,推进数据资源整合,为经济社会高质量发展营造安全有序、平稳向好的网络环境。强化市委网信办统筹职责,召集重点部门、技术支撑单位分析网络安全态势、通报网络安全风险、研究解决网络安全问题。制定“网安2023行动”具体方案,联合网安部门和应急技术支撑队伍开展关键基础设施、政务信息化项目建设等各类风险排查、专项检查,做好防范钓鱼邮件网络攻击等应对工作。

【网络安全宣传】 2023年,市委网信办坚持以点带面,不断增强网络安全工作影响力。突出以赛促训、提高技能,举办全市网络安全知识线上竞赛,选拔优秀队伍参加上级组织的各类竞赛活动。开展志愿服务和网络安全宣传周活动80余场,通过播放网络安全宣传视频、以案释法宣讲、发放宣传手册等普及网络安全知识,增强安全意识,提升网络系统防御能力。推进网络安全宣传教育和知识传播,丰富网络安全文化内涵,提升全民信息安全防护意识和能力。播放电子屏宣传标语60万次,发放宣传手册2万余份。加强网络安全线上宣讲,联合市公安部门在兴化中学举办打造“平安兴化”系列反诈公益晚会进校园活动,参加人数1000余人。进一步推动网络安全宣传活动进公园、进企业、进社区、进商超,提升群众的安全感、满意度,全力构建“全民反诈”社会治理新格局。

(徐亚军)

昭阳街道

【概况】　昭阳街道是江苏省兴化市人民政府所在地，东邻垛田街道，南接临城街道(江苏省兴化市经济开发区)，西与千垛镇及高邮市毗邻，北与兴东镇相望。全镇行政区域面积23.7平方千米，耕地面积226公顷，辖社区居委会16个、行政村5个，城堡合作社1个，总户数8.92万户，总人口21.55万人。

【经济建设】　2023年，昭阳街道实现地区生产总值65.71亿元，其中第一产业增加值3843万元、第二产业增加值5.61亿元、第三产业增加值59.71亿元。城镇居民人均可支配收入53875元，农村居民人均可支配收入45896元，税收收入3.8亿元，工业开票销售7.88亿元，一般公共预算收入2.37亿元。切实落实稳住经济一揽子政策措施，加大经济运行监控分析，新签约亿元项目2个，在建亿元以上重大项目1个。新增规上工业企业1家，实施重点企业梯度培育工程，申报科技专利4项，其中授权发明专利2项。新增科技创新项目2项。推进“亩均论英雄”改革，盘活闲置项目1个，用地面积20亩。新增规上服务业企业4家，限额以上贸易企业25家，实现限额贸易营业收入48.51亿元。

【社会事业】　2023年，昭阳街道深化城乡融合，坚持生产、生活、生态并重，城乡融合步伐进一步加快。围绕“九整治六提升”，深入实施文明城市创建攻坚行动，完成新城北村东区、张阳北区等15个老旧小区项目改造，改造面积28.96万平方米，惠及辖区居民3462户。提前完成98个文明城市创建“微实事”项目。楚阳物业项目化运行，实施老旧小区微托管、微维保、微整治、微智治“四微”项目，有效解决群众“急难愁盼”。指导业委会依法解聘14家物管企业，物业管理服务水平持续提升。房屋征收有序推进，三水家园项

2023年6月1日，昭阳街道召开全国文明城市创建暨物业管理工作推进会
（昭阳街道/供图）

目完成安置488户,五里亭家园完成安置313户。抓好城乡违建防控,拆除各类违法建设86起,拆除违建面积2528.5平方米。

【社会治理】 2023年,昭阳街道落实稳就业举措,新增就业4450人,发放创业富民贷款2500余万元。社保覆盖面不断扩大,新增企业职工养老保险1730人、工伤保险1750人、失业保险1740人。做好低保动态管理,核停低保55户69人,新增低保37户61人,做到应保尽保、应退尽退。实施社会救助,发放临时救助金26.9万元,救助483人次;借力用好慈善平台,开展"慈善一日捐"活动,募集善款35.8万元,发放各类慈善救助资金59.6万元、救助273人次,更多困难群体的基本生活得到有效保障。

【长安社区】 地处兴化城区东北部,行政区域面积0.58平方千米,总户数3196户、总人口7437人,工作人员8名,专职网格员8名。社区党委下设党支部5个,共有党员186人,在职党员174人。近年来,社区党委围绕"强基、拓面、提质、创新"的工作思路,依托"党建+网格",推行"大党委"实体化运作,打造社区、业主委员会、物业、单位、社会组织"五位一体"社区治理共同体,参与推行社区事务"众议"、公益服务"众行"、美好生活"众享"的"三众"自治模式,提炼"长安365"工作法,借力地域特点和共建、辖区单位优势等社会资源优势,开展"长安365"助老和"爱童行"帮助困境儿童2个服务品牌。"3"即搭建以社区党委为主导,美丽社工+优秀党员+核心志愿者为合力的服务载体,形成服务居民整体合力。"6"即政务服务、生活服务、法律服务、文体服务、关爱服务、党员服务的服务内容,提供以满足居民需求为核心的精准服务。"5"是共建单位、辖区单位认领的"扶一把"等项目拓展的"智慧关护""生活无碍""医疗上门""便民到家""爱心共享"五个服务维度的社区服务体系。长安社区以"微力量"服务"大社区",以"小项目"撬动"大治理",让社区服务由"普惠性"变成"精准化",实现社区、党员志愿者、居民"同频共振",切实帮助群众解决生活中遇到的实际困难,让长安居民每天都平安、幸福、快乐。

2023年5月30日,昭阳街道工会联合兴化爱尔眼科医院实施以"'工'益行动·'眼'绎精彩"为主题的"主席领题"项目　　(昭阳街道/供图)

【牌楼社区】 行政区域面积1717平方米,现有总户数4399户、总人口11137人。社区党群服务中心位于兴化市府前街69号,党委下辖6个网格党支部,党员246名,另有在职党员314名。牌楼社区党委充分发挥党组织战斗堡垒作用,开拓进取,创新工作思路,分别成立红色家园、民心家园、和谐家园等3个志愿服务平台。"红色家园"是社区党委为广大党员搭建的学习交流、服务群众的载体;"和谐家园"是统筹利用各方资源发挥志愿者文艺特长,为居民开展多彩文化活动的阵地;"民心家园"是由小区里的热心居民发挥人熟、地熟、群众基础好的优势,为居民群众排忧解难的渠道。组织开展"五带三星"在职党员进社区活动,党员结合群众需求实际和自身的业务特长,有针对性地开展"健康义诊""食品安全""消防宣传"等形式多样的为民服务活动,社区党委将志愿者服务与社区的服务惠民工作有机结合,充分发挥志愿者作用。关注民生,全面落实党的惠民政策,做好帮残助困工作,联合辖区单位资源和社会爱心人士开展阳光助学活动。成立由志愿者组成的校外辅导站,开展“做有根的板桥人”等系列教育活动,借助“五老”志愿者的力量来关心未成年人的成长。一直以来,牌楼社区以社区党建为龙头,以社区建设为基础,以社区服务为核心,不断加强和改进社区党建工作,形成“班子过硬、队伍得力、设施齐全、载体丰富、服务到位”的党建工作新格局。全面带动社区治安综合治理、计划生育、环境卫生和其他社会公益事业的发展。

(吴 峰)

表21 2023年昭阳街道主要经济社会指标一览表

指标名称	单位	数值	指标名称	单位	数值
总户数	户	89231	工业利税总额	万元	38000
总人口	人	215493	财政内预算收入	万元	23695
乡镇从业人员数	人	137115	一般公共预算收入	万元	23695
行政区域面积	平方千米	23.7	私营个体税收	万元	—
耕地面积	公顷	226	农村居民人均可支配收入	元	45896
地区生产总值	万元	657054	中小学校	所	19
人均地区生产总值	元/人	187504	在校学生	人	46985
第一产业增加值	万元	3843	在职教师	人	3508
第二产业增加值	万元	56114	医院	所	17
第三产业增加值	万元	597097	卫生所(室)	个	78
生猪出栏量	头	—	医生数	人	1306
家禽出栏量	万羽	—	病床数	张	3509
水产品产量	吨	1563	参加养老保险人数	人	10321
工业企业数	家	40	参加农村新型合作医疗人数	人	32068
工业开票销售收入	万元	78800	享受居民最低生活保障人数	人	681

表22 2023年昭阳街道骨干企业基本情况表

序号	企业名称	销售收入(万元)	利税总额(万元)	法定代表人
1	兴化市城投供水(集团)有限公司	20506.3	309.9	徐中海
2	江苏弘马家具有限公司	5311.5	219.6	朱建国
3	兴化市绿洲水产品冷冻加工厂	3272.6	58.4	王春其
4	兴化市万佳机械有限公司	3013.5	218.4	严 伟

表23 2023年昭阳街道行政村基本情况表

村名称	村支部书记	村委会主任	耕地面积(公顷)	人口(人)	工农业总产值(万元)	农村居民人均可支配收入(元)
五岳村	刘长树	刘长树	—	1102	—	48613
沙甸村	陈兆南	陈兆南	—	3178	—	46240
严家村	曹 纯	—	80	3604	824	44821
城北村	倪 宇	倪 宇	126	2591	1950	45628
新城村	陈爱清	王国建	19	1266	96	45592

表24 2023年昭阳街道社区基本情况表

社区名称	社区支部书记	社区委员会主任	人口(人)
水关社区	吴江民	吴江民	9481
迎丰社区	盛 桢	盛 桢	7907
长安社区	吉 娟	吉 娟	7437
文峰社区	刘枫川	刘枫川	7368
景范社区	吴晨霞	吴晨霞	9645
五岳社区	许新栋	—	8944
儒学社区	李 敬	李 敬	5189
沧浪社区	陈 芳	陈 芳	4428
文林社区	吴庆康	吴庆康	9152
南沧社区	朱 虹	朱 虹	8764
新阳社区	陈玉华	陈玉华	7372
西霞社区	李济成	—	10141
牌楼社区	朱素萍	朱素萍	11137
新义社区	徐麟祥	徐麟祥	5907
海池社区	朱 磊	朱 磊	10385
英武社区	朱美东	朱美东	5938

江苏省兴化经济开发区(临城街道)

【概况】 江苏省兴化经济开发区(临城街道)地处兴化市西南部,东与垛田街道、竹泓镇、沈坨镇接壤,南与陈堡镇为邻,北与千垛镇、昭阳镇相连。全镇行政区域面积171.53平方千米,耕地面积7341公顷,辖社区7个、行政村23个,总户数2.57万户,总人口9.98万人。

【经济建设】 2023年,江苏省兴化经济开发区(临城街道)实现地区生产总值171.14亿元,实现农业总产值13.55亿元,全年村级集体总收入共6745.69万元,村级可支配收入3785.29万元,农村居民人均可支配收入39949元。实现工业开票销售227.53亿元,155家规上工业企业销售收入195.5亿元,其中开票销售超亿元企业41家,食品类企业开票销售114.7亿元。纳税超1000万元企业9家。有工业企业850家左右,新增规上企业16家。申报省级“专新特精”企业17家,28家企业被认定为高新技术企业,开发区共有76家企业被认定为高新技术企业,高新技术产业产值占比19%。规模以上工业企业研发经费投入6.1亿元,新增产学研合作项目12个,发明专利申请量254件,新增有效发明专利123件。加强资产经营管理,建立健全资产管理制度,开发区标准厂房、中华食谷A区、新兴产业科创区、临城科技工业园、昭阳工业园等73幢34.09万平方米标准厂房全部出租,1.25万平方米职工生活中心服务于泰州安井食品有限公司、东华链条兴化有限公司、江苏特味浓食品股份有限公司等重点企业,葛家、向阳等38处小门面房全部对外出租,房屋租金应缴尽缴,全年实现国有资产经营收入2831.34万元,长期股权投资1.14亿元,确保国有资产保值增值。加速推动土地流转,促进农民专业合作社、家庭农场建设,引领更多小农户“小田并大田”融入现代农业发展轨道,组织申报省和泰州市规范化示范家庭农场2个。推进农产品加工业集聚发展和优化升级,创建省级农产品加工集中区,入驻健康食品加工企业28家。企业与科研院所建立产学研合作关系,推动精深加工,研发投入累计

5000余万元,获技术专利30余项。以规范村级"三资"管理为抓手,探索村级集体经济发展的新路径。扛起粮食安全政治责任,千方百计种足种全,加强耕地"非粮化"巡查与监管,完成市交1.2万公顷目标任务。全区耕地保护补贴发放17845户,面积5146.13公顷,金额926.3万元。稻谷补贴发放2061户,4904.07公顷,金额719.3万元。秸秆还田作业补贴两季一共发放2184户,4745.5公顷,金额177.95万元。农机具购置补贴户数117户,金额306.32万元;一次性种粮补贴2351户,补贴发放5157.2公顷,发放金额18.34万元。新组建家庭农场8个,创建规范化家庭农场3个,农场总体规模2686.53公顷。粮食和水产品总产量分别为10.33万吨和1.31万吨。稻麦良种实现全覆盖,农机化综合水平95.1%。新增高效农业122.7公顷,设施农业103.2公顷,累计分别为1941.4公顷、595.1公顷。

【社会事业】 2023年,江苏省兴化经济开发区(临城街道)推进中交港口海关监管场所施工,对相关功能区进行智能化安装;推进市民广场改造工程,助推社会民生事业发展;丽泽基金完成投资项目4个,投入资金3770万元;由兴化市经济发展有限公司全资子公司兴化市兴开基础设施开发有限公司在红星路西侧、马场基路北侧投资建设的经发商务中心项目,规划用地面积约11亩,总投资约2.3亿元,其中土地费用约1.1亿元,主要建设约1.45万平方米的商业用房及配套。对三王村65岁以上老人住房问题进行适老化改造,共计58户。完成新庄路、文林南路、南山路3条"白改黑"及热电厂南侧道路改造工程,实现调味品集聚区污水管网主管网全覆盖。完成搬迁房屋工作29户、选房安置54户。实施"厕所革命",全年户改厕391户。投入资金169万元,新建无障碍公厕10座。加大水利基础设施配套建设力度。投入资金68万元,完成圩口闸维修6座、圩口闸电启闭改造1座、排涝站维修1座、圩堤加修4处2.3千米;投入资金83万元,实施任家村高标准农田补建工程,新建电灌站2座、跨渠桥11座、过路涵6处、铺建混凝土机耕路593米;投入资金21万元实施高标准农田路肩培土配套工程。推广水稻机插秧集成技术普及应用,建成集中育供秧秧池59.67公顷,机插秧推广应用率95.5%。农机装备总量持续增长,农机化作业水平稳步提升,机械化收获100%,街道主要农作物综合机械化水平91.5%。

2023年,泰州安井食品有限公司(三期)　(赵朝春/摄)

【生态建设】 2023年,江苏省兴化经济开发区(临城街道)按照"水清、河畅、岸绿、景美"的要求,全面提升水环境整治成效,投入130余万元进行河道长效保洁,打造新舍河、斜河等"幸福河道"5条,增设市级河道卡口5处并实现全年维护修理。根据市农村人居环境"百村示范引领、全域整治提升"行动要求,落实"三巡五必须"工作机制,完成省级文明村村史馆建设,各村(社区)清除积存垃圾700余吨,清除小广告1448处,清理乱堆乱放652处,清理乱搭乱建16处,建设美丽菜园58处,街道村庄面貌焕然一新,古砖场村古庄被泰州市评为乡村振兴示范村,曹瓦村曹垛被评为省级生态宜居美丽示范村。大力提高秸秆机械化还田和综合利用水平,秸秆机械化还田面积7806.67公顷,推广犁耕翻1333.33公顷,秸秆综合利用率96%。完成新造林1.48公顷,完善农田林网302公顷,更新造林5.53公顷,修复退化低效林6.13公顷,实施森林抚育20.87公顷。引导规模养殖场与第三方畜禽粪污收集处理机构签订合作协议,做好畜禽养殖污染长效治理。对卤汀河等主要水源,设立水质检测点,时刻监控国考断面水质动态,加大力度执行水产养殖尾水安全达标排放制度。

【社会治理】 2023年,江苏省兴化经济开发区(临城街道)慰问各类贫困对象1015人,发放慰问金51.93万元,为区内在校贫困学生发放助学金13.8万元,为399户低保户569人落实最低生活保障,落实配套资金110万元,为3556名80周岁以上老人发放尊老金507.43万元。推进综合指挥中心、网格化中心、综治中心"三中心"一体化联合办公,打造街道为民服务中心"效能建设窗口",有效提升事件联动处置能力;实现网格治理全覆盖,构建网格长、网格员、网格信息员、楼栋长(中心户长)的四级联动网格精细化治理全覆盖;利用5G+标识智慧园区数字综合管理平台进行数字赋能,发挥大数据科技引领作用,提高社会治理工作效率;秉持"件件有着落,事事有回音"的工作思路,提升"12345"热线办理实效推进快递整治,完成收购华韵快运,"兴农红驿"村级寄递物流综合服务站成功落地。

(赵朝春)

表25 2023年江苏省兴化经济开发区(临城街道)主要经济社会指标一览表

指标名称	单位	数值	指标名称	单位	数值
总户数	户	25683	工业利税总额	万元	142577
总人口	人	99829	财政内预算收入	万元	130493
乡镇从业人员数	人	59320	一般公共预算收入	万元	67019
行政区域面积	平方千米	171.14	私营个体税收	万元	—
耕地面积	公顷	7341	农村居民人均可支配收入	元	39949
地区生产总值	万元	1713790	中小学校	所	3
人均地区生产总值	元/人	157732	在校学生	人	4960
第一产业增加值	万元	120622	在职教师	人	614
第二产业增加值	万元	908447	医院	所	3
第三产业增加值	万元	684720	卫生所(室)	个	36
生猪出栏量	头	—	医生数	人	121
家禽出栏量	万羽	—	病床数	张	45
水产品产量	吨	13100	参加养老保险人数	人	22803
工业企业数	家	850	参加农村新型合作医疗人数	人	61998
工业开票销售收入	万元	2275258	享受居民最低生活保障人数	人	569

表26 2023年江苏省兴化经济开发区(临城街道)骨干企业基本情况表

序号	企业名称	销售收入(万元)	利税总额(万元)	法定代表人
1	泰州安井食品有限公司	158742.15	11830.04	江　恒
2	五得利集团兴化面粉有限公司	467557	476.61	阮洪献
3	泰州海大生物饲料有限公司	88255.19	363.96	丁　炜
4	东华链条兴化有限公司	74673.82	1915.16	邱建华
5	江苏特味浓食品股份有限公司	63016.96	7050.75	姚　峰
6	江苏美乐肥料有限公司	47054.87	136.28	朱永华
7	江苏新蕾麦芽有限公司	43957.01	381.58	费　晖
8	伽力森食品生物科技(江苏)有限公司	41880.13	3336.51	WEIQIANG WANG

续表 26

序号	企业名称	销售收入（万元）	利税总额（万元）	法定代表人
9	江苏潮源新型建材有限公司	41220.58	742.58	高风华
10	兴化顶康食品科技有限公司	34665.22	554.6	吴长庆
11	兴化新奥燃气有限公司	32853.04	832.51	韩继深
12	泰州新希望农业有限公司	30434.19	54.01	刘会成
13	中国石油化工股份有限公司江苏油田分公司	30033.86	60.78	方志雄
14	江苏汇鑫金属材料有限公司	29033.84	333.56	黄加具
15	华东可可食品(兴化)有限公司	20770.5	843.41	施文伟
16	拉面说(江苏)食品有限公司	19404.46	276.88	马妮娜
17	江苏德创制管有限公司	19010.11	645.37	宋　玻
18	江苏兴野食品有限公司	18542.95	189.15	张洪孝
19	江苏凯普特动力机械股份有限公司	18207.32	70.81	叶春花
20	江苏苏锐制管有限公司	17152.37	221.04	周正才
21	江苏城业管桩有限公司	16553.15	87.32	高风华
22	创璟农业装备集团有限公司	16267.42	168.18	赵吉宽
23	顶福食品科技(江苏)有限公司	15412.16	584.55	陈金红
24	兴化市如松植物油有限公司	15126.75	38.66	张如松
25	江苏悦兴药业有限公司	14771.95	1605.03	史　芳
26	泰州市永宁亚克力制品有限公司	14088.3	157.95	汤月生
27	江苏豹翔智能科技有限公司	13327	560.27	谢国宝
28	江苏兴顺电子有限公司	13218.16	515.53	司为昆
29	兴化市中兴电器制造有限公司	13118.48	60.39	赵银玉
30	兴化市同步铸造有限公司	12825.87	140.86	冯庆如
31	江苏亿赛特纺织有限公司	12784.52	113.33	符卫民
32	兴化市华荣食品有限公司	12110.05	418.16	胥广荣
33	玉荣建筑科技(兴化)有限公司	12033.05	1032.81	苏清松
34	江苏双发机械有限公司	11981.43	185.99	王大亮
35	江苏顶华食品科技有限公司	11783.03	406.59	翟应华
36	兴化市恒源特钢有限公司	11677.21	263.47	刘长松
37	兴化市康莹食品有限公司	10679.69	362.36	仇山群
38	江苏田园主义健康科技有限公司	10602.99	509	薛　磊
39	江苏荣鑫木业有限公司	10545.7	646.58	梁春生
40	兴化市金牛机械铸造有限公司	9798.79	268.6	顾海泉
41	麦肯嘉顿(江苏)食品有限公司	9309.88	624.27	魏粉兰
42	江苏兴利达齿轮有限公司	8682.24	733.01	蔡　翔

续表26

序号	企业名称	销售收入(万元)	利税总额(万元)	法定代表人
43	江苏春龙亚麻纺织有限公司	8488.96	219.95	罗春荣
44	江苏花哚食品有限公司	8056.44	173.7	徐建鹏
45	江苏瑞德机械有限公司	7830.05	508.11	宋　玻
46	江苏金鼎消防科技有限公司	7824.66	47.69	王　春
47	江苏锁龙消防科技股份有限公司	7748.62	748.73	潘德顺
48	兴化市东昌合金钢有限公司	7667.24	61.56	李冬取
49	兴化市福鑫机械制造有限公司	7521.36	139.65	姜爱萍
50	泰州市兴园预制构件有限公司	7330.49	351.13	朱志鉴
51	兴化格林生物制品有限公司	7262.83	172.56	周伯雅
52	兴化日成金属制品有限公司	7175.07	808.47	陈　燕
53	兴化市华伦达铸钢有限公司	7152.15	108.78	周桂华
54	兴化市精密铸钢有限公司	7091.9	289.65	张大荣
55	玉嵘门窗制造(江苏)有限责任公司	6874.15	141.64	高呈堂
56	江苏欧泰机械有限公司	6868.77	156.95	赵怀兴
57	兴化新奥燃气工程有限公司	6833.66	477.88	韩继深
58	江苏华远电气有限公司	6794.05	153.33	苏元龙
59	江苏晶道新能源科技有限公司	6791.61	135.69	徐玉盛
60	保利澳瑞凯(江苏)矿山机械有限公司	6736.09	1104.75	周涛山
61	江苏大厨四宝食品有限公司	6707.08	450.41	张福财
62	江苏佑帅幕墙制品有限公司	6403.5	126.99	李　静
63	珠海市华丰食品工业(集团)有限公司兴化分公司	6014.29	317.9	刘　莉
64	江苏润华冷冻食品有限公司	5892.06	35	莫鹏启
65	兴化市成文建材有限公司	5885.62	283.29	刘雯雯
66	江苏长友特钢机械有限公司	5737.56	82.68	王长洪
67	兴化市振泰合金钢有限公司	5628.89	144.4	李德江
68	江苏亿鑫齿轮制造有限公司	5603.13	235.96	魏俊华
69	兴化市大地蓝绢纺有限公司	5316.53	112.36	戴香莲
70	长牌食品(江苏)有限公司	5268.94	234.95	张　春
71	嘉豪食品(江苏)有限公司	5174.98	89.34	阙嘉华
72	江苏美泉食品工业有限公司	4964.27	1075.59	冯　震
73	江苏弘味食品科技有限公司	4862.66	23.42	王元勤
74	江苏苏美特机械有限公司	4794.54	124.73	徐建中
75	江苏创泰特钢制品有限公司	4746.49	67.43	蒉忠芳
76	兴化市中伟机械有限公司	4713.39	280.59	张建中

续表26

序号	企业名称	销售收入（万元）	利税总额（万元）	法定代表人
77	兴化市三诚精密锻造有限公司	4636.59	72.8	吴志松
78	泰州市凌丰金属铸造有限公司	4582.59	259.76	葛文丰
79	泰州美鑫机械有限公司	4526.84	63.57	陈文美
80	兴化市金鹏合金钢有限公司	4509.23	79.52	王　锋
81	江苏亚森防火门科技有限公司	4477.75	163.84	史庭俊
82	泰州市恺鑫船舶机械有限公司	4441.05	250.29	姚维国
83	江苏玛氏食品有限公司	4408.49	60.56	朱金兰
84	江苏海装金属成型科技有限公司	4408.02	139.36	娄正文
85	江苏兔创机械有限公司	4366.57	191.28	孙伏来
86	兴化市大泽水产制品有限公司	4050.29	17.27	楼建国
87	江苏永捷电气有限公司	3939.09	89.42	倪　彪
88	江苏日升电力机械有限公司	3923.83	311.5	徐友心
89	兴化市腾龙食品有限公司	3917.51	56.59	解善鹏
90	兴化市金茂消防器材有限公司	3844.25	60.77	王洪茂
91	江苏龙桦诚纸业有限公司	3831.39	47.63	吴晨龙
92	泰州市晨锋机械配件有限公司	3768.63	31.1	章鸿锋
93	兴化市联盛精密铸钢有限公司	3754.27	142.08	任宝诚
94	兴化市海润铸钢有限公司	3743.89	176.98	邓志勇
95	泰州市明森混凝土制品有限公司	3642.09	175.12	咸玉森
96	江苏瑞宇医疗用品有限公司	3607.31	105.42	戎朝乾
97	梅帝亚(兴化)包装材料有限公司	3506.33	43.43	沈　浩
98	泰州市金大纤维科技有限公司	3432.78	168.61	廖兴容
99	兴化市丰华玻璃钢化有限公司	3416.54	115.84	王风和
100	泰州市锦荣机械有限公司	3404.3	55.23	孙启均
101	兴化市精锐机械有限公司	3360.94	197.35	任桂余
102	兴化市恒泰弹簧垫圈有限公司	3295.79	39.07	卞晓敏
103	泰州市佳普铝业有限公司	3211.54	82.58	陆仁鉴
104	泰州兴辰环保科技有限公司	3178.52	137.34	袁　锋
105	兴化市兴祥消防器材有限公司	3145.83	89.88	房达祥
106	江苏鑫伟环保设备制造有限公司	3136.65	53.95	陈日和
107	兴化市三强机械制造有限公司	3103	32.65	姚广明
108	聚金龙彩印包装兴化有限公司	3079.02	127.58	占兆好
109	江苏恒力达机械有限公司	2974.2	31.34	季小为
110	兴化市琦宇机械制造有限公司	2924.05	19.18	张　华

续表 26

序号	企业名称	销售收入（万元）	利税总额（万元）	法定代表人
111	泰州水冶新材料科技有限公司	2922.83	60.88	王炳才
112	兴化市安邦电器科技有限公司	2882.15	78.71	蒋巧凤
113	江苏味冠食品有限公司	2860.88	35.59	徐道存
114	江苏星宇户外休闲用品有限公司	2854.91	39.66	钱世勤
115	诚益电子兴化有限公司	2767.91	92.16	钱　钧
116	兴化市非凡彩印包装有限公司	2725.74	41.14	唐子文
117	泰州市联宇机械设备有限公司	2676.82	24.39	周建龙
118	兴化市远洋机械有限公司	2615.34	125.35	邹　建
119	兴化市振南合金机械有限公司	2566.72	55.83	金华楠
120	兴化市双华休闲用品有限公司	2565.6	57.98	王庭华
121	兴化市亚华制剂有限公司	2538.89	128.44	周胜华
122	江苏华航新材料科技集团有限公司	2515.5	174.71	严忙贤
123	兴化市欧亚渔具有限公司	2468.05	33.99	袁建琴
124	兴化市盛大精密铸钢有限公司	2460.72	96.84	张大荣
125	泰州永兴合金材料科技有限公司	2460.34	140.15	董建军
126	泰州市鼎益食品有限公司	2450.91	68.73	张福宽
127	江苏泰峰精密机械有限公司	2445.98	18.73	孙建平
128	兴化市金程机械制造有限公司	2353.99	113.2	金加淦
129	江苏唐古拉聚合材料有限公司	2349.07	146.79	夏汉忠
130	江苏旭峰机械设备有限公司	2306.98	149.33	高延旭
131	江苏森宏机械有限公司	2306.09	96.07	刘明煌
132	兴化世友精密铸造有限公司	2244.48	111.64	阮顺喜
133	泰州大牛钢结构工程有限公司	2243.3	65.27	刘荣江
134	江苏优华达环保材料科技有限公司	2218.01	93.04	刘红梅
135	兴化市矿川机械有限公司	2203.44	90.27	殷庆亮
136	兰特黎斯(江苏)乳业有限公司	2138.51	209.02	Michel PESLIER(法)
137	兴化市中科渗铝钢管有限公司	2049.93	171.18	陈树忠
138	泰州市鸿鋆纺织有限公司	2039.06	20.69	葛　猛
139	兴化市长城铸钢有限公司	2004.75	130.44	黄建军
140	泰州市正力机械有限公司	2002.64	90.25	刘春朝
141	江苏兴业船艇有限公司	1992.39	109.21	冯诚普
142	兴化市方圆消防器材有限公司	1937.53	95.68	陈久兰
143	兴化市光华金属铸件有限公司	1936.27	79.57	曹　海
144	江苏联丰温室工程有限公司	1922.72	43.24	陆玉明

续表 26

序号	企业名称	销售收入(万元)	利税总额(万元)	法定代表人
145	江苏味丰德食品科技有限公司	1891.24	134.24	朱祝友
146	兴化市通舟船舶设备有限公司	1863.34	64.51	肖龙付
147	科世茂机械设备(兴化)有限公司	1838.96	138.17	沙维祝
148	江苏东科液压机械有限公司	1831.07	81.96	刘桂来
149	兴化市亚鑫消防器材有限公司	1826.59	94.95	张兆年
150	兴化市泰睿包装制品有限公司	1825.23	73.44	徐　炜
151	兴化炳成不锈钢制品有限公司	1807.11	40.43	林明胜
152	兴化市盛杰渔具制造有限公司	1799.27	150.45	姚天龙
153	江苏恒械机械有限公司	1762.96	90.51	姜建国
154	兴化市恒鑫机械有限公司	1746	73.24	蒋义来
155	江苏广建机械有限公司	1650.82	81.78	戴晓敏
156	江苏金田野食品有限公司	1649.54	18.89	魏维兵
157	兴化市泰龙消防器材有限公司	1645.23	138.6	徐永康
158	兴化市淞阳包装制品有限公司	1608.14	27.17	雍小燕
159	兴化市海汇渔具有限公司	1604.66	17.22	瞿德齐
160	兴化市天健电热机械有限公司	1599.85	71.34	许帮钱
161	江苏沪联节能科技有限公司	1515.67	89.39	王　婷
162	泰州市青云钢结构有限公司	1505.36	46.22	徐青云
163	兴化市蓝盾家具有限公司	1499.84	33.8	李凤英
164	兴化市龙伯渔具有限公司	1494.44	166.84	朱兴斌
165	卡博曼(泰州)新材料有限公司	1484.98	38.08	冯安园
166	泰州凯德瑞机械配件有限公司	1449.32	86.5	陈　云
167	江苏永固电力设备安装工程有限公司	1441.11	84.36	陈庆寿
168	兴化市仁堂机械配件厂	1415.05	43.29	周仁堂
169	江苏美清环保装备工程技术有限公司	1406.41	124.86	咸廷梅
170	顶级手套(兴化)有限公司	1398.25	1347.78	陈志煌
171	泰州建权机械有限公司	1387.15	53.21	吴俊杰
172	泰州亿鼎钢结构有限公司	1358.37	14.93	葛苏华
173	江苏北辰食品有限公司	1308.08	49.75	赵进泉
174	江苏兴弹紧固件有限公司	1295.09	37.9	付仕华
175	兴化市永英金属材料有限公司	1252.04	19.98	金　斌
176	兴化市兴源铸钢有限公司	1239.88	57.28	卜正兴
177	兴化市三连铸钢有限公司	1236.51	84.99	孙远庆
178	泰州市宇锋机械有限公司	1206.64	27.88	徐素敏

续表 26

序号	企业名称	销售收入（万元）	利税总额（万元）	法定代表人
179	开源重工兴化有限公司	1181.76	72.62	吴建东
180	兴化市方正机械有限公司	1180.65	68.65	丁正大
181	江苏阳磊混凝土有限公司	1177.93	57.94	陈　鑫
182	江苏东晟特种防火门有限公司	1172.77	42.06	何向东
183	江苏博思特工贸有限公司	1149.71	35.76	陈汉义
184	泰州市京洋户外用品有限公司	1142.71	26.27	王金花
185	兴化市定仁机械制造有限公司	1137.64	68.23	夏定仁
186	兴化市祥荣管业有限公司	1136.33	41.06	纪金兰
187	兴化新奥车用燃气有限公司	1130.79	29.36	韩继深
188	兴化市永兴消防器材有限公司	1120.73	28.15	陈建新
189	江苏顺伟机械有限公司	1110.83	58.76	葛冬子
190	兴化市建达机械厂	1109.35	70.95	刘建桃
191	兴化市津冶合金铸造有限公司	1048.55	66	董仁明
192	兴化市康宁包装制品有限公司	1045.94	12.7	魏家荣
193	兴化市富邦机械有限公司	1037.41	123.29	付成军
194	江苏银联铸钢有限公司	1018.62	49.24	刘永荣
195	泰州顶祥食品有限公司	1017.07	33.12	姚桂兰
196	江苏美地依体育设施材料有限公司	1006.76	31.74	茅刘华
197	江苏启源船舶设备有限公司	995.8	27.28	丁德元
198	江苏利德门窗有限公司	995.77	18.65	王　越
199	兴化市兴亮紧固件厂	994.67	36.57	顾明亮
200	兴化市依之韵服饰有限公司	989.36	40.05	殷彩凤
201	泰州鼎鑫齿轮有限公司	987.27	137.39	蔡文尧
202	江苏味真美食品有限公司	985.61	44.47	陈旭东
203	兴化市华鼎电气设备有限公司	980.68	56.33	孙慧卿
204	江苏中辰机械有限公司	972.59	98.85	吴建忠
205	兴化市五岳拉丝厂	963.83	23.41	黄永贵
206	兴化市托翔体育器材有限公司	961.18	28.05	石春山
207	江苏康体新材料有限公司	939.8	29.61	陆银红
208	味滋美(江苏)食品有限公司	925.39	35.88	胡翠英
209	兴化市渗铝耐热钢厂	924.45	11.73	黄恒长
210	兴化市板桥铸钢有限公司	921.55	43.97	朱增学
211	江苏星辰钢结构有限公司	920.63	33.78	吴小健
212	兴化市海蓝制衣厂	919.07	44.46	成大妹

续表 26

序号	企业名称	销售收入（万元）	利税总额（万元）	法定代表人
213	江苏均之成业新型建材有限公司	918.36	37.25	刘爱华
214	兴化市恒庆弹簧垫圈有限公司	908.19	48.86	苏友顺
215	兴化市华辉电子有限公司	900.16	75.54	张　辉
216	兴化市祥衍机械配件有限公司	887.67	24.57	李荣英
217	兴化市百年机械有限公司	872.62	12.98	刘巧凤
218	江苏华裕精密铸造有限公司	868.8	45.7	宦冬庆
219	泰州市宏图电子有限公司	865.29	184.25	耿道亮
220	江苏盈丰智能工程科技有限公司	860.18	80.14	赵玉侠
221	兴化市众邦杰机械配件有限公司	859.07	13.54	张昌兰
222	兴化裕华机械有限公司	855.92	83.17	马长义
223	兴化市晶能光伏电力有限公司	848.72	44.85	邹志广
224	兴化市林海机械配件厂	848.57	77.54	徐锦凤
225	兴化市工具制造有限公司	826.59	53.14	姚家骏
226	兴化嘉威文体用品有限公司	825.65	64.14	葛　涓
227	兴化大铭渔具有限公司	818.47	33.48	孙大铭
228	江苏海德机械有限公司	798.18	141.42	孙洪庆
229	辣口福食品(江苏)有限公司	796.22	43.42	李玉屏
230	江苏赛威塑料科技有限公司	778.58	35.87	刘成林
231	江苏博汇机械有限公司	775.08	34.69	宦春燕
232	兴化市峰华机械有限公司	773.49	43.36	张　杰
233	兴化市新速服装有限公司	762.91	22.25	胡春喜
234	江苏金爵机械制造有限公司	758.66	95.5	孙新宇
235	兴化市飞驰玻璃钢船艇有限公司	747.63	155.93	陈松华
236	兴化市方特机械设备有限公司	746.84	26.94	王同方
237	江苏华信达特钢科技有限公司	745.66	119.71	高云玉
238	兴化市永红机械配件加工厂(普通合伙)	741.32	58.74	刘学军
239	江苏全家乐食品有限公司	726.81	26.9	周　明
240	兴化市海畅机械有限公司	726.36	19.97	潘瑞军
241	兴化市宇昊齿轮有限公司	725.86	32.01	徐建国
242	江苏辰希电力科技有限公司	719.22	31.77	吴建忠
243	兴化市海康食品有限公司	719.11	53.84	顾　钧
244	江苏聚达机械制造有限公司	714.95	108.93	叶伯旺
245	江苏龙源电气有限公司	710.49	42.41	葛芝清
246	江苏味口食品有限公司	700.33	40.25	王益利

续表 26

序号	企业名称	销售收入（万元）	利税总额（万元）	法定代表人
247	泰州华标建材有限公司	697.39	47.09	宋鹿群
248	兴化市三维电热设备厂	671.79	42.48	王生保
249	泰州阿里香食品工业有限公司	669.57	23.43	徐志松
250	兴化巨能标准件有限公司	661.98	94.79	陈良玉
251	泰州市富特铸造材料科技有限公司	661.83	46.48	陈翠萍
252	兴化市绿源水产品加工厂	657.89	16.77	刘广东
253	江苏佳隆食品有限公司	656.29	41.93	朱钱昌
254	泰州顶润食品有限公司	655.67	23.39	谢巧兰
255	兴化市金建机械有限公司	654.86	27.89	蒋明瑾
256	泰州市建宇机械有限公司	653.42	42.9	陈兰红
257	味众食品泰州有限公司	652.77	28.86	吴正年
258	兴化市蓉水机械配件厂	619.45	84.29	姜继成
259	斯凯伦动力设备科技(兴化)有限公司	614.13	20.95	杨　莉
260	江苏海川液压机械有限公司	613.3	59.44	苏玉宏
261	兴化市双良机械制造有限公司	601.29	28.15	韦翠英
262	江苏大成石化科技有限公司	597.8	72.86	成　杰
263	兴化市盛泉铸造材料有限公司	595.65	31.04	周由国
264	江苏圣蓝科技有限公司	591.74	85.89	冯宝华
265	兴化市星环仪表电控设备厂	578.5	17.56	韩俊大
266	兴化市银海钢结构件厂	567.11	14.29	王广明
267	兴化市新泰铸钢有限公司	560.66	106.22	杨明高
268	兴化市泰邮消防设备有限公司	558.27	30.35	徐双喜
269	江苏元宇机电设备有限公司	555.81	54.73	吕元勇
270	江苏锐达地板科技有限公司	553.11	11.36	柏国义
271	兴化市云杰机械配件有限公司	550.45	27.39	王兰红
272	泰州市亚太防火门窗有限公司	544.97	24.18	夏呈均
273	泰州市正伍机械有限公司	543.27	28.14	武　兵
274	兴化市广华电热电器厂	543.06	56.51	王善中
275	江苏海陵机械有限公司	539.79	43.89	仇九贵
276	泰州春和源食品有限公司	520.23	17.81	夏建源
277	兴化市鑫磊气动液压机械制造厂	495.48	33.24	顾继英
278	泰州市久力机械有限公司	488.59	35.05	刘　虎
279	泰州沪诚机械有限公司	479.78	59.54	高文道
280	泰州强瑞塑料制品有限公司	476.61	10.99	韩正玉

续表 26

序号	企业名称	销售收入(万元)	利税总额(万元)	法定代表人
281	兴化市兴利来机械有限公司	472.95	24.61	韩俊大
282	兴化市奥宇机械配件厂	472.29	16.35	翟万保
283	亚美亚(江苏)食品有限公司	471.11	34.02	左成松
284	兴化市友诚机械有限公司	470.54	63.56	胡日荣
285	泰州市国凯机械有限公司	463.21	20.24	王新平
286	兴化市天诚消防器材有限公司	462.26	22.2	解善鹏
287	江苏永旭机械有限公司	451.06	24.26	马澄兴
288	泰州北清新能源科技有限公司	440.52	31.02	祝鹏杰
289	泰州市磊盛机械配件有限公司	431.85	11.04	王兴盛
290	江苏湛流环保设备有限公司	424.55	20.47	夏宏刚
291	兴化市开富电力机械有限公司	423.49	23.22	宦天庆
292	兴化市申景食品机械有限公司	421.19	13.28	房鹏程
293	兴化市伯平船舶机械有限公司	420.13	28.04	周锦卫
294	江苏语航传动技术有限公司	418.54	15.98	刘长勇
295	兴化市友联工具有限公司	418.51	29.62	邹小欣
296	泽庆机械(江苏)有限公司	412.98	37.61	高呈堂
297	兴化市飞创电子产品有限公司	410.89	86.4	刘　飞
298	兴化市科润机械零部件有限公司	407.89	31.08	李红凤
299	江苏路安交通工程有限公司	404.26	27.07	罗　勇
300	恒基电子(泰州)有限公司	403.99	13.8	刘　娜
301	兴化印刷有限责任公司	399.55	47.96	葛凤英
302	兴化市华胜包装制品有限公司	393.67	21.17	薛　华
303	泰州久峰机械设备制造有限公司	393.3	33.67	季长春
304	兴化市天益塑料包装制品厂	392	24.26	袁天勇
305	兴化市重信工具制造有限公司	390.36	24.49	王雅雯
306	兴化市杰瑞机械有限公司	389.99	51.19	杨国英
307	兴化市维泽机械厂	389.42	24.7	刘　维
308	江苏圆梦精密机械制造有限公司	386.11	23.24	王正美
309	兴化市新卫消毒剂厂	385.13	21.88	汤其昌
310	兴化市东方机械有限责任公司	380.31	164.97	王寿年
311	兴化市信达铁路通讯设备有限公司	368.37	16.78	申仕彦
312	江苏润阳工业炉有限公司	368.09	37.29	赵　阳
313	兴化市临城冶金设备厂	365.67	20.7	张翠红
314	兴化市成龙机械铸造厂	365.2	16.05	刘年君

续表 26

序号	企业名称	销售收入（万元）	利税总额（万元）	法定代表人
315	江苏盛钰源机械设备有限公司	364.41	14.85	邹庆凰
316	泰州正曦服饰有限公司	362.31	74.05	柳正曦
317	江苏庭泰环保设备有限公司	359.96	11.38	顾国琴
318	泰州上味调味食品有限公司	355.37	10.28	夏晓春
319	泰州市昌润纺织服装科技发展有限公司	354.97	47.97	高德昌
320	江苏香满人间食品有限公司	344.92	12.67	房靖驰
321	泰州德东金属制品有限公司	339.33	11.94	顾海燕
322	泰州市世纪交通工程有限公司	338.06	17.23	沐明辉
323	兴化市恒味食品有限公司	331.47	10.63	胥明存
324	兴化市金鑫包装制品厂	330.33	19.41	金书全
325	兴化市丽云机械铸造有限公司	328.06	16.66	殷小建
326	兴化市得力机电设备配件有限公司	325.02	17.8	王桂华
327	兴化市临合铸造厂	324.92	19.95	蒋如珍
328	兴化市北光机械配件制造有限公司	319.43	20.08	许哲申
329	兴化市争创机械有限公司	316.91	22.71	倪增勇
330	兴化市中荣塑业有限公司	311.05	32.28	石善红
331	兴化市昭阳塑料彩印有限公司	306.03	33.39	刘　巍
332	泰州市中凌机械有限公司	305.99	16.62	刘　甲
333	泰州华弘船舶科技有限公司	297.92	21.03	张海洋
334	泰州宏益机械有限公司	295.7	19.8	娄阿扣
335	兴化市海圣渔具有限公司	291.46	29.65	房　飞
336	泰州和平玻璃制品有限公司	290.83	19.5	姚玉梅
337	江苏江鑫机械有限公司	288.65	127.49	咸友平
338	江苏杨万隆食品有限公司	284.8	27.57	王益利
339	兴化市宏翔机械厂	282.51	23.19	洪良斌
340	泰州市绿水再生资源有限公司	282.21	37.97	杨朝柳
341	兴化市永昌机械厂	280.6	13.32	朱学习
342	兴化市大兴纺机压力铸造厂	280.51	12.51	杨友军
343	兴化市华唯传感器件有限公司	277.54	31.78	魏洪华
344	江苏瑞泰砂轮制造有限公司	268.44	22.93	张　军
345	泰州雷诚电气科技有限公司	267.74	46.8	徐明扬
346	兴化市云泽机械配件厂	267.69	17.83	陆田云
347	聚金龙玻璃兴化有限公司	267.29	15.26	占兆好
348	兴化市华达机械配件有限公司	266.48	24.77	沈德余

续表 26

序号	企业名称	销售收入(万元)	利税总额(万元)	法定代表人
349	兴化市赛沃机械厂	265.25	20.47	赵东娟
350	兴化市高华金属材料销售有限公司	259.64	10.32	吴后高
351	兴化市亚东机械有限公司	256.31	28.04	翟锦标
352	江苏格味特食品有限公司	253.13	17.31	赵会芬
353	兴化市宏宇机械厂	251.84	10.89	潘钟鸣
354	兴化市博佳电子配件有限公司	251.73	16.99	刘晶晶
355	兴化市思源机械有限公司	251.6	21.8	唐　立
356	江苏双成体育设施材料有限公司	251.14	27.27	崔勇干
357	江苏神润耐火材料有限公司	247.09	13.91	王金钰
358	兴化市永华机械制造厂	246.93	11.79	周玉成
359	江苏腾欣工艺品有限公司	244.87	28.82	沈庆丰
360	兴化市众晨渔具有限公司	241.19	15.38	金书全
361	兴化市融和电子科技有限公司	233.94	23.34	万　峰
362	兴化市垣泰铸钢有限公司	216.35	16.71	吴传辉
363	江苏中春液压设备制造有限公司	215.54	16.69	赵普海
364	兴化市三星渔具有限公司	213.64	14.86	吕爱庭
365	兴化市东方渔具厂	212.47	18.71	韩世新
366	兴化市中兴渔具厂	210.75	17.49	房桂明
367	兴化市福达铸钢有限公司	209.89	15.65	钟学勤
368	兴化市耀春玻璃制品有限公司	209.38	20.11	徐书林
369	泰州赛登制衣有限公司	205.75	28.19	盛荣明
370	兴化东方工具有限公司	205.16	13.75	王明璋
371	兴化市鑫亚纺织机械厂	203.21	14.07	张　亚
372	泰州中莎机械有限公司	202.84	10.62	夏粉珍
373	兴化市泰杰机械有限公司	201.72	15.44	黄立鸿
374	味顿(江苏)食品有限公司	200.71	12.57	陈春粉
375	泰州永刚机械有限公司	197.69	23.76	周志刚
376	兴化市峰达钢结构件有限公司	195.65	11.4	沙德满
377	泰州市天润机械有限公司	192.81	39.8	刘学俊
378	兴化市杰帅机械制造有限公司	187.94	15.08	顾秀芹
379	兴化市宇工机械有限公司	185.62	10.02	姚俊东
380	泰州市宇杰液压机电成套设备有限公司	185.01	34.59	陈日和
381	兴化市嘉鹏电子有限公司	184.85	11	潘　俊
382	兴化市永宝机械配件厂	183.4	11.04	刘永宝

续表26

序号	企业名称	销售收入（万元）	利税总额（万元）	法定代表人
383	兴化市顺宇机械制造厂	176.5	15.12	张根龙
384	泰州市汇浩机械制造有限公司	172.53	25.92	徐恒章
385	兴化市奇彩钓具厂	171.52	14.97	王如珍
386	江苏瑞祯氟塑防腐科技有限公司	171.46	10.21	廖昌淑
387	兴化市龙美机械加工厂	167.1	14.46	邹　军
388	泰州兴斌机械制造有限公司	166.73	15.33	顾华斌
389	江苏凌工建筑工程有限公司	166.27	15.33	曹洪韧
390	兴化市春华纺织机械厂	163.85	15.61	单德庆
391	兴化市英达机械有限公司	159.4	28.45	任有余
392	兴化市舒杰渔具厂	151.44	12.85	舒　英
393	兴化市呈堂机械厂	142.28	14.57	高呈堂
394	泰州日晞机械制造有限公司	138.64	15.3	王智勇
395	江苏海曼特智能液压装备有限公司	133.99	20.52	王春梅
396	兴化市华昊机电设备制造有限公司	132.01	12.96	杜永华
397	兴化市一诚印花有限公司	130.77	25.13	袁晓美
398	兴化市艾孚建材有限公司	129.45	11.62	吴胜花
399	兴化市迈达机械有限公司	129.4	11.21	张　斌
400	江苏万佳制衣有限公司	129.1	34.76	董志英
401	兴化市金源水泥制品有限公司	124.01	15.01	蔡庆元
402	泰州市海纳机械制造有限公司	121.24	11.88	徐文凤
403	江苏威尔达克自控科技有限公司	119.84	16.14	韩　奔
404	泰州市祥慧塑胶制品有限公司	117.36	13.93	刘其山
405	兴化通明电气设备有限公司	112.19	19.96	郜红彪
406	兴化市恒立弹簧有限公司	111.46	14.04	周　春
407	泰州日熹太阳能科技有限公司	106.38	17.52	戴　德
408	兴化市华诚纺织机械厂	106.34	12.82	朱仁华
409	寰达食品科技兴化有限公司	102.26	12.85	陈小凤
410	泰州易飞室内装饰材料有限公司	100.17	19.67	陈金芬
411	兴化市登峰机械汽配有限公司	94.75	12.26	陈步平
412	兴化市荣鑫电源厂	90.52	65.31	金安兰
413	兴化市润光制帽厂	88.38	28.86	葛俊斌
414	兴化市隆庆文体用品有限公司	85.5	11.87	张长荣
415	兴化市金铃钓具有限公司	84.96	12.41	陆金玲
416	江苏三匹马机械有限公司	82.58	22.73	咸明星

续表 26

序号	企业名称	销售收入(万元)	利税总额(万元)	法定代表人
417	兴化市鑫湖水产品冷冻加工厂	82.49	10.9	钱　明
418	兴化市康城文体用品厂	79.95	21.38	葛　涓
419	兴化市双荣机械有限公司	79.08	10.01	李爱凤
420	泰州市康特生物工程有限公司	78.68	19.93	赵继红
421	泰州市万盈仪器仪表制造有限公司	74.78	12.81	王长春
422	兴化市益晟渔具制造有限公司	73.64	10.43	张　丽
423	江苏高氏食品有限公司	71.94	21.39	高显明
424	江苏兴澳机械实业有限公司	70.87	17.86	邵红华
425	兴化市鼎盛机械制造有限公司	63.36	10.18	殷　涛
426	江苏裕泰机械有限公司	62.05	11.09	朱良荣
427	江苏兴纺机械有限公司	56.04	21.86	武东升
428	江苏德沃重工机械有限公司	52.29	56.44	徐玉盛
429	兴化市步荣机械厂	48.72	15.74	焦朝斌
430	江苏新兴电子有限公司	44.48	36.4	刘　英
431	兴化市天利纺织机械有限公司	41.51	11.58	韩海庭
432	兴化市力升食品机械有限公司	38.01	10.64	李凤英
433	江苏鑫华能电源科技有限公司	24.42	17.04	高中赞
434	江苏天康食品有限公司	22.9	65.31	王昌贤
435	兴化中天灯具有限公司	15	15.64	王继泉
436	兴化市亚标金属制造有限公司	14.13	24.7	陈付朝
437	江苏时创机械有限公司	5.65	10.93	宦兆云
438	江苏佳思利环保设备有限公司	0	62.74	刘建锋

表 27　2023 年江苏省兴化经济开发区(临城街道)行政村、社区基本情况表

村(社区)名称	村(社区)支部书记	村(社区)委员会主任	耕地面积(公顷)	人口(人)	工农业总产值(万元)	农村居民人均可支配收入(元)
十里亭社区	高和斌	高和斌	—	1487	40	41707
施耐庵社区	王大勇	王大勇	—	1395	—	37832
紫荆河社区	沈　忱	沈　忱	96.20	3678	897	41450
五里亭社区	葛　松	葛　松	—	3475	81	51268
兴南社区	史寿明	史寿明	171.80	6225	1664	45556
阳山社区	吴　雨	吴　雨	126.60	3876	444	47107
南山社区	朱可涵	庞广杰(代理)	123.70	2399	574	46791
民富村	赵银步	赵银步	221.43	3152	1460	45357
红星村	陈剑睿	陈剑睿	308.60	2830	1761	38277

续表 27

村(社区)名称	村(社区)支部书记	村(社区)委员会主任	耕地面积(公顷)	人口(人)	工农业总产值(万元)	农村居民人均可支配收入(元)
董家村	徐阳平	徐阳平	287.40	3043	1723	39472
南塘村	郭　森	郭　森	257.90	2625	1448	40174
南官村	黄　茜	黄　茜	254.50	2620	2491	35947
赵何村	闵　晶	闵　晶	338.32	3018	1793	42224
龙河村	杨　驰	杨　驰	333.00	3166	2167	33858
刘陆村	仇凤山	仇凤山(代理)	442.31	5075	2053	35723
曹瓦村	刘祥斌	刘祥斌	330.80	3569	2565	37238
古砖场村	单法春(代理)	黄　浩	361.38	4393	1483	40015
三王村	吴增阳	吴增阳	261.10	4001	2601	38131
临东村	李　峰	李　峰	306.70	4015	1338	35473
陆横村	金加伟	金加伟	245.80	3049	3980	40569
花沈村	陈华俊	陈华俊	493.80	4744	3113	36588
新姜村	刘长江	刘长江	160.70	3452	1442	38952
西浒垛村	费茂华	费茂华	342.90	3772	2191	32893
朱中村	陈新海	陈新海	296.40	2363	1282	36425
任家村	史业成	史业成	232.80	2275	2487	38369
老阁村	杨正华	杨正华	234.94	2298	1091	42738
安洲村	周志华	周志华	321.90	2372	2204	44297
双潭村	徐正华	徐正华	343.60	3062	4158	43136
西郊村	侯宝亮	侯宝亮	114.30	2302	2071	35828
北郊村	邵炳进	邵炳进	332.20	3377	1991	34994

戴南镇

【概况】 戴南镇地处江苏省中部、泰州市中部、兴化市东南部、里下河平原腹地，东与盐城市东台市相邻，南与泰州市姜堰区接壤，境内有京沪高速的支线盐靖高速和省道229、省道352，南临长江，北接淮水。全镇行政区域面积234平方千米，耕地面积1.15万公顷，辖行政村58个、社区6个，总户数5.87万户，总人口18万人，外来人口约4万人。

【经济建设】 2023年，戴南镇完成地区生产总值431.53亿元，一般公共预算收入12.24亿元，实现工业开票销售590亿元，完成固定资产投资114亿元，民间投资99.8亿元推进“三比一提升”行动，腾龙精线(江苏)有限公司、不锈钢综合贸易示范区入选省重大项目，华润储能电站、锦途国际等优质项目成功签约，泰州市仁智不锈钢有限公司、始博(江苏)智能制造有限公司、江苏华杰不锈钢制品有限公司等重大产业项目开工建设，申源高线、江苏斯贝达新材料科技有限公司、润创智能制造产业园等重点项目竣工投产。全年完成5亿元以上新开工内资项目6个、5亿元以上新竣工项目4个、3000万美元以上外资项目1个，实际利用外资5705万美元。深化“亩均论英雄”改革，盘活提升低效用地43.33公顷。建成沈阳离岸创新中心，举办2023年度全球能源用不锈钢、镍及特种合金新材料技术创新论坛。创成工业互联网标杆工厂1家、国家优秀场景项目2个、市智能车间3家、星级上云企业29家，兴达公司建成国家

2023 年 12 月 12 日，江苏华杰不锈钢制品有限公司不锈钢紧固件等三个重大项目开工

级 5G 工厂、省级智能工厂。获批国家级高新技术企业 76 家、科技型中小企业 382 家，江苏星火特钢集团有限公司、江苏华杰不锈钢制品有限公司被评为国家级专精特新“小巨人”企业，江苏兴达钢帘线股份有限公司、江苏星火特钢集团有限公司与泰州产业技术研究院共建企业联合创新中心，江苏新宏大集团有限公司被评为国家知识产权优势企业，江苏雅固标准件有限公司获批省瞪羚企业。新增发明专利 353 件，PCT（国际专利）申请 19 件，已授权 2 件。

【社会事业】　2023 年，戴南镇突出规划引领，编制国土空间规划和唐刘等 6 个村的实用性村庄规划。完善区域交通网络建设，完成同济路南延一期、同心路二期、护国路西段、张草线、盐靖公路（南桥段）辅道工程，推进金泽路、戴夏路、富康路、人民路与省道 229 交叉口等改造工程，维修振兴路、青年北路等 21 条道路；完成迎宾大道、盐靖河东岸、陈张线、戴东线、崇文路等绿化配套工程，城镇发展格局持续优化提升。开展“你难我解”大走访大落实行动，清理乱堆乱放、卫生死角，整治违规出摊经营、违章停车、不戴头盔等不文明现象；实施县道 203、董姜线等农路路灯安装工程和人民路、青年路等道路照明增补工程。完成被撤并乡镇集镇区环境整治提升工程和同济路南延拆迁安置小区基础设施配套工程，改造市民广场及憩园，启动时代广场改造和茅山会船赛道周边环境提升工程。保持“两违”防控高压态势，查处违建 346 起、拆除面积 11600 平方米。完善城乡生活垃圾收运体系，全镇生活垃圾实现日产日清。顾庄幼儿园创成省优质幼儿园，戴南中心小学和戴泽初级中学获评泰州市“新优质学校”，张郭学校获评“2023 年全国科普日活动优秀组织单位”。推进职业卫生、公共场所卫生规范化管理，戴南人民医院、茅山卫生院和张郭卫生院硬件设施不断优化，诊疗水平持续提升。深入推动文化惠民工程，文化“四进”活动实现全覆盖。加强历史文化遗产保护利用，高标准建成蒋庄遗址展览馆，茅山号子代表泰州参加全国原生民歌节巡演。

【生态建设】　2023 年，戴南镇推动人居环境整治提升，裴马村被评为省级生态宜居美丽乡村示范村；完成 76 千米农村生态河道建设，团结河被评为泰州市五星级河道。完成污水处理厂

2023 年 4 月 4 日，兴化市举行 2023 年中国·兴化戴南茅山会船节

（戴南镇/供图）

北厂区域修复工作。开展精密铸造、不锈钢抛光、工业固废、VOCs(挥发性有机物)、"燃油锅炉"治理攻坚等专项整治行动,推进酸洗、激光切割行业整治"回头看"。新建生活污水管网10千米,工业污水处理厂正式投入运营。江苏兴达钢帘线股份有限公司、江苏申源集团有限公司入选国家级绿色工厂,双乐颜料股份有限公司入选省绿色发展领军企业,江苏明璐特钢集团有限公司获评省级节水型企业。

【社会治理】 2023年,戴南镇强化就业帮扶,新增城镇就业6200人。推进医保服务向基层延伸,创成"15分钟医保服务圈"省级示范点。加强劳动监察调解,调处劳资纠纷,依法追回欠薪。做好"双拥"工作,获批市双拥先进乡镇。探索多元化养老服务,茅山区域性养老服务中心投入运营,养老助餐配送服务覆盖17个村。开展"99公益"募捐活动,推进未成年人保护事业。深化"精网微格"工程,组织开展"清仓见底"、百日攻坚等专项行动,提升社会治理效能。推进常态化扫黑除恶斗争,坚决打击各类违法犯罪活动。接受泰州市安全生产专项巡查,纵深推进危化品、自建房、消防、燃气、"厂中厂"等领域安全生产专项整治行动,开展涉炉企业专项整治"回头看",切实增强企业安全生产意识,本质安全水平不断提升。

【江苏戴南科技园区入选国家"城市矿产"示范基地】 4月20日,国家发展改革委、财政部公示2022年园区循环化改造示范试点和"城市矿产"示范基地验收结果:江苏戴南科技园区入选"城市矿产"示范基地。江苏戴南科技园区是全省千亿级不锈钢产业集群的核心园区。园区现有规模以上企业295家,其中工业开票销售过1亿元企业14家,形成不锈钢制品、汽车轮胎用子午钢帘线、汽车配件、自行车配件、劳保用品和轻纺工业等六大特色产业集群。

【戴南镇入选全国千强镇】 10月20日,由中国中小城市发展高峰论坛组委会国信中小城市指数研究院主办的"2023年全国千强镇发布暨镇域高质量发展论坛"在北京举办论坛现场公布全国千强镇名单,泰州10个镇上榜,兴化市戴南镇位列其中。2023年全国千强镇评选侧重于综合实力评价,入选类别既包括工业强镇,也包括一些特色农业强镇和受都市圈辐射带动起来的科技强镇等。

【裴马村获"省级生态文明建设示范村"和"江苏省生态宜居美丽乡村示范村"称号】 1月18日,第五批江苏省生态文明建设示范乡镇(街道)、村(社区)名单公布,戴南镇裴马村榜上有名。4月3日,江苏省委农村工作领导小组发出《关于2022年度江苏省生态宜居美丽乡村示范建设评价情况的通报》,戴南镇裴马村被列为美丽乡村示范村。裴马村是江苏省绿美乡村、省特色田园乡村,兴化市经济发展与生态保护同步推荐典范村、特色田园乡村。

【江苏兴达钢帘线股份有限公司获"江苏省绿色工厂""江苏省工业互联网标杆工厂"等多项称号】 1月17日,江苏省工业和信息化厅发布《关于公布江苏省绿色工厂名单(第三批)的通知》(苏工信节能〔2023〕22号),江苏兴达钢帘线股份有限公司获"江苏省绿色工厂"称号,成为行业首批获得"江苏省绿色工厂"称号的钢帘线企业。8月10日,2023长三角数字化转型大会暨江苏省企业信息化协会年度大会在南京召开,江苏兴达公司被授予"2023年度江苏省工业互联网标杆工厂"称

2023年8月10日,2023年长三角数字会转型大会举办,江苏兴达获"2023年度江苏省工业互联网标杆工厂"称号 (戴南镇/供图)

号。9月26日,2023江苏民营企业百强发布活动在宿迁举行。江苏兴达钢帘线股份有限公司跻身“江苏民营企业200强”行列。同时以新材料技术领域的创新成绩获得“2023江苏民营制造业企业100强”称号。

【江苏兴达钢帘线股份有限公司加入联合国全球契约组织】 10月13日,江苏兴达钢帘线股份有限公司通过回函确认,正式加入联合国全球契约组织(UNGC)。作为该组织系统内Auto Mobil & Parts(汽车零部件)目录下的首家钢帘线企业,加入UNGC不仅是对公司多年来持续承担社会责任的充分肯定,也是公司加速国际化进程的又一里程碑,对于公司未来发展有着非凡的意义。该组织是世界上最大、最具影响力的推进企业社会责任和可持续发展的国际组织,并最早提出ESG概念。该组织创立于2000年,旨在指导和支持全球企业界通过负责任的企业行为推动实现联合国的目标和价值观,共同应对全球化进程中的各种挑战,推进更广泛的发展目标实现,加速引领全球可持续发展进程。UNGC拥有来自近170个国家的2万余家企业和其他利益相关方参与者。

【江苏省申源集团有限公司入选国家级绿色工厂公示名单】 2月9日,工信部对2022年度绿色制造名单进行公示,江苏省申源集团有限公司入围绿色工厂公示名单,申源集团成为全市首家拟建成国家级绿色工厂的企业。2017年起,工信部开展以绿色工厂、绿色产品、绿色园区、绿色供应链为主体的绿色制造体系建设,以提升绿色制造专业化、市场化公共服务能力,促进形成市场化机制。2018年,国家首次制定并发布绿色工厂相关标准,按照“厂房集约化、原料无害化、生产洁净化、废物资源化、能源低碳化”的原则,建立绿色工厂系统评价指标体系。

【江苏新宏大集团有限公司入围江苏省产教融合型试点企业】 3月2日,江苏省第四批产教融合型试点企业名单正式对外公布,江苏新宏大集团有限公司等7家企业纳入江苏省产教融合型试点企业建设培育库。入选企业将按规定享受产教融合领域投融资和财税等组合式激励政策。

(周冬平)

表28　2023年戴南镇主要经济社会指标一览表

指标名称	单位	数值	指标名称	单位	数值
总户数	户	58666	工业利税总额	万元	—
总人口	人	180019	财政内预算收入	万元	—
乡镇从业人员数	人	97563	一般公共预算收入	万元	122381
行政区域面积	平方千米	234	私营个体税收	万元	—
耕地面积	公顷	11519	农村居民人均可支配收入	元	46944
地区生产总值	万元	4315343	中小学校	所	12
人均地区生产总值	元/人	258237	在校学生	人	15123
第一产业增加值	万元	135041	在职教师	人	1306
第二产业增加值	万元	2256844	医院	所	5
第三产业增加值	万元	1968736	卫生所(室)	个	78
生猪出栏量	头	187814	医生数	人	522
家禽出栏量	万羽	5.67	病床数	张	935
水产品产量	吨	10010	参加养老保险人数	人	39099
工业企业数	家	3893	参加农村新型合作医疗人数	人	110583
工业开票销售收入	万元	5900000	享受居民最低生活保障人数	人	1105

表29 2023年戴南镇骨干企业基本情况表

序号	企业名称	销售收入（万元）	利税总额（万元）	法定代表人
1	江苏众拓新材料科技有限公司	1033008.00	84832.90	汪卫东
2	江苏兴达钢帘线股份有限公司	887770.50	113469.60	崔明生
3	江苏申源集团有限公司	234392.00	9133.00	宫元生
4	江苏明璐特钢集团有限公司	93261.40	5712.80	马爱明
5	双乐颜料股份有限公司	82515.80	5152.50	杨汉洲
6	泰州兴达特种钢丝绳有限公司	81217.90	2219.90	王　进
7	江苏新宏大集团有限公司	81188.80	13003.00	陈爱明
8	兴化市亚鼎不锈钢制品有限公司	68132.30	6828.00	朱　镕
9	江苏申源金属资源有限公司	66613.00	9649.30	宫元生
10	江苏新华合金有限公司	58777.00	7813.30	华大凤
11	江苏兴达智能制造有限公司	52537.00	5534.40	王金和
12	江苏申隆锌业有限公司	48802.00	3553.10	戴　鹏
13	江苏申源特种合金有限公司	43934.30	1270.80	宫元生
14	兴化市兆泰金属材料有限公司	41869.50	5491.60	朱玉勤
15	兴化市泛鑫金属材料有限公司	36081.00	3677.00	纪忠和
16	江苏博生医用新材料股份有限公司	34841.30	7209.70	张吕义
17	江苏正通金属封头有限公司	33127.70	3859.40	张维朋
18	泰州亚德胶粘制品有限公司	31271.60	8248.30	陈仕哲
19	江苏明璐金属资源有限公司	30567.70	5712.10	马爱明
20	江苏华杰不锈钢制品有限公司	29979.40	2909.90	许春华
21	江苏星火特钢集团有限公司	29528.40	2174.90	翟海平
22	金桥焊材(江苏)有限公司	28637.10	-856.50	刘晓华
23	江苏沪宝船舶机械有限公司	26073.10	2896.50	朱其宝
24	江苏佳华金属线有限公司	25062.90	2628.50	邹佳华
25	江苏亚盛金属制品有限公司	23879.10	932.20	蒋红俊
26	兴化市远红外元件厂	23463.80	2910.10	戴呈彪
27	泰州飞达电工器材有限公司	22697.70	2296.30	姚　建
28	江苏佳杰特种螺钉有限公司	22028.20	887.50	王长玉
29	江苏鸿泽不锈钢丝绳有限公司	22013.50	1366.30	陈春红
30	江苏兴海特钢有限公司	21965.40	1125.90	刘庄明
31	泰州市锦峰新材料科技有限公司	20878.90	3167.90	华忠道
32	泰州新星金属材料有限公司	20609.60	2115.00	高新宇
33	江苏巨登不锈钢管业有限公司	20283.80	2573.70	郑祥福
34	江苏星华金属资源有限公司	19659.90	4573.40	华大凤

续表29

序号	企业名称	销售收入（万元）	利税总额（万元）	法定代表人
35	江苏山峰铜业科技有限公司	18687.90	1897.60	徐松山
36	泰州市新龙翔金属制品有限公司	18084.40	1018.80	王秋桂
37	江苏新华达不锈钢有限公司	17054.90	1905.90	姚文学
38	江苏春海电热合金制造有限公司	16090.10	1089.40	叶世海
39	泰州市金阳金属制品有限公司	15728.60	1751.20	马明阳
40	泰州市勤发不锈钢有限公司	15429.10	138.70	徐伯春
41	江苏维卡金属合金材料有限公司	15012.80	835.30	姚立国
42	江苏海威封头科技有限公司	14094.90	1756.40	张世勤
43	兴化市勇方不锈钢制品有限公司	13932.60	1487.60	蒋志勇
44	江苏快螺紧固科技有限公司	13526.90	785.40	朱小燕
45	兴化市聚鑫不锈钢有限公司	13311.10	1538.50	翟育宏
46	兴化市新华龙不锈钢制品有限公司	13162.30	668.00	李飞飞
47	泰州俊宇不锈钢材料有限公司	13081.80	1489.10	仲元美
48	江苏瑞仕达电气设备有限公司	12625.10	2212.10	何宏瑞
49	泰州全得不锈钢有限公司	12427.00	1477.30	许国庆
50	江苏金扬子包装科技有限公司	11521.20	829.90	赵京东
51	兴化市环宇焊材有限公司	11437.30	1403.70	李永祥
52	江苏新核合金科技有限公司	11083.20	1603.30	韩　伟
53	江苏龙跃不锈钢管业有限公司	10932.50	1397.80	项益朋
54	江苏森吉米尔金属制品有限公司	10931.50	1399.30	赵　靓
55	江苏安惠环境设备科技有限公司	10853.90	1273.50	窦长林
56	江苏春爱特种合金材料有限公司	10682.80	1240.20	张冬春
57	江苏申得材料科技有限公司	10615.00	1081.00	徐老板
58	泰州市宏伟锂业有限公司	10448.80	1381.30	戴日桃
59	江苏法思特五金科技有限公司	10287.80	789.60	余桂根
60	江苏国森封头有限公司	9866.30	1095.50	刘佩国
61	江苏奥星机械铸造有限公司	9815.60	1133.00	赵　轩
62	泰州市环星不锈钢有限公司	9546.50	1204.70	李　杰
63	江苏斯贝达新材料科技有限公司	9181.20	55.20	戴呈友
64	江苏星火金属型材科技有限公司	9104.40	539.60	翟华平
65	江苏圆圆特钢股份有限公司	8982.50	1499.50	朱立俊
66	兴化市兴星纺织有限公司	8831.30	399.80	许国兰
67	江苏中鹏电气有限公司	8547.10	635.70	徐正荣
68	兴化市戴南新源环保有限公司	8497.30	470.10	韩　林

续表 29

序号	企业名称	销售收入（万元）	利税总额（万元）	法定代表人
69	江苏钢隆金属制品有限公司	8444.80	996.70	王小凤
70	江苏钜筑金属科技有限公司	8015.10	214.80	陈小平
71	泰州市金杰特钢制品有限公司	7998.90	931.80	陈　亮
72	高泰汽车技术(泰州)有限公司	7883.50	738.70	王爱平
73	江苏圣欣不锈钢制品有限公司	7785.70	997.90	叶圣和
74	泰州市特展金属制品有限公司	7769.70	979.50	冯俊圣
75	江苏双金新材料有限公司	7528.00	181.40	时金明
76	兴化市东亚铜业器材厂	7522.70	492.60	陈文生
77	江苏兴缘高温线缆有限公司	7483.90	464.10	吴领春
78	江苏迅杰环境工程有限公司	7403.90	1547.30	单建东
79	江苏京生管业有限公司	7375.70	144.90	赵观军
80	泰州市天盛不锈钢制品有限公司	7349.90	343.90	周秀兰
81	泰州市惠泰不锈钢制品有限公司	7252.00	895.20	杜广好
82	江苏巽鑫法兰制造有限公司	7186.60	748.30	林志成
83	江苏鑫泽不锈钢制品有限公司	6977.10	358.40	王梅兰
84	兴化市飞轮铜管厂	6835.90	620.20	徐步远
85	泰州市炬森特钢制品有限公司	6755.50	278.20	宋玉本
86	兴化市宏武不锈钢制品有限公司	6742.30	369.70	何月兵
87	江苏雅固标准件有限公司	6657.80	286.70	陈美华
88	江苏荣明不锈钢有限公司	6519.30	-40.00	徐克荣
89	江苏屹伟不锈钢管业有限公司	6475.50	632.10	郭松先
90	泰州市龙利得金属制品有限公司	6330.80	372.70	张光龙
91	泰州市昌博不锈钢制品有限公司	6271.90	247.10	徐　成
92	江苏宏利达锂业有限公司	6258.00	1961.80	王　洪
93	泰州市大明不锈钢有限公司	6235.60	184.00	丁佩泉
94	江苏银锡高温线缆有限公司	6234.50	286.90	章志伟
95	兴化市东鹏不锈钢制品厂	6144.70	407.50	刘炳荣
96	泰州市苏阳不锈钢丝绳有限公司	6104.70	157.50	蒋东阳
97	兴化市晶鑫不锈钢制品有限公司	5960.40	356.80	金扣龙
98	泰州华夏特钢有限公司	5840.10	267.40	夏兆礼
99	江苏冰泓餐饮设备有限公司	5789.50	128.60	黄　高
100	江苏万新金属制品有限公司	5748.60	363.20	许小军
101	泰州华盟金属材料有限公司	5715.10	213.70	张卫祥
102	江苏泰汇不锈钢有限公司	5553.00	306.90	胡　栋

续表 29

序号	企业名称	销售收入（万元）	利税总额（万元）	法定代表人
103	泰州市联顺机械有限公司	5515.10	429.40	陈吉国
104	兴化市苏驰金属制品厂	5418.90	788.50	苏同明
105	兴化市剑达铸造有限公司	5251.00	418.90	徐　进
106	江苏唐刘兴东不锈钢有限公司	5212.50	285.90	曹冬山
107	江苏聚顺金属制品有限公司	5150.40	375.30	陈扣林
108	泰州市银利标准件制造有限公司	5120.10	243.70	仲银存
109	兴化市程璐不锈钢制品有限公司	4995.90	260.20	钱党平
110	江苏美宇电气有限公司	4932.10	247.30	焦卫根
111	泰州耀华工具有限公司	4905.40	330.00	华定龙
112	江苏天盟金属制品有限公司	4889.40	207.10	王龙林
113	江苏鹏申高温线缆有限公司	4748.00	366.00	徐文龙
114	兴化市戴南镇兴华不锈钢制品厂	4636.80	194.70	李金华
115	泰州市众发钢业有限公司	4628.30	239.90	赵宽平
116	江苏永上钢管有限公司	4589.00	495.90	黄志平
117	泰州市吉强不锈钢制品有限公司	4568.80	294.00	吉德书
118	江苏鑫璐紧固件有限公司	4535.80	271.60	韩小强
119	江苏味泉食品有限公司	4522.60	106.90	卞建华
120	江苏曼瑞新材料有限公司	4512.90	130.50	沈　浩
121	泰州市泰业不锈钢制品有限公司	4458.60	295.10	李　赛
122	兴化市创赢通信器材有限公司	4442.00	349.20	夏顺平
123	兴化市森旺不锈钢制品厂	4419.30	343.00	许爱军
124	江苏浩本金属制品有限公司	4418.80	288.00	崔明珠
125	江苏诚彬金属制品有限公司	4378.50	212.50	陈守卫
126	兴化市苏北铸钢厂	4373.80	242.90	夏立春
127	江苏锐金钢丝绳索具有限公司	4311.40	544.10	周金金
128	江苏鼎跃金属制品有限公司	4278.60	207.30	张跃兵
129	泰州市年峻不锈钢有限公司	4273.90	195.50	刘巧莲
130	泰州市捷鑫机械设备有限公司	4242.70	339.50	韩斌斌
131	兴化市双固建筑装饰工程材料厂	4177.10	188.50	冯志娟
132	兴化市顺盈不锈钢制品有限公司	4172.30	252.70	朱桂风
133	江苏方舟不锈钢制品有限公司	4168.10	264.70	曹平之
134	泰州市建强不锈钢制品有限公司	4159.90	262.50	李其和
135	泰州市宏程锻造有限公司	4093.00	192.60	蒋春田
136	兴化市环宇车业有限公司	4050.30	381.40	陈爱红

续表 29

序号	企业名称	销售收入（万元）	利税总额（万元）	法定代表人
137	兴化市沪成不锈钢制品厂	4048.30	209.70	王海波
138	泰州市凯辉金属制品有限公司	4025.50	330.70	沈小燕
139	兴化市工联特钢有限公司	3973.50	473.20	叶宗友
140	兴化市银超不锈钢制品厂	3959.30	140.30	胡志华
141	江苏恒通管件有限公司	3912.30	434.10	王管林
142	江苏康业金属制品有限公司	3904.60	305.00	朱四明
143	兴化市雅莱不锈钢制品厂	3876.00	161.60	高爱萍
144	江苏华耀电器设备有限公司	3845.50	213.30	华　成
145	兴化市豪泰不锈钢制品厂	3823.80	296.40	杨春穆
146	兴化市戴南振兴石化丝网厂	3795.80	196.80	严小兰
147	泰州力豪金属制品有限公司	3791.60	347.20	陈　辉
148	兴化市阳光汽配厂	3779.30	434.70	蔡永林
149	兴化市国澳美不锈钢制品厂	3775.10	200.20	姚立国
150	兴化市慧钢不锈钢有限公司	3761.00	239.50	徐慧兰
151	江苏光炬不锈钢制品有限公司	3753.50	150.70	徐伯云
152	兴化市兆驰机械科技有限公司	3741.30	210.10	魏万贵
153	兴化市苏星金属制品有限公司	3710.90	169.40	陈玉红
154	兴化市光杰金属制品有限公司	3652.20	161.20	陈　光
155	江苏昊博金属制品有限公司	3638.30	239.60	程仁胜
156	江苏红阳全月机械制造有限公司	3601.80	272.10	李文权
157	兴化市五鑫耐热钢铸件厂	3556.70	207.60	黄秋平
158	兴化市东俊不锈钢制品厂	3514.70	100.80	沐东俊
159	江苏腾火金属材料科技有限公司	3498.00	120.40	杨翠红
160	泰州众易达不锈钢制品有限公司	3491.00	292.70	吉　宇
161	江苏恒远流体设备有限公司	3436.10	205.60	丁　丽
162	泰州市佳乐金属制品有限公司	3413.60	269.40	苏同卫
163	兴化市海洲五金塑料制品厂	3378.40	231.20	黄建海
164	兴化市扁创不锈钢制品厂	3349.10	372.40	祝为泽
165	兴化市腾龙特钢厂	3335.50	284.40	蒋小庆
166	江苏巨创电缆桥架有限公司	3325.40	264.80	徐国安
167	兴化市辉涛不锈钢制品厂	3309.30	158.20	董增平
168	兴化市八方不锈钢制品有限公司	3299.80	179.50	王春艳
169	江苏新奇步楼梯制造有限公司	3277.70	248.20	李小明
170	江苏凯宇不锈钢制品有限公司	3269.50	261.90	徐国华

续表 29

序号	企业名称	销售收入（万元）	利税总额（万元）	法定代表人
171	泰州市嘉信石化机械有限公司	3215.70	144.10	夏文艳
172	兴化市茂宏金属构件厂	3214.10	215.60	徐茂红
173	江苏天利不锈钢制品有限公司	3213.70	176.20	王东升
174	江苏科邦不锈钢有限公司	3196.70	232.40	杨剑武
175	兴化市戴南永盛金属板材有限公司	3175.00	167.10	赵存厚
176	泰州市伟发金属制品有限公司	3167.90	191.80	刘立兵
177	江苏前进不锈钢有限公司	3128.00	225.90	蒋志高
178	兴化市远泰焊接材料厂	3115.60	208.70	丁小九
179	江苏金日管业有限公司	3107.50	136.70	章和弟
180	泰州市恒越不锈钢制品有限公司	3105.00	333.50	曹学俊
181	泰州市元彬不锈钢制品有限公司	3097.50	135.50	朱元兵
182	兴化市祥宏不锈钢制品厂	3083.60	178.50	李　祥
183	江苏环亚电热仪表有限公司	3062.50	300.70	叶百发
184	兴化市航科材料科技有限公司	3017.10	-129.40	杨树楼
185	兴化市富翔不锈钢制品有限公司	3010.70	332.30	翟文豪
186	泰州元春不锈钢板业有限公司	2997.90	149.80	滕桂凤
187	江苏远核合金材料有限公司	2987.40	255.90	陈　亮
188	兴化市杭氏不锈钢制品厂	2968.30	190.90	杭乐霞
189	江苏恒泰不锈钢管业有限公司	2963.60	195.60	汤蒙蒙
190	泰州尚业不锈钢有限公司	2961.70	242.60	沈云云
191	江苏同心不锈钢有限公司	2913.10	93.60	周焰鹏
192	兴化市飞翔机械配件厂	2905.70	156.00	周汉翔
193	江苏鼎强金属制品有限公司	2821.00	117.30	张跃兵
194	兴化市佳谕不锈钢有限公司	2803.10	117.30	徐　伟
195	兴化市戴南镇鑫星不锈钢制品厂	2793.80	132.60	陈吉萍
196	泰州兆丰金属材料有限公司	2788.20	160.60	黄　荣
197	兴化市宏星不锈钢制品有限公司	2763.80	214.80	沈元宏
198	江苏励德特钢制品有限公司	2761.20	173.00	王康进
199	泰州华泽金属工业有限公司	2759.40	152.10	蒋桂林
200	泰州市顺拓不锈钢制品有限公司	2747.40	164.00	马春兰
201	泰州市明泽不锈钢制品有限公司	2714.60	117.40	丁佩泉
202	江苏润晨新材料科技有限公司	2712.60	214.60	朱建军
203	兴化市云龙不锈钢制品厂	2697.60	207.00	付庆云
204	兴化市汇德不锈钢制品厂	2692.20	65.30	季　方

续表 29

序号	企业名称	销售收入（万元）	利税总额（万元）	法定代表人
205	兴化市银龙不锈钢有限公司	2673.80	192.60	胡玉平
206	泰州市慧通机械工程有限公司	2666.30	227.50	韩敏映
207	江苏凌宇环保科技有限公司	2665.80	250.20	周粉军
208	江苏承耀不锈钢制品有限公司	2632.70	154.10	李瑞华
209	江苏长达特钢制品有限公司	2627.00	191.10	杭长顺
210	泰州市长盈金属制品有限公司	2626.60	162.10	赵玉华
211	兴化市光辰金属制品有限公司	2571.20	259.80	费　腾
212	泰州市大华机电设备有限公司	2570.80	322.20	华天来
213	泰州市超威机电设备制造有限公司	2564.50	158.20	沈根平
214	江苏晨明不锈钢材料有限公司	2538.90	291.10	颜丽婷
215	兴化市越成焊割材料厂	2531.00	91.90	孙小红
216	泰州盛平精密机械配件有限公司	2508.20	218.00	金华平
217	江苏万兴达石化机械制造有限公司	2507.90	129.40	刘志江
218	兴化市楚水模具材料厂	2499.90	174.50	焦米珠
219	江苏恒大不锈钢精密铸造有限公司	2410.90	307.80	李　娟
220	泰州盛悦医药包装有限公司	2403.90	278.50	刘网宝
221	泰州市柳杰金属科技有限公司	2388.60	210.10	俞国钧
222	泰州康宝生物科技有限公司	2353.40	152.30	刁扣山
223	泰州福益生物科技有限公司	2353.30	-15.70	何炎昌
224	兴化市洪利不锈钢制品厂	2331.20	145.10	陈红兵
225	泰州鑫进电缆桥架有限公司	2326.90	151.60	李步青
226	泰州市长联不锈钢有限公司	2296.60	106.10	吉红旗
227	江苏华联金属制品有限公司	2270.20	150.80	陈应华
228	兴化市金源盛不锈钢制品有限公司	2242.20	58.70	杭华靖
229	泰州市益聚金属制品有限公司	2230.30	72.90	顾珍凤
230	兴化市铠烨不锈钢制品有限公司	2228.90	136.20	夏忙英
231	江苏求新钛业新材料科技有限公司	2224.90	80.80	翟根林
232	江苏浩盛不锈钢制品有限公司	2221.30	110.40	李智武
233	泰州市滋睿金属制品有限公司	2209.30	129.30	朱增凤
234	泰州市坦奥电气有限公司	2200.20	94.40	张福泽
235	兴化市品丰不锈钢制品厂	2180.50	85.30	王龙林
236	兴化市久鑫不锈钢制品厂	2180.50	68.60	许玉根
237	泰州市旺中旺不锈钢有限公司	2177.40	123.20	陈扣兰
238	泰州市森源钢丝绳有限公司	2176.00	107.80	翟旭日

续表29

序号	企业名称	销售收入(万元)	利税总额(万元)	法定代表人
239	江苏金美特医疗科技有限公司	2169.90	482.20	赵京东
240	江苏亿达特种线缆有限公司	2163.60	191.90	周国林
241	兴化市得利金属科技有限公司	2150.40	133.10	胡铁所
242	兴化市鑫富耐热耐磨钢铸造厂	2128.60	139.10	钱冬平
243	江苏奥正金属制品有限公司	2105.30	148.00	陈芳芳
244	兴化市科创耐热钢制品厂	2104.20	96.90	徐桂祥
245	兴化市万鼎不锈钢制品有限公司	2099.80	219.20	顾扣红
246	江苏朝阳高温线缆有限公司	2088.30	130.60	戴呈彬
247	江苏奥力建筑五金有限公司	2082.00	106.70	朱晓龙
248	兴化市欣佳模具有限公司	2056.80	122.00	杨卫星
249	兴化市新强龙不锈钢制品有限公司	2051.70	109.60	张建俊
250	兴化市戴南镇爱星不锈钢制品厂	2049.70	156.40	曹生华
251	江苏晋水管业科技有限公司	2048.40	130.60	朱云林
252	兴化市阳光东月机械配件有限公司	2048.30	188.80	蔡爱东
253	江苏杰佑金属制品有限公司	2013.60	116.90	沐田宝
254	泰州华鑫不锈钢制品有限公司	2012.70	153.70	马存进
255	泰州市鼎阳特钢材料有限公司	2005.60	143.80	陆冬生
256	江苏八达钛制品有限公司	2003.60	93.00	周建豪
257	兴化市耀伟金属制品有限公司	2003.00	132.40	费小伟
258	兴化市鸿威通讯器材配件厂	2002.90	132.90	潘祥栋
259	兴化市凯立德不锈钢制品有限公司	2001.60	120.40	谢彬彬
260	兴化市华轩不锈钢制品厂	2001.50	115.80	朱　燕
261	江苏宇启恒飞电气制造有限公司	2001.20	103.80	朱义宇
262	泰州市申工不锈钢制品有限公司	2000.50	120.80	徐志文
263	泰州市淳强不锈钢有限公司	2000.30	369.70	赵书香

表30　2023年戴南镇行政村、社区基本情况表

村(社区)名称	村(社区)支部书记	村(社区)委员会主任	耕地面积(公顷)	人口(人)	工农业总产值(万元)	农村居民人均可支配收入(元)
中迎村	姚　平	姚　平	2567.4	4492	421528	58569
戴泽村	邵海荣	邵海荣	378.15	2583	127555	63257
永丰村	翟复华	翟复华	559.35	3492	137178	67127
南朱村	丁建瑞	丁建瑞	1164.6	2373	194546	55145
护国社区	陈　华	沐晓红	—	—	—	—
人民社区	徐子文	徐子文	—	—	—	—

续表30

村(社区)名称	村(社区)支部书记	村(社区)委员会主任	耕地面积(公顷)	人口(人)	工农业总产值(万元)	农村居民人均可支配收入(元)
雁伦村	周正斌	周正斌	2212.05	3316	139769	50148
北姜村	姚海涛	姚海涛	1441.95	2924	206781	65235
陈祁村	陈根旺	陈根旺	1615.35	2126	163581	58675
东陈村	刘　伟	蒋爱国	2823	3269	305813	56098
罗顾村	杭正林	杭正林	1411.65	3221	548702	55750
裴马村	刘勇华	刘勇华	2750.1	3241	189400	52503
张万村	李文政	李文政	100.65	2082	543645	56435
赵家村	马强剑	马强剑	210.15	2605	1294943	57230
双沐村	仲旭景	仲旭景	798.9	2283	176408	50088
董北村	沐东录	沐东录	—	3038	852531	84191
史堡村	陈其祥	—	1317.15	3425	591705	53862
徐顾村	费来平	费来平	1131.3	1654	1245838	40692
光孝村	于建亮	于建亮	1481.85	1520	9952	44367
顾庄村	翁乃林	翁乃林	3050.85	4492	176222	46481
姜何村	张　驰	范建伟	1623.3	2989	397093	56671
帅垛村	周洪海	周洪海	747.45	2032	260253	53396
顾中社区	翁国宏	翁国宏	—	—	—	—
顾北村	刘忠明	刘忠明	5144.4	3696	22478	38013
花杨村	顾林森	顾林森	0	2164	6537	43051
季家村	范春荣	范春荣	3419.55	2526	3340	38205
孙堡村	许应龙	许应龙	3286.2	1801	17514	37338
石万村	李兆林	李兆林	2209.8	1466	24512	36678
北孙村	马宇坤	—	1953.3	1577	37080	40011
丁吉村	费杭华	陈　军	2528.55	2108	87649	46405
刁良村	王俊岳	王俊岳	3536.4	2560	27212	44881
冯田村	王正华	王正华	4747.8	2631	5065	39121
管家村	范富强	范富强	5040.3	3225	6271	41125
徐唐村	高　翔	高　翔	5368.95	3509	4898	43464
蒋庄村	王　森	徐　旭	1808.25	2047	206350	49103
刘纪村	章正托	章正托	2492.4	3168	386884	49430
五星村	朱　超	朱　超	6301.05	5697	53862	43029
罗磨村	华进东	潘　婷	1798.35	2558	868045	49520
赵万村	戴伯明	戴伯明	1977	5467	466504	53623
张郭社区	赵启军	赵启军	—	—	—	—

续表 30

村(社区)名称	村(社区)支部书记	村(社区)委员会主任	耕地面积(公顷)	人口(人)	工农业总产值(万元)	农村居民人均可支配收入(元)
欧家村	王松桂	王松桂	1492.2	1884	69400	48291
同济村	徐开峰	徐开峰	3307.2	2755	43507	42239
葛尤村	张晓骏	张晓骏	2940	2398	59860	45489
联进村	沐　宇(6月任)	赵观鹏	3739.35	3292	22904	42886
福园村	邹友根	邹友根	5870.4	3885	17605	41481
华庄村	林正祥	王九荣	3282.6	1760	7673	41702
港南村	吴龙昌(7月任)	王　森	3482.55	2019	12922	47082
藕杭村	王成忠	王成忠	2609.4	1678	6972	47590
周家村	夏正东	夏正东	2466.9	1988	25987	48398
南桥村	金如忠	金如忠	3439.95	2453	10076	44236
振兴村	赵观鹏	—	2934.45	2668	45631	45162
唐刘村	蒋婷婷	蒋婷婷	7221	5069	29169	45291
双周村	孙正中	徐开存	9183.6	4998	12657	43051
裕民社区	朱光国	朱光国	—	—	—	—
姜太村	吴庆枫	吴庆枫	5221.35	3009	3591	33328
茅山村	曹学俊	曹学俊	4458.6	3978	13404	34020
纪荀村	王汝彪	王汝彪	4282.65	3897	94991	33798
茅山北村	蔡三宝	蔡三宝	4567.35	2639	22990	33403
朝阳庄村	许秀国	许秀国	3629.1	2056	17480	33839
薛杨村	朱文斌	朱文斌	5724.15	3190	9202	33830
顾冯村	卢树祥	卢树祥	3680.4	2590	3850	33780
孙王村	张秧桂	张秧桂	4308.15	2537	3053	33389
南朱庄村	戴巧根	戴巧根	2897.4	1980	3805	33497
茅山社区	胥正平	胥正平	—	—	—	—

大垛镇

【概况】 大垛镇地处宁靖盐高速与高兴东公路交会处,宁靖盐高速兴化出口穿镇而过,省级航道梓辛河、新塘港河纵横交错,区位优势明显,水陆交通便捷。全镇行政区域面积72.77平方千米,耕地面积3423公顷,辖行政村18个、社区1个、兴化市新源轻工科技产业园1个,总户数1.31万户,总人口4.05万人。

【经济建设】 2023年,大垛镇实现地区生产总值29.54亿元,实现一般公共预算收入6691万元。实现规上工业总产值46.4亿元。一般公共预算收入6691万元;新增规上工业企业5家,批零住餐企业7家。组织招商引资活动20次,新签约项目8个,新开工项目7个,其中5亿元以上项目1个,亿元以上项目6个;新竣工1亿~5亿元项目5个。组织6家企业创成三星级上云企业,推动泰州市鹏程体育设施材料有限公司创建泰州市智能制造示范车间。兴化金孔雀实业发展有限公司被认定为省级“专精特新”中小企业,江苏众嘉新材料有限公司、新烜新材料(泰州)有限公司等企业创建省级绿色工厂。开展科技型中小企业创建,创成科技型中小企业23个,招引科创项目11个,技术合同输出3.3亿元,完成重点企业研发经费1.83亿元。开展低效土地、闲置土地“双处置”行动,盘活各类用地 5.13 公顷，新入驻企业 6 家，新上凯宇、众鑫新能源等项目 6 个。完成村集体经营性收入 1796.84 万元，超额完成"8420"目标任务。其中，塘港新村经营性收入达 200 万元以上，大何村、兴联村、保宽村、娄庄村、安民村、从六村、吴杨村 7 个村的村集体经营性收入达 100 万元以上，其他 10 个村的村集体经营性收入均达 60 万元以上。

【社会事业】 2023 年，大垛镇加强园区建设，完善基础配套，改造园区内桥梁 1 座，更换破损路灯 30 个，迁移杆线 3 处。升级板桥路排水工程，提升防洪排涝能力。实施大盛线道路亮化工程 4.2 千米，安装路灯 58 处。改造电启闭闸 6 座，维修肖庄、大何排涝站 2 座。创成省级示范农场 1 家、泰州市示范农场 2 家、兴化市示范农场 6 家，兴化市级示范合作社 1 家。协助东兴高速和宁盐高速先导段项目施工。完成 4 家校外看护点取缔工作。落实无资质商混拆除任务。完成敬老院改造工程，改善院内老人居住条件。提升为民服务中心基础设施，打造集成化、多元化的办事模式，建成"15 分钟医保服务圈"，解决群众医保报销难题。开展医疗服务建设，医疗卫生双创建顺利通过省级验收。严守耕地红线，开展土地执法巡查 96 次，发放责令整改通知书 28 份。整改"非农化""非粮化"图斑 80 个，面积 190.73 公顷，整改率 100%。成立土地复垦工作专班，常态化推动增减挂钩和占补平衡工作。在全镇村庄规划编制的基础上，推进盛吴村、双石村"多规合一"村规编制工作。完成江苏浩磊金属新材料有限公司等地块共 8 万平方米成片开发方案编制。聚焦群众急难愁盼问题，完善社会保障救助机制，靠前服务，主动作为。救助因病因灾各类救助对象 543 户，金额 30.8 万元。做好低保调标工作，新增低保 15 户，核减 23 户。完善全镇 71 名困境儿童、46 名留守儿童信息，实行动态管理，常态化开展关怀行动。进行适老化项目改造 24 户，常态化完成 26 名空巢独居老人周探访，恢复 14 家村级居家养老服务中心运行。推进城乡居民基本养老保险续缴工作，超额完成市交任务。

2023 年 8 月 16 日，泰州市委书记朱立凡(右一)调研大垛镇氧化锌行业环境情况 (大垛镇/供图)

【生态建设】 2023 年，大垛镇开展污染防治攻坚行动，落实 26 家重点涉气企业深度减排措施，完成体育材料等 24 家涉 VOCs(挥发性有机物)企业排放综合治理。加强建筑工地、砂石码头、主要道路扬尘管控，全年 $PM_{2.5}$(可入肺颗粒物)平均浓度为 33.6 微克/立方米，优良天数比为 83.3%。污染物总量管理改革、减排指标储备入库工作取得阶段性成果，前置排污量申请程序，强化排污量申请审核。推进工业企业一般工业固废专项整治行动，完成 89 家工贸企业化学物质信息统计网上填报工作、70 家企业用电监控安装和平台匹配工作。以全国文明城市创建为抓手，开展环境整治行动，因村施策、务实整治，全年清理积存垃圾 9000 余吨。实施文化路、中心路等主干道停车位规划，配强交通协管力量，解决停车难题。开展流动商贩集中整治行动 16 次。完成东塘港河、九里港河和管阮东风圩中心河 3 条生态河道打造，共计 6.75 千米，两岸种植绿化面积 4 万平方米。整合管阮村场馆设施资源，创成"板桥文化园"国家 AAA 级旅游景区，成为全市 5

年来首次获批的A级景区。塘港新村(丁家)创成市级特色田园乡村,阮中村获得“兴化市美丽乡村示范村”称号。

【社会治理】 2023年,大垛镇开展重大事故隐患排查整治、城镇燃气安全排查整治等14个专项整治行动,共排查整治安全隐患2239条,4处重大风险隐患已完成整改销号。开展“厂中厂”、燃气“灶管阀”使用、九小场所(小学校或幼儿园、小医院、小商店、小餐饮场所、小旅馆、小歌舞娱乐场所、小网吧、小美容洗浴场所、小生产加工企业)安全大检查,“厂中厂”排查整治30家,劳动密集型企业加装烟感器10家,“厂中厂”设置8个,燃气安全检查1731家,更换不合格燃气灶、连接管、减压阀207处,张贴消防安全标识牌200张。开展安全宣传“五进”活动等各类专题化宣传教育20次,组织劳动密集型、火灾风险较大企业开展集中消防演练和防火救灾培训12次。开展“扫黑除恶”宣讲4次,召开月度工作例会12次、季度例会4次,举办“全民参与 护苗成长”、反间防谍大型户外宣传等活动。开展“清仓见底”“网格走访百日攻坚”专项行动,全面落实残障人员以奖代补工作。完成“警网融合”工作,满意率测评居全市前列。

【板桥文化园获批国家AAA级旅游景区】 板桥文化园位于兴化市大垛镇管阮村北侧,南临344国道,西接宁靖盐高速公路兴化互通出口,交通区位优势明显。景区风光秀丽,5条河流在园内交汇,状似五龙戏水,形如凤尾,古称凤凰宝地。景区以郑板桥求学、入仕、辞官等重要时间节点为主轴,设有板桥书院、板桥道情馆、板桥林园、碑廊、百竹园等景点,集中展示郑板桥“清廉”“民本”思想及其诗书画艺术成就。6月14日,泰州市文化广电和旅游局(市文物局)发布《关于拟评定泰州爱情海·欢乐田园、兴化市板桥文化园为国家3A级旅游景区的公示》,确定大垛镇板桥文化园成功获批国家AAA级旅游景区,成为全市第6家国家AAA级旅游景区。

(徐杨洋)

表31 2023年大垛镇主要经济社会指标一览表

指标名称	单位	数值	指标名称	单位	数值
总户数	户	13115	工业利税总额	万元	7252
总人口	人	40427	财政内预算收入	万元	6829
乡镇从业人员数	人	18566	一般公共预算收入	万元	6691
行政区域面积	平方千米	72.77	私营个体税收	万元	—
耕地面积	公顷	3423	农村居民人均可支配收入	元	37397
地区生产总值	万元	295434	中小学校	所	3
人均地区生产总值	元/人	72062	在校学生	人	1767
第一产业增加值	万元	61023	在职教师	人	213
第二产业增加值	万元	77640	医院	所	1
第三产业增加值	万元	138280	卫生所(室)	个	10
生猪出栏量	头	7770	医生数	人	95
家禽出栏量	万羽	60	病床数	张	64
水产品产量	吨	11207	参加养老保险人数	人	23224
工业企业数	家	416	参加农村新型合作医疗人数	人	29474
工业开票销售收入	万元	460615	享受居民最低生活保障人数	人	364

表32 2023年大垛镇骨干企业基本情况表

序号	企业名称	销售收入（万元）	利税总额（万元）	法定代表人
1	江苏奋杰有色金属制品有限公司	101899.00	968.00	孙云杰
2	兴化金孔雀实业发展有限公司	71846.00	403.00	陆迎春
3	新烜新材料(泰州)有限公司	18076.00	139.00	李　玮
4	兴化市庆丰锌品有限公司	14207.00	158.00	陆安庆
5	兴化市兴达锌业制品厂	11672.00	182.00	孙晓琴
6	兴化市万润锌业有限公司	11441.00	168.00	夏玉干
7	红热新材料(泰州)有限公司	9863.00	114.00	徐新祥
8	泰州鹏达锌业有限公司	9813.00	183.00	王荣祥
9	江苏众嘉新材料有限公司	8841.00	221.00	陆建峰
10	兴化市华诚锌业有限公司	7882.00	109.00	刘兴华
11	江苏古彦铝业有限公司	7546.00	104.00	万凤根
12	兴化市太顺锌业有限公司	7526.00	175.00	余万学
13	兴化市忠信锌业有限公司	6976.00	86.00	周俊华
14	江苏浩磊金属新材料有限公司	4807.00	94.00	黄连军
15	江苏新华体育设施材料有限公司	4289.00	40.00	沈　阳
16	泰州市顶锋剃须刀制造有限公司	4151.00	98.00	花正祥
17	兴化市奔腾体育设施材料有限公司	3960.00	74.00	刘银萍
18	江苏润通锌业有限公司	3878.00	116.00	徐　云
19	泰州市鹏程体育设施材料有限公司	3776.00	72.00	刘金中
20	兴化市顺隆锌品有限公司	3690.00	67.00	吴永荣
21	兴化市兴盛铝业有限公司	3272.00	77.00	许长维
22	兴化市宝中宝化妆品有限公司	3186.00	10.00	郭荣东
23	兴化市天和塑业有限公司	3061.00	51.00	朱美琴
24	兴化市星锌冶化厂	2703.00	65.00	石峰城
25	泰州市兴江锌业制品有限公司	2613.00	64.00	刘兴江
26	兴化市朝阳锌业有限公司	2608.00	70.00	翟锦学
27	江苏通泰纱线有限公司	2598.00	108.78	杜华新
28	泰州市华冶锌业有限公司	2519.00	58.74	单陈华

表33 2023年大垛镇行政村、社区基本情况表

村(社区)名称	村(社区)支部书记	村(社区)委员会主任	耕地面积（公顷）	人口（人）	工农业总产值（万元）	农村居民人均可支配收入(元)
大何村	翟建国	翟建国	302.2	1858	6732	37051
跃进村	陈荣明	陈荣明	264	1852	5989	37054
娄庄村	王亚东	—	226.7	1974	7847	37057

续表 33

村(社区)名称	村(社区)支部书记	村(社区)委员会主任	耕地面积(公顷)	人口(人)	工农业总产值(万元)	农村居民人均可支配收入(元)
兴联村	高银喜	—	224.9	1995	2642	37085
东刘村	刘　键	刘　键	214.9	1622	2654	37067
大陶村	任年春	任年春	173.3	1712	4474	37256
保宽村	任小祥	任小祥	133.9	1734	2724	37558
从六村	王广和	王广和	163.6	2031	25184	37862
安民村	陆　路	陆　路	70.7	2195	1250	37955
双石村	石　鹏	石　鹏	310.7	3232	4629	37174
塘港新村	翟锦年	翟锦年	299.8	2568	3154	37459
阮中村	陈　涛	陈　涛	63.9	2120	5314	37317
管阮村	李忠林	李忠林	122.2	1676	5513	39549
陈卞村	刘　涛	刘　涛	142.6	1817	11756	37474
盛吴村	王少华	王少华	165.6	2319	5511	37200
园区新村	李米扣	李米扣	255.3	3131	8000	37078
吴杨村	马宇坤	—	160.5	1738	4495	37207
天河村	余友彪	余友彪	120.1	1659	7231	37222
板桥社区	顾　方	顾　方	—	3194	—	—

荻垛镇

【概况】 荻垛镇地处宁靖盐高速公路、省道229与国道344交会处,拟建兴东高速荻垛段出口紧邻集镇南侧,区位优势明显。全镇行政区域面积78平方千米,耕地面积4425公顷,辖行政村15个、社区1个和工业园区1个,总户数约1.26万户,总人口约4.36万人。

【经济建设】 2023年,荻垛镇实现地区生产总值25.25亿元,一般公共预算收入5869万元,预算内财政收入1.12亿元,固定资产投资22.04亿元,农村居民人均可支配收入3.11万元。实现规上工业总产值27.78亿元,工业开票销售27.73亿元,新增规上工业企业3家、限上批零住餐企业9家,兴化市兴东铸钢有限公司获评国家级专精特新“小巨人”企业,开票销售过亿元企业5家。组织外出招商活动6次,新签约亿元以上项目7个,其中5亿元以上项目2个;新开工亿元以上项目5个,其中5亿元以上项目1个;竣工亿元以上项目4个。汇洲环保投资5亿元的生活垃圾焚烧炉装备制造项目,通过泰州“三比一提升”重大项目开工验收;金标铜业投资5.1亿元的无氧铜杆、铜带和铜管项目,翰侨新材料投资5.8亿元的7N超高纯铜及纳米铜建设项目成功落户;持续深化“亩均论英雄”改革,盘活低效闲置工业用地5.33公顷。完成智能化改造数字化转型项目3个、1000万元以上技改项目3个,实现12家规上工业企业免费诊断,创成泰州市级智能车间1家,3星级上云企业2家。推进“科技兴企”行动,实现规上工业研发支出2亿元,其中重点企业研发支出5070万元。48份技术合同成交额2亿元。新招引科创项目11个,完成高企申报2家,达成产学研合作项目1个。推进粮食绿色高质高效创建工作,夏收小麦亩单产达612.5千克,秋收水稻亩单产达658.6千克,创历史新高。完成集中育供秧面积42.27公顷,全镇机插秧面积2867公顷,机插率86%,建成387.07公顷的江苏省水稻绿色高质高效创建示范片1个。新办家庭农场5家、专业合作社2家,新增土地流转面积495.27公顷。建成泰州农发集团优质稻米示范基地66.67公顷和好收成有机生态粮食种植基地33.33公

2023 年 3 月 31 日，获垛镇召开壮大村集体经济过堂会

（获垛镇/供图）

顷。推进村级集体经济增收项目，完成 1 个省级和 3 个泰州市级财政扶持光伏发电项目并通过验收，投资 506 万元的省级富民强村示范项目顺利开工。经营性收入低于 50 万元的村全部清零，50 万～100 万元的村 11 个，100 万～200 万元的村 3 个，200 万元以上的村 1 个。

【社会事业】 2023 年，获垛镇完成增减挂钩项目 1.85 公顷，占补平衡项目 9.65 公顷。对照市政府耕地保护会议要求，对涉及全镇 130 个地块，共计 10.78 公顷，进行实地了解、督促整改。投资 650 万元的现代农业产业园区公共基础设施建设项目顺利完工，建成集电子商务、农产品展示、科技培训、农村物流为一体的现代农业综合服务中心。新一轮农村实事工程加快实施，完成红旗圩、东兴圩、团结圩高标准农田改造提升，维修改造圩口闸 4 座，实施圩口闸电启闭改造 1 座，圩堤除险加固工程 3 处。实施财政奖补项目，完成 3 个村 3.24 千米巷道硬质化、6 座农桥新建和改造维修。投资 200 多万元的商贸邻里中心建成并投入使用，投资约 2500 万元的幸福路"白改黑"工程主路已完成建设并开放通行，投资 400 万元的文体广场项目完成招投标工作，正在进行进场施工前准备工作。常态化开展各类展览、文艺巡演、主题宣教、送戏下乡等活动。15 个村完成篮球架安装，10 个村完成健身器材更新，持续满足群众的精神文化需要和休闲健身需求。兴化市获垛镇中心幼儿园通过省优质园复审，被市教育局评为"学前教育先进单位"。四联村卫生室通过省甲级村卫生室创建验收，西毛村、四联村卫生室通过泰州市村卫生室中医阁创建验收。开展省级卫生镇创建工作，创成"江苏省卫生镇"，梓辛村等 8 个村创成省级卫生村。

【生态建设】 2023 年，获垛镇持续推进农业面源污染治理，夏秋秸秆"双禁"任务全面完成。始终保持对扬尘管控力度，常态化对砂石码头、施工工地进行巡查，督促企业及施工方做好防尘降尘工作，全年空气优良天数比

2023 年 7 月 26 日，获垛镇召开农村人居环境问题排查整改暨当前重点工作推进会

（获垛镇/供图）

率为 81.9%。打造泰州市乡村振兴示范村 2 个,兴化市示范引领村 5 个,创成泰州市级特色田园乡村。新建公厕 3 座,改造无障碍公厕 18 座,完成户厕改造 222 户。严格落实“河长制”,8 条生态河道通过省级验收,打造幸福河湖 16 条,其中被评为泰州市级幸福河道 1 条。全面完成污水管网收集系统“十必接”(机关单位必接、学校必接、医院必接、集中居住小区必接、农贸市场必接、旅社宾馆必接、洗浴废水必接、餐饮服务业必接、美容美发店必接、垃圾中转站必接),并落实专人负责运维及监管,生活污水处理设施正常运转。

【社会治理】 2023 年,荻垛镇开展自建房排查整治工作,共排查经营性自建房 683 户、危旧房 348 户,存在安全隐患 4 户均完成危房改造。加大项目建设用地保障力度,序时完成翰侨新材料和金标铜业重大项目用地组卷工作,全面完成重大项目占用高标准农田补建工作。推进全民参保计划,城乡居民养老保险缴费率 95.92%;城乡居民医疗保险参保率 97.38%。企业社会保险扩面养老、失业、工伤保险分别完成 176 人、584 人、533 人,新增就业完成市交目标任务。“15 分钟医保服务圈”实现全覆盖,打通群众医疗保障服务需求的“最后一公里”。开展低保核查工作,核减死亡特困人员 25 人、死亡低保户 5 户 7 人,清退低保边缘户 9 户 11 人,新增特困 12 户、低保 13 户 26 人,确保应保尽保、应退则退、规范运作。高标准运行未保工作站和镇级“儿童之家”,全力做好困境、留守儿童关爱保护工作。完成各类优抚对象优待证申领发放 1163 张,组织退役军人及其他优抚对象 261 人免费健康体检。开展重点领域专项整治,累计进行安全检查 256 次,有效排查解决安全隐患 749 个,全镇安全生产形势保持平稳。

(张逸陶)

表 34 2023 年荻垛镇主要经济社会指标一览表

指标名称	单位	数值	指标名称	单位	数值
总户数	户	12603	工业利税总额	万元	6163
总人口	人	43556	财政内预算收入	万元	11169
乡镇从业人员数	人	12047	一般公共预算收入	万元	5869
行政区域面积	平方千米	78	私营个体税收	万元	—
耕地面积	公顷	4425	农村居民人均可支配收入	元	31129
地区生产总值	万元	252465	中小学校	所	2
人均地区生产总值	元/人	95602	在校学生	人	393
第一产业增加值	万元	53764	在职教师	人	71
第二产业增加值	万元	84748	医院	所	1
第三产业增加值	万元	113953	卫生所(室)	个	21
生猪出栏量	头	4500	医生数	人	68
家禽出栏量	万羽	239362	病床数	张	36
水产品产量	吨	3545	参加养老保险人数	人	12743
工业企业数	家	314	参加农村新型合作医疗人数	人	28440
工业开票销售收入	万元	277312	享受居民最低生活保障人数	人	481

表 35 2023 年荻垛镇骨干企业基本情况表

序号	企业名称	销售收入(万元)	利税总额(万元)	法定代表人
1	江苏兴成新材料有限公司	43112	174.5	王兴红
2	泰州市和平米业有限公司	24972	36.9	滕荣生

续表 35

序号	企业名称	销售收入(万元)	利税总额(万元)	法定代表人
3	兴化市兴东铸钢有限公司	21424	415.2	周长军
4	兴化市森荣金属制品有限公司	19605	99.7	姜森荣
5	梦之香(江苏)粮油工业有限公司	15120	13.4	袁庆龙
6	泰州华航精密铸造有限公司	10409	50.9	严　峰
7	兴化市宏丰铝业有限公司	10224	171.5	李　正
8	兴化市双龙食品有限公司	8720	13.6	王昌龙
9	兴化市锐达机械有限公司	8010	122.9	芦永明
10	江苏奥宇合金材料有限公司	7780	48.9	周友龙
11	江苏彩虹体育设施材料有限公司	7121	82.8	殷海波
12	泰州威妍金属制品有限公司	6071	47.1	徐祖文
13	泰州华航建材有限公司	6057	87.4	严　峰
14	江苏天行健体育产业发展有限公司	5874	37.8	裴桂雨
15	兴化市振隆米业有限公司	5638	7.3	胡　兵
16	泰州润伟机械有限公司	5103	63.9	陈四海
17	泰州市康润金属制品有限公司	4950	10.5	孙康圳
18	兴化市海达锌品有限公司	4880	23.3	董金宝
19	兴化市星卓不锈钢制品有限公司	4670	7.4	刘用卫
20	兴化市宏大米业有限公司	4448	9.5	谢秀全
21	兴化市东方铸钢有限公司	4118	25.4	周友龙
22	江苏兴奥体育设施材料有限公司	3940	38.4	郭增奎
23	兴化市江润建材机械有限公司	3873	25	陈四江
24	兴化市华成机械制造有限公司	3821	56.6	周小兰
25	江苏众鑫体育设施材料有限公司	3774	32.2	郭增华
26	兴化市翔宇体育器材有限公司	3421	13	邵金粉
27	兴化市仁康不锈钢制品厂	3277	14.1	周天余
28	江苏凯越体育场地设施有限公司	3076	78.1	殷万存
29	江苏鑫格调护栏科技有限公司	2830	14.3	王爱兵
30	江苏博锐体育设施材料有限公司	2459	42.8	董世杰
31	江苏悦鑫体育场地设施材料有限公司	2228	102.4	郭兆美
32	兴化市舟鹏金属制品有限公司	1748	25.7	孙巧年
33	泰州惠顺金属制品有限公司	1276	29.3	胡长山

表 36　2023 年荻垛镇行政村、社区基本情况表

村(社区)名称	村(社区)支部书记	村(社区)委员会主任	耕地面积(公顷)	人口(人)	工农业总产值(万元)	农村居民人均可支配收入(元)
塾墩村	周国富	周国富	197	1854	36399.7	35905
蒋家村	周加桁(主持工作)	—	212	2462	46100.2	34767
富家村	沙朝阳	沙朝阳	285	2745	47473.6	30379
荻垛村	徐银善	徐银善	320	3225	68826.0	32359
四联村	解进祥	解进祥	319	3128	29733.8	31616
西毛村	周　林	周　林	363	3446	46966	33388
新丰村	陆一游	陆一游	262	2863	58530.3	35918
郑周村	刘　庆	刘　庆	195	2280	31158.2	32444
向阳村	吴广进	吴广进	304	3677	93406.6	35782
唐港村	沈　翔	沈　翔	372	3538	26030.7	28517
梓幸村	周天水	周天水	327	2997	24963.4	31312
梓里村	从友潜	从友潜	318	2865	17821.3	30293
润王村	刘志鑫	刘志鑫	321	2778	48813.7	28169
金石村	吴江泽	吴江泽	307	2863	20631.3	28204
兴陈村	冯　华	冯　华	317	3129	32334.2	31140

戴窑镇

【概况】　戴窑镇地处兴化市和盐城市东台市、大丰区的交界处。全镇行政区域面积 96.9 平方千米,其中镇区面积 6 平方千米,耕地面积 6134 公顷,辖行政村 25 个、居委会 1 个、村民小组 364 个,总户数约 2.14 万户,总人口约 6.21 万人。

【经济建设】　2023 年,戴窑镇完成地区生产总值 32.41 亿元,工业销售收入 57.99 亿元,完成税收收入 6450 万元,一般公共预算收入 3416 万元。全年共签约亿元项目 2 个,江苏华东包装科技有限公司四期和光明天成功能米项目;开工亿元项目 2 个,江苏华东包装科技有限公司三期通过亿元竣工项目验收。完成 7.07 公顷低效闲置用地核对任务,盘活低效土地 5.52 公顷。"智改数转"工作中,江苏华东包装科技有限公司、江苏祥兴米业有限公司分别获评省级、泰州市级智能制造示范车间,泰州市尼康医用材料有限公司、泰州市长前米业有限公司等 8 家企业获评三星级上云企业。江苏全安新材料有限公司进入规上企业。项目推进成效显著。组织外出招商考察推介活动 12

2023 年 6 月 30 日,戴窑镇举办庆"七一"红歌大赛　(戴窑镇/供图)

次,举办戴窑镇(上海)商会一周年活动,成立戴窑镇(南京)商会,借助商会平台优势以商引商。成功协办首届“水韵苏米”稻米文化节,“兴化大米”在全国第十九届粮食产销协作洽谈会上亮相,进一步提升戴窑镇的知名度和美誉度。农村产权交易平台成交130个项目,成交总金额达650余万元,土地类交易总面积127.8公顷。全镇种植业土地流转总面积3946.4公顷,其中129个小农场流转面积2207公顷,均与企业签订“订单农业”协议书。培育泰州市级示范农场2家、兴化市级示范农场3家。

2023年9月21日,戴窑镇协办首届“水韵苏米”稻米文化节

(戴窑镇/供图)

【社会事业】 2023年,戴窑镇增设道路凸面镜、减速带8处。打造米企一条街,4千米路段实现“白改黑”,整体面貌焕然一新;老林潭集镇提升获得群众一致好评。落实“河长制”,加强河道水环境治理,共计清理河道垃圾2100吨,整治沉船32条,处理违规投放地笼3400余个,卡口修补972处,清理福寿螺1088千克。修补路面破损45处,其中混凝土道路面积1139平方米,沥青道路面积1038平方米。锯家、新唐林、洪亮、东三4个村的建新区项目被评为市农房改善示范项目。联合专职消防队开展森林防火实战演练,加大防火宣传力度。开展植树节活动,强化爱绿、护绿的意识。完成成片造林2000平方米,新建和完善农田林网168公顷,更新造林7333平方米,退化林修复2.67公顷。维修圩口闸4座、排涝站1座,改造电启闭机1座。镇农产品质量安全监管站获批省五星级乡镇农产品质量安全监管机构,系兴化市唯一。投入48.7万元用于学校硬件提升和师资配备。戴窑人民医院消化内镜中心顺利通过江苏省农村区域性医疗卫生中心十大相关功能中心建成单位评审。建成标准篮球场28个,完成综合文化服务中心改造工程,增设砖瓦陈列馆、图书阅览室、文化小剧场等功能性场所,开展形式多样的文化活动。

【生态建设】 2023年,戴窑镇以新花园村、新唐林村、叶堡村生态宜居美丽乡村示范创建为抓手,指导25个村围绕提升人居环境舒适度、宜居度,开展“双美”创建,完成上级交办的347户改厕任务,扎实推进农村生活垃圾分类工作。新花园村获评首批“泰州市乡村振兴示范村”,入选“江苏省乡村振兴示范村”创建名单,新花园村花园头入选第七批江苏省传统村落名录。锯家村成功申报市级特色田园乡村。完成农房改善614户,被泰州市农房办评为“标准化台账”,塔子河戴窑段申报市级幸福河湖,25个行政村分别打造1条长度不少于400米的村级幸福河湖,打造生态河道5条。对辖区内的101个塘口开展拉网式检查,规范养殖塘口投入品的使用及尾水排放。持续推进秸秆“双禁”工作,$PM_{2.5}$(可入肺颗粒物)浓度改善排名全市第九,优良天数比例82%,车路河省考断面水质检测达到Ⅲ类标准。

【社会治理】 2023年,戴窑镇开展“两违”巡查,制止违章搭建42处,拆除存量违章搭建422平方米。开展“散乱污”企业集中整治专项行动,依法取缔小橡塑3家、废品分拣回收小作坊4家,限期停产整改废水、废气不达标排放企业7家,推进企业转型升级5家。全面监测废水废气、固废危废,发放整改通知书5家,净化装置改造提升8家,持续加大企业固废危废规范处置力度,确保企业安全规范生产。加大沿线码头整治力度,全面完成15家船厂退出收尾工作,6月份全部验收通过。完成城镇新增就业人数1050人,就业困难人员就业245人,城乡居民养老保险和医疗保险参保缴费率均在98%以上。持续做好食品、药品安全监管工作,全年零事故。落实防贫预警动态监测制度和党员干部联系帮办制度,常态化开展排查分析和预警处置,做好社会救助兜底,新增低保46户、五保14户,发放临时救助20.8万元。做好评残登记和"一老一小"关爱保护,新增申报残疾人两项补贴76人,落实好困境、留守儿童和空巢独居老年人关爱走访工作,"兴好有你 助童成长"捐款42万元,居家养老上门服务覆盖率90%。投入资金120万元对戴窑镇敬老院进行提档升级,已接收寄养老人34名。

(周　慧)

表37　2023年戴窑镇主要经济社会指标一览表

指标名称	单位	数值	指标名称	单位	数值
总户数	户	21353	工业利税总额	万元	43005
总人口	人	62063	财政内预算收入	万元	7034
乡镇从业人员数	人	22750	一般公共预算收入	万元	3416
行政区域面积	平方千米	96.9	私营个体税收	万元	6445
耕地面积	公顷	6134	农村居民人均可支配收入	元	34431
地区生产总值	万元	324063	中小学校	所	5
人均地区生产总值	元/人	84183	在校学生	人	5416
第一产业增加值	万元	76191	在职教师	人	489
第二产业增加值	万元	106417	医院	所	1
第三产业增加值	万元	141454	卫生所(室)	个	29
生猪出栏量	头	29575	医生数	人	201
家禽出栏量	万羽	52.6	病床数	张	340
水产品产量	吨	5291	参加养老保险人数	人	14000
工业企业数	家	115	参加农村新型合作医疗人数	人	37000
工业开票销售收入	万元	579897	享受居民最低生活保障人数	人	494

表38　2023年戴窑镇骨干企业基本情况表

序号	企业名称	销售收入(万元)	利税总额(万元)	法定代表人
1	江苏万家福米业有限公司	93257	2192	戴友华
2	江苏光明天成米业有限公司	89652	8697	黄连根
3	兴化市贤人米业有限公司	78569	2655	成凤彩
4	兴化市四季香米业有限公司	46527	1151	李德平
5	江苏荣昌米业有限公司	16377	893	孙志红
6	江苏祥兴米业有限公司	16008	1239	陆建兴
7	江苏吉家米业有限公司	13252	752	李晓红
8	江苏松发米业有限公司	12478	527	张新仁
9	兴化市春宏米业有限公司	12459	1072	高春红

续表38

序号	企业名称	销售收入(万元)	利税总额(万元)	法定代表人
10	江苏星明米业有限公司	12033	884	沈兴明
11	兴化市花园米业有限公司	12019	880	唐根红
12	兴化市新年米业有限公司	11982	422	朱银国
13	兴化市旺盛米业有限公司	11981	652	张桂峰
14	江苏山连山食品有限公司	11070	236	唐果存
15	兴化市志宏米业有限公司	10814	476	朱宝传
16	兴化市佳鑫米业有限公司	9999	650	唐果存
17	江苏鸿泰米业有限公司	9621	970	朱盛如
18	江苏苏中米业有限公司	9413	685	费书春
19	兴化市方圆米业有限公司	9232	778	高锦芳
20	江苏华东包装科技有限公司	9116	684	周广明
21	泰州市长前米业有限公司	8673	522	顾长前
22	江苏得其米业有限公司	8322	502	李德其
23	江苏悦丰源农业发展有限公司	7901	523	陈　康
24	兴化市兴东米业有限公司	7642	516	焦根尧
25	江苏渝鑫科技股份有限公司	7390	140	蒋　镇
26	兴化市金陵米业有限公司	6997	603	宗舜晨
27	兴化市中业米业有限公司	6985	456	王　根
28	江苏双龙米业有限公司	6775	201	刘　海
29	泰州月宝米业有限公司	6338	330	吴生华
30	江苏润东米业有限公司	6249	321	李开勇
31	江苏今世味食品有限公司	6121	530	唐果存
32	江苏益粮米业有限公司	5952	140	费书岗
33	兴化市诚信米业有限公司	5513	268	郁则红
34	兴化市洁源米业有限公司	4956	433	朱松涛
35	江苏兴隆米业有限公司	4828	366	朱银彪
36	泰州信诚过滤设备有限公司	4761	338	王华桂
37	兴化市田秀秀米业有限公司	3952	277	王晓泉
38	江苏精谷米业有限公司	3676	324	费树春
39	泰州苏兴米业有限公司	3231	278	焦良兴
40	泰州市悦祥米业有限公司	3102	286	吕建萍
41	江苏兴化米业有限公司	2670	72	程向前
42	兴化市镇西王米业有限公司	2578	241	李文权
43	兴化市诚成纺织有限公司	2546	231	唐紫云
44	兴化市戴窑镇永生橡胶制品厂	2513	135	陈天干

续表 38

序号	企业名称	销售收入(万元)	利税总额(万元)	法定代表人
45	江苏银海钢结构工程有限公司	2133	208	吴海和
46	兴化市中天金属材料有限公司	2101	95	朱　艺
47	兴化市乾缘新型包装材料有限公司	2071	50	戎双芳
48	泰州立康防水材料有限公司	1417	107	李丛明
49	泰州市尼康医用材料有限公司	1278	94	舒景明
50	兴化市旺龙船舶修造有限公司	521	9	周俊明

表 39　2023 年戴窑镇行政村、社区基本情况表

村(社区)名称	村(社区)支部书记	村(社区)委员会主任	耕地面积(公顷)	人口(人)	工农业总产值(万元)	农村居民人均可支配收入(元)
韩窑村	汪菁华	—	4367	1919	3691	34637
元友村	蒋步宽	蒋步宽	8449	3205	5512	34640
古牛村	丁小兵	—	5123	1664	2842	35432
三合村	陈天干	陈天干	5434	1739	2950	33027
三元西村	钱福友	钱福友	3265	2209	2963	33811
三元东村	陈桂华	陈桂华	10260	1910	3412	33676
灯塔村	朱仁朋	—	6049	1996	3625	31736
联葛村	金俊银	金俊银	8322	2393	4125	30785
新花园村	吴银和	吴银和	4260	1639	20252	35351
青凤村	袁汝平	袁汝平	3907	1532	2524	36987
窑东村	吴征明	吴征明	2016	1769	3752	36646
窑南村	周　银	周　银	3578	1802	4652	34869
恒和村	孙国元	孙国元	3754	1829	42515	34737
锯家村	唐苏存	唐苏存	5237	2058	12563	35539
双里村	蒋春红	蒋春红	6261	2083	6785	35149
果园村	朱志荣	朱志荣	2835	2371	3865	35174
焦勇村	张海波	张海波	7672	2825	4852	33083
永杰村	仇　艺	—	6050	2020	6025	35054
洪亮村	刘勤丰	刘勤丰	6056	2591	6952	34844
刘丰	袁桂荣	袁桂荣	6518	2293	6325	33383
东三村	费书建	费书建	6034	2822	17852	37474
舍阳村	施康乐	施康乐	7629	2422	2324	34700
叶堡村	李　建	李　建	5525	1886	2896	32808
新唐林村	张银峰	张银峰	5056	2653	4685	34551
白港村	唐余和	唐余和	3827	2293	6256	33540

合陈镇

【概况】 合陈镇位于兴化最东部,与盐城市大丰区草堰镇、白驹镇相邻,东临沈海高速、国道204,通榆河、串场河南北穿境而过,省道351西连宁靖盐高速和宁靖盐公路,直抵兴化千垛菜花景区、李中水上森林公园,东至大丰港、国家AAAAA级麋鹿保护区。全镇行政区域面积99.7平方千米,耕地面积6695公顷,辖行政村20个、社区1个,总户数约1.79万户,总人口约4.87万人。

【经济建设】 2023年,合陈镇实现地区生产总值13.6亿元,工业开票销售收入3.95亿元,一般公共预算收入1900万元,农村居民人均可支配收入3.25万元。规上工业总产值3.85亿元,规上工业增加值7528.9万元,建筑业开票1.86亿元;规上固定资产投资3.84亿元,500万~5000万元固定资产投资入库项目13个,5000万元以上固定资产投资入库项目3个。招商引资完成亿元签约项目2个、亿元开工项目2个、大健康开工项目1个,新进规上工业企业1家、规上零售业1家。科创项目招引7家,企业技术合同交易额8373万元,超额完成市交任务。加大对全镇范围内闲置厂房和低效用地排查力度,盘活闲置土地0.93公顷。全年累计为11家企业提供手续代办帮办服务14次,定期开展企业走访活动,倾听企业所急、所盼、所想,切实帮助企业解决用地、用电、环评等具体问题。推动粮食高质量安全生产,促进农业节本增效。落实秸秆禁烧禁抛和综合利用工作。举办高素质农民培训班4次,培训344人,农业从业者素质得到不断提升。申报泰州市级示范家庭农场1户、泰州市级示范合作社1户、兴化市级示范家庭农场2户、兴化市级示范合作社1户,完成60家农民合作社年检工作。加快农业招商力度,聚焦规模养殖产业。江苏金鳄水产养殖有限公司的鳄鱼养殖项目投资1500万元,实现产值2300万元,在"农担杯"第七届江苏省农村创业大赛中获得综合初创组优秀奖。推动河蟹产业发展,肥将军河蟹生态产业园投资1085万元,以蟹为媒拉动电子商务平台、物流仓储、餐饮住宿等多个相关产业的发展。发展生猪规模化养殖,总计存栏量2.7万头。打造生猪产业链融合循环发展新模式,设立猪肉销售直营店,通过生猪集中屠宰和冷链运输,提高猪肉品质和食品安全水平。对青坎资源集中登记造册,对镇村河道进行发包,打造"四长共治"示范点,进一步增加集体经营性收入。全镇各行政村经营性收入均30万元以上,其中50万元以上的村10个,100万元以上的村4个,200万元以上的村1个。通过"小田并大田"试点,结合各村实际情况,划分"流转区",流转土地7333.33公顷,溢出面积53.33公顷,由村委整合土地资源,统一签订流转合同。做好占补平衡和增减挂钩工作,完成土地增减挂钩2.49公顷,占补平衡入库面积8.71公顷。

【社会事业】 2023年,合陈镇完成桂山、界牌、朱陈、舍陈、卜寨5个村的村庄规划,启动邓桥村村庄规划编制。投入资金390万元,完成集镇主干道"白改黑"工程,摊铺总长度3.77千米;投入资金27万元完成设置标线、停车位等标识工程。强化乡镇污水管网建设,完善乡镇污水管网收集系统,对全镇各村污水管网运行情况进行一次回头看,全面检查,发现问题,及时整改,确保已建成的55个泵站正

2023年7月21日,合陈镇创建国家级卫生镇动员部署大会召开

(合陈镇/供图)

常运行。户厕改造共新建70户,改造260户。改造危房5户,农房改善111户。完成水利设施建设工程,舍营公路新建闸站12座,启闭机改造10座,新建防洪墙260米。镇中心小学、合塔学校获得泰州市“绿色学校”称号,中心幼儿园获评“泰州市平安校园建设先进学校”“兴化市学前教育先进单位”。完善公共卫生医疗服务体系,全镇举办健康知识讲座180余次,完成扩大国家免疫规划疫苗接种3100针次,65岁以上老人健康体检5688人次。城乡居民养老保险续保12536人,续保率95.35%,为171名重点优抚对象办理医保续保,省级“15分钟医保服务圈”示范点通过省级检查。对集镇农贸市场、桥面、绿化带和主要道路进行提档升级,创成“国家级卫生镇”。新时代文明实践所、站建设全覆盖,开展“文明家庭”“十星文明户”等评选表彰活动。改建篮球场16处,新增体育场地面积9690平方米。公共文化数字建设覆盖率100%,发布文化资讯1152篇,服务覆盖人数资讯点击量25.34万人次。完成文化惠民演出39场、公益电影23场。

【生态建设】 2023年,合陈镇推动特色田园乡村打造,桂山村完成省级特色田园乡村打造任务,被评为江苏省“宜居宜业示范村”、泰州市“乡村振兴示范村”;邓桥村推进泰州市级特色田园乡村创建,被评为省级绿美乡村、泰州市“乡村振兴示范村”;界牌村创建兴化市级特色田园乡村。对塔子河、横泾河、跃进河、工农河4条市、镇级河道实施生态河整治打造,完成河道两岸刷坡和绿化景观配套,顺利通过泰州市级验收。完成海沟河沿线3千米内支流疏浚工程,胜利大桥省考断面水质全年达标。推进集镇基础设施提升、李春芳公园周边环境提升、撤并类老集镇环境整治、垃圾分类和垃圾房提升等工程,共新建公厕3座、垃圾分类亭5座、垃圾房26座。完善绿化景观建设,全镇种植、补植绿化3000余平方米。

【社会治理】 2023年,合陈镇对全镇271户低保户,405名保障人口、593名特困供养人员按要求高标准落实保障措施,全年发放临时救济424人次,救助金额27.03万元。申请就业困难人员认定200人,帮助灵活就业人员申请社保补贴95人。落实严重精神障碍患者监护“以奖代补”补贴补助全覆盖,并对正在发病的人员采取应治尽治措施。建成长期护理险受理点,为半失能老人提供服务申请。落实重残补助593人,重残护理补贴641人,一户多残65人,残疾人之家常态化运行;组织残疾人技能培训班,提升残疾人技能,促进残疾人就业。对空巢孤寡老人、“低保户”等困难群体进行入户走访,了解实际生活困难,倡导爱心人士进行帮扶。完成新增扶持创业416人,帮助9家个体工商户申请创业富民贴息贷款165万元。为退役军人提供就业创业平台,组织退役军人参加各类技能培训,提供招聘岗位信息40余条。开展安全生产专项整治、安全生产大检查和“百日攻坚”行动,坚决防范遏制各类安全生产事故发生,累计检查各类生产经营单位364家,排查各类隐患2076条,完成整改1891条,做到检查、整改、复查、销号全闭环管理。开展全镇既有建筑排查工作,共排查自建房46769栋,其中经营性自建房1062栋,其他自建房45707栋,发现安全隐患34处,整改落实34处。排查餐饮燃气安全32户,发现安全隐患16处,整改落实16处。

(葛　超)

表40　2023年合陈镇主要经济社会指标一览表

指标名称	单位	数值	指标名称	单位	数值
总户数	户	17861	工业利税总额	万元	1480
总人口	人	48744	财政内预算收入	万元	1918
乡镇从业人员数	人	13977	一般公共预算收入	万元	1900
行政区域面积	平方千米	99.7	私营个体税收	万元	260
耕地面积	公顷	6339.53	农村居民人均可支配收入	元	32473

续表 40

指标名称	单位	数值	指标名称	单位	数值
地区生产总值	万元	135990	中小学校	所	3
人均地区生产总值	元/人	46820	在校学生	人	1231
第一产业增加值	万元	49800	在职教师	人	173
第二产业增加值	万元	21500	医院	所	1
第三产业增加值	万元	54200	卫生所(室)	个	22
生猪出栏量	头	97100	医生数	人	14
家禽出栏量	万羽	12.13	病床数	张	62
水产品产量	吨	10407	参加养老保险人数	人	33427
工业企业数	家	38	参加农村新型合作医疗人数	人	45608
工业开票销售收入	万元	39449	享受居民最低生活保障人数	人	649

表 41　2023 年合陈镇骨干企业基本情况表

序号	企业名称	销售收入(万元)	利税总额(万元)	法定代表人
1	江苏康柏斯机械科技有限公司	9105	1581	王　琰
2	江苏合成齿轮有限公司	7848	853	沈再顺
3	江苏阳灿木业有限公司	6601	471	李终云
4	江苏鑫伟淳幕墙科技有限公司	4921	471	刘　鑫
5	兴化市群华机械制造有限公司	3007	365	杨启华
6	兴化金拓帽业有限公司	2131	391	朱桂阳

表 42　2023 年合陈镇行政村、社区基本情况表

村(社区)名称	村(社区)支部书记	村(社区)委员会主任	耕地面积(公顷)	人口(人)	农村居民人均可支配收入(元)
胜利村	杨长干	杨长干	310	2053	30918
东联合村	朱凤兵(7 月免) 周世洋(11 月任)	朱凤兵(7 月免) 周世洋(11 月任)	268	1593	31847
娄子村	杨雪琴	杨雪琴	270	1409	30963
凤存村	成　杰	成　杰	399	2353	31269
锦贤村	陈友彬	陈友彬	195	1599	32523
界牌村	刘加荣	刘加荣	292	1842	33162
朱陈村	谭圣元(6 月免) 陈凌慕(6 月任)	谭圣元(6 月免) 陈凌慕(6 月任)	346	1969	30623
陆谦村	杨　新(6 月任)	杨　新(6 月任)	355	1754	31166
李秀村	朱德智(6 月任)	朱德智(6 月任)	282	1928	31156
卜寨村	王文武	王文武	425	3308	31256
九里港村	施瑞安	施瑞安	480	3032	31456
高桂村	樊远智	樊远智	315	2378	34212

续表 42

村(社区)名称	村(社区)支部书记	村(社区)委员会主任	耕地面积(公顷)	人口(人)	农村居民人均可支配收入(元)
许港村	李爱琴	李爱琴	218	1512	31356
万沈村	成兴芳	成兴芳	248	1823	31599
桂山村	刘华忠	刘华忠	549	2676	34290
舍陈村	陈晓马	陈晓马	435	3659	34184
恒进村	赵　鑫	赵　鑫	418	2794	31498
塔港村	庞继军	庞继军	213	1561	32950
邓桥村	沈美兰	沈美兰	282	1968	37332
幸福村	韩学富	韩学富	371	2329	33247
民建社区	施汉琴	施汉琴	—	4097	—

昌荣镇

【概况】 昌荣镇地处兴化市腹部,东部与戴窑镇、永丰镇隔河相望,南部与大垛镇、荻垛镇相邻,西部与林湖乡接壤,北依安丰镇、海南镇。全镇行政区域面积61.64平方千米,耕地面积3348公顷,辖10个行政村、社区1个,村民小组201个,总户数约1.09万户,总人口约3.62万人。

【经济建设】 2023年,昌荣镇实现地区生产总值12.78亿元,一般公共预算收入1935万元,固定资产投资3.6亿元,城镇、农村居民人均可支配收入分别为5.5万元、2.99万元,工业利税总额2038万元,工业开票销售7.2亿元,社会消费品零售总额3.6亿元。全镇粮食总产量3.54万吨。围绕美丽菜园建设,发展庭院经济,在全省高质量发展庭院经济现场会上作示范。兴化市兴达农村小额贷款有限公司入库税金998.33万元。新增规模以上工业企业1家。兴化市昌荣协鑫风力发电有限公司、兴化市新天地机械制造有限公司、兴化市鸿兴新型建材有限公司等6家企业入库税金超200万元,兴化市荣宝油脂有限公司开票销售1.6亿元,兴化市昌荣协鑫风力发电有限公司、泰州京城环保产业有限公司、泰州顶淳食品有限公司3家企业开票销售超5500万元。进秦湾智慧农业园区建设,通过5G物联网设备赋能农业发展,打造"一年一季"的大米品牌。创建"秦湾大闸蟹"区域品牌,全镇螃蟹线上线下年交易额超3.5亿元。建立健全党政主要负责人带队招商制度,开展招商活动近10次,搜集上汽大通汽车零配件、瓦楞纸板加工等有效招商信息12条。结合全市首届发展论坛,举办镇级在外能人恳谈会,新签约兴化永昊海龄新材料有限公司、未涞世家(江苏)生物科技有限公司2个亿元以上项目。完成味多美(泰州)味业有限公司、江苏华尔食品有限公司2个新竣工亿元以上项目。持续深化"亩均论英雄"改革,盘活低效闲置工业用地2.42公顷。完成土地占补平衡9.58公顷,增减挂钩2.03公顷。结合集体土地入市政策,深化与市属企业对接合作,同市国投公司联建"兴化市昌荣镇内河船舶绿色智能创新发展示范区"项目,总体规划成功通过省工信厅组织的专家论证,顺利完成投资5.6亿元,持续深化"放管服"改革,推进优化营商环境三年行动计划,健全班子成员挂钩联系服务企业制度,落实落细《优化企业服务若干措施》,先后开展两轮企业大走访活动,集中化解一批企业发展难题,帮助协调解决21件难点问题,进一步擦亮"昌开办"营商环境品牌。

【社会事业】 2023年,昌荣镇统筹推进镇村建设,编制城镇开发方案和控制性详细规划。一体推进野孙、姚庄北撤并和木塔安置区建设。完成昌荣大道"白改黑"、荣达路亮化美化工程,新改建通电亮化新型公交站台8座。完成农房改造改善57户,实现农村危房动态清零。盐北村入选江苏省乡村振兴示范村创建名单,陈唐村入选泰州市乡村振兴示范村创建名单。深化农路农桥提档升级工程,自然村(组)通硬质化路率、一二三类桥梁占比率、乡村双车道达标率均超98%。维修改造圩口闸3座,实施圩口闸电启闭改造1座,实行圩堤加修1500米。实施文化惠民工程,举办"清风抚英雄 义举励民心""七夕时光 遇践文明""庆丰收、促和美·中国农民丰收节"等多场文化活动。为把昌荣红色景区创成江苏省"老区精神教育基地",盐北村先后举办"在盐北遇'稻'你""品田园之美、享劳动之乐""邂逅秋景、趣润童心"等文旅特色活动,全镇全年接待游客超3万人次。

【生态建设】 2023年,昌荣镇建成垃圾分类教育基地,推进生活垃圾分类工作,通过省住建厅评估验收,获评全省农村垃圾分类试点镇优秀等次。经过集中攻坚,创成国家卫生镇。空气优良率82.2%,$PM_{2.5}$(可入肺颗粒物)平均浓度31微克/立方米。改善139条村级河道水环境,存德干河生态河打造通过省级验收。推进农村人居环境整治,完成农村户厕改造118户。跟踪服务污水管网并网工程,完成集镇污水管网接入工程4千米。加强土壤污染源头管控,土地安全利用合格率100%。完成成片造林面积7333平方米。

【社会治理】 2023年,昌荣镇新增就业430人,兜底帮扶困难群体就业20人。组织各类培训150人次,新增高层次人才4人。实施居民防贫综合保障保险,城乡养老保险待遇、医保补助标准进一步提高,养老保险扩面220人、失业保险及工伤保险扩面347人,医疗保险续缴率100%。发放退役军人经济补助金、优待金,创成兴化市"双拥工作先进乡镇"。昌荣镇卫生院建成兴化市人民医院专家工作室及联合病房,与兴化市中医院联合成立"名老中医工作室","15分钟医保服务圈"通过省级验收。完成困难老年人家庭适老化改造21户,建成居家养老服务中心6家,盐北村被评为泰州市新型农村社区治理五星级示范点。聚焦未成年人关爱保护工作,筹集专项资金近25万元,发放补助58万元,救助困难儿童,建成"梦想小屋"6间,承办团省委青马工程农村班现场会,承办兴化市"梦想小屋"捐赠仪式。开展重大事故隐患专项排查整治行动,系统推进危化品、"厂中厂"、自建房、城镇燃气等领域治理,安全生产形势平稳,无较大及以上和有较大影响的事故发生。优化安全管理体制,选优配强应急管理局队伍,加强应急力量建设,防灾减灾救灾能力进一步提升。严格全链条监管,食品药品安全形势平稳向好。

(郑筱薇)

表43 2023年昌荣镇主要经济社会指标一览表

指标名称	单位	数值	指标名称	单位	数值
总户数	户	10867	工业利税总额	万元	2038
总人口	人	35114	财政内预算收入	万元	7408.19
乡镇从业人员数	人	12061	一般公共预算收入	万元	1935
行政区域面积	平方千米	61.64	私营个体税收	万元	
耕地面积	公顷	3348	农村居民人均可支配收入	元	29857
地区生产总值	万元	127786	中小学校	所	3
人均地区生产总值	元/人	4128	在校学生	人	588
第一产业增加值	万元	42289	在职教师	人	112
第二产业增加值	万元	23644	医院	所	1
第三产业增加值	万元	61853	卫生所(室)	个	9
生猪出栏量	头	8500	医生数	人	52
家禽出栏量	万羽	309260	病床数	张	82
水产品产量	吨	8502	参加养老保险人数	人	9285

续表 43

指标名称	单位	数值	指标名称	单位	数值
工业企业数	家	198	参加农村新型合作医疗人数	人	24690
工业开票销售收入	万元	71924	享受居民最低生活保障人数	人	421

表 44 2023 年昌荣镇骨干企业基本情况表

序号	企业名称	销售收入(万元)	利税总额(万元)	法定代表人
1	兴化市荣宝油脂有限公司	15929.1	3026	蔡炳康
2	兴化市昌荣协鑫风力发电有限公司	7519.84	1676	曹许昌
3	江苏德博生物科技有限公司	6771.2	1253	蔡明祥
4	泰州顶淳食品有限公司	5863.82	1178	朱如华
5	兴化市鸿兴新型建材有限公司	4597.51	1028	陈金洪
6	兴化市新天地机械制造有限公司	4360.23	1002	杨明高
7	江苏伟鹏体育器材有限公司	2890.24	616	张爱斌
8	泰州市富民混凝土制品有限公司	2593.4	574	沈　娟
9	江苏腾飞体育设施材料有限公司	1313.43	295	谢秀权
10	泰州正大塑料包装有限公司	761.83	160	孙井银

表 45 2023 年昌荣镇行政村、社区基本情况表

村(社区)名称	村(社区)支部书记	村(社区)委员会主任	耕地面积(公顷)	人口(人)	工农业总产值(万元)	农村居民人均可支配收入(元)
安仁村	沈　力	沈　力	548	5653	4015	32504
宝宏村	杨立辉	杨立辉	225	2183	3193	31058
欣荣村	朱荣诗	朱荣诗	225	1963	3174	32449
唐子村	蒋保权	蒋保权	497	6966	41987	27833
陈唐村	杨根宝	杨根宝	317	2463	3119	32123
富民村	陈有谋	陈有谋	221	2659	36883	29368
双星村	吴永利	吴永利	334	3020	3314	29259
朝阳新村	马　龙	马　龙	206	2615	2980	32510
盐北村	刘　剑	刘　剑	175	1451	3175	32139
存德村	钟桂江	钟桂江	613	5088	23929	29541
居委会	夏春霞	夏春霞	2	1053	2017	—

陶庄镇

【概况】 陶庄镇位于兴化市东部,国道 344、县道 203 穿境而过,车路河、梓辛河、蚌蜒河、团结河、幸福河、窑头河纵横全镇。全镇行政区域面积 69.63 平方千米,耕地面积 4237 公顷,辖行政村 14 个、社区 1 个,总户数约 1.37 万户,总人口约 4.28 万人。

【经济建设】 2023 年,陶庄镇实现地区生产总值 11.65 亿元,一般公共预算收入 1662 万元,税收收入 3108 万元,农村居民人均可支配收入 26675 元。实现工业增加值 2.15 亿元,工业开票销售收入 5.36 亿元,规上工业总产值 4.45 亿元。完成固定资产投资 1.59 亿元,新增规模以上工业企业 2 家,限上批发零售企业 4 家。全年新签约亿元以上项目 2 个,完成新开工亿

2023年11月30日,陶庄镇与江苏农牧科技职业学院农商管理学院签订产学研合作协议,推动陶庄牛羊肉特色产业健康发展。图为签约仪式
(陶庄镇/供图)

元以上项目1个,亿元以上竣工项目1个,新开工5000万元以上项目3个,大健康开工项目2个。盘活低效闲置工业用地1.96公顷。新认定国家高新技术企业1家,战略性新兴产业企业1家,科技型中小企业7家。申请有效发明专利6件,招引科创项目7家。改造提升高标准农田540公顷,创成稻麦绿色高质高效创建示范方3个。焦庄村"小田变大田"成功试点,增加集体溢出机动田面积8公顷,增加村集体收入9万元。申报泰州市"无人化农场"1家,省"全程机械化示范农场"1家。全镇完成村集体经营性收入1316万元,其中集体经营性收入达100万元以上村4个,200万元以上村1个。申报村集体经济发展项目,3个村申报省光伏发展项目,上争项目资金180万元,村年平均增加收入7.8万元。

【社会事业】 2023年,陶庄镇完成三和庄村、大顾村、铁堡村的增减挂钩工作,完成占补平衡7.73公顷。新建桥梁2座,公路安防设施3000米,绿化养护公路80千米,完成陶南路安全隐患整改。完成农房改造改善130户,农村户厕改造245户。维修改造圩口闸3座。实施圩口闸电启闭改造1座。全镇天然气布网到村率达90%。镇中心校师生获泰州市青少年科技创新大赛一等奖、江苏省中小学书法优质课竞赛一等奖。兴化市人民医院医共体驻镇卫生院专家工作室暨联合病房揭牌运营,提升全镇医疗供给能力和服务水平。开展各类文体活动,承办市级"七夕之夜 陶缘相汇"主题活动,在全市"贯彻二十大 奋进新征程"广场舞大赛中取得好成绩。

【生态建设】 2023年,陶庄镇围绕田园乡村、示范村、特色村创建要求,形成环境整治整体目标。创成省级特色田园乡村1个(南柯堡村),打造示范引领村2个(南柯堡村、焦庄村)、规划特色示范村3个(大顾村、梓辛村、陶庄村),创建"双美"示范村4个(金戈村、夏北村、季平村、幸福新村)、环境整治提升村全覆盖。实施镇级生态河道建设6条,已通过省级验收3条。完成陶南村、铁堡村污水管网建设。完成船舶企业专项整治5家,顺利通过省验收组验收。配合做好原陶庄供销社大翔化工厂污染地块土壤调查等相关工作,并处置遗留废弃物近300吨。

【社会治理】 2023年,陶庄镇完成城镇新增就业372人,新增公益性岗位安置就业困难人员

2023年7月,陶庄镇承办"七夕之夜 陶缘相汇"主题活动(陶庄镇/供图)

24 人。城乡居民养老保险参保缴费率 94.9%，城乡居民医保筹资率90%，做到应保尽保。现有低保、五保、特困供养人员、困境儿童全部落实保障政策，确保保障资金足额发放。开展未成年人保护工作，为困境儿童发放“微心愿”礼物 105 份。开办“青仔公益暑期辅导班”，为困境、留守儿童提供暑期教育。

【牛羊肉特色产业】　举办 2023 年陶庄牛羊肉美食文化节，成立江苏兴化农产品展销中心(陶庄店)，与江苏农牧科技职业学院农商管理学院签订产学研合作协议，推动陶庄牛羊肉特色产业规范健康发展。跟踪服务陶庄牛羊肉加工基地暨冷链物流项目，探索建立“市投、镇管、民营”机制，持续做大做强陶庄牛羊肉特色产业集群。

【南柯堡村】　地处兴化市东南角，全村辖村民小组 6 个，农户 761 户，总人数 2770 人，耕地面积 238.89 公顷，水面 53.33 公顷。近年来，南柯堡村以创建省级特色田园乡村为抓手，发挥“党建 +”效应，全面整治提升人居环境，提高村庄人文品质，协同推进产业发展，乡村振兴成效明显。2021 年被命名为省级传统村落，2023 年底被命名为省级特色田园乡村。

（许晶晶）

表 46　2023 年陶庄镇主要经济社会指标一览表

指标名称	单位	数值	指标名称	单位	数值
总户数	户	13701	工业利税总额	万元	5142
总人口	人	42793	财政内预算收入	万元	3108
乡镇从业人员数	人	12345	一般公共预算收入	万元	1662
行政区域面积	平方千米	69.63	私营个体税收	万元	88
耕地面积	公顷	4237	农村居民人均可支配收入	元	26675
地区生产总值	万元	116487	中小学校	所	1
人均地区生产总值	元/人	43756	在校学生	人	1188
第一产业增加值	万元	45031	在职教师	人	145
第二产业增加值	万元	21516	医院	所	1
第三产业增加值	万元	49940	卫生所(室)	个	19
生猪出栏量	头	11793	医生数	人	77
家禽出栏量	万羽	206	病床数	张	76
水产品产量	吨	107636	参加养老保险人数	人	30882
工业企业数	家	48	参加农村新型合作医疗人数	人	27500
工业开票销售收入	万元	53560	享受居民最低生活保障人数	人	300

表 47　2023 年陶庄镇骨干企业基本情况表

序号	企业名称	销售收入(万元)	利税总额(万元)	法定代表人
1	江苏恒昌粮油有限公司	12756	1215	周怀所
2	天茂石化江苏有限公司	4635	590	陈永芳
3	兴化市红阳玻璃制品有限公司	3307	286	吕加谷
4	江苏佳惠米业有限公司	2106	143	贾中银
5	江苏天森新材料科技有限公司	2009	185	张树道
6	科威嘉尼(江苏)制冷设备有限公司	1337	194	张　成

表 48 2023 年陶庄镇行政村、社区基本情况表

村（社区）名称	村（社区）支部书记	村（社区）委员会主任	耕地面积（公顷）	人口（人）	工农业总产值（万元）	农村居民人均可支配收入（元）
南柯堡村	柯庆斌	柯庆斌	238.89	2770	4308	31472
焦庄村	许东甫	—	138.34	1754	2728	23947
夏北村	姜华伟	姜华伟	244.16	2532	3937	26354
王寺村	—	—	224.11	1863	2897	27639
仲冯舍村	冯亚仲	冯亚仲	271.59	2749	4275	24402
铁堡村	顾春红	顾春红	431.72	3632	5648	26022
金戈村	许文才	许文才	262.2	2216	3446	27013
陶庄村	裴小勇	—	470.37	4098	6373	27542
陶南村	焦玉剑	—	333.48	3223	5012	22917
梓辛村	武银进	武银进	411.26	3757	5842	28941
三和庄村	王　建	王　建	238.5	2135	3320	31343
大顾村	葛长勇	葛长勇	407.84	4202	6534	22442
幸福新村	张建成	—	312.96	3157	4909	26041
季平村	陆志俊	陆志俊	308.25	3134	4874	29739

海南镇

【概况】 海南镇位距兴化市区东北 22 千米，境内有省道 3 条（省道 233、省道 351 和省道 332）穿过，东临宁靖盐高速公路，北枕大兴金公路和海沟河，邮兴盐公路、渭水河贯穿南北，水陆交通便捷。全镇行政区域面积 71.64 平方千米，耕地面积 3854 公顷，辖行政村 13 个、居委会 1 个，总户数约 1.14 万户，总人口约 3.53 万人。

【经济建设】 2023 年，海南镇完成工业开票销售收入 5.06 亿元，完成规上工业产值 4.59 亿元，完成税收收入 3640 万元，完成一般公共预算收入 1776 万元，完成工业入库税费金 750 万元，完成民间投资额 4.74 亿元，完成限上批零住餐贸易额 19.56 亿元。选商转型统筹推进。开展招商引资活动，累计洽谈项目 8 个，全年签约亿元项目 2 个，开工、竣工各 1 个，新上盘活项目 4 个，盘活土地面积 1.54 公顷；新上和技改项目 4 个，其中亿元项目 2 个；新增“四上”企业 9 家，申报“智改数转”企业 1 家、大健康企业 2 家。营商环境持续优化。实行领导干部挂钩企业服务机制，帮助企业在落户、建设、投产等环节解决疑难杂症。投资 1.13 亿元的宝能包装项目开工建设，玖合信食品加工项目已投产运行。抓好镇属资源清理整治和村集体资产监管工作，通过排查清理，摸排可整改资源 90 处、70.9 公顷。新增泰州市级农业龙头企业 1 家、泰州市示范家庭农场 2 家。发放农业支持保护补贴 103.02 万元、农民种粮一次性补贴 24.63 万元。完成村级集体经营性收入 1709.19 万元，提前完成“8420”市定目标任务，13 个行政村中 12 个村集体经营性收入达 100 万元，新伍村超 200 万元。新伍村仓储物流项目获 2024 年度泰州市财政支持，为实现全天候、全年度供应、做大做强“虾蟹混养”产业链夯实基础。新伍村“虾蟹混养”模式在新华日报·交汇点新闻启动《“苏”式高质量发展“新三十六计”》全媒体采访行动中，被推介为全省“苏”式高质量发展“新三十六计”之共生计。

【社会事业】 2023 年，海南镇结合年度民生实事项目，实施文昌河污水管网“十必接”项目；对苏果超市周边进行整治提升；在环镇南路停车场设置汽车充

电桩;完成镇区步行街线缆下埋、慈善巷杆线迁移和农贸市场改造提升;完成过境路刘泽红绿灯至万虹水产品市场段亮化提升工程。完成胡老村、北蒋村“多规合一”村庄实用性规划编制工作。全年完成土地复垦8.87公顷。加快农电、水利设施建设,新架设10千伏线路1.75千米、400伏特线路2.3千米,新增布点变压器16座、增容3座。对明理圩、三角圩险工患段进行加固维修,维修排涝站1座、圩口闸1座,电启闭改造3座。完成1.4千米许唐村农村道路提档升级项目;落实“路长制”,消除交通安全隐患,完成刘泽红绿灯长期占道经营整治;投资25万元,对11处交通安全隐患点进行维修,消除隐患,保障群众平安出行。丰富文娱活动。以新时代文明实践所(站)为依托,以百姓大舞台为载体,全年累计开展各类文娱活动182场次。刘泽村农家书屋获评省五星级示范农家书屋。海南中心校、文昌实验学校共39名学生考取兴化中学,录取人数位列全市乡镇学校前列。完成省级卫生镇创建工作,南蒋村、西荡村等6个村创成省级卫生村。打造星级居家养老服务中心3家、村级示范睦邻点1个,推进公办养老机构公建民营规范化管理;开展“爱心暑托班”等各类关爱服务活动39场,完成“梦想小屋+”改造4户,征集儿童“微心愿”48个,用心用情做实关爱服务“最后一米”。“扬帆海南 护童成长”儿童关爱之家通过省级未成年人儿童关爱之家示范点验收,获评泰州市示范未保工作站现场评比“十佳”。完成养老保险和医疗保险续缴全覆盖任务。组织开展退役军人保险接续培训及各类创业富民培训,培训人员1500人次。

【生态建设】 2023年,海南镇加强大气和水环境动态监测,生态环境质量得到改善。围绕建设生态宜居示范村目标,结合“比清晒美”项目,纵深推进人居环境整治提升。年内共拆除废弃棚舍76处、旱厕113处,清理乱堆乱放743处、乱搭乱建102处;户厕改造202户,代表兴化接受省级验收;刘泽村作为江苏省高质量庭院经济工作交流会观摩现场。秸秆“双禁”和综合利用工作网格包保体系进一步完善,清田行动迅速有效,组织验收严格标准,全镇秸秆机械化还田及综合利用率保持100%。南蒋村创建省级生态宜居美丽示范村,刘泽村创建省级乡村振兴示范村,新伍村、东荡村创建泰州市乡村振兴示范村。幸福河湖与生态河道协同推进,对斜沟河、跃进河总长5.48千米进行打造。组织汛前检查,完善应急预案,做好防汛抗旱工作,保障平稳度汛。开展绿化造林工作,净增成片造林面积6000平方米,更新修复退化林7.8万平方米,新建农田林网16万平方米。

【社会治理】 2023年,海南镇抓好工业集中区、农业面源污染整治,坚决杜绝“散乱污”企业,深化夜市摊点、露天烧烤等餐饮业油烟污染防治。强化镇村管理改革。持续推进农村宅基地管理与改革,规范农村宅基地管理联审联办制度,“两违”态势得到遏制。在全市率先高质量完成自建房排查和新系统录入、农房改善和低收入群体危房改造工作。以文明城市创建为抓手,综合行政执法局开展集中专项整治15次,流动摊贩、脏乱差、乱贴乱画、违章搭建等不良现象得到有效治理。维护社会环境稳定。开展“八五”普法,培育“法律明白人”队伍,全面推进村(居)法律顾问制度,派出所、司法所、综治中心全年联合开展普法宣传20余次。发挥“大数据+网格化+铁脚板”工作机制优势和“警格+网格”工作联动融合作用,健全网格基础数据。西荡网格一被泰州市政法委、泰州市综合指挥中心评为“祥泰网格”。牢固树立安全发展理念,对消防、工贸企业、城镇燃气、交通运输等重点领域、重点场所开展安全大检查,共排查各类安全隐患2253条,已全部整改销号。以便民、惠民、利民为宗旨,加快推进“互联网+政务服务”工作,全力打造“一站式”为民服务平台,全年网上办件量8371件,其中许可类事项246件,五星好评率居全市前列。完成村级资产、资源、合同录入登记工作。行政执法依法依规。加强执法队伍力量建设,组织执法队员开展执法业务学习,不断提升执法水平。累计检查商铺541次,办理行政执法案件4件,罚款2100元。

【人武部规范化建设】 近年来,海南镇党委把基层人武部规范化建设放在十分重要的位置。镇党委、政府研究决定将武装部规范化按照“优秀”等次建设,整合各类资源,腾出办公用房,用于武装部阵地建设。按照民兵装备器材配备标准,配齐配全相关装备器材,同时按照"六有"(有机构、有设施、有制度、有活动、有资料、有经费)标准,完善武装部各类场所设施。达到硬件建设规范化、资料管理信息化、民兵工作制度化。2023年,海南镇人武部与退役军人服务站完成合署办公试点工作,镇人武工作迈上新台阶。

(高庆凯)

表49　2023年海南镇主要经济社会指标一览表

指标名称	单位	数值	指标名称	单位	数值
总户数	户	11392	工业利税总额	万元	1762
总人口	人	34906	财政内预算收入	万元	1671
行政区域面积	平方千米	71.64	一般公共预算收入	万元	1776
乡镇从业人员数	人	199	私营个体税收	万元	—
耕地面积	公顷	3854	农村居民人均可支配收入	元	
地区生产总值	万元	102109	中小学校	所	2
人均地区生产总值	元/人	49953	在校学生	人	2753
第一产业增加值	万元	37269	在职教师	人	184
第二产业增加值	万元	16665	医院	所	1
第三产业增加值	万元	48176	卫生所(室)	个	13
生猪出栏量	头	46212	医生数	人	63
家禽出栏量	万羽	39	病床数	张	106
水产品产量	吨	9349	参加养老保险人数	人	10536
工业企业数	家	55	参加农村新型合作医疗人数	人	24869
工业开票销售收入	万元	50645	享受居民最低生活保障人数	人	285

表50　2023年海南镇骨干企业基本情况表

序号	企业名称	销售收入(万元)	利税总额(万元)	法定代表人
1	泰州聚森纺织有限公司	9323	38	陆海风
2	泰州市柏林丝绸有限公司	6454	18	陈定柏
3	江苏钮味莱生物科技有限公司	3147	47	徐春银
4	江苏丹盛食品有限公司	3024	50	郑晓勇
5	兴化新禾食品有限公司	2973	67	陈伟才
6	兴化市宁思制刷有限公司	2961	46	叶　秀
7	兴化市丝康丝绸有限公司	2295	6	成晓兰

表51　2023年海南镇行政村、社区基本情况表

村(社区)名称	村(社区)支部书记	村(社区)委员会主任	耕地面积(公顷)	人口(人)
金储村	袁树宏	—	184	1836
西荡村	戴义茂	戴义茂	235	1981

续表 51

村(社区)名称	村(社区)支部书记	村(社区)委员会主任	耕地面积(公顷)	人口(人)
东荡村	陈开银	陈开银	195	1692
胡老村	袁树宏	袁树宏	459	3569
刘泽村	李春宝	—	148	1996
南蒋村	陈文彬	陈文彬	141	1761
北蒋村	蒋加圣	蒋加圣	285	2142
新伍村	杨永前	杨永前	271	2585
中兴村	杨建业	—	268	1955
蔡高村	陆　凡	—	478	4635
蔡高社区	周海鹏	周海鹏	—	1995
许唐村	唐友前	唐友前	338	2481
苏海村	苏凤军	苏凤军	389	3188
莫顾村	蒋长宏	蒋长宏	463	3089

大邹镇

【概况】 大邹镇东邻安丰镇，南接钓鱼镇，西连中堡镇，北与盐城市盐都区尚庄镇、葛武街道隔河相望。全镇行政区域面积 46.32 平方千米，耕地面积 2557.5 公顷，辖行政村 11 个、社区 1 个，村民小组 141 个，总户数 8259 户，总人口约 2.49 万人，其中农业人口 1.32 万人。

【经济建设】 2023 年，大邹镇完成地区生产总值 7.6 亿元，一般公共预算收入 1495.98 万元，工业开票销售收入 3.16 亿元，财政内预算收入 2532 万元。挖掘存量土地，盘活低效闲置用地 2.73 公顷。新增“四上”单位数 6 个，成立电力工具产业联盟，引导企业资源共享、抱团发展。开展招商引资活动，共收集亿元项目有效信息 8 条，签约 4 条，完成亿元开工项目 2 个，竣工项目 1 个。兴化市永盛电力器材有限公司、江苏恒安电力工具有限公司 2 家电力工具企业分别投资 5000 万元、4500 万元进行标准厂房和研发中心建设。推进现代农业产业园内粮食仓储、粮食烘干、桥梁建设等项目，推动农业产业化规模化。支持培

2023 年 4 月 21 日，兴化市新垛镇镇村干部参观大邹镇最美田园乡村吉耿村　　（大邹镇/供图）

育兴化市大邹镇吴家庄粮食农地股份专业合作社、兴化市绿丰禽业家庭农场等做大做强,不断放大"竹芸"大米、吉里葡萄、芦家坝草鸡蛋等特色农产品品牌效应。开展"新春大走访",搜集企业诉求12条,已全部帮助解决。落实一揽子助企纾困政策,建立班子成员包干、服务专员跟踪走访制度,为企业提供全方位、全过程服务。全年共办理营业执照325份、食品安全许可证10份。

【社会事业】 2023年,大邹镇投入40余万元,对镇中心小学、镇中心幼儿园进行智慧校园建设和园部室内外环境改造,完成中心小学危桥改造。优化居家养老服务供给和长期护理险,友谊村建成老年友好型社区,渭水村成功申报示范性互助养老睦邻点,并通过验收。更新体育健身路径7套,新建成村篮球场5个。完成镇区虹桥路、丰乐南路"白改黑",增设雨水排水管道。完成"空中飞线"整治、团结桥东驳岸建设。投入100余万元对双溪文化广场进行品质提升,进一步方便群众健身娱乐。完善并运行垃圾中转站等相关环保设施,农村垃圾实现每日清运。增设22处垃圾分类亭集中摆放垃圾桶。加强河道综合整治,严格落实河长制、路长制、林长制,加大绿化苗木管护力度。打造美丽大中路绿化建设,完成国家级"四好"农村公路验收。完成户厕改造60户,新建32户。建房管理逐步规范,农房改善42户,超额完成全年指标。完成电启闭改造圩口闸2座,维修排涝站2座。大邹镇获评江苏省卫生乡镇,大邹镇万家村、兴盐村、吉耿村、沈五村、新庄村获评江苏省卫生村。

【生态建设】 2023年,大邹镇定期走访巡查,督促企业严格落实环评要求。清退"散乱污"企业2家。对兴盐界河3千米范围内入河排污口开展地毯式排查,针对3千米范围内的8家养殖场,责令关停3家,其余5家严格按照要求履行环保手续和粪污规范化处置。对国省考断面沿岸村污水管网设施定期进行检查维护。深化扬尘污染治理,全面推行"绿色施工"。完善污水管网建设,加强河道综合整治,境内省考国考断面水质检测全年达标。

【社会治理】 2023年,大邹镇新增就业人数296人。先后举办水产养殖等农业实用技术培训4场次,受训人数达1200余人次。开展工业污染源排查,强化餐饮企业油烟污染控制,对全镇21家大小餐饮业全部实施煤改气。全年走访慰问困难群众、困难党员、烈军属等特殊群体446人次,实现特殊困难空巢独居老人入户周探访全覆盖。每月对全镇困境儿童关爱慰问,开展留守儿童、困境儿童关爱帮扶行动,及时发放各类解困资金。加大全面排查重大安全隐患力度,对排查中发现的安全隐患销号整改。开展应急救援演练及督促企业开展演练,推进重点行业领域安全风险专项整治巩固提升年行动。提升"警网融合"质效,充分发挥"网格化+大数据+铁脚板"治理优势,有效化解民事纠纷。查处民生案件,净化社会不良风气。开展扫黑除恶,提升群众满意度。开展反有组织犯罪、禁毒、反邪教、反诈、反恐等工作,重拳打击各类违法行为。

【《里下河农事》获2022年度泰州市政府文艺奖】 1月3日,泰州市政府发文,公布2022年泰州市政府文艺奖评选结果,大邹镇机关干部陈明干的散文集《里下河农事》榜上有名,获2022年泰州市文艺奖文学类铜奖。这是《里下河农事》继2022年兴化市委、市政府颁发的郑板桥文艺奖后,获得的又一奖项。

【吉耿村获评省级康居示范村】 吉耿村地处大邹镇西北角,由吉里村、耿家村2个自然村合并组成。全村有村民小组10个,人口1912人,耕地面积221.07公顷。吉耿村除水产养殖业外,还有初具农业产业园规模的吉耿果蔬产业园,主要种植水蜜桃、翠冠梨、阳光玫瑰葡萄等。村内的兴化市吉磊果蔬种植家庭农场,年产值200余万元,年纯利30余万元,吸收本村8名建档立卡贫困户到果园打工,帮助实现就业脱贫。吉耿村以水产养殖和果蔬种植为依托,以水产品和水果元素为主题文化,吸引大量游客到吉耿垂钓、采摘。大中公路穿村而过,通村公路全部实现硬质化改造,村民出行方便。吉耿村先后获"省级康居示范村""江苏省绿美村庄""泰州市特色田园乡村""泰州市文明村""兴化市先进基层党组织"等称号。

(王启慧)

表 52 2023 年大邹镇主要经济社会指标一览表

指标名称	单位	数值	指标名称	单位	数值
总户数	户	8259	工业利税总额	万元	1729
总人口	人	24914	财政内预算收入	万元	2532
乡镇从业人员数	人	7248	一般公共预算收入	万元	1495.98
行政区域面积	平方千米	46.32	私营个体税收	万元	330
耕地面积	公顷	2557.5	农村居民人均可支配收入	元	25410
地区生产总值	万元	75996	中小学校	所	2
人均地区生产总值	元/人	59068	在校学生	人	823
第一产业增加值	万元	29684	在职教师	人	105
第二产业增加值	万元	14604.86	医院	所	1
第三产业增加值	万元	919.89	卫生所(室)	个	13
生猪出栏量	头	7692	医生数	人	38
家禽出栏量	万羽	40.67	病床数	张	50
水产品产量	吨	4313	参加养老保险人数	人	6610
工业企业数	家	21	参加农村新型合作医疗人数	人	15909
工业开票销售收入	万元	31606	享受居民最低生活保障人数	人	594

表 53 2023 年大邹镇骨干企业基本情况表

序号	企业名称	销售收入(万元)	利税总额(万元)	法定代表人
1	兴化市万达电力工具有限公司	4229	403.95	张广志
2	江苏恒安电力工具有限公司	2200	175.68	任万忠
3	兴化永安电力工具有限公司	1829	175.66	王月芹
4	兴化市永盛电力器材有限公司	1675	166.86	王建山
5	泰州新佑拓耐磨材料有限公司	1507	121.85	朱　勇
6	兴化市佳辉电力器具有限公司	1479	64.52	顾　勇
7	江苏万联塑业有限公司	1417	7.11	陈惠华
8	江苏荣伟集装箱制造有限公司	667	16.12	葛荣保
9	泰州市共展电气有限公司	529	31.66	王　健
10	泰州市春达动物药业饲料有限公司	135	7	房元喧
11	兴化市恒威生物技术有限公司	0	0.66	万传江
12	泰州市鸿旺塑料制品有限公司	0	0.25	赵国书

表 54 2023 年大邹镇行政村、社区基本情况表

村(社区)名称	村(社区)支部书记	村(社区)委员会主任	耕地面积(公顷)	人口(人)	工农业总产值(万元)	农村居民人均可支配收入(元)
双溪村	郝华江	郝华江	210.43	2540	11201.62	27962
渭水村	王连勇	王连勇	200.09	1706	8769.5	27794

续表 54

村(社区)名称	村(社区)支部书记	村(社区)委员会主任	耕地面积(公顷)	人口(人)	工农业总产值(万元)	农村居民人均可支配收入(元)
友谊村	江玉祥(6月免) 赫新松(6月任)	江玉祥	271.17	278	15486.9	29284
万家村	闵长骏	邹百和	181.54	1802	8979.98	27362
芦家坝村	王志健	王志健	226.01	2121	10253.7	27321
复兴村	许邵军	许邵军	310.08	2421	9749.2	26320
沈五村	徐　艳	闵长骏	223.32	1865	9435.6	26366
吉耿村	王德军	王德军	221.07	1912	11374.9	29823
新庄村	陆小军	陆小军	261.81	2113	9445.46	26202
吴家庄村	邹　骁	邹　骁	195.65	1856	6488.2	26213
兴盐村	周沛萱	周沛萱	256.55	2298	12969.85	27802

永丰镇

【概况】　永丰镇位于兴化东北部,东连新长铁路和国道204;南接国道344;西连国道1515和省道229,与盐靖高速公路互通;北接省道465(大兴金);新张公路(县道203)纵贯全镇南北,省道351途经集镇中心和5个行政村。水陆交通网络南北东西畅通无阻。全镇行政区域面积69.27平方千米,耕地4565公顷,辖居委会1个,行政村18个,有村民小组285个,总户数约1.43万户,总人口约4.17万人。

【经济建设】　2023年,永丰镇实现地区生产总值9.98亿元,一般公共预算收入1381万元,税收收入2652万元,工业开票销售收入1.73亿元,服务业税收605万元,固定资产投资2.81亿元,工业投资2.81亿元。投资5.2亿元的上海“蟹状元”永丰产业园项目落户工业集中区,市委、市政府主要领导亲临永丰参加奠基仪式。盘活闲置低效土地2处、面积1.05万平方米,江苏众禾生物科技有限公司投资的动物饲料加工亿元项目通过上级验收。完成企业技术合同登记8000万元,3家规上企业研发经费投入1300万元,4家企业(秸能生物质、味香浓食品、超越涤纶、蓝云环保)通过国家科技型中小企业备案,5家企业成功申报科创项目,新增发明专利1件(迈杰工艺品公司的可折叠四轮电动代步车),新增星级上云企业1家(超越涤纶)。落实惠农政策,开展农村承包地确权颁证错误数据修改及补证工作,各类农业支持保护补贴全部按照规定核实上报发放到位,按时间结点完成2023年度内塘螃蟹水文指数保险及价格指数保险工作,开展高素质农民培训、农业招商引资、农产品质量监管等工作。重大动物疫病防控工作持续加强,畜禽养殖场、兽药经营场所、畜产品(肉食品)经营等情况监管有效,养殖场所畜禽粪污处理规范。组织水产养殖技术以及病害防治培训,开展渔业投入品宣传、蟹塘水草规范排放、养殖尾水原位修复及渔业生产安全工作。做好防贫返贫监测排查工作,做到摘帽不摘监管,防止贫困反弹,完成增加2个消费扶贫产品验收工作。河蟹市场全年交易额保持30亿元左右,3家电子商务产业园和200余家天猫淘宝商铺网上销售河蟹等水产品近2亿元;全镇商业银行、农业银行和邮政储蓄银行存款余额在全市乡镇中保持领先位置;江苏蓝云环保集团有限公司与上海琰夏建设有限公司成功签订南通至宁波高速铁路站前Ⅱ标项目服务合同。市交农业生产全程全面机械化示范县(市)创建目标任务按期完成,实现全镇年度农机生产安全无事故。

【社会事业】　2023年,永丰镇完成初中部校门前道路拓宽浇筑、小学部操场和初中部校内桥梁维修;实施校内沿河防护网修补、教学楼防护栏加高、安全防护帘安装、初中部校内摄像头更换等,校园安全系数不断增强。

中心幼儿园通过江苏省优质幼儿园复审。老年学校提档升级,适老课程合理安排,活动形式创新丰富,为老年人打造舒适的学习环境。《永丰镇志》编纂工作进展顺利,完成初审后现已呈送市史志办审核;徐扬、兴港2个村档建设先行村完成资料收集工作,进入编目分类归档阶段。整治集镇占道经营、乱停乱放、小广告等,新增机动车停车位50余个、非机动车停车位200余个。建成集法治文化、乒乓球台、小型篮球场为一体的多功能体育场,新增体育场地面积7000平方米。实施四塔、三星、东倪、永联、如意等5个村的道路建设,总里程5.2千米。原徐扬卫生院和兴港村原永丰乡政府所在地的2处农民安置房建设基本竣工;农房改善提升工程有序开展,改造低收入群体危房8户,其他危房4户,老房翻建26户,拆迁64户。修建四塔村东塘港危桥1座,维修迎新等村7座桥梁,更换护栏42根、立柱28根。实施道路维修560平方米,沥青维修399平方米,安装减速带22处计213米。建成集镇公交站台1处。实施2座电启闭改造、4座圩口闸和1座排涝站维修,完成圩堤加修2千米,土方9000多立方米。

【生态建设】 2023年,永丰镇落实河长制工作,推进河道垃圾清理、虾笼清理、水葫芦联保共治、卡口维护整治等专项行动,打造幸福生态河道4条,总里程12.8千米。抓好农村人居环境长效管护和综合治理提升工作,开展村庄环境整治春夏战役、三巡五必须、美丽菜园建设、组织现场观摩等专项行动,深入村庄内部进行问题摸排,形成问题清单并整改销号。开展徐北中心河、陆荡中心河省级生态示范河道建设工作,清理沿河挖翻种植,打捞水面飘浮物,栽种三叶草等护坡植物,通过泰州市初步验收。巩固集聚提升村明兴村环境维护、特色打造,推进三星、兴港2个生态示范村建设。

【社会治理】 2023年,永丰镇落实就业创业政策,发挥永丰河蟹交易市场省级创业孵化基地的载体优势,完成创业培训88人,新增就业人数600余人,发放创业富民担保贷款200万元,招录公益性岗位10人;18个村级社保服务平台全部接入内网,城乡居民基本养老保险续缴率92%,千元以上缴费人员达34%,2024年度医疗保险筹资进度96.84%。完成10名退役军人适应性培训和4名退役士兵就业合同签订工作,办理退役军人优待证,发放入伍士兵优待金、大学生入伍奖励金、退役士兵一次性补助金、优秀义务兵和优秀(警、士)官奖励金,落实重点优抚对象医疗保险费免缴工作。落实计生人口政策,发放独生子女父母光荣证543份、生育登记证64份,申报审批370户奖扶补助。打通联系服务群众"最后一公里",完成综合指挥中心与综治中心、网格化服务管理中心一体化建设,实现"12345"政务服务便民热线、"我的兴化"民生互动平台和网格化社会治理平台互融互通,事件办结率和群众满意率100%。开展各个行业领域安全生产专项整治,先后排查出安全隐患445条,整改销号439条;重大安全隐患7条、整改7条,实现全年安全生产无事故。发挥"大数据+网格化+铁脚板"作用,深入到户宣传排查,全力为民排忧解难。

【江苏农牧科技职业学院乡村振兴教授工作站成立】 5月22日,江苏农牧科技职业学院与永丰镇联合举办"加快科技成果转化 助推乡村产业发展"专题座谈活动,兴化市委常委、副市长汪园,江苏牧院党委副书记郑义、兴化市农业农村局副局长袁萍莉,江苏牧院水产科技学院院长王权,江苏牧院科技产业处处长段修军,永丰镇党委书记高松,镇党委副书记、镇长王军参加座谈活动,并举行"江苏农牧科技职业学院乡村振兴教授工作站"揭牌仪式。

【徐扬村】 徐扬村是永丰镇政府所在地,2001年由原徐南、徐北2个村合并而成;2019年在全市行政村规模优化调整中,沙仁村并入徐扬村。全村耕地面积295.15公顷,总人口3488人,个私企业10家。据有关资料考证,徐扬村古称徐扬庄。1944年5月起,先后隶属兴化县、溱潼县。抗日战争和解放战争期间,徐扬庄是苏北红色根据地之一,为新四军、解放军召开会议、指挥战斗的聚集地,素有"苏北小莫斯科"之称。1948年12月,徐南、徐北两村归兴化县永丰乡。1981年体制改革时归属徐扬公社,2000年乡镇区划调整后归属永丰乡(镇),徐扬村一直为永丰人民公社、永丰乡、徐扬乡、永丰镇党委、政府机关办公的所在地。该村利用集镇所在地的优势,全力发展工业企业,先后办起化工厂、毛条厂、家具厂、农具厂、农修厂等企业,并有100余家商家,工商业成为村级主体经济,2015年,该村创办兴化市首家村级电子商务产业园。2023年,徐扬村实现农村居民人均可支配收入3.2万元。

(朱巧宝)

表55　2023年永丰镇主要经济社会指标一览表

指标名称	单位	数值	指标名称	单位	数值
总户数	户	14349	工业利税总额	万元	1987
总人口	人	41696	财政内预算收入	万元	1354
乡镇从业人员数	人	15148	一般公共预算收入	万元	1383
行政区域面积	平方千米	69.27	私营个体税收	万元	—
耕地面积	公顷	4565	农村居民人均可支配收入	元	29811
地区生产总值	万元	99779	中小学校	所	3
人均地区生产总值	元/人	44548	在校学生	人	550
第一产业增加值	万元	37523	在职教师	人	50
第二产业增加值	万元	19989	医院	所	1
第三产业增加值	万元	47523	卫生所(室)	个	18
生猪出栏量	头	11056	医生数	人	60
家禽出栏量	万羽	56.2	病床数	张	285
水产品产量	吨	7900	参加养老保险人数	人	11483
工业企业数	家	479	参加农村新型合作医疗人数	人	28195
工业开票销售收入	万元	17300	享受居民最低生活保障人数	人	598

表56　2023年永丰镇骨干企业基本情况表

序号	企业名称	销售收入(万元)	利税总额(万元)	法定代表人
1	兴化市超越涤纶制品有限公司	2436.71	206	赵剑莉
2	泰州秸能生物质科技有限公司	1916.40	172	殷惠军
3	江苏板桥饲料股份有限公司	1892.44	168	魏荣成
4	兴化市隆昌医用敷料有限责任公司	1469.43	153	戎朝乾
5	兴化市华良敷料卫生用品有限公司	1198.07	129	刘中荣
6	兴化市匠承古建园林营造有限公司	1089.53	132	时兴男
7	泰州昇辉金属有限公司	1043.47	168	章增勇
8	兴化市丝诺卫生用品有限公司	1001.92	137	宋　杰
9	兴化市恒逸鞋业有限公司	943.44	108	赵素平
10	可可溢香(江苏)味业有限公司	737.65	102	姚东建
11	兴化市润翔内燃机配件厂(普通合伙)	585.02	86	居桂华
12	兴化市久阳保温材料有限公司	518.08	83	唐长红
13	江苏味香浓食品配料有限公司	378.42	79	唐广平
14	兴化市正大卫生用品有限公司	304.82	52	征大办

表 57　2023 年永丰镇行政村、社区基本情况表

村(社区)名称	村(社区)支部书记	村(社区)委员会主任	耕地面积(公顷)	人口(人)	工农业总产值(万元)	农村居民人均可支配收入(元)
徐扬村	孙昌兵	孙昌兵	295.15	3488	4469.71	32000
桑富村	征明军	征明军	196.74	1692	3688.29	29961
三联村	凡　深	凡　深(主持)	190.34	1546	3684.38	28093
捷行村	朱红伟	朱红伟(主持)	298.14	2557	3928.45	30710
新熹村	许华东(8 月免) 鲍中剑(8 月任)	鲍中剑(主持)	336.18	3627	6193.15	30941
三星村	韦兴平	韦兴平	261.6	2249	3944.67	29057
东倪村	焦满全	焦满全	298.14	2431	4362.16	30574
四合村	张正刚	张正刚	284.11	3074	4441.07	29073
东棒徐村	沈彩阳(11 月免) 裴鑫权(11 月任)	沈彩阳(11 月辞) 裴鑫权(主持)	109.8	1836	3673.14	30088
永联村	宗洪华(8 月免) 刘　明(8 月任)	宗洪华(8 月辞) 刘　明(主持)	261.15	2571	4964.63	28618
永兴村	姚大巡	姚大巡	224.33	2386	4343.34	29041
兴盛村	翟爱民	翟爱民	519.94	3396	4846.65	30999
四塔村	冯春建(7 月免) 王　路(7 月任)	王　路(主持)	183.02	1966	3356.51	28605
明兴村	吴友达	吴友达	219.86	2372	3904.35	29997
兴港村	葛昭和	葛昭和	405.24	3654	4542.74	30534
迎新村	王正海	王正海	187.85	2172	3885.81	27155
苏扬村	王步桂	王步桂	199.45	2361	3261.47	28268
如意村	王前门	王前门(主持)	190.14	2968	3553.62	28585

安丰镇

【概况】　安丰镇位于兴化市东北部，境内河湖纵横，水网密布，市级主航道塘港河、海沟河交叉流过。全镇行政区域面积 209 平方千米，耕地面积 13986 公顷，辖行政村 42 个、社区居委会 5 个、泰州市级工业园区 1 个，总户数约 4.1 万户，总人口约 11.58 万人。

【经济建设】　2023 年，安丰镇实现地区生产总值 55.24 亿元，税收收入 1.7 亿元，一般公共预算收入 8914 万元。新增规上企业 10 家，开票销售亿元以上企业 6 家，税收过千万企业 1 家。核实全镇蟹塘实际面积 1.19 万公顷，剩溢面积近 667 公顷，推进“小田变大田”，规范农村资

2023 年 9 月 5 日，安丰镇举行中国·安丰“国蟹之夜”文艺晚会，开拓螃蟹市场　(安丰镇/供图)

2023年10月18日,安丰镇召开“安丰之根”建设动员大会,启动“安丰之根”文旅街区工程　（安丰镇/供图）

源管理。42个村集体经营性收入3873万元,100万元以上村数量实现翻番。引导资金不断惠及科技型企业,新增“科技贷”“环保贷”3400万元。培育成长型企业10家、高新技术企业2家、科创型企业12家,完成智改数转上云企业5家。江苏飞月轴瓦有限公司获评“江苏省专新特精企业”,江苏汇博机械科技有限公司、泰州市美鑫铸造有限公司创成“国家级高新技术企业”。培育养蟹大户131家,推动蟹农由能养蟹、会养蟹向养好蟹、养大蟹转变。成立国蟹市场专班,理顺国蟹市场管理经营体制机制,形成政府负责基础性管理,召开“邂逅蟹乡、安丰安好”品牌渠道商发展大会,引进品牌渠道商29家。举办“乡贤相聚、安丰安好”项目发展大会,招引螃蟹深加工企业21家。

【社会事业】　2023年,安丰镇出版发行《安丰镇志》,做到存史资政育人。推进《兴化市安丰镇国土空间总体规划(2021—2035)》编制工作,推进小城市道路成环成网。新建九丰新型农村社区农房改善项目和下圩翟家村民集中居住区工程,完成农房改造改善335户,迁进安置314户。完成房屋搬迁101户,启动实施杨许路和丰泽路道路建设。改造D级危房24户,维修农村公路4346平方米,新改建农村危桥20座。推动府前路和程关路两侧人行道提档升级工程,更新路灯210盏,安放花箱240组,打造街头微景观5处。改造电启闭闸3座,改造圩口闸1座,维修圩口闸8座,维修排涝站3座,加修圩堤1.27千米。完善镇区基础配套,新建停车场4个,新增停车位200个。推进海沟河驳岸工程,新建防洪挡墙4.84千米,疏浚河道土方30.15万立方米。安丰安好篮球队代表泰州在全国和美乡村篮球大赛选拔赛中获得三等奖。启动“安丰之根”文旅街区工程,建设文化标识、培育文化力量。安丰人民公园获评“江苏最美乡村健身公园”。2023年12月15日,安丰镇入选江苏省乡村振兴示范乡镇、示范村创建名单。

【生态建设】　2023年,安丰镇推进村庄环境整治,累计拆除旱厕1852处、废牲圈519处、倒塌房118处,清除杂物堆3266处,

2023年5月25日,省环保集团考察安丰镇安东村三池两坝项目　（安丰镇/供图）

完成农村户厕改造716户,新建公厕185座。紧扣文明城市和卫生城市创建契机,加大违章搭建整治力度,开展省道229和省道465沿线铁皮棚专项整治,拆除铁皮棚436个、1.33万平方米。完成市交成片造林任务面积3653平方米、更新造林任务面积3.4万平方米。

【社会治理】 2023年,安丰镇发放失业保险稳岗返还资金95630元、惠及企业26户。新增城镇就业1568人,实施照护保险制度,覆盖参保人员86522人,新增企业职工养老保险参保1248人。开展困难老人周探访、困境儿童日打卡活动,举办关爱活动52场次,提供居家养老上门服务5.1万人次。推动医疗资源共建共享、医疗服务同质同享,创建江苏省"15分钟医保服务圈"示范点。推进危化品、厂中厂、经营性自建房、城镇燃气、小场所等领域治理,开展安全生产大检查38次,其中燃气专项检查18次,整改各类风险隐患2256个,全年无重特大安全事故发生。实体化运行社区5个,规范管理无物管小区5个,提升城市治理扁平化、精细化、长效化水平,创成"江苏省卫生镇"。

(高友常)

表58　2023年安丰镇主要经济社会指标一览表

指标名称	单位	数值	指标名称	单位	数值
总户数	户	40903	工业利税总额	万元	5300
总人口	人	115809	财政内预算收入	万元	11108.88
乡镇从业人员数	人	38156	一般公共预算收入	万元	8914
行政区域面积	平方千米	209	私营个体税收	万元	17148
耕地面积	公顷	13986	农村居民人均可支配收入	元	31752
地区生产总值	万元	552367	中小学校	所	6
人均地区生产总值	元/人	70736	在校学生	人	5594
第一产业增加值	万元	147105	在职教师	人	510
第二产业增加值	万元	116500	医院	所	5
第三产业增加值	万元	288795	卫生所(室)	个	5
生猪出栏量	头	28170	医生数	人	285
家禽出栏量	万羽	98	病床数	张	438
水产品产量	吨	36411	参加养老保险人数	人	40500
工业企业数	家	181	参加农村新型合作医疗人数	人	70946
工业开票销售收入	万元	263900	享受居民最低生活保障人数	人	2169

表59　2023年安丰镇骨干企业基本情况表

序号	企业名称	销售收入(万元)	利税总额(万元)	法定代表人
1	泰州兴康金属铸造有限公司	24945	91.1	智月刘
2	兴化市卡特金属制品有限公司	17944.8	162.8	葛承华
3	兴化市荣乙塑料制品有限公司	16839.9	776.5	王卫平
4	江苏盛丰纤维科技有限公司	16599.5	905.4	徐　峰
5	兴化市兴宇电炉材料有限公司	11983.8	0	王寿于
6	兴化市鼎发铜制品有限公司	11140.4	3.2	蒋殿秀

续表 59

序号	企业名称	销售收入(万元)	利税总额(万元)	法定代表人
7	兴化炜泰制衣有限公司	9638	708.1	顾　懋
8	江苏正美生态木业有限公司	9360.7	-3.7	吴亚明
9	江苏红膏饲料有限公司	7634.7	66.6	周登峰
10	泰州市美鑫铸造有限公司	7320.1	95	陈文美
11	泰州东鼎光电科技有限公司	6989.5	147.5	戚荣玉
12	泰州长新纺织(兴化)有限公司	6466.6	-6.9	王安坚
13	泰州鑫晟金属制品有限公司	5247.9	90.9	杨　阳
14	兴化市盛特纺织有限公司	4160.4	56.2	陈中剑
15	江苏昊星新材料有限公司	3614.7	186.5	周志峰
16	江苏大紧合路材有限公司	3123	17.8	葛冬晨
17	泰州市同创装饰材料有限公司	2847.1	321.4	侯　勇
18	兴化市宝城密封材料有限公司	2521.3	23.5	万大祥
19	泰州亚航金属结构有限公司	2493.9	17.2	郝洪山
20	兴化市达源盛金属制品有限公司	2474.8	193.6	顾高楼
21	江苏飞月轴瓦有限公司	2403.6	491	刘仁宽
22	江苏神彩印刷包装材料有限公司	2382.7	55	葛　庆
23	江苏大鹏电缆有限公司	2280.4	41.8	顾高楼
24	兴化市郑氏金属制品有限公司	2228.1	25.3	郑荣展
25	兴化市丰源建材有限公司	2198.6	54	李存海
26	兴化市日盛包装材料有限公司	2084.4	42.5	陈汝高
27	兴化市欧凯塑料管业有限公司	2030.8	28.5	李富荣
28	江苏鼎丰电炉设备有限公司	2026.8	151.9	黄福群
29	兴化市诚力钢结构有限公司	2024.2	5.6	刘兆军
30	兴化市正福塑业有限公司	1286.4	38.4	张福验
31	兴化市宇存金属铸造有限公司	134.4	2.9	陈利军

表 60　2023 年安丰镇行政村、社区基本情况表

村(社区)名称	村(社区)支部书记	村(社区)委员会主任	耕地面积(公顷)	人口(人)	工农业总产值(万元)	农村居民人均可支配收入(元)
万耿村	耿德嵩	耿德嵩	503	2469	3113	33023
万刘村	刘庆堂	刘庆堂	442	2078	3550	33375
西南村	刘凤田	刘凤田	547	2025	4997	32970
三庄村	葛于群	葛于群	627	2454	5926	32983
寺万村	许卫兴	许卫兴	323	1425	3120	33747
东郊村	袁日爱	袁日爱	468	3015	4104	33483

续表 60

村(社区)名称	村(社区)支部书记	村(社区)委员会主任	耕地面积(公顷)	人口(人)	工农业总产值(万元)	农村居民人均可支配收入(元)
安东村	刘　安	刘　安	483	3399	24730	34962
九丰村	翟长宽	翟长宽	454	3192	21570	33579
新北郊村	杨友华	杨友华	433	3717	33438	34342
东新合村	刘赤栋	刘赤栋	439	2060	5926	32505
五庄村	汤友萍	汤友萍	381	1724	4358	32846
塘港村	丁春建	丁春建	574	2561	4406	32903
黄庄村	成礼才	成礼才	730	3193	15720	34105
富强村	成玉贵	成玉贵	629	2489	6932	33152
新陆宴村	蔡红桂	蔡红桂	571	3021	12496	32730
中圩村	葛达桂	葛达桂	544	2823	11905	32730
大杨庄村	吴文舜	吴文舜	402	1947	6925	32872
张阳村	王文林	王文林	367	1361	10862	33758
沈曹村	周长斌	周长斌	397	1916	6743	32265
四和村	张建春	张建春	484	2404	7015	33801
祁戚村	戚兴祥	戚兴祥	460	2808	1411	31959
钟祁村	陈忠兰	陈忠兰	372	2024	956	33606
肖家村	沈红卫	沈红卫	421	2164	2551	32659
联合村	吴杰凯	吴杰凯	332	1608	1659	33525
民乐村	徐　祥	徐　祥	420	1678	1541	33764
钟南村	徐昌键	徐昌键	451	2249	1403	33246
韩周村	韩　坚	韩　坚	354	1494	1066	33702
双凤村	王万俊	王万俊	566	2687	1921	32375
孙联村	陈顺彬	陈顺彬	361	1515	1088	33063
黎明村	王昌银	王昌银	595	2678	2044	32115
文好村	孙庭高	孙庭高	645	2945	2857	33240
新元村	郭乃安	郭乃安	638	2913	2889	33018
下圩村	曹　华	曹　华	764	3442	2116	32439
同盟村	韩　春	韩　春	391	1580	1193	32021
洋港村	陈　禹	陈　禹	505	2258	1883	32182
刘文村	孙宝祥	孙宝祥	383	1892	1666	33967
双联村	成　俊	成　俊	473	2339	1817	33180
联富村	张月明	张月明	394	1959	1616	33877
清洋村	张传健	张传健	343	1590	1310	32576
双建村	殷银根	殷银根	547	2410	1911	32569
朝阳村	陈中林	陈中林	411	1998	1623	32828
李东村	徐松伟	徐松伟	648	3202	2457	32176

新垛镇

【概况】 新垛镇位于兴化市东北，东邻盐城市大丰区，南濒海沟河，北与盐城市隔河相望。全镇行政区域面积49.1平方千米，其中耕地2763.06公顷，辖行政村11个、社区1个，总户数8785户，总户数约2.37万人。

【经济建设】 2023年，新垛镇实现地区生产总值8.89亿元，其中一、二、三产业增加值分别为3.29亿元、1.77亿元、3.83亿元，税收收入2126万元，一般公共预算收入1177万元；固定资产投资5.47亿元；农村居民人均可支配收入3.04万元。全镇入账经营性收入1004.17万元，11个村集体经营性收入均达30万元以上。签约亿元项目2个（盛沃建材、纪宇标准厂房），亿元开工项目2个（盛沃建材、纪宇三期），亿元竣工项目1个（纪宇三期），5亿元竣工项目1个（江电二期）。新增土地流转面积213.33公顷，产权交易笔数94笔，交易金额767.88万元，溢价65.8万元。申报兴化示范家庭农场3家，培育泰州市示范家庭农场3家，泰州市示范农民专业合作社1家。兴化市海沟河米业有限公司获批泰州市级龙头企业。3个村光伏项目成功并网发电，5栋标准厂房已全部落实企业承租。

【社会事业】 2023年，新垛镇推动土地增减挂钩、占补平衡项目，推进农房改善和危房整治113户，超额完成市交任务，集中安置房建设启动进场。加强农民宅基地管理，办理农民建房25户。加强公路安全管护，抓好农村公路提档升级工程，对7条提档升级的农村公路进行绿化补栽234棵，安装防撞护栏938米、警示桩44根、减速带34米、危闸标牌8根、危桥标牌2根、限速标牌2根等，整理边坡路肩水土流失培土41.6立方米，清理挖翻种植面积3000平方米，桥头跳车沥青浇筑108.8平方米，破损路面浇筑2188.3平方米。打造施耐庵陵园、施耐庵故居、施家桥特色田园乡村、特色农业产业。2023年以来，文化园接待量4.5万余人，门票、文创产品收入8.5万余元。人均接受文化场馆服务次数、公共文化数字建设覆盖率、人均体育场地面积完成情况在全市名列前茅；对全镇65岁以上老年人进行免费健康体检，完成村卫生室提升工程建设。

【生态建设】 2023年，新垛镇以文明城市创建为抓手，组织开展创城入户宣传，完成垃圾中转站的运营发包工作，加大集镇脏乱差整治力度，清理路边杂物，实施集镇镇区主干道增设道路隔离护栏工程，并设置标线、停车位等标识；围绕水环境综合治理，与河海大学合作的里下河首家水葫芦处置中心项目已成功落地。紧扣省考断面水质“增Ⅲ保Ⅲ”的目标，省考张高断面水质实现月月达标、全年达标。累计拆除猪圈34处、拆除旱厕22处、清理积存垃圾1380处，清理乱搭乱建2处、乱堆乱放850处、乱贴乱挂1144处。泰州市乡村振兴示范村、美丽宜居乡村通过初步验收。对四五河、朱彭干河进行生态河道打造，其中四五河通过省级验收，朱彭干河通过泰州市验收，市级河道反修河排名第一等次。村级河道曹吉村队部南河全市排名第二等次，并于2023年12月获评泰州市五星级幸福河湖。

【社会治理】 2023年，新垛镇聘请安全专家检查8次、消防安全专项检查6次、夜间专项检查8次，累计22次，发现隐患574条，现场整改139条，发出责令整改通知单96张，整改率100%。逐步完善退役军人服务保障体系，退役军人优待证办证率位列全市前茅。做好创业富民工作，组织企业职工技能提升培训、创业培训。开展五保低保、特困人员认定、复核，加大临时救助力度，组织开展低收入人口认定。城乡低保标准提高到月人均800元，农村特困补助标准提高到月人均1040元，对困境儿童、留守儿童落实保障政策。

【丰乐村】 丰乐村坐落于新垛镇海沟河北，由王元、易周2个责任区合并而成，下辖村民小组11个，总户数618户，总人口1831人，耕地面积135.7公顷。村党总支有党员57名，在编在职村干部5名。近年来，在党员、干部、群众的共同努力下，村各方面均有明显提高，干群关系较为融洽，新农村建设有效推进，村“两委”的凝聚力和战斗力明显提高。2023年，丰乐村实现村级经营性收入80.29万元，被评为“综合先进村第一等次”。

【李施村】 新垛镇李施村位于新垛镇东北角，距离集镇4千米,由李施、李方2个自然村合并而成,耕地面积189公顷。总人口1372人,总户数521户,全村劳动力562人,正常在村从事农业生产的有400人左右,以传统农业种植稻、麦为主,大豆、油菜为辅。村党支部现有党员52人,在职村干部6人。2023年,实现村集体经营性收入81万元,农村居民人均可支持收入2.86万元,获评江苏省生态宜居美丽乡村,2023年6月,获"兴化市先进基层党组织"称号。

(朱林芹)

表61 2023年新垛镇主要经济社会指标一览表

指标名称	单位	数值	指标名称	单位	数值
总户数	户	8785	工业利税总额	万元	2137.54
总人口	人	23686	财政内预算收入	万元	5626.03
乡镇从业人员数	人	15278	一般公共预算收入	万元	1177
行政区域面积	平方千米	49.1	私营个体税收	万元	—
耕地面积	公顷	3295	农村居民人均可支配收入	元	30386
地区生产总值	万元	88912	中小学校	所	2
人均地区生产总值	元/人	61053	在校学生	人	546
第一产业增加值	万元	32876	在职教师	人	79
第二产业增加值	万元	17712	医院	所	1
第三产业增加值	万元	38324	卫生所(室)	个	8
生猪出栏量	头	14174	医生数	人	20
家禽出栏量	万羽	2.81	病床数	张	65
水产品产量	吨	5005	参加养老保险人数	人	14056
工业企业数	家	33	参加农村新型合作医疗人数	人	16417
工业开票销售收入	万元	75813	享受居民最低生活保障人数	人	357

表62 2023年新垛镇骨干企业基本情况表

序号	企业名称	销售收入(万元)	利税总额(万元)	法定代表人
1	江苏江电电力设备有限公司	40414.1	2327.68	赵燕森
2	兴化市纪宇塑业有限公司	9472.28	263.28	吉得纪
3	兴化市一禾机械厂	2049.2	695.84	陈　娟
4	兴化市嘉惠服装辅料有限公司	1820.45	135.54	汪小毛

表63 2023年新垛镇行政村、社区基本情况表

村(社区)名称	村(社区)支部书记	村(社区)委员会主任	耕地面积(公顷)	人口(人)	农村居民人均可支配收入(元)
丰乐村	杨天成	杨天成	135.7	1831	30038
新城庄村	王季勇	王季勇	222.9	2992	28244
港西村	周春烨	周春烨	278.7	2393	29026
庙徐村	徐宝满	徐宝满	181.4	1543	28710
曹吉村	吉德勇	吉德勇	197.6	2050	28160
新东村	刘海建	刘海建	245.6	2416	27979

续表 63

村(社区)名称	村(社区)支部书记	村(社区)委员会主任	耕地面积(公顷)	人口(人)	农村居民人均可支配收入(元)
施家桥村	汤文元	汤文元	339.7	3237	30189
朱彭三庄村	朱同峰	朱同峰	155.4	1380	28391
徐高村	成久兰	成久兰	146.6	1273	28358
李施村	吉永华(4月免) 陈桂军(4月任)	吉永华	189.0	1372	28630
张高村	张红标	张红标	164.1	1665	29309

钓鱼镇

【概况】 钓鱼镇位于兴化市北部,区位优势独特,水陆交通便利,东临宁靖盐高速、西接京沪高速、北连兴盐河、南通引江河,3条省级公路(332大兴金、231兴泰、233邮兴盐)穿境而过,乡村道路全面硬质化。行政区域面积74.88平方千米,耕地面积4122公顷,行政村13个、社区1个,总户数约1.36万户,总人口4.13万人。

【经济建设】 2023年,钓鱼镇实现地区生产总值10.45亿元;一般公共预算收入2120万元;固定资产投资2.1亿元;农村居民人均可支配收入2.78万元。完成工业开票销售收入6.67亿元;工业规上总产值8.8亿元;规上工业企业研发投入3000万元;高新技术产业投资额735万元。完成市交网上对标评估和接入工业互联网标识解析节点工作任务。总投资2.08亿元的胜兴桩业管桩项目,一期已开工建设,厂房办公楼已基本成型。盘活土地1处,投资3500万元的翔金消防器材已开工建设。投资5000万元的联富食品"真的有料"预制菜项目已竣工投产。完成村集体资产资源交易标105个,成交价2459万元。全镇共有省级"示范农场"4家,泰州"示范农场"7家、兴化"示范农场"4家。完成66.67公顷提水养殖生态化改造。完成"8420"村集体经济发展年度目标任务,收入合计1548万元,八尺沟大食堂项目已竣工验收,提水养殖管理服务费收缴超200万元,南赵村完成"小田变大田"试点任务。南赵村创成省、泰州乡村振兴示范村,八尺沟村创建成泰州市乡村振兴示范村。完成江苏翰菘冷链物流仓储有限公司等10家服务业企业注册落户,实现第三产业增加值4.07亿元。水产品批发市场发展日益增效,带动全镇餐饮、住宿、零售、物流等行业发展,培育限额以上批零住餐企业4家,新进库企业4家。

【社会事业】 2023年,钓鱼镇开展人居环境整治"三巡五必须"工作,累计发现问题676个,解决659个。户厕改造新建43户,整改达标31户,完成目标任务。对集镇管理维护进行完善,对集镇部分路面进行修补,同时投入近30万元打造1处微型文体休闲广场。镇农业供水协会获"国农民用水合作示范组织"称号。落实农民减负工作,控减四项负担总额190.44万元,比市控减办额定的218.26万元减少27.82万元。镇卫生院完成优质服务基本单位创建,推进辖区内65岁以上老人免费体检工作。发挥奖教励学基金会作用,推进义务教育水平提升。紧抓15分钟医保服务圈通过省级验收契机,提升为民服务中心规范化、便利化水平,打通服务群众的"最后一公里",真正实现服务零距离。为群众办理各类事项5万余件,"线上件"4312件。投入52万元,改造电启闭圩口闸2座、维修圩口闸3座、维修排涝站1座、加修圩堤1.6千米;投入25万元,在钓鱼东大河进行生态河湖建设,全长5千米,并作为全市观摩现场。投入近200万元,实施临改正工程,工程项目已竣工,现有50户完成接电。投入625万元,推进粮食园区提档升级改造工程,项目已在扫尾,临近竣工。

【生态建设】 2023年,钓鱼镇推进畜禽养殖污染治理,规范蟹塘养殖尾水排放,国考省考断面地表水达到或好于三类水体比例100%。成立大气污染防治工作专班,空气环境质量得到显著提升,空气优良天数比例77.9%,$PM_{2.5}$(可入肺颗粒物)等相关指标明显好转,在泰州市各镇街站点环境空气质量排名中名次显著提升。北赵村通过人居环境薄弱村验收。引导中朝村创建成为兴化市特色田园乡村,八尺村、南赵村创建省级特色田园乡村规划已编制。推进生活污水处理设施建设,截至2023年12月,12个行政村已完成配套。

【社会治理】 2023年,钓鱼镇以开展“五好文明家庭”“美丽庭院”“诚信守法户”等评比活动为主要抓手,开展移风易俗活动,形成尊老爱幼、男女平等、夫妻和睦、勤俭持家、邻里团结的良好风气。南赵村被评为全国第三批乡村治理示范村。发挥“有事好商量”协商议事平台作用,引导在外能人参与“我的家乡我建设”活动,有效解决一批民生热点问题。社会运行和谐稳定。网格化治理工作再上新台阶,2023年第一、第二季度钓鱼镇综合指挥中心(网格化服务管理中心)获兴化市“流动红旗中心”称号,7人获“网格员之星”称号,2人获“优秀网格长”称号,1人获“坐席员之星”称号。落实“扫黑除恶”专项斗争常态化工作机制,持续推进“净网”行动。直面群众反映强烈的“散乱污”企业问题,与市执法部门对接,强化常态化监督整治力度。落实“一年小灶”“三年大灶”工作要求,推进17个重点行业领域安全生产专项整治,全年无重大安全事故。

(刘　兴)

表64　2023年钓鱼镇主要经济社会指标一览表

指标名称	单位	数值	指标名称	单位	数值
总户数	户	13550	工业利税总额	万元	4052
总人口	人	41341	财政内预算收入	万元	4492.6
乡镇从业人员数	人	16605	一般公共预算收入	万元	2120
行政区域面积	平方千米	74.88	私营个体税收	万元	566
耕地面积	公顷	4122	农村居民人均可支配收入	元	27802
地区生产总值	万元	104547	中小学校	所	3
人均地区生产总值	元/人	46468	在校学生	人	881
第一产业增加值	万元	38778	在职教师	人	89
第二产业增加值	万元	25033	医院	所	2
第三产业增加值	万元	40736	卫生所(室)	个	9
生猪出栏量	头	18262	医生数	人	108
家禽出栏量	万羽	38.2	病床数	张	80
水产品产量	吨	5633	参加养老保险人数	人	13368
工业企业数	家	88	参加农村新型合作医疗人数	人	28219
工业开票销售收入	万元	66726	享受居民最低生活保障人数	人	676

表65　2023年钓鱼镇骨干企业基本情况表

序号	企业名称	销售收入(万元)	利税总额(万元)	法定代表人
1	江苏上峰水泥有限公司	20273	333	俞云灿
2	兴化市永泰新材料有限公司	14827	482	朱志伟
3	兴化市联富食品有限公司	14486	716	刘庆峥
4	兴化市富华纺织品有限公司	4020	285	苏　浩
5	兴化市祥盛建材厂	2227	87	姚青珍

表 66　2023 年钓鱼镇行政村、社区基本情况表

村(社区)名称	村(社区)支部书记	村(社区)委员会主任	耕地面积(公顷)	人口(人)	工农业总产值(万元)	农村居民人均可支配收入(元)
钓鱼社区	查庆党	查庆党	—	3121	—	—
钓鱼村	刘　兴	刘　兴	525.6	6759	15322	29003
胜利村	陆奇珍	陆奇珍	289.9	881	2999	26620
八尺沟村	赵润栋	赵润栋	295.7	3186	3722	29949
北赵村	王　栋	王　栋	290.9	2402	6429	26414
春景村	夏月江	夏月江	344.9	3026	3988	26463
吉城村	陆　峰	陆　峰	336.5	3118	4766	27404
南赵村	冶远秋	冶远秋	266.9	2328	7297	30651
南芙蓉村	夏桂军	夏桂军	244.1	2279	5155	26835
园区村	陆进成	陆进成	258.6	2667	3763	28616
中朝村	沈步炳	沈步炳	339.6	3139	4514	27360
北芙蓉村	邵玉江	邵玉江	278.1	2824	3831	26016
洋汉村	房兴树	房兴树	399.3	3176	3936	27846
檀孙村	李　江	李　江	251.9	2435	3085	27270

大营镇

【概况】　大营镇风景如画，河港纵横交错，水乡风情浓郁。全镇行政区域面积 56 平方千米，耕地面积 3675 公顷，辖行政村 10 个、社区 1 个，村民小组 185 个，总户数 8428 户，总人口约 2.46 万人。

【经济建设】　2023 年，大营镇完成地区生产总值 7.35 亿元，一般公共预算收入 1066 万元；实现村级集体总收入 2445.48 万元，经营性收入 897.35 万元，农村居民人均可支配收入 26730 元。工业开票销售 4.3 亿元，工业利税总额 960 万元，限上批零住餐贸易额 10.2 亿元。兴化市春马再生资源有限公司项目正在进行可研报告。泰州市中安金属制品有限公司、兴化市营东电子有限公司分别新建厂房面积 4000 平方米、3000 平方米，泰州市诚德建材有限公司迈进规上行列，江苏飒雪制冷设备工程有限公司将生产线迁至大营镇，泰州江浙通塑业有限公司、江苏易创电热科技有限公司等企业新上生产线。新增国家级高新技术企业 1 家、科技型中小企业 3 家。开展技术交流与合作，技术合同登记额 9100 万元。新增发明专利 5 个，获批三星级上云企业 1 家、江苏省产权交易中心备案登记 4 家。申报农业农村重大项目 2 个、农业招商引资项目 2 个、泰州市级龙头企业 2 家。申报一、二、三产业融合发展用地需求项目 2 个、农业产业化联合体 1 家。完成省部级小麦绿色高质高效创建目标任务，辐射面积 1867 公顷，亩产 550 千克。累计投入近 3000 万元，完成农田改造面积 713 公顷。立足本地红皮洋葱传统产业，完成 13.3 公顷洋葱新品种示范方建设，开展洋葱全程机械化试点工作，召开全省洋葱机械化现场会。经统一供种、统一指导、统一销售，帮助 412 公顷葱农实现增产增收。探索发展菊花产业深加工，全镇以金丝皇菊为主的菊花种植面积 56.67 公顷。

【社会事业】　2023 年，大营镇支持镇卫生院创建二级社区医院，投资 450 万元新建幼儿园正式投入使用，兴化市老年大学大营分校顺利开班。完成滨水运动街区、府西路建筑外立面改造二期工程、健康路景观停车场建设，人民路、府西路、阵营路 3 条集镇主干道“白改黑”顺利完成，对镇综合行政执法局西侧严重破损道路进行拆除重建，阵营港东路供销社路段顺利通车。新设置临水段公路护栏 1280

米,交通道口减速带124米,整平40余处流沟。完成提档升级公路绿化工程,实现镇级公路绿化亮化全覆盖。董家大桥如期通车。新建圩口闸13座、电灌站28座、机耕桥23座、机耕路16.15千米、硬质渠9.4千米。完成2座圩口闸电启闭改造,全镇圩口闸电启闭改造率83%。完成4个居民点、123户农户搬迁工作,实现增减挂钩4.23公顷,获评江苏省2023年耕地保护激励单位。推进安置小区建设,194套房屋顺利交付。组织实施兴盐界河部分段面清淤疏浚,全长1.2千米,疏浚土方1.4万立方米,落实河蟹养殖尾水排放报告制度。完成新时代文明实践所提升工程,镇新时代文明实践所获泰州市金奖。承办泰州市暨兴化市2023年文化科技卫生“三下乡”集中服务活动。举办大营镇首届乡村振兴运动会,丰富广大群众精神文化生活。开展“我们的节日”系列活动,弘扬优秀传统文化,营造欢乐祥和的节日氛围。阵营村崔庄责任区入选第六批江苏省传统村落,屯南村创成兴化市级特色田园乡村,兴营社区入选泰州市第二批“石榴籽家园”名单。

【生态建设】 2023年,大营镇推行全域秸秆离田,完成秸秆全量离田面积2766.67公顷。开展断面巡查及水质自行监测分析,累计自行采样监测166次,民主村国考断面全年稳定达标。推进大气污染防治,2023年度$PM_{2.5}$(可入肺颗粒物)平均浓度为32.9微克/立方米。实施生态河道建设,落实镇级河道1条、村级河道10条。完成400户农村户厕改造,开展集镇污水管网十必接“回头看”,保障集镇污水管网扩面工程扫尾项目,完成屯北村金高4、5组农村生活污水接管工程。更新造林1.2万平方米,新建完善农田林网面积107.3公顷。

【社会治理】 2023年,大营镇新增就业人数264人,扶持创业富民贷款发放3人,新增高技能人才5人,新增公益性岗位安置就业困难人员11人,就业困难人员实现就业68人。入选全省“扫黄打非”进基层示范点,获“向上攀登红旗”称号。实现就业精准扶贫扶持政策知晓率100%,失业人员就业创业率100%。完成企业养老保险扩面264人,失业保险扩面222人,工伤保险扩面222人,城乡居民养老保险扩面70人。城乡居民养老保险续保率98%以上,1000元以上缴费比率为45%,城乡居民医疗保险实现应保尽保。完成“15分钟医保服务圈”建设考核验收工作,养老保险资格认证率保持100%,申领电子社保卡人口覆盖率约68%。开展一般工业固体废物专项整治、“两治一提升”专项行动,切实维护生态环境安全。推进扫黑除恶、防邪反邪、全民反诈等工作,持续深化平安大营建设。做好未成年人保护工作,组织开展“大营幼爱”系列关爱活动,公益暑托班招生268名,涵盖幼儿园、小学、初中,开设专题课程6个。超额完成市益行儿童基金会募捐任务,共筹集公益善款15.8万元。牢固树立安全发展理念,压实安全生产责任。组织重大事故隐患专项排查整治行动,整改市安委会交办的重大隐患3项。开展交通安全、消防安全、燃气安全、建筑安全、食品安全等专项整治活动38次,下达整改通知书27份,查出隐患183处,整改179处,整改率98%。拆除供销系统老旧危房,切实保障群众生命财产安全。

(卞伟东)

表67 2023年大营镇主要经济社会指标一览表

指标名称	单位	数值	指标名称	单位	数值
总户数	户	8428	工业利税总额	万元	960
总人口	人	24636	财政内预算收入	万元	21535
乡镇从业人员数	人	11589	一般公共预算收入	万元	1066
行政区域面积	平方千米	56	私营个体税收	万元	288
耕地面积	公顷	3675	农村居民人均可支配收入	元	26730
地区生产总值	万元	73484	中小学校	所	2

续表 67

指标名称	单位	数值	指标名称	单位	数值
人均地区生产总值	元/人	53157	在校学生	人	278
第一产业增加值	万元	34308	在职教师	人	62
第二产业增加值	万元	14440	医院	所	1
第三产业增加值	万元	24736	卫生所(室)	个	10
生猪出栏量	头	28866	医生数	人	38
家禽出栏量	万羽	5.6	病床数	张	170
水产品产量	吨	7156	参加养老保险人数	人	7859
工业企业数	家	82	参加农村新型合作医疗人数	人	16589
工业开票销售收入	万元	42917	享受居民最低生活保障人数	人	265

表 68　2023 年大营镇骨干企业基本情况表

序号	企业名称	销售收入(万元)	利税总额(万元)	法定代表人
1	泰州市中安金属制品有限公司	4251	152	王爱芹
2	泰州市大润机械有限公司	3930	170	陈思雨
3	兴化市远东石材加工有限公司	2656	142	赵朝远
4	江苏安硕材料科技有限公司	1949	153	沈日荣

表 69　2023 年大营镇行政村、社区基本情况表

村(社区)名称	村(社区)支部书记	村(社区)委员会主任	耕地面积(公顷)	人口(人)	工农业总产值(万元)	农村居民人均可支配收入(元)
大营村	王小娟	王小娟	9025	5460	26750	31300
屯南村	朱　敏	朱　敏	5150	2159	14855	20163
营丰村	陈　健	陈　健	5422	2135	17976	26455
屯军村	施爱莲	施爱莲	5886	2190	13335	22580
洋子村	束爱明	束爱明	281.96	1688	8654	29213
联镇村	祁恒旭	祁恒旭	5725	1714	2740	22557
屯北村	柏龙辉	柏龙辉	5080	2208	9600	28942
高港村	肖　锋	肖　锋	4469	1958	3082	29046
阵营村	董　攀	董　攀	5119	1528	2432	29709
营中村	董德康	董德康	5886	2460	2480	29075
兴营社区	李冬梅	李冬梅	85	3320	—	25000

沙沟镇

【概况】　沙沟镇位于兴化市西北部,地处盐都、建湖、宝应、高邮、兴化五县(市)交会处,资源丰富,生态宜人,物产丰殷,是里下河地区著名的鱼米之乡。全镇行政区域面积 127.81 平方千米,耕地面积 6467 公顷,辖行政村 17 个、社区 1 个,总户数 1.61 万户,总人口约 5.1 万人。

【经济建设】　2023 年,沙沟镇实现地区生产总值 14.4 亿元,

一般公共预算收入2665万元,农村居民人均可支配收入30280元,财政内预算收入5883万元。招引江苏果敢建设有限公司、华新建工集团有限公司兴化分公司、江苏北满建设有限公司等3家建筑企业,1家稻米深加工企业。签约亿元项目1个,竣工亿元项目1个。新增规上服务业企业2家,实现规上服务业营业收入1.6亿元。新增限额以上批零住餐企业4家,实现批零住餐业贸易(销售)额21.56亿元。新增发明专利3项,完成科创项目2个,签订8000万元技术合作合同。帮助兴化市兴华有色金属制品厂复工复产,完成开票销售收入2800万元,泰州金沙食品有限公司获评省级三星级上云企业。提升绿色优质农产品比重,新申报1840公顷绿色食品基地。举办高素质农民培训班,累计培训340人次。帮助经营主体成功办理农商行惠农贷款,申报贴息60万元。新培育蔬菜销售合作社1家、家庭农场8家。5家示范农场通过验收,其中省级1家、市级1家、县级3家。激活村集体经济发展新动能,成为泰州市实现村集体经营性收入200万元以下清零的唯一乡镇。

【社会事业】 2023年,沙沟镇推进里下河洼地治理工程农民集中居住区建设,崔新村、崔东村、沙北村均已完成主体工程,其中崔垛新村顺利交付40户。开展农房改善行动,累计改造农房117户、集镇区域翻建维修49户。合理利用和保护土地资源,完成占补平衡面积26.6公顷。推进国家AAAA级旅游景区创建工作,持续完善景点建设,实施虹桥广场、红色广场、银杏广场、里下河文化记忆馆等项目工程。对原沙沟粮站和米厂等沉睡资源进行开发,与市文旅公司共同投资近2000万元打造石梁茶馆、米仓客栈等文旅项目。提档升级土特产直销店、沙北村古镇邮局、联溪村非遗小吃店、仲寨南村米酒坊等店铺,补齐旅游要素短板,提升精细化服务水平。

【生态建设】 实施镇区景观提升工程,一体推进美化、绿化、亮化,打造美丽环镇线。加大集镇日常管理力度,坚持突击整治和长效管理相结合,重点抓好环境卫生、占道经营、私搭乱建等方面整治。在工业路东侧规范便民摊点,解决临时摊点售卖问题,全面提升集镇精细化、常态化、规范化管理水平。水金村创成省级特色田园乡村,官河村、斜沟村被评为省生态宜居美丽示范村,仲寨北村、石梁村分别纳入泰州市、兴化市特色田园乡村创建名单。

【社会治理】 2023年,沙沟镇核停五保户、低保户52人,新增五保户、低保户39人,做到应保尽保、应退尽退。实施临时救助385人,发放救助金额23万元,人均救助标准提高至580元,。突出抓好高校毕业生、退役军人、就业困难人员等重点群体就业保障,面向社会公开招聘19名公益性岗位工作人员。镇为民服务中心获批省级"15分钟医保服务圈"示范点,沙溪社区获"江苏省老年友好型社区建设单位"称号,退役军人志愿服务队获评省级"优秀退役军人志愿服务队"。

【里下河文化记忆馆】 里下河文化记忆馆重点围绕沙沟古镇非物质文化遗产和老行当主题,分设序厅、非遗厅、老行当厅。"古镇的人间烟火——九老十八匠",再现古镇生产生活中传统技艺及老物件。在布展思路上,以序厅为起,辅以沙沟的人文历史、民俗风情,展示古镇深厚的文化底蕴;以非遗厅为承,着重突出古镇10个非遗项目的前世今生、保护传承、发展利用;以老行当厅为转,展示古镇传统生产生活记忆、古镇老物件等,勾起人们心中的情怀。

【毛主席像章珍藏馆】 毛主席像章珍藏馆分为2个展厅,馆内收藏的毛主席像章近1000枚、8个品种,含铜、铁、铝、铅、瓷、竹、木、绸等10余种材质,陈列的数量、品种之多,在里下河地区尚属罕见。藏馆作为爱国主义教育基地,大力弘扬爱国主义精神,为打造古镇集群景点、丰富红色资源增色添彩。

【傅堡村】 傅堡村有村民小组13个,总户数476户,户籍人口1798人,党员43人;有水面资源285.6公顷,以水产生态养殖为支柱产业,2022年末村集体经营性收入为200余万元,农村居民人均可支配收入2万元。傅堡村以党建带村建,促进治理体系的完善和治理能力的提高。盘活集体资源,傅堡村养殖特色是生态鱼养殖,所养殖的鱼类与其他用谷粒饲料养殖的鱼类相比,生态鱼养殖的鱼类具有极高的营养价值和经济价值,且不轻易受到环境的影响。而且,利用生态养殖既可以消耗天然饵料生物资源,又可以使养殖鱼类的综合经济效益得到充分体现。村内大部分中青年都在外做小生意,主要以熟食或餐饮为主,分布在南通、盐城、常州、无锡、镇江等地区,全村有70%的家庭从事熟食、餐饮行业,户均年收入20万元左右。近几年,村庄人居环境大幅度改善,前后投入100万元,将傅堡村二桥道路沥青覆盖,环村公路亮化,改建村庄老化厕所,村庄内河清淤改善,以及自来水管道改造等系列民生实事。

【高桂村】　高桂村由高庄、桂庄2个自然村组成,20个村民小组,914户,户籍人口3025人,党员92人;耕地面积258.67公顷,全部流转村民收益465万元。有资源面积469.67公顷,以水产养殖、荷藕和粮食种植为支柱产业。村集体经营性收入653万元,农村居民人均可支配收入3.5万元。高桂村自2020年以来,紧紧围绕"小变大、粗变精"的发展理念,盘活闲散资源、整合洼地沟渠、小鱼塘,完成土地复垦项目53.33公顷;合并组级荒田,增加良田面积2.67公顷;引进外省种植能手、种植品种,既促进农民增收,更壮大集体经济。村庄建设方面,先后投入600余万元,完成硬质驳岸、亲水走廊、亮化绿化、村部改造等一系列民生实事工程,村民幸福指数得到进一步提升。2023年,高桂村被评为泰州市"八五"普法中期先进集体,支部书记在全市村干部大比武中获得第二名。

(张汉卿　宋　云)

表70　2023年沙沟镇主要经济社会指标一览表

指标名称	单位	数值	指标名称	单位	数值
总户数	户	16117	工业利税总额	万元	690
总人口	人	50906	财政内预算收入	万元	5418
乡镇从业人员数	人	8795	一般公共预算收入	万元	2665
行政区域面积	平方千米	127.81	私营个体税收	万元	5354
耕地面积	公顷	6467	农村居民人均可支配收入	元	30280
地区生产总值	万元	144065	中小学校	所	6
人均地区生产总值	元/人	64071	在校学生	人	2421
第一产业增加值	万元	75633	在职教师	人	225
第二产业增加值	万元	25715	医院	所	2
第三产业增加值	万元	52119	卫生所(室)	个	32
生猪出栏量	头	16952	医生数	人	142
家禽出栏量	万羽	13.5	病床数	张	235
水产品产量	吨	37131	参加养老保险人数	人	39435
工业企业数	家	16	参加农村新型合作医疗人数	人	48956
工业开票销售收入	万元	27734	享受居民最低生活保障人数	人	1065

表71　2023年沙沟镇骨干企业基本情况表

序号	企业名称	销售收入(万元)	利税总额(万元)	法定代表人
1	江苏金莎食品有限公司	3165	220	莫鹏启
2	兴化市兴华有色金属制品厂	2662	43	王秀琴
3	江苏强铖印染机械有限公司	1114	55	王征冬

表72　2023年沙沟镇行政村、社区基本情况表

村(社区)名称	村(社区)支部书记	村(社区)委员会主任	耕地面积(公顷)	人口(人)	工农业总产值(万元)	农村居民人均可支配收入(元)
兴龙村	王永青	王永青	219.9	2622	7864.63	29995
官河村	李维月	李维月	517.09	2601	7871.33	30263
联溪村	汪洪锦	汪洪锦	111.63	1468	4742.95	32309
水金村	高广军	高广军	86.47	2152	5988.69	27828
董庄村	陈文法	陈文法	360.37	2204	6372.64	28914
光耀村	张汉卿	张汉卿	413.93	2357	7067.42	29985
高桂村	盛荣耀	盛荣耀	438.25	3034	9305.85	30672
石梁村	丁建华	丁建华	102.52	2148	6458.49	30067
沙北村	王建友	王建友	381.49	2378	6962.48	29279
崔东村	王柏全	王柏全	475.42	3754	10954.35	29180
崔新村	房　艳	房　艳	204.46	2628	9537.41	36292
斜沟村	马成云	马成云	328.68	2674	8351.07	31231
付堡村	蔡森元	—	252.98	1785	6497.13	36398
时堡村	卜来安	—	646.75	5137	14074.13	27398
仲南村	潘乾宏	潘乾宏	473.2	2967	8885.59	29948
仲北村	周　鑫	周　鑫	328.35	2784	8470.61	30426
三界村	冯小侃	冯小侃	367.99	2587	7703.38	29777

千垛镇

【概况】　千垛镇地处兴化西北部水网地区,是兴化市湿地面积最大、旅游资源最多、田园综合体和特色田园乡村建设最早的乡镇。全镇行政区域面积192.8平方千米,其中,耕地面积7964公顷,水面8858.8公顷,湿地(菜花荡、洋汊荡)2868.53公顷,辖行政村28个、社区1个,总户数约2.27万户,总人口约7.77万人。

【经济建设】　2023年,千垛镇实现地区生产总值29.64亿元,人均地区生产总值80415元。实现农业增加值11.31亿元,工业增加值6.93亿元,建筑业增加值2.55亿元,服务业增加值11.3亿元。一般公共预算收入3631.25万元,农村居民人均可支配收入32235元。实现工业开票销售收入7.21亿元,规上工业总产值6亿元,固定资产投资7.2亿元。先后赴浙江、上海等地开展招商活动,全年新签约、开工、竣工亿元项目各1个,持续深化"亩均论英雄"改革,盘活低效闲置工业用地1万平方米。完成规上工业研发经费2350万元、科学研究和技术服务业营业收入4250万元,申请发明专利16个,培育高新技术企业1家、科技中小型企业2家,完成"智改数转"2家,入库"四上"企业4家。新招引农业亿元项目1个,申报泰州市农业龙头企业1家。完成池塘标准化改造103.96公顷,创建示范生态养殖场1户,示范家庭农场10个、示范合作社3家。改造提升高标准农田686.67公顷,实施"小田变大田"111.33公顷,实现粮食总产8.66万吨。新增中型冷库1座、水肥一体化项目2处。

【社会事业】　2023年,千垛镇建兴高速千垛段全面建成,千垛高速出口处完成全面装修。《千垛镇志》通过复审。全镇中考三星级以上高中达线人数105人,2位千垛学子被清华大学航天航空学院录取。市公共卫生医疗中心主体已经完工,进入全面装修,联合市中医院开展"千医

巡诊万村行”活动。村级医保服务平台覆盖率实现100%,“福村宝”互助医疗保险参保率64.95%,筹集资金292.89万元。开展文艺类活动112场次、讲座563场次,完成接受文化场馆服务28.89万人次,获市舞龙大赛“铜奖”、龙舟大赛“优胜奖”、市首届板桥道情演唱大赛创意奖、组织奖。草堰港发掘工作取得重大突破,使千垛历史文化遗产焕发新魅力。推进“厕所”革命,完成农村户厕改造203户。北沙、草王、缸顾撤并老集镇整治项目顺利完工,顾赵安置房主体工程竣工验收,配套设施建设完成图审准备招投标。李健南路提档项目进入招投标。新建智能化公交站台20个、健身路径6处、健身步道2处、篮球场14个。实施村级公益事业建设一事一议财政奖补项目13个,建成美丽菜园750个、美丽庭院280户。实施老旧农房改造改善110户、“一户一档”审核通过252户。完成李北圩、李中圩审计结余资金增建项目,维修圩口闸1座、排涝站2座,改造电启闭闸3座,牌坊圩、袁家圩圩堤险工患段加修2.6千米。垃圾填埋场封场项目建成运行。

【生态建设】 2023年,千垛镇推进特色田园乡村示范片区建设,完成草王村、苏宋村、瞿冯村3个村“多规合一”的实用性村庄规划编制。陈杨村同步创成省、泰州市特色田园乡村,入选“江苏省乡村旅游重点村”、江苏省首批长三角自驾游“甄选”美丽乡村;草王村入选泰州市特色田园乡村创建名单;姜戴村入选江苏省传统村落名录、泰州市乡村振兴示范村名录;黄邳村、苏宋村创成兴化市特色田园乡村;黑高村入选泰州市乡村振兴示范村名录;东旺村高质量发展庭院经济工作被国家乡村振兴局推介。全年$PM_{2.5}$(可入肺颗粒物)平均浓度28.6微克/立方米,空气优良率83.9%,省考断面缸顾片水质指标优于Ⅲ类水质。缸顾、马港村庄河被认定为兴化市村级幸福河道,草王庄河接受泰州市幸福河湖评定。全面推行林长制,完成成片造林、更新造林市交任务,草王村创建省绿美村庄。实施占补平衡入库30公顷,增减挂钩4813.33平方米。持续推进农村污水处理提质增效行动,镇生活污水处理厂有效运行,黑高、刘家沟、缸顾、房石水4个村生活污水处理设施建设完工。

【乡村旅游】 2023年,千垛镇联动举办(承办)第十四届江苏省乡村旅游节、第十三届中国泰州水城水乡国际旅游节、2023中国兴化千垛菜花旅游节、荷文化旅游节、里下河兴化音乐节、淮剧节、花海森林半程马拉松赛、金秋品蟹赏菊旅游季、千垛瓜果采摘节、农民丰收节等节庆活动,致力打造有特色、有影响、有效益的“春看菜花、夏赏荷花、秋品菊花、冬览芦花”的四季花海品牌,全年吸引游客150万人次,切实推动乡村旅游消费升级。千垛镇入选“全国乡村旅游重点镇”推荐名单,入选全国乡村旅游精品线路、《江苏省情影像志》首批制作单位。东旺村民宿集群吸引上海游客入住近万人次,归园田居民宿被评定为全国丙级民宿,入选江苏省级精品民宿。

【社会治理】 2023年,千垛镇强化就业优先政策,新增就业780人。组织开展特殊困难群体专项排查工作,全年共救助因病因灾各类对象526人,救助金额41.02万元。申请评残212人次;核停低保64户,新增28户;核停五保46户,新增30户。组织开展“99公益募捐活动”,募捐资金40余万元。城乡居民养老保险续缴率97.68%,居民医疗保险实现全覆盖。聚焦“一老一小”,居家养老上门服务3371人、覆盖率92.82%,特殊困难老年人家庭适老化改造21户,改造梦想小屋3户,为180名困境儿童实现“微心愿”。持续关注妇女发展工作,缸顾村成

2023年12月5日,2023兴化淮剧文化节开幕式举行 (千垛镇/供图)

2023年5月1日,“乐摘千垛 果然开心”2023瓜果采摘节在千垛镇徐圩村开幕（千垛镇/供图）

功创建文明实践巾帼志愿阳光站。开展食品药品、烟花爆竹、自建房等领域安全隐患专项排查整治,切实维护人民群众生命财产安全。

【千垛镇举办“乐摘千垛、果然开心”2023年瓜果采摘节】 5月1日,“乐摘千垛、果然开心”2023年瓜果采摘节在千垛镇徐圩村拉开帷幕。活动中,千垛镇党委副书记、镇长徐璐为2023千垛瓜果采摘节致辞。江苏万丰高效农业有限公司、兴化市千垛镇千岛园果蔬专业合作社、兴化市高帆果蔬种植家庭农场和兴化市嘉淑果蔬种植家庭农场负责人分别介绍果蔬产品、四季采摘品种和采摘活动优惠方案。市农业农村局局长邵国昱、千垛镇党委书记陈荣才、市文体广电和旅游局副局长徐俊、市乡村振兴工作队四队队长童洋帅上台共同启动“乐摘千垛、果然开心”2023千垛瓜果采摘节开幕仪式。近年来,千垛镇围绕旅游业发展,利用专业合作社、家庭农场等已建成的农产品生产基地,生产甜瓜、哈密瓜、西瓜、草莓、葡萄、水蜜桃、水晶梨、樱桃、秋月梨等20余种香甜可口千垛瓜果,并完善垂钓、采摘和农家乐等相关旅游设施。

【兴化里下河国家湿地公园入选江苏省生态文明教育实践基地】 4月24日—5月5日,江苏省生态环境厅对2022年度江苏省生态文明教育实践基地拟入选名单进行公示,全省共8家,兴化里下河国家湿地公园名列其中,这将对践行“绿水青山就是金山银山”理念、开展生态文明教育实践活动、不断提升生态环境保护意识和获得感幸福感安全感具有重要意义。兴化里下河国家湿地公园总面积1304.80公顷,分为湿地保育区、恢复重建区、宣教展示区、合理利用区和管理服务区5大功能区。湿地面积1268.56公顷,湿地率97.22%,囊括草本沼泽、森林沼泽、输水河、库塘等多种湿地类型,为区域动植物提供多样适宜的生存环境。

【千垛镇获得《江苏省情影像志》首批授牌】 11月28日上午,由江苏省地方志办公室、江苏省广播电视总台联合出品的系列专题纪录片《江苏省情影像志》开播仪式,在南京顺利举行。

2023年5月5日,里下河湿地公园入选江苏省生态文明教育实践基地。图为里下河湿地公园（千垛镇/供图）

江苏省政府副秘书长、办公厅主任、参事室主任谢润盛,江苏省广播电视总台党委书记、台长葛莱,江苏省地方志办公室党组书记、主任左健伟,出席活动并共同启动项目开播。活动现场,江苏省政府副秘书长、办公厅主任、参事室主任谢润盛,江苏省广播电视总台台长葛莱、副台长季建南,以及江苏省地方志办公室副主任陈华,共同为首批展播的20个名镇名村颁奖授牌。千垛镇以其千垛菜花、水上森林为特色亮点,成功入选首批展播《江苏省情影像志》。千垛镇党委书记陈荣才参加开播仪式并接受授牌。

(许小扣)

表73 2023年千垛镇主要经济社会指标一览表

指标名称	单位	数值	指标名称	单位	数值
总户数	户	22701	工业利税总额	万元	15421
总人口	人	77734	财政内预算收入	万元	6786.58
乡镇从业人员数	人	33102	一般公共预算收入	万元	3631.25
行政区域面积	公顷	192.8	私营个体税收	万元	—
耕地面积	公顷	7964	农村居民人均可支配收入	元	32235
地区生产总值	万元	296384	中小学校	所	6
人均地区生产总值	元	80415	在校学生	人	1171
第一产业增加值	万元	113084	在职教师	人	241
第二产业增加值	万元	94801	医院	所	3
第三产业增加值	万元	113960	卫生所(室)	个	33
生猪出栏量	头	7200	医生数	人	99
家禽出栏量	万羽	38	病床数	张	110
水产品产量	吨	44569	参加养老保险人数	人	25233
工业企业数	家	56	参加农村新型合作医疗人数	人	54769
工业开票销售收入	万元	72105	享受居民最低生活保障人数	人	722

表74 2023年千垛镇骨干企业基本情况表

序号	企业名称	销售收入(万元)	利税总额(万元)	法定代表人
1	华电兴化太阳能发电有限公司	29012	16146	陈海宁
2	兴化市楚水绢纺有限公司	11022	2885	成庆寿
3	兴化市丰汇建材有限公司	7639	2213	徐建荣
4	江苏鑫岳装饰材料有限公司	4432	1151	刘　伟
5	松永福利器具制造(江苏)有限公司	2276	467	松永纪之(日)

表75 2023年千垛镇行政村、社区基本情况表

村(社区)名称	村(社区)支部书记	村(社区)委员会主任	耕地面积(公顷)	人口(人)	工农业总产值(万元)	农村居民人均可支配收入(元)
陈杨村	潘久平	潘久平	151.92	1666	15681	33734
丁沙村	丁玉林	丁玉林	203.97	1777	15655	32077
白涂河村	钱骏麒	钱骏麒	334.94	3283	24034	32180

续表 75

村(社区)名称	村(社区)支部书记	村(社区)委员会主任	耕地面积(公顷)	人口(人)	工农业总产值(万元)	农村居民人均可支配收入(元)
荡朱村	朱炳庆	朱炳庆	205.52	1751	16040	31913
北沙村	朱春信	朱春信	188.69	1579	16630	32303
徐圩村	邵茂同	邵茂同	234.46	1675	17921	35094
马港村	孙桂瑜	孙桂瑜	272.53	1774	15093	33342
姜戴村	许小扣	许小扣	293.81	1410	15720	33007
夏许村	戴中余	戴中余	295.68	1605	15835	33324
水兴村	王　超	刘仁庐	418.50	3368	23181	33838
华南村	刘仁良	刘仁良	232.08	2451	16679	31562
顾赵村	顾海平	顾海平	512.92	5974	210925	31862
黑高村	季春雨	王利华	176.98	3023	19881	30686
李南村	付春晖	翟林海	139.22	1568	18562	29637
红星社村	朱锦龙	沙志涛	433.48	3367	26559	31356
天鹅村	邵　荣	邵　荣	252.67	2279	23138	33323
草王村	顾国平	顾国平	339.12	4241	31905	31807
苏宋村	马景阳	马景阳	89.42	3055	19295	33412
刘家沟村	张　松	房根龙	322.04	2448	23875	31850
联谊村	翟小祥	翟小祥	270.77	2344	23946	30633
黄邳村	陆海勇	王长荣	433.86	6222	49533	32059
缸顾村	范雪峰	范雪峰	689.99	6532	71314	32646
房石水村	沈　文	周永生	163.65	1805	25214	30416
夏广村	苍玉干	苍玉干	192.81	1429	24502	30197
翟冯村	蔡道香	蔡道香	257.84	2182	33591	33515
东罗村	魏　振	罗宝田	242.07	3532	56161	34155
万旺村	赵仁柏	蒋传春	143.82	1631	30654	29780
东旺村	杨　律	刘广凯	247.75	4788	106123	31913
千垛社区	邵如槐	邵如槐	—	2140	—	—

中堡镇

【概况】 中堡镇地处兴化市西北部生态湿地核心保护区，是个典型的农业生态类乡镇。镇域交通便利，水陆交通十分便捷，省道231、344在境内呈十字形穿过，农村公路超过60千米。全镇行政区域面积84.1平方千米，耕地面积3201公顷，其中国家级生态红线保护区面积22.69平方千米，辖行政村10个、社区1个，村民小组205个，总户数约1.02万户，总人口约3.29万人。

【经济建设】 2023年，中堡镇实现地区生产总值14.9亿元，农村居民人均可支配收入3.31万元，完成一般公共预算收入

1601万元,预算内财政收入5591.8万元,工业开票销售3.53亿元;高新技术产业产值6005.4万元;企业研发投入1675万元。全年新签约项目5个,农香源二期、恒润玻璃二期2个5000万元以上项目开工,垄尚米业三期项目竣工,通科机械项目投产达效,贝欣生物菊花深加工项目厂房正在建设。发明专利拥有量新增7个,通科机械新型专利成功研发。加快智改数转进度,恒润玻璃创成泰州市智能车间。实现规上企业星级上云全覆盖。完成大纵湖退渔还湖工作,形成自由水面1067公顷,"人放天养"的大水面生态渔业试点顺利起步。兴化市大纵湖景区成功创建国家AAA级旅游景区,蜈蚣湖省级森林步道项目竣工。村集体经济持续壮大,实现村集体经营性收入50万元以上村全覆盖。提高适度规模经营比例,新增家庭农场6家、专业合作社13家,创建部省级万亩水稻绿色高产丰产方3个,全年完成高素质农民培训127人次,申报沙湾农机合作社机库、冯家农机合作社农机维修中心2个项目,建发农机合作社获评省农机示范合作社。新建3个农产品质检村级服务站,新安装32个塘口监控系统,引导尾水规范排放。创建2个省级示范场,申报中央农业生产发展专项项目1个。

【社会事业】 2023年,中堡镇新建停车场3个,兴中公路"白改黑"(水泥路面改为沥青路面)1550米,客运站停车场摊铺面积2500平方米。在全市率先建成市、镇、村三级快递物流体系。新建、维修排灌站各1座,九庄圩、团结圩内220公顷的高标准农田建设项目即将完工。路肩草坪种植面积2万平方米,路肩外边坡整平2.6千米,修补路面桥头500平方米,维修、安装安保设施24万元。开展文明实践活动1061场。重点打造大纵湖爱国主义教育基地。中堡镇苏式粮仓等4个点位成功入选兴化市第三批历史建筑保护名录。举办"我们的中国梦——文化进万家"等文艺巡演48场,辐射当地村民3.6万人次,新创作小淮剧获2023年兴化市新创文艺节目调演比赛优秀奖。创新开展非遗游学进景区活动,让游客体验剪纸、泥塑等乐趣,让群众文化生活更丰富。

【生态建设】 2023年,中堡镇通过国家卫生镇创建验收,陆家甸村获评全镇首个泰州市特色田园乡村,推动中堡村建设泰州市乡村振兴示范村。缸洋河生态河道建设2.5千米,兴盐界河支流(蛇沟河)1千米全面疏浚改造。完成成片造林面积4.3公顷。申报农村改厕任务121户,全部完成建设验收工作。整治济福桥周边环境,巩固轮船河船只清理成果。以文明城市创建、国家卫生镇创建为抓手,抓好集镇主次道路、农贸市场、学校等重点场所周边秩序管理,规范商铺出摊经营,打造良好集镇环境。

【社会治理】 2023年,中堡镇完成企业职工保险扩面任务,做好城乡居民基本养老保险续缴费工作,续保率达95%。新增低保14户19人、特困供养人员15人、残疾人"两项补贴"30人。镇敬老院完成提档升级,升至二级敬老院。中心校3名学生达到兴化中学公费线,获市教育系统综合三等奖、泰州文明校园荣誉。镇卫生院抓好日常医疗就诊服务,完成65周岁以上老年人健康体检工作,对适龄妇女进行"两癌"筛查。镇财政拨付资金,为353名优抚对象统一办理意外伤害保险。全年共发放生育服务证64份、独生子女

2023年10月20日,"爱满金秋 情暖重阳"志愿服务大集在中堡镇蜈蚣湖畔举行。图为志愿者向群众宣传财政政策 (中堡镇/供图)

证108本,上报办理持证退休职工一次性奖励21人,城镇持证非从业居民一次性奖励7人。举办专题读书班2期,“双湖征雁”理论宣讲比赛1期。开展理论宣讲活动261场,受众约1.4万人次。建成文明实践点21个,推进“所长项目”。落实“一岗双责”,强化监测预报预警和信息共享,加强重点隐患部位排查,加强校园、住房、消防、交通、企业、九小场所等领域安全防范,实施餐饮场所工商业级燃气泄漏安全保护装置安装全覆盖,做到及时发现及时处理,着力提升本质安全水平,确保社会大局稳定。

(舒远发)

表76　2023年中堡镇主要经济社会指标一览表

指标名称	单位	数值	指标名称	单位	数值
总户数	户	10207	工业利税总额	万元	2916.5
总人口	人	32928	财政内预算收入	万元	5591.8
乡镇从业人员数	人	8759	一般公共预算收入	万元	1932.6
行政区域面积	平方千米	84.1	私营个体税收	万元	1510
耕地面积	公顷	3201	农村居民人均可支配收入	元	33210
地区生产总值	万元	147249	中小学校	所	1
人均地区生产总值	元	84773	在校学生	人	733
第一产业增加值	万元	50097	在职教师	人	85
第二产业增加值	万元	29121	医院	所	1
第三产业增加值	万元	68031	卫生所(室)	个	8
生猪出栏量	头	5631	医生数	人	59
家禽出栏量	万羽	3.3	病床数	张	30
水产品产量	吨	17706	参加养老保险人数	人	12164
工业企业数	家	91	参加农村新型合作医疗人数	人	28149
工业开票销售收入	万元	35341	享受居民最低生活保障人数	人	563

表77　2023年中堡镇骨干企业基本情况表

序号	企业名称	销售收入(万元)	利税总额(万元)	法定代表人
1	江苏垄尚米业有限公司	23945	1856.5	马广众
2	泰州恒润玻璃制品有限公司	4904.3	539	张高成
3	泰州市农香源食品有限公司	2718.8	110.7	房广高
4	兴化市祥盛纸制品有限公司	2187.3	193.3	薛兴本

表78　2023年中堡镇行政村、社区基本情况表

村(社区)名称	村(社区)支部书记	村(社区)委员会主任	耕地面积(公顷)	人口(人)	工农业总产值(万元)	农村居民人均可支配收入(元)
戚家村	陈焕春	陈焕春	394	3378	11501	30879
东皋村	程兆余	程兆余	327	3134	8080	29545
朱野村	张鸿昀	刘　森	157	1819	4090	30599
陆家甸村	刘宏卫	刘宏卫	179	2069	9217	37404

续表 78

村(社区)名称	村(社区)支部书记	村(社区)委员会主任	耕地面积(公顷)	人口(人)	工农业总产值(万元)	农村居民人均可支配收入(元)
沙湾村	房兴波	房兴波	179	2695	7174	30645
长安庄村	张崇安	张崇安	417	3504	11907	34677
大纵湖村	房以刚	郭付杰	301	4057	15973	30834
东荡庄村	王　蓝	王　蓝	182	1678	6291	31887
中堡村	张长建	张长建	374	4724	14783	31534
龙江村	姚俊栋	林　镇	558	4075	14800	30963

兴东镇

【概况】 兴东镇地处兴化市东郊,镇内水陆交通便利。兴泰一级公路、省级邮兴盐公路穿境而过。境内水网密布,东临渭水河,南有白涂河,北傍海河,道路纵横交错、四通八达。全镇行政区域面积110.8平方千米,耕地面积4713公顷,辖行政村19个、社区2个,总户数约1.68万户,总人口约5.61万人。

【经济建设】 2023年,兴东镇实现地区生产总值24.81亿元、一般公共预算收入6755万元、工业开票销售收入17.07亿元、农村居民人均可支配收入28117元。兴化市三合农产品种植有限公司入选首批国家现代农业全产业链标准化示范基地。兴化市果蔬食品加工集中区被认定为四星级农产品加工集中示范区。2个村获批泰州市首批乡村振兴先行示范村,2个村入选省级生态宜居美丽乡村示范建设培育计划,1个村入选省乡村振兴示范村。村集体经营性收入100万元以上6个村,200万元以上2个村。2家企业入选泰州建筑业30强,1家企业承建项目获“扬子江”称号。兴化市易道苗木专业合作社获评“省级巾帼现代农业科技示范基地”。

2023年2月1日,副市长陈林(左四)、市住建局局长陈建中(右二)一行到江苏舍得建设工程有限公司,送去市委、市政府贺信,祝贺该公司2023年全年入库税金首次突破2000万元 (兴东镇/供图)

【社会事业】 2023年,兴东镇服务里下河洼地治理、城东污水处理厂改扩建、上官河小学建设等市级重点工程建设。制定《人居环境改善提升行动实施方案》,完成2个村的实用性村庄规划编制。建设“一事一议”奖补项目5个,新建道路3700米、公厕6座、有杆路灯16套、公路级桥梁1座,改造危桥8座,维修28处破损路面。开展理论宣讲活动261次、举办道德讲堂69次、文艺演出107场,其中大型节庆6场。1户家庭入选“江苏省最美家庭”,1人获评“感动泰州”十大人物暨泰州市道德模范。新建260平方米的为民服务大厅,创成AA级村级居家养老服务中心2家。完成特殊困难老人住房适老化改造21户。筹集困境、留守儿童关爱资金49.9万元,建成200平方米的未成年人关爱工作站,完成2户“梦想小屋”改造,举办“青仔”公益

“暑托班”300余人次。西鲍卫生院创成省级老年友善医院。2.1千米的平陆路竣工通车。拆除4处无资质混凝土生产设备。启动增减挂钩项目1.01公顷和实施占补平衡土地复垦19.23公顷,盘活低效闲置土地1.5公顷。

2023年9月8日,江苏省工信厅援建的农副水产品仓储中心落成仪式在兴东镇牛陆庄村举行 (兴东镇/供图)

【生态建设】 2023年,兴东镇下拨奖补资金26.15万元,设立水环境整治“固定打捞日”。下官河创成兴化市级幸福河道,斜河通过省级生态河道验收。推进“林长制”常态长效,完成成片造林1.03公顷、更新造林及低产林修复15.44公顷。

【社会治理】 2023年,兴东镇完成社会保险征缴323人,新增城镇就业989人,城乡居民养老、医疗保险续保率98%、100%。开展电商、高素质农民实用性专题培训。《给城市添一抹绿色与生机——园林景观设计》获评江苏省大学生优秀创业项目。面向社会招聘公益性岗位20个。开展安全隐患“大排查、大整治、大起底”专项行动,引入安全信息二维码监管系统,提升安全生产本质水平。开展困难群体精准救助专项行动,解决临时救助40.74万元。完成户厕改建220户,实施集镇鑫东花园居民用电“临代正”改造,对22栋C、D级隐患房屋全面进行整改,完成农房改善210套。推进餐饮场所“瓶改管(电)”16户。

【农副水产品仓储中心落成】 9月8日上午,由江苏省工信厅援建的为民办实事项目——农副水产品仓储中心落成仪式在兴东镇牛陆庄村举行。项目总投资近160万元,位于牛陆庄村南,紧邻省道233和省道351交叉口,总建筑面积981.2平方米,仓储库容约8000立方米,可分别储存粮食1000吨、脱水果蔬原料近1500吨。

【兴东镇周韩村2023年入选江苏省乡村振兴示范村】 12月15日,江苏省农业农村厅、江苏省乡村振兴局联合发布2023年江苏省乡村振兴示范镇、示范村创建名单公示公告,兴东镇周韩村入选。

【兴东镇西鲍卫生院确定为2023年江苏省老年友善医疗机构优秀单位】 8月30日,江苏省卫健委、省中医药管理局发布《关于确定2023年江苏省老年友善医疗机构及优秀单位的通知》,兴化市兴东镇西鲍卫生院正式被确定为2023年江苏省老年友善医疗机构优秀单位。

(杨洪江)

表79 2023年兴东镇主要经济社会指标一览表

指标名称	单位	数值	指标名称	单位	数值
总户数	户	16763	工业利税总额	万元	6333
总人口	人	56132	财政内预算收入	万元	12447
乡镇从业人员数	人	19817	一般公共预算收入	万元	6577
行政区域面积	平方千米	110.8	私营个体税收	万元	—
耕地面积	公顷	4713	农村居民人均可支配收入	元	28117

续表 79

指标名称	单位	数值	指标名称	单位	数值
地区生产总值	万元	248110	中小学校	所	3
人均地区生产总值	元/人	44201	在校学生	人	1144
第一产业增加值	万元	78329	在职教师	人	181
第二产业增加值	万元	94116	医院	所	2
第三产业增加值	万元	75665	卫生所(室)	个	23
生猪出栏量	头	8250	医生数	人	69
家禽出栏量	万羽	68.83	病床数	张	20
水产品产量	吨	16120	参加养老保险人数	人	25865
工业企业数	家	130	参加农村新型合作医疗人数	人	36767
工业开票销售收入	万元	170696	享受居民最低生活保障人数	人	864

表 80　2023 年兴东镇骨干企业基本情况表

序号	企业名称	销售收入(万元)	利税总额(万元)	法定代表人
1	江苏吉得利食品有限公司	22143	1364	卢明坤
2	创璟农业设备集团有限公司	18788	1955	赵吉宽
3	兴化市嘉禾食品有限公司	16788	1054	赵其东
4	江苏远通塑胶制品有限公司	13581	600	金明畅
5	兴化市东奥食品有限公司	10886	522	刘庆松
6	兴化市长虹食品有限公司	8832	521	邓金明
7	江苏鼎诚塑胶制品有限公司	8354	422	王立根
8	江苏润城塑胶科技有限公司	5269	65	李刘兵
9	江苏义丰饲料有限公司	4447	40	赵义桂
10	江苏金达电热电器有限公司	4389	353	倪高金
11	兴化市热华能源有限公司	3883	733	朱　瑞
12	江苏嘉利新型建材发展有限公司	3881	427	付春华
13	江苏润泰金属表面处理有限公司	3522	74	冯国兰
14	兴化市润禾食品公司	3515	215	陈明岭
15	江苏雨燕婴童用品科技有限公司	3313	161	陈玉兰
16	兴化市兴友塑料制品公司	3015	294	顾庭桂
17	兴化市康华食品公司	2976	181	王　鹏
18	兴化市绿味食品有限公司	2560	92	张兴燕
19	兴化市天和机械厂	2288	153	董德兵
20	兴化市鑫润温室设备配件有限公司	2180	178	赵　敏
21	兴化市瑞盛食品有限公司	2161	144	步志堂
22	兴化市同城渔具有限公司	2086	25	张长荣
23	兴化市生城建材有限公司	2085	159	王方强
24	兴化市生辉塑业有限公司	2036	229	夏安太

表81　2023年兴东镇行政村、社区基本情况表

村(社区)名称	村(社区)支部书记	村(社区)委员会主任	耕地面积(公顷)	人口(人)	工农业总产值(万元)	农村居民人均可支配收入(元)
高新村	夏乐宝	夏乐宝	184.11	2507	28575	31059
荡北村	贺开元	贺开元	237.29	2525	14358	30351
牛陆庄村	金明秀	金明秀	201.18	1562	10437	29244
兴北村	胡泽琪	胡泽琪	247.36	2959	10866	29429
张沙村	洪定润	—	137.08	1643	10507	29410
新中村	沙小升	沙小升	153.58	1896	10319	29297
周韩村	张永国	张永国	366.36	3414	16407	32754
朱庄村	倪中华	倪中华	161.87	2042	13607	30839
巾荡村	张美付	张美付	219.99	2503	11098	32325
西鲍村	范月平	范月平	340.05	3263	20053	32607
平旺村	居　盛	居　盛	329.62	3643	31937	31149
东鲍村	陆秀海	陆秀海	316.76	5805	43925	30216
湖北庄村	徐义庭	徐义庭	568.17	6669	31056	29364
赵献村	赵金珠	赵金珠	175.51	2362	13852	29636
塔头村	冯福年	冯福年	102.07	1800	11493	29118
沈沟村	蒋满芳	蒋满芳	248.33	2855	15180	30000
海河村	苏高峰	苏高峰	374.08	3353	15096	29630
联发村	付正鑫	付正鑫	94.47	1893	46370	33236
孙唐村	许　华	许　华	187.46	1858	7204	28862

陈堡镇

【概况】　陈堡镇地处兴化西南部，与扬州市江都区、高邮市接壤，行政区域面积80.5平方千米，耕地面积4416公顷，下辖行政村15个、社区1个，总户数约1.34万户，总人口约4.14万人。

【经济建设】　2023年，陈堡镇实现地区生产总值34.35亿元，实现一般公共预算收入7365万元，农村居民人均可支配收入39150元，工业开票销售收入27.37亿元。深化闲置低效土地摸排，摸排出全镇可盘活工业用地存量45.13公顷，运用招引复苏、收储转租、股权并购、嫁接重组等方式加快盘活，已盘活土地9.07公顷，盘活完成率位居全市第一，亩均税收6.5万元，位居全市前列。新签约亿元以上项目14个，新开工亿元以上项目6个，竣工亿元以上项目4个。新增规上企业10家，申报高新技术企业入库13家，全年发明专利拥有量127个。巩固提升粮食生产全程机械化水平，农机年审196台，新增大中型拖拉机12台、高速插秧机6台、烘干机8组、植保飞机5架、智能导航30台。开展粮食绿色高质高效行动，推广优良品种，全镇小麦播种面积3267公顷，水稻栽植面积3733公顷，粮食优良品种覆盖率100%，建成曹黄村5.73公顷高标准农田补建项目。大力培育新型农业经营主体，申报省级示范家庭农场1家，获批泰州市示范家庭农场2家、兴化市示范家庭农场3家。集体经济逐步壮大，因地制宜实施光伏发电、烘干房改造等村级集体增收项目7个，申报省级财政补助项目1个、泰州级财政补助项目2个，全年实现村集体经营性收入1350万元，较2022年

增长256万元,超额完成年度目标任务和“8420”序时要求,30万元以下村全部清零。

【社会事业】　2023年,陈堡镇推动镇村功能提档升级,完成宁盐高速拆迁安置,盐泰锡常宜高铁前期工作以及省道231陈唐线信号灯安装。持续关心教育事业发展,加强学校硬件设施建设,投资60余万元对操场、多功能教室等基础设施进行更新完善,实现学校周围监控全覆盖。不断加大医疗卫生投入,提升卫生院就医环境,扩充专业医护队伍,通过“优质服务基层行推荐标准”复核验收。加大文化供给力度,举办“全民健身 你我同行”“情暖金秋 爱在重阳”等文艺演出活动11场,承办参加市级大型活动6场。常态化做好卫生整治工作,顺利创成省级卫生镇。完善农业基础设施,加强水利工程配套建设,改造圩口闸电启闭5座、维修圩口闸2座、维修排涝站1座,加修宁乡村河西圩圩堤2千米。落实“三巡五必须”巡查制度,列出环境整治清单2172条,现已全部整改到位。完成农村户厕改造138户,其中新建85户,整改53户。陈堡草荡成为全省首个整湖成湖的退圩还湖项目,建成泰州水上运动训练基地,协助2023年里下河龙舟邀请赛暨兴化市第十五届龙舟大赛圆满完成。

【生态建设】　2023年,陈堡镇打造生态河道4条共8.56千米,通过泰州市级生态河道建设验收,镇级河道1条、村级河道1条入围泰州市五星级“幸福河湖”。推动“水岸同治”,对驳岸

2023年2月28日,兴化市蔬菜科技示范展示基地技术培训在陈堡镇四林村举办　(陈堡镇/供图)

沿线违章搭建、乱堆乱放、绿化带挖翻种植等现象开展集中整治,通过整体覆土绿化、驳岸统一打造,构建“河畅、水清、岸绿、景美”的生态岸线。加强工业废气污染整治,推行建筑行业“绿色施工”。开展防汛抗旱工作,做好秸秆禁烧禁抛宣传监督工作,常态化落实值班巡查,秸秆综合利用率稳定在95%以上。乡村生态旅游趋向成熟,围绕陈堡草荡旅游规划,完成里下河休闲体验垂钓公园及农耕研学基地项目建设,启动省道352至唐庄段道路(通湖大道)建设。成功举办2023年陈堡镇第四届“草荡十宝”美食节、2023里下河龙舟邀请赛暨兴化市第十五届龙舟大赛、“兴潮游园会”等活动。唐庄村成功申报江苏省乡村旅游重点村培育单位。

【社会治理】　2023年,陈堡镇推进创业富民工作,构建全方位就业服务体系,促进高校毕业生、农民工、退役军人等重点人群多渠道创业就业,新增临时性公益性岗位20个,城镇新增就业480人。加大农村困难群众扶持力度,困难群众应扶尽扶,新增最低生活保障对象23户、特困人员33户、残疾人重残补贴23人,对因病因灾造成临时性困难的家庭328户给予临时救助共计18.5万元。完成市域治理现代化验收备查点工作,完成“警网融合”综合指挥中心方案设计,建成泰州市首批“祥泰网格”。推进重点行业领域重大安全隐患排查整改“百日攻坚”行动,完成辖区内119家工贸企业风险系统上报。聘请专家对40家规上企业现场风险情况进行核查。组织工贸企业安全检查155次,开展“四不两直”夜查行动8次,累计督促整改安全隐患1180条。

【兴化市蔬菜科技示范展示基地技术培训】　2023年2月28日,兴化市蔬菜科技示范展示基地技术培训在陈堡镇四林村举办,副市长刘小军、市农业农村局相关负责人出席活动,特邀南京农业大学朱利群院长,何瑞

银、吴震教授授课,各乡镇农技推广员、蔬菜科技示范户、种植大户参加培训。

【陈堡镇"中国精密铸造产业基地"成功通过复评】 2023年4月4日,中国铸造协会会长张立波、总工程师袁亚娟、总经济师马宏儒等一行人到兴化市进行"中国精密铸造产业基地"复评检查。市分管领导、陈堡镇主要领导、相关企业负责人参加复评。

【唐庄村入选江苏省乡村振兴示范村】 2023年12月15日,江苏省农业农村厅、江苏省乡村振兴局联合发布2023年江苏省乡村振兴示范村创建名单公示公告,拟将42个乡镇(街道)、348个村(社区)纳入2023年江苏省乡村振兴示范乡镇、示范村创建名单,陈堡镇唐庄村入选。

【唐庄村】 地处兴化市陈堡镇西北角,西与扬州市江都区毗邻,北与扬州市高邮市相望,有着"鸡鸣三县"的说法。唐庄村由唐堡村、三河村2个自然村合并而成,全村耕地面积251.07公顷,总人口2674人,2023年工农业总产值2417万元,农村居民人均可支配收入39862元。近年来,唐庄村整合资源,发展特色产业。村庄南侧的陈堡草荡成为2022年江苏省第二十届运动会水上运动项目承办地,水上运动中心已建成投入使用。先后建成"红富堡"番茄种植基地、千亩菱角芦苇荡、十八条圪候鸟栖息地、捕捞体验区、西湖塘垂钓公园等。

(闵月蓉)

表82 2023年陈堡镇主要经济社会指标一览表

指标名称	单位	数值	指标名称	单位	数值
总户数	户	13440	工业利税总额	万元	—
总人口	人	41392	预算内财政收入	万元	14017
乡镇从业人员数	人	21950	一般公共预算收入	万元	7365
行政区域面积	平方千米	80.5	私营个体税收	万元	—
耕地面积	公顷	4416	农村居民人均可支配收入	元	39150
地区生产总值	万元	343510	中小学校	所	2
人均地区生产总值	元	119228	在校学生	人	1519
第一产业增加值	万元	71954	在职教师	人	173
第二产业增加值	万元	159770	医院	所	1
第三产业增加值	万元	157564	卫生所(室)	个	17
生猪出栏量	头	26936	医生数	人	98
家禽出栏量	万羽	16.9	病床数	张	122
水产品产量	吨	14612.33	参加养老保险人数	人	10097
工业企业数	家	154	参加农村新型合作医疗人数	人	26882
工业开票销售收入	万元	273710	享受居民最低生活保障人数	人	346

表83 2023年陈堡镇骨干企业基本情况表

序号	企业名称	销售收入(万元)	利税总额(万元)	法定代表人
1	江苏威鹰机械有限公司	60860.37	1998.90	张太良
2	泰州市金鹰精密铸造有限公司	11939.89	186.00	朱德本
3	江苏海宇机械有限公司	11670.09	533.70	顾成义
4	兴化市雅兰机械制造有限公司	10448.68	298.00	张雅岚

续表83

序号	企业名称	销售收入(万元)	利税总额(万元)	法定代表人
5	泰州市亿旺化纤科技有限公司	8306.79	62.20	薛建清
6	江苏优耐特体育器材科技有限公司	8024.94	34.00	谭　华
7	江苏华能电子有限公司	6165.58	101.70	张长华
8	兴化市金鑫香米业有限公司	6076.25	13.80	陈广根
9	江苏科宁新材料有限公司	5473.49	63.80	曹剑华
10	泰州华丰精密铸造有限公司	5200.40	170.70	王友良
11	江苏国焘金属制品有限公司	4611.95	197.80	王　焘
12	泰州市仲利洁具有限公司	4569.24	6.90	周正东
13	兴化市志恒金属制品有限公司	4002.83	782.00	张志桃
14	泰州远冠橡塑制品有限公司	3904.07	37.30	陈建川
15	兴化市常兴建材厂	3667.48	580.00	谷加标
16	江苏百固工程机械部件制造有限公司	3589.18	17.60	朱荣清
17	泰州易威德电气有限公司	3249.04	110.30	沈万康
18	江苏渊山金属制品有限公司	3244.53	8.40	刘长进
19	江苏大华电子有限公司	3121.45	141.70	张长华
20	兴化市华宇电子有限公司	3060.75	155.20	钱宝龙
21	江苏增帆船舶配件有限公司	2881.10	23.90	闫　增
22	泰州市博世特精密铸造有限公司	2601.57	82.80	张凤祥
23	凯镇(泰州)精密机械有限公司	2588.63	17.30	王　勇
24	江苏汉诺威铸业有限公司	2562.94	87.10	黄晓东
25	泰州市天奕纺织品有限公司	2517.82	37.70	严　俊
26	泰州市中亿洁具有限公司	2496.83	7.70	房长林
27	江苏昶盛塑业有限公司	2434.67	64.20	梅年华
28	泰州市天元精密铸造有限公司	2410.52	72.40	任怀军
29	兴化市天泽汽车配件有限公司	2254.75	88.00	方文明
30	泰州永航精密铸造有限公司	2241.72	57.40	朱桂高
31	泰州市麦迅特机械制造有限公司	2149.91	80.20	庄晓东
32	江苏鑫润轨道交通车辆配件有限公司	2130.11	50.20	周　华
33	泰州市伟业机械制造有限公司	2072.61	51.10	潘潮海
34	江苏金洲精密铸造有限公司	2067.87	18.30	刘国海
35	江苏省麒麟铸业有限公司	2053.60	99.60	黄海涛
36	江苏鑫润精密铸造有限公司	2028.99	46.00	周　华
37	泰州荣业机械制造有限公司	2020.29	96.50	陈广荣
38	泰州市耀峰电力设备有限公司	1758.59	70.80	陶加华
39	兴化市华讯达电子有限公司	1568.29	106.10	黄海涛

续表 83

序号	企业名称	销售收入(万元)	利税总额(万元)	法定代表人
40	兴化市顺帆健身用品厂	1088.14	24.00	孙晓勇
41	兴化市宏宇电子有限公司	1043.32	38.90	张长宏
42	兴化市鑫锐精锻厂	1014.36	48.00	闵大明
43	泰州市凯特精密铸造有限公司	609.46	23.20	荀永勤
44	兴化市龙盛机械制造有限公司	244.27	5.70	王俊昌

表 84 2023 年陈堡镇行政村、社区基本情况表

村(社区)名称	村(社区)支部书记	村(社区)委员会主任	耕地面积(公顷)	人口(人)	工农业总产值(万元)	农村居民人均可支配收入(元)
陈家堡村	王树华	王树华	254.67	4022	12334	36773
蔡堡村	黄兆华	黄兆华	351.43	3145	40044	35057
曹黄村	黄国能	黄国能	160.40	1716	5591	37823
东彭村	周正伟	周正伟	188.07	1734	3773	34114
高里庄村	钱仁浦	钱仁浦	184.78	2494	46613	35794
蒋庄村	韦传芝	韦传芝	275.16	2926	34966	39340
里堡村	周晓春	周晓春	235.89	2301	9063	35059
宁乡村	姚贵远	姚贵远	221.60	1620	5126	36726
四林村	唐俊祥	唐俊祥	240.56	2207	6700	37398
唐庄村	翟龙升	翟龙升	251.07	2674	2417	39862
伍康村	戴广荣	戴广荣	384.76	4058	45920	33683
武泽村	唐传宝	唐传宝	359.59	3381	43688	35903
向沟村	王春喜	王春喜	120.26	1640	3152	34737
校果村	王友华	王友华	212.53	1745	9980	34380
袁家庄村	邵爱斌	邵爱斌	240.05	2918	126990	37680

周庄镇

【概况】 周庄镇位于兴化市域南部,区位交通优势独特,阜溧高速与省道 352 在境内交会,设有互通出口。集镇西侧的省三级航道卤汀河直通长江。全镇行政区域面积 91 平方千米,耕地面积 5063.47 公顷,辖行政村 18 个、社区 2 个,总户数约 1.76 万户,总人口约 4.91 万人。

【经济建设】 2023 年,周庄镇实现地区生产总值 40 亿元,完成一般公共预算收入 5441 万元,农村居民人均可支配收入 40359 元。完成规模以上工业总产值 23.1 亿元,其中战略性新兴产业产值 4.9 亿元;实现工业开票销售 23 亿元。树立"大抓招商、狠抓项目"鲜明导向,制定项目招引激励考核办法,掀起新一轮招商引资项目建设热潮,收集有效项目信息 30 个,新签约 1 亿元以上项目 7 个,其中 5 亿元以上项目 2 个;新开工 1 亿元以上项目 4 个,新竣工 1 亿元以上项目 5 个。服务业发展加快,完成上服务业营业收入 6554 万元,实现线上批零住餐贸易额 28.6 亿元。坚持分类施策,精准发力,推进"亩均论英雄"改革,盘活园区低效闲置用地 15.87 公顷。崴思新材料泰州有限公司、泰州市凌峰机电设备有限公司、泰州市昌润高新材

料有限公司等3家企业创成“三星级上云”企业,泰州市茂华纸品有限公司入选“两化”融合贯标企业。泰州市通发塑业有限公司、崴思新材料泰州有限公司、金龙汽配等3家企业智能化改造和数字化转型取得实。新增有效发明专利8件,达成产学研合作项目4项,认定国家高新技术企业5家。骨干企业引领效应持续放大,江苏双蝶集团有限公司、泰州市正阳麦芽有限公司入选兴化市重点企业名录,江苏鑫盛电气有限公司入选兴化市成长型企业名录,崴思新材料泰州有限公司、江苏昊鹏机械有限公司入选兴化市科技型中小企业名录。加速推进农业示范园区智能化建设,完成高标准农田专项整治“双百日”行动,建成200公顷优质稻米生产基地。推进“党建引领、县兴县富”三年行动计划,组织实施村集体经济增收“8420”工程,实现集体经营性收入30万元以下村“清零”,颜吕村集体经营性收入超过200万元。

【社会事业】 2023年,周庄镇创成省级卫生镇,周北等6个村获评省卫生村。伍张村卫生实创成泰州市示范村卫生室,周庄中心卫生院中医馆获评兴化市2023年度唯一“省五星级中医馆”。镇中心幼儿园建设工程投资4200万元,进入收尾阶段。周庄初中、周庄高中办学条件持续改善,优化“优秀学子”奖励办法,增强奖励精准性。殷庄村创成省级养老服务“五美驿站”,“儿童之家”建设实现全覆盖,未成年人关爱保护工作走在全市前列。东浒村获评省级生态宜居示范村,殷庄村、东浒获批泰州市首批乡村振兴示范村。加快水利基础设施建设,改造电启闭圩口闸2座,维修圩口闸3座、排涝站2座,加固加修圩堤4500米。强化网格巡查,抓实“两违”防治。高度重视耕地保护,一着不让推进土地占补平衡和增减挂钩,新增有效耕地186亩。组织文化惠民演出60余场次,“周庄民歌进校园”活动有声有色。边城村获批第九批江苏省历史文化名村,邬牛村罗汉寺接受省文保部门评估验收,伍张村“潘氏喉科”入选泰州市非物质文化遗产名录。

【生态建设】 2023年,周庄镇开展“九整治六拉升”专项整治行动,助力全国文明城市创建稳致远。坚持科学规划、量力而行,建设周庄南河景观工程、老镇区文体休闲小公园,实施居民书房项目,加力推进镇东河整治工程,完善镇区主干道路绿化,亮化工程,修缮破损道路4000平方米,集镇品质显著拉升。加大推进气势,边城集镇区环境外貌焕然一新。上争“一事一议”财政奖补项目,周郊、周北、夏泊等3个村的村庄基础设施得到提升。聚力人居环境整治,完成农房改善143户,打造美丽菜园600个、美丽庭院72个,改造户厕213户。打造向阳河镇级幸福河道,通界河、界沟后河、西浒垛河等6条河道创建生态河道通过省级考核验收,边城村张士诚河创成兴化市级村庄幸福河道,入选泰州市农村幸福河道样板河道。强化环保工作,保障生态安全,促进绿色发展。依法依规整治“散乱污”小企业3家,集镇露天烧烤和扬尘污染防治取得实效,卤汀河船厂专项整治通过省级验收。新增造林1.87公顷,更新造林9.33公顷。

【社会治理】 2023年,周庄镇新增创业810人,新增扶持创业240人。城乡居民养老保险续保13500人,超额完成市交任务。医保筹资进度名列全市前茅,“福村宝”乡村公益互助项目深入实施,企业职工社保扩面稳步推进。为民服务中心率先建成综合服务通办窗口,成为全市“一窗通办”样板。力推社会治理走深走实,通过省级市域社会治理现代化试点乡镇验收。开展“八五”普法教育,精准打击金融诈骗、电信网络诈骗和养老诈骗等违法犯罪行为,创成国家“扫黄打非”进基层示范点。深入开展安全生产系列专项整治行动,力促“查隐患、抓整改、防风险、保安全”各项措施严格落实到位,切实保障人民生命财产安全。严抓食品药品安全监管,守护人民群众生命健康安全。

【泰州宏叶科技材料项目落户】 6月,江苏业盛金属制品有限公司在镇工业园区租赁厂房7250平方米,投资6000万元并注册成立泰州宏叶科技材料有限公司。该公司专业从事功能膜用高精无尘纸管等高端产品研发、生产加工产品应用于新能源、光伏、环保等多个行业。项目建成后形成年生产高强度纸管50万米(一期)、功能膜用高精无尘纸管20万米(二期)、其他环保型包装纸制品15万米的生产能力。

(周长青)

表85 2023年周庄镇主要经济社会指标一览表

指标名称	单位	数值	指标名称	单位	数值
总户数	户	17635	工业利税总额	万元	4768
总人口	人	49063	财政内预算收入	万元	16535
乡镇从业人员数	人	28179	一般公共预算收入	万元	5441
行政区域面积	平方千米	91	私营个体税收	万元	—
耕地面积	公顷	5063.47	农村居民人均可支配收入	元	40359
地区生产总值	万元	399796	中小学校	所	4
人均地区生产总值	元/人	117092	在校学生	人	2944
第一产业增加值	万元	76601	在职教师	人	399
第二产业增加值	万元	132977	医院	所	2
第三产业增加值	万元	198674	卫生所(室)	个	20
生猪出栏量	头	5500	医生数	人	105
家禽出栏量	万羽	36	病床数	张	296
水产品产量	吨	56110	参加养老保险人数	人	34161
工业企业数	家	272	参加农村新型合作医疗人数	人	33240
工业开票销售收入	万元	230031	享受居民最低生活保障人数	人	501

表86 2023年周庄镇骨干企业基本情况表

序号	企业名称	销售收入(万元)	利税总额(万元)	法定代表人
1	泰州市正阳麦芽有限公司	30215	4325	曹建民
2	泰州市茂华纸品有限公司	19113	3113	徐友明
3	兴化市美联碳素制品有限公司	11974	1097	彭秧党
4	泰州市通发塑业有限公司	10533	1325	王荣祥
5	泰州市昌润高新材料有限公司	7813	599	伏海云
6	江苏中清纸业有限公司	7497	1478	陈兴盛
7	江苏鑫盛电气有限公司	7035	651	胡兆和
8	兴化市正阳水泥有限公司	5559	655	颜广银
9	泰州市众擎金属制品有限公司	5488	657	戴书勤
10	崴思新材料泰州有限公司	5472	349	徐　凌
11	江苏昊鹏机械有限公司	5053	389	丁宏山
12	江苏江兴电力器材有限公司	4397	636	金爱华
13	江苏易兆电器有限公司	4095	508	高建国
14	兴化市华盛木业有限公司	3560	620	沈小华
15	兴化市康华碳素制品有限公司	3466	492	伏嵩华
16	兴化市恒成油脂有限公司	3463	202	徐　婷
17	江苏营力创电子材料有限公司	3188	507	何尚志
18	兴化市诗宇金属制品厂	3131	289	孙建华

续表 86

序号	企业名称	销售收入(万元)	利税总额(万元)	法定代表人
19	江苏润平高新材料有限公司	3061	405	黄克俭
20	江苏安钢精密铸造有限公司	2781	259	金海华
21	江苏双蝶集团有限公司	2778	378	陈　涌
22	泰州市凌峰机电设备有限公司	2704	309	叶士强
23	泰州茂翔电子器材有限公司	2610	453	颜婷婷
24	江苏宇建金属制品有限公司	2486	236	孙建华
25	泰州市嘉蓝金属制品有限公司	2482	241	伏张进
26	江苏金瑞机械制造有限公司	2391	379	曹春荣
27	江苏青谷食品科技有限公司	2247	221	曹玉斌
28	泰州顺展金属制品有限公司	2232	239	倪爱平
29	江苏泰洪绝缘材料有限公司	2197	210	周爱山
30	泰州华彩文化用品有限公司	2037	427	李正平
31	泰州容领微电子有限公司	2036	198	费云强
32	泰州市樊川锡业有限公司	2003	192	樊永曙

表 87　2023 年周庄镇行政村、社区基本情况表

村(社区)名称	村(社区)支部书记	村(社区)委员会主任	耕地面积(公顷)	人口(人)	工农业总产值(万元)	农村居民人均可支配收入(元)
边城村	张文祥	张文祥	484	4003	18840	30443
西边城村	樊山林	樊山林	385	2890	11210	29029
黄界村	许长征	许长征	366	2268	9134	31015
伍张村	李如玉	李如玉	295	2262	8568	29890
夏舶村	王九华	王九华	235	2001	8000	27480
周北村	周玉红	周玉红	236	1657	6040	27543
官庄村	赵有才	赵有才	437	2837	125883	27042
东浒村	盛金平	盛金平	488	3241	12916	32247
东坂伦村	汤小祥	汤小祥	231	1970	9440	30224
西坂伦村	蒋军华	蒋军华	317	2941	17878	29935
四美村	吴晓明	吴晓明	395	3921	23570	30255
西浒村	刘晓东	刘晓东	249	2031	11188	30201
周郊村	钱　刚	钱　刚	192	2970	14714	29953
薛庄村	周　晨	周　晨	85	1718	48512	36515
郛牛村	朱　炜	朱　炜	215	1928	8646	30386
颜吕村	顾林凤	顾林凤	248	1935	7608	30512
殷庄村	周　根	周　根	216	1880	7426	30331
周泽村	高春荣(5 月免)	高春荣(5 月免)	262	2070	9586	28443

垛田街道

【概况】 垛田街道境内河沟纵横交错,垛岸星罗棋布。水陆交通便利,车路河、兴姜河、白涂河穿境而过,国道344、省道231和省道351贯穿全境。街道行政区域面积82.5平方千米,耕地面积2432公顷,水面养殖面积2157公顷,辖行政村18个、社区1个,总户数1.9万户,总人口7.21万人。

【经济建设】 2023年,垛田街道实现地区生产总值31.28亿元,实现财政内预算收入1.77亿元,完成一般公共预算收入9975亿元,实现工业开票销售1.76亿元。实现固定资产投资12.8亿元,其中民间投资4.3亿元,高技术产业投资2263万元。申报省级龙头企业1家,泰州市级龙头企业3家,协调上报顶能、振亚、康美来、康康食品等4家公司纳入一、二、三产业融合发展项目。实现规上工业总产值19.7亿元,规上工业增加值3.5亿元。数字经济提速发展。围绕省级星级上云企业、"智改数转"项目任务,完成申报省级三星上云企业2家;完成国家级高企申报3家;完成"智能化改造、数字化转型"规上企业诊断工作10家。培育"四上"进规企业10家,新增木禾、渔歌2家数字经济核心企业。

【社会事业】 2023年,垛田街道完成供电公司、张北路、水上垃圾中转站、3个上市地块等9宗总面积24.4公顷的土地征收工作,协调处置小戚安置房二期、上市地块、垃圾中转站、振亚食品等8宗总面积25.2公顷的供地工作,做好文旅玉澜园、禾翊温室等3宗总面积10.4公顷用地的土地交地工作,完成康康食品、农村宅基地等8宗总面积1.28万平方米的土地农转用。完成湖东船厂、芦洲航工船厂增减挂钩复垦项目共1.26万平方米;实施占补平衡复垦项目1.92万平方米。全年秸秆机械化还田面积186.7公顷,省级确认补助面积97.89公顷、补助资金3.67万元,建成农机化示范基地1家。查处各类违法建设36次,拆除违章建筑17起,共计270平方米。维修破损道路4条、1700米,新建金岛社区120平方米老年活动室,完成兴姜和苑北桥头架设临时路灯28盏,新增钻石花苑停车位20个,增设电瓶车棚24处、晾衣架30处。组织10余家企业参加大型职业招聘活动,开发21个公益性岗位。做好新小区周边健身步道、将军庙小学室外跑道运动场、篮球场、排球场体育面积摸排上报工作。开展送文化下乡文艺演出36场,主题阅读活动240场,主题巡展236场,受益群众近1万人。组织高家荡、戴家村民俗表演队开展"民俗闹春"踩街活动,组织湖西口村龙队参加兴化市2023年新春舞龙大赛并获银奖。创建成垛田廉政农民画创作基地和银北门非遗垛田农民画传习馆,40余幅农民画作品获省级以上奖项。完成街道9家学前幼儿看护点取消工作,建成中心小学校车停车场。

【生态建设】 2023年,垛田街道完成人居环境整治问题4318处,改造、新建户厕285户,改造"一事一议"道路4.84千米,新建、维护农桥4座,督查、清理垃圾堆放点2600余处,清理地笼200余条,清理秸秆561吨,回收药瓶2600只。实施林长巡林304次,森林防火巡查48次,湿地巡查12次、集中防控美国白蛾3次,完成成片造林4800平方米、更新造林2.73万平方米、退化林修复低效林改造1.07万平方米、完善农田林网面积110公顷,新建农田林网面积16公顷。定期开展巡河约42次,打捞白色垃圾、绿萍及水面漂浮物共计6.8万余吨,征收闲置船18条总重528吨、破碎沉船闲置船22条总重621吨。大气环境质量$PM_{2.5}$(可入肺颗粒物)浓度全市排名第三,空气优良天数比率达82.0%。省考断面水环境质量达三类水质标准。

【社会治理】 2023年,垛田街道发放创业富民贷款1510万元,为41家企业提供资金扶持。登记生育服务对象239人,办理持证退休企业职工一次性奖励36人,办理持证非从业居民一次性奖励7人。完成老年人健康体检9828人,居民健康档案建立47935人,获省级"健康促进"医院称号。规范企业用工支付,上门检查企业100余家,督促企业补签合同,保障职工、劳动者的合法权益。完成适老化改造项目56户,改善老人居住环境。开展"安康关爱行动",入户周探访服务实现全覆盖。开展

"99慈善公益网络募捐"活动,共募集善款60.38万元。拓宽就业渠道和创业空间,新增泰州市级创业孵化基地1家。义务兵优待金、退伍安置金、自谋职业一次性补偿金等足额发放,退役军人优待证申领全部发放到位。

(王　韵)

表88　2023年垛田街道主要经济社会指标一览表

指标名称	单位	数值	指标名称	单位	数值
总户数	户	18959	工业利税总额	万元	10132.7
总人口	人	72104	财政内预算收入	万元	17735.67
乡镇从业人员数	人	24527	一般公共预算收入	万元	9975
行政区域面积	平方千米	82.5	私营个体税收	万元	—
耕地面积	公顷	2432	农村居民人均可支配收入	元	30811
地区生产总值	万元	312849	中小学校	所	2
人均地区生产总值	元/人	43389	在校学生	人	2617
第一产业增加值	万元	58419	在职教师	人	218
第二产业增加值	万元	103057	医院	所	1
第三产业增加值	万元	151373	卫生所(室)	个	25
生猪出栏量	头	1714	医生数	人	86
家禽出栏量	万羽	442350	病床数	张	88
水产品产量	吨	16583	参加养老保险人数	人	16389
工业企业数	家	20	参加农村新型合作医疗人数	人	47246
工业开票销售收入	万元	175621.3	享受居民最低生活保障人数	人	379

表89　2023年垛田街道骨干企业基本情况表

序号	企业名称	销售收入(万元)	利税总额(万元)	法定代表人
1	兴化市广福金属制品有限公司	54650	3268.4	陈尧年
2	顶能科技有限公司	21761.3	1434.4	王祝善
3	兴化市华成镀锌管件有限公司	16016	719.5	葛满全
4	兴化市宏升食品有限公司	11633.2	770.5	王益洪
5	兴化市联升食品有限公司	9687.6	871.9	刘庆森
6	兴化市联发食品有限公司	9685.7	708.9	王箭庭
7	江苏振亚生物科技有限公司	8166.1	316.4	王粉碗
8	兴化市大林食品有限公司	5913	415.3	王益林
9	江苏华硕食品有限公司	5484.7	166.3	张雷善
10	兴化市明松食品有限公司	4638.9	253.2	刘庆明
11	江苏华科塑业有限公司	4450	256.1	潘成功
12	江苏久春温室设备有限公司	4112.4	63.8	曹玉锁
13	兴化市鑫阳商品混凝土有限公司	3247.3	32.8	朱银萍
14	兴化市顶萃食品有限公司	2941.7	239.1	张　铖

续表 89

序号	企业名称	销售收入(万元)	利税总额(万元)	法定代表人
15	江苏盛和食品有限公司	2941	83.3	唐爱玲
16	兴化市中源食品有限公司	2935.4	76	吴　正
17	兴化市维泰食品有限公司	2746	363.9	赵庆斌
18	兴化市百莱鲜调味品厂	2396.7	56.5	王涌南
19	江苏绿阳温室设备有限公司	2214.3	67.9	赵有敢

表 90　2023 年垛田街道行政村、社区基本情况表

村(社区)名称	村(社区)支部书记	村(社区)委员会主任	耕地面积(公顷)	人口(人)	工农业总产值(万元)	农村居民人均可支配收入(元)
芦洲村	史琦太	—	327	8259	16365	19814
平安垛村	陈鹤进	陈鹤进	169	4028	5804	14409
孔长村	顾　冲	—	80	2220	3323	14968
杨荡村	韩建和	韩建和	69	1585	2491	15716
高家荡村	张　泉	张　泉	143	3595	6317	17571
莲溪湖村	唐　浩	孙朝阳	124	5006	2939	5870
张皮垛村	张日长	张日长	150	3925	6691	17047
何家垛村	俞步国	俞步国	33	3310	1448	4375
凤凰垛村	张　杰	—	72	3401	734	2158
花园垛村	徐义涛	徐兴付	59	3481	683	1962
新徐垛村	殷振华	殷振华	79	2964	2817	9504
得胜村	陈付猛	陈付猛	88	3448	2972	8619
申家佃村	赵玉中	赵玉中	62	2094	2521	11996
湖西村	周同书	周同书	123	3265	4327	13253
戴家村	毛小松	毛小松	220	5234	29710	56763
湖东村	丁小娟	王涌南	180	3901	12179	31220
新钱村	成风杰	—	191	3226	2177	6748
王横村	王一俊	王一俊	250	4506	5758	12778
金岛社区	钱　钢	钱　钢	4	4656	0	0

竹泓镇

【概况】 竹泓镇位于兴化城区东部 12 千米处,是典型的四面环水、九河汇聚、地势低洼的乡镇。行政区域面积 64 平方千米,耕地面积 3115 公顷,下辖行政村 13 个、社区 1 个,总户数约 1.28 万户,总人口约 3.9 万人。

【经济建设】 2023 年,竹泓镇实现地区生产总值 10.83 亿元,工业开票销售 7.6 亿元,一般公共预算收入 1824 万元,规上工业增加值 1.09 亿元,限上批零住餐产值 11 亿元,农产品加工收入 2.25 亿元,民间投资 3.67 亿元。收集各类招商信息 80 余条,跟踪洽谈重点项目 12 个,招引项目 9 个,其中小型科创项目 7 个,签约亿元项目 3 个。开工亿元项目 2 个,新增规上工业企业 2 家,新增限上批零住餐 5

家,新增科技型中小企业2家,新增星级上云企业2家。开展项目集中攻坚行动,建立班子成员包保负责制,推动项目提速提效。帮助兴化市佳杰塑料制品有限公司申报资源再生综合利用布点,持续跟进江苏苏航船业集团有限公司新能源游艇项目,推进高品食品二期建设工程,对全镇4家体育器材企业进行升级改造,协调“绿岛”与木船企业达成良性合作关系。落实耕地保护“非粮化”,全年新增粮食面积42.67公顷。按照“8420”目标任务,多措并举,完成村级经营性收入847.96万元,实现100万元以上村3个,50万~100万元村7个,30万~50万元村3个,30万元以下村全面清零。

【社会事业】　2023年,竹泓镇推进农田水利建设,完成圩口闸电启闭改造2座,险工患处加修3处,新建机耕路12千米、小电站17个,维修排涝站1座,打造幸福河3条、生态河道11.2千米;保养维护农村公路提档升级道路20千米、桥梁10座,宁盐高速竹泓段正式开工;投入160万元启动实施“一事一议”项目6个。完善集镇配套设施,新划定停车位643个,改造无障碍厕所20座,维修路面破损30处,集镇杆线下埋2千米,完成兴泓路南延拆迁。传统木船制造技艺非遗活化利用传承获国家历史文化名城专家组一致好评,特色田园乡村尖沟村、非遗工坊、桃园等以点串线形成的旅游线路成为广大中小学校的研学基地。

【生态建设】　2023年,竹泓镇使用机械设备1000余台次,拆除破旧房屋200余处,农房改善69户,清理飞线15处700余米,清运垃圾6000吨,整治臭水沟2000余米,完成改厕156个,镇村人居环境进一步提升。打造尖沟村省级特色田园乡村,并顺利通过验收。贯彻落实河湖长制和林长制,突出抓好水环境和林权监管,从源头上减少生态环境污染和破坏。采用疏堵结合的方式开展秸秆禁烧禁抛工作,试点开展泥根深翻146.67公顷。对“散乱污”小作坊进行清理,组织环保部门多次进行回头看。对木船企业私自喷漆现象,加强巡查,强化管理,规范喷漆行为。坚决打击环境污染的违法行为。

【社会治理】　2023年,竹泓镇新增低保26人,核减15人;新增特困12人,核减19人;新增残疾人生活补贴48人,核减27人,做到应保尽保、应退尽退。加大未成年人保护力度,定期走访关爱困境儿童、留守儿童,推进镇村未保站“五点钟课堂”正常开展工作并提供市级现场会。打造省级“15分钟医保服务圈”示范点,正常开展四大类15个医保经办服务事项,城乡居民医疗保险筹资完成缴费24026人。组织各类安全生产大检查11次,共排查整改各类安全生产隐患1300余条,未发生安全事故。建立健全扫黑除恶常态化工作机制,开展“三官一律”进网格活动。做好“八五”普法工作,加大“民主法治示范村”创建和“援法议事”推广活动。完善网格化中心规范化建设,加强网格队伍专业化建设管理,深化“脚步丈量,真心服务”理念,努力提升网格知晓率、满意率。完善“泰治理”应用软件事情上报机制,线上线下双结合排查解决风险,提高网格队伍专业化水平。网格化指挥中心获评全市首批“网格+警格”的竹泓特色“平安前哨”工作试点单位,获评市委政法委三季度“流动红旗中心”。

(徐晟龙)

表91　2023年竹泓镇主要经济社会指标一览表

指标名称	单位	数值	指标名称	单位	数值
总户数	户	12759	工业利税总额	万元	8500
总人口	人	38992	财政内预算收入	万元	2300
乡镇从业人员数	人	14857	一般公共预算收入	万元	1824
行政区域面积	平方千米	64	私营个体税收	万元	2050
耕地面积	公顷	3115	农村居民人均可支配收入	元	28349
地区生产总值	万元	102449	中小学校	所	2

续表 91

指标名称	单位	数值	指标名称	单位	数值
人均地区生产总值	元/人	47266	在校学生	人	904
第一产业增加值	万元	22254	在职教师	人	105
第二产业增加值	万元	34978	医院	所	1
第三产业增加值	万元	46556	卫生所(室)	个	10
生猪出栏量	头	1.313	医生数	人	34
家禽出栏量	万羽	30.65	病床数	张	60
水产品产量	吨	7815	参加养老保险人数	人	2.0485
工业企业数	家	86	参加农村新型合作医疗人数	人	2.6043
工业开票销售收入	万元	7.3	享受居民最低生活保障人数	人	335

表 92　2023 年竹泓镇骨干企业基本情况表

序号	企业名称	销售收入(万元)	利税总额(万元)	法定代表人
1	江苏盛裕化纤有限公司	6661.1	515.2	徐　锋
2	兴化市发斯特食品科技有限公司	5003.7	285.9	郑同进
3	江苏味门食品有限公司	4741.1	510.5	陈金星
4	泰州市辉航化纤有限公司	3603.5	285.2	吴春明
5	兴化市恒泰锌业有限公司	3376.4	315.4	何勇生
6	兴化市佳杰塑料制品有限公司	3110.5	280.1	单祝玉
7	兴化市华莲金属铸造厂	2502.5	172.3	徐华中
8	泰州市兴通桥梁预制构件有限公司	2256.1	245.2	赵观军
9	江苏苏航船业集团有限公司	2206.2	285	丁　松
10	兴化市金俊体育器材有限公司	2200.4	260.2	石金俊
11	江苏华新环保设备科技有限公司	2146.5	302.5	姚金元
12	兴化市华香纺织品原料有限公司	2109.2	215.5	汤传香

表 93　2023 年竹泓镇行政村、社区基本情况表

村(社区)名称	村(社区)支部书记	耕地面积(公顷)	人口(人)	工农业总产值(万元)	农村居民人均可支配收入(元)
竹一村	孙宏根	198.11	3276	5542	29374
竹二村	冯庆兵	157.92	2712	4622	34032
新港村	许松荣	273.01	3896	6727	30696
冯家村	王　勇	171.07	1876	2874	29517
新泓村	赵珍龙	129.52	3300	4447	31858
志方村	徐承晔	133.04	2755	4585	31023
九港村	徐德广	111.56	2248	2751	29059

续表 93

村（社区）名称	村（社区）支部书记	耕地面积（公顷）	人口（人）	工农业总产值（万元）	农村居民人均可支配收入（元）
北张舍村	丁仁柏	191.86	2785	4038	29807
尖沟村	许风韦	32.23	2041	2557	34824
舒余村	朱志青	152.97	3084	4796	33223
振南村	张长春	235.13	3432	4966	30291
解徐王村	刘永桃	236.96	3078	4507	28003
东高魏村	蔡月涛	170.46	2173	3003	29526
永宁社区	许秋平	13.33	3318	914	33017

林湖乡

【概况】 林湖乡位于兴化市境中部，东邻宁靖盐高速公路，南接国道344，西傍京沪高速，北连省道351，大周公路穿境而过，位置优越，交通便捷。全镇行政区域面积47.19平方千米，耕地面积2412公顷，辖行政村9个，社区1个，总户数9512户，总人口约2.74万人。

【经济发展】 2023年，林湖乡完成地区生产总值8.77亿元，财政内预算收入2854万元，一般公共预算收入1361.3万元，完成工业开票销售3.16亿元。年内先后到上海、大连、武汉等城市开展招商活动20余次，收集有效招商信息9条，招引有意向落户的工业项目1个：长江精工钢结构（集团）股份有限公司装配式集成建筑项目；亿元以上项目签约2个：杭州源来有你有限公司一二三产融合预制菜项目、兴化市提篮婆农业有限公司桂花烘干、精油提取项目。完成农业招商引资项目2个，农业农村重大项目1个。完成工业亿元以上新开工项目1个、亿元以上新竣工项目1个、5亿元以上拟开工项目1个。生活帮（江苏）家居用品有限公司已通过竣工验收，江苏海琪金属制品有限公司已通过市级亿元项目竣工验收，并于当年完成开票销售2000余万元，申报工业规上企业。推进泰州盈启新材料有限公司PET新材料制品项目建设。新增“星级上云”企业1家。推进农业高质高效。坚决遏制耕地“非农化”、防止“非粮化”，完成主要粮食播种面积1033.33公顷，高效设施农业253.33公顷。打造特色农机示范基地1家，建成农业物联网管理平台1家，申报泰州市“一村一品”示范村1家。新增示范家庭农场5家（其中省级1家、泰州市级1家、兴化市级3家），新增示范合作社1家。推进村民共富增收。全乡实现村集体经营性收入1026.24万元，超额完成市交“8420”工作目标。开拓“古韵林湖”地标，种植菊花，为村集体经济增收10万余元。

【社会事业】 2023年，林湖乡举办“‘萄’醉新秋 ‘乡’约林湖”首届兴化林湖葡萄采摘节，

2023年3月14日，市委书记陈锋剑（左二）到林湖乡调研调味品产业

（林湖乡/供图）

对外宣传报道42篇,其中省级以上媒体报道33篇。征集“我和葡萄的故事”短视频,收到作品100余部,累计播放量54.2万次,进一步提升“林湖葡萄”知名度和影响力,助力农户增收。开展“我们的节日”系列主题活动、“我们的中国梦”文化惠民演出30余场,新时代文明实践所建设工作获银奖,不断厚植乡村文化底蕴。推进西丁村燃气入户工程,覆盖群众150余户。修缮府前路健身跑道,建成集镇主要干道沿线体育公园1座,新增集镇停车位30个。推进农田水利建设,加修圩堤险工患段380米,土方4600立方米,完成圩口闸电启闭改造2座,维修排涝站2座。

2023年12月1日,林湖乡开展“你惑我解”理论宣讲活动

(林湖乡/供图)

【生态环境】 2023年,林湖乡落实农村人居环境整治三年行动实施方案,以农村生活垃圾、“厕所革命”、生活污水治理和村容村貌提升为重点,持续改善人居环境。拆除户厕92座,改厕37座,整治乱堆乱放175处、乱搭乱建32处、乱贴乱挂136处,清理各类积存垃圾61处。完成低收入困难群众的危房改造任务9户。实施生态河道建设2条,工长5.13千米,顺利通过省级验收。打造乡级幸福河道1条2.89千米,村级幸福河道8条8.29千米。

【社会治理】 2023年,林湖乡聚焦“一老一小”优质服务,全乡各居家养老中心实现常态化运营,“润林关爱”“微丝温暖、照亮星光”等2个项目获市关爱妇女儿童公益项目二等奖。坚持建管并举,从严抓好爱国卫生工作管理,顺利通过省级卫生镇验收,同步创成省级卫生村5个。投入资金57.4万元,新建垃圾分类亭26座,增建垃圾中转站设施设备3处,购置各类垃圾桶11180只,创成泰州市级垃圾分类试点乡镇。

(王兴辉)

表94 2023年林湖乡主要经济社会指标一览表

指标名称	单位	数值	指标名称	单位	数值
总户数	户	9512	工业利税总额	万元	—
总人口	人	27386	财政内预算收入	万元	2854
乡镇从业人员数	人	6450	一般公共预算收入	万元	1361.3
行政区域面积	平方千米	47.19	私营个体税收	万元	—
耕地面积	公顷	2412	农村居民人均可支配收入	元	28300
地区生产总值	万元	87673	中小学校	所	2
人均地区生产总值	元/人	—	在校学生	人	538
第一产业增加值	万元	40441	在职教师	人	109
第二产业增加值	万元	19650	医院	所	1

续表 94

指标名称	单位	数值	指标名称	单位	数值
第三产业增加值	万元	27582	卫生所(室)	个	10
生猪出栏量	头	8739	医生数	人	22
家禽出栏量	万羽	121.57	病床数	张	60
水产品产量	吨	10152	参加养老保险人数	人	13580
工业企业数	家	58	参加农村新型合作医疗人数	人	18465
工业开票销售收入	万元	31600	享受居民最低生活保障人数	人	274

表 95　2023 年林湖乡骨干企业基本情况表

序号	企业名称	销售收入(万元)	利税总额(万元)	法定代表人
1	兴化市楚雄建筑安装有限公司	161685	1826	任昭勇
2	兴化市三圆锌品有限公司	7795	614.4	王　俊
3	泰州津大味业有限公司	2431	281.3	姚　贵

表 96　2023 年林湖乡行政村、社区基本情况表

村(社区)名称	村(社区)支部书记	村(社区)委员会主任	耕地面积(公顷)	人口(人)	农村居民人均可支配收入(元)
魏庄村	王生祥	王生祥	642.77	5734	28388
铁陆村	陈浩建	陈浩建	125.4	1403	26789
西丁村	杨去明	杨去明	241.58	2753	29775
强胜村	朱青阳	朱青阳	388.93	3762	28803
姚富村	姚杏龙	—	213.48	2658	29270
朱陈庄村	瞿恒阳	刘宏兴	251.50	2507	27813
马家村	丁德银	丁德银	177.13	3021	27671
湾朱村	屠洪富	屠洪富	208.43	2303	26907
朱胖村	刘　驹	刘　驹	141.94	1732	27952

沈坨镇

【概况】 沈坨镇地处兴化市腹部,省道 232 贯穿南北,沈张公路横跨东西,省级航道蚌蜒河、兴姜河在此交汇,水陆交通便利,地理位置优越。全镇行政区域面积 49.58 平方千米,耕地面积 2669 公顷,辖行政村 10 个、社区 1 个,总户数 8327 户、总人口约 2.5 万人。

【经济建设】 2023 年,沈坨镇完成地区生产总值 10.5 亿元,一般公共预算收入 3349.65 万元,工业开票销售收入 11.53 亿元;工业利税总额 3593 万元,规上工业总产值 9.75 亿元,民间投资 6.7 亿元,农村居民人均可支配收入 28752 元。实现村级集体经营性收入 1078.61 万元。获“乡村振兴考核一等奖”“高质量发展综合考核第一等次”。坚持在项目攻坚上持续发力,推动项目早开工、早落地、早投产,完成亿元以上开工项目 3 个、亿

元以上竣工项目2个,新增“小进规”企业5家。强化科技创新驱动,推动产业转型升级,完成“智改数转”项目3个,国家高新技术企业复审通过2家、新申报通过3家,规模以上工业企业研发支出4962.9万元。盘活低效闲置土地,腾出高质量发展空间,盘活祥意钢材、原东盛服饰2家闲置企业1.72公顷。推进农业现代化建设,新建高标准农田533.33公顷,实现现代农业园区三星级提升,申报泰州市现代农业科技综合展示基地1个。持续壮大新型农业经营主体,新成立家庭农场7家、农民专业合作社2家、农业产业化联合体1家,成功申报泰州示范农场2家、兴化示范农场5家。守牢耕地保护红线和粮食安全底线,完成永久基本农田处置5.3公顷、变更调查整改3.42公顷、土地复垦项目17.69公顷。

【社会事业】　2023年,沈坨镇重视农田水利基础设施建设,维修圩口闸3座、排涝站2座,电启闭改造2座,加固圩堤600米。持续优化乡村布局,完成关华复、李默、金唐纪、繁盛4个村的村庄规划编制。加大道路建设和养护力度,完成沈北碧根果基地道路工程、沈北线道路安全防护工程、修复集镇、园区及部分通村公路桥梁两侧沉降路面950平方米、减速带40处310米。保障住房安全,完成农村住房条件改善51户、危房改造7户。实施文化惠民工程,年内获兴化市“扫黄打非·护苗”知识大赛优秀组织奖、团体大赛二等奖,“贯彻二十大,奋进新征程”兴化市广场舞大赛第二名,兴化市第十五届龙舟大赛优秀奖。加强红色资源保护传承弘扬,李默烈士墓入选第三批江苏省革命文物名录。镇卫生院通过优质服务基层行省级推荐标准单位评审,创成泰州市老年友善医院、省四级中医馆。获评“全国绿化模范单位”“江苏省生态宜居美丽乡村示范镇”“生活垃圾分类省级试点乡镇优秀等次”,泰州市授予“强镇兴村富民行动”专项及时奖励并记三等功,获兴化市授予全国文明城市创建工作“骏马奖”,通过国家级卫生镇创建验收。

【生态环境】　2023年,沈坨镇压紧压实河长制责任,抓好水环境综合整治,打造市级“幸福河湖”兴姜河3千米、村级“幸福河湖”10条。推进主次干道、后街背巷、农贸市场等环境整治,铲除各类广告1800余处,清理杂物垃圾180余吨,更换窨井盖36处,修缮路面1230平方米,绿化更新1483平方米。整治“三乱”(乱搭乱建、乱堆乱放、乱贴乱挂)531处,规范占道经营87起,完成户厕改造29户。践行“千万工程”经验,创成省乡村振兴示范村1个、省宜居宜业和美乡村2个、省绿美乡村1个。

【社会治理】　2023年,沈坨镇落实稳岗扩岗政策措施,做实做细就业服务,新增就业357人,帮扶就业困难人员67人。城乡居民养老保险新增参保180人,居民医疗保险参保16775人。提升退役军人服务保障水平,联合泰州市退役军人事务局开展“为民双解”活动,走访慰问62人,办理优待证703本,开展优抚对象义诊2次服务186人。加大特殊困难群众救助精准度,新增低收入家庭11户20人、残疾人两项补贴24人。推进未成年人关爱保护工作,健全“检测预防、发现处置、救助帮扶”联动反应机制,帮助留守儿童、困境儿童、边缘儿童落实帮带结对。做好精神障碍患者服务管理,全年未发生漏管失管现象。推进燃气入企入户工程,完成沈坨花园小区、阳光餐厅、君元饭店、凯锐特精密五金等场所燃气建设。推进污水管网建设,集镇幼儿园、报告厅、农业中心等单位污水管网纳管工程全面完工,关华复、崇禄、柏九、安冒4个村农村生活污水管网建成投用。

【繁盛村】　地处沈坨镇最北边,北与竹泓镇冯家村毗邻、东与大垛镇三舍村接壤。繁盛村由樊荣、樊南、沈家3个自然村合并而成。全村有村民小组21个,总户数864户,总人口2899人。近年来,该村以高标准规划建设泰州市乡村振兴示范村为抓手,以“村美人和、宜居宜业”为重点建设要求,先后投入700余万元精心改善村庄环境,先后被评为省级民主法治示范村、泰州市乡村振兴示范村、江苏省宜居宜业和美乡村。2023年,繁盛村实现村集体经济收入211.66万元,农村居民人均可支配收入2.83万元。

(李怀钰)

表 97　2023 年沈纶镇主要经济社会指标一览表

指标名称	单位	数值	指标名称	单位	数值
总户数	户	8327	工业利税总额	万元	3593
总人口	人	25012	财政内预算收入	万元	3349.65
乡镇从业人员数	人	8871	一般公共预算收入	万元	3303
行政区域面积	平方千米	49.58	私营个体税收	万元	753
耕地面积	公顷	2669	农村居民人均可支配收入	元	30085
地区生产总值	万元	108015	中小学校	所	2
人均地区生产总值	元/人	74793	在校学生	人	315
第一产业增加值	万元	33702	在职教师	人	79
第二产业增加值	万元	25119	医院	所	1
第三产业增加值	万元	49194	卫生所(室)	个	8
生猪出栏量	头	4369	医生数	人	19
家禽出栏量	万羽	22.1	病床数	张	51
水产品产量	吨	5096	参加养老保险人数	人	16125
工业企业数	家	74	参加农村新型合作医疗人数	人	16775
工业开票销售收入	万元	115580	享受居民最低生活保障人数	人	417

表 98　2023 年沈纶镇骨干企业基本情况表

序号	企业名称	销售收入(万元)	利税总额(万元)	法定代表人
1	江苏亚立特钢有限公司	4570	356.53	翁剑鸣
2	江苏彼欧亿塑料科技有限公司	3525	104.07	沈林烽
3	泰州金鑫特种线缆有限公司	3219	116.87	曹强芝
4	江苏凯锐特精密五金有限公司	3179	93.97	周年所
5	江苏欧瑞德阀门有限公司	3178	100.66	凡康华
6	江苏欧德卫浴制品有限公司	3044	75.17	凡康华
7	江苏瑞奇金属制品有限公司	2834	118.28	马友富
8	江苏同舟耐热科技有限公司	2751	65.3	钱冬平
9	卡撒钢绳(江苏)有限公司	2608	88.19	陈春江
10	泰州天枫服装道具有限公司	2497	82.55	曹林妹
11	江苏壹萨生物科技有限公司	2182	89.72	许栋杰
12	江苏牛劲石化机械有限公司	2119	60.06	褚建峰
13	泰州畅祺机械制造有限公司	2075	108.06	刘荣德
14	江苏泰伦不锈钢制品有限公司	2047	79.94	何海亮

续表 98

序号	企业名称	销售收入(万元)	利税总额(万元)	法定代表人
15	江苏聚彩文教用品有限公司	2020	82.23	李正平
16	江苏海德威塑料制品有限公司	2014	191.34	张新海
17	泰州市雷通机械有限公司	2002	79.63	刘明义
18	江苏博诚金属制品有限公司	1927	104.27	宿全涛
19	泰州泰聚金属制品有限公司	1629	55.18	徐卫石
20	兴化市强胜不锈钢制品厂	1305.83	56.34	黄小祥
21	兴化市祥和制药机械有限公司	874.07	63.7	蒋为东
22	泰州舜泰服饰有限公司	840	174.43	毛爱明
23	泰友精工科技(泰州)有限公司	661.08	74.86	张卫华
24	江苏诚力电子有限公司	623	82.42	金永高

表 99　2023 年沈纶镇行政村、社区基本情况表

村(社区)名称	村(社区)支部书记	村(社区)委员会主任	耕地面积(公顷)	人口(人)	工农业总产值(万元)	农村居民人均可支配收入(元)
关华复村	奚　波	奚　波	210	2002	9308.82	31705
李默村	陆秉权	陆秉权	185	1855	11253.19	30712
薛鹏村	朱亚兵	朱亚兵	360	3849	16860.52	30244
金唐纪村	唐志强	唐志强	177	1986	7863.64	29093
繁盛村	郭丞斌	郭丞斌	300	2899	18942.18	28751
柏九村	奚安祥	奚安祥	217	1729	12605.75	29683
崇禄村	黄来扣	黄来扣	352	2650	13975.44	29934
沈南村	陆祥东	陆祥东	156	1572	11491.58	31427
沈北村	孙金才	孙金才	182	1480	11945.08	30243
安冒村	李嘉根	李嘉根	346	2769	14300.58	29933

人 物

新任市领导

许兵，男，汉族，1982 年 2 月生，江苏泰州人，2004 年 8 月参加工作，2002 年 12 月加入中国共产党，研究生学历，硕士学位。2000 年 9 月至 2004 年 6 月在南京农业大学农学院生物技术专业学习。2004 年 8 月至 2005 年 7 月任泰州市口岸镇宣传科、党政办工作人员（省选调生）。2005 年 7 月至 2007 年 12 月任泰州市口岸镇（街道）团（工）委副书记（其间，2006 年 4 月至 2006 年 7 月被高港区新农办借用；2006 年 7 月至 2007 年 11 月被高港区委组织部干部科借用）。2007 年 12 月至 2008 年 2 月任高港区委组织部干部科工作人员。2008 年 2 月至 2010 年 6 月任高港区委非公经济组织工委办公室副主任。2010 年 6 月至 2012 年 6 月任高港区委组织部组织科副科长、非公经济组织工委办公室主任（其间，2012 年 2 月至 2012 年 6 月被泰州市委组织部借用）。2012 年 6 月至 2012 年 12 月任泰州市委组织部组织处科员。2012 年 12 月至 2013 年 10 月任姜堰市（区）委研究室副主任。2013 年 10 月至 2014 年 10 月任姜堰区委办公室副主任。2014 年 10 月至 2018 年 10 月任姜堰区委办公室副主任、研究室主任（其间，2017 年 9 月至 2018 年 9 月挂任泰州经济开发区党工委委员）。2018 年 10 月至 2019 年 10 月任姜堰经济开发区党工委委员、梁徐镇党委书记。2019 年 10 月至 2019 年 12 月任姜堰经济开发区党工委委员、梁徐街道党工委书记。2019 年 12 月至 2020 年 10 月任姜堰区委办公室主任、机要局局长。2020 年 10 月至 2021 年 4 月任姜堰区现代科技产业园区党工委书记、罗塘街道党工委书记（其间，2020 年 5 月至 2020 年 11 月参加泰州市第 7 期中青年领导干部研讨班集中培训）。2021 年 4 月至 2021 年 6 月任海陵区政府党组成员、副区长人选。2021 年 6 月至 2022 年 9 月任海陵区副区长。2022 年 9 月至 2023 年 4 月任海陵区副区长，省国信集团新能源开发股份有限公司副总经理（挂职）。2023 年 4 月任兴化市委常委、组织部部长，省国信集团新能源开发股份有限公司副总经理（挂职，时间一年）。

陈林，男，汉族，1972 年 9 月生，江苏兴化人，1991 年 8 月参加工作，1996 年 10 月加入中国共产党，省委党校大学学历。1987 年 9 月至 1991 年 7 月在常州轻工业学校档案文秘专业学习。1991 年 8 月至 1998 年 12 月任兴化化肥厂职工（其间，1995 年 12 月通过苏州大学档案管理专业自考大专考试;1995年12月至1998年12月挂职任团市委部长助理、宣传部副部长)。1998年12月至1999年12月在兴化报社印刷厂工作。1999年12月至2003年3月任兴化日报社通联部记者(其间,1998年12月至2003年3月被兴化市委宣传部借用)。2003年3月至2004年3月任兴化市沙沟镇宣传委员、统战委员(其间,2001年9月至2003年12月在江苏省委党校函授学院经济管理专业本科班学习)。2004年3月至2006年1月任兴化市沙沟镇宣传委员。2006年1月至2006年11月任兴化市委宣传部精神文明建设指导科科长。2006年11月至2007年10月任兴化市文明办主任助理。2007年10月至2010年12月任兴化市文明办副主任。2010年12月至2012年1月任兴化市荻垛镇党委副书记、副镇长(正科职)。2012年1月至2014年11月任兴化市荻垛镇党委副书记、镇长。2014年11月至2017年10月任兴化市荻垛镇党委书记(其间,2014年11月至2016年1月兼任荻垛镇人大主席)。2017年10月至2020年6月任兴化市商务局局长、党委(党组)书记。2020年6月至2020年12月任兴化市商务局党组书记、局长、一级主任科员。2020年12月至2023年4月任兴化经济开发区党工委副书记、管委会主任。2023年4月至2023年5月为兴化市政府副市长人选、兴化经济开发区党工委副书记。2023年5月任兴化市政府党组成员、副市长。

戚鹏,男,汉族,1976年12月生,江苏泰兴人,1994年7月参加工作,2022年11月加入中国共产党,省委党校大学学历。1991年9月至1994年7月在泰兴建筑工程学校工业设备安装专业学习。1994年7月至1995年7月任泰兴市第四建筑安装工程公司技术员。1995年7月至2003年9月任泰兴市公安局巡警大队、刑警大队办事员(其间,1999年9月至2002年7月在江苏省委党校干部函授学院大专班法律专业学习)。2003年9月至2006年10月任泰兴市公安局刑警大队侵财犯罪中队副中队长(其间,2002年9月至2004年12月在江苏省委党校本科班法律专业学习)。2006年10月至2007年11月任泰兴市公安局刑警大队侵财犯罪中队中队长。2007年11月至2008年2月任泰州市公安局海陵分局治安警察大队科员。2008年2月至2010年10月任泰州市公安局海陵分局治安警察大队二中队中队长。2010年10月至2012年1月任泰州市公安局海陵分局新区派出所所长。2012年1月至2012年9月任泰州市公安局海陵分局城东派出所所长(副科级)。2012年9月至2014年11月任泰州市公安局海陵分局城东派出所所长(副科级)、城东街道办事处副主任。2014年11月至2015年4月任泰州市公安局海陵分局党委委员,城东派出所所长、城东街道办事处副主任。2015年4月至2017年5月任泰州市公安局海陵分局党委委员,市公安局巡特警支队巡特警一大队副大队长。2017年5月至2017年8月任泰州市公安局海陵分局党委委员,市公安局巡特警支队巡特警一大队大队长。2017年8月至2018年7月任泰州市公安局海陵分局党委委员、副局长,市公安局巡特警支队巡特警一大队大队长。2018年7月至2018年9月任泰州市公安局海陵分局党委委员、副局长、主任科员。2018年9月至2022年6月任泰州市公安局海陵分局党委委员、副局长、二级警长。2022年6月至2023年7月任泰州市公安局姜堰分局党委副书记、政委、一级警长。2023年7月至2023年8月任兴化市公安局一级警长。2023年8月至2023年9月任兴化市政府副市长,市公安局局长、一级警长。2023年9月任兴化市政府党组成员、副市长,市公安局党委书记、局长、督察长、四级高级警长,市委政法委副书记。

荣誉栏

表 100　2023 年兴化市获国家部级表彰的先进集体一览表

单位名称	授予称号	授予单位
江苏兴化农村商业银行股份有限公司英武支行	全国巾帼文明岗	全国妇联
江苏兴达钢帘线股份有限公司	“数据治理与流通”优秀场景	工信部
江苏兴达钢帘线股份有限公司	“数字孪生工厂建设”优秀场景	工信部
江苏省兴化经济开发区	绿色工业园区	工信部
江苏兴野食品有限公司	监测合格农业产业化国家重点龙头企业	农业农村部、国家发展改革委、商务部、中国人民银行、中国证券监督管理委员会、中华全国供销合作总社
江苏锁龙消防科技股份有限公司	2023 年度国家知识产权示范企业和优势企业	国家知识产权局
兴化市文峰幼儿园	全国校园文化与科创教育示范校	教育部基础教育课程改革研究中心
兴化市沙沟中心校	全国校园文化与科创教育示范校	教育部基础教育课程改革研究中心
兴化市实验小学	全国科创教育示范学校	中国关工委教育中心
兴化市楚水实验学校	全国科创教育示范学校	中国关工委教育中心
兴化市气象局	全国气象部门创建模范机关先进单位	中国气象局
兴化市陈堡中心小学	全国校园文化与科创教育示范校	教育部基础教育课程改革研究中心
兴化市千垛镇	第十二批全国“一村一品”示范村镇（休闲旅游）	农业部
兴化市千垛镇	全国乡村特色产业产值超十亿元镇（休闲旅游）	农业部
兴化市千垛镇	全国乡村特色产业产值超亿元镇（休闲旅游）	农业部
东华链条兴化有限公司	第五批专精特新“小巨人”企业	工信部
江苏兴顺电子有限公司	第五批专精特新“小巨人”企业	工信部
兴化市中兴电器制造有限公司	第五批专精特新“小巨人”企业	工信部
江苏星火特钢有限公司	第五批专精特新“小巨人”企业	工信部
江苏华杰不锈钢制品有限公司	第五批专精特新“小巨人”企业	工信部
江苏海宇机械有限公司	第五批专精特新“小巨人”企业	工信部
兴化市兴东铸钢有限公司	第五批专精特新“小巨人”企业	工信部
江苏兴达钢帘线股份有限公司	国家级绿色工厂（2023）	工信部

表 101　2023 年兴化市获省委、省政府表彰的先进集体一览表

单位名称	授予称号	授予单位
江苏兴达钢帘线股份有限公司	江苏省优秀企业	江苏省委、省政府

表102 2023年兴化市获省厅、局、条线表彰的先进集体一览表

单位名称	授予称号	授予单位
兴化市审计局	县级审计机关优秀审计项目(非民生类)二等奖	江苏省审计厅、江苏省人社厅
兴化市审计局	优秀大数据审计项目	江苏省审计厅、江苏省人社厅
兴化市易道苗木专业合作社	省级巾帼现代农业科技示范基地	江苏省妇女“双学双比”竞赛活动领导小组
兴化市明海粮食种植家庭农场	省级巾帼示范家庭农场(种粮大户)	江苏省妇女“双学双比”竞赛活动领导小组
兴化市周庄镇殷庄村	美丽家园省级示范点	江苏省妇女“双学双比”竞赛活动领导小组
江苏兴达钢帘线股份有限公司	江苏省工业互联网标杆工厂	江苏省工信厅
江苏兴达钢帘线股份有限公司	全省民营企业“双百强”	江苏省工商联
江苏兴达钢帘线股份有限公司	江苏省高价值专利培育示范中心	江苏省知识产权局
江苏威鹰机械有限公司	江苏省工业互联网标杆工厂	江苏省工信厅
泰州腾龙不锈钢高端精线	2023年江苏省重大项目	江苏省发改委
戴南不锈钢综合贸易示范区	2023年江苏省重大项目	江苏省发改委
兴化市戴南镇团委	江苏省五四红旗团委	共青团江苏省委
兴化市戴南镇顾庄幼儿园	江苏省优质幼儿园	江苏省教育厅
兴化市戴南镇裴马村	第七批江苏省传统村	江苏省住建厅
兴化市妇联	99公益·优秀组织奖	江苏省妇女儿童福利基金会
兴化市妇联	江苏妇女儿童慈善·优秀组织奖	江苏省妇女儿童福利基金会
江苏省“三八”红旗手王小娟工作室(大营镇)	江苏省“三八红旗手”示范工作室	江苏省妇联
共青团兴化市委员会	2022年度共青团工作完成情况等次为“好”	共青团江苏省委
兴化市公安局	江苏省见义勇为工作先进单位	江苏省人社厅、江苏省公安厅、江苏省见义勇为基金会
国家不锈钢制品质量监督检验中心	2023年度省级中小企业公共服务示范平台(三星级)	江苏省工信厅
江苏恒阳科技园区运营管理有限公司	2023年度江苏省中小型微型企业创业创新示范基地	江苏省工信厅
兴化市临城街道社区卫生服务中心	江苏省老年友善医疗机构“优秀单位”	江苏省卫健委、江苏省中医药管理局
兴化市临城街道	江苏省生态文明建设示范乡镇(街道)	江苏省生态环境厅
江苏省兴化经济开发区	江苏省绿色工业园区(第一批)	江苏省工信厅
江苏省兴化经济开发区农产品加工集中区	省级农产品加工集中区	江苏省农村农业厅
兴化市高等学校招生服务中心	空军招飞工作先进单位	中国人民解放军东部战区空军政治工作部、江苏省高等学校招生委员会
江苏省兴化中等专业学校	江苏省节水型学校	江苏省水利厅、江苏省教育厅、江苏省机关事务管理局
江苏省兴化中学	江苏省第二十三届中学生阅读与写作大赛(高中组)优秀组织奖	江苏教育报刊总社、江苏省教育厅教宣中心
江苏省兴化中学	凤凰校园文学基地	共青团江苏省委、江苏省作协
兴化市昭阳湖幼儿园	江苏省首批家校(园)共育数字化示范校(园)	江苏省教育厅

续表 102

单位名称	授予称号	授予单位
兴化市景范学校	江苏省艺术特色学校	江苏省教育厅
兴化市实验小学	江苏省青少年科技教育先进学校	江苏省教育厅
兴化市文峰幼儿园	第二批江苏省师德师风建设宣传基地校	江苏省教育厅
兴化市法院	第一届“未来”杯江苏智慧法院创新事例三等奖	江苏省高院
兴化市法院司法警察大队	全省法院司法警察工作先进集体	江苏省高院
兴化市气象局	《河蟹无公害安全生产技术》江苏农业科技奖三等奖	江苏省农学会
兴化市陈堡镇	江苏省卫生乡镇	江苏省爱卫办
兴化市陈堡镇宁乡村	江苏省传统村落	江苏省住建厅
兴化市陈堡镇校果村	江苏省传统村落	江苏省住建厅
兴化市陈堡镇曹黄村	江苏省绿美乡村	江苏省林业局
兴化市陈堡镇唐庄村	江苏省乡村旅游重点村	江苏省农业农村厅、江苏省乡村振兴局
兴化市陈堡镇宁乡村	江苏省宜居宜业和美乡村	江苏省农业农村厅
兴化市陈堡镇唐庄村	江苏省乡村振兴示范村	江苏省农业农村厅、江苏省乡村振兴局
兴化市陈堡镇唐庄村	江苏省老年友好型社区建设单位	江苏省卫健委、江苏省老龄办
兴化市陈堡镇蔡堡村	江苏省卫生村	江苏省爱卫办
兴化市陈堡镇曹黄村	江苏省卫生村	江苏省爱卫办
兴化市陈堡镇高里庄村	江苏省卫生村	江苏省爱卫办
兴化市陈堡镇蒋庄村	江苏省卫生村	江苏省爱卫办
兴化市陈堡镇宁乡村	江苏省卫生村	江苏省爱卫办
兴化市陈堡镇四林村	江苏省卫生村	江苏省爱卫办
兴化市陈堡镇校果村	江苏省卫生村	江苏省爱卫办
兴化市千垛镇陈杨村	江苏省乡村旅游重点村名录	江苏省住建厅
兴化市千垛镇陈杨村	江苏省特色田园乡村	江苏省住建厅
江苏新宏大集团有限公司	2023 年度江苏省质量信用 AAA 级企业	江苏省工信厅、江苏省发改委
江苏海宇机械有限公司	2023 年度江苏省质量信用 AAA 级企业	江苏省工信厅、江苏省发改委
江苏星火特钢集团有限公司	2023 年度江苏省质量信用 AAA 级企业	江苏省工信厅、江苏省发改委
泰州安井食品有限公司	2023 年度江苏省质量信用 AA 级企业	江苏省工信厅、江苏省发改委
兴化市东昌合金钢有限公司	2023 年度江苏省质量信用 AA 级企业	江苏省工信厅、江苏省发改委
东华链条兴化有限公司	2023 年度江苏省质量信用 AA 级企业	江苏省工信厅、江苏省发改委
兴化市贤人米业有限公司	2023 年第二批“江苏精品”认证获证企业	江苏质量发展委员会办公室、江苏省市监局等

表 103　2023 年兴化市获泰州市委、市政府表彰的先进集体一览表

单位名称	授予称号	授予单位
江苏星火特钢集团有限公司	泰州市标准创新奖	泰州市政府
江苏星火特钢集团有限公司	泰州市就业创业示范企业	泰州市政府
江苏亚盛制品有限公司	泰州市科技创新奖	泰州市政府
江苏兴海特钢有限公司	泰州市科技创新奖	泰州市政府
泰州安井食品有限公司	泰州市市长质量奖	泰州市政府

表 104　2023 年兴化市获省厅、局、条线表彰的先进个人一览表

姓　名	工作单位	授予称号	授予单位
欧林洪	兴化市公安局沙沟镇派出所	江苏最美辅警	江苏省公安厅、江苏省总工会、共青团江苏省委、江苏省妇联
宋俊松	兴化市公安局永丰镇派出所	特等功	江苏省公安厅
欧林洪	兴化市公安局沙沟镇派出所	特等功	江苏省公安厅
刘桂栋	兴化市刑警大队六中队	个人二等功	江苏省公安厅
孟繁捷	兴化市警务督察大队一中队	个人三等功	江苏省公安厅
成　伟	兴化市交警大队事故处理中队	个人二等功	江苏省公安厅
宗志成	兴化市公安局英武社区派出所	个人嘉奖	江苏省公安厅
邓旭东	兴化市刑警大队四中队	个人三等功	江苏省公安厅
黄　健	兴化市公安局兴东镇派出所	个人嘉奖	江苏省公安厅
陈云鹤	兴化市公安局陈堡镇派出所	个人嘉奖	江苏省公安厅
施生根	兴化市教育局	空军招飞工作先进个人	中国人民解放军东部战区空军政治工作部、江苏省高等学校招生委员会
王田俊	兴化市教育局	江苏省最美自考工作者	江苏省高等教育自学考试委员会
朱仁勇	兴化市教育局	江苏省优秀青少年科技教育校长	江苏省教育厅、江苏省科技厅等
邹道进	兴化市教育局	江苏省教学名师	江苏省教育厅
顾红干	兴化市教育局	第十一届"童声里的中国"少儿歌谣创作大赛三等奖	江苏省委宣传部、江苏省文明办、江苏省教育厅等
姚卫强	兴化市法院	全国法院系统 2022 年度优秀案件优秀奖	最高人民法院办公厅
丁军生	兴化市法院	全国法院系统 2022 年度优秀案件优秀奖	最高人民法院办公厅
高　阳	兴化市法院	全省法院"优化法治化营商环境执行年"1+4 专项行动先进个人	江苏省高院
束正文	兴化市法院	全省法院立案信访先进个人	江苏省高院
严友斌	兴化市法院	全省法院办公室先进个人	江苏省高院
陈　帅	兴化市法院	全省法院 2022 年度优秀司法建议	江苏省高院

续表 104

姓　名	工作单位	授予称号	授予单位
沈玉秀	兴化市法院	2021 年度全省法院百场优秀庭审三等奖	江苏省高院
张　艳	兴化市法院	全省法院党的二十大维稳安保工作先进个人	江苏省高院
李维月	兴化市沙沟镇	江苏省“百名示范”村(社区)书记	江苏省委组织部
胡桂珠	兴化市交通运输局	江苏省最美家庭	江苏省妇联
吉华英	兴化市兴东镇	江苏省最美家庭	江苏省妇联
周小娟	兴化市妇联	江苏妇女儿童慈善·先进工作者	江苏省妇女儿童福利基金会
戴冬梅	兴化市妇联	99 公益·爱心传递大使	江苏省妇女儿童福利基金会
王红妹	兴化市沙沟镇	99 公益·爱心传递大使	江苏省妇女儿童福利基金会
徐　艳	兴化市戴南镇	99 公益·爱心传递大使	江苏省妇女儿童福利基金会
王小娟	兴化市大营镇	江苏省“三八红旗手”标兵	江苏省妇联
翁立萍	兴化市检察院	江苏省“三八红旗手”	江苏省妇联
费金钰	兴化市市监局	查出的案件被评为药品安全巩固提升行动暨“劈剑 2023”行政处罚优秀案例	江苏省药监局
顾　悦	兴化市市监局	查出的案件被评为药品安全巩固提升行动暨“劈剑 2023”行政处罚优秀案例	江苏省药监局

表 105　2023 年兴化市获泰州市委、市政府、军分区表彰的先进集体一览表

姓　名	工作单位	授予称号	授予单位
周建红	兴化市教育局	泰州市科技辅导奖	泰州市政府
夏满东	江苏省兴化开发区(临城街道)	征兵工作先进个人	泰州军分区

表 106　2023 年兴化市获个人“二等功”现役军人名录

姓　名	乡镇	村	授予称号	授予单位
朱　勇	中堡镇	长安庄村	二等功	上海某军分区

组织机构及其负责人名录

中共兴化市委员会

书　记　陈锋剑

副书记　殷　俊

　　　　常冬海

常　委　刘　洪

　　　　李　蓓(女)

　　　　常　军

　　　　夏爱东

　　　　汪　园

　　　　乔富涛

　　　　姚群印

　　　　刘汉梅

　　　　陈林峰

　　　　刘　锋

市委办公室

主　任　张大军

副主任　赵　斌(7月免)

　　　　张文川

　　　　朱俊生(9月免)

　　　　邢寿和

市委研究室(挂牌)

主　任　张大军

副主任　龚长鑫

市委机要局(挂牌)

局　长　张大军

副局长　张文川

市国家保密局(挂牌)

局　长　张大军

市国家密码管理局(挂牌)

局　长　张大军

市档案局(挂牌)

局　长　张大军

副局长　徐宝平

市委深改办

副主任　许　峰

市委效能办

主　任　陈　勇

副主任　王春圣

市委巡察办

主　任　张　华

副主任　李智超(女,9月免)

　　　　曹　玮(3月任)

　　　　刘　坚(9月任)

市委第一巡察组

组　长　顾林杰(2月免)

　　　　居道满(3月任)

副组长　杨华银

陈桂英(女)

市委第二巡察组

组　长　黄　岗

副组长　余粉兄(女)

钱　坤

市委第三巡察组

组　长　张竹森(女,9 月免)

副组长　朱秀坤

朱全谋

市委第四巡察组

组　长　施年庆(3 月任)

副组长　许慧明(7 月免)

周鹏大(9 月任)

朱正兵

市委组织部

部　长　刘　洪(4 月免)

许　兵(4 月任)

常务副部长　张进厚

副部长　朱洪涛

郑勇干

陈红言

黄易飞(9 月任)

部务委员　沈贵秋

刘　伟

市委党的建设工作领导小组办公室

主　任　陈红言

副主任　戚汪平

市委市级机关工作委员会

书　记　陈红言

市委非公有制企业和社会组织工作委员会

书　记　陈红言

副书记

市公务员局

局　长　朱洪涛(兼)

市考核工作委员会办公室

副主任　陈　勇

市委编办

主　任　朱洪涛(兼,9 月免)

周小娟(女,9 月任)

副主任　陈金钟

王恒星

张逸仙

市事业单位登记管理局

局　长　朱洪涛(兼,9 月免)

周小娟(女,9 月任)

副局长　周　进(女)

市委宣传部

部　长　陈林峰

常务副部长　唐小进

副部长　史道智

邵如柏

部务委员　张　翔

市委网络安全和信息化领导小组办公室

主　任　唐小进(兼)

市人民政府新闻办公室

主　任　史道智(兼)

副主任　吴俊翔

市精神文明办公室

主　任　邵如柏(兼)

副主任　顾玉祥

市新闻出版(版权)局

局　长　史道智(兼)

副局长　石茂元

市文学艺术界联合会

主　席　唐小进(兼)

副主席　郭亚群(女,3 月免)

市哲学社会科学界联合会

主　席　史道智(兼)

副主席　高建国

市委老干部局

局　长　郑勇干(兼)

副局长　陆明凯(7 月免)

朱兴勇

市委离退休干部工委

书　记　郑勇干(兼)

副书记　向丽萍(女)

市委统一战线工作部

部　长　常冬海

常务副部长　陈志云

副部长　李　华

王　颉

市民族宗教事务局

局　长　陈志云

副局长　刘凤杰

市委台湾工作办公室

主　任　李　华(兼)

副主任　单江帆(9月免)

市侨务办公室

主　任　李　华

副主任　王晓勇

市委政法委员会

书　记　刘汉梅(女)

副书记　戚　鹏(兼,9月任)

明　冠(兼,9月免)

常务副书记　杭　雯(女)

副书记　金晓晖

陈　生

王网存(12月免)

刘广洪(12月任)

政治处主任　吴　斌

市社会治理服务中心

主　任　金晓晖(兼)

副主任　刘　栩

市区域社会治理现代化综合指挥中心

主　任　花军阳

副主任　王志森

赵小娟

市国家安全领导小组办公室

专职副主任

市法学会

会　长　马元连(3月免)

刘汉梅(3月任)

常务副会长　李维干(3月免)

杭雯(3月任)

副会长　周　明(3月免)

李文赋(3月免)

王晓鹏(3月免)

冯元海(3月免)

瞿宏顺(3月免)

葛苏宝(3月免)

史道智(3月免)

吴吉林(3月免)

王网存(3月任)

吴　斌(3月任)

祝春晖(3月任)

潘智伟(3月任)

陈　松(3月任)

张　勤(3月任)

徐开勇(3月任)

成广进(3月任)

翁立萍(女,3月任)

严广山(3月任)

袁中祥(3月任)

张永涛(3月任)

周余杰(3月任)

王明宏(3月任)

刘　惺(3月任)

秘书长　瞿宏顺(兼,3月免)

王网存(兼,3月任)

市委党校

校　长　常冬海(兼)

常务副校长　戴振涛

副校长　王明宏(9月免)

孙政权

市行政学校

校　长　夏爱东(兼,5月免)

刘　洪(兼,5月任)

副校长　戴振涛(兼)

市社会主义学校

副校长　陈志云

市委教育工作委员会

书　记　顾晓斌

副书记　孙新生

市党史方志办公室

主　任　冯鸿灿

副主任　姚桂本

陈　莉(女)

市档案馆

馆　长　冯鸿灿(兼)

副馆长　姚桂本(兼)

兴化市人大常委会

主　任　沙顺喜
党组书记　沙顺喜
副主任　马元连
　　　　沈德才
　　　　常传林
　　　　王贵善

人大常委会办公室

主　任　于海翔(7 月免)
　　　　赵　斌(7 月任)
副主任　刘晨晨(女)
　　　　陈永松

研究室

主　任　于海翔(兼,7 月免)
　　　　赵　斌(兼,7 月任)

人事代表联络工作委员会

主　任　陆　琳(女)
副主任　施　维(女)
　　　　孔兴新

监察和司法工作委员会

主　任　罗国瑞(7 月任)
副主任　王晓鹏(4 月免)
　　　　祝春晖

法制工作委员会

主　任　罗国瑞(7 月任,兼)

财经工作委员会

主　任　盛新明
副主任　周国飞
　　　　袁爱华

预算工作委员会

主　任　盛新明(兼)

农村工作委员会

主　任　吴江洪
副主任　李　君(女)

环境资源城乡建设工作委员会

主　任　楼　悦(女)
副主任　段天石(10 月免)

社会建设和教科文卫工作委员会

主　任　邹　源
副主任　刘莹洁(女)

兴化市人民政府

市　长　殷　俊
常务副市长　夏爱东(4 月免)
　　　　　　刘　洪(4 月任)
副市长　明　冠(8 月免)
　　　　王　桂(挂职,5 月免)
　　　　汪　园
　　　　王晓秋
　　　　戴金龙
　　　　王　辉
　　　　张冬根
　　　　杨　蓓(女)
　　　　陈　林(5 月任)
　　　　戚　鹏(8 月任)

市政府办公室

主　任　王　迅(10 月免)
　　　　张冬健(10 月任)
副主任　周　俊
　　　　李　晨
　　　　赵纬斌(10 月免)
　　　　韩　平
　　　　余志国

市政府研究室

主　任　王　迅(兼,10 月免)
　　　　张冬健(兼,10 月任)
副主任　赵　康

市政府外事办

主　任　王　迅(兼,10 月免)
　　　　张冬健(兼,10 月任)
副主任　孙久千

市大数据管理局

局　长　王　迅(兼,10 月免)
　　　　张冬健(兼,10 月任)
副局长　毛文敏

市电子政务中心

主　任　闻　敏(女)

市机关事务服务中心

主　任　朱军章

副主任　邵　明
　　　　高建堂

市经济社会发展研究中心

主　任　刘鹏程

市审计局

局　长　范晓娟(女,12 月免)
党组书记　范晓娟(女,12 月免)
　　　　　邵国昱(12 月任)
党组副书记　杨　菲(女,10 月免)
副局长　顾　洁(女)
　　　　杨　菲(女,兼,10 月免)
　　　　陆开将(10 月任)

市行政审批局

党组书记　陈元荣
局　长　翁利荣
副局长　潘茫湘(女,7 月免)
副局长　王永年
总工程师　邵卫强

市政务服务中心

主　任　邵卫强(兼)
副主任　潘晓翔

市信访局

局　长　林支勇(12 月免)
　　　　王网存(12 月任)
党组书记　林支勇(12 月免)
副局长　沈长海
　　　　潘岚华(女)
督查专员　房太银
　　　　　刘少海

市发展和改革委员会

主　任　王　勇(8 月免)
　　　　顾小兵(8 月任)
党组书记　王　勇(7 月免)
　　　　　顾小兵(7 月任)
副主任　章存康
　　　　周世美
　　　　黄易飞(7 月免)

市粮食和物资储备局

局　长　王　勇(兼,7 月免)
　　　　顾小兵(兼,7 月任)
副局长　朱尧胜

市粮食购销服务中心

主　任　沈大平(7 月免)

市粮食和物资储备服务中心

主　任　沈大平(7 月任)

市发展改革服务中心

主　任　刘　平

市人力资源和社会保障局

局　长　沙增平
党组书记　沙增平
副局长　沈　舟
　　　　李有专
　　　　徐　璐(女)

△市社会保险管理中心

主　任　葛兆权

△市人力资源就业管理中心

△市劳动监察大队

大队长　方振华

市医疗保障局

局　长　曹　慧(女)
党组书记　曹　慧(女,9 月免)
　　　　　高　松(12 月任)
副局长　朱国兵
　　　　陈根山

市统计局

局　长　房兴杰(7 月免)
　　　　房宝才(7 月任)
党组书记　房兴杰(7 月免)
　　　　　房宝才(7 月任)
副局长　陆　战
　　　　张　波
　　　　张　丽

市市场监督管理局

局　长　王长美
党组书记　王长美
党组副书记　王　勇
副局长　王　勇
　　　　卞永华
　　　　居明峰
　　　　陈学进

食品安全总监　瞿　慧(女)
总工程师　谢向宏
市知识产权局(挂牌)
局　长　王长美(兼)
副局长　瞿海荣(2月任)
△市市场监督管理稽查大队
大队长　冯长键
△市产品质量综合检验检测中心
主　任　仲伯华(2月免)
△市食品质量检验检测中心
主　任　谢向宏(兼,3月免)
　　　　杨炜国(3月任)
市工业和信息化局
局　长　陈永根
党组书记　陈永根
副局长　潘宏圣
　　　　姜兆荣
△市经信资产管理中心
主　任　滕爱晨(10月免)
副主任　夏　巍
市商务局
局　长　刘广勇
党组书记　刘广勇
副局长　沈卫平
　　　　李德喜
　　　　童洋帅(10月任)
△投资项目发展中心
主　任　刘　俊
市应急管理局
局　长　崔广煜
党委书记　崔广煜
副局长　严　勇
　　　　李园峰
　　　　陈　岗
总工程师　王　磊
△市安全生产委员会办公室
副主任　翟新筠
△市安全生产监察大队
大队长　陈　岗(兼)
市科学技术局
局　长　裴马年(女)
党组书记　裴马年(女)
副局长　袁文华(10月免)
　　　　成　勇
　　　　许丽华(女)
　　　　李　希(10月任)
市财政局
局　长　张冬健(10月免)
　　　　王　迅(10月任)
党组书记　张冬健(10月免)
　　　　　王　迅(10月任)
副局长　周德富
　　　　吴桂强
　　　　杨　莉(女,10月任)
　　　　张　迅
市财政国库集中支付中心
主　任　赵惠敏(女)
市政府国有资产监督管理办公室
主　任　张冬健(兼,10月免)
　　　　王　迅(兼,10月任)
副主任　陆开将(10月免)
市地方金融监督管理局
局　长　陈永斌
党组书记　陈永斌
副局长　邵小琴(女)
　　　　练　波(7月免)
市住房和城乡建设局
局　长　陈建中
党组书记　陈建中
副局长　张兰军(女)
　　　　李振华
　　　　顾　斌
总工程师　徐中海(7月免)
市地震局(挂牌)
局　长　陈建中(兼,7月免)
副局长　戴春年
市人民防空办公室
副主任　单江帆(9月任)
市建筑业发展中心
主　任　朱开俊
市保障住房发展中心
主　任　赵金年

市征收服务中心

主　任

市城市管理局

局　长　孙广周

党组书记　孙广周

副局长　黄金军

黄爱军

王　敏

市城市管理综合行政执法局

局　长　孙广周(兼)

副局长　周红兵

△市城市管理行政执法大队

大队长

市交通运输局

局　长　刘震祥

党组书记　刘震祥

副局长　王忠山

汤　澎(7月免)

王长春(4月免)

张书健(10月任)

△交通运输行政综合执法大队

大队长　顾田玉

△市公共交通服务中心

主　任　喻　翔

△市港航事业发展中心

副主任　万元其(主持工作)

△市公共交通服务中心

主　任　何应武

△市邮政业安全发展中心

主　任　翟德璧(11月免)

王茂生(11月任)

市农业农村局

局　长　邵国昱

党组书记　邵国昱(12月免)

万光明(12月任)

副局长　吴领高(4月免)

倪建明

万世华

陈炳干

袁文华(10月任)

总畜牧兽医师　林德安(10月任)

总农艺师　徐松春(4月免)

市乡村振兴局

局　长　邵国昱(兼)

副局长　袁萍莉(女)

龚　丹(女)

市委农村工作办公室

主　任　邵国昱(兼)

副主任　平文策

市现代农业发展服务中心

主　任　周德银

市农业农村社会事务服务中心

主　任　吴胜国

市水利局

局　长　冯建祥

党组书记　冯建祥

副局长　华　实(4月免)

陈凯祥

严正德(4月任)

夏红卫

市供销合作总社

理事会主任　万光明(12月免)

林支勇(12月任)

党委书记　万光明(12月免)

林支勇(12月任)

党委副书记　孙　华

理事会副主任　孙　华

倪兴松

陈德银

监事会主任　唐　薇(女)

市教育局

党组书记　顾晓斌

局　长　顾晓斌

副局长　滕　艳(女)

戴兴宏(3月免)

戴金萍(女,挂职)

杨林俊

△市政府教育督导室(挂牌)

主　任　顾晓斌(兼)

△市教师发展中心

副主任　沈玉荣

朱　倩(女)

江苏省兴化中学

党委书记　顾晓斌(12 月免)

校　长　黄　荣

副校长　金红兵

戴　军

王世勇

副书记　熊　辉

泰州电大兴化分校

副校长　戴金萍(女,兼)

江苏省兴化中等专业学校

校　长　滕　艳(女,兼)

副校长　王新民

唐兴杰

市文体广电和旅游局

党组书记　郭庆军(2 月免)

朱广钱(2 月任)

局　长　郭庆军(2 月免)

朱广钱(2 月任)

副局长　陈宁军

徐　俊

黄天桩

汪夕禄

刁汉云(挂职)

△市文化市场综合执法大队

大队长　洪　流

副大队长　姜玉建

市融媒体中心

主　任　邢寿和

党委书记　邢寿和

副主任　孙友信(7 月免)

姜帷韬

李骥翔

副总编辑　花　艳(女)

江苏有线兴化分公司

总经理　陈又专(11 月免)

陈国正(11 月任)

副总经理　杨　辉(女,3 月免)

杨　令(12 月任)

唐　凡

纪委书记　栾忠明(11 月免)

钱　臣(11 月任)

市卫生健康委员会

主　任　孙　健

党组书记　孙　健

副主任　朱秀慧(女)

曹恒源

孙荣贵

市人民医院

院　长　张　彤

党委书记　沈卫国

副院长　邓新桃

张汉年

周永华(2 月免)

朱　强

人力资源部部长　魏　勇

纪委书记　朱丽丹(女)

党政办主任　陈　琦

医务部部长　李宽正

市中医院

院　长　周永华

党委书记　苗　忠

市第二人民医院

院　长　殷松嵩

△市疾病预防控制中心

主　任　孙荣贵(2 月免)

周天文(2 月任)

△市卫生监督所

所　长　周　曙

市公安局

局　长　明　冠(7 月免)

戚　鹏(7月任)
党委书记　明　冠(7月免)
戚　鹏(7月任)
政　委　翟广益
副局长　唐寿裁
邹　瑜
姚建云
顾长俊
高　峰
严广山
党委副书记　翟广益
△政治处
主　任　袁　枫
△办公室
主　任　李桂兵
△指挥中心
主　任　顾金良(4月免)
教导员　吉开良
△治安警察大队
大队长　解小龙
教导员　朱克家
△交通警察大队
大队长　高　峰
△刑事警察大队
大队长　顾长俊
教导员　胡立云
△经济犯罪侦查大队
大队长　张勇慧
教导员　徐根东(2月免)
△禁毒大队
大队长　刘　健
教导员　朱伯华
△警务督察大队
大队长　李　华
△巡特警大队
教导员　华　勇
△网络安全保卫大队
大队长　胡　彬
教导员　沈应佳
△水警大队
大队长　陈礼中
△食药环侦大队
大队长　王月清
教导员　邓维宾
△法制大队
大队长　袁中祥
△单位内部保卫大队
大队长　仲春涛
△政务服务管理大队
大队长　管　勇
△出入境管理大队
大队长　王国庆
教导员　胡小华
市司法局
党组书记　唐　彪
局　长　唐　彪
副局长　欣爱忠
周余杰
李维举
△市社会矛盾纠纷调处中心
主　任　沈　沉
△市委全面依法治市委员会办公室
副主任　焦华云
市民政局
党组书记　李庆斌
局　长　朱树萍
副局长　潘国岭
李如贵
刘志方
市退役军人事务局
局　长　殷爱根
党组书记　殷爱根
副局长　陈立新
侯兆才

政协兴化市委员会

常务委员会
主　席　徐立华
党组书记　徐立华
党组副书记　常冬海
刘春龙
副主席　刘春龙

刘　忠
丁永明
刘玲洁(女)
黄　荣

秘书长　金国明

市政协办公室

主　任　金国明
副主任　卞秀祥(6月任)

经济科技委员会

主　任　刘仕兵
副主任　张　洋

社会法制委员会

主　任　陈洪亮(8月免)
赵　辉(8月任)
副主任　潘智伟

学习文史(对外联谊)委员会

主　任　冯巧岚(女)
副主任　朱俊方

教育卫生文化体育委员会

主　任　蒋兆所
副主任　丁碧云(女)

提案委员会

主　任　孙启翔

中共兴化市纪律检查委员会

书　记　常　军
副书记　陈卫华
张　华
常　委　居道满(3月免)
陈　松
叶建军
杨梓林(3月任)

办公室(调查研究室)

主　任　杨小鹏(3月免)
赵明宇(3月任)

干部管理监督室

主　任　梅家森(3月免)
副主任　王　辉(女,4月任)

宣传教育室

主　任　戴庭忠

党风政风监督室

主　任　周晓柳(女)

信访室

主　任　万长勇

案件监督管理室

主　任　卢　蓉(女,2月免)
副主任　王小芳(女,9月任)

市审查调查服务中心

主　任　杨小鹏(兼,5月免)
赵明宇(兼,5月任)

第一审查调查室

副主任　王宝俊

第二审查调查室

主　任　王荣庆

第三审查调查室

主　任　严正德(3月免)
副主任　顾怀传(9月任)

第四审查调查室

主　任　史存盛

第五监督检查室

副主任　王小芳(女,9月免)
徐书发(9月任)

第六监督检查室

主　任　戴文宇(9月任)

第七监督检查室

主　任　周　勇

第八监督检查室

副主任　徐云鹏

第九监督检查室

主　任　周华桂

第十监督检查室

主　任　张元年

第十一监督检查室

主　任　王小丽(女)

第十二监督检查室

主　任　凌　军(3月免)

副主任　李月太(4月任)

第十三监督检查室

主　任　周永美

第十四监督检查室

主　任　姚志坚

案件审理室

主　任　舒远来

派驻第一纪检监察组

组　长　张华峰

派驻第二纪检监察组

副组长　刘　栋(主持工作)

派驻第三纪检监察组

组　长　徐长江(3月免)
　　　　杨小鹏(3月任)

派驻第四纪检监察组

组　长　丁心亮(9月任)

副组长　周鹏大(9月免)

派驻第五纪检监察组

组　长　张正存(3月免)
　　　　凌　军(3月任)

派驻第六纪检监察组

组　长　史荣斌

派驻第七纪检监察组

组　长　解卫星

派驻第八纪检监察组

组　长　沈毅东

派驻第九纪检监察组

组　长　朱国栋(3月免)
　　　　张正存(3月任)

派驻第十纪检监察组

组　长　朱国栋(3月任)

派驻第十一纪检监察组

组　长　袁文杰

派驻第十二纪检监察组

组　长　倪　明(4月任)

派驻第十三纪检监察组

组　长　刘增存

市监察委员会

主　任　常　军

副主任　陈卫华
　　　　张　华

监委委员　居道满(3月免)
　　　　　陈　松
　　　　　杨梓林(3月免)
　　　　　夏玉祥
　　　　　李智超(女,3月任)

园　区

江苏省兴化经济开发区管委会

党工委书记　刘　锋(7月任)

副书记　陈　林(5月免)
　　　　张　庆(4月免)
　　　　王　勇(5月任)
　　　　周　健(7月任)

主　任　陈　林(5月免)
　　　　王　勇(5月任)

副主任　余正春
　　　　朱义龙
　　　　蒋富干
　　　　张书健(9月免)
　　　　周　健(7月免)
　　　　王　桂(挂职,5月免)

纪工委书记　王　琴(女)

市科技工业园区管委会

主　任　瞿日玉

副主任　徐　驰
　　　　吉德全
　　　　高荣才(2月免)

市调味品产业园区管理办公室

主　任　赵益华

副主任　王　飞
　　　　刘海峻

市经济发展有限公司

董事长　赵百森(7月免)
　　　　邹燕鸿(7月任)

总经理　周志山

副总经理　陈银敏(7月免)
　　　　　崔圣东
　　　　　芦金忠

张　杰

江苏省兴化高新技术产业开发区

党工委书记　姚群印

管委会主任　林建祥(7 月免)

任怀平(7 月任)

党工委副书记　林建祥(7 月免)

任怀平(7 月任)

李建龙

管委会副主任　张跃军

仲旭升

夏立进

刘　惺

党工委委员　周洪波

张跃军

仲旭升

赵京东

王巧红(女,12 月免)

顾　鑫

吴忠伟

夏立进

法院　检察院　人武部

市法院

院　长　钱惠彬

党组书记　钱惠彬

党组副书记　居　祥

副院长　居　祥

钱　晖

张　勤(女)

徐开勇

△政治部

主　任　王　澄

审判委员会专职委员　花兴柏

姚卫强

△执行局

副局长　朱　隽(2 月免)

张国华

市检察院

检察长　张红成

党组书记　张红成(12 月免)

王绩伟(12 月任)

党组副书记　成广进

副检察长　曹　军(4 月免)

成广进

陈桂才

△政治部

主　任　方　扬(女)

检察委员会专职委员　苏　莉(女)

翁立萍(女)

市人民武装部

部　长　乔富涛

政　委　张晓华

群众团体

市工商业联合会

主　席　丁永明(9 月免)

党组书记　陈志云

副主席　耿洪盛

娄秀兰(女,9 月免)

市总工会

主　席　常传林(兼)

党组书记　张永辉

副主席　张永辉

王　军

包志和

单　祥

翟培云(兼,5 月免)

张太良(兼)

市妇女联合会

主　席　周小娟(女,9 月免)

张竹森(女,9 月任)

党组书记　周小娟(女,9 月免)

张竹森(女,9 月任)

副主席　沙金霞(女)

李　勤(女,兼)

共青团兴化市委员会

书　记　胡　炜(9 月免)

童洋帅(12 月任)

副书记　吴家润(12 月免)

季　彪(挂职)

柯　伟
张孙侃(兼)

市科学技术协会

主　席　吴怀明
党组书记　吴怀明
副主席　施　燕(女)
唐　劲

市残疾人联合会

理事长　朱兴波
党组书记　朱兴波
副理事长　王　萍(女)
王新建

市红十字会

会　长　王　辉(5月免)
杨　蓓(5月任)
专职副会长　谢贵春
副会长　王建韬

市归国华侨联合会

主　席　王　颉

条线管理部门

国家税务总局兴化市税务局

局　长　沈　杰(6月免)
李　琳(6月任)
党委书记　沈　杰(6月免)
李　琳(6月任)
党委副书记　刘佑渠(3月免)
副局长　刘佑渠(3月免)
赵增权
赵观存
秦龙飞(9月任)
纪检组长　许文瑾(女)

市自然资源和规划局

局　长　方晓春
党组书记　方晓春
副局长　史宏祥
张文军
王书远
裴正明
徐　波
钮扣华
总规划师　王增锦

市林业局(挂牌)

局　长　方晓春(兼)

市土地开发储备中心

副主任　张　海
陈　锐
姚锡江

△市不动产登记中心

主　任　王太富

泰州市兴化生态环境局

局　长　赵永刚
分党组书记　赵永刚
副局长　朱立群
沈德全
孙晓玲(女)
总工程师　徐天璇(9月任)

△生态环境综合行政执法局

局　长　杨卫民

△生态环境综合行政执法一局

局　长　蒋步祥

△生态环境综合行政执法二局

局　长　何　浪

市住房公积金管理中心

主　任　闵　华(女,10月免)
副主任　苗　浩(主持工作)
陈　杰

中国邮政兴化分公司

总经理　刘婷婷
党委书记　刘婷婷
副总经理　杜　鹏
吴　疆
江　玲(女)
纪委书记　杜　鹏(兼)
工会主席　吴　疆(兼)

泰州市兴化烟草专卖局(分公司)

局　长　许祥荣
党组书记　许祥荣
副局长　刘　波
经　理　许祥荣

副经理　顾原源(10 月免)

兴化市盐务管理局(盐业公司)

经　理　李茂顺

副经理　魏红革

市气象局

局　长　张振国

党组书记　张振国

副局长　邹学智

纪检组长　顾　岚

国网江苏省电力有限公司兴化市供电分公司

总经理　贾　俊

党委书记　汤　茜(女)

党委副书记　贾　俊

副总经理　汤　茜(女)

夏　勇

戴玉华

朱赤宁(3 月免)

孙　志(3 月任)

王如山(3 月任)

纪委书记　金保华

工会主席　金保华(兼)

总工程师　王　锐

国家统计局兴化调查队

队　长　邵小勇

副队长　蒋茂彬(8 月免)

李　炜(8 月任)

纪检组长　张自强

中国人民银行兴化市支行

行　长　景　兵

党组书记　景　兵

副行长　李　俊

纪检组长　李　俊(兼)

中国建设银行股份有限公司兴化市支行

行　长　袁晓东

党委书记　袁晓东

副行长　徐晓萍(女)

朱　文

洪成干

纪委书记　徐晓萍(女,兼)

中国银行股份有限公司兴化支行

行　长　陈　旻(10 月免)

孙　宇(10 月任)

副行长　金　慎

王程飞

周　浩

中国工商银行股份有限公司兴化市支行

行　长　叶晓光

党总支书记　叶晓光

副行长　赵　进(10 月免)

陈振华

董　翔

马　娟(女,10 月任)

江苏兴化农村商业银行股份有限公司

董事长　曹文铭(11 月免)

方锦圣(11 月任)

党委书记　曹文铭(11 月免)

方锦圣(11 月任)

行　长　华　飞

党委副书记　华　飞

张永军(11 月免)

纪委书记　张　杰(11 月免)

林海龙(11 月任)

监事长　张　杰(兼,11 月免)

林海龙(兼,11 月任)

副行长　朱万存(11 月免)

童文勇

刘建国

党委委员　朱万存(11 月免)

童文勇

刘建国

丁一峰(11 月任)

陈余斌(12 月任)

中国农业发展银行兴化市支行

行　长　徐敏慧(女,4 月免)

张卓异(5 月任)

党支部书记　徐敏慧(女,4 月免)

张卓异(5月任)
副行长　蒋高翔(10月免)
陈园富(11月任)
张　琴(女)

中国农业银行股份有限公司兴化支行

行　长　张亚辉(9月免)
党委书记　张亚辉(9月免)
副行长　顾秋贵
袁　艺(8月免)
刘　杰
奚其伟(主持工作,9月任)
党委副书记　侯万亮
奚其伟(兼,9月任)
纪委书记　侯万亮(兼)

中国邮储银行股份有限公司兴化市支行

行　长　何清涛
党总支书记　何清涛
副行长　姜华友
陈　新

中信建投兴化牌楼西路证券营业部

总经理　吴勇军
副总经理　徐爱军
孙　涛
王　卉(女)

华泰证券兴化英武中路证券营业部

总经理　蔡理昂

中国人民财产保险股份有限公司兴化支公司

经　理　翟向明
副经理　魏　东(3月免)
郭小勇
夏华勇

中国人寿保险股份有限公司兴化支公司

经　理　倪　颖(女)
副经理　刘　宁

中国电信股份有限公司兴化分公司

总经理　蒋　锋(10月免)
季　峰(10月任)
副总经理　曹　宏
夏斯杰
李根林
纪委书记　李　俊

中国移动通信集团江苏有限公司兴化分公司

总经理　常　骥
副总经理　王　元
吉　祥
徐　睿

中国联合网络通信有限公司兴化市公司

总经理　谢天海

乡镇、街道负责人机构

昭阳街道

党工委书记　葛同华(女,3月免)
常冬海(3月任)
党工委副书记　顾爱荣
王建云(12月任)
鲍美华(12月免)
邹小安(12月免)
办事处主任　顾爱荣
办事处副主任　陆　宁(女)
李　炎(12月免)
王建云(12月免)
唐　鹃(女)
仇华坤
人大工委主任　王中东(12月免)
邹小安(12月任)
人大工委副主任　黄翠芳(女)
纪工委书记　王普国
组织委员　张　舒(12月免)
崔　年(女,12月任)
宣传委员　朱晓伟
统战委员　王祯才
政法委员　朱晓燕(女)

临城街道

党工委书记　房　俊(7月任)
党工委副书记　余星光(10月免)
王吉徐(12月免)
刘桂东(12月任)
人大工委主任　刘桂东
人大工委副主任　蔡建荣
办事处主任　余星光(10月免)

办事处副主任 许兴红
陈少华(3 月免)
倪琴凤(女)
仇栋林
纪工委书记 张志平
组织委员 傅铮君
宣传委员 袁天胜
统战委员 汪 蓉(女)
政法委员 瞿 安(7 月免)
张 明(12 月任)

垛田街道

党工委书记 徐德龙
党工委副书记 汪子泉
李爱武
办事处主任 汪子泉
人大工委主任 毛登铭(8 月免)
李爱武(兼,9 月任)
人大工委副主任 鲍 枫
纪工委书记 沈 忱
办事处副主任 张杰华
王 栋
王俊杰
姜锦珠
丁光全(4 月任)
组织委员 王 建
宣传委员 王俊杰(兼)
统战委员 王俊杰(兼)

△得胜湖生态文化旅游产业园区管理委员会

主 任 徐德龙
副主任 姚秋实
唐 浩(12 月任)

戴南镇

党委书记 姚群印
党委副书记 林建祥
任怀平(12 月任)
刘 林(12 月免)
朱立兵
镇 长 林建祥
副镇长 朱静霞(女,12 月免)
周洪波
杭淑萍(女,12 月免)
王恒梁
宋朝勇
华 飞
人大主席 张 伟(12 月免)
朱丹薇(女,12 月任)
纪委书记 施年庆(3 月免)
梅家森(3 月任)
组织委员 王玉琴(女)
宣传委员 刘 惺
统战委员 冯建明
政法委员 沈红林

戴南镇行政管理体制改革内设机构

△党政办公室

主 任 王学兵

△党群工作局

局 长 姚玉明

△规划建设局

局 长 黄秀华(8 月免)

△农业农村局

局 长 陆彩新

△社会事业局

局 长 智小波

△综合行政执法局

局 长 汤国忠

△财政局

局 长

△政法和社会管理局

局 长 何应智

△为民服务中心

主 任 周宝辉

大垛镇

党委书记 朱 纯(女)
副书记 王高监
樊俊宏
镇 长 王高监
副镇长 朱广才(3 月去世)
刘 斌
唐 勇
韩建华

谷　牧
马宇坤(9月任)
人大主席　费　艳(女)
纪委书记　张加亮
组织委员　尤梦雅(女)
政法委员　唐　浩
宣传委员　朱广才(兼,3月去世)
马宇坤(兼,主持工作)
统战委员　朱广才(兼,3月去世)
马宇坤(兼,主持工作)

荻垛镇

党委书记　成　晨(女,12月免)
朱　晨(12月任)
党委副书记　朱　晨(12月免)
朱正宽
镇　长　朱　晨(1月任)
副镇长　周俊荣
刘红桂(1月任,12月免)
郝　春
陈　莉(女)
郁明辉(1月任)
人大主席　赵海文(1月任)
纪委书记　孙干院
组织委员　庞晓娟(女)
宣传委员　刘红桂(兼,12月免)
统战委员　刘红桂(兼,12月免)
政法委员　朱正宽(兼)

戴窑镇

党委书记　沈　浮
党委副书记　刘祥裕
顾玉成
镇　长　刘祥裕
副镇长　刘　勇
张文干
张　明(12月免)
唐峰满
胡东升
人大主席　葛　颖(女)
纪委书记　刘荣江
组织委员　王小将
宣传委员　张文干
统战委员　张文干
政法委员　顾玉成

合陈镇

党委书记　顾士坤
党委副书记　陈　芬(女,8月免)
唐扬兴(10月免)
陈　勇(10月任)
镇　长　陈　芬(女,8月免)
陈　勇(10月任)
副镇长　杨存涛
张兴荣
许昊天
赵圣刚
华小帅(挂职,3月免)
赵书荣(挂职,3月任)
人大主席　周世洋
纪委书记　丁心亮(9月免)
组织委员　万丽萍(女)
宣传委员　张兴荣(兼)
统战委员　张兴荣(兼)
政法委员　唐扬兴(兼,10月免)

昌荣镇

党委书记　陆章华
党委副书记　胡　炜(9月任)
石友山
沈文海(7月免)
镇　长　沈文海(7月免)
胡　炜(9月任)
副镇长　夏洪涛
葛　彦(女)
王爱兵
王亚伟
人大主席　黄海涛
纪委书记　刘晓琴(女)
组织委员　夏春霞(女)

宣传委员　葛　彦(女)
统战委员　葛　彦(女,兼)
政法委员　黄海涛(兼)

陶庄镇

党委书记　罗国瑞(7 月免)
　　　　　王　军(7 月任)
党委副书记　王书东
　　　　　　王益兰(女,10 月免)
镇　长　王书东
副镇长　汤华林
　　　　赵益华
　　　　韩雅倩(女)
　　　　孙　艺(女)
　　　　花　垚(挂职)
人大主席　丁　坚
纪委书记　周　颢
组织委员
宣传委员　王浩天
统战委员　王浩天(兼)
政法委员　丁　坚(兼)

海南镇

党委书记　陈友连
党委副书记　王道斌
　　　　　　潘小俊(9 月免)
镇　长　王道斌
副镇长　周亚年(12 月免)
　　　　陆荣华
　　　　傅倩雯(女)
　　　　任　岳
　　　　许　雯(女,1 月任)
　　　　许小莉(女,挂职)
人大主席　殷志年
纪委书记　周　杰(7 月免)
组织委员　赵　鉴
宣传委员　陆荣华(兼)
统战委员　陆荣华(兼)
政法委员　殷志年(兼)

大邹镇

党委书记　杨日国
党委副书记　赵　辉(7 月免)
　　　　　　朱俊生(9 月任)
　　　　　　唐朱生
镇　长　赵　辉(7 月免)
人大主席　邹启达(2 月免)
　　　　　王晓鹏(7 月任)
纪委书记　朱水峰
副镇长　万传和
　　　　王国祥(2 月免)
　　　　卞玉祥(9 月免)
　　　　杨海斌
组织委员　颜良秀(女)
宣传委员　张　敏(女)
统战委员　张　敏(女,兼)

永丰镇

党委书记　高　松
党委副书记　王　军(8 月免)
　　　　　　朱竹兴
　　　　　　窦小勇(挂职)
镇　长　王　军(8 月免)
　　　　朱竹兴(10 月任)
副镇长　林中健
　　　　朱长建
　　　　黄小婷
　　　　陆群先
人大主席　陈友进
纪委书记　顾日灿
组织委员　朱　晨
宣传委员　林中健(兼)
统战委员　林中健(兼)
政法委员　朱竹兴(兼,9 月免)

安丰镇

党委书记　王晓秋(2 月免)
　　　　　郭庆军(2 月任)
党委副书记　刘　荣

张圣林(2 月免)
夏富强(9 月免)
葛　峰(7 月任)
夏　巍(9 月任)
镇　长　刘　荣
副镇长　万连凤(2 月免)
陆银昆
邹如明
高　彬
孙　鹏(12 月免)
张　驰(女,12 月免)
赵志凯
陈永刚(挂职)
人大主席　王　兵
纪委书记　葛　峰(7 月免)
组织委员　许兆娟(女,12 月免)
张　驰(女,12 月任)
宣传委员　万昌彬(7 月免)
周　艳(女,9 月任)
统战委员　万昌彬(7 月免)
徐　浩(9 月任)
政法委员　王　兵(12 月免)
孙　鹏(12 月任)

新垛镇

党委书记　朱丹薇(女,12 月免)
邰爱祥(12 月任)
副书记　邰爱祥(12 月免)
汪　洋
镇　长　邰爱祥
副镇长　庞宝剑
陈　海
王　虹(女,12 月免)
人大主席　许健康
纪委书记　王　剑
组织委员　徐广杰
宣传委员　沈小伟(12 月免)
王　虹(女,12 月任)
统战委员　沈小伟(兼,12 月免)
王　虹(女,兼,12 月任)
政法委员　许健康(兼)

钓鱼镇

党委书记　金　雷
副书记　龚　坚(6 月免)
周根凤(9 月任)
徐志成(4 月去世)
镇　长　龚　坚(6 月调离)
副镇长　姚鹤勇
吕道林
刘茜瑶(女)
朱佳伟
人大主席　唐　俊
纪委书记　张长杰
组织委员　林中江
宣传委员　聂凤平(女)
统战委员　聂凤平(女,兼)
政法委员　唐　俊(4 月免)

大营镇

党委书记　房　俊(7 月免)
沙进军(7 月任)
镇　长　沙进军(9 月免)
赵纬斌(9 月候选)
副镇长　王继宏
张　清
冯俊杰
李硕功(挂职)
党委副书记　王　锋(12 月免)
人大主席　张照林(12 月免)
王　锋(12 月候选)
纪委书记　陆晓峰(9 月免)
宣传委员　张　清(兼)
统战委员　张　清(兼)
组织委员　韩　笑
政法委员　王　锋(兼)

沙沟镇

党委书记　朱鸿业
党委副书记　陈富钧

姜正明
吴玲玲(女)
镇 长 陈富钧
副镇长 陈加庚
史华香(女)
肖兴刚
赵俊峰
丁永华(10月免)
人大主席 黄晓强
纪委书记 刘骏华
组织委员 解莉莉(女)
宣传委员 徐卫国
统战委员 徐卫国(兼)
政法委员 姜正明

千垛镇

党委书记 陈荣才
副书记 徐 璥
韩 峰
钱 怡(女)
镇 长 徐 璥
副镇长 瞿殿忠(2月免)
张启书
瞿如俊
王圣山
刘仁庐
人大主席 梅 兴
纪委书记 张洪权
政法委员 沙建祥
组织委员 赵芳婷(女)
宣统委员 刘广凯
统战委员 刘广凯(兼)

中堡镇

党委书记 顾小兵(7月免)
龚 坚(7月任)
党委副书记 郝文斌
杨 峰
镇 长 郝文斌
人大主席 薛 森
纪委书记 朱 军
副镇长 童洋帅(9月免)
王金付
徐功银
钱 红(女)
竺 笑(女)
组织委员 朱 荣(女)
宣传委员 王金付
统战委员 王金付(兼)
政法委员 邹 磊

兴东镇

党委书记 张书健(9月免)
余星光(9月任)
党委副书记 万安健
殷 俊(9月免)
镇 长 万安健
副镇长 叶重怀
王 炜
董华龙
沙国平
史伟建
丁天圣(挂职)
人大主席 刘德军
纪委书记 王寿华
组织委员 黄晓意(女)
宣传委员 沈舒芹(女)
统战委员 沈舒芹(女,兼,9月免)
王卉蕾(女,9月任)

陈堡镇

党委书记 薛 超
党委副书记 赵宏高
镇 长 赵宏高
副镇长 唐新华
刘 云
许碧云(女)
陈 刚
人大主席 朱军林
纪委书记 金 玲(女)

组织委员　周　娟(女)
宣传委员　陆玉海
统战委员　陆玉海(兼)
政法委员　黄　鹏

周庄镇

党委书记　吉金楼
党委副书记　任怀平(7月免)
　　朱志兵
镇　长　任怀平(7月免)
　　朱志兵(9月候选)
副镇长　刘春萍(女)
　　张国华(12月免)
　　顾天晓(女,12月免)
　　李春潮
　　徐舒培(女,1月任)
人大主席　吴付生(2月免)
　　唐杨兴(9月候选)
纪委书记　赵明宇(4月免)
政法委员　李春潮(兼)
组织委员　徐　明
宣传委员　顾天晓(女,兼,12月免)
统战委员　顾天晓(女,兼,12月免)

竹泓镇

党委书记　朱广钱(2月免)
　　赵百森(7月任)
副书记　王益兰(女,9月任)
　　夏宣年
　　王永明(7月免)
镇　长　王永明(7月免)
　　王益兰(女,9月任)
副镇长　熊武川
　　刘丹璐(女)
　　陈永栋(9月免)
　　吉海兵
人大主席　刘新华
纪委书记　韩永和(12月免)
组织委员　周爱华(女)
宣传委员　徐　晶
统战委员　徐　晶
政法委员　熊武川

林湖乡

党委书记　周建根
党委副书记　薛　梅
　　顾诗华(12月免)
乡　长　薛　梅
副乡长　徐永辉
　　陈旭东
　　顾世荣
　　赵桂荣
人大主席　许少华
纪委书记　任　峰
组织委员　董芸芸(女)
宣传委员　华　磊
统战委员　华　磊(兼)

沈坨镇

党委书记　房宝才(7月免)
　　沈　妍(女,7月任)
副书记　沈　妍(女,7月免)
　　潘小俊(9月任)
　　袁凯中
镇　长　沈　妍(女,9月免)
副镇长　杨荣德
　　朱晓斌
　　袁振沪
　　葛海燕(女,12月免)
　　俞春华(2月免)
人大主席　吴　健
纪委书记　芦　峥(女)
组织委员　刘骏华(3月免)
　　葛海燕(女,兼,12月任)
宣传委员　朱晓斌(兼)
统战委员　朱晓斌(兼)
政法委员　杨荣德(兼)

重要文献选录

深入学习贯彻习近平总书记对江苏工作重要讲话精神
奋力谱写“强富美高”新兴化现代化建设新篇章
——在市委十三届四次全会上的讲话
（2023年8月5日）

市委书记　陈锋剑

一、全面贯彻党的二十大精神，实现良好开局

今年以来，全市上下坚持以习近平新时代中国特色社会主义思想为指导，深入学习贯彻党的二十大精神，全面落实党中央、省委、泰州市委决策部署，扎实做好各方面工作，经济社会发展保持稳中有进的良好态势。上半年，实现地区生产总值526.62亿元，同比增长6%；一般公共预算收入27.03亿元，同比增长30.8%；入选2023中国县域经济百强市。重点抓了五个方面工作：

一是深入学习贯彻习近平新时代中国特色社会主义思想。市委常委会坚持领学、带学、促学，完善“第一议题”学习制度，第一时间组织学习，联系实际抓好贯彻落实，自觉用总书记重要讲话精神统一思想、统一意志、统一行动。围绕“四个走在前”和“四个新”的重大要求，市领导带头开展“学习宣传二十大精神 贯彻落实现代化任务”专题调研，进一步理清思路、明确方向。开展主题教育“周学一课”活动，组织广大党员干部围绕8种学习资料，读原著、学原文、悟原理，对新思想的理解更加全面深入。

二是全力推进经济运行稳步好转。把产业高质量发展大会作为“新春第一会”，出台《优化企业服务若干措施》，在新春之际和6月份开展两轮企业大走访活动，全面推进涉企柔性执法，规范涉企中介服务，以良好的发展环境激励企业敢干。新增科技型中小企业202家，新增国家级专精特新“小巨人”企业7家。召开园区高质量发展大会，举办春季重大项目集中开工仪式，先后承办特种合金新材料技术创新论坛、全国调味品品评师技能竞赛、首届长三角铸造大会，出台《重大产业项目招商引荐人奖励办法》《进一步促进开放型经济高质量发展的若干意见》，全力攻坚重大项目招引建设。积极应对集体土地入市政策调整变化，迅速启动编制土地连片开发方案，同步推进土地征收、项目规划设计等工作。腾龙不锈钢高端精线、戴南不锈钢综合贸易示范区2个项目列入省重大项目清单。永泰建造工程公司成功晋升建筑工程施工总承包特级资质。夏粮产量再创新高，成功评为首批“全国农业科技现代化先行县”和全省唯一“绿色农资”升级行动试点县。

三是系统推动文旅融合发展。高位组建文旅产业融合发展委员会和专家咨询委员会，实体化运作乌巾荡旅游度假区。根据春季、夏季不同特色，加强文旅活动和旅游线路策划。高水平承办第14届江苏省乡村旅游节开幕式、2023中国泰州水城水乡国际旅游节开幕式，联动举办千垛菜花旅游节、投资贸易洽谈会、第五届施耐庵文学奖颁奖典礼等系列活动。在陈堡水上运动训练基地首次举办里下河龙舟邀请赛，在乌巾荡公园举办首届啤酒龙虾节，在水上森林举办首届里下河（兴化）音乐节，协同开展荷文化旅游节。成功举办第十五届全国国际象棋锦标赛、首届里下河文学研学营等活动，承办“里下河地域文化研讨会”，成立兴化垛田研究会、市政协书画院。沙沟镇水金村获批省级特色田园乡村，千垛镇陈杨村入选省乡村旅游重点村名录，板桥文化园成功获批国家3A级旅游景区。美丽兴化的书香味越来越浓、烟火气越来越足、美誉度越来越高。

四是扎实做好保障和改善民生工作。深入开展全国文明城市创建“九整治六提升”专项行动，制定出台城区市政设施微修复实施方案，完成98个小区整治项目、169个小区“飞线”整治、32个收储地块环境综合整治工作。加大乡镇“三保”保障力度，行政事业编制人员待遇实现城乡一体化。加强优质教育医疗资源供给，入选江苏省智慧教育样板区、“15分钟医保服务圈”省级示范县。出台《全面加强假期(周末)困境、留守儿童关爱保护工作的意见》,入选首批全国未成年人保护示范市。强力推进第二轮中央和省生态环境保护督察交办问题整改,国省考断面水质优 III 比例达 100%。扎实开展信访突出矛盾“百日会战”,推动一批重点信访件得到实质性化解。建立市领导挂钩重大安全风险隐患制度,突出抓好城镇燃气、“厂中厂”、群租房等重点行业领域风险隐患排查整治。市域社会治理现代化省级试点通过验收,获评 2020—2022 年度省级安全发展城市创建工作先进地区。

五是切实加强党的建设。坚持把党的政治建设摆在首位,围绕营商环境、乡村振兴、生态环保等领域强化政治监督,推进政治监督具体化、精准化、常态化。全力配合省委第十一巡视组来兴巡视和泰州市委巡察组对开发区、昭阳街道提级巡察。深化“枝叶关情”清风行动,以“小切口”解决地区性行业性系统性问题。全面落实意识形态工作责任制,守好网络安全阵地。加强国有企业党组织设置,出台《市属国有企业领导人员管理办法》,充实加强国有企业班子队伍建设。以高质量综合发展考核为导向,分类设置差异化重点指标,引导镇街、园区、机关部门进一步提振争先发展的精气神。

总的来看,在不稳定不确定因素增多、经济运行面临新的困难挑战情况下,今年兴化各项工作实现稳健开局、良好起步。成绩的取得,是以习近平同志为核心的党中央坚强领导的结果,是习近平新时代中国特色社会主义思想科学指引的结果,是全市上下齐心协力、共同奋斗的结果。同时,我们也要清醒看到,需求收缩、供给冲击、预期转弱三重压力仍然较大,经济回升向好的基础还不稳固;大项目、好项目不多,特别是 10 亿元以上重大项目储备不足;公共服务水平还不高,人民群众收入水平、生活质量还有待进一步提升;一些党员干部攻坚克难的顽强作风和能力水平还有欠缺,对一些新问题、新挑战还缺少有效手段等等。对这些问题,我们要予以重视,及时采取有效措施加以解决。

二、深入学习贯彻习近平总书记重要讲话精神,沿着总书记指引的方向奋勇前进

党的十八大以来,习近平总书记四次亲临江苏视察,两次参加全国人代会江苏代表团审议,多次发表重要讲话、作出重要指示,亲自擘画了建设“强富美高”新江苏的宏伟蓝图,赋予了江苏“争当表率、争做示范、走在前列”的光荣使命,明确“四个走在前”“四个新”重大任务,为我们推进中国式现代化兴化新实践提供根本遵循和行动指南。全市上下要把深入学习贯彻总书记重要讲话精神,作为当前和今后一个时期的重要政治任务,牢记嘱托、感恩奋进,奋力推动总书记重要讲话精神在兴化落地生根、开花结果。

一要深刻领悟习近平总书记对江苏工作重要讲话精神,在学深悟透中筑牢政治忠诚。总书记重要讲话高屋建瓴、视野宏大、思想深邃、内涵丰富,着眼第二个百年奋斗目标赋予江苏新的重大使命,提出一系列重要论述,进一步深化了我们对中国式现代化的认识,具有很强的政治性、理论性、针对性、指导性。总书记重要讲话与党的十八大以来对江苏工作一系列重要指示,既一脉相承、一以贯之,又前后贯通、与时俱进,是强国建设、民族复兴宏伟蓝图在江苏的具体化。我们要深刻认识总书记重要讲话的重大政治意义、理论意义、实践意义,深刻把握总书记重要讲话的精髓要义、丰富内涵、实践要求,深刻领悟蕴含其中的重大政治考量和鲜明战略指向,着力开创兴化现代化建设新局面。要把学习贯彻总书记重要讲话精神与贯彻落实总书记对江苏工作历次重要指示贯通起来,在追根溯源中厘清脉络,在融会贯通中掌握要义,在一体落实中见到实效,更加坚定拥护“两个确立”、坚决做到“两个维护”,不断增强奋进新征程的自觉性坚定性。

二要牢牢把握习近平总书记对江苏“走在前、做示范”的重大要求,在对标对表中勇于争先进位。着眼推进中国式现代化新征程,总书记对江苏提出走在前、做示范的重大要求,是对江苏的巨大关怀、殷切嘱托,必须作为我们谋划推进各项工作的主题主线,作为现代化建设的目标指引,引领全市上下为之不懈奋斗、接力奋斗。“走在前”是对实现现代化时间和进度上的一种要求,是第一方阵、走在前列;“做示范”是对实现现代化质量和成色的一种要求,要做得好、探索经验。我们要紧扣走在前、做示范这一重大要求,紧紧围绕“四个走在前”“四个新”的重大任务,自觉把各项工作放在时代坐标、全省大局中审视、谋划、推进,按照定 3 年、谋 8 年、展望 13 年的思路,进一步明确未来一个时期的总体目标、发展思路和重点任务。要坚持把省、泰州市高质量考核作为建设“强富美高”新兴化的重要抓手,作为在推进中国式现代化中走在前、做示范的重要标尺,迎难而上、克难奋进,矢志争一流、夺第一、创唯一。

三要深入践行习近平总书记“以学促干”的最新指示,在真抓实干中强化责任担当。学习贯彻习近平总书记重要讲话重要指示精神,重点是抓落实,关键要勇担当,根本在见实效。要坚持树立正确的政绩观,不搞贪大求洋、盲目蛮干、哗众取宠;坚持出实招求实效,不搞华而不实、投机取巧;坚持打基础利长远,不搞急功近利、竭泽而渔、劳民伤财。要树立鲜明的用人导向,注重选拔政治上绝对可靠、对党绝对忠诚的干部,坚决不用政治上的“两面人”;注重选拔知重负重、开拓奋进、关键时刻能扛硬活打硬仗的干部,坚决不用不敢担当、不愿负责、关键时刻临阵退缩的人;注重选拔具有顽强斗争精神、过硬斗争本领、经受重大斗争考验的干部,坚决不用在斗争面前明哲保身、爱惜羽毛、左右摇摆、骑墙观望的人;注重选拔严守纪律和规矩、自觉践行“三严三实”要求的干部,坚决不用华而不实、投机取巧、以权谋私的人。要坚持市领导带头,示范引领各级党员干部真抓实干、埋头苦干,以身作则、以上率下,汇聚起全市上下奋进新征程、建功新时代的强大合力,谱写“强富美高”新兴化现代化建设新篇章。

三、着眼长远抓当前,奋力推进中国式现代化兴化新实践

关于贯彻习近平总书记对江苏工作重要讲话精神的部署安排,《决定(草案)》作了明确,提交全会审议。现就六个方面重点工作再作个强调:

(一)做强实体经济,提升区域产业发展优势。坚持把发展经济的着力点放在实体经济上,充分发挥戴南镇(高新区)、开发区的引领支撑作用,支持园区类乡镇、经济类乡镇发展壮大特色优势产业,推动生态农业类乡镇提升自我发展保障能力,积极探索具有兴化特色的产业发展路径。

一是支持现有企业做大做强。深入落实《优化企业服务若干措施》,通过建立市领导挂钩联系和服务专班制度、高规格召开产业高质量发展大会、常态化开展企业“大走访”等活动,及时了解并解决企业发展所需所急,不断坚定企业发展信心。注重规范中介服务行为,深化涉企处罚“三张清单”适用范畴,优化提升营商环境便利度。建立并动态更新重点企业、成长型企业、科技型中小企业“三份名单”,引导政策资源、土地供给、人才金融等要素优先保障。

二是推动优势产业持续升级。不锈钢产业:科学谋划产业提升发展集聚区,大力支持企业向不锈钢高端制品、高温合金、特种合金材料方向发展。高端装备制造业:鼓励重点企业开展技术装备攻关,引导企业向航空、高铁、热处理装备等高附加值产品应用领域拓展。铸造行业:按照“整改提升一批、集中入园一批、关停退出一批”要求,分类开展铸造行业整治提升,推动向高端化、智能化、绿色化方向转型。支持新材料产业、有色金属产业、铜制品产业等特色产业提质增效。

三是全面激发乡镇产业发展活力。坚持开源节流并举、开发保护并重,推动乡镇积极探索符合新发展理念、契合自身发展实际的产业发展路径。支持乡镇深入挖掘生态资源、农业资源等优质资源,加强与国有企业深度合作,致力增加乡镇经营性收入,切实提高乡镇自我发展保障能力。深入推进“亩均论英雄”改革,完善增减挂钩安置方式。支持有条件的乡镇从既有实际出发,大力发展吸纳就业的富民产业。对产业发展空间有限的乡镇,由国有企业牵头,在“两区”建设标准厂房,探索“飞地”发展新模式。进一步优化市镇两级财政分成体制,统筹乡镇行政事业人员工资待遇发放,相对规范编外人员工资标准并有序分流定岗。

四是加强重大产业项目招引建设。系统谋划年度招商活动计划,组织开展专题化、精准化招商。建立健全部门、乡镇联动招商工作机制,选派经济部门科级干部和优秀年轻干部下沉园区、乡镇,按照“统一备案、统一待遇、统筹布局、统筹信息、统一考核”的思路,进一步加强专职招商队伍建设。加大存量建设用地盘活和国有企业收购项目用地力度,为项目落地超前做好土地储备。发挥我市健康食品、金属制品等方面的产业优势,发挥海外同乡会、联谊会的作用,发挥光伏发电、燃气供应等资源型项目的特点,进一步扩大利用外资范围。坚持项目招引建设月度例会制度,有针对性制定项目招引建设考核办法,组织开展项目观摩,形成抓大项目、大抓项目的浓厚氛围。

(二)聚力乡村振兴,高水平推进农业现代化。坚持把高水平推进农业现代化作为“三农”工作的总目标、总要求、总牵引,全面实施乡村振兴战略,加快建设农业强、农村美、农民富的新时代鱼米之乡。

一是全方位夯实粮食安全根基。以“小田并大田”改革为抓手,结合带位置耕地保护工作,加强农村公共空间治理,有序稳妥推动承包地以外的田埂、坑塘等地块整平复垦,在不减少农户土地确权面积和承包权益的前提下,增加有效耕地面积,推动农田增量、农业增效、集体增收、农民致富。加快发展土地适度规模经营,积极推动镇村两级集体参与土地流转,探索统一经营模式,带动镇村集体和农户共富发展。

二是大力发展农产品深加工业。树立大食物观,大力推进农产品一、二、三产业融合发展,争创国家农业产业融合发展示范区、国家农产品加工产业园、国家农业现代化示范区、省级优势特色产业集群。坚持高标定位,把预制菜产业作为主攻方向,优先推进鱼、虾、蟹等淡水产品预制菜发展,加强冷链物流、检验检测、标准制定等要素保障,加强与行业头部企业合作,集中破解预制菜产业发展的关键制约。在千垛镇、沙沟镇、中堡镇等地有序推进大水面生态养殖试点,在永丰镇、陶庄镇等地全力发展牛羊肉初加工、净菜加工,在陈堡镇、沈坨镇、林湖乡等地重点发展特色果蔬初加工,在开发区、垛田街道、兴东镇等地深度开发主食类、果蔬类和预制菜,在安丰镇、戴窑镇等地创建一批特色水产品、粮食交易中心。以钓鱼镇、开发区为重点,积极创建国家现代农业产业园。

三是系统推进水环境综合治理。启动实施供水、污水设施建设攻坚行动计划,优化调整长江引水工程供水委托运营机制,务求水资源利用、水污染防治取得突破性提升。推动水环境整治向乡镇延伸,深入解决供水管网漏损、乡镇水费欠缴等历史问题。新建大垛镇污水处理厂,全力推进安丰镇、陈堡镇污水处理厂产能扩容和合陈镇污水处理厂新建工程。划片区组建农村污水处理设施运营公司,明确以进水量、进水浓度作为考核标准,有效提高乡镇污水处理设施运行率和村庄生活污水治理率。到2025年,整合建成7座乡镇污水处理厂。围绕农村生活污水治理“双60”标准,因地制宜选择治理模式和技术,重点推动污水资源化生态利用,更加注重提高设施的运行率和治理的实效性。

四是深入推进宜居宜业和美乡村建设。学习运用“千万工程”经验,紧密结合兴化实际,按照“划分类别、制定标准、示范引领、有序推广”的思路,系统实施宜居宜业和美乡村建设专项行动。优先将特色田园乡村、传统村落、生态宜居示范村、乡村振兴示范村等重点村,作为重点示范引领村打造,突出沿线集中连片,整体提升综合效益。以千垛镇、陈堡镇、沙沟镇等为重点,深度打造省级特色田园乡村示范区,加强与高校院所、社会组织、商会企业等合作,优化民宿、餐饮等配套服务,导入更多的游客流量和产业增量。

(三)强化文旅融合,积极探索共富发展路径。坚持以文塑旅、以旅彰文,注重在保护中发展、在发展中保护,加强文化产业与旅游产业的深度融合,打造有特色、有影响、有效益的文旅品牌,推动生态效益、社会效益、经济效益有机统一、相得益彰。

一是加快历史文化名城建设。组织编制金东门(龙津河)街区、银北门街区、水西门片区、文峰塔片区等区域规划,优化功能布局、明晰发展业态,高标准打造城市文化新地标和文旅消费新商圈,力求早日成功申报国家历史文化名城。高起点推动金东门(龙津河)街区业态提升,推动银北门街区向渔事民俗方向发展,加强水西门片区开发的整体策划。推进八字桥片区休闲街区创新夜间旅游消费场景。统筹推进沙沟古镇文化保护与旅游开发,积极推动传统村落活化利用,力争创成4A级景区。

二是加强特色文化保护传承。加强蒋庄、草堰港、影山头等文化遗址的保护开发,推动文物和文化遗产“活”起来。加大兴化垛田、竹泓木船、茅山号子等文化遗产的保护利用力度,传承弘扬清明节会船、端午节赛龙舟等传统文化习俗。擦亮郑板桥艺术节、施耐庵文学节、里下河文学等文化标识,放大国际象棋文化效应,用好苏中公学、沙沟市政府旧址等红色教育基地,传承创新兴化早茶、板桥宴等美食文化,不断集聚人气、扩大客流。

三是打造提升重要文旅片区。加强西北部片区旅游资源融合,做实做强乌巾荡旅游度假区,力争创成国家级旅游度假区。加强千垛菜花景区配套功能提升和文旅项目开发,科学规划并实施里下河国家湿地公园二期项目,加强陈堡水上运动训练基地品牌运营管理。在组建民宿联盟、提升管理水平的同时，以省级特色田园乡村为重点，高起点规划建设一批高端精品民宿，引进第三方品牌公司运营管理，进一步提升兴化旅游的品牌效应和经济效益。结合文旅资源特点和季节性特征，高水平策划四季系列文旅特色活动，加强活动串联，积极开发二次消费场景，做到既有机衔接、又有序错开。

四是着力开发提升生态碳汇能力。深入推进省级生态产品价值实现机制试点，加强碳排放双控基础能力建设，拓宽绿水青山转化金山银山的路径。有序推进自然资源确权登记，制定全市生态产品目录清单。加快推进生态产品总值（GEP）核算，积极探索生态产品价值核算应用、生态保护补偿等机制。统筹水林田湖荡系统治理，扎实开展国土绿化行动，全面加强生物多样性保护，持续提升生态系统碳汇能力。

（四）推进城市更新，切实解决群众关切难题。坚持问题导向，推动城市更新向老城区聚焦、向老百姓身边难题发力，不断增强老百姓的认同感、获得感、幸福感。

一是深化全国文明城市创建。围绕主次干道、老旧小区、农贸市场、后街背巷等重点，以昭阳街道、临城街道、垛田街道为主阵地，常态化开展整治提升专项行动，不断提高社会文明程度。实施交通安全畅通工程，完善主次干道路口交通设施，优化红绿灯设置，打通一批断头路，畅通城市微循环。实施物业管理攻坚和服务提升行动，逐步消除无物管小区，第一时间解决好老百姓身边的烦心事。因地制宜建设小区“睦邻点”，构建15分钟社区服务圈、5分钟便民生活圈。

二是全面排查并分类分步实施老城片区改造。全面深入开展老城片区调查，根据住房安全系数，划分老旧小区和老旧危房片区，并实行编号上图、网格管理，系统制订有序改造方案。老旧小区有序推进综合改造提升，集中精力逐年实施加装电梯、外墙翻新、楼道整治、屋顶修漏、高层泵房二次改水等工作。老旧危房主攻连片置换改造，研究出台城区D级危房排查解危政策，大力推行“房票”制度，实现D级危房动态清零，推动C级危房置换更新。优化整合社区中心消防站，实施小区消防车道畅通整治行动。强力实施房屋征收攻坚扫尾，依法开展新一轮国有征收工作。

三是全方位提升城市污水治理成效。持续开展城镇生活污水处理提质增效精准攻坚“333”行动，启动实施城西污水厂4万吨产能建设，推进老城区雨污分流整体成片改造，实现城区生活污水纳管全覆盖、城区河道排口动态清零。巩固黑臭水体整治成效，全面排查并消除城区劣V类水体。全面推进并建成地下管线信息化系统，实行污水、雨水、自来水“三管合一”管理。实施透绿见水工程，因地制宜布局一批特色惠民公共空间，打造一批街角公园、滨河步道，着力构建“公园绿地10分钟服务圈”。

四是大力提升集镇建设管理水平。支持戴南镇、安丰镇等小城市建设，分类推进重点镇、中心镇、特色镇建设，加强教育医疗、人才公寓等基础设施和公共服务配套，逐步提高常住人口城镇化率。统筹推进被撤并乡镇集镇区整治提升，充分尊重农民意愿，规划建设一批集中安置区。加强综合立体交通体系建设，推动城乡交通运输一体化建设，创成“四好农村路”全国示范县。

（五）加强基层治理，致力营造良好发展环境。坚持尽力而为、量力而行，着力解决群众急难愁盼问题，更好满足人民群众对美好生活的向往，在提升社会治理效能上实现更大突破。

一是稳步推进社会事业发展。把握人口发展少子化、老龄化、区域人口增减分化的趋势性特征，一体考量、一体推进民生“七有”工作。深入实施就业优先战略，多措并举扩大就业容量，稳步提升就业质量。科学谋划并实施省义务教育优质均衡发展市、省学前教育普及普惠市创建计划，持续增加城区义务教育学校学位供给，有效整合乡村小规模学校教育资源，加快推动高中学校优质特色多样发展。持续优化公办养老机构投入运营机制和护理险运作机制，扎实推进一批区域性养老服务中心建设，更好满足失能、半失能、孤寡老人养老需求。加强民政、卫健、医保、残联等领域政策集成、资金集成，鼓励国有企业与乡镇卫生院合作，向医养、康养融合方向发展。深化特殊困难群体救助帮扶，严格落实严重精神障碍患者“五位一体”服务管理措施。全面落实《关于全面加强假期（周末）困境、留守儿童关爱保护工作的意见》，全方位、全覆盖、全天候加强留守儿童、困境儿童关心关爱，更有针对性预防未成年人犯罪，打造兴化未成年人关爱保护工作品牌。

二是切实提高市域社会治理能力。坚持法治

兴化、法治政府、法治社会一体建设,全力争创省法治市和第三批省法治政府建设示范市。优化完善“精网微格”工程,深化拓展“警网融合”质效,着力提升社会治理数字化、智能化、精准化水平。坚持和发展新时代“枫桥经验”“浦江经验”,推进矛盾纠纷多元化解“一站式”平台建设。扎实开展信访问题源头治理攻坚行动,推进重点信访事项攻坚化解,提升初信初访办理质效,及时把矛盾纠纷化解在基层、化解在萌芽。

三是持续深入打好污染防治攻坚战。严格落实扬尘管控“六个百分之百”,持续改善空气质量。健全完善“河长制”“湖长制”“断面长制”,加强大营兴盐界河金高大桥、新垛张高村、合陈海沟河胜利大桥等断面水质监测监管,确保国省考断面水质稳定达标。扎实开展全市固体废物整治专项行动,稳步扩大“绿岛”项目布点和建设规模,建设更高标准“无废城市”。

四是坚决守牢安全发展底线。坚定维护国家政治安全、制度安全、意识形态安全,加强重点领域安全能力建设,有效防范化解安全生产、政府性债务、房地产、金融等各领域风险,牢牢守住不发生重大安全事故、不发生区域性系统性风险的底线。坚持稳地价、稳房价、稳预期,推动房地产市场健康发展。扎实开展自建房安全专项整治和既有建筑安全隐患排查整治行动、城镇燃气安全大排查大整治专项行动,常态化开展“群租房”“多合一”场所、高层建筑等重点领域消防安全整治。巩固食品安全省级示范市创建成果。立足防大汛、抗大旱、救大灾,强化灾害隐患巡查排险,提前做好各种应急准备。

(六)坚持实业兴企,加快国有企业转型发展。坚持稳字当头、稳中求进,推动国有企业坚定不移走实体化发展之路,逐步增强核心功能、提高核心竞争力,稳步推动市属国有企业高质量发展。

一是分类明确国有企业实体化发展方向。在稳融资、稳业务、稳运转的基础上,明确实体化发展方向和目标定位。加快国投公司和交投公司融合发展,推动向产业发展、乡村振兴、生态环保、能源、航道运输等领域集中,力争2025年底前退出政府融资类平台名录。支持城投公司以城市更新为主业,优先实施优质产业发展项目,重点投向房地产开发、EOD水环境整治、屋顶光伏发电、智慧城市建设、市政建设等领域,力争到2025年底前获得AA+信用评级。推动文旅公司锚定企业上市,以农文旅融合为发展方向,重点发展农业开发、EOD农文旅融合、社会服务、酒店管理、景区运营等项目,争取到2026年底前基本达到上市条件,进入上市辅导期。鼓励支持各国有企业联合参与实施优质项目,实现利益共享。支持海南镇、大邹镇、钓鱼镇等乡镇与国有企业合作,发展电力储能、固废危废处置等资源性项目。

二是加快建立现代企业制度。严格落实“三重一大”决策机制,明晰党委、董事会、经理层权责边界,健全完善决策事项清单,赋予企业更多自主权。坚持把党的领导融入国有企业治理各环节,切实落实党组织前置研究讨论重大事项规程,充分发挥国有企业党委把方向、管大局、保落实的作用。加强对市场化项目的研究论证,坚决不让国有企业承担公益性项目,坚决杜绝新增政府隐性债务。对重大产业投资项目、特别监管类投资项目严格实施“双重论证”机制。聚焦实体化进程、融资管理等重点工作完成情况,建立以年度考核和任期考核为重点的薪酬体系。加强对国有企业的派驻监管,优化法务、融资、内审等内设机构设置,强化对关键岗位的监督管理,完善全过程风险防范机制。

三是构建强有力的组织支撑体系。在市级层面,高规格成立国有企业实体化改革发展委员会,对国有企业实体化发展把方向、管大局、理思路;成立由分管市领导任组长的国投(交投)公司、城投公司、文旅公司协调发展委员会,抓协调、抓推进、抓落实。支持各国有企业围绕实体化项目清单,组建项目专班,在全市机关部门、乡镇街道遴选专业的优秀人才充实到专班队伍中,加强专业化力量配备,加快专业化人才培养,形成强有力的推进合力。

四、永葆赶考的清醒和坚定,持之以恒推动全面从严治党向纵深发展

推进中国式现代化兴化新实践,关键在党,关键在人。要深入学习贯彻习近平总书记关于党的建设的重要思想,全面推进新时代党的建设新的伟大工程,以高质量党建引领保障高质量发展。

1. 强化政治建设,推动主题教育走深走实。第二批习近平新时代中国特色社会主义思想主题教育将于9月份开始。要按照中央、省委和泰州市委统一部署,高位统筹、科学谋划、精心组织,高标准、高质量开展好主题教育。要把握“学思想、强党性、重实践、建新功”的总要求，把“牢记嘱托、感恩奋进、走在前列”贯穿始终，努力在以学铸魂、以学增智、以学正风、以学促干方面取得实实在在的成效。要把总书记对江苏工作重要讲话精神作为重要学习内容，在深化、内化、转化上持续用力，更加自觉用以武装头脑、指导实践、推动工作。要坚持开门抓教育、一线解难题，深入群众、深入基层开展调查研究，认真研究解决好发展所需、改革所急、基层所盼、民心所向的突出问题。

2. 突出实干导向，锻造堪当重任的高素质干部队伍。要以规范“三重一大”决策制度为抓手，以高质量综合考核实绩为导向，强化对“一把手”的监督和管理。要坚持严管和厚爱相结合，加强对资金、资源密集岗位的监督管理，强化效能监督和“八小时以外”监督，优先使用自我要求严、工作实绩好的关键岗位中层干部。要树立优秀人才优先安排到一线锻炼、重要岗位人员首先从一线选拔的用人导向，面向新一轮换届需求，有计划推动干部到国企发展、招商引资、基层村居、重大斗争等一线经风雨、接地气、强本领。要严格落实“三个区分开来”，用足用活“三项机制”，统筹用好及时奖励、“好班子”、“好干部”等奖励荣誉，旗帜鲜明为担当者担当、对负责者负责。

3. 坚持固本强基，切实增强基层党组织的政治功能和组织功能。要深入实施基层党建“五聚焦五落实”深化提升行动，更大力度推进新时代“品质党建”建设行动，全面加强农村、城市、机关、国企、“两新”组织等领域党的建设，不断提升基层党组织战斗力、凝聚力、组织力。要聚焦下一届村（社区）“两委”换届选举，择优遴选一批机关企事业单位优秀年轻干部到村（社区）任职党组织书记，常态化排查整顿软弱涣散基层党组织，稳步推动村（社区）干部队伍提升。要加强国有企业党建工作，深入实施兴有“红链”“六个一”专项行动。要充分发挥网络名人联盟党委作用，深化红色主播“双有”培育计划和网络名人“百村千社万户”乡村行。要以“加重村级组织负担突出问题专项整治”为契机，认真查摆解决基层反映强烈的形式主义突出问题，让基层干部把主要时间和精力放在为群众办实事上。

4. 持续正风肃纪，坚定不移深入推进全面从严治党。坚持把十四届省委第三轮巡视反馈意见整改作为重要政治任务，逐条细化整改措施，明确整改责任和时限要求，举一反三、以点带面、建章立制，以过硬整改成效体现政治担当。要做好巡视交办信访件办理工作，明确责任单位、责任人和办结时间，确保件件有着落、事事有回音。要锲而不舍纠治“四风”顽疾，紧盯中梗阻、慵懒散、不作为乱作为等反复性顽固性问题，整合组织、纪律、效能、舆论监督力量，精准研判、靶向施治，推动作风建设常态长效。要坚持不敢腐、不能腐、不想腐一体推进，紧盯重大工程、重点领域、关键岗位，强化对权力集中、资金密集、资源富集的部门和行业执纪监督，加强干部队伍廉政风险点分析，全面推动重点单位机关纪委、内审机构建设，系统加强纪检监督、审计监督，从源头上铲除腐败滋生的土壤。要深入挖掘“板桥竹风”内涵，用好党风廉政警示教育基地等教育资源，督促党员干部见贤思齐、内心自省。各级领导干部特别是市四套班子领导和部门、乡镇、国企“一把手”要严于律己、严负其责、严管所辖，带头形成清清爽爽的同志关系、规规矩矩的上下级关系、亲清统一的政商关系，共同营造风清气正的良好政治生态。

5. 勇于攻坚克难，形成狠抓落实的好局面。“定3年、谋8年、展望13年”，首先在于抓紧抓实当前及今后3年。要聚焦重点难点工作，制订形成一系列三年行动计划，进一步细化目标任务、重点举措和推进时点，明确这三年兴化现代化建设的任务书、路线图、时间表。要加强基层一线调研，准确了解工作关键症结；加强政策研究，向上争取更多牌子、试点；加强到先进地区学习，全面对标赶超，把行动计划制订得更有指导性、操作性、实效性。要围绕重点工作、重大问题，建立专班机制，坚持项目化管理、节点化推进，狠抓工作落实，不断创造更多走在前、做示范的高质量发展成果。要加强考核办、效能办建设，切实在一线考察干部、用实绩检验干部，激发形成勇创一流、勇争第一的浓厚氛围。

（市委办）

政府工作报告
——2024年1月9日在兴化市第十七届人民代表大会第三次会议上
市长　殷　俊

一、2023年工作回顾

过去的一年,我们坚持以习近平新时代中国特色社会主义思想为指导,在市委的正确领导下,深入贯彻党的二十大精神和习近平总书记对江苏工作重要讲话重要指示精神,全面落实"四个走在前""四个新"重大任务,始终坚持稳中求进工作总基调,大力弘扬"四敢"精神,扎实推动高质量发展,奋力开启中国式现代化兴化新征程,较好完成市十七届人大二次会议确定的各项目标任务。

经济运行回升向好。坚持从稳预期、强信心入手,聚焦产业高质量发展召开"新春第一会",举办首届兴化发展论坛共襄家乡发展,全力推动经济运行率先整体好转。预计实现地区生产总值1163亿元,增长7.4%左右;一般公共预算收入50.91亿元,增长6%;固定资产投资431亿元,增长14%;城镇、农村居民人均可支配收入53814元、29849元,分别增长5.2%、8%。入选全国综合实力百强市、中国工业百强市、中国创新百强市。工业经济承压前行。实现规上工业总产值1072亿元,增长5.5%;规上工业增加值221亿元,增长7.3%;工业开票销售1120亿元,增长0.2%。新增规上工业企业100家,税收超千万元的制造业企业达21家。东华链条等7家企业获评国家级专精特新"小巨人"企业。建筑业实现总产值713亿元,增长15%,永泰公司成为全市首家晋升特级资质的建筑企业。现代农业稳产增效。改造提升高标准农田6万亩,创成粮油绿色高质高效示范片40个。粮食总产125.1万吨,位列全省第二。以综合考评第一的成绩创成全国农业科技现代化先行县,入选全国供销合作社"绿色农资"升级行动试点县。成立虾蟹产业研究院,探索河蟹良种育繁推一体化发展,兴化大闸蟹以313.46亿元,高居"国家地理标志大闸蟹品牌价值排行榜"榜首。高质量发展庭院经济工作被国家乡村振兴局推介。服务业持续复苏。实现第三产业增加值559亿元,增长7.5%。恒兴科技园获批省级现代服务业高质量发展集聚示范区,高新区入选省"两业深度融合"试点单位。获批筹建省级调味品质量监督检验中心。举办"畅享水乡"系列活动,促进消费加速回补,完成社会消费品零售总额360亿元,增长8%。抢抓疫后"旅游潮",高位推动文旅深度融合发展,以"花"为媒精彩呈现四季文旅特色活动,全年接待游客622.4万人次,实现旅游收入41.4亿元。千垛镇陈杨村入选"江苏省乡村旅游重点村"。国家历史文化名城申报工作通过专家组现场审查,取得实质性突破。

新旧动能加速转换。坚定不移主攻项目、深化改革、矢志创新,发展动能更加强劲。项目建设支撑有力。扎实开展"三比一提升"行动,组建6支专职产业招商队伍,举办一定规模的招商活动近30场。其厚智能电气、星火电磁阀芯等一批优质项目成功签约,中华食谷B区、汇洲环保等一批产业项目开工建设,嘉豪食品、申源特种合金等一批重点项目竣工投产。全年新签约亿元(1000万美元)以上项目132个,其中5亿元(3000万美元)以上项目42个;新开工亿元(1000万美元)以上项目85个,其中5亿元(3000万美元)以上项目17个;新竣工亿元以上项目70个,其中5亿元以上项目9个。腾龙精线、不锈钢综合贸易示范区入选省重大项目。持续深化"亩均论英雄"改革,盘活低效闲置工业用地3800亩。改革开放深入推进。出台优化企业服务若干措施,推行涉企免罚轻罚"三张清单",涉企行政处罚金额下降78%,"兴舒畅"营商环境品牌进一步擦亮。探索承诺时限内未办结事项"超时默认",以流程再造推动审批提速,亿元以上产业项目审批时限压缩至30个工作日以内。加大金融服务实体经济力度,本外币贷款余额1288.6亿元,增长18.8%。建立企业上市(挂牌)梯队培育库,后备企业数超过40家。健全国资国企组织架构,成立市国有(集体)资产管理委员会、市属国有企业实体化改革发展和协调发展委员会,明确国有企业发展方向和目标定位,加强力量配备,组建项目专班,推动国有企业实体化转型。获批内外贸一体化试点企业3家,预计完成进出口总额11亿美元,实际利用外资1.18亿美元。创新活力不断释放。完成智能化改造数字化转型项目256个、1000万元以上技改项目112个,实现788家规上工业企业免费诊断全覆盖,入选国家级智能制造优秀场景2个,创成国家级5G工厂1家、省级智能工厂1家、省级智能车间4家、星级上云企业93家。新认定国家高新技术企业162家,新增省瞪羚企业1家、省科技上市培育计划企业1家。成立沈阳、无锡离岸创新中心,新增省级工程技术研究中心1家,达成产学研合作项目65个。发放"苏科贷""积分贷"超6亿元,惠及科技型中小企业逾百家。举办"才聚兴化·智创未来"人才科技系列活动,走进西安交大、东北大学等高校招才引智,集聚各类高层次人才301人。

城乡发展统筹协调。坚持生产、生活、生态并重,遵循城乡发展规律,加快补齐短板、优化功能、提升品质。城市功能日趋完善。国土空间总体规划全国首批获批,城镇开发边界扩展24.29平方公里。启动城市更新评估,完成老旧小区改造17个,五里亭家园、新杨花苑等安置房竣工交付。实施城南路、花园路等地段积水点整治,完成7处市政道路脱空修复。北水关大桥建成通车。突出为民利民的创建导向,聚焦薄弱环节和短板弱项,开展"九整治六提升"专项行动,推动文明城市创建全域全面、常态长效。新改建公交站台310个、停车场4座,新增停车位566个、充电桩60个。创成垃圾分类省级达标小区18个,垃圾填埋场封场项目建成运行。盐泰锡常宜铁路确定过江方案,建兴高速全面建成。乡村建设呈现新貌。完成农房改造改善3652户,交付农民集中居住区8个,实现农村危房动态清零。深化农村人居环境整治,创成省级生态宜居美丽示范镇1个、示范村21个,入选省级传统村落3个,钓鱼镇南赵村获评全国乡村治理示范村。深入推进"厕所革命",完成农村户厕改造6287户。编制"垛田"特色田园乡村示范区规划,新增省级特色田园乡村4个、泰州市级特色田园乡村5个。新改建农村桥梁120座、公路安防设施364公里,创成"四好农村路"全国示范县、省级农村物流达标县。维修改造圩口闸70座、排涝站35座,实施圩口闸电启闭改造70座。生态底色充分彰显。空气优良率76.7%,$PM_{2.5}$平均浓度32微克/立方米。新建农村生态河道190公里,完成养殖池塘标准化改造2.7万亩,国省考断面水质优Ⅲ比例保持100%。完成城南、城东、大垛污水处理厂新改建工程,实施4个污水处理提质增效达标区建设,开展50个行政村生活污水治理。加强土壤污染源头管控,土地安全利用合格率达100%。完成成片造林3317.7亩。高标准抓实中央、省生态环境保护督察反馈和长江经济带警示片披露问题整改。加快绿色低碳转型,开发区创成国家级绿色工业园区,兴达公司获评国家级绿色工厂,麦肯嘉顿等6家企业入围省级绿色工厂。

民生事业全面进步。坚持以人民为中心的发展思想,尽力而为,量力而行,兜住、兜准、兜牢民生底线。群众获得感更富成色。积极拓宽就业渠道和创业空间,发放创业富民贷款1.45亿元、各类补贴补助3152万元,城镇新增就业1.2万人,支持成功自主创业5100人。持续推进社会保险扩面征缴,优化调整长护险运行机制,基础养老金、医保补助标准稳步增长,创成"15分钟医保服务圈"省级示范市。深入开展困难群体精准救助专项行动,城乡居民低保标准提高至每人每月800元。落地实施未保"新八条",建成省级示范性儿童关爱之家1个,创成全国首批未成年人保护工作示范市。扎实做好保交楼工作,筹集(新开工)保障性租赁住房2542套,完成棚户区改造2255套。百姓幸福感更可持续。坚持教育优先发展,建成幼儿园4所、义务教育学校5所,获批全国幼儿园保育教育质量提升实验区,入选江苏省智慧教育样板区培育区域,第一中学接受四星级高中现场评审,中高考再创佳绩。健全完善公共卫生服务体系,创成省级社区医院2家,公共卫生医疗中心主体完工。积极应对人口老龄化趋势,开展居家养老上门服务84.06万人次,新建住宅小区嵌入式养老服务点5个、示范性乡村互助养老睦邻点30个,改造提升社区助餐点8个,完成适老化改造560户,多层次养老服务体系进一步完善。居民安全感更有保障。深入开展重大事故隐患专项排查整治行动,系统推进危化品、厂中厂、自建房、城镇燃气、“9 + N”小场所等领域治理,生产安全事故起数和死亡人数保持“双下降”。优化乡镇安全管理体制,加强应急力量建设,防灾减灾救灾能力进一步提升。严格全链条监管,食品药品安全形势平稳向好。深入实施“精网微格”工程,建设 13 个城市社区网格服务站。扎实开展信访突出问题攻坚化解巩固提升年行动,一批积案陈案得到实质性化解。常态化推进扫黑除恶,严肃查处各类违法犯罪行为。完成国防动员体制改革。退役军人事务、民族宗教、外事侨务、史志档案等工作取得新进展,气象、供电、残疾人、慈善、红十字、关心下一代等工作取得新成绩。

自身建设不断加强。全面学习把握落实党的二十大精神,始终保持“时时放心不下”的责任感、强化“事事落实到位”的执行力,着力建设新时代人民满意政府。凝心铸魂固根本。牢牢把握“学思想、强党性、重实践、建新功”总要求,扎实开展第二批主题教育,切实做到以学铸魂、以学增智、以学正风、以学促干。坚持用习近平总书记对江苏工作重要讲话重要指示精神统一思想、统一意志、统一行动,深刻领悟“两个确立”的决定性意义,不断增强“四个意识”、坚定“四个自信”、做到“两个维护”,更加自觉牢记嘱托、感恩奋进、走在前列。依法行政提效能。严格执行“三重一大”行政决策程序,认真落实重大事项向市人大常委会报告、向市政协通报制度,自觉接受市人大、市政协和各方面监督,高质量办理人大代表建议 250 件、政协提案 377 件。深入开展省法治政府建设示范市创建,顺利通过“八五”普法省中期评估验收。加快数字政府建设,强化数据共享、流程再造和业务协同,赋能政府高效运转。大力推进政务公开,政府门户网站连续三年获评“中国优秀政务网站”。畅通“我的兴化”民生互动平台、“12345”政务服务热线、“市长信箱”等渠道,及时回应社会关切。从严自律树新风。强化政府系统正风肃纪反腐,驰而不息纠治“四风”,设立“四敢先锋奖”“躺平警示牌”,引导公职人员践行正确政绩观,自觉加强思想淬炼、政治历练、实践锻炼、专业训练。坚持勤俭节约“过紧日子”,严肃财经纪律,严控预算追加,严格绩效管理,一般性和专项支出保持“双下降”。全面落实党风廉政建设和意识形态工作责任制,加强重点单位内审机构建设,抓好巡视巡察和审计反馈问题整改,严惩群众身边的腐败问题和不正之风。

各位代表,过去一年所取得的成绩来之不易。这是习近平新时代中国特色社会主义思想在兴化生动实践的结果,是上级党委政府和市委正确领导的结果,是市人大、市政协及社会各界关心支持的结果,是全市人民团结拼搏、辛勤付出的结果。在此,我代表市人民政府,向全市广大干部群众,向全体人大代表、政协委员,向工商联、党外代表人士、各人民团体和离退休老同志,向驻兴部队官兵、政法干警,向所有关心、支持兴化发展的海内外朋友,致以崇高的敬意和衷心的感谢!

我们也清醒地认识到,全市经济社会发展中还存在一些问题和不足,主要是:社会预期相对偏弱,企业经营压力加大,经济增长动能不足,财政收支平衡矛盾突出;传统产业结构偏重、层次偏低,标志性、旗舰型重大产业项目亟待突破,自主创新能力不强,转型升级步伐缓慢;发展不平衡不充分现象仍然存在,教育、医疗、养老等服务供给还有短板,安全生产、生态环境、社会治理等领域隐患不容忽视;少数干部缺乏攻坚劲头、争先锐气,一些领域腐败问题时有发生,等等。对此,我们一定高度重视,采取有力措施,切实加以解决。

二、2024 年工作任务

今年是中华人民共和国成立 75 周年,是全面完成“十四五”规划目标任务的关键一年,做好今年工作任务艰巨、意义重大。

今年政府工作的总体要求是:坚持以习近平新时代中国特色社会主义思想为指导,全面贯彻党的二十大和二十届二中全会精神,深入贯彻习近平总书记对江苏工作重要讲话重要指示精神,认真落实中央和省委经济工作会议、省委十四届五次全会、泰州市委六届七次全会、市委十三届五次全会部署安排,坚持稳中求进工作总基调,完整、准确、全面贯彻新发展理念,全面落实“四个走在前”“四个新”重大任务，以高质量发展为引领，以“兴企、强镇、惠民”为目标，扎实抓好产业提升、文旅融合、乡村振兴、城市更新“四大重点”，切实强化社会治理、国企发展、队伍建设“三项支撑”，奋力勇争泰州高质量考核和综合考核第一等次，不断谱写“强富美高”新兴化现代化建设新篇章。

全市经济社会发展的主要调控目标安排为：地区生产总值增长6.5%以上，一般公共预算收入增长5%，固定资产投资增长8%，社会消费品零售总额增长8%，城镇、农村居民人均可支配收入分别增长5.3%、8%，节能减排完成省定目标，安全生产形势持续稳定向好。

围绕上述目标，今年将重点抓好以下六个方面工作：

（一）聚力产业转型，构筑经济增长“新优势”

坚持把发展经济的着力点放在实体经济上，探索具有兴化特色的产业发展路径，加快建设现代化产业体系，推动经济实现质的有效提升和量的合理增长。

锻造产业竞争力。牢牢把握产业发展的大趋势大方向，大力推进新型工业化，加快形成新质生产力。以实施制造业高质量发展倍增计划为抓手，以特色产业片区为载体，更高质量推进产业“锻链升级”。瞄准产业链终端、价值链高端，推动不锈钢产业向高温合金、特种合金、高端制品方向迭代升级，打造具有国际影响力的千亿级产业集群；培育壮大调味品、功能性食品、预制食品等业态规模，打造绿色健康食品产业地标；引导装备制造企业加强关键核心技术攻关，向航空、高铁、热处理装备等高附加值产品应用领域拓展。高起点建设戴南、开发区、安丰、陈堡“四大铸造产业片区”，统筹布局规划，统一入园标准，加快形成铸造行业特色鲜明、优势互补、错位发展的新格局。支持新材料、有色金属、铜制品等特色产业提质增效，打造“硬核支撑”。瞄准生物医药、智能制造装备、新能源汽车等领域，抢占新兴产业赛道。按照优势产业未来化、未来技术产业化的思路，前瞻布局新型储能、人工智能等未来产业，积蓄未来发展动能。

强化项目牵引力。突出大抓项目、抓大项目的鲜明导向，持续攻坚“三比一提升”行动，一体构建产业项目发展生态。以融合的理念抓项目谋划，通过创新链、产业链、资金链、人才链“四链融合”，激发多链乘数效应，塑造综合竞争优势，进一步提升对重大项目的吸引力。以整合的思维抓项目招引，基于政策动向、投资风口、产业基础等，制定招商计划，锁定招商对象，整合平台数据、专业力量、招商队伍，进一步提升招商集成度、精准度、组织度，全力突破一批旗舰型、引领型的重大项目。全年新签约亿元（1000万美元）以上项目120个，其中5亿元（3000万美元）以上项目30个。以联合的方式抓项目推进，聚焦开工建设、竣工投产、达产达效全生命周期，强化并联审批，优化串联服务，推动金桥焊材二期、保利澳瑞凯等项目如期开工，腾龙精线一期、味成食品等项目按时竣工。全年新开工亿元（1000万美元）以上项目80个，其中5亿元（3000万美元）以上项目20个；新竣工亿元（1000万美元）以上项目70个，其中5亿元（3000万美元）以上项目11个；新增列省重大项目4个。树牢“亩均论英雄”鲜明导向，推动有限资源向重大项目倾斜，全年盘活低效闲置工业用地3000亩以上。

激发企业创造力。全力支持现有企业做大做强，梯度培育重点企业、成长型企业、科技型中小企业“三类主体”，引导政策、土地、人才、金融等资源要素优先保障。新增规上工业企业100家、开票销售过亿元企业25家、省级以上专精特新企业20家以上。实施上市主体梯队培育行动，力争实现特味浓食品新三板挂牌，加快推进博生医材北交所上市，不断拓展资本市场“兴化板块”。围绕经营主体关切和需求，用好市四套班子领导挂钩企业（项目）“直通机制”，常态化开展政企沟通，动态了解掌握企业生产经营状况，立足发展质态，研判服务成效，切实帮助解决“成长的烦恼”，着力打通企业进阶式发展的“快车道”。弘扬新时代企业家精神，开展先进企业评比表彰，激励广大企业家敢为善为、创新创业。

（二）深化创新驱动，激发改革开放“新动能”

坚持创新第一动力，用好改革关键一招，走实开放必由之路，进一步增强发展内生动能。

更大力度支持创新。突出企业科技创新主体

地位,加快培育一批瞪羚企业、准独角兽企业和创新型领军企业,新认定国家高新技术企业100家以上。积极推动兴达、双乐等龙头企业与省产业技术研究院共建企业联合创新中心,打造区域协同、重点突出、分布合理的创新平台网络。坚持以数实融合赋能新型工业化,大力实施智能化改造、数字化转型、网络化联接"三大行动",加快推进工业互联网平台建设,完成"智改数转网联"项目200个,新增国家级智能制造试点示范项目1个、智能制造优秀场景2个,创成省级智能工厂1家、智能车间5家、星级上云企业80家,支持开发区建成工业互联网标识解析二级节点项目。高效运营离岸创新中心,深度链接市外创新资源,新增孵化项目20个。深化与高校院所协同创新、成果共享,达成产学研合作项目60个以上。深度挖掘各类资源,优化人才吸引政策,靶向引进高层次人才300人以上,建设青年和人才友好型城市。

更深层次推进改革。深化数字政府建设,加快平台统建、应用统筹、数据统用、安全统管,推出更多"一件事"改革、"一网通办"事项,聚力打造惠企便民、减负增效的多元应用场景。出台《兴化市优化营商环境实施细则》,规范公共资源交易,整治中介服务市场,推动审批事项能减尽减、优惠政策能给尽给、运营成本能降尽降,夯实营商环境基本盘。加强涉企行政合规指导,推行柔性执法、审慎监管,对经营主体一些不了解规定的"无心之失"和紧急情况下的"无奈之举",主动给予合法尺度内的容错空间,营造尊商亲商安商浓厚氛围。深化金融领域改革,做好资金供给"加减法",打出助企纾困"组合拳",推动金融服务实体经济政策直通、产品直达、服务直送。聚焦主责主业,以实体化项目为抓手,以专业化队伍为支撑,以市场化机制为保障,加快推动国有企业增加有效资产、增强盈利能力,走好实体化发展之路。优化调整乡镇财政管理体制,支持乡镇挖掘优质资源,加强与国有企业深度合作,探索建立"市投、镇管、民营"机制,形成稳定可持续的经营性收入,不断提高乡镇自我发展和保障能力。

更高水平扩大开放。立足"双循环"发展格局,推动企业内外贸一体化发展,鼓励有意向的内贸企业参加境外展会,更大力度"走出去"、拓市场,提高国际贸易份额;支持有条件的外贸企业开展外贸优品拓内销活动,打开国内市场,力争实现进出口总额12亿美元。大力发展外贸新业态新模式,积极推广外贸领域数字化应用,鼓励企业利用数字贸易平台开展市场开拓、线上展示、线上洽谈和国际营销。策应泰州跨境电商综合试验区建设,引导企业建设跨境电商独立站。支持建筑企业抢滩外埠市场,力争总产值超780亿元。加大境外招商力度,用好专项政策措施,提升引进外资质量,挖掘外资增资潜力,服务好在谈在建外资项目,全年实际利用外资1.5亿美元。

(三)建设人民城市,展现生态宜居"新颜值"

坚持人民城市人民建、人民城市为人民,着力提升城市规划、建设、治理水平,让城市发展更有温度、群众生活更有质感。

有序推进城市更新。坚持"体检"先行,聚焦解决群众身边难题,小规模、渐进式推动城市有机更新。开展调查摸底,尊重群众意愿,按照"因地制宜、先急后缓"的原则,综合运用原址重建、就近新建、以房换房等方式,加快推动老旧居住片区解危消险。持续攻坚房屋征收项目扫尾,改造提升老旧小区13个。深化城区道路防塌陷治理,保障群众"脚下安全"。组织实施街头绿地微更新,做精塑美景观小品、休憩设施、慢行系统,建设乐享园林活力空间。科学分析房地产供求关系和发展态势,对接优质房企,开展土地招商,提前布局教育、医疗、商超等功能配套,更好满足刚性和改善性住房需求。配合推动盐泰锡常宜铁路开工建设,做好宁盐高速、东兴高速建设服务保障,加快盐靖高速改扩建、兴东线航道整治前期工作,启动S333兴化西延段工程,构建内畅外联的现代化交通网络。

全力创建文明城市。落实长效机制,压实包保责任,聚焦老旧小区、农贸市场、城乡接合部等重点部位,紧盯市容环境、公共秩序、乡风文明等薄弱环节,常态化开展整治提升,全方位补齐创建短板,确保创成全国文明城市。实施物业管理攻坚和服务提升行动,打造党建引领下的"红色物业"品牌,解决好群众家门口的"烦心事"。新增停车位200个、充电桩160个。优化市政设施、园林绿化、市容环卫管护机制,提升城市治理扁平化、精细化、长效化水平。全面推广"四分类"模式,健全完善生活垃圾分类投放、收集、运输、处置体系,保持无害化处理率100%。推进城市内涝治理,完成文昌路、新阳社区等积水点整治。强化智慧城市顶层设计,加快数字底座建设步伐,推动数据多源汇集、精准利用,让城市运行更智能、更高效、更便捷。

不断夯实生态本底。开展突出生态环境问题整治专项行动,持续深入打好蓝天、碧水、净土保卫战。全面加强溯源监测,协同共治建筑扬尘、工业废气、餐饮油烟等污染物,空气优良率超过78%,$PM_{2.5}$平均浓度不超过31微克/立方米。全面实施水污染防治重点工程项目,新改建城西、合陈、安丰、陈堡等污水处理厂,完成7个提质增效达标区建设,新开展50个行政村生活污水治理,完成2.1万亩养殖池塘标准化改造,国省考断面水质优Ⅲ比例保持100%。强化高风险遗留(污染)地块风险管控修复。一着不让抓好生态环境保护督察反馈问题整改。落实集体林权制度改革,成片造林2250亩。深化生态产品价值实现机制试点,打通"绿水青山就是金山银山"的双向转换通道。突出绿色低碳发展,加快"无废城市"建设,开展节约型机关、绿色家庭、绿色社区、绿色学校创建,支持开发区打造低(零)碳产业园,新增省级以上绿色工厂10家。

(四)彰显优势在农,打造乡村振兴"新样板"

对标"农业现代化走在前",学习运用"千万工程"经验,全面实施乡村振兴战略,加快建设农业强、农村美、农民富的新时代鱼米之乡。

深入推进产业振兴。抓牢粮食安全"头等大事",执行最严格的耕地保护制度,新改建高标准农田6万亩以上,创建粮油绿色高质高效示范片30个,种粮面积稳定在244.4万亩以上。聚焦农业全产业链发展,大力招引农产品深加工项目,推动一二三产融合发展。实体化运行虾蟹产业研究院,建设海边繁育基地和兴东试验基地,推进"兴化1号"新品种选育和"阳澄湖1号"苗种繁育,打造河蟹预制菜产业集聚区,培大育强河蟹特色产业。大力发展数字农业,建设"绿色农资"智慧管理平台,建成"无人化"农场10个以上,创成省级农业生产全程全面机械化示范县。深化国家农业现代化示范区、国家现代农业产业园"双创联创",争创省预制菜产业示范园,建设农产品电商冷链物流产业园。实施农业龙头企业双倍增计划,新增省级龙头企业1个、泰州市级龙头企业20个。

深入推进乡村建设。开展"百村示范引领、全域整治提升"行动,加强公共空间治理,深化"美丽菜园""美丽庭院"创建,整治提升人居环境薄弱村25个,改造农村户厕6500户以上。优化镇村布局规划,重点打造西北部"花海森林"和西南部"林下果香"宜居宜业和美乡村示范片区。以千垛镇为主要区域,申报江苏省特色田园乡村示范区培育试点,新增省级特色田园乡村3个、泰州市级特色田园乡村5个,申报省级传统村落3个。大力实施乡村建设行动,改造改善农房2500户以上,建成省高品质农房改善示范项目2个。新建农村生态河道170公里,启动兴盐界河、雌雄港重点水利工程,陈堡草荡争创淮河流域幸福河湖。加强农村基础设施建设,维修改造圩口闸30座、排涝站30座,实施圩口闸电启闭改造40座。

深入推进强村富民。深化农村土地制度改革、农村集体产权制度改革,积极推广"小田并大田"试点,推动资源变资产、资金变股金、农民变股民,加快实现村集体经营性收入"8420"目标。巩固完善农村基本经营制度,逐步健全支持新型农业经营主体政策体系,培育壮大农村新产业新业态。推进家庭农场服务联盟建设,新增示范农场50家以上、示范合作社15家以上。强化防止返贫动态监测,完善联农带农机制,提升产业和就业帮扶实效。深入实施农民收入十年倍增计划,分层次、分类别培育高素质农民5000人以上。加强农村精神文明建设,开展"移风易俗、弘扬新风"行动,促进物质富裕和精神富足有机统一。

(五)深耕文旅融合,铺陈梦里水乡"新画卷"

坚持以文塑旅、以旅彰文,突出全域视角、长远眼光,加快文旅产业深度融合,打造有特色、有影响、有效益的文旅品牌。

致力文化名城"古今辉映"。深入贯彻习近平文化思想,更加注重在保护中发展、在发展中保护,以“绣花”功夫做好历史文化名城保护工作,整改落实专家组审查反馈意见,加快名城申报进程,确保成功摘下“国字招牌”。大力推进地域文明探源工程,加强蒋庄、影山头、草堰港等文化遗址的保护传承和活化利用,让历史文化遗产焕发新生魅力。以保护街巷肌理为核心,坚持“留、改、拆”并举,审慎改造金东门、银北门等历史文化街区,最大限度留住原住民、古风貌和烟火气。实施老街区古建筑修缮工程,加快重点文保单位“三防”工程建设,新增省级文物保护申报单位3处。深挖地域文化内涵,推出一批体现时代精神、展现兴化生活的精品力作,讲好“兴化故事”,传播“兴化声音”。健全完善市、镇、村三级公共文化服务体系,推进书香城市建设,更好促进文化惠民。

唱响水润兴化“四季组歌”。高位运转文旅产业融合发展委员会,充分发挥文旅专家咨询委员会“智库作用”,严格落实统筹调度、项目推进、协调联动、督查考核“四项机制”,高品质、高水准打造标志性文旅项目。着力提升千垛景区功能配套,规划实施里下河国家湿地公园二期项目,加强水上森林与草堰港遗址、万亩荷塘、洋汉荡等区域联动,实现景区“串珠成链”、全时全域皆可游。支持沙沟古镇创建国家4A级景区、千垛镇创建全国乡村旅游重点镇。以“花”穿针引线,突出时间脉络,嫁接季节特色,高水平策划规模互补、内容互嵌的四季文旅特色活动,联动举办龙舟赛、音乐节、美食节,进一步擦亮“春看菜花、夏赏荷花、秋品菊花、冬览芦花”四季花海品牌。

点燃文旅消费“火爆市场”。加快资源整合,强化业态嵌合,促进市场复合,高标准打造文旅消费新商圈,推动文旅元素与消费场景有机融合。加大文旅产业引导扶持力度,以龙头企业为支点,辐射带动文旅上下游全产业链发展,打造文旅产业集群。延伸“+旅游”产业链,充分整合特色田园乡村、全国最美农路、精品体育赛事、舌尖上的兴化等优势资源,创意开发新业态新场景新热点,多元发展首店经济、夜间经济、直播经济、民宿经济,不断集聚人气、扩大客流。围绕“吃住行游购娱”全要素,筛选一批餐饮、住宿、购物的重点合作单位,会同重点旅行社强化客流分析、市场研判,高起点策划一批精品旅游线路,定制性价比高、体验感好的深度游套餐,满足游客多样化、个性化的需求。

(六)增进现实幸福,满足人民群众“新期待”

突出“人民至上”价值取向,把惠民生的事办实、暖民心的事办细、顺民意的事办好,让现代化建设成果更多更公平惠及全体人民。

加大基本类民生保障力度。更加突出就业优先导向,精准对接企业用工需求和群众就业意向,扩大各类技能培训覆盖面,用好创业贷款、稳岗返还、以工代训补贴等支持政策,拓宽高校毕业生、退役军人、农民工等重点群体就业创业渠道,城镇新增就业1万人,支持成功自主创业1200人。织密扎牢社会保障网,完善基础养老金正常调整机制,加强社保基金风险防控和安全管理,企业职工基本养老、失业、工伤保险分别新增1万人。统筹推进医疗保险扩面征缴和结构调优,全面拓展基层服务事项范围,着力提升“15分钟医保服务圈”运行质效。进一步完善社会救助体系,精准帮扶特殊困难群体,统筹做好特困失能人员、重度残疾人护理补贴与长护险的有效衔接、即时转换。动态更新困境、留守儿童名单,严格落实关爱结对包保措施,更加关注未成年人心理健康,努力提供全方位、全覆盖、全天候守护。

提升改善类民生品质功能。落实立德树人根本任务,办好人民满意的教育,投用幼儿园3所、义务教育学校3所,支持兴化中学创建省示范高品质高中。深入推进智慧教育创新改革实验区建设,探索教育数字化“新模式”。深化县域紧密型医共体建设、农村区域医疗中心医共体试点,推动医疗资源共建共享、医疗服务同质同享。支持市人民医院创建三甲医院、中医院创建三级中医医院。鼓励医疗卫生机构与养老机构、国有企业与镇街卫生院合作,探索养老、医疗床位按需规范转换机制。实体化运行区域性养老服务中心,建成市级老年人活动中心,新增住宅小区嵌入式养老服务点4个、示范性乡村互助养老睦邻点20个,探索构建“机构+社区+站点”养老服务新模式。建成使用兴化殡仪馆改扩建一期项目,提升殡葬服务规范化水平。

推动治理类民生精准落位。严格落实安全生

产责任制，紧盯“最让人放心不下”的行业领域、关键部位、重点环节，深入开展安全生产专项整治，坚决杜绝较大及以上和有较大影响的事故发生。完善源头治理、分类监管、全程追溯等机制，筑牢食品药品安全屏障。穿透监管房地产、非法集资、定向融资等领域风险，严守不发生系统性区域性风险的底线。深化拓展“精网微格”工程，大力提升“警网融合”质效，建强数字化综合指挥体系，加快形成网格化管理、精细化服务、信息化支撑的基层治理模式。坚持和发展新时代“枫桥经验”，开展信访问题源头治理，强化信访积案化解攻坚，落实领导干部接访下访和包案化解制度，加快矛盾纠纷多元化解“一站式”平台建设，推动矛盾纠纷化解在基层、化解在萌芽状态。深化平安兴化建设，推进扫黑除恶常态化，依法打击电信网络诈骗、“食药环”等群众反映强烈的突出犯罪，确保社会大局稳定。

三、全面加强政府自身建设

面对习近平总书记赋予的新使命新任务，面对高质量发展的新形势新挑战，面对人民群众的新期待新要求，我们惟有以“永远在路上”的恒心和毅力，始终保持自我革命精神，全面加强政府自身建设，才能肩负起时代使命和殷殷嘱托，才能交出党和人民满意的发展答卷。

在政治建设上体现更高标准。始终把政治建设摆在首位，把坚定拥护“两个确立”、坚决做到“两个维护”作为最大政治责任，胸怀“两个大局”、牢记“国之大者”，不断提高政治判断力、政治领悟力、政治执行力。巩固拓展运用主题教育成果，不断增进对党的创新理论的政治认同、思想认同、理论认同、情感认同，确保始终在政治立场、政治方向、政治原则、政治道路上同以习近平同志为核心的党中央保持高度一致。坚持把党的全面领导贯穿政府工作各领域、全过程，严格落实意识形态工作责任制，确保中央和省市委决策部署转化为政府工作的基本思路和务实举措，以实际行动诠释对党的绝对忠诚。

在依法行政上拿出更实举措。全面贯彻落实习近平法治思想，一体推进法治兴化、法治政府、法治社会建设，全力争创首轮省法治市和第三批省法治政府建设示范市。加强合法性审查规范化数智化建设，源头防范行政争议案件，提升行政复议效能，压降行政诉讼败诉率。严格执行市人大及其常委会的决议、决定，依法接受市人大及其常委会监督，主动接受市政协民主监督，自觉接受纪委监委专责监督，诚恳接受社会和舆论监督，进一步加强财政、审计、统计监督。高质高效办理人大代表建议和政协提案。坚持民主集中制，规范执行“三重一大”行政决策程序，不断提升行政决策科学化、民主化、法治化水平。大力推进政务公开，进一步畅通群众诉求表达、利益协调、权益保障通道，广泛听取社会各界意见建议，及时准确回应社会关切。

在真抓实干上展现更大作为。树牢造福人民的政绩观，秉持“坐在办公室碰到的都是问题，下去调研看到的全是办法”，深入基层一线解决真问题、真解决问题，用政府的“负重前行”换取群众的“岁月静好”。鼓足干事创业的精气神，大兴比学赶超之风，逐项工作定“标线”、争“高线”，以“超常规”的努力，创造“超预期”的业绩。形成狠抓落实的好局面，充分发挥“四敢先锋奖”正向激励和“躺平警示牌”负向鞭策作用，匡正干的导向，增强干的动力，形成干的合力，对明确的事情马上就办、一抓到底，对已部署的工作跟踪问效、形成闭环，对复杂棘手问题坚持原则、敢于斗争，推动全市上下不折不扣抓落实、雷厉风行抓落实、求真务实抓落实、敢作善为抓落实。

在廉洁自律上落实更严要求。坚决扛起全面从严治党主体责任，切实履行“一岗双责”，持续深化省委巡视和审计反馈问题整改，扎实推进政府系统党风廉政建设。严明政治纪律和政治规矩，锲而不舍落实中央八项规定及其实施细则精神，重拳纠治“四风”顽疾，严肃查处“蝇贪蚁腐”，深入整治权力集中、资金密集、资源富集领域腐败问题，持续营造风清气正的良好政治生态。坚持以收定支，严控“三公”经费，压减非刚性支出，加强预算绩效管理，稳步化解政府债务，扎紧政府花钱的“口子”，拓宽助企惠民的“路子”，确保将“习惯过紧日子”的要求落到实处。

（市政府办）

表 107　2023 年兴化市政府重要文件目录

文件编号	文件标题
兴政发〔2023〕2 号	市政府关于印发《关于加强“三重一大”事项决策和监管的意见》的通知
兴政发〔2023〕3 号	市政府关于做好我市第五次全国经济普查工作的通知
兴政发〔2023〕4 号	兴化市人民政府关于做好第三次全国土壤普查工作的通知
兴政发〔2023〕5 号	市政府关于印发《2022 年兴化市企业科技创新积分管理办法》的通知
兴政发〔2023〕6 号	市政府关于全面禁止农作物秸秆和垃圾露天焚烧及抛入水体污染环境的通告
兴政发〔2023〕11 号	市政府关于印发《兴化市政府投资工程变更审批程序规定》的通知
兴政办发〔2023〕8 号	市政府办公室关于印发《加强国有企业发债管理实施办法》的通知
兴政办发〔2023〕11 号	市政府办公室关于印发兴化市“四好农村路”全国示范县创建实施方案的通知
兴政办发〔2023〕17 号	市政府办公室关于印发《兴化市市级财政专项资金管理办法》的通知
兴政办发〔2023〕19 号	市政府办公室关于印发《兴化市 2023 年农作物秸秆禁烧禁抛和综合利用实施意见》的通知
兴政办发〔2023〕21 号	市政府办公室关于印发《兴化市市级党政机关办公用房权属统一登记工作实施方案》的通知
兴政办发〔2023〕27 号	市政府办公室关于印发《兴化市预拌混凝土行业专项整治行动方案》的通知
兴政办发〔2023〕41 号	市政府办公室关于印发《兴化市工业项目“拿地即开工”容缺预审实施办法》的通知
兴政办发〔2023〕44 号	市政府办公室关于印发《兴化市数字人民币试点工作方案》的通知
兴政办发〔2023〕50 号	关于印发《兴化市推进气象事业高质量发展实施方案》的通知
兴政办发〔2023〕55 号	关于印发《规范经济适用住房(解困房)取得完全产权实施办法(试行)》的通知

表 108　2023 年中央、省主要媒体关于兴化报道题录

媒体名称	报道题目	刊播时间
中国江苏网	泰州兴化获评全省“城乡公交一体化达标县”	2023 年 1 月 1 日
新华网	兴化市钓鱼镇开展农村生态河道建设 为水乡添彩加分	2023 年 1 月 1 日
新华网	江苏兴化:“鸟界国宝”东方白鹳来湿地越冬	2023 年 1 月 1 日
新华网	专业化收集处理固废 兴化市戴南镇生态环境保护找到新的突破口	2023 年 1 月 2 日
新华网	兴化推出“徐同学”系列产品 泰实惠科技惠及万家	2023 年 1 月 5 日
新华网	江苏兴化入选“四好农村路”全国示范县创建单位	2023 年 1 月 5 日
新华网	江苏兴化:一二三产融合让农业更强、农村更美、农民更富	2023 年 1 月 5 日
《新华日报》	兴化市总工会:实施“四大工程”助力高质量发展	2023 年 1 月 5 日
新华网	249 项专利引领江苏新宏大走向世界	2023 年 1 月 6 日
新华网	兴化经济开发区:“满负荷生产! 新订单还在涌来”	2023 年 1 月 7 日
人民网	江苏兴化:冬捕螃蟹俏市场	2023 年 1 月 7 日
新华网	汇集大爱的暖流——兴化市戴南镇关工委开展“寒冬送温暖助学”活动	2023 年 1 月 8 日
中国日报网	江苏兴化:全民阅读氛围浓 书香氤氲润人心	2023 年 1 月 10 日
《新华日报》	富民工坊,家门口挣上“舒心钱”	2023 年 1 月 10 日
央广网	泰州兴化:魅力小城 美丽家园	2023 年 1 月 11 日
新华网	江苏兴化:爱同行,温暖传递	2023 年 1 月 11 日

续表 108

媒体名称	报道题目	刊播时间
央广网	江苏泰州兴化:“藕”遇丰收迎新年	2023 年 1 月 13 日
新华网	兴化市志愿服务大集走进沈坨镇 11 项服务广受欢迎	2023 年 1 月 13 日
《新华日报》	兴化市检察院:创新案件质量评查手段 促企业合规案件质量提升	2023 年 1 月 13 日
人民网	江苏兴化:鱼跃人欢迎新年	2023 年 1 月 14 日
《新华日报》	孔繁彬:当好“土专家”助力农业现代化建设	2023 年 1 月 14 日
《中国纪检监察报》	无中生有的拆迁	2023 年 1 月 15 日
央广网	“带一本好书回家过年”兴化市戴南镇开展全民阅读春风行动	2023 年 1 月 16 日
《新京报》	节前抢“捕”江苏中堡镇迎来成鱼丰收季	2023 年 1 月 16 日
《扬子晚报》	踔厉奋发 开启中国式现代化兴化新征程	2023 年 1 月 17 日
新华网	江苏兴化:弘扬传统美德 传承优良家风	2023 年 1 月 19 日
新华社	年年有“鱼”	2023 年 1 月 19 日
新华网	江苏兴化:生态湿地 鸟的天堂	2023 年 1 月 20 日
新华网	国网兴化市供电公司:打好“组合拳”守好“廉节”关	2023 年 1 月 20 日
《新华日报》	坚决扛稳粮食安全责任	2023 年 1 月 20 日
中央电视台	江苏兴化:冬捕“鱼跃人欢”寄望年年有“鱼”	2023 年 1 月 21 日
新华社	江苏兴化:“鸟界国宝”东方白鹳飞抵湿地越冬	2023 年 1 月 25 日
人民网	江苏兴化:“文旅大集”闹新春	2023 年 1 月 27 日
央广网	江苏兴化:兴达大家庭 情暖员工心	2023 年 1 月 28 日
新华网	江苏兴化:系列招聘活动火爆开场	2023 年 1 月 28 日
人民网	江苏兴化市烟草专卖局:履职尽责勇担当 先锋党员在行动	2023 年 1 月 29 日
央广网	兴化戴南镇:消除“年气” 迅速进入工作状态	2023 年 1 月 30 日
人民网	江苏兴化“新春第一会”聚焦产业谋发展 坚定决心推动实体经济高质量发展	2023 年 1 月 30 日
新华网	兴化高新区企业 200 多台机器人成为转型发展“特种兵”	2023 年 1 月 31 日
央视新闻	江苏兴化:活动多彩气氛浓 红红火火闹元宵	2023 年 2 月 1 日
新华网	新年第一“招” 兴化市合陈镇成功签约亿元项目	2023 年 2 月 1 日
新华网	江苏兴化:护“未”成长大走访 关爱服务全覆盖	2023 年 2 月 1 日
中央电视台	《新闻直播间》江苏:湿地好风景 候鸟振翅飞翔	2023 年 2 月 2 日
央广网	江苏兴化:龙腾水乡颂华年	2023 年 2 月 2 日
央广网	江苏省兴化经济开发区领导开展“新春企业大走访”活动	2023 年 2 月 2 日
新华网	江苏兴化:纪录片《郑板桥》入选 2023 年重点影视节目片单	2023 年 2 月 3 日
人民网	江苏兴化:龙腾水乡闹新春	2023 年 2 月 3 日
央广网	江苏泰州:文化科技卫生“三下乡”集中服务活动走进兴化市大营镇	2023 年 2 月 4 日
新华网	兴化政协领导新春走基层——与戴南镇委员履职小组共议“高质量”	2023 年 2 月 4 日
新华网	兴化市陈堡镇开展“书香里的年味”欢度新春全民阅读活动	2023 年 2 月 4 日

续表 108

媒体名称	报道题目	刊播时间
新华社	江苏兴化:里下河湿地候鸟舞翩跹	2023 年 2 月 4 日
新华网	兴化钓鱼镇:立足“三农”、跳出“三农” 由农业大镇迈向农业强镇	2023 年 2 月 5 日
央广网	兴化经济开发区(临城街道):阅读猜谜庆团圆 书香伴读新征程	2023 年 2 月 6 日
新华网	江苏兴化:民俗活动“闹元宵”	2023 年 2 月 6 日
新华网	兴化市戴南镇新春招聘会为近千人在家门口找到“新饭碗”	2023 年 2 月 6 日
新华网	兴化市周庄镇开展“我们的节日・元宵”主题活动	2023 年 2 月 6 日
中央电视台	《新闻直播间》江苏兴化 招聘专员逐户走访“牵线搭桥”促就业	2023 年 2 月 8 日
新华网	江苏兴化:春回大地 葡萄园里奏响春耕备耕“交响曲”	2023 年 2 月 8 日
新华网	江苏兴化:上下联动共建阅读阵地	2023 年 2 月 8 日
新华网	兴化周庄镇:冬训＋“套餐” 焕发冬训新活力	2023 年 2 月 8 日
新华网	兴化昭阳街道:“新春企业大走访”鼓劲解难强信心	2023 年 2 月 8 日
新华网	兴化市周庄镇“缤纷的冬日”点亮孩子们的精神文化生活	2023 年 2 月 9 日
新华网	兴化市乡村振兴工作一队开展新春企业大走访活动	2023 年 2 月 9 日
新华网	“创响江苏”创业指导专家走进戴南建材家居广场“送春风”	2023 年 2 月 11 日
新华社	江苏兴化:“空中草莓”激活乡村振兴新动能	2023 年 2 月 11 日
新华网	党员“加油站” 学习促实干！——兴化市陈堡镇冬训正当时	2023 年 2 月 13 日
新华网	江苏兴化:法治服务护航“两个健康”	2023 年 2 月 13 日
人民网	江苏兴化:未来五年计划改善农村老旧农房 2 万户以上	2023 年 2 月 13 日
央广网	江苏兴化:最是一年春好处 春耕春播正当时	2023 年 2 月 15 日
新华网	汲取榜样力量 涵养好人生态 泰州道德故事宣讲活动走进兴化	2023 年 2 月 16 日
新华网	江苏兴化:田间“巡诊”察苗情 春耕备耕助农忙	2023 年 2 月 17 日
新华网	兴化千亿之后再出发 全力服务企业发展	2023 年 2 月 18 日
人民网	江苏兴化 31 个重大项目集中开工 计划总投资 134.35 亿元	2023 年 2 月 19 日
新华网	江苏兴化:全面启动特色田园乡村示范区建设	2023 年 2 月 20 日
人民网	江苏兴化烟草:我为群众办实事 富民强村助振兴	2023 年 2 月 22 日
新华网	江苏兴化:不负好春光 项目建设忙	2023 年 2 月 23 日
新华网	江苏兴化:智慧农业让农民“慧”种田	2023 年 2 月 24 日
新华社	桑给巴尔岛上的中国白衣天使	2023 年 2 月 24 日
人民网	江苏持续推进老旧小区改造 让百姓幸福感“原地升级”	2023 年 2 月 24 日
中央电视台	《中国三农报道》江苏兴化:探索栽培技术延长油菜盛花期	2023 年 2 月 28 日
央广网	江苏兴化:春暖蟹苗投放忙	2023 年 2 月 28 日
央广网	兴化林湖乡:“四敢”春风 飘进农家书屋	2023 年 3 月 1 日
央广网	人面“鲜花”相映红 兴化举办“插花品香迎‘三八’”活动	2023 年 3 月 1 日
人民网	江苏兴化政协:聚合阅读力量 提升履职能力	2023 年 3 月 1 日
央广网	江苏兴化:春暖田间忙	2023 年 3 月 3 日

续表 108

媒体名称	报道题目	刊播时间
人民网	江苏兴化:小麦返青春管忙	2023 年 3 月 4 日
央广网	兴化市临城中心校开展学雷锋志愿服务活动	2023 年 3 月 6 日
央广网	江苏兴化:南沧派出所女子巡逻队英姿飒爽护民安	2023 年 3 月 7 日
央广网	江苏省兴化市临城街道妇联开展“三八”妇女节活动	2023 年 3 月 7 日
新华网	江苏兴化:万亩蟹塘“春耕”忙	2023 年 3 月 9 日
人民网	江苏兴化举行嵌入式养老服务协商会 征求“近家”养老“金点子”	2023 年 3 月 9 日
央广网	兴化市戴南镇全国文明城市创建工作“挂图督办”	2023 年 3 月 10 日
央广网	庆“三八” 兴化戴南百名妇女深情《祝福祖国》	2023 年 3 月 10 日
央广网	江苏省兴化市临城街道开展“巾帼书香庆节日 助力乡风更文明”系列活动	2023 年 3 月 10 日
人民网	江苏兴化:早春捕鱼忙	2023 年 3 月 10 日
人民网	江苏兴化政协搭建银企合作平台 增添企业发展活力	2023 年 3 月 11 日
人民网	江苏代表团热议加快建设农业强省:构建三大体系,筑牢现代农业之基	2023 年 3 月 12 日
新华网	兴化迎来春葱“收获季”	2023 年 3 月 16 日
新华网	兴化市周庄镇:文艺送“理”助力党员冬训“提味增鲜”	2023 年 3 月 16 日
新华网	兴化市陈堡镇召开底线工作暨文明城市创建推进会	2023 年 3 月 16 日
新华网	兴化三新公司纪检工作业务培训班开班 持续提升纪检工作质态	2023 年 3 月 16 日
新华网	兴化公安:夯实社会治理根基 全力护航中国式现代化兴化新征程	2023 年 3 月 16 日
新华网	泰州兴化高新区:机器人“接棒”“智改数转”提效能	2023 年 3 月 16 日
新华网	生态河——兴化市戴南镇的靓丽名片	2023 年 3 月 16 日
新华网	兴化市周庄镇开展“3·15”消费者权益日主题宣传活动	2023 年 3 月 17 日
新华网	兴化市周庄镇:全民阅读添动力 党员冬训飘书香	2023 年 3 月 17 日
新华网	兴化市合陈镇:党员冬训激发新活力	2023 年 3 月 17 日
新华网	江苏兴化:数字赋能,智慧农业跑出“加速度”	2023 年 3 月 17 日
新华网	合陈镇“桂花香”志愿服务队荣获兴化市优秀志愿服务站	2023 年 3 月 17 日
新华网	兴化市戴南镇人大“面对面”办理人大代表议案建议	2023 年 3 月 18 日
光明网	网络短片描绘美丽中国	2023 年 3 月 18 日
新华网	千垛花开迎客来	2023 年 3 月 19 日
新华网	江苏兴化:千垛花海画中游	2023 年 3 月 19 日
新华网	江苏兴化:河有万湾多碧水 田无一垛不黄花	2023 年 3 月 19 日
央广网	30 名厨师现场大比拼 兴化为打造地方名厨搭建广阔舞台	2023 年 3 月 20 日
新华网	兴化市戴南镇紧固件行业协会合力打造“绿色品牌”	2023 年 3 月 20 日
新华网	兴化市陈堡镇新陈社区联合陈家堡村开展环境整治活动	2023 年 3 月 20 日
新华网	江苏兴化:名厨美食大赛鸣锣开赛 美食美文“美美与共”	2023 年 3 月 20 日
新华网	江苏兴化:春季投资贸易洽谈会 45 个项目签约,计划总投资 209 亿元	2023 年 3 月 20 日

续表 108

媒体名称	报道题目	刊播时间
新华网	兴化市周庄镇人大:向中心聚焦 为发展聚力 谱写高质量履职新篇章	2023 年 3 月 21 日
新华网	兴化高新区续写新的“春天故事”——五个大项目亮相兴化投资贸易洽谈会	2023 年 3 月 21 日
人民网	江苏兴化:千垛花海迎客来	2023 年 3 月 21 日
新华网	兴化市周庄镇:从春天出发 擦亮统战志愿服务品牌	2023 年 3 月 22 日
新华网	兴化市陈堡镇:“三字”法让冬训成果在基层落地生根	2023 年 3 月 22 日
新华网	国网兴化市供电公司:多措并举抓牢作风纪律建设	2023 年 3 月 22 日
央广网	兴化市临城街道:防范养老诈骗宣传活动进社区	2023 年 3 月 23 日
央广 网	春日盛景 江苏泰州兴化的千垛油菜花开了	2023 年 3 月 23 日
新华网	兴化沈坨镇:“架桥铺路”构筑富民强村康庄大道	2023 年 3 月 23 日
新华网	江苏兴化:“垛上花海”点燃乡村旅游热	2023 年 3 月 23 日
人民网	江苏兴化千垛菜花旅游节开幕 锡常泰共推文旅跨江融合发展	2023 年 3 月 23 日
新华社	江苏泰州:千垛菜花旅游节开幕 助力乡村振兴	2023 年 3 月 24 日
央广网	第五届施耐庵文学奖颁奖活动在江苏兴化举行	2023 年 3 月 25 日
中央电视台	《新闻直播间》江苏兴化:千垛黄金万顷黄 水上花海迎客来	2023 年 3 月 27 日
光明网	“垛”上花开春意浓	2023 年 3 月 30 日
新华网	兴化市戴南镇:让数据多跑路百姓少跑腿	2023 年 4 月 2 日
新华网	兴化市周庄镇举办道德讲堂活动	2023 年 4 月 3 日
新华网	兴化市陈堡镇开展妇儿权益维护与安全守护课堂	2023 年 4 月 3 日
央广网	致敬引路人 这是一封来自江苏兴化的家书	2023 年 4 月 4 日
央广网	绿色健康食品产业发展论坛在兴化举行	2023 年 4 月 4 日
新华网	兴化市周庄镇举行“我们的节日·清明”祭扫革命先烈活动	2023 年 4 月 4 日
新华网	兴化市陈堡镇开展清明节祭奠英烈活动	2023 年 4 月 4 日
新华网	兴化市戴南镇:龙舟会船汇聚百舸争流 两万游客赏水乡风情	2023 年 4 月 5 日
光明网	江苏兴化举行国家非遗“茅山会船” 百舸争流万人欢腾	2023 年 4 月 6 日
央广网	百舸争流 江苏兴化举行茅山会船	2023 年 4 月 6 日
央广网	兴化市临城中心校开展平安校园拒绝校园欺凌讲座	2023 年 4 月 7 日
新华网	在兴化市蒲公英志愿者协会年会上听爱心故事	2023 年 4 月 7 日
新华网	兴化市周庄镇:实践站变冬训“加油站” “飞燕说理”理润民心	2023 年 4 月 7 日
新华网	兴化市陈堡镇组织安全环保专项检查	2023 年 4 月 7 日
新华网	江苏兴化:春日香葱收获忙	2023 年 4 月 7 日
新华社	看！花田里的“全电码头”	2023 年 4 月 8 日
新华网	兴化市周庄镇:“三举措”营造普法宣传好氛围	2023 年 4 月 10 日
新华网	兴化市戴南镇举行基层党员冬训知识竞赛	2023 年 4 月 10 日
新华网	兴化市陈堡镇召开底线工作暨当前重点工作推进会	2023 年 4 月 10 日

续表 108

媒体名称	报道题目	刊播时间
新华网	江苏兴化:车轮上的"图书馆"传递一路书香	2023 年 4 月 10 日
新华网	江苏兴化:3600 余册爱心图书从水乡"漂流"至新疆昭苏	2023 年 4 月 11 日
光明网	江苏兴化:"鱼米之乡"蹚出富民新路子	2023 年 4 月 11 日
新华网	奏响兴化市陈堡镇营商环境"交响乐"	2023 年 4 月 12 日
新华网	兴化市戴南镇朝阳庄村有条"多彩河边风光带"	2023 年 4 月 12 日
新华网	兴化市周庄镇:以赛促学强冬训 踔厉奋发新征程	2023 年 4 月 13 日
新华网	"四长共治":兴化市合陈镇生态环境治理出新招	2023 年 4 月 13 日
新华网	用心用情当好退役军人"娘家人"——戴南服务站获评兴化市综合先进单位	2023 年 4 月 14 日
新华网	兴化市周庄镇多形式开展"全民国家安全教育日"主题宣传活动	2023 年 4 月 14 日
新华网	兴化市合陈镇桂山村获评"省级生态宜居美丽乡村示范村"	2023 年 4 月 14 日
新华网	江苏兴化:景区"小驿站"助力就业"大民生"	2023 年 4 月 16 日
新华网	兴化市周庄镇:龙舟竞渡春风暖 民俗文化共传承	2023 年 4 月 17 日
新华网	兴化沈坨镇:党员冬训为抓手 乡村振兴赋新能	2023 年 4 月 17 日
新华网	魅力水乡春景如画	2023 年 4 月 17 日
央广网	江苏兴化:"花式"反诈 让游客入脑入心	2023 年 4 月 18 日
央广网	江苏兴化:"多彩河边风光带"让两岸百姓惬意生活	2023 年 4 月 18 日
新华网	兴化市戴南镇 400 多名村干部集中"充电"	2023 年 4 月 18 日
新华网	江苏兴化入选首批"全国农业科技现代化先行县"	2023 年 4 月 18 日
央广网	江苏兴化林湖乡:三举措筑牢村级财务监督管理"防火墙"	2023 年 4 月 19 日
央广网	江苏兴化:同心共筑振兴梦 界别代表话发展	2023 年 4 月 19 日
新华网	兴化市戴南镇:培训课堂到现场"放亮"项目大比武	2023 年 4 月 20 日
新华网	兴化市陈堡镇开展"书香致远 阅读启智"读书分享会	2023 年 4 月 20 日
新华网	发力预制菜产业,泰州兴化布局新赛道	2023 年 4 月 20 日
央广网	江苏兴化戴南镇:培训课堂到现场 "放亮"项目大比武	2023 年 4 月 21 日
人民网	助力文旅融合江苏兴化市成立垛田研究会	2023 年 4 月 21 日
新华网	整合研究力量、做好保护利用,江苏兴化成立垛田研究会	2023 年 4 月 22 日
新华网	兴化市陶庄镇:春风化雨三十载 润物无声桃李芳	2023 年 4 月 28 日
新华网	里下河地域文化研讨会在泰州兴化举行	2023 年 4 月 28 日
新华网	江苏兴化:礼仪无声润心田 餐饮文明绽满园	2023 年 4 月 28 日
新华网	兴化市周庄镇:"三训齐抓",让党员教育提质增效	2023 年 4 月 28 日
央广网	《新消费模式与平台经济健康发展》专家研讨会在江苏兴化召开	2023 年 5 月 1 日
新华网	兴化市戴南镇刁良村:农民乐享"绿色幸福"	2023 年 5 月 2 日
新华网	兴化市沙沟镇:"枝叶"巡察催生"艺术压纹大道"	2023 年 5 月 4 日
新华网	江苏兴化:国际留学生研学团走进板桥故里	2023 年 5 月 4 日

续表 108

媒体名称	报道题目	刊播时间
新华网	兴化市戴南镇农产品质量安全监管站获评泰州市四星级称号	2023 年 5 月 5 日
中央电视台	【欢乐大猜想】泰州兴化垛田,最初是如何形成的?	2023 年 5 月 6 日
新华网	兴化市戴南镇列为江苏省第五次全国经济普查综合试点	2023 年 5 月 6 日
央广网	兴化公安:以“枫桥经验”提升群众安全感和满意度	2023 年 5 月 8 日
《新华日报》	兴化持续优化流程打通政务服务“最后一公里”	2023 年 5 月 8 日
央广网	兴化戴南镇列为江苏第五次全国经济普查综合试点	2023 年 5 月 9 日
新华网	兴化垛田灌排工程体系上榜长江主题国家级旅游线路	2023 年 5 月 9 日
新华网	国网兴化市供电公司:强化纪检“四支队伍”建设 提升履职尽责能力	2023 年 5 月 9 日
《新华日报》	兴化着力打造“兴舒畅”政务服务品牌	2023 年 5 月 9 日
央广网	兴化市戴窑镇:网聚正能量 网友观察团走进戴窑	2023 年 5 月 10 日
新华网	兴化昭阳街道:打造观察员、观察团队伍 助力文明城市创建	2023 年 5 月 10 日
新华网	兴化市周庄镇召开新的社会阶层人士座谈会	2023 年 5 月 10 日
新华网	江苏兴化:为电商产业“把脉问诊”,以数字化赋能乡村振兴	2023 年 5 月 10 日
央广网	兴化 3 名银行员工与民警成功挽回 50 万被骗款	2023 年 5 月 11 日
新华网	兴化市周庄镇:开启夏季耕耘模式	2023 年 5 月 11 日
新华网	兴化市陈堡镇召开关工委工作会议	2023 年 5 月 11 日
央广网	江苏兴化:警校联动开展防震减灾应急演练	2023 年 5 月 12 日
新华网	兴化市周庄镇开展“5·12 防灾减灾日”应急疏散逃生演练	2023 年 5 月 12 日
新华网	兴化市戴南镇 26 家“阳光宴会厅”引领百姓文明消费新时尚	2023 年 5 月 12 日
新华网	兴化市陈堡镇开展中小学生防溺水游泳安全知识进校园活动	2023 年 5 月 12 日
新华网	江苏兴化:送培训、送技能、送资源,精准服务助力创业就业	2023 年 5 月 12 日
央广网	兴化公安:践行“四敢精神” 勇开护航经济发展新局	2023 年 5 月 15 日
新华网	兴化市陈堡镇开展“劳动最光荣 志愿展风采”志愿服务大集活动	2023 年 5 月 15 日
央广网	兴化公安举办趣味运动会凝聚警心、激发活力	2023 年 5 月 16 日
新华网	遇见紫色花海 邂逅初夏浪漫	2023 年 5 月 16 日
新华网	兴化昭阳街道:基层党组织书记成廉政党课主讲人	2023 年 5 月 16 日
新华网	兴化市陈堡镇开展“喜阅·伴读”全民阅读推广活动	2023 年 5 月 16 日
新华网	江苏兴化入选“15 分钟医保服务圈”省级示范市	2023 年 5 月 16 日
《新华日报》	兴化:画出最大同心圆 助企跑出加速度	2023 年 5 月 16 日
央广网	江苏兴化公安:“警快办”政务服务队为企业群众提供便捷服务	2023 年 5 月 17 日
新华网	兴化市陈堡镇开展“清朗网络 护苗 2023”绿书宣传活动	2023 年 5 月 17 日
央广网	兴化市政协委员纵论打造戴南“永不落幕的交易会”	2023 年 5 月 18 日
新华网	兴化市周庄镇:“扫黄打非”在行动 引领文明扬新风	2023 年 5 月 18 日
新华网	兴化市政协委员纵论打造戴南“永不落幕的交易会”	2023 年 5 月 18 日
新华网	兴化市陈堡镇开展防灾减灾宣传活动	2023 年 5 月 18 日

续表 108

媒体名称	报道题目	刊播时间
新华网	江苏兴化:书香传情 爱暖童心	2023 年 5 月 18 日
新华网	兴化市周庄镇开展“清朗网络 护苗成长”主题宣教活动	2023 年 5 月 19 日
新华网	兴化市陈堡镇开展“有事好商量・民生微事实”协商议事活动	2023 年 5 月 19 日
《新华日报》	兴化农商银行开展运营条线青年员工座谈会	2023 年 5 月 19 日
《新华日报》	兴化:浇灌民族“团结花” 共育幸福“石榴籽”	2023 年 5 月 19 日
中央电视台	《新闻直播间》在希望的田野上江苏兴化垛田香葱进入收获期	2023 年 5 月 21 日
新华网	兴化:洋葱丰收收获忙	2023 年 5 月 21 日
央广网	兴化民警将贪玩“萌娃”送回家	2023 年 5 月 22 日
央广网	兴化八旬老人田间翻车受伤昏迷 警民同心紧急救助	2023 年 5 月 22 日
央广网	江苏兴化香葱进入收获期 垛田上一派忙碌景象	2023 年 5 月 22 日
新华网	兴化市周庄镇:“口袋公园”装满民生幸福	2023 年 5 月 22 日
新华网	兴化市中堡镇:“绿书签”进社区,“护苗”共助成长	2023 年 5 月 22 日
新华网	兴化沈坨:让农家书屋成为村民的“文化粮仓”	2023 年 5 月 22 日
新华网	兴化戴南镇:警灯闪耀救老人 锦旗背后有故事	2023 年 5 月 22 日
新华网	兴化市周庄镇“三进”开展“民法典宣传月”活动	2023 年 5 月 23 日
新华网	兴化市中堡镇人大:考察调研大纵湖圩堤清理工作	2023 年 5 月 23 日
新华网	兴化市全民阅读主题推广活动走进戴南镇蒋庄村	2023 年 5 月 23 日
新华网	兴化市中堡镇:抢抓预制菜“新赛道”延伸水产品产业链	2023 年 5 月 24 日
新华网	兴化市陈堡镇举办“妇儿权益维护与安全守护课堂”系列宣教活动	2023 年 5 月 24 日
新华网	诵经典 讲故事 谈感悟——兴化市戴南镇让道德讲堂“活”起来	2023 年 5 月 24 日
新华网	兴化市中堡镇人大:履职献策解难题 助力文明城市创建	2023 年 5 月 25 日
新华网	兴化市委第二巡察组:小裂缝大隐患,立行立改解民忧	2023 年 5 月 25 日
新华网	江苏兴化:景观膜结构充电车棚覆盖全市 103 个小区	2023 年 5 月 25 日
央广网	借力“流量密码”,江苏兴化唱响文旅“四季歌”	2023 年 5 月 26 日
央广网	兴化市戴窑镇:“秸”尽全力 筑牢“双禁”防火墙	2023 年 5 月 26 日
新华网	兴化市周庄镇举办“四史”宣讲进校园活动	2023 年 5 月 26 日
新华网	兴化市戴南镇开展农民读书节暨农家书屋千场主题阅读活动	2023 年 5 月 26 日
新华网	兴化钓鱼镇:扫黄打非“护苗”成长	2023 年 5 月 26 日
新华网	江苏兴化:传承农耕文化 助力乡村振兴	2023 年 5 月 26 日
新华网	兴化政协委员助推产教融合建设紧固件人才培训基地	2023 年 5 月 28 日
新华网	兴化市昭阳街道赓续红色基因 汲取奋进力量	2023 年 5 月 28 日
新华网	兴化市周庄镇:以阅读之光点亮非遗传承	2023 年 5 月 29 日
新华网	兴化市新垛镇开展全民阅读推广活动	2023 年 5 月 29 日
新华网	兴化市陈堡镇召开底线工作推进会	2023 年 5 月 29 日
新华网	江苏兴化:千垛景区迎来菜籽收获期	2023 年 5 月 29 日

续表108

媒体名称	报道题目	刊播时间
新华网	“巨型稻”扎根江苏粮仓兴化 预计单季亩产可达千公斤以上	2023年5月29日
新华网	兴化市中堡镇开展红色故事主题研学沙龙活动	2023年5月30日
新华网	兴化市昭阳街道:八礼四仪润童心 争做文明好少年	2023年5月30日
新华网	兴化市陈堡镇开展道德讲堂进村居宣讲活动	2023年5月30日
《新华日报》	兴化农商银行召开合规案防警示教育大会	2023年5月30日
新华网	兴化市周庄镇:赓续农耕文明 助力乡村振兴	2023年5月31日
新华网	兴化市中堡镇开展“清朗网络 护苗成长”主题宣教活动	2023年5月31日
新华网	庆六一,兴化市戴南中心小学300师生“演经典”	2023年5月31日
新华网	江苏兴化市启动智慧教育创新改革实验区建设	2023年5月31日
央广网	兴化市戴窑镇:传承戴窑“四大文化” 激发“四敢”精气神	2023年6月27日
央广网	兴化市戴窑镇:“窑火青训营”中青年干部培训班(第三期)开班	2023年6月12日
央广网	兴化市戴南镇打好水上污染“阻击战”	2023年6月19日
央广网	兴化市戴南镇:便民服务心贴心 现场指导面对面	2023年6月5日
央广网	兴化经济开发区召开文明城市创建小区整治行动推进会	2023年6月10日
央广网	兴化:萌娃进警营 童心连警心	2023年6月20日
央广网	庆“六一” 兴化市戴南中心小学师生“演经典”	2023年6月1日
央广网	江苏兴化:200多台插秧机水田“播”新绿	2023年6月14日
央广网	江苏省兴化经济开发区开展居民阅读指数提升培训活动	2023年6月19日
新华网	兴化中堡镇:“双湖征雁”青年讲师团与青年“双向奔赴”	2023年6月27日
新华网	兴化市周庄镇开展防汛应急演练	2023年6月7日
新华网	兴化市周庄镇:书香浸润童年,阅读陪伴成长	2023年6月5日
新华网	兴化市周庄镇:全力以赴夺取夏粮丰产丰收	2023年6月9日
新华网	兴化市周庄镇:打好“双禁”组合拳,筑牢禁烧防火墙	2023年6月6日
新华网	兴化市中堡镇夏粮收割基本结束	2023年6月15日
新华网	兴化市中堡镇人大:实施“五事”工作法 办好群众民生事	2023年6月13日
新华网	兴化市中堡镇让老年人乐享“就近入学”	2023年6月7日
新华网	兴化市中堡镇开展“书韵飘香,浸润童心”全民阅读活动	2023年6月2日
新华网	兴化市中堡镇:用心用力服务企业推动农业重大项目建设	2023年6月20日
新华网	兴化市中堡镇:亲子研学“趣”插秧 文明实践助成长	2023年6月19日
新华网	兴化市中堡镇:多方配合,打响一体化系统粮补发放“开门红	2023年6月1日
新华网	兴化市昭阳街道推动调解工作质效持续提升	2023年6月14日
新华网	兴化市领导下沉社区督导文明城市创建	2023年6月3日
新华网	兴化市合陈镇:浓情端午,“粽”享童趣	2023年6月14日
新华网	兴化市戴南镇刘纪村六管齐下确保秸秆全量还田	2023年6月8日
新华网	兴化市戴南镇:“铁马”奔腾收麦忙 三道工序“一条龙”	2023年6月7日

续表 108

媒体名称	报道题目	刊播时间
新华网	兴化市戴南镇:“水上汽车”插秧忙	2023 年 6 月 14 日
新华网	兴化市戴南多部门联合开展安全宣传活动	2023 年 6 月 9 日
新华网	兴化市陈堡镇召开《陈堡镇志》初审会	2023 年 6 月 16 日
新华网	兴化市陈堡镇以“浓浓书香”助推乡风文明	2023 年 6 月 13 日
新华网	兴化市陈堡镇严抓“双禁”布置 紧盯“三夏”进度	2023 年 6 月 12 日
新华网	兴化市陈堡镇开展人大代表二季度活动	2023 年 6 月 8 日
新华网	兴化市陈堡镇“无人机 + 网格化”助力秸秆双禁	2023 年 6 月 21 日
新华网	兴化市昌荣镇召开“第一书记”“乡村振兴顾问”送任会	2023 年 6 月 21 日
新华网	兴化三新供电开展主题党日活动 筑牢反腐倡廉基层防线	2023 年 6 月 9 日
新华网	兴化大米亮相第十九届粮食产销协作洽谈会	2023 年 6 月 21 日
新华网	江苏兴化:为困境、留守儿童织密假期“关爱网”	2023 年 6 月 19 日
新华网	江苏兴化:抢抓农时插秧忙 农田披“绿装”	2023 年 6 月 9 日
新华网	江苏兴化:鹭鸟天堂	2023 年 6 月 1 日
新华网	江苏兴化:寄递物流共配中心启用 助力乡村振兴“加速度	2023 年 6 月 6 日
新华网	江苏兴化:红色主播为乡村振兴注入新动能	2023 年 6 月 9 日
新华网	江苏兴化:百万亩小麦全面开镰收割	2023 年 6 月 8 日
新华网	江苏兴化:2400 台收割机投入夏收	2023 年 6 月 3 日
央广网	中华手拉手——“行走的舞台”石榴籽文化宣传走进兴化活动圆满举办	2023 年 7 月 3 日
央广网	兴化市戴窑镇开展走访慰问退役军人活动	2023 年 7 月 21 日
央广网	泰州市人大调研兴化健康食品产业发展情况	2023 年 7 月 4 日
央广网	老人 2 万现金“被盗” 兴化戴南民警迅速帮其“找回”	2023 年 7 月 13 日
央广网	九旬老人两次迷路 兴化警民助其回家	2023 年 7 月 4 日
央广网	江苏兴化:绿色健康食品产业联盟“联”出新路子	2023 年 7 月 12 日
央广网	江苏兴化:“书香列车”到戴南 绘本分享送“雨伞”	2023 年 7 月 10 日
央广网	江苏省兴化市绿色健康食品产业联盟党委开展“百链千企”蹲点解剖行动	2023 年 7 月 14 日
央广网	江苏大公园(兴化)2023 乌巾荡啤酒龙虾节 7 月 18 日开幕	2023 年 7 月 19 日
央广网	《乡村捕钓散记》有了完整版 江苏兴化籍作家刘春龙新作《故乡渔事》出版发行	2023 年 7 月 6 日
新华网	筑牢校园“防护网” 兴化市戴窑镇网络安全小课堂走进青仔公益暑托班	2023 年 7 月 21 日
新华网	兴化周庄镇:道德讲堂筑起护苗“防护林”!	2023 年 7 月 6 日
新华网	兴化挑起农业全产业链“金扁担”	2023 年 7 月 3 日
新华网	兴化市总工会到兴化市陈堡镇调研企业产改工作	2023 年 7 月 21 日
新华网	兴化市周庄镇开展消防安全应急培训演练	2023 年 7 月 14 日
新华网	兴化市周庄镇开展夏季高温安全生产大检查	2023 年 7 月 25 日
新华网	兴化市周庄镇开展暑期安全课堂活动	2023 年 7 月 17 日

续表 108

媒体名称	报道题目	刊播时间
新华网	兴化市周庄镇开展全民阅读主题活动	2023 年 7 月 28 日
新华网	兴化市周庄镇:上门“体检”为企业“把脉问诊”	2023 年 7 月 12 日
新华网	兴化市周庄镇:“你惑我解”助推人居环境大变样	2023 年 7 月 27 日
新华网	兴化市中堡镇组织退役军人参加市退役军人专场招聘会	2023 年 7 月 17 日
新华网	兴化市中堡镇召开网格化业务培训暨相关工作布置会议	2023 年 7 月 12 日
新华网	兴化市中堡镇开展全民阅读推广活动	2023 年 7 月 27 日
新华网	兴化市中堡镇开展“文明网络护航,扮靓七彩夏日”网络安全主题宣传活动	2023 年 7 月 24 日
新华网	兴化市中堡镇开展“绿书签行动”进“青仔公益暑托班”活动	2023 年 7 月 28 日
新华网	兴化市中堡镇开展“利民护企”知识竞答进企业活动	2023 年 7 月 3 日
新华网	兴化市中堡镇财政局:多措并举稳“三保”	2023 年 7 月 21 日
新华网	兴化市中堡镇“七彩的夏日”暑期兴趣班开班	2023 年 7 月 13 日
新华网	兴化市中堡镇:统一战线参与社会治理	2023 年 7 月 20 日
新华网	兴化市中堡镇:全力以赴抢排积水 确保全镇安全度过汛期	2023 年 7 月 14 日
新华网	兴化市新时代文明实践站站长暨志愿服务骨干培训会(合陈镇)在桂山村实践站召开	2023 年 7 月 14 日
新华网	兴化市乡镇人大工作推进会在中堡镇人大代表之家举行	2023 年 7 月 7 日
新华网	兴化市监局戴南分局助力钢丝绳行业质量提升	2023 年 7 月 5 日
新华网	兴化市戴窑镇政法局召开七月“亮身份,大巡访”工作会议	2023 年 7 月 13 日
新华网	兴化市戴窑镇网格员开展护航“小树苗”关爱慰问活动	2023 年 7 月 14 日
新华网	兴化市戴窑镇:文化巡演把舞台搬到群众家门口	2023 年 7 月 20 日
新华网	兴化市戴窑镇:让“一粒粮”变成“大产业”赋能乡村振兴	2023 年 7 月 7 日
新华网	兴化市戴窑镇:牢记嘱托使命 高质量做好乡镇人大工作	2023 年 7 月 10 日
新华网	兴化市戴窑镇:垛上读书节系列活动——“书香列车”开到群众家门口	2023 年 7 月 18 日
新华网	兴化市戴窑镇:“纳凉晚会”舞出快乐,“全民反诈”守护平安	2023 年 7 月 17 日
新华网	兴化市戴南镇召开党委理论学习中心组学习会议	2023 年 7 月 9 日
新华网	兴化市戴南镇裴马村创建“国家级老年友好型社区”江苏省老龄委现场复核	2023 年 7 月 4 日
新华网	兴化市戴南镇开展读书分享活动	2023 年 7 月 25 日
新华网	兴化市戴南镇开展“不负‘食’光 拒绝浪费”主题活动	2023 年 7 月 19 日
新华网	兴化市戴南镇刁良村垃圾分类“分”出 100 多个“微景点”	2023 年 7 月 14 日
新华网	兴化市陈堡镇召开土地复垦项目地块日常变更调查工作推进会	2023 年 7 月 17 日
新华网	兴化市陈堡镇召开安委会工作会议	2023 年 7 月 24 日
新华网	兴化市陈堡镇召开 2022 年度总结表彰暨“七一”表彰大会	2023 年 7 月 10 日
新华网	兴化市陈堡镇文化志愿服务走进暑期校外辅导站	2023 年 7 月 12 日
新华网	兴化市陈堡镇暑托班走进青少年劳动实践基地	2023 年 7 月 11 日

续表 108

媒体名称	报道题目	刊播时间
新华网	兴化市陈堡镇开展"'阅'享一夏"全民阅读推广活动	2023 年 7 月 13 日
新华网	兴化市陈堡镇多部门联合开展瓶装液化气消防安全专项检查	2023 年 7 月 27 日
新华网	兴化戴南派出所一天内帮两个家庭找到走散的亲人	2023 年 7 月 16 日
新华网	泰州市首席农技推广专家到兴化市陈堡镇调研指导	2023 年 7 月 14 日
新华网	上海海洋大学食品学院到兴化市中堡镇考察指导	2023 年 7 月 18 日
新华网	江苏兴化市烟草专卖局:党员先锋办实事 安全"五进"筑防线	2023 年 7 月 5 日
新华网	江苏兴化入选全国供销合作社"绿色农资"升级行动试点	2023 年 7 月 11 日
新华网	江苏兴化:政府部门当"红娘"牵就业"红线"促发展	2023 年 7 月 10 日
新华网	江苏兴化:展现里下河水乡魅力风情《故乡渔事》首发	2023 年 7 月 6 日
新华网	江苏兴化:送"电商直播培训"下乡为乡村振兴添动能	2023 年 7 月 24 日
新华网	江苏兴化:首届长三角铸造大会暨青年人才创新发展论坛举行	2023 年 7 月 17 日
新华网	江苏兴化:培育"新农人",提升广大农户科技种田水平	2023 年 7 月 14 日
新华网	江苏兴化:培育"小巨人"推动大发展	2023 年 7 月 21 日
新华网	江苏兴化:浓情关爱为未成年人编织"七彩的夏日"	2023 年 7 月 12 日
新华网	江苏兴化:搭建双选平台 促进精准就业	2023 年 7 月 18 日
新华网	江苏兴化:创新"阅读+"服务 助燃城市烟火气	2023 年 7 月 31 日
新华网	江苏兴化:304 户农村危房全面消险解危	2023 年 7 月 26 日
新华网	江苏兴化:"嵌入式"普法让法治宣传更显实效	2023 年 7 月 7 日
新华网	江苏兴化:"百链千企"沉下去 兴有"红链"促发展	2023 年 7 月 14 日
新华网	弘扬"四敢"精神 传承"四大"文化——兴化市戴窑镇开展红歌大赛	2023 年 7 月 3 日
新华网	国网兴化市供电公司"三镜"并用 做好巡察审计后半篇文章	2023 年 7 月 4 日
新华网	非遗走进兴化市戴窑小学青仔公益暑托班	2023 年 7 月 25 日
新华网	第十三届江苏书展兴化分展开展	2023 年 7 月 2 日
新华网	"大咖"当导师,江苏兴化首届里下河文学研学营开营	2023 年 7 月 15 日
人民网	泰州兴化:抢抓农时忙施肥	2023 年 7 月 7 日
人民网	泰州兴化:唱响致富"向天歌"	2023 年 7 月 19 日
人民网	《兴化文化丛书》第二辑首发 全方位展现地方文化	2023 年 7 月 2 日
人民网	江苏兴化散文集《故乡渔事》首发 展现里下河水乡魅力风情	2023 年 7 月 6 日
人民网	江苏兴化:党员应急抢险队开展"防汛敲门"行动	2023 年 7 月 24 日
央广网	兴化市临城街道人大工委开展暑期观影活动	2023 年 8 月 1 日
央广网	江苏省兴化经济开发区打造预制菜产业园	2023 年 8 月 1 日
央广网	江苏兴化:反诈宣传进村居	2023 年 8 月 8 日
央广网	江苏兴化:安全"加码" 照亮平安夏夜	2023 年 8 月 9 日
央广网	兴化公安以"守夜行动"护航百姓夏季平安	2023 年 8 月 10 日
央广网	江苏省兴化市临城街道:"检"爱同行 助力成长	2023 年 8 月 11 日

续表 108

媒体名称	报道题目	刊播时间
央广网	江苏省兴化市烟草专卖局:追忆军旅岁月 赓续红色血脉	2023 年 8 月 12 日
央广网	江苏兴化:反诈宣传公益晚会 high 爆昭阳湖畔	2023 年 8 月 16 日
央广网	王乾高:30 年扎根理论宣讲一线 推动党的创新理论“飞进寻常百姓家”	2023 年 8 月 18 日
新华网	江苏兴化:打造预制菜产业园 逐梦食品产业“新蓝海”	2023 年 8 月 1 日
新华网	兴化市中堡镇开展“童心向党学党史,红色薪火代相传”主题宣教活动	2023 年 8 月 1 日
新华网	兴化市陈堡镇高素质农民培训班开班	2023 年 8 月 1 日
新华网	兴化市戴南镇专职消防救援队开展常规训练	2023 年 8 月 1 日
新华网	兴化市戴窑镇举行经济形势分析会暨企业家座谈会	2023 年 8 月 2 日
新华网	兴化市中堡镇开展“‘阅’享一夏”农家书屋主题阅读活动	2023 年 8 月 2 日
新华网	兴化市周庄镇:追寻红色印记 凝聚新阶力量	2023 年 8 月 2 日
新华网	戴南镇荣获兴化市“双拥工作先进乡镇”称号	2023 年 8 月 3 日
新华网	省“夺取秋粮丰收百日攻坚行动”指导组来兴化市陈堡镇指导农业工作	2023 年 8 月 3 日
新华网	兴化市戴南镇产权交易中心首宗土地流转实行现场竞价交易	2023 年 8 月 4 日
新华网	兴化市中堡镇用“三个坚持”促进文化宣传实现“三个加”	2023 年 8 月 4 日
新华网	兴化市高性能金属制品产业劳模创新工作联盟在戴南镇成立	2023 年 8 月 1 日
新华网	兴化市人大常委会副主任来兴化市中堡镇开展妇女权益保障“一法一条例”执法检查	2023 年 8 月 1 日
新华网	江苏兴化:金融服务“送上门” 助企纾困解难题	2023 年 8 月 1 日
新华网	江苏兴化:“人才夜市”开市助力就业创业	2023 年 8 月 1 日
新华网	兴化打出组合拳为新就业群体“撑腰”	2023 年 8 月 1 日
新华网	兴化市总工会到兴化市陈堡镇慰问企业一线员工	2023 年 8 月 1 日
新华网	江苏兴化:暂停水草打捞,为珍稀鸟类繁殖地“让路”	2023 年 8 月 15 日
新华网	江苏兴化:“小葡萄”结出“致富果”	2023 年 8 月 30 日
新华网	兴化市戴窑镇:浓郁书香涵养乡风文明	2023 年 8 月 30 日
新华网	兴化高新区:巧做“亩均论英雄”改革“算术题	2023 年 8 月 30 日
新华网	江苏兴化:优质服务办实事	2023 年 8 月 31 日
新华网	江苏兴化:“8 + X”综合服务全方位呵护新就业形态劳动者	2023 年 8 月 31 日
新华网	兴化市戴窑镇开展《村规民约》学习会	2023 年 8 月 31 日
新华网	在兴化市戴南镇刁良村古巷深处听故事	2023 年 8 月 31 日
新华网	兴化市垛田街道戴家村设立“优秀学子奖” 首届共 15 名优秀学子获得奖学金	2023 年 8 月 28 日
新华网	兴化市中堡镇财政局慰问员工家属	2023 年 8 月 28 日
新华网	兴化市戴窑镇:文明实践“赶大集” 摆摊设点暖民心	2023 年 8 月 28 日
新华网	兴化市陈堡镇召开农业农村相关重点工作推进会	2023 年 8 月 28 日
新华网	江苏兴化:理论宣讲接地气 为民解忧暖人心	2023 年 8 月 23 日

续表 108

媒体名称	报道题目	刊播时间
新华网	江苏兴化烟草专卖局:精准帮扶解民忧 助农致富促振兴	2023 年 8 月 23 日
新华网	兴化市考察团赴上海天青科创园考察学习	2023 年 8 月 23 日
新华网	兴化市中堡镇:体验传统民俗,感受甜蜜浪漫	2023 年 8 月 23 日
新华网	兴化市周庄镇:“七夕”佳节践文明 多彩活动树新风	2023 年 8 月 23 日
央广网	兴化市戴窑镇开展“移风易俗主题宣传月”活动	2023 年 9 月 18 日
央广网	兴化市戴窑镇:凝聚网格力量创建“无诈社区”	2023 年 9 月 18 日
央广网	兴化市戴南镇:两大展会齐开幕	2023 年 9 月 28 日
央广网	江苏兴化茅山北村“众筹”出一个四季花开的家乡	2023 年 9 月 7 日
央广网	江苏省兴化市临城街道未成年人保护项目暨伴“临”童行周末课堂启动仪式举行	2023 年 9 月 25 日
新华网	中国工程院院士张洪程考察指导水润苏米兴化戴窑基地水稻生产工作	2023 年 9 月 21 日
新华网	兴化市周庄镇开展“我们的节日 · 中秋”主题活动	2023 年 9 月 28 日
新华网	兴化市周庄镇举办《江苏省安全生产条例》专题宣讲会	2023 年 9 月 18 日
新华网	兴化市周庄镇边城学校开展“绿书签”主题活动	2023 年 9 月 15 日
新华网	兴化市周庄镇:发挥人大代表作用 助力基层社会治理	2023 年 9 月 21 日
新华网	兴化市中堡镇开展“学习村规民约,争做文明村民”第三季度道德讲堂活动	2023 年 9 月 21 日
新华网	兴化市中堡镇开展“你惑我解”理论宣讲活动	2023 年 9 月 1 日
新华网	兴化市中堡镇开展“承古融今,佳节新趣”中秋主题游园会	2023 年 9 月 26 日
新华网	兴化市中堡镇“线上 + 线下”开展网络安全宣传周活动	2023 年 9 月 18 日
新华网	兴化市委第二巡察组巡察陈堡镇党委工作动员会召开	2023 年 9 月 21 日
新华网	兴化市市场监管局和市教育局到兴化陈堡镇检查秋季学校食堂安全工作	2023 年 9 月 8 日
新华网	兴化市沈纶镇开展网络安全宣传进社区、进企业活动	2023 年 9 月 15 日
新华网	兴化市沈纶镇举办“建设书香企业 · 共享书香文化”主题阅读活动	2023 年 9 月 15 日
新华网	兴化市戴窑镇召开人居环境全域整治提升工作推进会	2023 年 9 月 7 日
新华网	兴化市戴窑镇为群众量身定制特色志愿服务“大集	2023 年 9 月 4 日
新华网	兴化市戴窑镇开展网格技能大比武活动	2023 年 9 月 28 日
新华网	兴化市戴南镇便民服务中心推出“无感换证”创新型服务项目	2023 年 9 月 1 日
新华网	兴化市戴南镇便民服务中心开展政务服务礼仪培训	2023 年 9 月 4 日
新华网	兴化市陈堡镇召开中秋、国庆和杭州亚运会期间安全工作部署会	2023 年 9 月 28 日
新华网	兴化市陈堡镇召开工作推进会	2023 年 9 月 18 日
新华网	兴化市陈堡镇召开第二轮网格员百日攻坚行动部署会	2023 年 9 月 15 日
新华网	江苏兴化:水稻长势喜人 秋粮丰收在望	2023 年 9 月 28 日
新华网	江苏兴化:农民丰收促振兴 乡村耕读绘新卷	2023 年 9 月 26 日
新华网	江苏兴化:绿色能源助振兴	2023 年 9 月 5 日

续表 108

媒体名称	报道题目	刊播时间
新华网	江苏兴化:弘扬美德献爱心 奉献社会显真情	2023 年 9 月 16 日
新华网	江苏兴化:大闸蟹丰收上市	2023 年 9 月 26 日
新华网	江苏兴化:“零创空间”助力创业者筑梦	2023 年 9 月 28 日
新华网	国网兴化市供电公司:持续压实主体责任 守好“两节”廉洁关口	2023 年 9 月 28 日
新华网	2023 年兴化市第十四期高素质农民培训在兴化戴窑镇开班	2023 年 9 月 8 日
新华网	兴化市中堡镇开展“品书香盛宴,话阅读之旅”全民阅读主题活动	2023 年 9 月 22 日
人民网	江苏兴化:千垛景区 300 余亩菊花开	2023 年 9 月 5 日
央广网	兴化市戴南镇 500 多名“业余运动员”赛场显身手	2023 年 10 月 16 日
央广网	兴化聚焦“市县主战”打造破案“流水线”	2023 年 10 月 16 日
央广网	兴化市戴窑镇开展文明实践集中活动	2023 年 10 月 31 日
新华网	走进兴化 感受最美里下河水乡风情	2023 年 10 月 2 日
新华网	江苏兴化:蜈蚣湖畔采菊忙	2023 年 10 月 7 日
新华网	兴化市陈堡镇开展人大代表第三季度活动	2023 年 10 月 7 日
新华网	兴化市戴南镇村企协力共建文明村	2023 年 10 月 7 日
新华网	江苏兴化:垛田秋收 一派丰收景象	2023 年 10 月 8 日
新华网	兴化市陈堡镇召开高质量发展工作推进会	2023 年 10 月 8 日
新华网	兴化市稻米深加工产业研讨组来兴化戴窑镇调研	2023 年 10 月 8 日
新华网	兴化市中堡镇开展“移风易俗宣传月”主题系列活动	2023 年 10 月 8 日
新华网	江苏兴化:千垛菊花盛开 添彩乡村经济	2023 年 10 月 9 日
新华网	江苏省农业农村厅一级巡视员唐明珍来兴化市戴窑镇调研	2023 年 10 月 9 日
新华网	兴化市中堡镇:从“死角”里“抠”财源	2023 年 10 月 9 日
新华网	兴化市戴南镇干群齐唱“大路歌”	2023 年 10 月 9 日
新华网	兴化市戴窑镇:移风易俗树新风 焕发文明新气象	2023 年 10 月 10 日
新华网	兴化市沈坨镇开展文明实践集中活动日志愿服务	2023 年 10 月 10 日
新华网	江苏兴化:小渔网“织”出乡村振兴梦	2023 年 10 月 12 日
新华网	江苏兴化:光伏发电助力绿色生态发展	2023 年 10 月 12 日
新华网	兴化市戴窑镇:用心用情服务退役军人	2023 年 10 月 12 日
新华网	江苏兴化:推出“警快办”服务,幸福最美“夕阳红”	2023 年 10 月 13 日
新华网	江苏兴化:“阅读马拉松”全城起跑	2023 年 10 月 13 日
新华网	兴化戴南“两路一厂”展示城市新形象	2023 年 10 月 13 日
新华网	兴化市沈坨镇:“阅读,让乡风更文明”	2023 年 10 月 14 日
新华网	重教育人 兴化中堡镇持续推进全镇教育事业发展	2023 年 10 月 16 日
新华网	兴化市陈堡镇召开燃气安全检查工作布置会	2023 年 10 月 16 日
新华网	兴化周庄镇:警法网格联动,共建平安周庄	2023 年 10 月 25 日
新华网	兴化市锯家村街边筑起“一米菜园”风景	2023 年 10 月 25 日

续表 108

媒体名称	报道题目	刊播时间
新华网	江苏兴化:124 万亩水稻开镰 预计总产量达 80 万吨	2023 年 10 月 27 日
新华网	兴化金洽会揽金 271 亿元	2023 年 10 月 27 日
新华网	兴化陈杨村:书写乡村振兴新画卷	2023 年 10 月 27 日
新华网	兴化市戴南镇茅山村:借“水上赛道”建“河边公园”	2023 年 10 月 27 日
新华网	江苏兴化市高性能金属制品产业联盟党委助企优发展、拓市场	2023 年 10 月 31 日
新华网	兴化市周庄镇开展“利民护企・人大助力”涉企网络侵权举报活动	2023 年 10 月 31 日
新华网	兴化市中堡镇开展“护苗・绿书签”扫黄打非活动	2023 年 10 月 31 日
新华网	全国水产养殖机械化智能化数字化现场推进活动暨全国水产养殖新模式新装备新技术论坛在兴化成功举办	2023 年 10 月 31 日
新华网	兴化市戴南镇文明创建现场会坚持问题导向	2023 年 10 月 31 日
人民网	江苏兴化:小渔网“织”出富民梦	2023 年 10 月 13 日
人民网	“一对一”帮办代办 江苏兴化升级适老化政务服务	2023 年 10 月 13 日
新华网	江苏兴化:菊花开出“丰收景”	2023 年 11 月 1 日
新华网	兴化市戴窑中心小学举行青年教师读书会交流活动	2023 年 11 月 1 日
新华网	兴化大邹镇组织开展“阅读 让乡风更文明”主题阅读推广活动	2023 年 11 月 1 日
新华网	兴化大邹镇:巧做“加减乘除”四道题 答好“移风易俗”文明卷	2023 年 11 月 1 日
新华网	兴化沈坨:人居环境整治提升进行时	2023 年 11 月 3 日
新华网	兴化市戴南镇刘纪村:彩旗飘飘种麦忙	2023 年 11 月 3 日
新华网	江苏兴化:乡村秋景美如画	2023 年 11 月 4 日
新华网	航拍秋日兴化乡村 金色田园“丰”景如画	2023 年 11 月 5 日
新华网	兴化市戴窑镇:推行“积分制” 建设美丽乡村	2023 年 11 月 6 日
新华网	兴化市周庄镇:人大代表履职责 秸秆“双禁”齐发力	2023 年 11 月 6 日
新华网	兴化市陈堡镇开展“书记讲给书记听”第二期交流活动	2023 年 11 月 6 日
新华网	江苏兴化:“鸟界国宝”东方白鹳来湿地越冬	2023 年 11 月 18 日
新华网	兴化市组织老干部参观项目建设及企业生产现场	2023 年 11 月 18 日
新华网	兴化大营镇开展“强国复兴有我”主题书画展	2023 年 11 月 18 日
新华网	兴化市戴南镇把新时代文明实践阵地建成服务老百姓的载体	2023 年 11 月 18 日
新华网	兴化市供销合作总社与江苏天合云商有限公司签订战略合作协议	2023 年 11 月 18 日
新华网	兴化市周庄镇周北村:立足资源禀赋 以党建促发展	2023 年 11 月 22 日
新华网	兴化市戴窑镇:新时代文明实践解锁基层群众“幸福密码”	2023 年 11 月 22 日
新华网	兴化荻垛镇团委开展志愿巡河活动	2023 年 11 月 22 日
新华网	江苏兴化举办“一枝一叶总关情”诗词大赛获奖作品书法创作邀请展	2023 年 11 月 24 日
新华网	江苏兴化:红薯喜丰收 田间收获忙	2023 年 11 月 24 日
新华网	紫金文化艺术节兴化市群众文化活动宣讲“文艺轻骑兵”走进合陈镇	2023 年 11 月 24 日
新华网	兴化市合陈镇举办“送戏下乡”文化惠民演出活动	2023 年 11 月 24 日
新华网	国网兴化市供电公司:为新员工系上廉洁从业第一粒纽扣	2023 年 11 月 24 日
新华网	兴化市中堡镇开展“书香暖初冬 阅读伴你我”主题阅读活动	2023 年 11 月 25 日

续表 108

媒体名称	报道题目	刊播时间
新华网	兴化市周庄镇:惠民演出进乡村,文明实践暖人心	2023 年 11 月 26 日
新华网	兴化市陈堡镇召开安全生产工作会议	2023 年 11 月 30 日
新华网	农发行兴化市支行开展“书香兴化 全民阅读”宣传活动	2023 年 11 月 30 日
新华网	农发行兴化市支行暖蜂驿站筑起温暖之家	2023 年 11 月 30 日
新华网	兴化市戴窑镇:特色田园乡村建设为乡村振兴赋能	2023 年 11 月 30 日
《农民日报》	机械化助力水产养殖高质量发展	2023 年 12 月 1 日
新华网	江苏兴化:候鸟飞抵湿地过冬	2023 年 12 月 1 日
新华网	兴化市戴窑镇:开展乡村建设工匠培训班	2023 年 12 月 1 日
新华网	兴化市中堡镇开展“践行村规民约 倡树文明新风”主题活动	2023 年 12 月 1 日
新华网	江苏兴化:生态美引来天鹅栖	2023 年 12 月 5 日
新华网	“幸福陶庄 美味牛羊”2023 年兴化陶庄牛羊肉美食文化节开幕	2023 年 12 月 4 日
新华网	关注一事 解决一片 兴化市人大“双联”向纵深破题形成效应	2023 年 12 月 4 日
新华网	兴化市戴窑镇举办 2023 年第四季度道德讲堂活动	2023 年 12 月 4 日
新华网	兴化市周庄镇开展“宪法日”主题宣传活动	2023 年 12 月 4 日
新华网	兴化市陈堡司法所开展“12・4”国家宪法日宣传活动	2023 年 12 月 5 日
新华网	兴化市供销合作总社:完善财审机制,织牢风控网络	2023 年 12 月 5 日
新华网	兴化市竹泓供销社:社村共建助增收 光伏发电蓄动能	2023 年 12 月 5 日
新华网	兴化市戴窑镇:全镇参与,“宪”上行动	2023 年 12 月 8 日
新华网	兴化市昭阳街道:开展宣传活动 厚植法治文化	2023 年 12 月 8 日
新华网	兴化沈纶:树牢“四有”理念助推老年群体“四感”提升	2023 年 12 月 8 日
新华网	兴化召开民办医疗机构医保基金监管协商座谈会 探索医保基金监管新路径	2023 年 12 月 8 日
新华网	江苏兴化:冬日湿地 候鸟乐园	2023 年 12 月 8 日
新华网	兴化市戴窑镇紧盯“三资”关键问题 助力村集体经济增收	2023 年 12 月 8 日
新华网	兴化市合陈镇举办文化惠民文艺演出活动	2023 年 12 月 15 日
新华网	兴化市合陈镇:成功实施积分制,助推乡村治理新篇章	2023 年 12 月 15 日
新华网	兴化市合陈镇开展宪法宣传活动	2023 年 12 月 15 日
新华网	兴化市中堡镇:荒废鱼塘建成生态停车场	2023 年 12 月 15 日
新华网	兴化市陈堡镇:“五色”党建助力乡村产业振兴融合发展	2023 年 12 月 15 日
新华网	兴化永丰镇开展“润童梦心、深度阅读”主题阅读推广活动	2023 年 12 月 16 日
新华网	兴化市周庄镇:以“千万工程”经验扎实推进人居环境整治	2023 年 12 月 28 日
新华网	国网兴化市供电公司:多措并举筑牢节日廉洁自律防线	2023 年 12 月 28 日
新华网	江苏兴化:湿地冰面现“潮汐树”	2023 年 12 月 28 日
新华网	兴化市陶庄镇人大开展元旦前夕访企调研活动	2023 年 12 月 28 日
新华网	兴化市中堡镇开展《未成年人网络保护条例》宣传活动	2023 年 12 月 28 日
新华网	江苏兴化:冬日芦花美	2023 年 12 月 28 日

统计资料

表 109 2023 年兴化市行政概括表

	计量单位	2023 年
乡镇个数	个	26
街道	个	3
建制镇	个	22
乡	个	1
开发区	个	1
村民委员会	个	463
居民委员会	个	58
土地总面积	公顷	239500
耕地	公顷	125857
水域	公顷	73035
总户数(户籍)	户	485609
总人口(户籍)	人	1470051
#男	人	770780
女	人	699271
年平均人口(户籍)	人	1478694
出生人口	人	5229
出生率	‰	3.5
死亡人口	人	12957
死亡率	‰	8.8
自然增长率	‰	-5.2
总人口(常住)	万人	112.26

表 110 2023 年兴化市主要综合指标表

	计量单位	2023 年	2022 年	2023 年比 2022 年 ±%
一、地区生产总值(GDP,增幅为可比价)	亿元	1154.94	1082.10	7.3
第一产业增加值	亿元	154.43	148.68	4.1
占 GDP 比重	%	13.37	13.74	
第二产业增加值	亿元	445.24	421.58	8.1
占 GDP 比重	%	38.55	38.96	
#工业	亿元	305.04	296.16	6.3
建筑业	亿元	140.23	125.45	12.6
第三产业增加值	亿元	555.26	511.84	7.5
占 GDP 比重	%	48.08	47.30	
人均地区生产总值(按常住人口)	元	102871.00	96213.00	7.5
二、农林牧渔业总产值(现价)	万元	2703186.00	2600512.00	3.9
①农业产值	万元	1095773.00	1073194.00	2.1
②林业产值	万元	13128.00	14198.00	-7.5

续表 110

	计量单位	2023 年	2022 年	2023 年比 2022 年 ±%
③牧业产值	万元	216792.00	213190.00	1.7
④渔业产值	万元	1215647.00	1153943.00	5.3
⑤农业服务业	万元	161846.00	145987.00	10.9
三、粮食产量	万吨	125.10	124.36	0.0
其中:夏粮	吨	440819.61	439472.00	0.3
秋粮	吨	810200.41	804115.09	0.8
蔬菜及食用菌	吨	952900.00	913010.00	4.4
油料产量	吨	32759.00	29902.10	9.6
四、规模工业总产值	万元	10671756.00	9873710.00	5.0
规模工业利润总额	万元	618367.00	485677.00	24.8
五、规模以上固定资产投资完成额	万元	4271698.00	3780085.00	13.0
其中:项目投资	万元	3760169.00	3231016.00	16.4
房地产开发投资	万元	511529.00	549069.00	-6.8
六、社会消费品零售总额	万元	3524347.00	3152367.00	11.8
其中:批发零售业	万元	2502286.00	2175133.00	15.0
住宿餐饮业	万元	1022061.00	977234.00	4.6
七、对外贸易				
1. 当年新批协议注册外资	万美元	22556.00	17492.00	29.0
2. 当年实际到账注册外资	万美元	6803.00	6095.00	11.6
3. 进出口总额	万美元	112077.00	—	-0.7
其中:出口总额	万美元	107807.00	—	3.2
八、交通				
(一)客货运输(吞吐量)				
公路长途客运量	万人	76.60	47.30	62.0
旅客周转量	万人公里	14921.40	8233.26	81.2
公路水路货运量	万吨	8619.30	6366.32	35.4
货物周转量	万吨公里	3193187.00	2473834.54	29.1
(二)年末公路道里程	公里	3075.00	3075.00	0.0
其中:等级公路	公里	3075.00	3075.00	0.0
九、财政收支				
其中:一般公共预算收入	万元	509123.00	480194.00	6.0
基金收入	万元	392638.00	658840.00	-40.4
上划中央级收入	万元	292407.00	236914.00	23.4
财政支出	万元	1690287.00	1835445.00	-7.9
十、金融机构各项存款余额	万元	15374430.00	13583216.59	13.2
其中:住户存款	万元	11825430.00	10186790.48	16.1
非金融企业存款	万元	2616000.00	2537755.96	3.1
广义政府存款	万元	920200.00	830343.08	10.8
金融机构各项贷款余额	万元	12886180.00	10850750.08	18.8
其中:工业贷款	万元	1970248.95	1753030.25	12.4
外币存款余额	万美元	7761.00	10709.00	-27.5

续表 110

	计量单位	2023 年	2022 年	2023 年比 2022 年 ±%
其中:住户存款	万美元	757.00	838.00	-9.7
外币贷款余额	万美元	182.00	113.00	61.1
十一、年末在岗职工人数	人	44898.00	39073.69	14.9
在岗职工工资总额	万元	488231.46	406554.25	20.1
在岗职工年平均工资	元	104882.48	102765.22	2.1
城镇居民人均可支配收入	元	53875.36	51153.97	5.3
农村居民人均可支配收入	元	29939.99	27637.76	8.3

表 111　2023 年兴化市总户数、总人口、出生、死亡情况表

乡镇	年末总户数(户)	年末总人口(人)					本年度人口变动(人)					
		合计	城镇人口	乡村人口	性别		出生			死亡		
					男	女	合计	男	女	合计	男	女
戴窑镇	21353	62063	26537	35526	32549	29514	188	97	91	667	375	292
合陈镇	17884	48744	14797	33947	25249	23495	122	59	63	546	304	242
永丰镇	14349	41696	18452	23244	21885	19811	143	81	62	429	244	185
大营镇	8428	24636	11034	13602	12759	11877	70	39	31	191	111	80
新垛镇	8784	23686	4526	19160	12346	11340	58	29	29	306	158	148
安丰镇	40903	115809	50027	65782	60875	54934	363	180	183	636	367	269
海南镇	11393	34906	6631	28275	18771	16135	129	65	64	347	181	166
钓鱼镇	13550	41341	19040	22301	22181	19160	136	68	68	515	283	232
大邹镇	8259	24914	11677	13237	13267	11647	92	54	38	241	134	107
沙沟镇	15997	50289	14922	35367	26385	23904	145	78	67	505	273	232
千垛镇	22701	77734	27873	49861	41680	36054	271	155	116	788	443	345
中堡镇	10207	32928	9214	23714	17786	15142	129	59	70	322	162	160
兴东镇	16763	56132	16902	39230	29926	26206	232	127	105	398	231	167
林湖乡	9512	27386	0	27386	14593	12793	111	62	49	265	155	110
垛田街道	18960	72062	72062	0	37936	34126	394	211	183	606	333	273
竹泓镇	12759	38992	25256	13736	20764	18228	142	70	72	330	192	138
沈纶镇	8327	25012	8010	17002	13163	11849	72	36	36	208	120	88
大垛镇	13115	40427	23449	16978	21422	19005	139	81	58	425	234	191
荻垛镇	12603	43556	8600	34956	23432	20124	171	91	80	399	223	176
陶庄镇	13701	42793	5669	37124	23012	19781	153	86	67	446	263	183
昌荣镇	10867	35114	8019	27095	18699	16415	120	64	56	299	177	122
周庄镇	17635	49063	19032	30031	24840	24223	124	56	68	635	380	255
陈堡镇	13440	41392	9327	32065	21367	20025	130	58	72	486	270	216
戴南镇	58666	180019	99201	80818	93708	86311	710	397	313	1105	607	498
昭阳街道	56320	139528	139528	0	70275	69253	465	243	222	987	546	441
开发区（临城街道）	29133	99829	99829	0	51910	47919	420	233	187	875	502	373
合计	485609	1470051	749614	720437	770780	699271	5229	2779	2450	12957	7268	5689

表112 2023年兴化市城市建设情况表

	计量单位	数量		计量单位	数量
一、设施水平			1.道路长度	公里	443.55
1.人口密度	人/平方公里	3458	2.道路面积	万平方米	635.9
2.人均日生活用水量	升	179.09	3.桥梁数	座	118
3.用水普及率	%	100	4.路灯盏数	盏	30665
4.每万人拥有公共交通车辆	标台		5.排水管道	公里	754.9
5.用气普及率	%	100	6.防洪堤	公里	
6.人均拥有道路面积	平方米	28.45	7.污水年排放量	万立方米	1450
7.排水管道密度	公里/平方公里	17.56	8.污水年处理量	万立方米	1181
8.污水处理率	%	91.96	七、园林绿化		
9.人均公园绿地面积	平方米	15.07	1.绿化覆盖面积	公顷	2128
10.建成区绿地率	%	38.89	其中:建成区	公顷	1818
11.建成区绿化覆盖率	%	42.28	2.绿地面积	公顷	1964
二、供水和节约用水			其中:建成区	公顷	1672
1.综合生产能力	万立方米/日	20	3.公园绿地面积	公顷	337
2.供水管道长度	公里	659.05	4.公园个数	个	20
3.供水总量	万立方米	2139	5.公园面积	公顷	152
其中:生产用量	万立方米	265	八、环境卫生		
家庭用量	万立方米	1369	1.实际清扫面积	万平方米	
4.用水人口	万人	22.35	2.生活垃圾清运量	万吨	8.43
三、公共交通			3.公厕数量	座	301
1.出租车	辆	175	其中:三级以上	座	301
2.城市公交	辆		4.环卫机械总数	辆	89
3.农村客运	辆	413	九、人口和建设用地		
4.乡镇客运	辆		1.城市人口	万人	22.15
5.长途客运	辆	145	2.城市面积	平方公里	64.63
四、天然气			3.建成区面积	平方公里	43
1.供气总量	万立方米	8722	4.建设用地面积	平方公里	40.66
其中:家庭用量	万立方米	1951	其中:居住用地	平方公里	16.32
2.用气户数	户	132.405	公共管理与公共服务用地	平方公里	2.89
3.用气人口	万人	19.2	工业用地	平方公里	11.04
五、液化气			物流仓储用地	平方公里	0.04
供气总量	吨	15600	道路与交通设施用地	平方公里	6.51
其中:家庭用量	吨	2530	商业服务业设施用地	平方公里	2.44
用气户数	户	35000	公用设施用地	平方公里	0.48
用气人口	万人	3.15	绿地与广场用地	平方公里	0.96
六、市政设施			特殊用地	平方公里	

表113 2023年兴化市农林牧渔业总产值表

单位:万元

指标名称	按现行价格计算	指标名称	按现行价格计算
农林牧渔业总产值	2703186	(1)育种育苗	441
一、农业产值	1095773	(2)造林	1946
1.谷物及其他作物	767097	(3)抚育和管理	2892
(1)谷物	410917	2.竹木采运	1433
其中:小麦	126650	3.林产品	6416
稻谷	266559	三、牧业产值	216792
玉米	3998	1.牲畜饲养	20353
(2)薯类	867	(1)牛的饲养	504
其中:马铃薯		(2)羊的饲养	8179
(3)油料	20236	(3)其他牲畜饲养	
其中:花生	574	(4)奶产品	11670
油菜籽	19078	其中:生牛奶	11670
(4)豆类	6926	(5)毛绒产品	
其中:大豆	5683	其中:羊毛	
(5)棉花		山羊绒	
(6)生麻		(6)其他牲畜副产品	
(7)糖料	5	2.猪的饲养	66753
(8)烟草		(1)肉猪	66753
(9)其他农作物	328146	(2)猪的副产品	
其中:饲料作物	7	3.家禽饲养	129611
2.蔬菜、食用菌及花卉盆景园艺产品	281043	(1)肉禽	17002
(1)蔬菜(含菜用瓜)	275557	(2)禽蛋	112609
(2)食用菌	2150	(3)羽绒	
(3)花卉	246	4.其他畜牧业	75
(4)盆景园艺	3090	其中:蚕茧	
3.水果、坚果、茶、饮料和香料	47600	家兔	25
(1)水果(含果用瓜)	47600	四、渔业产品	1215647
其中:苹果		1.海水产品	
梨	515	其中:养殖	
柑橘	22	(1)鱼类	
(2)食用坚果		(2)虾蟹类	
其中:核桃		(3)贝类	
板栗		(4)藻类	
松子		(5)其他	
(3)茶及饮料原料		2.淡水产品	1215647
其中:茶		其中:养殖	
(4)香料作物		(1)鱼类	241668
其中:花椒		(2)虾蟹类	947408
八角		(3)贝类	5171
4.中药材	33	(4)藻类	
二、林业产值	13128	(5)其他	21400
1.林木的培育和种植	5279	五、农林牧渔服务专业及辅助性活动	161846

表114 2023年兴化市规模以上工业总产值表

单位:万元

指标名称	本年累计	增幅±%
规模以上工业总产值	10671756	5.0
1.按轻重工业分		
轻工业	3583704	11.4
重工业	7088053	2.0
2.按企业规模分		
大中型企业	3941244	5.8
小微企业	6730512	4.5
3.按行业分		
#三大主导产业	8305449	4.1
不锈钢制品	4638467	0.0
健康食品	2395792	13.9
装备制造	1271190	2.5
#其他产业	2366307	8.3
纺织服装	202214	5.6
轻工	514446	6.7
电子	314972	10.9
医药	72639	19.5
化工	142910	20.1
有色金属	634478	11.5
建材	310073	-9.6

表115 2023年兴化市规模以上工业营业收入表

单位:万元

指标名称	本年累计	增幅±%
规模以上工业营业收入	9834889	3.0
1.按轻重工业分		
轻工业	3373818	13.1
重工业	6461071	-1.6
2.按企业规模分		
大中型企业	3737094	2.3
小微企业	6097795	3.4
3.按行业分		
#三大主导产业	7698806	1.6
不锈钢制品	4270158	-5.5

续表 115

指标名称	本年累计	增幅±%
健康食品	2310131	17.4
装备制造	1118517	2.6
#其他产业	2136083	8.3
纺织服装	182922	2.6
轻工	459379	8.3
电子	283775	9.5
医药	67540	14.4
化工	134541	9.6
有色金属	578391	13.3
建材	260724	-9.5

表 116 2023 年兴化市规模以上工业利润总额表

单位:万元

指标名称	本年累计	增幅±%
规模以上工业利润总额	618367	24.8
1.按轻重工业分		
轻工业	263787	23.0
重工业	354581	26.1
2.按企业规模分		
大中型企业	223403	46.8
小微企业	394965	15.1
3.按行业分		
#三大主导产业	462015	25.3
不锈钢制品	196375	30.4
健康食品	191307	28.8
装备制造	74332	6.7
#其他产业	156353	23.5
纺织服装	11252	6.8
轻工	42971	21.3
电子	14553	46.2
医药	1531	-374.8
化工	5385	13.5
有色金属	47298	49.7
建材	12010	-4.5

表117 2023年兴化市乡镇(街道)规上工业主要经济指标表

单位:万元

乡镇名称	企业数(个)	工业总产值		利润总额	
		本年累计	增幅±%	本年累计	增幅±%
全市合计	789	10671756	5.0	618367	24.8
戴窑镇	50	641269	3.2	74054	22.4
合陈镇	6	35700	-6.0	2968	-5.0
永丰镇	3	16678	19.5	2127	83.4
大营镇	11	46896	0.7	1422	-25.0
新垛镇	3	57794	-26.6	2020	103.2
安丰镇	32	308788	7.9	16105	69.3
海南镇	10	45885	14.4	6172	35.1
钓鱼镇	5	86920	-0.7	3643	-11.5
大邹镇	4	13959	10.4	1434	530.2
沙沟镇	2	8974	15.0	128	130.5
千垛镇	6	60900	-2.0	16413	-2.0
中堡镇	4	36724	17.5	2559	52.6
兴东镇	29	175625	4.6	5754	26.0
林湖乡	3	13254	-3.3	964	26.1
垛田街道	20	191631	-4.6	10133	-10.1
竹泓镇	9	56150	14.5	2118	28.2
沈坨镇	19	97234	-4.0	11409	104.9
大垛镇	42	464112	10.7	55501	32.8
荻垛镇	35	274586	6.3	25994	3.8
陶庄镇	7	44532	-4.0	3794	5.8
昌荣镇	10	83002	1.8	9291	-5.3
周庄镇	24	230083	12.0	17169	42.3
陈堡镇	40	297797	24.0	13194	40.5
戴南镇	257	5133032	2.4	228584	37.7
昭阳街道	3	29830	57.8	219	4.9
开发区(临城街道)	155	2220401	9.7	105201	6.1

索 引

说 明

一、本索引依照国家标准《索引编制规则(总则)》(GB/T22466—2008)的相关规则进行编制。

二、索引为综合性主题索引,包括正文部分32个栏目(不包括特载、大事记、人物、附录)的内容。索引按标目词第一个字的汉语拼音音序排列,并添加标目首字的大写字母为助检符号。

三、主题索引以条目、正文主题为标目和主要来源进行标引。标目后的数字表示内容所在页码,数字后的拉丁字母a、b、c分别表示版面的左、中、右栏。

D

E

F

G

H

J

K

L

M

N

P

Q

R

S

T

W

X

Y

Z

丿
应
营
营
永丰
用地